Die außergewöhnliche Erfahrung im Alltag

Die Psychologie des *flow*-Erlebnisses

Herausgegeben von
Mihaly und Isabella S. Csikszentmihalyi

Übersetzt von Ulrike Stopfel und
Urs Aeschbacher

Klett-Cotta

Verlagsgemeinschaft Ernst Klett Verlag –
J. G. Cotta'sche Buchhandlung
In deutscher Sprache herausgegeben von Hans Aebli † und
mit einer Einführung versehen von Franz E. Weinert
Aus dem Amerikanischen übersetzt von Ulrike Stopfel und Urs Aeschbacher
Die Originalausgabe erschien unter dem
Titel »Optimal Experience – Psychological Studies of Flow in Consciousness«
im Verlag Cambridge University Press, Cambridge, Groß-Britannien
© 1988 by Cambridge University Press
© für die deutsche Ausgabe
Ernst Klett Verlag für Wissen und Bildung GmbH, Stuttgart 1991
Fotomechanische Wiedergabe nur mit Genehmigung des Verlags
Printed in Germany
Schutzumschlag: Klett-Cotta-Design
Gesetzt aus der 9.5 Punkt Sabon von Fotosatz Janß, Pfungstadt
Gedruckt auf säurefreiem und holzfreiem Werkdruckpapier und
gebunden von Hieronymus Mühlberger, Gersthofen

CIP-Titelaufnahme der Deutschen Bibliothek
Die außergewöhnliche Erfahrung im Alltag: die Psychologie
des flow-Erlebnisses/ hrsg. von Mihaly und Isabella S.
Csikszentmihalyi. Übers. von Ulrike Stopfel und Urs
Aeschbacher. – Stuttgart: Klett-Cotta, 1991
Einheitssacht.: Optimal experience <dt.>
ISBN 3-608-95729-4
NE: Csikszentzmihalyi, Mihaly [Hrsg.]; EST

Inhalt

Vorwort zur deutschsprachigen Ausgabe ... 7
Dank ... 10

Teil I: Ein theoretisches Modell des optimalen Erlebens ... 13

1. M. Csikszentmihalyi: Einführung ... 15
2. M. Csikszentmihalyi: Das *flow*-Erlebnis und seine Bedeutung für die Psychologie des Menschen ... 28
3. R. G. Mitchell, Jr.: Soziologische Implikationen des *flow*-Erlebnisses ... 50
4. F. Massimini, M. Csikszentmihalyi und A. Delle Fave: *flow* und biokulturelle Evolution ... 77

Teil II: Spielarten des *flow*-Erlebens ... 103

5. M. und I. Csikszentmihalyi: Einführung zu Teil II ... 105
6. I. Sato: Bosozoku: *flow* in japanischen Motorradbanden ... 111
7. M. T. Allison und M. C. Duncan: Frauen, Arbeit und *flow* ... 139
8. R. Larson: *flow* und das Abfassen eines Texts ... 161
9. R. D. Logan: *flow* bei schicksalhaften Situationen in der Einsamkeit ... 187

Teil III: *flow* als Lebensweise ... 197

10. I. und M. Csikszentmihalyi: Einführung in Teil III ... 199
11. A. Delle Fave und F. Massimini: Die Modernisierung und die Qualität der subjektiven Erfahrung im Kontext von Arbeit und Muße ... 210
12. J. Macbeth: Das Hochseesegeln ... 233
13. I. Csikszentmihalyi: *flow* im historischen Kontext – das Beispiel der Jesuiten ... 254

Teil IV: *flow*-Erfahrungen im täglichen Leben ... 273

14. M. und I. Csikszentmihalyi: Einführung zu Teil IV ... 275
15. F. Massimini und M. Carli: Die systematische Erfassung des *flow*-Erlebens im Alltag ... 291

16. *J. LeFevre: flow* und die Erlebensqualität im Kontext
 von Arbeit und Freizeit ... 313
17. *J. Nakamura:* Optimales Erleben und die Nutzung
 der Begabung ... 326
18. *A. J. Wells:* Selbstbewertung und optimales Erleben ... 335
19. *K. Rathunde:* Optimales Erleben und die Familienumwelt ... 351
20. *M. Csikszentmihalyi:* Die Zukunft ... 377

Bibliographie ... 399
Register ... 422

Vorwort
zur deutschsprachigen Ausgabe

Hans Aebli hat die vorliegende Übersetzung des von Mihaly und Isabella Csikszentmihalyi herausgegebenen Buches »Optimal Experience« angeregt. Er sollte und wollte auch das Vorwort dazu schreiben. Sein früher Tod hat dies verhindert. Es war sein Wunsch, daß ich diese Aufgabe von ihm und für ihn übernehme.

Was mögen die Gründe gewesen sein, die Hans Aebli veranlaßt haben, dem Verlag Klett-Cotta eine deutschsprachige Ausgabe des vorliegenden Buches zu empfehlen? Welche Vorstellungen, Erwartungen und Ziele leiteten ihn? Wie hätte er das Vorwort gestaltet? Wir wissen es nicht. Vielleicht enthält aber die von Aebli geschriebene Einführung zur deutschen Fassung des ersten bedeutenden Buches von Csikszentmihalyi »Das flow-Erlebnis«[1] eine erhellende Antwort auf die gestellten Fragen. Und in der Tat gibt er in seinem kurzen Text mehrfach zu verstehen, daß er im zweckfreien, gleichwohl sinnvollen und zielgerichteten Handeln eine zutiefst menschliche Form des Erlebens und der Motivation sieht, daß sich nach seiner Auffassung im *flow*-Erlebnis die Grenzen zwischen Subjekt und Welt verwischen, daß sich der Mensch im Tun vergißt, daß Weg und Ziel eins werden. Mehr noch: die Arbeiten von Csikszentmihalyi (man spricht »Tschiksentmihail«) sind für Aebli nicht nur kühle wissenschaftliche Analysen, sondern enthalten eine Botschaft. »Aus der Psychologie des *flow*-Erlebnisses ergibt sich eine Politik. Menschen können für sich selber, Arbeitgeber und Vorgesetzte können für ihre Mitarbeiter Arbeitsaufträge und Arbeitsplätze gestalten, die die Arbeit intrinsisch interessant machen. Lehrer können das Lernen so organisieren, daß die Schüler Übungs- und Anwendungsaufgaben gerne ausführen ... Es ist ein Rhythmus und eine Ordnung, die den Arbeitenden und den Lernenden fordern, ihn aber auch erfolgreich sein lassen. Sie geben ihm das Bewußtsein, daß er die Grenzen seiner Fähigkeit erkunden und erweitern kann. Er erfährt dabei seine Welt als eine offene, aber eine zu bewältigende.«[2]

---

[1] Csikszentmihaly, M., Das flow-Erlebnis – Jenseits von Angst und Langeweile: Im Tun aufgehen (2. Aufl.). Stuttgart: Klett-Cotta, 1987 (Original: Verlag Jossey Bass Publishers, San Francisco, 1975).
[2] A. a. O., S. 9.

Das vorliegende Werk ist in vieler Hinsicht der gelungene Versuch, diese Botschaft und die mit ihr verbundene Hoffnung auf der Grundlage aktueller Forschungen und vermehrter praktischer Erfahrungen einzulösen. Im Mittelpunkt steht wiederum das *flow*-Erleben, d. h. die sich selbst motivierende Erfahrung eigenen Handelns als eines zielgerichteten, die persönlichen Kräfte herausfordernden, erfolgreichen Tuns.

Jeder kennt dieses Erleben: Man tut etwas, geht ganz und gar in diesem Handeln auf, vergißt Raum und Zeit, spürt weder körperliche Ermüdung noch psychische Sättigung. Man genießt das Fortschreiten in dieser Tätigkeit als eine sich selbst stimulierende, sich selbst belohnende und unmittelbar befriedigende Erfahrung.

Sind solche Erlebnisse nichts als seltene, glückhafte Ereignisse, vorwiegend dem schöpferischen Künstler, dem besessenen Spieler und dem kreativen Wissenschaftler vorbehalten? Nein, sagt Csikszentmihalyi, sie sind für jedermann und überall erfahrbar, wenn nur eine Aufgabe subjektiv als Herausforderung wahrgenommen wird und unter Anspannung aller verfügbaren Kräfte lösbar erscheint, wenn immer ein klares Ziel vor Augen steht und wenn man spürt, daß es vorangeht, wenn die unmittelbaren Erfahrungen sichere Rückschlüsse über den erfolgreichen Verlauf des Handelns vermitteln, wenn sich also das »Gefühl« einstellt, die Aufgabe meistern zu können. Diese Qualität des Erlebens ist gemeint, wenn von »selbstvergessenem Tun«, von »Arbeitsfreude«, von »autotelischem Erleben« oder von »intrinsischer Motivation« gesprochen wird.

Natürlich weiß auch Csikszentmihalyi, daß nicht jeder Mensch gleichermaßen fähig und bereit ist, sich selbst, seine Bedürfnisse, Probleme und seine extrinsischen Ziele (wie zum Beispiel Erfolg, soziale Anerkennung oder materiellen Gewinn) zeitweilig zu vergessen, um in einem bestimmten Tun wirklich ganz aufzugehen. Er warnt jedoch davor, die Fähigkeit zum *flow*-Erleben einfach als ein Geschenk der Natur zu betrachten, das man genießen kann, wenn man dispositional darüber verfügt, und das man nicht vermißt, wenn es einem fehlt. Betont werden demgegenüber in vielen Kapiteln des vorliegenden Buches die »*flow*«-stimulierenden Möglichkeiten der Erziehung, des Lernens und einer optimalen Umweltgestaltung. Dies mag sich von Kultur zu Kultur, von Milieu zu Milieu, von Person zu Person unterscheiden; die Variationsbreite ändert jedoch nichts an der prinzipiellen und universellen Anregbarkeit, vielleicht sogar Beeinflußbarkeit des individuellen *flow*-Erlebens. Das vorliegende Buch enthält dazu grundlegende theoretische Überlegungen und eine große Zahl empirischer Beispiele aus den Bereichen der Erziehung, der Bildung, der Arbeit, der Freizeitgestaltung und der klinisch-psychologischen Anwendung des Konzepts in schwierigen Lebenssituationen oder bei gefährdeten Persönlichkeitsentwicklungen.

Keiner der Berichte erlaubt eine rezeptartige Verwendung der gewonnenen Einsichten. Es handelt sich stets um Anregungen, Hinweise und Erfahrungen, die produktiv verarbeitet werden müssen, um in einer gegebenen Situation von Nutzen zu sein. Das gilt auch für die von Csikszentmihalyi entwickelte Theorie des *flow*-Erlebens, wie sie im ersten und im letzten Kapitel dargestellt wird. Noch fehlt es an einem angemessenen Methodeninstrumentarium, noch gibt es kein brauchbares nomothetisches Netzwerk von Konzepten und Regelhaftigkeiten zur Beschreibung, Erklärung und Vorhersage der *flow*-Erlebnisse und ihrer Wirkungen, noch ist vieles theoretisch ungeklärt, umstritten.

Dies ändert aber nichts daran, daß mit diesem psychologischen Konzept eine interessante Perspektive der wissenschaftlichen Forschung und der praktischen Nutzung eröffnet wird, daß Fortschritte in Theorie und Empirie erkennbar sind und daß man aus der Lektüre dieses Buches den Eindruck gewinnt, eine zunehmend größere Zahl von Wissenschaftlern verschiedenster Disziplinen würde die Maxime der eigenen Arbeit auch zum Erkenntnisgegenstand ihrer Forschung machen.

Die Botschaft des Buches ist eine optimistische! In einer Welt voll von Problemen, Sorgen, Ängsten und Zwängen wird ein positives Wesensmerkmal des Menschen und eine konkrete Utopie für die Menschheit zum Gegenstand wissenschaftlicher Forschung und praktischer Anwendung gemacht: Unser Streben ist auch, aber nicht nur auf die Befriedigung elementarer Lebensbedürfnisse und auf attraktive Äußerlichkeiten gerichtet; Arbeit muß nicht immer entfremdete Fron sein; Tugend setzt nicht notwendigerweise die als solche erfahrene und ertragene Anstrengung voraus; Tätigkeit kann unter günstigen Bedingungen eine Befriedigung in sich selbst finden; Glück, Zufriedenheit und Wohlbefinden können auch Erlebnisqualitäten von Arbeit und Anstrengung sein; die Ziele der Menschen können im Einklang mit den Mitteln ihrer Erreichung stehen!

Der Dank gilt dem Verlag, den Übersetzern und ganz besonders Hans Aebli, daß sie gemeinsam auch dem deutschsprachigen Leser diese interessante Facette humanwissenschaftlicher Forschung erschlossen haben.

München, im Dezember 1990   Franz Emanuel Weinert

Dank

In all den Jahren, in denen wir nun das Phänomen *flow* untersuchen, haben so viele ihre Ideen, moralische und finanzielle Unterstützung beigetragen, daß es unmöglich ist, allen den ihnen zustehenden Dank auszusprechen. Dennoch ist es uns eine Freude, hier wenigstens diejenigen aufzuführen, die an der Entwicklung der in diesem Buch berichteten Forschung besonderen Anteil hatten. Niemand wird je wissen, wie wichtig uns ihre Unterstützung und ihre Ermutigung waren, um diese schwierigen Untersuchungen voranzubringen. Allerdings bedeutet dieser kleine Dank nicht, daß wir sie in irgendeiner Weise für die Schwächen unserer Arbeit mitverantwortlich machen.

Die ersten Untersuchungen zum *flow*-Erlebnis wurden von der Applied Research Branch des National Institute of Mental Health finanziell getragen. Die neueren Entwicklungen wurden von der Spencer Foundation unterstützt, deren Kommission über Jahre hinweg einen recht vorteilhaften Einfluß auf innovative Forschungen in den Verhaltenswissenschaften genommen hat. Wir möchten dem früheren Präsidenten, Thomas James, und der Direktorin, Marion Faldet, für ihre Geduld und für ihr Verständnis unseren persönlichen Dank aussprechen.

An der University of Chicago haben uns die Freundschaft und die Ermutigung von Bernice Neugarten und Jacob W. Getzels immer viel bedeutet. Norman Bradburn, Robert Butler, Donald Fiske, John MacAloon und Salvatore Maddi haben in Gebieten geforscht, die mit den vorliegenden Studien zusammenhängen, und wir konnten uns bei der Entwicklung unserer Ideen auf ihre Arbeit stützen. Donald Levine und Edward Laumann haben immer wieder ihr Interesse gezeigt und uns damit moralisch unterstützt.

Was Wissenschaftler anderer Universitäten betrifft, so war Donald Campbell in Lehigh ein Vorbild in der Kunst, fachliches Denken streng auch auf Phänomene anzuwenden, die außerhalb des eigenen Spezialgebietes liegen. Jerome Singer in Yale und M. Brewster Smith in Santa Cruz waren aufmerksame und kluge Kritiker unserer Arbeit. Mit Howard Gardner in Harvard und David Feldman in Tufts fand über all die Jahre manch angenehmer und stimulierender Austausch statt. Jean Hamilton, der heute in Washington D.C. eine eigene Arztpraxis führt, war ein früher Freund und Mitarbeiter, der auf diesem Gebiet weitergearbeitet hat. Von den vielen Kollegen, deren Einfluß in diesem Band erkennbar ist, können wir nur einige herausgreifen: Richard deCharms von der Washington University in St. Louis; Edward Deci und Michael Ryan aus Rochester; Edward Diener, Jack Kelly und Douglas Kleiber von der University of Illinois, Urbana; Mark Lepper aus Stanford und Brian Sutton-Smith von der University of Pennsylvania. Drei Zeitschriftenherausgeber haben besonders viel zur Verbreitung der *flow*-Forschung beigetragen: Thomas Greening *(The Journal of Humanistic Psychology)*, Ladd Wheeler *(Review of Personality and Social Psychology)* sowie John Broughton *(New Ideas in Psychology)*. Interesse und Ermutigung durch Ralph Burhoe, dem Gründer des Institutes für Religion in einem Zeitalter der Wissenschaft, und Philip Hefner, gegenwärtig dessen geschäftsführender Direktor, waren uns ebenfalls wichtig. Von denjenigen, die die im vorliegenden Band enthaltenen Ideen einem weiteren Publikum zugänglich gemacht haben, sollten wir die folgenden erwähnen: Daniel Goleman, der jetzt bei der *New York Times* arbeitet, Robert Cross von der *Chicago Tribune*, John McCormick von *Newsweek* und Michael Dibb, der Dokumentarfilme für BBC produzierte.

Unter den ausländischen Kollegen möchten wir folgende dankend erwähnen: den kürzlich verstorbenen Hans Aebli an der Universität Bern, Schweiz; Michael Argyle an der Oxford University, England; Hermann Brandstätter an der Universität Linz, Österreich; James Crook von der Bristol University, England; Marten De Vries von der Limburgh-Universität in Maastricht, Niederlande; den 1989 verstorbenen Heinz Heckhausen vom Max-Planck-Institut für Psychologische Forschung in München, Deutschland; Hiroaki Imamura an der Universität von Chiba, Japan; Elisabeth Noelle-Neumann an der Universität Mainz, Deutschland; Ivàn Vitányi am Kulturforschungszentrum von Budapest, Ungarn; und schließlich in Kanada Roger Mannell und Jiri Zuzanek von der Waterloo University, Len Wankel an der Universität von Alberta und Gerald Kenyon an der Universität von Lethbridge.

Unter denjenigen, die zu den hier berichteten Forschungen dann und wann beigetragen haben, möchten wir noch Ronald Graef danken, einem unserer ersten Mitarbeiter, sowie Edward Donner, Tom Figurski, Susan Gianinno, Marlin Hoover, Suzanne Prescott, Barbara Rubinstein und Carolyn Schneider.

Schließlich möchten wir Susan Milmoe von der Cambridge University Press für ihre hilfreiche und scharfsinnige Lektorierung unseren Dank aussprechen.

Mihalyi und Isabella Csikszentmihalyi

Teil I:
Ein theoretisches Modell des optimalen Erlebens

Kapitel 1
Einführung

Mihaly Csikszentmihalyi

Vor ungefähr fünfzehn Jahren erschienen die ersten Untersuchungen zu dem, was wir das »*flow*-Erlebnis« nannten. Den Anfang machte ein Artikel im *Journal of Humanistic Psychology* (Csikszentmihalyi, 1975a), gefolgt vom Buch *Beyond Boredom and Anxiety* (Csikszentmihalyi, 1975b; deutsch: »Das *flow*-Erlebnis, 1985). In der relativ kurzen Zeitspanne seit diesen Anfängen haben Fachleute aus verschiedenen Disziplinen das Konzept eines optimalen Erlebniszustandes aufgegriffen und als theoretisch nützlich eingestuft. Es ist seither viel darüber geforscht worden, und einige der Ergebnisse werden bereits im schulischen, im therapeutischen und im betrieblichen Rahmen angewendet. Im Bereich der intrinsischen Motivation ist *flow* zu einem anerkannten Fachbegriff geworden. Die vorliegende Einführung schildert kurz die Entstehung des Begriffes, und im restlichen Buch sind einige der repräsentativsten und wichtigsten bisherigen Beiträge zur Untersuchung des *flow*-Erlebens zusammengestellt.

Die Vorgeschichte des *flow*-Begriffes: Vor 1975

Den Anstoß zur Untersuchung der später als *flow* bezeichneten Erlebnisqualität gaben mir gewisse Beobachtungen, die ich in meiner Doktorarbeit über eine Gruppe männlicher Künstler gemacht hatte (Csikszentmihalyi, 1965; Getzels & Csikszentmihalyi, 1976). Die Künstler, die Gegenstand meines Interesses waren, verbrachten Stunden um Stunden und Tag für Tag damit, sehr konzentriert zu malen oder an Skulpturen zu arbeiten. Ganz offensichtlich erlebten sie in ihrer Arbeit große Freude und hielten sie für das Wichtigste auf der Welt. Aber gewöhnlich verlor ein Künstler alles Interesse an dem Kunstwerk, in das er so viel Zeit und Anstrengung investiert hatte, sobald es fertig war. Solange er an der Leinwand arbeitete, war er völlig in seine Malerei versunken. Sie füllte sein Denken 24 Stunden am Tag aus. Kaum war aber der letzte Pinselstrich trocken, stellte er das Bild gewöhnlich in einer entfernten Ecke des Studios an eine Wand und vergaß es sofort.

Wenige Künstler erwarteten, durch eines ihrer Werke reich oder berühmt zu werden. Warum also arbeiteten sie so hart daran – so hart wie nur irgendein Manager, der sich hochzuarbeiten versucht? Keine der äußeren Belohnungen, die gewöhnlich unser Verhalten motivieren, schien hier eine Rolle zu spielen. Weder Geld noch Anerkennung noch das fertige Kunstwerk selber kamen als Belohnung in Betracht. Was bewirkte also die außerordentliche Faszination, die das Malen auf die Künstler ausübte?

Die deterministische Metaphysik, die der modernen Wissenschaft zugrunde liegt, legte die Annahme nahe, daß es eine Antwort geben müsse (Popper, 1965, S. 61). Regelmäßigkeiten im menschlichen Verhalten treten danach nicht einfach zufällig auf. Die verbreitetste psychologische Erklärung für das Verhalten von Künstlern ist eine Variante des Begriffs »Sublimierung«. Folgt man dieser Erklärung, erleben Künstler deshalb beim Malen solche Freude, weil das Malen den von der Gesellschaft am ehesten akzeptierten, symbolischen Ausdruck ihrer wahren Bedürfnisse, nämlich ihrer verdrängten triebhaften Sehnsüchte darstellt. Aber wer den Künstlern einige Zeit beim Arbeiten zuschaut, verliert schnell den Glauben an die Sublimierungshypothese. Da ist einfach zuviel echte Begeisterung, als daß dies alles nur Ersatz für etwas anderes sein könnte. Und warum sucht der Künstler immer komplexere Herausforderungen, warum perfektioniert er seine Kunst ständig, wenn es nur darum gehen soll, ersatzweise die verbotenen Vergnügen seiner sexuellen Programmierung zu erleben? Bis zu einem gewissen Punkt mag die Sublimierungshypothese nützlich sein. Einige der beobachteten Künstler hatten anscheinend tatsächlich zum Teil zu malen begonnen, um einen ödipalen Konflikt oder noch frühere Verdrängungen zu lösen. Aber was immer der ursprüngliche Grund gewesen sein könnte – es war offensichtlich, daß die Aktivität des Malens auch eigene autonome, positive Belohnungen hervorbrachte.

Aber diese Belohnungen waren nicht etwas, was der Künstler nach Beendigung seiner Aktivität zu erhalten hoffte. Handlungen, die keinen direkten Anlaß haben, sind zwar in der Regel durch die Erwartung eines durch sie zu erreichenden Zielzustandes motiviert. Das schien aber beim Malen in keiner Weise zuzutreffen. Vielmehr ist anzunehmen, daß die Gründe in der Aktivität selber liegen: Die Belohnung des Malens war offenbar das Malen selber.

Mitte der sechziger Jahre, als diese Beobachtungen gemacht wurden, interessierten sich wenige Psychologen für intrinsische Motivation. Das herrschende Paradigma erklärte alles Verhalten aus äußeren Belohnungen. Zu den wenigen Ausnahmen gehörte Abraham Maslow. Seine Unterscheidung zwischen *Prozeß*- und *Produkt*-Orientierung im kreativen Verhalten, die ihn zur Beschreibung von »Gipfelerlebnissen« (peak experiences) führte, war der begriffliche Rahmen, der den von mir gemeinten Phänomenen am nächsten kam (Maslow, 1965, 1968). Maslow beschrieb Menschen, die sich wie meine Künstler verhielten; Menschen, die hart arbeiteten, nicht um konventionelle Belohnungen zu erlangen, sondern weil die Arbeit selbst belohnend war. Er führte diese Motivation auf ein Bedürfnis nach »Selbstverwirklichung« zurück, ein Bedürfnis, durch intensive Aktivitäten und Erlebnisse die eigenen Möglichkeiten und Grenzen zu entdecken.

Maslows Erklärung erschien zwingend, und dennoch ließ sie viele Fragen unbeantwortet. Zum Beispiel: Konnte jede beliebige Aktivität solche intrinsischen Belohnungen hervorrufen oder nur einige ausgewählte Aktivitäten wie diejenigen der Künstler? War das Erlebnis der intrinsischen Belohnung in allen Fällen dasselbe, unabhängig davon, ob man sie beim Sporttreiben erlebte oder beim Gedichtemachen? Waren alle Menschen gleichermaßen intrinsisch motivierbar, oder mußte man als Künstler geboren sein, um so etwas zu empfinden? Maslows vorwiegend idiographische und theoretische Pionierarbeit ging empirisch nicht sehr weit.

Immer noch von der Frage der intrinsischen Motivation beunruhigt, wandte ich mich der Literatur über das Spiel zu, in der Hoffnung, dort einer Erklärung zu finden. Es gab bereits eine reichhaltige Literatur über das Spiel der Kinder (Piaget, 1951; Sutton-Smith, 1971) und der Erwachsenen (Huizinga (1939), 1970; Callois, 1958; Sutton-Smith & Roberts, 1963). Das Spiel ist eindeutig intrinsisch motiviert. Welche evolutionäre Bedeutung und Anpassungswerte es auch immer haben mag (Beach, 1945; Bekoff, 1972, 1978; Fagen, 1981; Smith, 1982), man spielt, weil das Spielen Freude macht. Mein Beitrag zu diesen Arbeiten, den ich in den späten sechziger Jahren leistete, bestand in einem Artikel über die historischen Veränderungen des Kletterns am Fels und des durch diese Aktivität hervorgerufenen Erlebens (Csikszentmihalyi, 1969) sowie in einem embryonischen Modell des *flow*-Erlebens, das ich gemeinsam mit H. Stith Bennett (damals Student am Lake Forest College) entwickelte (Csikszentmihalyi & Bennett, 1971).

In den frühen sechziger Jahren setzte an einigen Universitäten die Forschung zur intrinsischen Motivation verstärkt ein. Der theoretische Ausgangspunkt geht zum Teil auf die Hypothese der »optimalen Erregung« von D. O. Hebb (1955, 1966) zurück, die unter anderem von Daniel Berlyne und von J. McV. Hunt ausführlich untersucht wurde (Hunt, 1965; Berlyne, 1960, 1966; Day, Berlyne & Hunt, 1971). Diese Hypothese sollte Laborexperimente erklären, in denen sogar Ratten nicht nur für Futter und Schmerzvermeidung arbeiteten, sondern auch durch Neugier- und Kompetenz-»Triebe« motiviert wurden (Harlow, 1953; Butler & Alexander, 1955, White, 1959). Wenn jeder neue Reiz bei einem Affen oder bei einer Ratte komplexes Erkundungsverhalten auslösen konnte, so war klar, daß man tierisches Verhalten nicht mehr mit der Wirkung weniger Grundtriebe erklären konnte. Diese Einsicht wurde besonders gefördert durch die einflußreichen Veröffentlichungen von Fiske und Maddi (1961), von Dember (1974) und von deCharms und Muir (1978).

Zur ersten Generation derjenigen Forscher, die sich direkt mit intrinsischer Motivation befaßten, gehörte Richard deCharms (1968, 1976), der zuvor mit David McClelland das Leistungsmotiv erforscht hatte. Seine Literaturübersicht zum Thema der sozialen Motivation (deCharms & Muir, 1978) trug dazu bei, daß die intrinsische Motivation auf die intellektuelle Tagesordnung der Psychologen gelangte. In seinen Forschungen fand deCharms eindrückliche Unterschiede zwischen Schulkindern, die er danach unterschied, ob sie den Ereignissen in ihrem Leben vertrauensvoll-aktiv oder passiv-resignativ gegenüberstanden. Den ersten Typ nannte er »origin« (Spieler), weil diese Kinder glaubten, sie täten das, was sie tun wollten; den zweiten Typ nannte er »pawn« (Figur), weil diese Schüler das Gefühl hatten, von äußeren Kräften herumgestoßen zu werden, die ihrer Kontrolle entzogen waren. Eine wichtige Eigenschaft der »Spieler« war ihre intrinsische Motivation: Da sie das Gefühl hatten, Meister ihres eigenen Verhaltens zu sein, nahmen sie es ernster und hatten unabhängig von äußerer Anerkennung Befriedigung darin. DeCharms gelangte sogar zur Hypothese, daß – entgegen der Voraussage der Triebtheorie – die Motivation für ein bestimmtes, zunächst spontan gewähltes Verhalten sinken würde, wenn sie für dieses Verhalten in der Folge Belohnungen erhielten.

An der Universität Rochester überprüfte Edward Deci diese Vorhersage von DeCharms (1971, 1972, 1975). Er kam zu dem folgenden Ergebnis: Wenn Personen Geld für etwas erhielten, was sie ohnehin gerne taten, verloren sie das Interesse an dieser Tätigkeit schneller, als wenn sie dafür nicht belohnt wurden. Deci stimmte mit DeCharms in der Interpretation überein, daß Menschen ihr Verhalten im Belohnungsfalle als instrumentell und außengesteuert zu erleben begannen. Nachdem das Vorhandensein einer intrinsischen Motivation belegt war, schritten Deci und seine Mitarbeiter konsequenterweise zur Untersuchung der Autonomie und Selbstbestimmung (Deci & Ryan, 1985).

Das Forscherteam von Mark Lepper an der Stanford Universität entdeckte die intrinsische Motivation ungefähr zu derselben Zeit. Diese Gruppe war von der Sozialpsychologie Heiders (1958) und Kelleys (1967, 1973) beeinflußt, die subjektiven Ursachenzuschreibungen eine größere Bedeutung zukommen ließ, als es in früheren kognitiven Theorien der Motivation der Fall war. Auch die Theorie der Selbstwahrnehmung von

Bem (1967, 1972) ordnete dem Selbstkonstrukt in ähnlicher Weise einen autonomen Stellenwert zu. Bei ihren Forschungen mit spielenden Kindern bestätigte und verfeinerte Leppers Gruppe das Phänomen der übertriebenen Rechtfertigung. Sie spezifizierte die Bedingungen, unter denen Belohnungen ein Verhalten zu beeinträchtigen beginnen und brachten so größere Klarheit in die Dynamik der intrinsischen Motivationen (Lepper, Greene & Nisbett, 1973; Greene & Lepper, 1974; Lepper & Greene, 1975). Die Literatur zu diesem Thema wurde in einem Band zusammengestellt, der den passenden Titel »The Hidden Costs of Reward« (Die versteckten Kosten der Belohnung) trägt (Lepper & Greene, 1978).

So gab es seit Beginn der siebziger Jahre hinreichende theoretische Gründe für die Annahme, daß der Mensch durch ein viel breiteres Spektrum von Anreizen motiviert wurde, als die traditionelle Psychologie bis dahin angenommen hatte, und daß viele dieser Anreize mit den biologischen Homöostaseprinzipien des Essens, der sexuellen Betätigung oder der Schmerzvermeidung nichts zu tun hatten. Aber immer noch beruhten die Nachweise der Wichtigkeit intrinsischer Anreize auf recht künstlichen Laborexperimenten, in denen das Verhalten kleiner Kinder in wenigen, klar umrissenen experimentellen Paradigmen beobachtet wurde. Über die intrinsische Motivation in natürlichen Lebenssituationen wußte man noch kaum etwas. Niemand konnte sagen, ob das Aufgehen von Künstlern in ihrer Tätigkeit ein Erlebnis war, das ähnlich auch von anderen Erwachsenen in anderen Situationen erlebt wurde und ob jener tiefen Konzentration ein Erleben zugrunde lag, welches so erfreulich war, daß es selber als Belohnung fungieren konnte. Die langsam voranschreitende Forschung zur intrinsischen Motivation unterschied sich noch in einer anderen wichtigen Hinsicht von meinen eigenen Interessen. Lepper, Deci, DeCharms und die anderen Forscher auf diesem Gebiet waren hauptsächlich an intrinsisch motiviertem *Verhalten* interessiert – an den auslösenden Bedingungen und den Konsequenzen dieses Verhaltens. Sie induzierten in ihren Laboratorien zwar intrinsisch motiviertes Verhalten, aber sie kümmerten sich nicht darum, wie sich die betreffende Person fühlte. Sie setzten ein entsprechendes Erleben einfach voraus, wollten aber nicht wissen, wie dieses Erleben beschaffen war. Sie interessierten sich nur dafür, wie es die Ausdauer oder die Kreativität der betreffenden Person beeinflußte. Während mich diese Fragen auch beschäftigten, ging es mir doch in erster Linie um die *Beschaffenheit des subjektiven Erlebens*, daß ein Verhalten als intrinsisch belohnt empfunden wird. Wie *fühlte* man sich, wenn man intrinsisch motiviert ist? Warum war dieses Erlebnis belohnend?

Um Antwort auf diese Fragen zu bekommen, führte ich zusammen mit meinen Studenten – zuerst am Lake Forest College und dann an der University of Chicago – Tiefeninterviews an über 200 Personen durch, von denen wir annehmen konnten, daß sie intrinsische Belohnung häufig erlebten. Es handelte sich um Personen, die viel Zeit mit anstrengenden Tätigkeiten verbrachten, für die sie nicht bezahlt und kaum anerkannt wurden. Unsere Stichprobe umfaßte Amateuersportler, Schachmeister, Felskletterer, Tänzer, Basketballspieler der High School und Komponisten. Im Grunde wollten wir herausfinden, wie solche Menschen ihr Handeln in Momenten beschreiben, in denen es gut läuft.

Die Ergebnisse dieser Untersuchung führten zu den ersten zusammenhängenden Formulierungen über den *flow* (Csikszentmihalyi, 1974, 1975a, 1975b). Sie werden hier nicht zusammengefaßt, da im nächsten Kapitel eine systematischere Darstellung des *flow*-Modells folgt. Der hauptsächliche Beitrag dieser frühen Versuche bestand darin, in all diesen verschiedenen Aktivitäten ein gemeinsames Erleben herauszuarbeiten, das von den Interviewpartnern als *autotelisch* oder an sich lohnend empfunden wurde. Wir entschlossen uns, dieses Erleben *flow* zu nennen. Dieser Begriff war von einigen Interviewpartnern selbst verwendet worden, und wir zogen dieses kurze angelsächsische Wort dem umständlicheren, aber genaueren Ausdruck *autotelisches Erleben* vor.

Nachdem wir in der Lage waren zu beschreiben, wie man sich fühlte, wenn man in einer intrinsisch motivierenden Situation ist, gingen wir einen Schritt weiter und erforschten die Eigenschaften jener Aktivitäten, die in sich selbst motivierend waren. Trotz der offensichtlichen Unterschiede zwischen Unternehmungen wie dem Erklettern eines Felsens und dem Komponieren eines Musikstückes fanden wir trotzdem einige gemeinsame Merkmale, welche all die Aktivitäten, die *flow* hervorriefen, vom Rest des Alltagslebens abhoben. Die wichtigste Schlußfolgerung aus diesem Aspekt der Untersuchung bestand darin, daß nicht nur Spiel oder allgemeine Freizeitaktivitäten zu *flow* führen. Alle Aktivitäten können intrinsische Belohnungen enthalten, auch die Arbeit.

Das zweite Jahrzehnt: nach 1975

Die Veröffentlichung von *Beyond Boredom and Anxiety* wurde damals nicht recht beachtet, aber die in jenem Buch enthaltenen Ideen drangen doch langsam in verschiedenste akademische und praktische Bereiche ein. Das Buch ist seither dreimal wieder aufgelegt sowie ins Japanische (1979) und ins Deutsche (1985: Das *flow*-Erlebnis) übersetzt worden.

Am unmittelbarsten beeinflußte das *flow*-Konzept jene Wissenschaftler, die die psychologischen und soziologischen Begleiterscheinungen der

Freizeit untersuchten, auf die Veröffentlichungen zum Spiel, zum Sport und zu Freizeitaktivitäten (z. B. Widmeyer, 1978; Pearson, 1979; Sutton-Smith, 1979; Iso-Ahola, 1980; Kleiber, 1980, 1981, 1985, 1986; Kleiber & Barnett, 1980; Egger, 1981; Neulinger, 1981a, b; Kelly, 1982, 1986; Ingham, 1986; Samdahl, 1986). In verschiedenen Dissertationen wurde das Konzept überprüft und auf unterschiedliche Stichproben angewandt. So entwickelte zum Beispiel Gray (1977) einen *flow*-Fragebogen, den er erfolgreich bei Rentnern anwandte; Progen (1978) entwickelte einen Fragebogen für verschiedene Sportarten; ebenso Begly (1979) und Adair (1982).

In all diesen Bereichen verhalf das *flow*-Konzept zu einer wichtigen Einsicht: Unter dem Aspekt des subjektiven Erlebens sind Arbeit und Spiel nicht notwendig Gegensätze. Die Qualität des Erlebens entpuppte sich als besseres Kriterium zur Definition erholsamer Aktivitäten, verglichen mit der äußeren Beschreibung der Aktivität. Viele Menschen empfinden in ihrer Arbeit mehr Befriedigung und Glück als in Freizeitaktivitäten. Für sie macht die traditionelle Unterscheidung von »Arbeit« und »Freizeitaktivität« wenig Sinn. Wenn jemand am Autoverkaufen mehr Freude hat als am Kegeln, welche Aktivität bedeutet für ihn dann Arbeit und welche Vergnügen?

Die Kulturanthropologie ist ein weiteres Gebiet, für das sich das *flow*-Konzept als relevant erwies. Es war Victor Turner (1974b), der die Ähnlichkeit zwischen *flow* und den sogenannten »Grenzsituationen« bemerkte, einer Reihe von Phänomenen, die er seit Jahren untersuchte. Turner hatte herausgefunden, daß in den verschiedensten Kulturen unter bestimmten, klar definierten rituellen Umständen die normalen sozialen Rollen zeitweilig aufgehoben oder sogar umgekehrt werden. Beispiele sind Initiationsriten, Pilgerreisen oder auch eher weltliche Veranstaltungen wie der Karneval oder Geschäftspartys. Die Ursache dafür liegt nach Turner darin, daß die Teilnehmer bei solchen Gelegenheiten ein Gefühl der »communitas« erleben können, d. h. eine emotional befriedigende Nähe, die von den Zwängen sozialer Rollen und Verantwortung relativ frei ist. Dieses Gefühl des Teilnehmens trägt umgekehrt dazu bei, die Bande der sozialen Solidarität im normalen Leben zu stärken.

Turners Idee wurde aufgegriffen, und in der Folge gewann das *flow*-Konzept beträchtlichen Einfluß in der Anthropologie des Spiels (Cheska, 1981; Harris & Park, 1983). Auf der 1987 in Montreal stattfindenden Tagung der Anthropologischen Gesellschaft zur Untersuchung des Spiels befaßte sich beispielsweise ein Symposium zum *flow*-Konzept mit den folgenden Teilthemen: Die Miniaturwelt des Schach im Washington Square Park in New York (Francis, 1987), eine Untersuchung der emotionalen

Konsequenzen von Risiko und Wettbewerb (Hilliard, 1987), ein Vergleich der *flow*-Theorie mit der taoistischen Philosophie des Chuang-tzu (Sun, 1987) sowie eine Analyse des *flow* in Fernsehreportagen (Zelizer, 1987).

Es fiel auch die Ähnlichkeit des *flow* mit Erlebnissen auf, wie sie in mystischen und anderen religiösen Kontexten beschrieben werden (Carrington, 1977). In diesem Zusammenhang bat mich Mircea Eliade, für seine neue Religionsenzyklopädie im Verlag MacMillan einen Artikel über *flow* zu verfassen (Csikszentmihalyi, 1987a).

Die ersten Kritiker warfen dem Konzept einen spezifisch westlichen Zuschnitt vor. Obwohl das Konzept zum Teil auch unter dem Einfluß östlicher Quellen wie *Bhagavad Gita* und Zen entwickelt worden war, empfanden einige Kritiker *flow* als einen zu aktiven und zielorientierten Prozeß, als daß er für die ganze Menschheit verallgemeinerbar wäre. Für die Universalität des *flow*-Phänomens kann dagegen folgendes Argument angeführt werden: Was von Kultur zu Kultur variieren mag, ist der spezifische *Inhalt der Aktivitäten*, die *flow* hervorrufen; im Westen mögen das in der Tat meistens eher aktive, wettbewerbsorientierte und gesteuerte Aktivitäten sein. Die *Dynamik des Erlebens*, die Freude hervorbringt, könnte dennoch – und das vermuten wir – in allen Kulturen dieselbe sein. Einige Kapitel dieses Bandes stützen diese These. Satos Untersuchungen japanischer Teenager, Hans Studie über alte Koreaner und die Forschungen von Massimini und seiner Gruppe mit verschiedenen europäischen und asiatischen Stichproben illustrieren recht überzeugend, daß die Parameter der Freude auf der ganzen Welt dieselben sind.

Weil *flow* in der Privatheit des persönlichen Bewußtseins auftritt, sind die soziologischen Konsequenzen weitgehend ignoriert worden. In einer frühen Übersicht verglich Murray Davis (1977) meine *flow*-Forschung mit der Arbeit von Erwing Goffman, dem großen Soziologen des Alltagslebens. Dabei nannte er uns beide Mystiker, mit dem Unterschied, daß Goffman ein *Pessi*mystiker, ich hingegen ein *Opti*mystiker sei. Eine gründliche Anwendung des *flow*-Konzeptes findet sich allerdings in Richard Mitchells Buch über Bergsteiger (Mitchell, 1983), aus dem ein Teil in Kapitel 3 abgedruckt ist. Die Arbeit von Mitchell läßt vermuten, daß das *flow*-Konzept trotz seiner Subjektivität zum Verständnis vieler zentraler Probleme der Soziologie beitragen könnte. Schließlich handelt es sich auch bei der Entfremdung und der Anomie, also bei zwei der begrifflichen Säulen jener Disziplin, um subjektive Phänomene.

In der Psychologie, zu der das *flow*-Konzept eher paßt, war eine stärkere Wirkung zu verzeichnen. In vielen Veröffentlichungen wurde *flow* als nützliche Idee, als interessantes Phänomen und als ein potentiell wichtiger Aspekt des menschlichen Lebens anerkannt. Einer der Bereiche, in denen das Konzept an Bedeutung gewonnen hat, ist die Psychologie des Glücks und subjektiven Wohlbefindens. In diesem Forschungsgebiet gilt das *flow*-Modell als die führende aktivitätsbezogene Theorie des Glücklichseins, wobei sie oft bis auf Aristoteles zurückgeführt wird (Diener, 1984; Diener, Horowitz & Emmons, 1985; Argyle, 1987). Im Vergleich zur theoretischen Rezeption war der empirische Ertrag bisher allerdings eher mager. Natürlich gibt es Ausnahmen; einige davon sind in den vorliegenden Band aufgenommen worden.

Wie zu erwarten, wandten sich die auf dem Gebiet der intrinsischen Motivation arbeitenden Psychologen vor allem deshalb der *flow*- Forschung zu, weil das Phänomen hier zum ersten Mal im natürlichen Lebenskontext untersucht wurde (deCharms & Muir, 1978; Amabile, 1983; Deci & Ryan, 1985). Auf der Ebene der allgemeinen psychologischen Theoriebildung hat Eckblad (1981) versucht, das *flow*- Modell in andere motivationale und kognitive Modelle systematisch zu integrieren. In Deutschland hat Heinz Heckhausen die Beziehung zwischen intrinsischer und leistungsbezogener Motivation in Zusammenhang mit *flow* diskutiert (siehe Aebli, 1985).

Als Beispiele für experimentelle Untersuchungen, die vom *flow*-Konzept beeinflußt sind, lassen sich die Arbeiten von Jean Hamilton anführen, der einen eindrucksvollen Zusammenhang zwischen Aufmerksamkeitsmustern und der Intensität des *flow*-Erlebens fand (Hamilton, 1976, 1981; Hamilton, Holcomb & de la Pena, 1977). Mannell (1979; Mannell & Bradley, 1986) hat sozialpsychologische Experimente durchgeführt, die sich mit *flow* und anderen motivationalen Aspekten befaßten.

In unserem eigenen Laboratorium an der Universität Chicago ist die *flow*-Forschung zu einem wichtigen Bestandteil aller hier durchgeführten Untersuchungen geworden. So enthält die im Buch *The Meaning of Things* (Csikszentmihalyi & Rochberg-Halton, 1981; deutsch 1989) eine Untersuchung zu der Frage, wie amerikanische Städter sich in ihren Wohnungen eine symbolische Umgebung einrichten, mit einem Kapitel über *flow*. Dasselbe gilt für die in *Being Adoleszent* (Csikszentmihalyi & Larson, 1984) berichteten Forschungen sowie die Untersuchungen zu Fernseh-Gewohnheiten (Kubey & Csikszentmihalyi: *Mirror of the Mind*; im Druck).

Die vielleicht interessanteste theoretische Entwicklung war die Verknüpfung des *flow*-Konzeptes mit einer Theorie der soziokulturellen Evolution. Den Zusammenhang zwischen einem psychologischen Selektionsmechanismus im Sinne des Aufsuchens von *flow* und der kulturellen Entwicklung hat als erster Professor Fausto Massimini von der Universität Mailand erkannt. Unser erster Artikel zu diesem Thema (Csikszentmihalyi & Massimini, 1985) rief eine heftige Diskussion hervor, die drei aufeinanderfolgende Nummern der Zeitschrift *New Ideas in Psychology* (1985, vol. 3, nr. 2, 3; 1986, vol. 4, nr. 1) beschäftigte. Zuvor hatte bereits der englische Ethologe J. Crook im Schlußkapitel seines Buches *Evolution of Consciousness* (Crook, 1980) eine evolutionäre Bedeutung des *flow* vermutet. Systematischere Betrachtungen dieses Zusammenhanges finden sich in Csikszentmihalyi, 1986 und 1987b, sowie in Kapitel 4 des vorliegenden Bandes.

Praktische Anwendungen. Das *flow*-Konzept entstand aus reiner Neugierde. Es war die Frucht »reiner« Grundlagenforschung, nur durch den Wunsch motiviert, ein fesselndes Rätsel im Mechanismus menschlichen Verhaltens zu lösen. Und viele frühe Kritiker beanstandeten sogar, daß es sich dabei um ein recht verschwommenes Konstrukt handle, das fast in das Gebiet des Mystischen gehöre. Es fehle ihm die harte, konkrete Objektivität, die von einem pragmatischen psychologischen Konzept verlangt würde. In Anbetracht dessen kann man nur darüber staunen, daß das *flow*-Konzept so viele praktische Anwendungen gefunden hat.

Einer der ersten Bereiche, in denen das Konzept seine potentielle Nützlichkeit erwies, waren die Schule und die Erziehung. Mayers (1978) hatte gezeigt, daß die Freude von Schülern an einem Kurs die Abschlußnoten besser vorhersagen ließ, als zuvor erhobene Schulleistungs- oder Begabungswerte. Aus einem anderen Blickwinkel konnte Plihal (1982) nachweisen, daß das Ausmaß an Freude, das Lehrer mit ihrem Beruf verbinden, mit dem Aufmerksamkeitsgrad ihrer Schüler zusammenhängt. Im öffentlichen Schulsystem von Indianapolis hat eine Gruppe engagierter Lehrer an der »Key School« ein Curriculum umgesetzt, das von der Vorschule bis zur 6. Klasse reichte und sich teilweise auf die *flow*- Theorie stützte. Am Unterricht ließe sich sicherlich viel verbessern, wenn die Möglichkeiten besser genutzt würden, Freude am Unterricht zu vermitteln (Csikszentmihalyi, 1982b; Csikszentmihalyi & McCormack, 1986). Einige Kapitel des vorliegenden Bandes beschäftigen sich mit Nutzanwendungen der *flow*-Theorie für die Schule. Larson zeigt, wie Langeweile, Angst und Freude den Prozeß des Schreibens beeinflussen.

Das *flow*-Modell ist nicht nur für die Schule im allgemeinen relevant, sondern speziell auch für verschiedene Formen von Sonderschulen. An der Oklahoma State University beispielsweise wurde das *flow*- Konzept im Rahmen eines Sommerkurses für Lehrer von behinderten Kindern und auch zur Entwicklung eines Lehrbuches genutzt, das trotz der Behinderung Möglichkeiten aufzeigen sollte, Freude zu empfinden. Auch auf dem Gebiet der Beschäftigungstherapie hat unser Konzept einigen Einfluß gewonnen. Zum andern werden hochbegabte Kinder untersucht, um herauszufinden, unter welchen Bedingungen sie beim Umgang mit Rechnern am meisten Spaß hatten. Auch Malone (1980) und Turkle (1984) haben den lernenden und spielerischen Umgang mit Computern anhand des *flow*-Modells untersucht.

In meinem Buch *Das flow-Erlebnis* (1975b; deutsch 1985) hatte ich darauf hingewiesen, daß die wichtigsten Anwendungen des Modells im Schul- und Arbeitsbereich liegen; denn dort verbringen die meisten Menschen ja den Großteil ihres Lebens – und zwar oft genug entweder in Langeweile oder in unruhiger Angst. In einer Untersuchungsreihe über Industrieunfälle in Ungarn fanden I. Vitanyi und M. Sagi (persönliche Mitteilung), daß gelangweilte Arbeiter dazu neigen, unvernünftige Risiken einzugehen und daß Arbeiter, die Angst haben, Krankheiten vorschützen. Die Arbeiter, die an ihrem Beruf Spaß haben, waren nicht nur persönlich befriedigter, sondern trugen auch viel mehr zu den produktiven Zielen der Fabrik bei. Die beiden Forscher setzten die Tendenz, an der Arbeit Freude zu empfinden, mit einer Vielzahl von Hintergrundvariablen in Beziehung, insbesondere mit Mustern des Familienlebens ebenso wie mit der Art und Weise, die Freizeit zu verbringen. Andere Forscher haben die Möglichkeiten eines »*flow*-Managements« erkundet, indem sie versuchten, Eigenschaften der Arbeit herauszufinden, die einem Manager Freude machen würden. Am Institute of Organization and Social Studies der Universität von West-London hat Gillian Stamp das *flow*-Modell auf den Bereich der Managerausbildung angewandt. Verschiedene Management-Seminare in den Vereinigten Staaten geben diesen Phänomenen jetzt in ihren Kursen den ihnen gebührenden Stellenwert. Ebenfalls wurde untersucht, wie sich optimales Erleben auf das Verhalten von Konsumenten auswirkt (Bloch & Bruce, 1984; Bloch, 1986)

In diesem Band bildet die Freude an der Arbeit – oder deren Ausbleiben – das Hauptthema verschiedener Kapitel. Es findet sich in Kapitel 3, wo Mitchell die soziologischen Folgen von Entfremdung und Anomie untersucht; im Kapitel 7 von Allison und Duncan, das sich arbeitenden Frauen widmet; in Kapitel 11 von Delle Fave und Massimini, die über Arbeit und Freizeit in traditionellen Gesellschaften berichten; und in LeFevres Studie zum *flow* in der Arbeitswelt amerikanischer Städte (Kapitel 16).

Die naheliegendsten – wenn auch vielleicht auf lange Sicht nicht die produktivsten – Anwendungen findet das *flow*-Konzept im Bereich von Spiel und Freizeit. In den späten 70er und 80er Jahren wendeten verschiedene Gruppen das *flow*-Konzept an, die mit Spieltherapien für Erwachsene experimentierten. Bernard DeKoven, ein Erfinder von Spielen und Animateur, integrierte das *flow*-Konzept in seine Seminare in Pennsylvania, die von Stewart Brand an der Westküste gegründete »Games Foundation«.

Auch bei der Planung öffentlicher Freizeitanlagen wurde das Konzept berücksichtigt (Berger & Schreyer, 1986).

Daß die Psychotherapie aus der *flow*-Perspektive Nutzen ziehen könnte, ist ein Gedanke, der bei einigen Klinikern auf fruchtbaren Boden gefallen ist. Statt der ausschließlichen Fixierung auf vergangene Ursachen einer Krankheit würde dabei der Akzent auf die Entwicklung von Situationen und Handlungen gelegt, die zum bestmöglichen subjektiven Erleben führen. In diesem Sinne liefert der *flow* der klinischen Psychologie einen Standard positiven psychischen Funktionierens, analog dem Standard, den die Psychologie der medizinischen Pathologie liefert (Massimini, Csikszentmihalyi & Carli, 1987). Ein ähnlicher Gedanke liegt der Anwendung des *flow*-Modells in einer landesweiten Anti-Drogen-Kampagne zugrunde: Es geht darum, Jugendlichen Beispiele »natürlicher high-Zustände« zu bieten, nämlich komplexer Erfahrungen in produktiven Situationen, die die ganze Konzentration erfordern. Eine frühe Arbeit über Jugend-Delinquenz (Csikszentmihalyi & Larson, 1978) legte bereits die Hypothese nahe, daß Verbrechen und Vandalismus Jugendlicher zu einem großen Teil auf Langeweile zurückgehen. Dieser Gedanke scheint in verschiedenen Rehabilitationsprogrammen Früchte zu tragen, in denen das *flow*-Modell nun zur konkreten Verbesserung genutzt wird. Auch die von Dr. Sharif Malik (1985) geleitete, erste landesweite Untersuchung über Jugend-Delinquenz in Saudi-Arabien und die darauf gestützten Maßnahmen wurden mit Hilfe des *flow*-Konzepts entwickelt. Im vorliegenden Buch stellt der Beitrag von Sato eine Anwendung des *flow*- Modells auf die Erforschung abweichenden Verhaltens dar.

Weitere Anwendungen reichen von der Werbepsychologie bis zur Gestaltung und Umgestaltung von Museen. Ken Davis (1988) schrieb ein Buch, in dem anhand des *flow*-Modells nach Wegen gesucht wird, das Publikum in das Theater miteinzubeziehen. Wo immer es um die Qualität menschlichen Erlebens geht, spielt der *flow* eine Rolle. Das Konzept trägt zur Erklärung der Frage bei, warum gewisse Menschen ihre Arbeit und andere vor allem ihre Freizeitaktivitäten mögen; es liefert auch Erklärungen dafür, warum Menschen unter manchen Umständen Langeweile und Frustration erleben. Und es ist wichtig für das Verständnis der Entfremdung und Apathie, die vielen individuellen Krankheiten und gesellschaftlichen Fehlentwicklungen zugrunde liegt und darauf zurückgeht, daß die Langeweile in manchem Leben vorzuherrschen beginnt.

Auf den folgenden Seiten haben wir einige der stimulierendsten begrifflichen Weiterentwicklungen des ursprünglichen *flow*-Modells zusammengestellt mit einer Auswahl der Forschungen, die im Laufe des letzten Jahrzehntes das Verständnis der Lebensfreude und ihrer Voraussetzungen erweitert haben. Sie decken ein breites Spektrum menschlichen Erlebens ab, von der Arbeit über das Spiel bis zu abweichendem Verhalten; untersucht wurde dies an Männern und Frauen, jungen und alten Leuten, Angehörigen westlicher und solchen östlicher Kulturkreise. Sie illustrieren die Freude (oder den Mangel an Freude), die von Putzfrauen bei ihrer einfachen Arbeit berichtet wird oder auch von Seglern, die mit ihren Yachten auf dem Meer umherkreuzen. Trotz seines beträchtlichen Umfanges stellt dieser Band nur einen Beginn dar in einem Feld der Forschung und Anwendung, das sich – so hoffen wir – zunehmend ausweiten wird. Das *flow*-Modell eröffnet eine neue Perspektive für einige der aufregendsten Aspekte menschlichen Erlebens. Die Herausforderung liegt darin, diese Sichtweise weiterzuentwickeln, um das Leben lebenswerter zu machen. Wir hoffen, daß wenigstens einige Leser nach der Lektüre dieses Buch sich dieser Herausforderung stellen werden.

Kapitel 2

Das *flow*-Erlebnis und seine Bedeutung für die Psychologie des Menschen

Mihaly Csikszentmihalyi

Normalerweise beobachten Psychologen das menschliche Verhalten entweder im klinischen Rahmen, wo der »Patient« therapeutische Hilfe sucht, oder in experimentellen Situationen, wo die Begrenztheit des Laboratoriums und die Parameter des Experimentes nur einen kleinen Teil der möglichen Verhaltensweisen zum Ausdruck kommen lassen. Die theoretischen Modelle der Psychologie des letzten halben Jahrhunderts leiden unter dieser Beschränkung der Beobachtungsdaten: Sie sind in der Mehrzahl mechanistisch, reduktiv und auf psychische Beeinträchtigungen ausgerichtet.

Ein vollständigeres Verstehen menschlichen Verhaltens und Erlebens setzt voraus, daß wir Menschen auch beobachten, wenn sie sich nicht auf der Couch des Psychiaters oder im Laboratorium des Experimentalpsychologen befinden, sondern in normalen Lebenssituationen. Insbesondere ist es wichtig, daß wir sie in Momenten beobachten können, in denen ihr Leben Höhepunkte der Intensität erreicht, in denen sich starke Gefühle der Freude und der Kreativität einstellen. Solange unsere Modelle menschlichen Verhaltens diese Aspekte vernachlässigen, werden sie einseitig und unvollständig bleiben. Die vorgelegten Untersuchungen des *flow*-Erlebens tragen in diesem Sinne zur Konstruktion eines realistischeren psychologischen Modells bei.

Alle psychologischen Hauptrichtungen dieses Jahrhunderts – die Triebtheorien, die Psychoanalyse, die behavioristisch ausgerichtete Psychologie, die kognitive Psychologie – gleichen sich in ihrer epistemologischen Ausrichtung. Um einer möglichst hohen Wissenschaftlichkeit willen haben sie reduktionistische Erklärungen des menschlichen Verhaltens entwickelt und dabei die offensichtlichen Aspekte des Phänomens Mensch vernachlässigt, nämlich die Existenz eines bewußten Selbst. Das Bewußtsein des Menschen wegzuerklären mag lange als eine gute wissenschaftliche Strategie erschienen sein. Auf diese Weise schien es möglich, eine Psychologie nach dem Muster der Physik zu gestalten, die sich auf ganz konkrete unpersönliche Prozesse stützte.

All diesen Ansätzen entspricht eine der »Billard«-Metapher verpflichtete Auffassung menschlicher Motivation. Das Verhalten einer Person wird aufgrund der vektoriellen Summe aller von außen auf das Individuum einwirkenden Kräfte erklärt. In der Situation X wird das Verhalten Y vorausgesagt. Die Theorien unterscheiden sich lediglich darin, welches X sie genauer ins Auge fassen, ob es sich dabei nun um psychopharmakologische Zustände, innere Triebzustände wie Hunger, äußere Belohnungen handelt, oder ob allenfalls mit interaktiven Begriffen wie z. B. demjenigen der libidinösen Verdrängung gearbeitet wird. In jedem Fall hat die moderne Psychologie den Versuch gemacht, X-Variabeln zu identifizieren, die vom subjektiven Befinden des erlebenden Organismus unabhängig sind. Nur durch den Bezug auf äußerliche Faktoren (Hormone, Triebe, Instinkte, Verstärkungspläne usw.), die zuverlässig in einer je bestimmten Richtung wirken – und zwar möglichst ohne »Störeinflüsse« vom Subjekt her, das als das Objekt dieser Kräfte betrachtet wird – schien das Projekt einer wissenschaftlichen Psychologie durchführbar.

Gewiß ist dieser reduktionistische Ansatz ein Stück weit sinnvoll. Schließlich trifft es im allgemeinen zu, daß Männer und Frauen nach Nahrung zu suchen beginnen, wenn ihr Blutzuckerspiegel unter einen gewissen Punkt sinkt. Es stimmt auch, daß sie Verhaltensweisen, für die sie belohnt werden, schnell lernen, und daß sie andererseits ein Verhalten eher unterlassen, wenn es negative Konsequenzen nach sich zieht. Auch die Macht sexueller Triebe sowie die Auswirkungen ihrer Unterdrückung stehen außer Zweifel.

Trotz dieser offensichtlichen Stärken kann die reduktionistische Psychologie zu keiner genauen Theorie menschlichen Verhaltens führen, weil sie das Phänomen des Selbst ignoriert. Sie kann daher jene seltenen, aber höchst bedeutungsvollen Fälle nicht erklären, in denen Menschen sich entschließen, jenen »Kräften« entgegenzuhandeln, die ihr Verhalten unter normalen Umständen zu bestimmen scheinen. Sie kann nicht erklären – außer mit Hilfe gekünstelter spontaner Argumente, die dann ihrerseits unerklärt bleiben –, warum Menschen manchmal fasten oder sich gar zu Tode hungern, warum sie manchmal willentlich ein sexuell enthaltsames Leben führen oder warum sie manchmal genau das Gegenteil von dem machen, was sie immer gelernt haben und wofür sie immer belohnt worden sind.

Tatsache ist, daß Menschen tun, was sie tun wollen, und daß dieser Wille nicht direkt von äußeren Kräften abhängt, sondern von Prioritäten, die auf Bedürfnisse des Selbst zurückgehen. Die Motivation läßt sich folglich nicht auf Ursachen zurückführen, die auf einer niedrigeren Organisationsebene als das Selbst liegen. Daß so vieles am menschlichen Verhalten durch die Annahme einfacher Mechanismen wie Triebe, Reiz-Reaktionssequenzen usw. vorhergesagt werden kann, liegt daran, daß die Menschen Botschaften folgen *wollen*, die solche Mechanismen übermitteln. Im allgemeinen *wollen* die Menschen tatsächlich essen, wenn sie hungrig sind; sie *wollen* auch wirklich hart arbeiten, wenn sie dafür belohnt werden, usw. Es ist jedoch eine Übervereinfachung, aus diesen Regelmäßigkeiten zu folgern, der Mensch gehorche einfach seinen Genen oder einer Konditionierung. Eher müßte man sagen, daß diese Grundmechanismen die Organisation des Selbst bestimmen, das dann aber zu einem unabhängigen Kausalfaktor wird; dieser Faktor wird zuungunsten von Trieben und Reiz-Reaktionsschemata bestimmend über die Richtung menschlichen Verhaltens.

Der menschliche Organismus kann nicht als ein Bündel von neuronalen Reflexen oder Reiz-Reaktionsketten überleben. Um in dem unendlich komplexen Ökosystem, in dem es sich entwickelte, funktionieren zu können, mußte es sich von den genetischen Instruktionen ablösen, die sein Verhalten über die Zeitalter hinweg gesteuert hatten.

Das System, das diese Autonomie leistet, ist das Selbst. Das Selbst hat die Funktion, zwischen den genetischen Instruktionen, die sich als »Instinkte« oder »Triebe« manifestieren, einerseits und den kulturellen Instruktionen andererseits zu vermitteln, die als Normen und Regeln in Erscheinung treten. Es muß Prioritäten setzen, jeweils bestimmte Verhaltensmöglichkeiten auswählen und durchsetzen.

Die Struktur des Bewußtseins

Damit das Selbst zwischen diesen oftmals widersprüchlichen Instruktionen vermitteln kann, hatte der menschliche Organismus ein neues Merkmal zu entwickeln, nämlich ein Informationssystem, das eine Vielzahl von Reizen voneinander unterscheiden, das gewisse daraus auswählen und zentrieren sowie die Information in nützlicher Weise speichern konnte. Dieses aus der biologischen Evolution des Zentralnervensystems hervorgegangene Merkmal nennen wir das *Bewußtsein* (consciousness). Es setzt sich aus drei Teilsystemen zusammen: Die Aufmerksamkeit wendet sich den vorhandenen Informationen zu, die Bewußtheit (awareness) interpretiert diese Informationen, und das Gedächtnis speichert sie (Broadbent, 1958; Pope & Singer, 1978). Der Inhalt des Bewußtseins entspricht dem Erleben, d. h. der Summe all dieser aufgenommenen Informationen und deren Interpretation (James, 1890).

Die Aufmerksamkeit ist das Medium, das die Information im Bewußtsein erscheinen läßt. Maximal kann der menschliche Organismus pro Zeiteinheit ungefähr sieben bits – oder »Chunks« – an Information unterscheiden (Miller, 1956). Gestützt auf Berechnungen von Uexkülls (1957) schätzt Orme (1969) die Zeitdauer einer solchen »Aufmerksamkeitseinheit« auf ungefähr $1/18$ Sekunde; in anderen Worten kann unser Bewußtsein im Zeitraum einer Sekunde 18 mal 7 (= 126) Informations-Bits aufnehmen. In der Minute kommt eine Person somit maximal auf ungefähr 7560 Informationsbits. Nimmt man eine Lebenszeit von 70 Jahren bei einer durchschnittlichen Tageswachzeit von 16 Stunden an, gelangt man in die Größenordnung von 185 Milliarden Informationsbits. Diese Zahl stellt die Grenze individueller Erfahrung dar. Alle Wahrnehmungen, Gedanken, Gefühle, Erinnerungen und Handlungen einer Person sind in dieser Menge enthalten. Die Zahl erscheint groß, aber in Wirklichkeit erleben die meisten Menschen sie in tragischer Weise als unzureichend.

Um eine Vorstellung davon zu bekommen, wie wenig wir mit der uns zur Verfügung stehenden Aufmerksamkeitskapazität leisten können, wollen wir einmal überlegen, wieviel Aufmerksamkeit man braucht, um einem gewöhnlichen Gespräch zu folgen. Um die phonemische Information aus Sprechsignalen zu entnehmen, benötigt man nach vorsichtigen Schätzungen 40000 bits pro Sekunde, wenn jedes bit getrennt aufgenommen werden soll. Zum Glück erlaubt uns unsere artspezifische genetische Programmierung, die Sprache automatisch zu Phonemen zu gruppieren, was die Kapazitätsbelastung auf 40 bits pro Sekunde reduziert, d. h. auf ungefähr ein Drittel der gesamten Verarbeitungskapazität (Liberman, Mattingly & Turvey, 1972; Nusbaum & Schwab, 1986). Das ist auch der Grund dafür, daß wir nicht gleichzeitig einem Geräusch folgen und daneben eine andere anspruchsvolle geistige Arbeit wie Briefschreiben, Schachspielen oder Tennisspielen erledigen können. Bereits die Dekodierung dessen, was ein anderer Mensch sagt – ein Prozeß, der doch anstrengungslos und automatisch abzulaufen scheint – interferiert mit jeder anderen Tätigkeit, die unsere volle Aufmerksamkeit beanspruchen würde.

Ihre Begrenztheit ist eine der wichtigsten Eigenschaften der Aufmerksamkeit. Bei der Besprechung des bahnbrechenden Buches von Kahnemann (1973) schreibt Norman (1976, S. 71):

Die Begrenzung der Aufmerksamkeitskapazität scheint mit einer allgemeinen Beschränktheit unserer geistigen Verarbeitungsmöglichkeiten einherzugehen... Die Durchführung einer geistigen Aktivität setzt zwei Arten von Input in die entsprechende Struktur voraus: Einen für diese Struktur spezifischen Informationsinput und einen unspezifischen Input, der »Anstrengung«, »Kapazität« oder »Aufmerksamkeit« genannt werden kann. Um zu erklären, warum der Mensch nicht beliebig viele Aktivitäten gleichzeitig bewältigen kann, macht die Kapazitätstheorie die Annahme, daß die Gesamtsumme der Aufmerksamkeit, die zu irgendeinem Zeitpunkt auf etwas gerichtet werden kann, beschränkt ist.

In ähnlichem Sinne schreiben Hasher und Zacks (1979, S. 363): »In Übereinstimmung mit der Kapazitätstheorie stellen wir uns die Aufmerksamkeit als eine unspezifische Hilfsquelle für kognitive Verarbeitungsprozesse vor. Diese Ressource ist zwar notwendig für die Ausführung geistiger Operationen, aber beschränkt.« Und Eysenck (1982, S. 28) stellt fest: »Die ursprüngliche Auffassung von Aufmerksamkeit ist durch eine neue Konzeption ersetzt worden, in der die Aufmerksamkeit als eine beschränkte Energiequelle erscheint. Die Grundidee ist, daß es sich dabei um eine beschränkte unspezifische Kapazität handelt, die je nach den Anforderungen einer Aufgabe flexibel eingesetzt werden kann.«

Da die Aufmerksamkeit das Medium darstellt, das Ereignisse ins Bewußtsein treten läßt, kann man sie sich gut als »psychische Energie« vorstellen (Kahneman, 1973; Csikszentmihalyi, 1978a; Hoffman, Nelson & Houck, 1983). Jede nicht reflexhafte Handlung verbraucht einen Teil dieser Energie. Einem Gespräch nur soweit zuzuhören, daß man versteht, was gesagt wird, nimmt bereits ein Drittel unserer psychischen Energie in Anspruch. Das Umrühren in einer Tasse Kaffee, das Umblättern einer Zeitung, der Versuch, sich an eine Telefonnummer zu erinnern – all das belegt Informationsverarbeitungskapazität. Natürlich unterscheiden sich die Individuen in starkem Maße darin, wieviel ihrer psychischen Energie sie tatsächlich nutzen (d. h. wie viele Bits an Information sie verarbeiten), wie sie die genutzte Energie einsetzen.

All diejenigen Prozesse, die im Bewußtsein stattfinden, nachdem die Aufmerksamkeit sich auf eine bestimmte Information gerichtet hat, werden wir hier »Bewußtheit« (awareness) nennen. Darunter fallen Schritte wie das Erkennen des Reizes, das Kategorisieren des Reizes mit Blick auf frühere Informationen sowie das Ablegen dieser Information, sei es durch Speicherung im Gedächtnis oder sei es durch Vergessen. Wichtige Bewußtheitsprozesse sind Denken, Fühlen und Wollen (Hilgard, 1980). Denken oder »Kognition« meint die verschiedenen Schritte, in denen Informationsbits erkannt und zueinander in Beziehung gesetzt werden. Gefühl oder »Emotion« bezeichnet die Einstellung, die das Bewußtsein gegenüber der verarbeiteten Information einnimmt und die grundsätzlich auf einer Dimension von »das finde ich gut/ich habe es gern« bis »das finde ich nicht gut/ich habe es nicht gern« variiert. Der Wille ist der Prozeß, der die Aufmerksamkeit auf einen gewissen Reizbereich fixiert hält, statt sie zu anderen Zielen wandern zu lassen (M. Csikszentmihalyi, 1986). Alle diese Bewußtheitsprozesse beanspruchen Aufmerksamkeit. Sie stellen also selbst »Information« im Bewußtsein dar und sind den bereits besprochenen Beschränkungen der Informationsverarbeitung unterworfen (Neisser, 1967; Treisman & Gelade, 1980; Treisman & Schmidt, 1982;

Hoffman, Nelson & Houck, 1983). Mit anderen Worten: Unser Denken, Fühlen und Wollen kann sich in einer gegebenen Zeitspanne nur auf einige Reize richten.

Das Subsystem Gedächtnis speichert Informationen, die das Bewußtsein durchlaufen haben und wieder in dieses zurückgerufen werden können. Es erlaubt dem Bewußtsein den Zugriff auf weit mehr als die 126 Bits an Information pro Sekunde, auf die es von der Aufmerksamkeitskapazität her begrenzt ist. Aber auch das Speichern und Wiedererinnern von Information verlangt Aufmerksamkeit, und so ist auch das Gedächtnis begrenzt (Atkinson & Shiffrin, 1968; Shiffrin, 1976; Hasher & Zacks, 1979; Neisser, Hirst & Spelke, 1981; Nusbaum & Schwab, 1986).

Diese drei Subsysteme – Aufmerksamkeit, Bewußtheit und Gedächtnis – erlauben es dem Bewußtsein, als Puffer zwischen den genetischen und kulturellen Instruktionen einerseits und dem Verhalten andererseits zu funktionieren. Indem es physiologische Prozesse in subjektives Erleben umwandelt, ist dem Bewußtsein eine Kontrolle über die anonymen Instinktkräfte möglich.

An einem gewissen Punkt seiner Ontogenese erkennt jeder Mensch seine Fähigkeit, die eigene Aufmerksamkeit zu steuern, zu denken, zu fühlen, zu wollen und sich zu erinnern. An diesem Punkt entwickelt sich eine neue Instanz innerhalb des Bewußtseins, nämlich das *Selbst*. Das Selbst stellt einfach dadurch ein Epiphänomen des Bewußtseinsprozesses dar, daß das Bewußtsein seiner selbst bewußt wird. Die Struktur des Selbst nimmt Gestalt an als Information über den eigenen Körper, über die eigene Vergangenheit und über die eigenen Ziele. Mit der Zeit dehnt sich der Bereich des Selbst so aus, daß er das ganze Bewußtsein umfaßt. An diesem Punkt wird das Selbst zum Symbol für die Gesamtheit der bewußten Vorgänge in einem Individuum – einschließlich jener unbewußten Inhalte, die gelegentlich im Bewußtsein auftauchen.

Wie es bei jedem System der Fall ist, hat das einmal entwickelte Selbst vor allem die Tendenz, sich selbst aufrechtzuerhalten und womöglich zu wachsen. Mit der Entwicklung des Bewußtseins im menschlichen Nervensystem war auch die Entwicklung des Selbst unvermeidlich geworden. Und sobald das Selbst auf den Plan trat, war die absolute Kontrolle des Menschen durch seine genetische Programmierung gebrochen (Dawkins, 1976; Crook, 1980; Csikszentmihalyi & Massimi, 1985). Das Selbst konnte nun gegen die tausendjährige Weisheit agieren, die die natürliche Selektion in den biologischen Organismus der Art eingebaut hatte. Das Selbst konnte nun selbstherrlich oder selbstlos sein, unabhängig von den Wünschen der selbstherrlichen Gene, die seine Existenz möglich gemacht hatten.

Ohne ein Bewußtsein würde mich beispielsweise jedes Hungergefühl sofort zur Nahrungssuche veranlassen. Die meisten psychologischen Theorien nehmen eine solche unmittelbare Verdrahtung an. In Wirklichkeit aber ereignet sich folgendes: Wenn die Hungerempfindungen in mein Bewußtsein dringen, beurteile ich diese Information, benenne die Empfindung (z. B.: »Oh, bin ich hungrig«) und entscheide dann, was ich dagegen unternehmen kann. In neun von zehn Fällen werde ich mich tatsächlich nach Essen umsehen, gerade so als hätte ich kein Bewußtsein, und als hätten die entsprechenden genetischen Instruktionen die direkte Kontrolle über mein Verhalten. Es wäre andererseits der Fall denkbar, daß das Ziel des Abmagerns zu meinem aktuellen Selbst gehört und daß ich mich entscheide, eine Mahlzeit zu überspringen, um ein wenig Gewicht zu verlieren. Ein traditioneller Katholik würde vielleicht fasten, wenn es Freitag wäre. Vielleicht würde ich mich auch gegen das Essen entscheiden, um Geld zu sparen, oder aus irgendeinem von hundert Gründen, die zu diesem Zeitpunkt mit den Zielen des Selbst kongruenter wären und daher den rein biologischen Instruktionen den Rang ablaufen könnten.

Unser Bewußtsein stellt ebenso einen »Puffer« zwischen den gesellschaftlich-kulturellen Instruktionen und unserem Verhalten dar. In jeder Gesellschaft spannt die soziale Kontrolle ein Netz von Belohnungen und von Strafen auf, die individuelles Verhalten in die von der Gesellschaft als für die Allgemeinheit günstig eingestuften Normen zwingen sollen. Auch hier wird sich das Verhalten in neun von zehn Fällen aus den Normen vorhersagen lassen. Aber auch hier ist jedes Individuum in der Lage, die Sozialisation zu überwinden, denn die kulturellen Instruktionen erscheinen im Bewußtsein als Erlebnisse, mit denen das Selbst in derselben distanzierten Weise umgehen kann wie mit genetischen Instruktionen. Das Bewußtsein befreit den Organismus von den Kräften, die ihn geschaffen haben, und erlaubt uns eine gewisse – wenn auch oft schwache und gefährdete – Steuerung unseres eigenen Verhaltens. Alles, was in unserem Bewußtsein repräsentiert werden kann, läßt sich im Prinzip durch die Investition von Aufmerksamkeit, d. h. von psychischer Energie kontrollieren.

Vom evolutionären Standpunkt aus gesehen handelt es sich beim Selbst um eine sehr riskante Mutation. Die Vorteile sind offensichtlich: Durch die Vermittlerrolle zwischen programmierten Instruktionen und adaptivem Verhalten vergrößert das Selbst die Möglichkeiten der Anpassung enorm. Es gibt nicht mehr die Notwendigkeit, aufwendige genetische Verbindungen zwischen gewissen Reizarten und jeweils erwünschten Reaktionen aufzubauen, weil das Bewußtsein die entsprechenden Zusammenhänge symbolisch herstellen kann. So brauchen wir beispielsweise nicht Tausende verschiedener Warnsysteme, um auf jede spezielle Art von

Gefahr reagieren zu können; ein verallgemeinerter »Instinkt« der Selbsterhaltung genügt in den meisten Fällen. Die Kontrolle über das Erleben brachte die Kontrolle über das Denken, das Fühlen und das Wollen mit sich. Im Zuge dieser Entwicklung wurde der Mensch zu einer der durchsetzungsfähigsten natürlichen Kräfte des Planeten.

Aber auch die Nachteile sind offensichtlich. Das Bewußtsein hat uns gewissermaßen von den Kräften abgekoppelt, die die Evolution bis dahin steuerten. Zwar sind wir nicht mehr gezwungen, blindlings zu handeln, aber es ist keineswegs sicher, daß unsere bewußten Handlungsentscheidungen sich besser auswirken als die früheren genetischen Anweisungen. Tatsächlich besteht ja die Möglichkeit, daß das Selbst, trunken vom Gefühl seiner Wichtigkeit, schließlich die Umwelt zerstört, durch die es entstanden ist und damit dem Leben auf der Erde ein Ende setzt.

Die Teleonomie des Selbst

Ist das Selbst einmal im Bewußtsein etabliert, wird es sein wichtigstes Ziel, das eigene Überleben zu sichern. Zu diesem Zweck werden Aufmerksamkeit, Bewußtheit und Gedächtnis so gesteuert, daß sie jene Bewußtseinszustände vervielfachen, die dem Selbst zusagen, und die ausschalten, die seine Existenz gefährden.

Das Selbst stellt seine eigenen Interessen als *Ziele* dar. Jedes Selbst entwickelt seine eigene Zielhierarchie, die schließlich das Selbst ausmacht. Sobald ein neues Erlebnis ins Bewußtsein tritt, wird es mit Blick auf diese Ziele beurteilt und entsprechend verarbeitet. Ein Informationsbit, das zu diesen Zielen paßt, stärkt die Struktur des Selbst, während eines, das nicht dazu paßt, zu Unordnung im Bewußtsein führt und die Integrität des Selbst bedroht. Die meisten Ziele entstehen durch genetische Instruktionen aus unserem biologischen Erbe oder durch kulturelle Instruktionen, die durch gesellschaftliche Wertvorstellungen hervorgebracht werden. Aber auch hier haben wir dank des Bewußtseins eine gewisse Unabhängigkeit und Wahlfreiheit.

Wir verwenden den Begriff *psychische Entropie,* um Zustände zu bezeichnen, die durch Konflikte mit individuellen Zielen zu Unordnung führen (Csikszentmihalyi, 1978a; 1985a). Im Zustand der psychischen Entropie ist das Informationsverarbeitungssystem gewissermaßen durch »Rauschen« gestört. Dies wird als Angst, Langeweile, Apathie, Verwirrung, Neid etc. wahrgenommen. Dabei hängt die spezifische Ausprägung von der Art der Information ab sowie von der Art der Ziele, mit denen diese Information in Konflikt gerät. Sieht man einen Sturm aufziehen, und zwar an einem Morgen, für den ein Picknick geplant war, so ruft dies eine leichte Frustration hervor, proportional zur psychischen Energie, die man in das Ziel des Picknicks investiert hatte. Derselbe Anblick könnte bei einem Bauern, der sehr viel Geld und Energie in seine vor der Ernte stehenden Felder investiert hat, eine Panik auslösen.

Psychische Entropie schafft nicht nur Unordnung im Bewußtsein, sie mindert auch dessen Effizienz. Aufmerksamkeit wird von anderen Aufgaben abgezogen, um die dissonante Information zu bewältigen. Intensiver körperlicher Schmerz beispielsweise macht es uns unmöglich, an irgend etwas anderes zu denken. Dasselbe gilt aber für jede Bedrohung des Selbst, und sei sie auch nur symbolischer Natur. Eine eingebildete Mißachtung, ein Verstoß gegen das Protokoll kann ebenso lähmende Wirkungen haben.

Natürlich kennen sowohl der gesunde Menschenverstand als auch die Psychologie den hier als psychische Entropie beschriebenen Zustand, aber das Wesen dieses Zustandes ist nicht klar begriffen worden, weil eine tragfähige Theorie des Selbst fehlte. Zwar haben einige Psychologen in den letzten Jahrzehnten Grundemotionen wie Ärger, Verzweiflung, Traurigkeit, Furcht, Scham, Verachtung und Ekel ausführlich untersucht (Tomkins, 1962, 1963; Ekman, 1972; Izard, 1977; Izard, Kagan & Zajonc, 1984; Frijda, 1986). Diese Forscher nehmen aber im allgemeinen an, daß jede dieser Emotionen als Reaktion auf spezifische Reize »vorprogrammiert« sei. Sie behandeln die Emotionen nicht als integrierte Reaktion des Systems Selbst. Daher wissen wir heute viel über negative Emotionen, aber dieses Wissen weist wenig theoretische Konsistenz auf. Die Arbeiten von Bandura (1977, 1978) und von Bandura & Schunk (1981) müssen von dieser Kritik teilweise ausgenommen werden, denn mit ihrem Konzept der »Selbsteffizienz« liefern sie ein Modell zu einem zusammenhängenderen Verständnis von negativem wie von positivem Erleben.

In der Klinischen Psychologie und Psychiatrie gelten »dysphorische Stimmungen« als Kennzeichen von Depression und anderen psychopathologischen Zuständen (Beck, 1967, 1976; Blumberg & Izard, 1985). Daß negative Stimmungen mit Konzentrationsfähigkeit und dem Gefühl der Kontrolle interferieren, ist schon oft berichtet worden (Hamilton, 1982). Aber die umfangreiche klinische Literatur zu diesem Thema interessiert sich im allgemeinen für solche dysphorischen Stimmungen nur, insoweit sie darin persönliche Merkmale sieht, die kranke von normalen Menschen unterscheiden. Daß wir alle unter gewissen Umständen solchen Stimmungen unterliegen können, ist für sie nicht von Interesse. Als Erklärungsmodelle finden wir die »Aktivitätstheorie«, nach der jemand an negativen Stimmungen leidet, weil er weniger vergnügliche Aktivitäten unternimmt (Lewinsohn & Libet, 1972) und alle Aktivitäten als weniger vergnüglich wahrnimmt (MacPhillamy & Lewinson, 1974); ferner gibt es die Theorien der »gelernten Hilflosigkeit« (Seligman, 1975) oder der »Attribution«, nach denen Depressive die Schuld an unangenehmen Erfahrungen sich selber zuschreiben (Seligman et al., 1984). Schließlich gibt es psychopharmakologische Ansätze, die die Symptome der Depression und der Dysphorie mit Medikamenten zu bekämpfen versuchen (z. B. Murphy, Simons, Wetzel & Lustman, 1984). Keiner dieser Ansätze faßt jedoch die Person, die negative Stimmungen erlebt, als ein Gesamtsystem auf, als ein Selbst, das aktiv versucht, in die Inhalte des Bewußtseins Ordnung zu bringen.

In der Sozialpsychologie haben Festinger (1954) und andere beschrieben, wie Menschen Informationskonflikte verarbeiten. Sie kommen somit einer systematischen Beschreibung dessen näher, was wir »psychische Entropie« genannt haben. Aber auch ihre Analyse vernachlässigt das Konzept des Selbst, und so bleibt die von ihnen beschriebene »Dissonanz« eindimensional, nämlich auf kognitive Aspekte beschränkt. Die Kognitionswissenschaft einschließlich der Forschungen zur Künstlichen Intelligenz, die sich ebenfalls mit der Dynamik der Informationsverarbeitung im Bewußtsein befaßt, konzentriert sich noch ausschließlicher auf die rationalen Aspekte und vernachlässigt die Dimensionen des Gefühls und der Motivation, die für das Wirken des Selbst zentral sind (Mandler, 1975; Piaget, 1981; Zajonc, 1984).

Noch weniger wissen wir über den Bewußtseinszustand, der den anderen Pol des gerade beschriebenen, negativen Zustands darstellt (Leeper, 1965; Izard, 1971; Singer, 1984). Es handelt sich um den Zustand, den wir *Negentropie,* optimales Erleben oder *flow* nennen (Csikszentmihalyi, 1975b, dt. 1985). Es tritt dann ein, wenn alle Inhalte des Bewußtseins zueinander und zu den Zielen, die das Selbst der Person definieren, in Harmonie stehen. Solche Zustände bezeichnen wir subjektiv als Vergnügen, Glück, Befriedigung, Freude. Weil das Selbst die Tendenz hat, sich selber zu reproduzieren, und weil es während dieser Episoden optimalen Erlebens die größte Übereinstimmung mit der eigenen Zielstruktur erreicht, wird das Aufrechterhalten des *flow*-Zustandes eines der Hauptziele des Selbst.

Wir sprechen hier von der *Teleonomie des Selbst,* d. h. von der zielsuchenden Tendenz, die unsere Entscheidungen beeinflußt. Neben der bereits besprochenen genetischen Teleonomie und der kulturellen Teleonomie handelt es sich hierbei um die dritte Gruppe von Regeln, die menschliches Verhalten in seinem Ablauf beeinflussen (Massimini & Calegari, 1979; Csikszentmihalyi & Massimini, 1985; Massimini & Inghilleri, 1986).

Die genetische und die kulturelle Teleonomie sind in der Sozialwissenschaft gut bekannt, und ihre Auswirkungen auf das Verhalten sind ausführlich untersucht worden. Sehr wenig wissen wir jedoch über die Teleonomie des Selbst. Was tun die Menschen, um ihre Existenz mit Sinn zu füllen? Das ist die Frage, der wir im vorliegenden Band nachgehen.

Vergnügen und die genetische Teleonomie. Die »natürlichste« und phylogenetisch primitivste Art und Weise, ein Selbst um eine Zielhierarchie herum aufzubauen, besteht darin, die genetische Teleonomie bewußt zu bejahen. Das heißt einfach ausgedrückt, daß die Person ihre Ziele mit den im Organismus programmierten genetischen Instruktionen zur Deckung bringt. Einer solchen Person wird es also letztlich um gutes Essen, Wohlergehen, Gesundheit und sexuelle Befriedigung gehen.

Dabei ist jedoch zu beachten, daß diese »Triebe«, sobald sie bewußte Ziele werden, nicht mehr einfach durch die Wiederherstellung der physiologischen Homöostase befriedigt werden können. Eine solche Person wird über den bloßen Hunger hinaus weiter essen, weil sie das Essen nicht bloß körperlich, sondern auch zur Aufrechterhaltung ihres Selbst braucht. Die Befriedigung biologischer Triebe wird so eine Notwendigkeit für die Kontinuität des Selbst.

Obwohl genetische Instruktionen die Grundlage aller menschlichen Zielhierarchien darstellen, kann die Zentrierung auf das Vergnügungsstreben nicht zu evolutionärer Entwicklung führen, und es zerstört auch jede Form sozialer Ordnung. Die meisten religiösen und ethischen Systeme warnen davor, das Selbst nur auf der Grundlage genetisch-biologischer Ziele zu entwickeln. Als »Sünden« wie Schlemmerei, Wollust und Trunksucht bezeichnet das Christentum Selbststrukturen, die um genetisch programmierte Vergnügensziele zentriert sind.

Suchtgewohnheiten jeder Art folgen demselben Muster. Wenn vergnügliches Erleben zur einzigen Möglichkeit wird, die Ordnung des Selbst aufrechtzuerhalten, bieten sich Alkohol und andere Drogen als perfekte Mittel an. Dies kann dazu führen, daß ein auf Vergnügen ausgerichtetes Selbst schließlich gegen die genetische Teleonomie arbeitet, die es ursprünglich bejahte. Exzessive sexuelle Betätigung führt nicht unbedingt zur Fortpflanzung, und Schlemmerei kann schnell der Gesundheit schaden. Sobald ein physiologisches Bedürfnis zu einem Ziel des Selbst wird, ist es nicht mehr ausschließlich unter der Kontrolle der genetischen Instruktion und beginnt der Teleonomie des Selbst zu folgen.

Macht und gesellschaftliche Teleonomie. Statt um die genetische Teleonomie kann sich das Selbst auch um gesellschaftliche Instruktionen herum organisieren. Jede menschliche Gruppe, wie klein und einfach sie auch immer sei, besitzt eine Reihe von Zielen, die das Fortbestehen der Gruppe sichern sollen. Es gibt Normen und Regeln, ohne die das soziale System seine Identität verlieren und zu einer Masse zerfallen würde, in der ein Kampf »aller gegen alle« herrscht. Ein zentrales Merkmal jeder sozialen Organisation ist die Hierarchie, die die Machtverhältnisse zwischen Menschen auf verschiedenen Statusebenen definiert.

Die soziale Differenzierung hat auch eine genetische Grundlage. In Gemeinschaften lebende Insekten weisen anatomische Unterschiede auf, die ihren je spezialisierten funktionalen Rollen entsprechen (Wilson, 1975). Bei allen in Gruppen lebenden Primaten scheint es Hierarchien zu geben. Bereits im ersten Lebensjahr beginnen sich bei menschlichen Säuglingen, die sich gemeinsam in einem Laufgitter aufhalten, Unterschiede in ihrem Umgang mit den Spielzeugen zu zeigen; dies läßt sich bereits als spontanes Rudiment einer sozialen Schichtung interpretieren: Die einen kontrollieren die materiellen Mittel, die anderen nicht – eine wohlbekannte marxistische Unterscheidung. Unter sechsjährigen Jungen bilden sich bereits ziemlich stabile und allgemein akzeptierte Hierarchien hinsichtlich des Durchsetzungsvermögens (Freedman, 1979, 1984; Omark, Strayer & Freeman, 1980).

Je komplexer ein soziales System ist – je mehr Status- und Rollenunterschiede es ausbildet –, desto mehr Unterscheidungsmerkmale sind für diese verschiedenen Positionen notwendig (Davis & Moore, 1945). Schließlich kommt der Punkt, an dem die soziale Hierarchie sich relativ unabhängig von den biologischen Instruktionen aus zu gestalten beginnen und die ihr angehörenden Menschen den sozialen Kontrollmechanismen von Belohnung und Strafe nachgeben.

Unsere Kenntnis einfacher Gesellschaften deutet darauf hin, daß die mit mehr Macht und Status ausgestatteten oberen Hierarchiepositionen gewöhnlich von Leuten mit überdurchschnittlichen organisatorischen oder ökonomischen Fähigkeiten besetzt waren: Damit war aber die allgemeine Erwartung verbunden, daß diese privilegierten Mitglieder ihre Fähigkeiten zugunsten der Gruppe einsetzten. Der Jagdführer mußte von seinem größeren Anteil an der Beute auch einiges an die Hungrigen abgeben. Die reichsten Landbesitzer hatten ihre Überflüsse für härtere Zeiten aufzubewahren und dann ihre Speicher der Gemeinschaft zu öffnen; der weise Schamane hatte für eine Beratung zur Verfügung zu stehen, wenn ein Mitglied des Stammes magische Hilfe brauchte.

Es scheint, daß die soziale Anerkennung als Belohnung bereits in die Programmierung des menschlichen Nervensystems eingegangen ist. Männer und Frauen erleben es als angenehm, wenn andere ihnen dadurch ihre

Anerkennung zeigen, daß sie ihnen Aufmerksamkeit widmen. Einsamkeit stellt dagegen für die meisten Menschen einen unangenehmen Zustand dar, den sie unter allen Umständen vermeiden wollen (Fortune, 1963; Bowen, 1954; Peplau & Perlman, 1982).

Wir brauchen hier nicht zu diskutieren, ob die sozialen Differenzierungen funktional sind. Tatsache ist, daß sie überall existieren, sei es unter den Kopfjägern von Neu Guinea, sei es in der Sowjetunion oder in den kapitalistischen Gesellschaften. Wichtig ist in diesem Zusammenhang, daß die Menschen die soziale Hierarchie bewußt verinnerlichen und sich zu eigen machen. Hat eine Person einmal Aufmerksamkeit und Respekt von anderen genossen, wird sie versuchen, diese innere Harmonie des Selbst zu wiederholen, indem sie sich wiederum entsprechend verhält. Nach einiger Zeit wird das Selbst dieser Person ständige soziale Anerkennung brauchen, um seine Integrität aufrechterhalten zu können.

Welche Form diese Suche nach Anerkennung annehmen wird, hängt von verschiedenen Faktoren ab, insbesondere von der normativen Struktur des sozialen Systems. In einer Kriegergesellschaft müßte eine Person sich zunehmend als gewalttätig erweisen, um anerkannt zu werden; in einer Mönchsgemeinschaft dagegen wird dem Friedfertigsten die höchste Anerkennung gezollt. In Neu Guinea gebühren Respekt und Macht demjenigen, der am meisten Schweine und Yams besitzt. In unserer Gesellschaft ist das Prinzip ungefähr dasselbe, nur daß bei uns das Geld im Zentrum des Besitzstrebens steht.

Wie im Falle der biologischen Triebe kann auch ein um die sozialen Instruktionen organisiertes Selbst leicht ins Abseits geraten. Ist es beispielsweise die Macht, die das Selbst in einem negentropischen Zustand hält, braucht die Person ständig einen neuen »Schuß« davon, ohne Rücksicht auf die Bedürfnisse der Gesellschaft. So gerät der individuelle Hunger nach Anerkennung oft mit der sozialen Harmonie in Konflikt.

Eine andere Möglichkeit, das eigene Selbst um gesellschaftliche Instruktionen herum aufzubauen, besteht darin, selbst ein Teil der sozialen Ordnung zu werden, statt diese zu kontrollieren. Als Alternative zum Aufstieg in der sozialen Hierarchie liegt das Ziel hier darin, das eigene Sein mit demjenigen einer größeren Kraft zu verschmelzen. Dabei verliert das Selbst seine Autonomie, gewinnt aber die Identifikation mit einer größeren, mächtigeren Einheit.

Das »ozeanische Gefühl« des Säuglingsalters (Freud, 1961; Winnicott, 1951) ist ein angenehmer Zustand, der sich beim Erwachsenen in ritualisierten Situationen in einem »kollektiven Rausch« fortsetzen kann (Durkheim, 1912, 1967) oder im freudigen Gefühl der »communitas«, das mit einer zeitweiligen Aufhebung der sozialen Rollen verbunden sein kann

(Turner, 1969). Um solche negentropischen Erlebnisse zu wiederholen, kann das Selbst seine Aufmerksamkeit so ausrichten, daß es immer wieder solche Bedingungen aufspürt.

Die Teleonomie des Selbst kann sich also so entwickeln, daß sie hauptsächlich auf Ziele der sozialen Teilnahme ausgerichtet ist. Es kann darum gehen, ein gläubiger Kommunist zu werden oder ein hinduistischer Mystiker; auch zwei in mancher Hinsicht so unterschiedliche Ziele stimmen darin überein, daß sie die Ablehnung anderer Ziele verlangen, damit die Zugehörigkeit zu einem mächtigen überpersönlichen System erlebt werden kann. Der treue Angestellte, der patriotische Bürger, der religiöse Fanatiker, der Sportfan, der intellektuelle Snob, sie alle sind Varianten dieser Lösung.

Man sollte immer daran denken, daß solche Opfer der Individualität nicht unbedingt von der Art sind, wie sie aussehen. Das Verhalten einer solchen Person steht nicht unter Kontrolle des überpersönlichen Systems. Es folgt immer noch der Teleonomie des Selbst, auch wenn es völlig selbstlos erscheinen mag. Dem Helden, der bereit ist, für sein Land zu sterben, geht es vielleicht nicht in erster Linie um die Interessen der Mehrheit seiner Landsleute, sondern darum, in seinem Selbst die größtmögliche Harmonie aufrechtzuerhalten. Es ist daher sehr gut möglich, daß einige der »selbstlosesten« Anhänger eines Systems sogar zu dessen Zerstörung beitragen, weil ihr Bedürfnis nach unbedingtem Zugehörigkeitsgefühl Vorrang hat gegenüber den Bedürfnissen des Systems.

Flow: Das Auftauchen der Teleonomie des Selbst. Vergnügen, Macht und Zugehörigkeit sind einige der Grundmodelle, aus denen das Selbst aufgebaut sein kann. Wahrscheinlich spielen bei jedem von uns alle drei Ziele eine gewisse Rolle, d. h., sie tragen in verschiedenen Kombinationen und Intensitätsgraden dazu bei, unser Bewußtsein zu formen.

Wären dies aber die einzigen Motivationsquellen, bliebe das menschliche Verhalten immer das gleiche. Das Bewußtsein entwickelt sich jedoch. Im Lauf der Jahrhunderte hat sich die Aufmerksamkeit auf immer differenziertere Reize gerichtet. Wahrscheinlich können wir zwar nicht mehr Informationsbits verarbeiten als unsere Vorfahren vor einer Million Jahren, aber sicher haben wir Zugang zu weit mehr Informationen, weil die äußeren Gedächtnissysteme wie Bücher, Museen, Laboratorien und Computerdateien eine ungeheure Wissensexpansion hervorgebracht haben.

Auch die Systeme des Wissenserwerbs haben sich entwickelt. Im Laufe der Zeit sind ganz neue Epistemologien, Methoden und intellektuelle Disziplinen entstanden, und ihre kumulativen Algorithmen haben den Umgang mit Informationen komplexer gestaltet, als er jemals war.

Dasselbe gilt für die Entwicklung nichtkognitiver Fähigkeiten. Vielleicht konnte sich zwar der durchschnittliche Cro-Magnon-Mensch an mehr Aspekte seiner Umwelt anpassen, als es der heutige städtische Mensch kann. Man könnte dagegenhalten, daß er seinen Körper, seinen Intellekt und seine Hände auf komplexere Weise gebrauchen mußte. Es steht aber natürlich außer Frage, daß die kumulative Anpassung der gegenwärtigen Technologie unendlich viel komplexer geworden ist, als sie es noch bis vor wenigen Jahrzehnten gewesen ist.

Ebenso unbestreitbar haben sich Emotionen und Gefühle im Laufe der Zeiten entwickelt. Zwar mag es auch hier nicht zutreffen, daß ein zufällig ausgewählter Einwohner einer modernen Großstadt ein breiteres oder komplexeres Gefühlsrepertoire aufweist als ein Renaissance-Bürger oder ein mittelalterlicher Bauer, ein phönizischer Händler oder ein paläolithischer Jäger. Aber die Vielfalt der Aufnahmefähigkeit, die uns heute prinzipiell zur Verfügung steht, ist noch in keiner früheren Zeit erreicht worden. Jeder von uns kann zwischen den Gefühlen von Zen-Mönchen und denen des Marquis de Sade, von Vegetariern, Ästheten, gewöhnlichen Materialisten oder kultivierten Idealisten wählen und sie kombinieren.

Um erklären zu können, wie das Bewußtsein sich im Laufe der Zeiten entwickelt hat, müssen wir neben den oben dargestellten Modellen das Auftauchen eines teleonomischen Selbstprinzips annehmen. Vergnügen, Macht und Zugehörigkeitsgefühl reichen als Kräfte nicht aus, um die verblüffende Vielfalt neuer Ziele zu erklären, die die Menschen ständig übernehmen und verfolgen. Die Motivation dafür, daß sie über etablierte Verhaltensmuster hinausgehen, beruht auf einem Organisationsprinzip anderer Art.

In unserem Alltagsleben machen wir zufällig oder absichtlich immer wieder Erfahrungen, denen wir noch nie ausgesetzt waren. Manchmal ist dies vielleicht sogar eine Erfahrung, die noch nie zuvor von einem Menschen gemacht wurde. Als beispielsweise die Brüder Montgolfier zum ersten Mal in einem Ballon von der Erde abhoben oder als der erste Schwimmer sich mit einem Sauerstofftank ausrüstete und ein Korallenriff zu erforschen begann, wurden der Menschheit damit völlig neue Erlebnismöglichkeiten eröffnet. Dasselbe gilt für die Erfindung der arithmetischen und geometrischen Gesetze oder für die Erfindung der Saiteninstrumente.

Diese völlig neuen Erfahrungen, für die weder genetische noch kulturelle Instruktionen vorhanden sind, werden in der Regel neutral oder negativ bewertet und schnell vergessen. Einige aber werden negentropisch sein – d. h., sie werden die Ordnung des Selbst festigen, weil sie mit dessen bereits etablierten Zielen im Einklang stehen. Daher werden sie ein Gefühl der Begeisterung, der Energie und der Erfüllung hervorrufen, die das normale Alltagserleben übertreffen. Eine Person, die so etwas erlebt, wird in der Folge versuchen, wieder in diesen Zustand zu gelangen. Die entsprechende Aktivität wird immer wieder aufgesucht und ausgeübt werden. Soweit dies geschieht, wird das Selbst sich nach dem Modell der auftauchenden Ziele formen.

Die Evolution des Bewußtseins – und damit die Evolution der Kultur und letztlich auch die der menschlichen Art – hängt von unserer Fähigkeit ab, psychische Energie in Ziele zu investieren, die nicht ausschließlich in Anlehnung an die Teleonomien der Gene und der Kultur gestaltet sind. Indem wir über die Motivationsbereiche von Vergnügen, Macht und Anschluß hinausgehen, öffnen wir unser Bewußtsein für die Erfahrung neuer Seinsmöglichkeiten, die zu neuen Strukturen des Selbst führen. Das ist autotelische Motivation, da ihr Ziel vor allem das Erlebnis selbst ist und nicht die eventuell damit verbundenen zukünftigen Belohnungen oder Vorteile. Paradoxerweise werden jedoch nützliche neue Ideen, Kunstwerke und Technologien oftmals gerade im Zuge von Aktivitäten entwickelt, die nicht in praktischer Absicht, sondern rein zum Vergnügen unternommen werden (Huizinga, 1939, 1970; Callois, 1958). Das *flow*-Erlebnis stellt den Prototyp solcher intrinsisch motivierter Bewußtseinszustände dar.

Die Struktur des flow-Erlebnisses. Das autotelische Erleben wird unabhängig von der konkreten Situation immer wieder in recht ähnlichen Worten dargestellt (Csikszentmihalyi, 1975, dt. 1985; Csikszentmihalyi & Robinson, 1986). Wenn Künstler, Athleten, Komponisten, Tänzer, Wissenschaftler u. a. beschreiben, wie sie sich fühlen, wenn sie etwas einfach um seiner selbst willen tun, decken sich diese Beschreibungen meist bis in die kleinsten Einzelheiten. Dies weist darauf hin, daß die Ordnung im Bewußtsein einen spezifischen Erlebniszustand mit sich bringt, der als so erstrebenswert empfunden wird, daß man ihn immer wieder zu erreichen versucht. Diesen Erlebniszustand haben wir als »*flow*« bezeichnet. Der Begriff des Fließens wurde auch von vielen unserer Interviewpartner selbst verwendet, um dieses optimale Erleben zu beschreiben.

Anforderungen und Fähigkeiten. Eine unabdingbare Voraussetzung für das Zustandekommen von *flow* ist die Wahrnehmung, daß es etwas zu tun gibt, und daß man dazu fähig ist. Mit anderen Worten: Optimales Erleben setzt ein Gleichgewicht zwischen den in einer gegebenen Situation wahrgenommenen Anforderungen einerseits und den mitgebrachten Fähigkeiten und Fertigkeiten andererseits voraus. Als »Herausforderung« kann jede Handlungsmöglichkeit gelten, auf die Menschen überhaupt reagieren können: Die Unendlichkeit des Meeres, die Möglichkeit, Worte zu reimen, der Abschluß eines erfolgreichen Geschäftes oder das Schließen einer Freundschaft sind klassische Beispiele von Herausforderungen, die zu *flow*-Erfahrungen führen können. Autotelisches Erleben kann bei jeder Aktivität auftreten, der ein Können entspricht.

Es ist diese Eigenschaft, die den *flow* zu einer derart dynamischen Kraft in der Evolution macht. Jede Aktivität kann den *flow*-Zustand auslösen, aber keine kann ihn lange aufrechterhalten, ohne daß Anforderungen und Können laufend komplexer werden (Csikszentmihalyi, 1982a). Ein Tennisspieler, der an diesem Spiel Spaß hat, wird den angenehmen Zustand so oft wie möglich erneut hervorrufen, indem er so häufig wie möglich Tennis spielt. Je häufiger er aber spielt, um so besser wird sein Fähigkeitsniveau. Spielt er nun weiterhin nur gegen Gegner von einem Niveau, das er früher hatte, werden ihn die Spiele zu langweilen beginnen; denn das ist immer der Fall, wenn die Fähigkeiten die Handlungsanforderungen übersteigen. Um den angestrebten *flow*-Zustand wieder vollständig zu erleben, wird der fortgeschrittene Tennisspieler auch entsprechend fortgeschrittenere Gegner finden müssen.

Um im *flow* zu bleiben, muß man die Komplexität der Aktivität ständig erhöhen, indem man neue Fertigkeiten entwickelt und sich entsprechend neue Herausforderungen sucht. Dies gilt nicht nur für das Tennisspiel; es trifft auch für das Geschäftsleben, das Klavierspiel oder das Eheleben zu. Heraklits Aussage, man könne nicht zweimal in denselben Fluß steigen, stimmt insbesondere für den *flow*. Es ist diese innere Dynamik der optimalen Erfahrung, die das Selbst zu immer höheren Komplexitätsgraden treibt. Dieses spiralförmige Höherschrauben der Komplexität ist der Grund dafür, daß der *flow*-Zustand typischerweise als »etwas Neues entdecken« beschrieben wird, sei es nun von Schafhirten, die über ihre Freude berichten, für die Herde zu sorgen, sei es von Müttern, die die Freuden des Spiels mit ihren Kindern beschreiben, oder von Künstlern, die ihr Erleben beim Malen in Worte fassen. Die *flow*-Dynamik veranlaßt den Menschen, sich »zu strecken«, immer neue Herausforderungen zu suchen und erneut angemessene Fähigkeiten zu entwickeln.

Flow-Aktivitäten. Im Alltagsleben stehen Fähigkeiten und Anforderungen selten im Gleichgewicht. Entweder gibt es zuviel zu tun; das versetzt uns in Sorge oder Angst, oder es gibt scheinbar nichts zu tun; das läßt Langeweile aufkommen. *Flow* tritt daher meist bei klar strukturierten Aktivitäten auf, bei denen das Niveau der Anforderungen und notwendigen Fähigkeiten variiert und gesteuert werden kann, wie z. B. bei Spiel, Sport, künstlerischen Leistungen oder Ritualen. Manchmal allerdings kommt es vor, daß eine ganze Kultur, eine ganze Lebensart eine derart in sich stimmige Struktur ausbildet, daß alles darin zum *flow* führt – einschließlich der Arbeit und der Routinen bzw. Verpflichtungen des Alltagslebens.

Es empfiehlt sich, die Bezeichnung »*flow*-Aktivitäten« für solche Handlungssequenzen zu reservieren, die den meisten Menschen einen leichten Zugang zum *flow* bieten. Natürlich gibt es keine Aktivität, die unter Garantie *flow* hervorruft, weil sie immer nur die Herausforderung darstellt; ob sie jemandem Spaß macht, hängt von seinen Fähigkeiten ab. Höhlenforschen ist eine intensive *flow*-Aktivität, aber nur für Menschen, die lange Phasen der Dunkelheit an kalten, feuchten und gefährlich abgeschlossenen Orten ertragen.

Die Komplexität einer *flow*-Aktivität hängt davon ab, wie die mit ihr verbundenen Anforderungen und Fähigkeiten sich steigern lassen. So kann man beispielsweise beim Schach die Anforderungen und die entsprechenden Fähigkeiten fast unendlich heraufsetzen, im Gegensatz zu einfachen Kinderspielen (z. B. Tic-Tac-Toc), bei denen irgendwann einmal die Langeweile überhand nimmt. Auch Chirurgen, die häufig dieselbe Operation etwa des Blinddarms vornehmen, erleben dabei schnell einmal Langeweile. Universitätschirurgen hingegen, die jeweils die neuesten und schwierigsten Operationen ausführen, berichten von *flow*-Erlebnissen, die so intensiv sind wie die von Künstlern und Sportlern.

Die autotelische Persönlichkeit. Ob *flow* erlebt wird oder nicht, hängt jedoch nicht nur von der objektiven Struktur der jeweiligen Aktivität ab. Wie es die Person ist, die die in einer gegebenen Situation beschlossenen Herausforderungen zuerst erkennen muß, ist sie es letzten Endes auch selbst, die darüber entscheidet, ob eine Aktivität zu *flow* statt zu Angst oder Langeweile führt. Ein Fußballspieler mag beispielsweise so von Angst erfüllt sein, daß er keine Minute des Spiels genießen kann. Dagegen mag ein Fließbandarbeiter an seiner scheinbar langweiligen Routinearbeit Herausforderungen entdecken, die ihn so packen, als handele es sich um ein aufregendes Spiel.

Die Fähigkeit, *flow* zu erleben, mag teils auf angeborene Personeneigenschaften zurückgehen, aber sie läßt sich sicher auch erlernen. Viele Techniken der Meditation oder spirituellen Disziplin versuchen, das Bewußtsein zu steuern. So wird etwa in den verschiedenen Yoga-Traditionen geübt, die Aufmerksamkeit zu konzentrieren, das Gedächtnis zu kontrollieren und die Bewußtheit auf spezifische Ziele einzuschränken. Wenn eine Person solche Fähigkeiten lernt, wird es für sie viel leichter, das nötige Gleichgewicht zwischen Herausforderungen und Können zu erreichen.

In unseren Studien über mathematisch begabte Schüler der High School fanden wir zum Beispiel, daß einige sich bei ihren Mathematikhausaufgaben meist langweilten, andere dagegen sich darauf freuten. Es erstaunt nicht, daß die erste Gruppe dazu tendierte, das Fach Mathematik aufzugeben, obwohl sie in ihrer mathematischen Begabung nicht schlechter dastand als die immer noch mathematikbegeisterte Gruppe (Csikszentmihalyi & Nakamura, 1986). Warum sind dieselben Hausaufgaben für die einen langweilig und für die anderen interessant? Die objektiven Merkmale dieser Aufgaben können den Unterschied nicht erklären. Auch das objektive Niveau der mathematischen Begabung scheidet als Faktor aus. Die Gründe müssen in der Persönlichkeit der Schüler gesucht werden, in ihrer Fähigkeit, Herausforderungen auf einer mit ihren Fertigkeiten in Einklang stehenden Stufe wahrzunehmen, während andere lediglich die lästigen Hindernisse sehen.

Dimensionen des flow-Erlebens. Entspricht die Fähigkeit einer Person gerade dem Schwierigkeitsgrad einer Aufgabensituation – und liegt dieser Schwierigkeitsgrad über dem durchschnittlichen Alltagsniveau –, so verbessert sich die Erlebnisqualität merklich. Es ist dabei gleichgültig, ob man diese Aktivität mit voller Absicht und vielleicht sogar bereits mit freudiger Erwartung begonnen hat. Sogar eine enttäuschende Arbeit kann plötzlich aufregend werden, wenn man auf das richtige Gleichgewicht trifft.

Damit dies eintritt, muß die Aktivität allerdings auf relativ klare Ziele gerichtet sein sowie recht schnelle und eindeutige Rückmeldungen über den Erfolg liefern. Eine Aktivität, bei der nicht klar erkennbar ist, was getan werden muß und wie gut man es tut, vermag kaum zu begeistern. Ein Spiel ohne Regeln und ohne irgendeine Möglichkeit, die eigene Leistung zu beurteilen, wäre unmöglich zu spielen. Chirurgen halten ihren Beruf einstimmig deshalb für so interessant, weil sie immer wissen, was zu tun ist – einen spezifischen Tumor herausschneiden, bestimmte Knochenteile in die richtige Lage bringen – und Sekunde für Sekunde Informationen darüber erhalten, wie die Operation vorankommt (Csikszentmihalyi, 1975b, dt. 1985, 1986). So kann etwa Blut im Operationsbereich darauf hinweisen, daß das Skalpell falsch geschnitten hat. Wegen dieser unmittelbaren Rückmeldung halten Chirurgen ihre Arbeit für viel aufregender und interessanter als die von Internisten oder von Psychiatern. (Internisten und Psychiater hingegen finden ihre Arbeit interessant, weil sie ihrerseits auf bestimmte Herausforderungen, Ziele und Rückmeldungen achten, die – obwohl weniger konkret als diejenigen der Chirurgen – für sie ebenso real sind.)

Außer dem Gleichgewicht von Anforderungen und Fähigkeiten, klaren Zielen und unmittelbarer Rückmeldung weist das *flow*-Erlebnis nach übereinstimmenden Berichten noch weitere Merkmale auf. Das wohl am meisten verbreitete davon ist die außerordentliche Konzentration, von der Menschen berichten, wenn sie eine Aktivität mit tiefer Befriedigung ausführen. Weil *flow* im Selbst Harmonie herstellt, kann die verfügbare Aufmerksamkeit vollständig in die momentane Aktivität investiert werden. Das bringt jenes »Verschmelzen von Aktivität und Aufmerksamkeit« mit sich, das für erfreuliche Aktivitäten so typisch ist. Man hat schlicht nicht genügend Aufmerksamkeit übrig, um über irgend etwas anderes nachzudenken. Eine Folge dieses Umstandes ist es, daß die üblichen Sorgen des Alltagslebens nicht länger ins Bewußtsein dringen und damit dort auch keine psychische Entropie verursachen. »Das Spielfeld – das ist alles, worauf es ankommt«, sagt ein junger Basketballspieler. »Manchmal denke ich auf dem Spielfeld an ein Problem, z. B. an einen Streit mit meiner Freundin, und habe dann das Gefühl, im Vergleich zum Spiel sei das einfach nichts. Man kann den ganzen Tag einem Problem nachhängen, aber sobald du im Spiel bist, zum Teufel mit dem Problem!«

Darüber hinaus gibt es auch das Gefühl, daß man das Ergebnis der Aktivität prinzipiell im Griff habe. Sportkletterer zum Beispiel behaupten, ihre haarsträubenden Kunststücke am Fels seien sicherer als das Überqueren einer Straße in Chicago, weil sie bei ihrem Hobby jede Möglichkeit genau vorhersehen können, während man im Straßenverkehr auf das Schicksal angewiesen ist.

Ein weiteres Merkmal des *flow*-Erlebnisses ist ein »verzerrter« Zeitsinn. Wenn das Bewußtsein wirklich aktiv und strukturiert ist, scheinen die Stunden wie Minuten vorbeizufliegen, während manchmal wenige Sekunden fast als Ewigkeit erlebt werden. Die Uhr ist kein gutes Meßinstrument für die zeitliche Qualität des Erlebens.

Wegen der intensiven Konzentration auf die momentane Aktivität vergißt man im *flow* nicht nur seine Probleme, sondern verliert vorübergehend auch das Bewußtsein seiner Selbst; das geschieht im normalen Leben oft bewußt und beansprucht psychische Energie. In den Begriffen von George Herbert Mead (1934, 1970) ist es das »me«, das im *flow* in den Hintergrund tritt, während das »I« die Führung übernimmt (Csikszentmihalyi & Bennett, 1971). Wenn das Selbst seiner selbst bewußt ist, verliert es nicht nur an Effizienz, sondern gerät meistens in eine negative Gefühlslage (Wicklund, 1975; Carver & Scheier, 1981; Csikszentmihalyi & Figurski, 1982). Im *flow* funktioniert das Selbst vollständig, ist aber seiner selbst nicht bewußt und kann so alle Aufmerksamkeit auf die augenblickliche Aufgabe lenken. Auf extremen *flow*-Stufen berichten Menschen sogar von einer Art Selbst-*Transzendenz*. Der Kletterer fühlt sich eins mit dem Berg, den Wolken, den Sonnenstrahlen und den kleinen Käfern, die sich im Schatten seiner in den Fels gekrallten Finger bewegen. Der Chirurg fühlt sich eins mit den Bewegungen des Operationsteams und hat Anteil an der Schönheit und Kraft eines harmonischen überpersönlichen Systems.

Sind all diese Elemente gegeben, ist das Bewußtsein harmonisch, und das Selbst – das während der *flow*-Phase in den Hintergrund tritt – geht gestärkt daraus hervor. Die negentropische Qualität des *flow*-Erlebnisses macht dieses autotelisch oder intrinsisch lohnend. Der Bergsteiger klettert nicht, um den Berggipfel zu erreichen, sondern er strebt auf den Gipfel zu, um dabei klettern zu können. Das Ziel dient eigentlich nur als Vorwand, um das Erlebnis zu ermöglichen. Sogar Chirurgen geben zu, daß sie an ihrem Beruf nicht so sehr die therapeutische Erfolg, das Geld oder das Prestige fasziniert, sondern die intensive Anregung durch die schwierige Herausforderung (Csikszentmihalyi, 1975b, dt. 1985, 1986).

Implikationen des flow-Erlebnisses. Klare Ziele, überdurchschnittliche Anforderungen, abgestimmt auf die eigenen Fähigkeiten, und eindeutige Rückmeldungen tragen zusammen dazu bei, daß eine Person in ihrer Aktivität aufgeht. Dann ist die Aufmerksamkeit ganz auf die Tätigkeit ausgerichtet. Kletterer, die sich auf ihre Aufwärtsbewegung und die möglichen Haltepunkte im Fels konzentrieren, haben keine Aufmerksamkeit für irgend etwas anderes übrig. Geigenspieler müssen ihre gesamte psychische Energie aufwenden, um die Saiten und den Bogen mit ihren Fingern zu fühlen, den Noten und Klängen zu folgen und gleichzeitig den emotionalen Inhalt des Musikstückes als Ganzes zu erleben. Irrelevante Gedanken, Sorgen und Ablenkungen haben keine Chance mehr, im Bewußtsein aufzutauchen. Sie haben einfach keinen Platz. In solchen Momenten denken wir auch nicht mehr über uns selbst nach, oder darüber, wie uns wohl die anderen sehen. Weil die Aktivität uns zwingt, unsere Aufmerksamkeit auf einen begrenzten Bereich von Reizen zu konzentrieren, ergibt sich eine große innere Klarheit, und unsere Bewußtheit ist logisch stimmig und zielgerichtet.

Dies ist der geordnete, negentropische Bewußtseinszustand, den wir *flow* genannt haben. In seiner Integrität sticht er von den formlosen, verwirrenden und oft enttäuschenden Bedingungen des normalen Alltagslebens ab. Weil er in vergnüglicher Weise die Ordnung des Selbst bestätigt, versuchen wir, sooft wie möglich wieder in diesen Zustand zu gelangen. Diese Tendenz, den *flow*-Zustand zu wiederholen, ist die entstehende Teleonomie des Selbst.

Und diese Wiederholung führt zu einem Prozeß der Auswahl: Die erfreulichsten Aktivitäten und Erlebnisse haben die größte Chance, erinnert und im kollektiven Gedächtnis der Kultur verankert zu werden. Als Leitlinie der soziokulturellen Evolution dient so die Freude, die für die Teleonomie des physischen Organismus das ist, was das Vergnügen für die Teleonomie des physischen Organismus ist, ein Mechanismus zur Aufrechterhaltung der Ordnung. *Flow* ist ein Gefühl, das der Mensch entwickelt hat, um Handlungsmuster zu erkennen, die es sich zu kultivieren und den Nachkommen weiterzugeben lohnt. Dies war die große Einsicht Huizingas (1939, 1970): Daß alle »ernsthaften« Institutionen der Gesellschaft – Wissenschaft, Jurisprudenz, die Künste, Religion und sogar das Militär – als Spiele begannen, als Umgebungen, in denen die Menschen spielen und die Freude zielgerichteten Handelns erleben konnten. Die Wissenschaft beispielsweise – so behauptete Huizinga – hat sich in jeder Kultur spontan entwickelt, und zwar als ein Rätselspiel, in dem Menschen ihr Gedächtnis, ihr Tatsachenwissen und Zusammenhangsverständnis prüfen, und zwar im öffentlichen Wettbewerb der Rätselfreunde, einer vielleicht primitiven, aber höchst vergnüglichen Zurschaustellung des Wissens.

Es ist relevant, das *flow*-Erlebnis zu begreifen, weil es einen Schlüssel zum Verständnis der Selbstdynamik und der individuellen Zufriedenheit darstellt (Inghilleri, 1986). Es trägt auch zur Klärung der Frage bei, welche Institutionen im Bewußtsein die Ordnung erhöhen, welche Unordnung hervorrufen und woraus wir die Richtung der soziokulturellen Evolution erahnen können. Die folgenden Kapitel entwickeln diese Themen, wobei der Weg von sehr breiten spekulativen Überlegungen zu immer detaillierteren und systematischeren Analysen führt.

Kapitel 3

Soziologische Implikationen des *flow*-Erlebnisses*

Richard G. Mitchell, Jr.

Die soziale Struktur der Gewißheit und der Ungewißheit

Flow tritt meistens in nichtberuflichen Aktivitäten auf. Zwar wäre es ideal, an der eigenen Arbeit Freude zu haben – und in einigen glücklichen Gesellschaften mag dies tatsächlich der Fall sein –, aber im allgemeinen ist es in unserer Gesellschaft so, daß die meisten Menschen in ihrer produktiven Arbeit nicht intensiv und freudig aufgehen, sondern diesen emotionalen Zustand in Freizeitaktivitäten suchen. Csikszentmihalyi (1975b, dt. 1985) zeigt zwar auf, daß Künstler, Wissenschaftler, Chirurgen und die Angehörigen einiger anderer Berufe während ihrer Arbeit *flow* erleben können, aber es handelt sich hier doch um Ausnahmen. Die meisten Leute finden sich die meiste Zeit in Situationen ohne *flow*. Aber was für ein Erlebniszustand ist der »Nicht-*flow*«?

Flow tritt in einem existentiellen Mittelbereich auf. Wir erleben diesen Zustand, wenn ein Gleichgewicht zwischen Fähigkeiten und Verantwortung erreicht ist, wenn unser Können ungefähr den Anforderungen entspricht, denen wir gegenüberstehen, wenn unser Talent weder über- noch unterfordert ist. *Flow* entsteht unter Bedingungen, die gleichzeitig als problematisch und als lösbar wahrgenommen werden.

Jenseits des *flow* finden sich zwei unterschiedliche Zustände. Beide entsprechen einem Zustand des Nicht-Gleichgewichts zwischen Anforderung und Können. Bleibt dieses Ungleichgewicht vorübergehend oder aufgabenspezifisch, nennen wir die beiden sich ergebenden Zustände Langeweile und Angst. Wenn das Ungleichgewicht aber von Dauer ist und es in vielen sozialen Rollen und Situationen immer wieder auftritt, wenn die

---

* Dieses Kapitel ist mit einigen Veränderungen übernommen aus Richard G. Mitchell, Jr. *Mountain Experience. The Psychology and Sociology of Adventure* (Chicago: University of Chicago Press, 1983) S. 170–191, 207–225.

Welt fast durchgehend entweder größere oder kleinere Anforderungen für uns bereithält, als es (nach unserer eigenen Wahrnehmung) unseren Fähigkeiten entsprechen würde, wenn wir nicht mehr wählen können, oder wenn die Ungewißheit sich über ein beschränktes Stimulusfeld hinaus ausbreitet, dann nimmt das soziale Leben als Ganzes eine Qualität der Gewißheit oder der Ungewißheit an, die unsere Definition des Selbst und der Welt prägt.

Für manche Menschen bieten die alltäglichen Aktivitäten nur wenig Abwechslung und Herausforderung. Sie erleben das Netz der Rollenbeziehungen, in das sie eingespannt sind, als umfassend und einengend. Für diese Menschen stellt die soziale Welt eine Welt unüberwindbarer Tatsachen dar. Das Ergebnis einer jeden sozialen Begegnung ist darin aufgrund der jeweiligen Rollen in einer unveränderbaren Sozialstruktur vorhersagbar. Unabhängiges willentliches Handeln erscheint ihnen weder notwendig noch lohnend. Alle Ziele sind der Tyrannei der erlaubten Mittel unterworfen. Die meisten persönlichen Fähigkeiten und Fertigkeiten sind in einem solchen Rahmen überflüssig.

Andere sehen sich durch die alltäglichen Aktivitäten häufig vor drängende und schwierige Probleme gestellt. Ihre Fähigkeiten werden bei der Lösung der anstehenden Aufgaben immer wieder extrem gefordert. Die soziale Welt ist für sie eher ein Geheimnis als eine konkrete Größe. Die zwischenmenschlichen Begegnungen führen zu verwirrenden und widersprüchlichen Ergebnissen, die sich scheinbar weder vorhersagen noch kontrollieren lassen. Die vorhandenen Fähigkeiten genügen nicht, und es ist nicht klar, mit welchen Mitteln die Grundbedürfnisse gedeckt werden können.

Der entscheidende Punkt zur Kennzeichnung dieser beiden Extreme ist das Ausmaß der Gewißheit oder der Ungewißheit, mit der die Ergebnisse des Handelns in der sozialen Welt vorhergesagt werden können. Wir verwenden die beiden Begriffe *Entfremdung* und *Anomie*, um die bestimmenden Zustände der Gewißheit und der Ungewißheit hinsichtlich dieser Vorhersagen zu kennzeichnen.

Entfremdung und Anomie

Entfremdung ist einer der ältesten Begriffe der Sozialwissenschaften, der auf die noch früheren Auffassungen von »Sünde« zurückgeht. Trotz seines Alters ist der Begriff allerdings nicht einfach zu definieren. Auch der jüngere Begriff der Anomie wird recht unterschiedlich ausgelegt.

Es gab verschiedene Anstrengungen, das Bedeutungsgemisch dieser beiden Begriffe zu differenzieren. In einer frühen Arbeit klassifiziert Seeman (1959) den Begriff der Entfremdung nach fünf unterschiedlichen Verwendungen: Machtlosigkeit, Sinnlosigkeit, Normlosigkeit, Isolation und Selbstentfremdung. In strukturellerer Sichtweise unterscheidet Feuer (1963, S. 137) sechs Arten von Entfremdung: (1) die Entfremdung der Klassengesellschaft, (2) die Entfremdung von Wettbewerbsgesellschaften, (3) die Entfremdung der Industriegesellschaft, (4) die Entfremdung der Massengesellschaft, (5) die Entfremdung der Rassen und (6) die Entfremdung der Generationen.

Scott (1965) beschreibt die Entfremdung als eine mangelhafte soziale Steuerung und unterscheidet mit Blick auf deren Quelle vier solche Defizite: mangelnde Festlegung auf Wertvorstellungen, mangelnde Konformität gegenüber Normen, Verlust der Verantwortung, Rollen auch auszufüllen, und mangelnde Ressourcenkontrolle. Barakat (1969, S. 134) unterteilt die Entfremdung in drei aufeinander folgende Stadien: »(1) Quellen der Entfremdung auf der Ebene sozialer und normativer Strukturen; (2) Entfremdung als psychologische Eigenschaft des Individuums; (3) Verhaltenskonsequenzen der Entfremdung«. Johnson (1973, S. 370–380) unterscheidet fünf Entfremdungstypen, je nach dem Ausmaß der Assoziierung: Segmentale Begegnungen, primäre Beziehungen, institutionelle Beziehungen, Massenbeziehungen und versachlichte (projizierte) Beziehungen.

Diese begrifflichen Differenzierungen mögen einerseits stimulieren, bringen aber andererseits selbst Verwirrung mit sich. Die Klassifikationen überlappen sich gegenseitig; die Entsprechungen sind unklar. Damit soll nicht die geleistete begriffliche Arbeit herabgemindert werden. Die Gründe für die Begriffsverwirrung können zu einem großen Teil auf ihre äußerst breite und oft unsorgfältige Anwendung zurückgeführt werden und nicht so sehr auf die unzureichenden analytischen Anstrengungen. Ich schlage nun vor, den Begriff der Entfremdung in einer neuen Weise zu verwenden, und zwar in einer Weise, die die Arbeiten von Marx und von Durkheim teilweise integriert.

Marx wird oft das Verdienst zugesprochen, das Konzept der Entfremdung auf die Position des Individuums in der Wirtschaftsordnung präzisiert zu haben. Die Stellung der Arbeiter in einem kapitalistischen System sah er zum Beispiel so, daß diese gezwungen sind, ihre Arbeitskraft denen zu verkaufen, die die Produktionsmittel besitzen. Dabei verlieren die Arbeiter jede sinnvolle Beziehung zu den von ihnen produzierten Gütern und werden von ihrer eigenen Arbeit entfremdet. Marx' Begriff der Arbeit entspricht der Idee der sinnvollen Arbeit, die Gelegenheit zum kreativen Selbstausdruck bietet. Die Produktion, die Arbeit in diesem Sinne, stellt für ihn einen lebenswichtigen Prozeß der Selbstverwirklichung dar.

Soziologische Implikationen des *flow*

Die Produktion ist für Marx »die direkte Aktivität der Individualität«. Durch die Produktion von Gegenständen »reproduziert das Individuum sich selber ... aktiv und in einem wirklichen Sinne, und er sieht die Widerspiegelung seiner selbst in einer Welt, die er konstruiert hat«. Diese »Reproduktion seiner selbst« stellt eine Aktualisierung seines sonst impliziten »Selbst«, d. h. seiner Persönlichkeit im Bereich der äußeren Realität dar ... In anderen Worten: Die von Marx als die »Lebensaktivität« des Menschen bezeichnete Produktion ist lediglich durch das Bedürfnis motiviert, zu schöpfen, sich auszudrücken, sich in der Realität zu verkörpern. (Schacht, 1970, S. 85–86.)

Entfremdung ist nach Marx die Erfahrung, arbeiten zu müssen, ohne sich dabei kreativ ausdrücken zu können, d. h. für ein Ziel arbeiten zu müssen, das außerhalb dieser Arbeit selber liegt. Eine solche Tätigkeit hat keinen intrinsischen Wert mehr, sondern wird zur bloßen Bürde, zu einem notwendigen Übel.

Worin besteht diese Entfremdung der Arbeit? Erstens darin, daß die Arbeit dem Arbeiter äußerlich ist, daß sie kein Teil seines Wesens ist, daß er folglich in seiner Arbeit keine Erfüllung findet, sondern sich selbst verleugnet, sich elend und unglücklich fühlt, daß er dabei nicht in Freiheit physische und geistige Energie entwickelt, sondern physisch erschöpft und geistig erniedrigt ist. Der Arbeiter fühlt sich daher nur in seiner Freizeit zu Hause, während der Arbeit hingegen fühlt er sich heimatlos. Seine Arbeit ist nicht freiwillig, sondern auferlegt ... Sie stellt nicht die Befriedigung eines Bedürfnisses dar, sondern nur das *Mittel* zur Befriedigung anderer Bedürfnisse. (Marx (1844) 1956, S. 169.)

Die Antithese zur Entfremdung war für Marx eine befriedigende und sinnvolle Arbeit, die es ermöglicht, sich kreativ selbst auszudrücken. Hegel verwendete den Begriff der Entfremdung auf zwei verschiedene Arten (Schacht, 1970). Marx konzentrierte sich dabei auf die erste dieser Verwendungsweisen, als er die Entfremdung als »Selbstaufgabe« und Übergabe an die entfremdende Arbeit umschrieb, als ein Aufgeben der eigenen Zeit und Anstrengung, um irgendein zukünftiges Entgelt zu erreichen – sei es ein finanzieller Lohn oder eine spirituelle Errettung. Für Hegel stellte diese Selbstaufgabe auch die Lösung eines noch unerträglicheren Zustandes dar. Entfremdung ist in Hegels zweiter Begriffsverwendung eine »Trennung« von der sozialen Substanz, was an die von Durkheim (1897, 1951) so genannte »Anomie« erinnert.

Nach Durkheims Auffassung liegt die Ursache der Anomie nicht in repressiver oder als sinnlos empfundener Arbeit, sondern in einem Zusammenbruch normativer Begrenzungen hinsichtlich ökonomischer Ziele. Nicht fehlende Gelegenheit zur schöpferischen Kreativität führt zur Ano-

Anomie	*flow*	Entfremdung
Unsicherheit vorherrschend		Sicherheit vorherrschend
Fähigkeit < Verantwortung		Fähigkeit > Verantwortung
	Fähigkeit ≈ Verantwortung	
Subjektives Erleben Verwirrung, Desorientierung Normenlosigkeit Isolation	*Subjektives Erleben* Kompetenz Ursachenzuschreibung auf das Selbst Handlung und Bewußtsein verschmelzen	*Subjektives Erleben* Frustration, Verdrängung Machtlosigkeit Selbstentfremdung
Handlungsmotiv Soziale und wirtschaftliche Sicherheit, Stabilität, Gewißheit		*Handlungsmotiv* Persönliche Freiheit, Kreativer Selbstausdruck, Herausforderung
Verständnis, Kontrolle		Wiedererkennen, Kreativität

Abbildung 3.1. Beziehung zwischen Anomie, *flow* und Entfremdung

mie und zum anomischen Selbstmord, sondern eine Störung in der gesellschaftlichen Ordnung. Diese braucht ihre Ursache keineswegs in der Verschlechterung äußerer Umstände zu haben. »Jede Störung des Gleichgewichtes ist ein Impuls zum freiwilligen Tod, auch wenn sie zu größerem Komfort und zu erhöhter Vitalität führt. Immer wenn in der sozialen Ordnung ernsthafte Änderungen stattfinden – es sei einmal dahingestellt, ob dies auf plötzliches Wachstum bzw. auf eine unerwartete Katastrophe zurückging –, neigen die Menschen vermehrt zur Selbstzerstörung« (Durkheim 1897, 1951, S. 246).

Wenn die Menschen nicht mehr durch eine stabile ökonomische Ordnung zusammengehalten werden, »überschreitet die menschliche Aktivität spontan alle Grenzen und setzt sich unerreichbare Ziele« (Durkheim 1897, 1951, S. 247–248). Unsicherheit in bezug auf die Angemessenheit von Wünschen führt zu Desorientierung, zu Konfusion und einem Gefühl der Aufgelöstheit, dem einige durch Selbstmord ein Ende setzen. Zwar

war Durkheim sich auch des möglichen Gegenteils von Anomie bewußt, bei dem »extreme Reglementierung« und »niederdrückende Disziplinierung« das individuelle Handeln zu sehr einschränken, aber er schenkte dieser Gegenposition wenig Aufmerksamkeit. Er widmete dieser Möglichkeit lediglich eine Fußnote und die Bemerkung, daß »Beispiele dieser Art heute kaum zu finden« seien, so daß es unnütz erscheine, sich mit dieser Denkmöglichkeit näher zu befassen (Durkheim, 1897, 1951, S. 276).

Den Begriff der Entfremdung verwende ich ähnlich wie Marx, denjenigen der Anomie ähnlich wie Durkheim. Im Unterschied zu beiden Autoren sehe ich Entfremdung und Anomie aber als die beiden Pole eines Kontinuums der Sicherheit im Erleben der sozialen Beziehungen. Abbildung 3.1 stellt diese Zusammenhänge dar. Die Idee, daß Entfremdung und Anomie die polaren Extreme eines Sicherheits-Unsicherheits-Kontinuums seien, ist nicht ganz neu. Cooley (1912) zum Beispiel sprach von zwei Extremen der Erfahrung, die er »Formalismus« und »Desorganisation« nannte, und die ungefähr meinem Verständnis von »Entfremdung« und »Anomie« entsprechen. Den Formalismus definierte er als »höchsten Mechanismus«, die Desorganisation als »zerfallenden Mechanismus«.

Der Formalismus wirkt sich dergestalt auf die Persönlichkeit aus, daß deren höheres Leben ausgehungert wird und der Apathie (und) der Selbstgefälligkeit weicht... Die Desorganisation anderseits äußert sich auf individueller Ebene so, daß jedes zwingende und dauerhafte Gefühl der Ergebenheit gegenüber einem Ganzen fehlt, und damit auch jedes Verhaltensprinzip, das sich aus einer solchen Ausrichtung ergeben könnte (Cooley, 1912, S. 343).

Formalismus oder Entfremdung erstickt die Kreativität und führt zu Gleichgültigkeit, während die Desorganisation oder Anomie den Menschen verwirrt, ihn unsicher macht und ihn jeder Orientierung beraubt. Parsons faßte die Anomie als das Gegenteil der »vollen Institutionalisierung« auf:

Die vollkommene Antithese zur vollständigen Institutionalisierung ist... die *Anomie*, das Fehlen der strukturierten Komplementarität des Interaktionsprozesses, oder, was dasselbe ist, der völlige Zusammenbruch der normativen Ordnung... Wie es unterschiedliche Grade der Institutionalisierung gibt, so gibt es auch unterschiedliche Grade der *Anomie*. Das eine ist das Gegenteil des anderen (Parsons, 1951, S. 39).

Auch andere Autoren haben ähnliche Begriffspaare vorgeschlagen. In seiner Besprechung des Zusammenhanges von Arbeitsbedingungen und Gesundheit stellt Coburn (1975, S. 214) drei mögliche Beziehungen zwischen »Anforderungen« und »individuellem Können« dar: Die Anforderungen sind höher als das Können; Anforderungen und Können halten sich die Waage; das Können geht über die Anforderungen hinaus. Den ersten Fall nennt er »Arbeitsdruck« und den dritten »Unterforderung des Arbeiters«; beide Inkongruenzen haben seiner Ansicht nach negative Auswirkungen auf die geistige Gesundheit.

French und Kahn (1962) beschreiben den Zustand, in dem das Können die Anforderungen übersteigt, als Frustration, den Gleichgewichtsfall als Selbstverwirklichung und die Situation, in der die Anforderungen größer sind als die Kompetenz, als Rollen-Überbeanspruchung.

Barakat (1969) nimmt zwar von der Anomie Notiz, integriert sie aber nicht in sein begriffliches System. Dagegen unterteilt er den Begriff der *Entfremdung* in die Bedingungen der zu starken Kontrolle, der Machtlosigkeit oder zu geringen Kontrolle und der Normenlosigkeit. Er ordnet die Anomie seiner Definition der Entfremdung unter, indem er argumentiert, die Entfremdung entstehe aus zwei verschiedenen Zuständen, nämlich aus der zu starken Kontrolle oder aus der zu geringen Kontrolle in den sozialen Strukturen.

Von zu starker Kontrolle sprechen wir, wenn die Individuen mit großem Nachdruck in die Gesellschaft oder die gesellschaftlichen Systeme eingebunden werden, denen sie zugehören ... Fälle von zu starker Kontrolle sind daher beispielsweise: (1) Zustände der Machtlosigkeit; (2) depersonalisierte Beziehungen; und (3) Konformitätsdruck ...; »zu geringe Kontrolle« bezeichnet einfach Zustände der Desintegration, der Permissivität, der Zügellosigkeit ... der Normlosigkeit und Desintegration in den zwischenmenschlichen Beziehungen (Barakat, 1969, S. 4–5).

Wenn ich die Begriffe *Entfremdung* und *Anomie* verwende, meine ich damit subjektive Zustände, die von Individuen in der Gesellschaft erlebt werden. Zwar könnte man diese Begriffe stereotyp auf Gruppen von Personen anwenden und z. B. davon sprechen, daß »Schwarze entfremdet« und »Arbeiter anomisch« seien. Es ist aber genauer, die Wahrnehmung in den Mittelpunkt zu rücken, die der einzelne von seiner sozialen Umgebung hat. Nur wenn eine individuelle Person ihre Rasse, ihren Beruf, ihr Geschlecht etc. mit der Qualität ihrer sozialen Beziehungen in Zusammenhang bringt, ist das hier von Interesse. Für mich sind Entfremdung und Anomie bewußte Zustände. Ich weise die Vorstellung zurück, daß Individuen von irgendeinem Standpunkt aus, von dem sie nichts wissen, als entfremdet oder anomisch charakterisiert werden (siehe Schacht, 1970, S. 154–159). Was das subjektive Verständnis sozialer Beziehungen angeht, sind Wahrnehmungen Realitäten. Wenn die Menschen eine Situation als real definieren, so ist sie real in ihren Konsequenzen (Thomas &

Thomas, 1928, S. 572). Die Wirklichkeit geht ihrer Definition nicht voraus.

Anomie

Anomie wird erlebt, wenn die Ungewißheit über Verhaltenskonsequenzen sich auf den größeren Teil der sozialen Interaktionen eines Individuums ausdehnt. Wenn neue soziale Beziehungen mit den früheren kaum mehr zusammenhängen, durch die bekannten Regeln nicht mehr vorhergesagt werden können, unstrukturiert und fremd sind, wenn das Verhalten der anderen in der Interaktion und die Auswirkungen des eigenen Verhaltens auf das der anderen ungewiß wird, erlebt der einzelne Anomie. Die soziale Welt erscheint dann fließend, irregulär, inhaltslos. In der Arbeitswelt erleben auch Artisten, Geheimagenten und Rennfahrer einen hohen Grad an Ungewißheit in bezug auf ihre Verhaltensergebnisse; aber Ungewißheit kann auch in konventionelleren, auf die Arbeit bezogenen Rollen auftreten, in denen die Verantwortlichkeit nicht klar definiert ist, wie z. B. im Falle des Verkäufers, des Maklers oder des Managers, dessen Firma in einer sich schnell verändernden Umwelt agiert. Die Anomie kommt auf drei Arten zum Ausdruck.

Wird die Welt allzu ungewiß, kann sich ein Gefühl der Normlosigkeit, der Sinnlosigkeit oder der Isolation einstellen. Normlosigkeit erlebt man, wenn sich bekannte Regeln eines spezifischen Verhaltens als unanwendbar oder wirkungslos erweisen. Sinnlosigkeit wird erlebt, wenn verstehbare Handlungsziele fehlen. Isolation wird erlebbar, wenn die soziale Unterstützung nicht angemessen ist oder man sich nicht auf sie verlassen kann. Das anomische Individuum findet keine Unterstützung durch wichtige andere Personen, es hat die Freiheit, zwischen sinnlosen Alternativen zu wählen, ohne Richtung und Absicht, durch keine Einschränkungen eingebunden, von keinem Glauben geleitet, von keiner Hoffnung beflügelt. Die Ungewißheit verwandelt das Selbstverständliche in das Problematische, das Alltägliche in Traumatisches, die normale Aufgabe in eine entscheidende Prüfung.

Die Anomie läßt das Individuum nach sozialer Stabilität, Sicherheit und Gewißheit suchen. Das Ziel anomischer Personen besteht darin, wieder stabile Interaktionen herzustellen, aus der allgegenwärtigen Ungewißheit herauszukommen, wieder in eine verstehbare und vorhersagbare soziale Ordnung zu gehören. Der Mensch reagiert auf die Anomie, indem er einen Zustand sucht, in dem die Anforderungen sich ungefähr mit seinem Können die Waage halten. Mit Blick auf die ökonomische Leistung erklärt Merton (1938, 1957) verschiedene Arten von Devianz aus der Anstrengung, der Anomie zu entkommen, aus dem Bestreben der Menschen, ihr

Leben in Richtung auf größere Vorhersagbarkeit und Kontrolle zu ändern. Nicht jedermann allerdings erlebt ein Defizit an Sicherheit, Stabilität und Gewißheit.

Entfremdung

Menschen erleben das Gefühl der Entfremdung, wenn sie ihr eigenes Verhalten aufgrund der sozialen Ordnung, in der sie leben, vorhersagen können, wenn sie ihre Welt als von sozialen Kräften beherrscht und so reglementiert erleben, daß persönliche Kreativität und Spontaneität erstickt werden, wenn sie wissen, was sie in einer gegebenen Situation unabhängig von ihren eigenen Interessen tun müssen und tun werden. Die entfremdende soziale Welt ist allgegenwärtig und unterdrückend. Sinnvolle Mobilität ist verloren, die Stabilität der Beziehungen verhindert selbst gesteuerte Veränderungen; Sicherheit, Stabilität und Gewißheit erscheinen nicht mehr attraktiv, ja nicht mehr auszuhalten. Das Leben in einem Konzentrationslager, im Gefängnis oder am Fließband bringt einen hohen Grad von Gewißheit mit sich, welches Verhalten welche Ergebnisse zur Folge hat. Es kann aber auch entfremdet sein. Diese Entfremdung kommt auf zwei verschiedene Arten zum Ausdruck.

Wird die soziale Welt zu bestimmt, fühlt das Individuum sich machtlos und von sich selbst entfremdet. Machtlosigkeit erlebt man, wenn das eigene Verhalten sich als ungenügend erweist, um die in der sozialen Welt angestrebten Ergebnisse zu erreichen. Das Handeln führt nicht zum gewünschten Effekt. Die Selbstentfremdung entsteht in einem Sozialleben, das sich im Hier und Jetzt nicht lohnt. Das Handeln ist in sich selbst nicht lohnend. Die sozialen Aufgaben werden aufgrund von Belohnungen in Angriff genommen, die außerhalb dieser Aktivitäten selbst liegen. Die Gewißheit des Ergebnisses verwandelt jede Interaktion in eine bloß notwendige Plackerei, der jede Neuheit und Herausforderung fehlt.

Entscheidend für das Leben der sozialen Akteure ist es also, daß es durch die subjektive Wahrnehmung der Vorhersagbarkeit sozialer Ergebnisse beschrieben werden kann. Es handelt sich hier um eine Dimension, die auf der einen Seite durch entfremdende Gewißheit und auf der anderen durch anomische Ungewißheit begrenzt ist. Zwischen diesen Extremen liegt eine wünschenswerte und recht häufig anzutreffende Mitte, die sowohl von entfremdeten als auch von anomischen Personen erstrebt wird.

Kompetenz

Die Ziele des entfremdeten Individuums sind zugleich anders und ähnlich, verglichen mit den anomischer Personen. Der Unterschied liegt darin, daß entfremdete Individuen manchmal absichtlich problematische Situationen wählen oder in einigen Bereichen ihres sozialen Lebens aktiv die Instabilität fördern, um ihr wahrgenommenes Können anwenden zu können.

Wichtiger als die Unterschiede sind allerdings die Ähnlichkeiten. Sowohl entfremdete als auch anomische Personen suchen Mittel und Wege, ihr wahrgenommenes Können und die Herausforderungen, denen sie sich gegenübersehen, in ein Gleichgewicht zu bringen. Sie suchen ein Gleichgewicht zwischen dem, wozu sie sich für fähig halten, und dem, was sie aufgrund ihrer Position in der sozialen Struktur tun dürfen oder müssen. Das Erreichen dieses Gleichgewichts färbt die entsprechenden Aktivitäten intrinsisch lohnend und subjektiv erfreulich; sie machen Spaß. Sie werden dann zu Muße-Aktivitäten im klassischen Sinne (de Grazia, 1962, S. 11–25).

Neuropsychologisch gesehen streben Organismen danach, den Input von Reizen aus der Umwelt zu verändern. Die Reizvielfalt wird reduziert, wenn sie zu groß ist, und sie wird erhöht, wenn sie unter ein optimales Niveau abgefallen ist (Hebb, 1955; Berlyne, 1960; Hunt, 1965). Sozialpsychologisch gesprochen werden Rollenerwartungen durch passende Rollenleistungen erfüllt. Der Mensch strebt nach dem, was White (1955) als Kompetenz bezeichnet, nämlich nach einem Gefühl des Selbstwertes, der Selbstverursachung und der Wirksamkeit in Interaktionen mit anderen. Soziologisch gesehen werden in diesem Prozeß vorgeschriebene Ziele mit sozial legitimierten Mitteln erreicht.

Wer die eigenen Fähigkeiten erkennt und sie vollständig und sinnvoll anwendet, gewinnt an Kompetenz. Kompetenz bedeutet, sich als qualifiziert, fähig, den Anforderungen gewachsen zu erleben. Kompetenz stellt sich ein, wenn die Begabungen, Fähigkeiten und Fertigkeiten einer Person angesichts einer angemessenen Herausforderung, eines passenden Problems oder einer Schwierigkeit nützliche Anwendung finden.

Das Gefühl der Kompetenz stellt eine Voraussetzung für das *flow*-Erlebnis dar. *Flow* tritt auf, wenn selbstgewählte und überschaubare, realistische und sinnvolle Aufgaben mit vollem Einsatz des eigenen Könnens und der eigenen Kreativität angegangen werden. *Flow* ist das »Gegenteil« sowohl von Entfremdung als auch von Anomie. *Flow* meint keineswegs eine streßlose Phase des Ausruhens, sondern eine ausbalancierte dynamische Spannung.

Zerstreuung als Mittel,
Entfremdung und Anomie zu vermeiden

Wie wir die alltägliche soziale Welt erleben, hat einen Einfluß darauf, welche Zerstreuungen wir wählen. Gefühle der Überforderung oder umgekehrt des Brachliegens eigener Fähigkeiten, die Wahrnehmung, daß das Leben in einer rigiden Struktur oder umgekehrt nur in einer dünnen subjektiven (Un-)Wirklichkeit abläuft, kurz, das Erleben von Entfremdung oder von Anomie führt zu verschiedenen Arten von Erholungsaktivitäten. Diese Aktivitäten unterscheiden sich meistens konträr von den alltäglichen Aktivitäten, stehen manchmal in einem Verhältnis der Komplementarität zu ihnen. Für die meisten Menschen ist die deutliche Abtrennung ihrer Freizeitaktivitäten vom Alltagsleben wichtig. Es wird ein Bruch mit den normalen Handlungsrahmen angestrebt (Ball, 1972, S. 124–125). Wie Goffman bemerkt, sucht man Abenteuer nicht innerhalb, sondern außerhalb von Routinetätigkeiten. »Gewöhnlich werden wir während der Werktagsroutine am Arbeitsplatz oder zu Hause nicht die eigentliche Tätigkeit finden, da in diesem organisierten Bereich wenig Raum für persönliche und als willentlich empfundene Entscheidungen bleibt« (Goffman, 1967, S. 194–195).

Gestaltet sich die tägliche Routine bedrohlich und verunsichernd, sucht man in der Freizeit Bereiche und Situationen, wo die Anstrengungen des Spielers keinen Einfluß auf die Ergebnisse haben, wo der Handelnde kaum eigene Entscheidungen zu treffen hat. Strategie und Können spielen bei solchen Aktivitäten keine Rolle. Alles, was bei solchem Spiel verlangt wird, ist das passive Akzeptieren der Variabilität schicksalhafter Umstände. Solche Leute erfüllen die Prophezeiung von Dostojewskis Großinquisitor: »Ich sage dir, der Mensch wird von keiner größeren Sorge umgetrieben als der, möglichst schnell jemanden zu finden, dem er dieses Geschenk der Freiheit abgeben kann, welches diese unglückliche Kreatur mit ihrer Geburt erhält« (Dostojewski, 1957, S. 234).

Wenn die alltäglichen Aktivitäten einengend, eintönig, übermäßig strukturiert und reine Routine sind, wenn das Welterleben von extremer Regelhaftigkeit und unterdrückender Disziplinierung geprägt wird, stellt sich in der Freizeit der Drang nach Abwechslung und persönlicher Herausforderung ein. Solche Menschen suchen dann in ihrer Freizeit nach Gelegenheiten für kreativen Selbstausdruck, nach schwierigeren Problemen und Aufgaben. Sie sehnen sich nach Wahlfreiheit, nach Situationen, in denen man durch willentliche Steuerung das Ergebnis der eigenen Handlung bestimmen kann. Dabei werden die Erfolgschancen freiwillig gesenkt, so daß die Unsicherheit des Ergebnisses maximal wird.

Kurz: Wer in seinem täglichen Leben ein Übermaß an Gewißheit, d. h. Entfremdung erlebt, sucht Unsicherheit im spielerischen Rahmen. Wer andererseits die Welt hauptsächlich als einen unsicheren Ort erlebt – die anomischen Personen nämlich –, wird in seiner Freizeit Gewißheit suchen.

Donald Ball (1972) stützt diese Argumente, indem er die Freizeitaktivitäten entlang eines Kontinuums der Handlungskontrolle einordnet. In einigen Handlungssituationen, wie z. B. beim Bergsteigen, sind die Akteure »kontrollorientiert«. Die Handlungsergebnisse hängen weitgehend von ihrem Können und ihrem Vorgehen ab. In anderen Situationen wie beispielsweise beim nicht manipulierten Würfelspiel haben die Teilnehmer kaum Kontrolle über das Ergebnis; sie sind eher »akzeptanzorientiert«. Nach Balls Auffassung wählen Menschen diese unterschiedlichen Handlungstypen je nachdem, wieviel Risiko oder Ungewißheit sie in ihren Alltagsaktivitäten erleben: »Kontrollorientiertes Freizeitverhalten korreliert positiv mit soziokulturellen Lebenssituationen, in denen üblicherweise wenig Risiko erlebt wird ... (und) akzeptanzorientiertes Verhalten korreliert positiv mit soziokulturellen Lebenssituationen, in denen häufig hohes Risiko erlebt wird« (Ball, 1972, S. 126).

Ball überprüfte diese Hypothese anhand der ethnographischen Daten von Murdock (1967) und von Textor (1967). Er fand sieben Indikatoren potentiellen Risikos, darunter Nahrungsmittelknappheit, Verstädterungsgrad sowie verschiedene Maße der politischen Integration, der Führung und der organisatorischen Komplexität. Diese Indikatoren wurden in 400 von Textor beschriebenen Kulturen mit den jeweils beliebtesten Spielen verglichen, wobei letztere in kontrollorientierte und akzeptanzorientierte eingeteilt wurden. Im allgemeinen stützten die Daten die Hypothesen, und Ball schloß daraus, daß die Art der Handlung eine Funktion des Risikos sei, und spezifischer, daß bewußtes Suchen des Risikos (Kontrollorientierung im Spiel) mit dem Fehlen von wahrgenommenen Risiken im Alltagsleben einhergeht. »In den Freizeitaktivitäten wird das Außergewöhnliche gesucht« (Ball, 1972, S. 134).

Balls Argumente lassen sich auch auf Personen innerhalb einer gegebenen soziokulturellen Einheit anwenden. Es trifft zu, daß Amerikaner Berge besteigen; aber welche Amerikaner sind das? Gewiß handelt es sich hierbei nicht um die Mehrheit. In diesem Land sind sowohl kontrollorientierte als auch akzeptanzorientierte Freizeitbeschäftigungen frei verfügbar. Wer in Los Angeles wohnt, kann die Berggipfel der Sierra Nevada ebenso leicht erreichen wie die Spieltische von Las Vegas. Warum wählen die einen die Berge und andere die Spielkasinos?

In modernen Industriegesellschaften wie den Vereinigten Staaten wird das Risiko unterschiedlich wahrgenommen. Einige Menschen werden ihre Lebensumstände ständig bedrohlich und anstrengender empfinden als andere. Wer sieht sich solchen ständigen Unsicherheiten und Risiken gegenüber? Personen mit wechselnder Arbeitsstelle, unsicherem Arbeitsplatz, wenig Bildung; die politisch Entmündigten, die Minderheiten und andere stigmatisierte Gruppen, die unterdurchschnittliche Kontrolle über ihr eigenes Leben erleben. Nach Balls Hypothese würde man erwarten, daß dieser Teil der Bevölkerung in der Freizeit Aktivitäten mit hohem Gewißheitswert aufsucht, um einen Kontrast zur Unvorhersagbarkeit ihres Alltages zu schaffen.

Wenn Ball recht hat, stellt der Alltag der Bergsteiger das genaue Gegenteil dar. Es wäre zu erwarten, daß das Alltagsleben der Bergsteiger durch Stabilität, Sicherheit und Abwesenheit von Risiko charakterisiert ist, sowohl in bezug auf ihre zwischenmenschlichen Beziehungen als auch auf ihre beruflichen Positionen.

Untersuchungen über Bergsteiger in Kalifornien (Mitchell, 1983, S. 184–186) und im kanadischen Alberta (Bratton, Kinnear & Koroluk, 1979, S. 55–57) sowie Daten aus den frühen Mitgliedskarten des britischen Alpinistenclubs (Lunn, 1957, S. 43–44) bestätigen diese Erwartung. In all diesen Stichproben dominierten weiße, verheiratete Männer aus der Mittelschicht, die eine Hochschulausbildung sowie einen sicheren und einträglichen Arbeitsplatz hatten. Balls Vermutung scheint richtig, daß Menschen aus relativ sicheren Verhältnissen in ihrer Freizeit kontrollorientierte Unsicherheit suchen. Wer im Alltag nur selten Unsicherheit erlebt – Männer in stabilen persönlichen Beziehungen und in einer guten beruflichen Position –, neigt in seiner Freizeit zum Bergsteigen oder zu ähnlichen Aktivitäten.

Für den Leser mit gesundem Menschenverstand beginnt sich hier vielleicht ein Widerspruch zu zeigen. Nehmen wir einmal an, Entfremdung – speziell diejenige in der Arbeit – motiviere eine Suche nach kontrollorientiertem Risiko: Warum wenden sich dann gerade Ingenieure und Techniker dem Bergsteigen zu? Gewiß empfinden doch Fließbandarbeiter, Telefonistinnen, Theaterkartenverkäufer, Postsortierer und viele andere Angestellte ihre Arbeit ebenfalls als entfremdend, einschränkend und ohne Möglichkeit kreativen Selbstausdrucks, und zwar mehr als oder ebensoviel wie Wissenschaftler oder Techniker. Gelten nicht gerade Ingenieure und Techniker heute als besonders fähige und angesehene Fachkräfte? Bilden sie nicht sogar die Elite, die, von den Prinzipien der Wissenschaft geleitet, die bedeutenden und raffinierten Werkzeuge unserer Technologie nutzen, um die Welt für die Menschheit zu verbessern? Ist ihre Arbeit nicht in hohem Maße zielgerichtet, bedeutsam und voller Anforderungen? Das ist zumindest eine weit verbreitete Meinung.

Das Problem liegt nicht im absoluten, sondern im relativen Mangel, der von Wissenschaftlern, Ingenieuren, Technikern und Angehörigen vergleichbarer Berufe empfunden wird. Büroangestellte und Fließbandarbeiter mögen in ihren Berufen wenig Möglichkeiten für Kreativität und Selbstverwirklichung finden – aber sie erwarten auch selten mehr. Viele dieser Arbeitnehmer haben die Suche nach persönlicher Kreativität bereits aufgegeben, als etwas, was ihnen verwehrt wird und unerreichbar bleibt. Sie haben sich damit abgefunden. Ein Job ist ein Job, sagen sie; was zählt, sind der Lohn und die Sicherheit. »Der durchschnittliche Handarbeiter und viele Büroangestellte geben sich mit uninteressanten Hilfsfunktionen zufrieden, wenn diese nur einigermaßen dauerhafter Natur sind, weil sie das Bedürfnis nach Verantwortung und Selbstverwirklichung in ihrer Arbeit gar nicht haben. Sie sind relativ zufrieden mit einer Arbeit, die sie einfach als Mittel zum Zweck des Gelderwerbs betrachten« (Blauner, 1970, S. 96).

Aber nicht alle geben die Suche nach Kreativität auf. Einige können sich diesem Anspruch auch gar nicht entziehen. Von Wissenschaftlern und ihren tüchtigen Zuarbeitern, den Ingenieuren und Technikern, sowie von verschiedenen anderen, gut ausgebildeten Berufsgruppen wird erwartet, daß sie sich aktiv um Selbstverwirklichung in ihrer Arbeit bemühen. Während der Fließbandarbeiter diese trügerische Hoffnung aufgeben darf, begleitet sie den Wissenschaftler und den erfolgreichen Geschäftsmann unvermeidlich. Sie sind dazu angehalten, diese Hoffnung weiterzuverfolgen, und zwar nicht nur durch ihre eigene unrealistische Ausbildung, sondern auch durch die Erwartungen anderer, die darüber wachen, daß sie ihre Berufsrolle korrekt ausfüllen.

Erneut sind Wissenschaftler, Techniker und Ingenieure die typischen Beispiele dafür. Während ihrer ganzen Ausbildung wird ihnen die Idee eingeschärft, daß die von ihnen gewählte Arbeit kreativ und sinnvoll sein wird. Sie kommen zu der Überzeugung, die Wissenschaft werde der Menschheit durch das Studium und die Manipulation eines von vorhersagbaren und unveränderlichen Gesetzen regierten physischen Universums zu einem besseren Verständnis und zu einer besseren Kontrolle der Welt verhelfen. Ihre Berufswirklichkeit beginnt dann jedoch schnell, diesen positivistischen Glauben zu unterminieren. Bald entdecken sie, daß ein großer Teil ihrer beruflichen Arbeit alles andere als hilfreich und häufig sogar ziemlich uninteressant ist. Dies betrifft vor allem die angewandten Wissenschaftler, die Techniker und ähnliche Berufe. Sie erleben eine beträchtliche Kluft zwischen ihrer akademischen Berufsvorbereitung und ihrer tatsächlich erlebten Arbeitspraxis. In ihrer Ausbildungszeit lernen sie weitreichende theoretische Prinzipien, aber dieses Wissen kommt später oftmals unter eng gefaßten, pragmatischen Umständen zur Anwendung.

Ein bergsteigender Bauingenieur berichtete, er habe davon geträumt, große Brücken und Wolkenkratzer zu bauen. Nun entwirft er Gartenhäuschen. Ein Forschungschemiker, der hoffte, Alternativen zu den fossilen Energiebrennstoffen zu finden, überwacht nun Produktionseinrichtungen in einer Ölraffinerie. Die Arbeit von Wissenschaftlern und Technikern beschränkt sich oft auf die Entwicklung und Verfeinerung von Produkten zur Ausbeutung eines Marktes, wobei sie sich ständig mit Regierungs- und Konsumentenvertretern auseinanderzusetzen haben. Die Lösung größerer begrifflicher, technischer und gesellschaftlicher Probleme tritt in den Hintergrund. Sogar die Arbeit des Mitglieds eines Symphonieorchesters, die man sich als so kreativ vorstellt, ist häufig von institutionellen Zwängen gekennzeichnet. Musiker müssen lernen, daß technische Genauigkeit, Pünktlichkeit und Gehorsam für den Verbleib in einem Ensemble wichtiger sind als kreative Sololeistungen.

Diese Berufsrealität bleibt außenstehenden Personen oft verborgen. Für solche Außenstehenden sind Wissenschaftler und andere Angehörige gut ausgebildeter Berufsgruppen immer noch notwendigerweise schöpferisch tätig, und sie verhalten sich ihnen gegenüber entsprechend. Wenigstens die Arbeit solch hochqualifizierter Spezialisten muß sinnvoll sein, wenn schon ihre eigene es nicht ist. Der Wissenschaftler muß in sich versunken, angeregt und begeistert sein. Hochqualifizierte Akademiker treffen immer wieder auf diese Erwartung Außenstehender, daß sie ihre Arbeit besonders ernst zu nehmen hätten. Sie haben sich mindestens nach außen so zu geben, als ob ihre Arbeit ihnen lohnend und sinnvoll erschiene. Der Luxus von Selbstmitleid und Bitterkeit gegenüber ihrer enttäuschenden Arbeit ist ihnen nicht erlaubt. Ständig werden sie an die Ideale ihrer Berufe erinnert, und man erwartet von ihnen, daß sie Enthusiasmus für diese Ideale an den Tag legen.

Wissenschaftler und Spezialisten aus den Anwendungsgebieten der Wissenschaft sind stärker entfremdet als andere Berufstätige, weil es ihnen nicht gelingt, sich selbst in der Arbeit auszudrücken und ihre Arbeit andere dazu bringt, sie unablässig daran zu erinnern, was diese Arbeit sein könnte, sollte und müßte. Und in dieser Entfremdung liegt ein Motiv für die Suche nach herausfordernden Möglichkeiten für Aktivitäten, wie sie beispielsweise das Bergsteigen bietet. Die Berge stellen einen alternativen Schauplatz zur Arbeitswelt und anderen Routineerfahrungen dar, eine Bühne, in der sinnvolle und kreative Selbstverwirklichung tatsächlich möglich ist. Das Bergsteigen ist eine Antithese zur Entfremdung; es schließt die Möglichkeit zum *flow* ein.

Barbara Zeller, eine Bergsteigerin aus Colorado, beschreibt den Zusammenhang der wahrgenommenen gesellschaftlichen Lebensbedingungen mit dem Bergsteigen so:

»Heute leben die meisten Leute in Sicherheit, finanziell und gesellschaftlich... Wir haben alle Annehmlichkeiten, aber es ist, als lebten wir in einer kunstvoll geschmückten Gefängniszelle... Es ist nichts Geheimnisvolles an der Art und Weise, wie wir von Regeln und Systemen kontrolliert und bis ins Detail regiert werden. Du wirst von anderen kontrolliert. Du bist wie eine Puppe; deine Bewegungen sind eigentlich nicht deine eigenen... Gewiß, (das Bergsteigen) ist eine Flucht, aber es ist eine Flucht aus der Kontrolle durch andere... Wenn es Flucht ist, so ist es eine Flucht vor anderen, zurück zu dir selbst. Du bist für eine gewisse Zeitspanne wieder du selbst (Zeller, in Jenkins, 1979, S. 20).

Die Auswirkungen der Rationalisierung auf den *flow* im Alltag

Der Schlüsselbegriff, der erwünschte Zustand, das angestrebte Ziel beim Bergsteigen ist der sozialpsychologische Zustand des *flow*. Die in Kapitel 2 aufgezeigten *flow*-Mechanismen sind im Falle des Bergsteigens und Kletterns offensichtlich, aber wie steht es mit anderen, weniger ausgefallenen Aktivitäten? Ist es möglich, auch in gewöhnlicheren Situationen den Enthusiasmus und die Befriedigung zu finden, die für Bergsteiger typisch sind?

Die Antwort ist ein vorsichtiges Ja. Csikszentmihalyi (1975b, S. 140–160) diskutiert, wie *flow* und sein Gegenteil auch als Mikrophänomene erlebbar sind, die sozusagen in kleinen Portionen über den gewöhnlichen Tagesablauf verteilt sind. Ein Gespräch mag manchmal zögerlich und befangen verlaufen, wenn die Rollen der Teilnehmer unklar und die Situation ungenügend definiert sind. Unter bestimmten Umständen kann das Reden auch durch Hierarchieregeln oder andere Vorschriften erstickt werden, so daß man nur eine Figur der eigenen Ideen zum Ausdruck bringen kann (Lyman & Scott, 1970, S. 132). Aber in anderen Fällen geht das Gespräch rasch voran, und die Ideen können frei ausgetauscht werden; die Teilnehmer verstehen sich dann auch in ihren Gefühlen, beide Seiten haben den Eindruck, zu verstehen und ihrerseits verstanden zu werden.

Wenn *flow* vermutlich in einer breiten Vielfalt von Aktivitäten – vor allem in Freizeitaktivitäten – auftreten kann, warum wird er dann so selten erlebt? Schließlich sagt der gesunde Menschenverstand dem Laien wie auch manchem Sozialwissenschaftler, daß dem Alltagsleben alle Erlebnisqualitäten abgehen, die auch nur im entferntesten mit denjenigen des Bergsteigens vergleichbar wären. Diese Auffassung ist allerdings nur teilweise richtig; sie ist mehr deskriptiver als präskriptiver Art. Flow kann durchaus in alltäglichen Situationen auftreten. Allerdings gibt es kulturelle Faktoren, die das Entdecken solcher *flow*-Möglichkeiten erschweren und deren Auftretenswahrscheinlichkeit tatsächlich herabsetzen, vor allem im üblichen Freizeit- und Sportbereich. Alle diese Faktoren hängen mit dem Prozeß der Rationalisierung zusammen.

Aus historischer Perspektive betrachtet steht unsere Gesellschaft am Ende einer großen gesellschaftlichen und wirtschaftlichen Umwandlung. Max Weber bezeichnete diesen Umwandlungsprozeß als »Rationalisierung«. Es handelt sich um die Einführung der wissenschaftlichen Methode, technologischer Verbesserung und rationalen Managements in allen Bereichen menschlichen Strebens. Im Westen manifestiert sich diese Ausrichtung in der religiösen Ethik des Protestantismus (Giddens, 1971, S. 169) und in der ökonomischen Form des Kapitalismus. Rationalisierung meint mehr als nur Richtlinien für die Produktion und für die Gewinnung praktischen Wissens; der Begriff verweist auf einen grundlegenden Wert, der das berechnende und methodische Vorgehen für die Bedeutungsmuster in allen Lebensbereichen fordert (Schlucter, 1979, S. 14–15). Die rationalisierte Gesellschaft zeichnet sich dadurch aus, daß sie natürliche Phänomene der äußeren Welt in hohem Maße vorhersagen und kontrollieren kann. Sie lehnt das Unpraktische und Spontane ab zugunsten des Gemessenen und Absichtsvollen. Das rationale Leben ist nicht nur utilitaristisch und vernünftig, es ist auch erstrebenswert und angebracht.

Im Zuge der Rationalisierung weist das gesellschaftliche Leben drei Defizite auf: In unserer Gesellschaft sind die sprachlichen Mittel zur Beschreibung der Freizeit eingeschränkt; Grundfunktionen des Lebens sind voneinander getrennt, und die Welt ist entzaubert, indem der Zusammenhang stiftende Mythus fehlt.

Sprachliche Beschränkungen. Warum wird *flow* nicht häufiger erlebt? Dies ist zum Teil deshalb der Fall, weil er in vielen Fällen schlicht übersehen wird. Csikszentmihalyi (1981a) zeigt, wie viele Sozialwissenschaftler so sehr davon überzeugt sind, menschliches Verhalten werde zur Hauptsache durch äußere belohnende Ziele motiviert, daß sie *flow*-ähnliche Erlebnisse ignorieren oder für unwichtig halten. Vielleicht ist *flow* daher zum Teil deshalb selten zu finden, weil so wenige danach suchen und bereit sind, ihn zu erkennen und darüber zu sprechen, wenn er tatsächlich empfunden wird.

Robert N. Wilson arbeitet diesen Gedanken weiter aus. In einem sprachgewandten Essay stellt er die These auf, daß unsere Sprache wirklich das volle Erfassen des *flow*-Phänomens beeinrächtigt. Wilson erinnert uns an die Whorf-Hypothese, wonach wir nur solche Gegenstände und Prozesse wahrnehmen und in unser Handeln einbeziehen, die durch vorhandene sprachliche Muster beschrieben werden können. Wie ein Fenstergitter läßt die Sprache für gewisse Teile der äußeren Welt Schärfe und eindeutige Definierbarkeit zu, während sie andere Teile nur undeutlich erkennen läßt oder ganz verdeckt. Nach Wilson wird in unsere Sprache das dominiert, was Suzanne Langer »diskursiven Symbolismus« nennt: Es ist die Sprache wissenschaftlicher und technischer Berichte, die Sprache der Lehrbücher und Gebrauchsanweisungen. Die diskursive Sprache ist nützlich, wenn es darum geht, konkrete Dinge zu erledigen. Sie ist eindeutig, analytisch und zweckgerichtet, gewissermaßen von der linken Hirnhemisphäre dominiert. »Sie ist instrumentell im doppelten Sinne, indem sie einerseits dazu beiträgt, ... unser alltägliches Handeln zu formen und indem sie andererseits vor allem ein Mittel zum Zweck ist; sie verweist auf Gegenstände und Ereignisse, die außerhalb ihrer selbst liegen« (Wilson, 1981, S. 292).

Um das *flow*-Phänomen zu artikulieren, sind andere Ausdrucksmittel erforderlich, nämlich das, was Langer die Sprache der Präsentation nennt. Solche Ausdrucksmittel sind allerdings schwer zu finden. Da wir in der »Falle der rationalen Sprache« gefangen sind (Wilson, 1981, S. 289), erscheinen uns solche Präsentationselemente oft unvertraut oder schwer zugänglich. Die Sprache der Präsentation bleibt den seltenen Versuchen vorbehalten, den weichen und zerbrechlichen Subjektivismus ästhetischer Schau, mystischer Versunkenheit, religiöser Spiritualität und anderer entsprechender Gefühle zum Ausdruck zu bringen. Viele Menschen sind mit diesen Themen weder vertraut, noch fühlen sie sich dabei wohl. In der Falle einer dermaßen beschränkten Sprache sitzend, gleicht der *flow*-Sucher einem Künstler, der den Sonnenuntergang mit Hammer und Nägeln festhalten, ein Lied für Flaschenzüge und Hebel komponieren oder eine chemische Reaktion choreographieren möchte. Bei einer derart mangelhaften Wahrnehmungsfähigkeit, die einer Halbblindheit gleichkommt, muß der *flow* tatsächlich als äußerst seltenes und flüchtiges Phänomen erlebt werden, das man im Alltag kaum antrifft. Die Rationalisierung zeitigt aber noch andere Effekte, die ebenfalls dazu beitragen, den *flow* aus dem Alltagsleben zu verdrängen und die Suche nach diesem Erlebnis auf isolierte Freizeitaktivitäten zu lenken.

Trennung der Lebensfunktionen. Eine entscheidende gesellschaftlich-strukturelle Komponente der Rationalisierung ist die fortschreitende Differenzierung. Adam Smith ((1776) 1980) und Durkheim (1893) nannten diesen Prozeß Arbeitsteilung, die Schaffung neuer Rollen und Organisationseinheiten in der Gesellschaft, von denen jede eine engere Funktion erfüllt, als diejenigen, die sie ersetzt, dafür aber mit um so größerer Intensität (Glaser, 1978, S.16–17). Diese Differenzierung bringt eine Trennung der Lebenssphären mit sich. Funktionen, die früher von der Ur-Institution, der Familie, erfüllt wurden, sind nun einer Vielfalt spezialisierter Organisationen übertragen: der Schule, der Fabrik oder dem Geschäft, der Kirche usw. In jeder dieser Institutionen nehmen Individuen verschiedene Rollen ein und füllen unterschiedliche Stellungen aus, denen sie unterschiedliche Bedeutung beimessen.

Die differenzierte Organisation der Arbeit bringt die Trennung von Arbeit und Freizeit mit sich, denen jeweils unterschiedliche Zeiten und Orte zugeordnet werden. Im Namen effizienter Arbeit ist man gehalten, das Singen, Lachen und alle spielerischen Eskapaden bei der Arbeit zu unterlassen. Ein solches Verhalten am Arbeitsplatz würde als abweichend und kindisch betrachtet. Die Gelegenheiten zum Spielen sind in Form bezahlter Ferien und Ausflüge institutionalisiert, und man erwartet von dem einzelnen, daß er diese »Lebensräume« (Parker 1971, S. 25) in der vorgesehenen Weise zur Erholung nutzt (Biggart, 1980, S. 34). Dies ist eine Kernaussage der von Wilensky (1960) vorgeschlagenen und von Kando und Summers (1971) verfeinerten »Kompensationshypothese«, wonach Freizeitaktivitäten direkt auf negative oder positive Merkmale der Arbeit bezogen sind.

Wird die Arbeit als allzu reglementiert und routinehaft wahrgenommen, wenden sich gewisse Arbeitnehmer, deren Drang nach kreativem Ausdruck noch ungebrochen ist, solchen Aktivitäten wie dem Bergsteigen zu. Sie suchen darin die direkte und unmittelbare Herausforderung des ganzen Spektrums ihrer Fähigkeiten. Am Berg bleibt die Rationalisierung ausgespart. Allein oder in kleinen Gruppen arbeitet der Bergsteiger sich an schwierige Stellen vor, wo es um die konkrete Kompetenz geht, und die Differenzierung minimal ist.

Aber Bergsteiger und Menschen mit vergleichbaren Hobbies bilden nur eine Minderheit. Andere reagieren auf die Einschränkungen der rationalisierten Gesellschaft mit einem größeren Engagement in den ihnen zugewiesenen Aufgaben, in der Hoffnung, daß ein größerer Einsatz auf die eine oder andere Weise zu größerer Befriedigung führen könnte. Diese Hoffnung trügt indessen.

Entzauberung und Ernüchterung. Die tiefste Enttäuschung während der Rationalisierung liegt nicht im Verschwinden vielseitiger Aufgaben. Die Malaise ist grundlegender. In der rationalisierten Gesellschaft unterbleibt zwar nicht die Handlung, aber es fehlt der Handlungssinn, das Gefühl, zu einer ganzheitichen, belebten, geistig umfassenden Welt zu gehören.

Weber schätzte Friedrich Schillers Ausdruck »Entzauberung der Welt« (Gerth & Mills, 1946, S. 51). Nach Weber stellt die Entzauberung ein unvermeidliches, wenn auch negatives und bedauerliches Nebenprodukt der Rationalisierung dar. Die rationalisierte Welt wandelt sich zunehmend zu einem künstlichen Produkt mechanischer Manipulation; sie entfremdet und entfernt sich von der eroberten Natur. Die moderne Wissenschaft bringt den primitiven Aberglauben zum Verschwinden, aber mit der neuen Art des Wissens taucht ein neuer großer Bereich des Nicht-Wissens auf. Das Pantheon der alten Götter und die geheimnisvolle Belebtheit der Welt durch immer gegenwärtige Geister und Kobolde sind verschwunden. Aber auch die von einem religiösen Mythus ausgehende Sicherheit – eine allmächtige Gottheit, die himmlischen Heerscharen, ein von Engeln erfüllter Himmel – sind nicht mehr vorhanden. Astronomen und Astronauten dringen in das sich ausdehnende All vor und legen offen, wie unbedeutend und einsam die Menschheit in der Welt ist. Anstelle der Sicherheit göttlicher Gnade bleibt uns nur die Fähigkeit, Nullhypothesen zu widerlegen und Fehlerwahrscheinlichkeiten zu reduzieren. Wir gewinnen Wissen über materielle Dinge, aber das ganzheitliche, geistig umfassende Verstehen des Lebens geht verloren.

Die Verwandlung der Freizeit

Die Rationalisierung beraubt das Leben seiner spirituellen Vitalität, sie schafft sprachliche Beschränkungen und strukturelle Barrieren des Erlebens von *flow* in gewöhnlichen Ereignissen. Wie steht es aber um jene segmentierten Aktivitäten, bei denen es um das Spiel geht? Sogar diese stehen unter dem Einfluß der Rationalisierung, so daß das *flow*-Potential weiter eingeschränkt wird. Freizeitaktivitäten weisen in einer rationalisierten Welt ganz bestimmte Eigenschaften auf. In demselben Maße, wie das Bedürfnis nach immer weiterreichender wissenschaftlicher Anleitung und Kontrolle von einer Gesellschaft Besitz ergreift, erfahren Form und Inhalt des Spiels tiefgreifende Veränderungen.

Guttmann hat die europäische Kritik des rationalisierten Sportes ohne jede Beschönigung beschrieben:

Der Sport steht nicht außerhalb der Arbeitswelt. Vielmehr stellt er eine genaue strukturelle und funktionelle Parallele zur Arbeitswelt dar. Der Sport bietet keine Kompensation für die Frustrationen der entfremdeten Arbeit ... Er lockt den glücklosen Athleten und Zuschauer in eine zweite Arbeitswelt, die noch autoritärer und repressiver ist als die wirtschaftliche Sphäre selbst (Guttmann, 1978, S. 69).

Wo liegt die Ursache dieser Mutation der institutionalisierten Freizeit von der freudigen Spontaneität des *flow* in Richtung weniger erfreulichen Erlebens? Führen wir uns noch einmal die konstituierenden Elemente des *flow* vor Augen; es ergeben sich verschiedene Auswirkungen der Rationalisierung, die zur Verzerrung und Minderung des *flow*-Potentials unserer Freizeit beitragen.

Flow läßt sich durch eine begrenzte Anzahl wesentlicher Elemente charakterisieren. Damit *flow* auftritt, müssen die Ergebnisse einer Aktivität bedeutsam und durch willentliches Handeln beeinflußbar sein, die Handlung muß intrinsisch belohnend sein; dies hängt mit dem Verschmelzen von Aktivität und Bewußtsein sowie mit dem Fehlen abwägender Selbstbeobachtung zusammen; außerdem muß die Handlung in einem beschränkten Stimulusfeld stattfinden (Csikszentmihalyi, 1974, 1975b, dt. 1985). Die Rationalisierung trägt lediglich zur Erfüllung der letzten Annahme bei. Alle anderen Bedingungen werden hingegen im Zuge der Rationalisierung so weitgehend eingeschränkt und aufgelöst, daß die Freizeitaktivität selbst rationalisiert wird. Die Freizeitindustrie bietet viele solcher Beispiele, wenn auch sicherlich nicht alle derartigen Aktivitäten jeglichen *flow*-Potentials beraubt sind.

Flow kann nur auftreten, wenn reale, bedeutsame einschneidende Ergebnisse durch willentliche Handlungen der Teilnehmer erreicht werden können. Aktivitäten, die ihrer Substanz nach trivial sind oder nicht unter der Kontrolle der Handelnden stehen, führen in der Regel nicht zu *flow*. Mit reißenden Flüssen zu kämpfen, im Urwald wilde Raubtiere zu jagen und auf Expeditionen durch die Berge zu gehen scheint eine Reihe dramatischer Erfahrungen zu bieten, aber indem diese Aktivitäten rationalisiert werden, entgleiten ihre Ergebnisse der persönlichen Kontrolle. Wer sich auf Abenteuer bei Floßfahrten über wilde Flüsse, bei Großwildjagden und Ähnlichem freut, macht häufig die Erfahrung, daß ein großer Teil der Aktivitäten von den Betreuern vorgeschrieben wird und daß die Teilnehmer oftmals auf die Rolle weitgehend hilfloser inkompetenter, aber gehätschelter Passagiere reduziert werden. So wird bei manchen Floß-Abenteuerfahrten im Colorado von den Teilnehmern nicht mehr erwartet, als daß sie einverstanden sind, naß zu werden, und daß sie gewisse Anstrengungen unternehmen, nicht vom Floß zu fallen. Planung, Logistik, Erkundung, Routenwahl, Führung und Vorbereitung der Boote, Aufstellung des

Lagers, Kochen und Lagerfeuerunterhaltung werden sämtlich von geschultem Personal übernommen. Solche Unternehmungen können also wohl aufregend sein, aber die Teilnehmer haben mit den Ergebnissen wenig zu schaffen.

Lasch teilt Huizingas Besorgnis, daß Spiele zu trivialen Zerstreuugen und plumper Sensationssuche verkommen, wenn sie durchrationalisiert werden und ihre heiligen rituellen Eigenschaften verlieren (Lasch, 1978, S. 109). Das ist auch in solchen kommerzialisierten Freizeitbereichen der Fall, in denen umgekehrt die Handlungskontrolle erhalten bleibt, aber die Bedeutung der Ergebnisse eines Spiels entschieden vermindert wurde.

Hockey, Baseball, Basketball, Fußball, Tennis und viele andere Spiele sind so miniaturisiert und vereinfacht worden, daß sie mit elektronischen Bildern gespielt werden können; sie werden auf einen Videobildschirm projiziert und von feinen Hand- und Fingerbewegungen gesteuert. Das Erlebnis, gegnerische Schiffe zu torpedieren, Eindringlinge aus anderen Welten zu vernichten, große Autorennen zu fahren und sogar intergalaktische Kriegführung und andere eher unwahrscheinliche Aktivitäten sind im nächsten Spielsalon oder zu Hause am Fernsehgerät billig zu haben. Diese Ersatzspiele abstrahieren vollständig von der Energie, dem Können und dem Willen, die notwendig sind, um die wirklichen Handlungen auszuführen. Gewalt, Brutalität, Verletzungen und sogar der Tod, die in der Wirklichkeit solcher Aktivitäten drohen würden, werden von der Maschine erzeugten Lichtblitzen und Geräuschkulissen verniedlicht. Die Handelnden kontrollieren die Ergebnisse solcher Spiele weitgehend, aber diese sind in keiner Weise mehr persönlich bedeutsam.

Ein Ereignis weist nur dann ein Potential für *flow* auf, wenn es von den Handelnden als intrinsisch belohnend wahrgenommen wird. Die Rationalisierung verschiebt aber bei vielen Formen des Spielens die Perspektive weg von der unmittelbaren Freude auf das Erzielen des größtmöglichen Erfolges, vom Mittel zum Zweck. Wettbewerb wird zur vorherrschenden Form des Spiels und Gewinnen zum Hauptziel. Die intrinsischen Belohnungen treten zugunsten äußerer Belohnungen in Form von Prestige und Profit zurück. Diese Verschiebung beeinflußt auch andere Komponenten des *flow*.

Im *flow*-Erleben gibt es keine kritische Selbstbeobachtung mehr. Handlung und Bewußtsein gehören eng zusammen, sind miteinander verschmolzen. Genau diese Eigenschaft erlaubt auch die feste soziologische Verwurzelung des Konzeptes, läßt sich dieses Verschmelzen von Handlung und Bewußtsein mit der von Mead ((1934) 1970, S. 273–381) beschriebenen Verschmelzung von *I* und *me* gleichsetzen. Wenn das impulsive, spontane, nichtgerichtete *I* das Verhalten in Übereinstimmung mit den Erwartungen, Definitionen und Richtlinien des *me*, des »verkörperten Anderen«, lenkt, dann kann *flow* auftreten.

Der von Mead (1938, S. 3–25) definierte soziale Akt findet sich demnach im *flow* in abgekürzter Form. Das Auftreten von Impulsen löst unmittelbar das konsumierende Handeln aus, ohne daß noch spezifische Wahrnehmungsakte und Handlungskonstruktionen notwendig wären. Im *flow* entfällt die bewußte Vermittlung zwischen Individuum und Gesellschaft. Unter den besonderen Umständen des *flow* ist das Verhalten zugleich persönlich befriedigend und sozial angepaßt, ohne daß Wiederholung und Verbesserung notwendig wären. Im *flow* gibt es kein »auffälliges« oder als »abweichend« empfundenes Verhalten. Die Handlung und die Aufmerksamkeit sind ganz auf die Gegenwart gerichtet. Die Handelnden denken über ihre Taten nicht kritisch nach; es fehlt ihnen sowohl die Angst vor Zukünftigem als auch das Schuldgefühl gegenüber Vergangenem.

Das durchrationalisierte Spiel hingegen bringt recht häufig kritische Selbstbeobachtung und Angst vor möglichen Abweichungen mit sich. Wenn der Schwerpunkt vom Spiel zum Sieg wechselt, die Spiele selbst immer wettbewerbsorientierter und vor allem die äußeren Belohnungen immer wichtiger werden – wenn es nämlich dabei um Stipendien, Preise, Vergünstigungen und sogar um politische Vorteile geht –, wächst die Versuchung, von den Regeln abzuweichen. »In der Übertragung auf die Realität verbleibt als einziges Ziel des *agon* (des Wettbewerbs) der Erfolg. Die Regeln des höfischen Wettkampfes werden vergessen und geringgeschätzt; sie erscheinen bloß noch als lästige und scheinheilige Konventionen. Gnadenloser Wettbewerb wird zur Regel, und der Sieg rechtfertigt sogar Foulspiel« (Callois, 1961, S. 54). Der Betrug muß so weit wie möglich verhindert werden. Die Entscheidungen über das Verfahren des Spiels werden zu wichtig, als daß man sie den Spielern selbst überlassen könnte. Die Teilnehmer wären zwar vielleicht durchaus in der Lage, ihr gemeinsames Spiel selbst zu regeln. Doch dies ist kaum mehr von Bedeutung. Es treten in der Theorie neutrale Spezialisten auf den Plan, denen die Aufgabe übertragen wird, Regelüberschreitungen festzustellen, korrekt erzielte Erfolge zu notieren und die entsprechenden Belohnungen und Strafen zuzuteilen: die Schiedsrichter. Insgesamt wird die Reglementierung der Spiele zu einer Sache von Kommissionen und Fachleuten, die den Einfluß neuer Entwicklungen beurteilen und die Regeln so anpassen, daß technische oder strategische Neuerungen nicht einzelne Spieler oder Gruppen übermäßig übervorteilen.

Schließlich greift die durchrationalisierte Spezialisierung über das Spiel hinaus auch auf die Teilnehmer selbst über. Mit der differenzierteren

Soziologische Implikationen des *flow* 73

Einteilung der Spieler und der Verfeinerung der Interaktionsregeln nehmen gewisse handlungsspezifische Eigenschaften an Wichtigkeit zu. Personen, die diese Eigenschaften besitzen oder entwickeln, werden selektiv für die entsprechenden Spiele ausgewählt. Damit gleichen sich die Teilnehmer an einem bestimmten Spiel immer mehr aneinander an, unterscheiden sich aber immer stärker vom Bevölkerungsdurchschnitt. Körperlich und temperamentsmäßig geeignete Spieler werden ausgewählt und trainiert, um in einem ganz speziellen Spiel die besten zu sein. Ihre Begabungen lassen sich im allgemeinen nicht auf andere Spiele übertragen.

Daraus ergibt sich, daß die kulturell verbreitetsten Freizeitaktivitäten, eben die am weitesten rationalisierten Sportarten, das geringste *flow*-Potential aufweisen. Die Rationalisierung bringt die Menschen dazu, sich praktisch ganz aus dem Gebiet des Spiels zurückzuziehen. Die kritische Selbstbeobachtung wächst ins Extrem. Zuviel steht jeweils auf dem Spiel. Gewinnen ist so wichtig, der Wettbewerb zwischen spezialisierten Spielern so entschieden, und ein durchschnittliches Individuum hat so geringe Chancen, sich im Spiel zu behaupten und der Kritik zu entgehen, daß das Risiko sich nicht mehr lohnt. Verlieren wird zu einem stigmatisierenden Zeichen von Minderwertigkeit, Irrationalität und mangelndem Einsatz. Es wird einladender, sich zu den Zuschauern und Analytikern des Geschehens zu gesellen, als selbst ein erfolgloser Teilnehmer zu bleiben. Man gibt also immer mehr das eigene Spiel auf, um die Leistungen anderer zu diskutieren und zu vergleichen. Damit gibt man schließlich den letzten Rest willentlicher Kontrolle über das Spielgeschehen auf. Einigen wandelt sich der Sport schließlich zu einem bloßen Glücksspiel, in dem die Zuschauer die Ergebnisse überhaupt nicht mehr beeinflussen können, sondern nur noch auf das eine oder andere Ergebnis Wetten abschließen.

Die Umwandlung nähert sich dem Endstadium. Die Rationalisierung hat das Spiel umgeformt. Die Regeln haben überhand genommen. Impulsivität und individuelle Kreativität sind zurückgedrängt; es geht nur mehr um strukturierte, geübte und genaue Ausführung. Der Sinn des Spiels wandelt sich vom Erleben unmittelbarer Freude zum Erzielen größtmöglichen Erfolgs, vom Mittel zum Zweck. Die kritische Selbstbeobachtung ist gesteigert, Handlung und Bewußtsein fallen auseinander. Viele Enttäuschte wollen die hoch bewertete, aber nicht mehr erreichbare Lebensqualität wieder erlangen, aber sie geraten in Aktivitäten, bei denen andere die Handlung für sie strukturieren, die Entscheidungen für sie treffen und das Risiko für sie auf sich nehmen. Beschränkter persönlicher Einsatz kann auch nur zu beschränkter Befriedigung führen. Andere fallen bei ihrer Suche auf die seichte, ungestüme Anziehung synthetischer Spiele herein, in denen sie endlose elektronische Zerstreuung, aber wenig dauerhafte Befriedigung finden. Der *flow* entgeht ihnen auch dort.

Schlußfolgerungen

Die Tatsache, daß das Phänomen *flow* sich so schwer greifen läßt, sollte ernstgenommen werden. Wie Csikszentmihalyi (1981a) zeigt, darf die Bedeutung der Freude nicht unterschätzt werden. Sie ist eine notwendige Bedingung für das Überleben der Gesellschaft. Auf lange Sicht kann ein langweiliges System schlicht nicht bestehen. Jede Gesellschaft ist wesentlich dadurch gekennzeichnet, wie sie Möglichkeiten für Erfahrungen kreativen Selbstausdrucks institutionalisiert.

Sind sie in Freizeitaktivitäten aufgeteilt, die schließlich die Freude verhindern, weil sie von instrumentellen Zielen dominiert werden? Gibt es auch für Erwachsene in ihren Rollen intrinsische Belohnung – in der Arbeit, in der Familie, in den Schulen, in den Gemeinden? Dies sind die Fragen, die auf die grundlegende Struktur eines Sozialsystems abzielen. Es ist wichtig zu wissen, wie eine Gesellschaft die Mittel zu ihrem Überleben produziert, aber vielleicht ist es noch wichtiger zu wissen, welche Freude sie ihren Mitgliedern bieten kann (Csikszentmihalyi, 1981a, S. 339).

Ohne Spiel wird jede Gesellschaft steif und verkümmert. Werden die Mitglieder einer Gesellschaft in ihrem spontanen spielerischen Ausdruck entmutigt, übersehen sie vielleicht auch andere entsprechende Möglichkeiten. Das ursprüngliche Spiel und die wissenschaftliche Neugier stammen aus einer gemeinsamen Quelle, nämlich aus einer großzügigen »Gastfreundschaft« gegenüber allem Neuen, Staunenswerten, Schwierigen, Unbekannten. Kreative Handlungen jeder Art und jeden Niveaus – sei es im Spiel oder in der wissenschaftlichen Forschung – setzen eine Bereitschaft voraus, sich auf flüchtige, fließende Prozesse einzulassen und das eigene Selbst Kräften zu überlassen, die nicht unter der eigenen Kontrolle stehen. Ein kreatives Leben, das heißt ein vital erlebtes und befriedigendes Leben, läßt sich nicht leichthin oder in Sicherheit führen (Wilson, 1981). Es ist anspruchsvoll, herausfordernd und anstrengend.

Streß ist ein Schlüsselbegriff. Streß läßt sich als ein sozialpsychologischer Zustand subjektiv empfundener Dringlichkeit, Relevanz oder Bedeutsamkeit definieren, die mit bestimmten Personen oder Ereignissen verbunden wird. Eine streßreiche Situation ist eine reale, bedeutsame Situation, eine Situation, auf die es ankommt und die den Betreffenden ganz beansprucht. Streß ist im wesentlichen lediglich Stimulation. Echte Muße, das heißt eben *flow*, ist ohne Streß unmöglich.

Der gesunde Menschenverstand setzt heute die Freizeit vielfach in Gegensatz zu Streß, als eine Ruhepause von den Bürden einer anstrengenden Arbeit, der häuslichen Pflichten und anderer Verantwortungen. Diese Auffassung der Freizeit als streßfrei ist jedoch problematisch. Sie beruht auf Annahmen über das Sozialleben, die in der Industriegesellschaft nur noch teilweise zutreffen.

Die Zeiten sind vorbei, da mit allen Wassern gewaschene Individuen der Wildnis eine karge Existenz abtrotzten. Im Namen rationaler Effizienz wird die Arbeitsaktivität der Komplexität und Neuheit beraubt und statt dessen »stromlinienförmig« gemacht, standardisiert und in Routine umgewandelt. Im Sinne Frederick Taylors (1923) ist die berufliche Beschäftigung auf eine Anzahl logisch zusammenhängender Aufgaben reduziert worden. Das Individuum ist nur noch ein Träger bestimmter Rollen und Statuszuschreibungen. Diese Umwandlung beschränkt sich nicht auf Büroberufe und Fließbandarbeit, sondern beginnt, alle Arbeitskategorien einzubeziehen. Auch Ingenieure, Chemiker, Computer-Programmierer und andere hochqualifizierte Berufe sind betroffen. Die Organisation funktioniert auf allen Ebenen so, daß das berufliche Erleben immer eintöniger und abstrakter wird, daß der Entscheidungsbereich des einzelnen immer kleiner wird, daß er ganz allgemein zwar keinen Streß erlebt, dafür aber eingeengt ist.

Zahlreiche psychologische Experimente haben gezeigt, daß Mensch und Tier eine gewisse Komplexität, Unsicherheit und damit einen Neuigkeitsgehalt der Umgebung bevorzugen (siehe Fiske & Maddi, 1961; Harris, 1972). Der motivational und emotional optimale Zustand ist erreicht, wenn ein Gleichgewicht zwischen unseren Fähigkeiten und unseren Aufgaben gefunden wird, wenn unser Können den Herausforderungen ungefähr entspricht, wenn unser Talent weder unter- noch überfordert wird. Aber für viele Personen, die beruflich mit modernen Großunternehmen verflochten sind, ist dieses Verhältnis leidvoll verzerrt. Viele in unserer Gesellschaft spüren dieses Ungleichgewicht, diese Beschneidung ihres Handlungsspielraumes und ihres kreativen Potentials. Einige fügen sich ein, für ökonomische Sicherheit und materiellen Überfluß auf intrinsische Belohnung zu verzichten. Die Bergsteiger gehören nicht dazu. Sie und ihresgleichen suchen zur Kompensation die direkte Begegnung mit einer Umwelt, in der sie nur aufgrund eines totalen und kreativen Einsatzes ihrer ganzen Person bestehen können.

Ohne Streß leben heißt, sich ein Stück weit außerhalb des Lebensstromes stellen, sich selbst gegenüber Reizen – schädlichen und anderen – zu verschließen. Es wird von einer Person weniger verlangt, aber es ist auch weniger möglich. Das Gegenteil von Streß ist nicht die Feier, die Befriedigung oder Ruhe, sondern ein Zustand verminderten Bewußtseins und reduzierter Kapazität. Dieser Zustand ist dem dumpfen Desinteresse vergleichbar, wie es sich bei der von Drogen hervorgerufenen Erstarrung beobachten läßt. In der logischen Weiterführung landen wir beim Koma und letztlich beim Tod. Nur unter Orwellschen Vorzeichen kann eine solche Streßlosigkeit als wünschenswertes Ziel erscheinen.

Die Zivilisation schützt uns nicht nur vor wirklichen Gefahren, sondern manchmal auch vor der vollen Verwirklichung unseres Mensch-Seins. Wissenschaft und Technologie liefern Tatsachen und Eingriffsmöglichkeiten, aber sie bieten kein umfassendes Verständnis und keine umfassende moralische Ordnung. Sie berauben das Leben seines Zaubers und seiner Spiritualität. Das durchrationalisierte Spiel verliert seine ikonische Bedeutung sowie seinen autotelischen Anreiz. Aber es gibt Lösungen. Wir sind nicht für immer in diesem Eisenkäfig eingeschlossen; er ist von Menschen gemacht, und wir können daraus entkommen.

Die Verwandlung ist nicht vollständig. Das Spiel und andere mit Freude verbundene Aktivitäten sind nicht restlos wegrationalisiert worden. Die immensen Möglichkeiten des menschlichen Geistes sind noch nicht auf die unmenschlichen Umrisse zweidimensionaler Frauen und Männer reduziert worden. Zwar ist die vitale Selbstbestätigung durch *flow* nur möglich, wenn man Streß auf sich nimmt und sich ganz einsetzt, aber wir sind zu dieser Anstrengung fähig. *Flow* läßt sich zum Beispiel beim Klettern in den Bergen finden. Allerdings sind die Berge für einige von uns vielleicht zu weit entfernt oder sonstwie unerreichbar.

Aber rings um uns liegen unsichtbare Berge. Sie verbergen sich in Markensammlungen, in Pinseln und Farben, in den gelungenen Zeilen eines Briefes an einen guten Freund oder an einen mißliebigen Politiker, in der Zubereitung eines feinen Soufflé, in einer überzeugenden Rede oder in der Durchführung einer schwierigen Operation. *Flow* ist nicht auf Freizeitaktivitäten beschränkt, sondern ist überall möglich, wo Einsatz, Energie und Willenskraft eine sinnvolle und wirkungsvolle Anwendung in der Welt sozialen Erlebens finden.

Kapitel 4

flow und biokulturelle Evolution*

Fausto Massimini, Mihaly Csikszentmihalyi und Antonella Delle Fave

In diesem Kapitel geht es um die Rolle des *flow*-Erlebnisses bei der Konstruktion und Erweiterung des Selbst sowie in einem weiteren Sinne um seine Rolle in der biologischen und kulturellen Evolution. Einige der theoretischen Annahmen, die wir hier zugrunde legen, haben wir bereits an anderer Stelle entwickelt (z. B. Massimini & Calegari, 1979; Massimini, 1982; Csikszentmihalyi & Massimini, 1985; Csikszentmihalyi, 1987b). Die entscheidende These lautet, daß Menschen dazu neigen, optimales Erleben öfter zu wiederholen als andere Erfahrungen, um einen geordneten Bewußtseinszustand aufrechtzuerhalten.

Die Merkmale, die das *flow*-Erlebnis zu einem negentropischen Bewußtseinszustand machen – hohe Konzentration und Beteiligung, Deutlichkeit der Ziele und Rückmeldungen, intrinsische Motivation; all dies ermöglicht durch ein Gleichgewicht zwischen wahrgenommenen Anforderungen und persönlichen Fähigkeiten – sind schon theoretisch beschrieben und empirisch bestätigt worden (Csikszentmihalyi, 1975b, dt. 1985, 1982a; Csikszentmihalyi & Graef, 1979). Eines der Ziele dieses Kapitels besteht darin, die Einheitlichkeit der Phänomenologie dieses Erlebens zu zeigen, und zwar anhand von Interviews mit Einzelpersonen aus sehr unterschiedlichen Kulturen.

Schließen wir in unsere Überlegungen zusätzlich mit ein, welche Aktivitäten *flow* hervorrufen und wieviel Personen in jeder Stichprobe in verschiedenen Aktivitäten *flow* erleben, können wir abschätzen, welchen Einfluß dieses Erleben auf die biologische und kulturelle Evolution ausübt. Lernt eine Person beispielsweise, im Kontext religiösen Lebens *flow* zu erleben – wie das in einer der im folgenden berichteten Untersuchungen zutage trat –, so mag für diese Person die genaue Befolgung kulturel-

---

* Die Autoren danken den Lehrern und Schulleitern am Navajo Community College in Tsaile, Arizona, und an der Mahidol-Universität in Bangkok, Thailand, die bei der Erhebung der hier berichteten Daten behilflich waren.

ler Unterweisungen, die zum Beten, Meditieren und rituellen Zeremonien anleiten, sogar wichtiger werden als die Befolgung ihrer eigenen biologischen Unterweisungen.

Freude und kulturelle Evolution

Kulturelle Evolution meint die differentielle Übermittlung von Informationen, die in Artefakten enthalten sind, d. h. in Gegenständen, Symbolsystemen, Aktivitäten und anderen Verhaltensmustern, die auf menschliche Absicht zurückgehen. Zwar sind solche Artefakte Produkte des Menschen, aber sie formen ihrerseits wieder das menschliche Bewußtsein (Berger & Luckmann, 1967; Csikszentmihalyi & Rochberg-Halton, 1981). Artefakte enthalten insofern Verhaltensinstruktionen, als sie die Wirklichkeit definieren, in der der physische Organismus sich bewegen soll. Oft enthalten sie auch explizite Handlungsanweisungen – z. B. Normen, Regeln und Gesetze. In diesem Sinne haben Artefakte eine ähnliche Funktion wie die genetischen Instruktionen, die das biologische Verhalten des Organismus steuern. Während die genetischen Instruktionen in den Chromosomen chemisch kodiert sind, sind die Informationen der Artefakte extrasomatisch, außerhalb des Körpers, kodiert und gespeichert – im Handlungspotential das Gegenstände, Zeichnungen, Texte oder Verhaltensmuster anderer Individuen darstellen, mit denen man interagiert. Wir könnten den von Dawkins (1976) geprägten Begriff »Mem« verwenden, um eine Informationseinheit dieser kulturellen Art zu bezeichnen.

Eine der auffälligsten Besonderheiten der soziokulturellen Evolution liegt darin, daß ihr materieller Inhalt zwar extrasomatischer Art ist, ihre Dynamik aber vollständig im menschlichen Bewußtsein abläuft. Die drei allen evolutionären Prozessen gemeinsamen Phasen – Variation, Auslese und Übermittlung – werden durch das Bewußtsein vermittelt. Kulturelle Variation setzt ein, wenn neue »Meme« auftauchen, als Ideen, Handlungen oder Wahrnehmungen. Auch die Auslese unter verschiedenen neuen Memen – und die kulturelle Speicherung der ausgelesenen – setzt eine mehr oder weniger bewußte Bewertung und Aufmerksamkeitsinvestition voraus. Dasselbe gilt für die Übermittlung der ausgelesenen Neuheiten: Wenn die Menschen keine psychische Energie in die neue Variante investieren, wird diese nicht lange genug überleben, als daß die nächste Generation sie wahrnehmen könnte.

Die vielleicht allgemeinste Charakterisierung der so ausgewählten Artefakte besteht darin, daß sie die Qualität menschlichen Erlebens verbessern. Sobald eine neue kulturelle Form Vergnügen und Freude verspricht, wird sie im Bewußtsein Aufnahme finden (zur Rolle des Vergnügens in der Evolution siehe Cabanac, 1971; Burhoe, 1982). Diese Gründe für die Übernahme eines neuen Artefaktes werden von jenem griechischen Dichter gut zum Ausdruck gebracht, der die Einführung der Wassermühlen im Römischen Weltreich mit folgenden Worten begrüßte: »Ruhet eure Hände von der langen Mühsal mit dem Mühlstein aus, ihr Mädchen, die ihr das Korn zermahlen habt. Von jetzt an werdet ihr länger schlafen können und nicht mit dem ersten Hahnenschrei zum Mahlstein greifen müssen« (nach Bloch, 1967, S. 145). Im Vergleich zur Arbeit mit dem Mühlstein brachte die Wassermühle den Frauen größere Schonung der Hände, Verminderung der körperlichen Anstrengung und einen Gewinn an Zeit – das alles zusammen verbesserte wahrscheinlich die Qualität des Erlebens.

Offensichtlich ist das Vergnügen der Hauptgrund für die Auslese und Beibehaltung der meisten künstlerischen Kulturformen. Das Malen, die Musik, das Theaterspiel und sogar die bloße Fähigkeit des Schreibens stellen symbolische Fähigkeiten dar, die ausgebildet und übernommen wurden, weil sie positive Bewußtseinszustände vermitteln können. Solche positiven Zustände werden auch durch Bücher mit fiktiven Geschichten sowie durch das Fernsehen vermittelt, die offenbar psychische Energien »verschwenden«; aber dabei vermittelt die Aufmerksamkeitszuwendung dem Konsumenten ein angenehmes Gefühl.

Aber auch einige der utilitaristischsten Artefakte überlebten, weil sie ihren Benutzern zu Freude und Vergnügen verhalfen. Colin Renfrew schreibt folgendes über die Einführung der ersten Metallgegenstände am Ende der Steinzeit:

In verschiedenen Gegenden der Welt ist festgestellt worden, daß Bronze und andere Metalle als neue und attraktive Materialien zuerst in spielerischen Zusammenhängen Verwendung fanden, lange bevor sie zu nützlichen Werkzeugen etc. verarbeitet wurden ... In den meisten Fällen scheint die Metallurgie zunächst nur ausgeübt worden zu sein, weil ihre Produkte neue Eigenschaften hatten, die sie als Symbole und persönliche Schmuckstücke attraktiv und prestigeträchtig machten (Renfrew, 1986, S. 144, 146).

Produkte mit neuartigen Eigenschaften haben immer wieder unabhängig von Nützlichkeitserwägungen Aufmerksamkeit erregt. Das Interesse am Automobil setzte zunächst nicht wegen dessen Nützlichkeit ein, sondern weil es spektakuläre Fahrten und Rennen ermöglichte, die die Phantasie der Menschen bewegten.

Nach Huizinga (1939) 1970) liegt der Ursprung aller menschlichen Institutionen in Spielen, die den Beteiligten und den Zuschauern Vergnügen bereiten. Erst später werden sie ernsthafte Elemente der gesellschaftlichen

Struktur. Zunächst werden die Gedanken und Handlungen, die für solche Institutionen erforderlich sind, aus freier Entscheidung bejaht; später gehören sie zu den selbstverständlichen Elementen der gesellschaftlichen Wirklichkeit. So begann die Wissenschaft als Rätselwettbewerb, die Religion als freudige kollektive Festlichkeit; militärische Institutionen haben ihre Wurzel in zeremoniellen Kämpfen; das Gesetzessystem geht auf ritualisierte Debatten zurück, und ökonomische Systeme nahmen ihren Anfang in festlichem Gütertausch. Diejenigen Formen, die am meisten Freude und Vergnügen bereiten, werden ausgewählt und über Generationen hinweg weitergegeben.

Findet aber eine neue Form eine »Nische« im Bewußtsein, kann sie sich reproduzieren, ohne daß dabei immer das Vergnügen ihrer »Gastgeber« im Vordergrund stehen muß. Münzen wurden ursprünglich geprägt, um das Prestige und die wirtschaftliche Macht der Könige zu stärken und um den Handel zu erleichtern. Sobald der Austausch der notwendigen Produkte einmal vom Geldsystem abhängig geworden und der Tauschhandel zurückgedrängt war, konnte niemand mehr der Ausbreitung des Geldes widerstehen. Alle hatten das System zu übernehmen, ob gerne oder nicht. Oder wie Max Weber mit Blick auf die Geschichte des Kapitalismus schrieb: Was als ein abenteuerliches Spiel einzelner Unternehmer begann, wurde schließlich zu einem weltumspannenden ökonomischen System, das sehr an einen »Eisenkäfig« erinnert, aus dem ein Entkommen fast unmöglich ist (Weber, 1930).

Trifft es zu, daß kulturelle Artefakte an unser Vergnügen appellieren, um zu überleben, so muß jede Erklärung der kulturellen Evolution beachten, was den Menschen Vergnügen bereitet. Die Menschen erleben Freude, wenn sie auf Handlungsmöglichkeiten – oder Handlungsherausforderungen – treffen, für die sie eine passende Ausprägung ihrer eigenen Fähigkeiten mitbringen. Diese einfache Gleichung für Freude, nämlich Anforderung/Fähigkeit = 1, wurde zum erstenmal im Zuge einer empirischen Untersuchung erwachsener amerikanischer Einwohner von Großstädten entwickelt (Csikszentmihalyi, 1975b, dt. 1985). Seither ist sie durch Forschungen über Heranwachsende in den Vereinigten Staaten (Csikszentmihalyi & Larson, 1984), in Italien (Carli, 1986) und in einer ganzen Reihe ländlicher Stichproben aus Europa und Asien (Massimini, Csikszentmihalyi & Delle Fave, 1986) bestätigt worden. Eine einzige Differenzierung dieser einfachen Formel durch spätere Forschungen besteht darin, daß die Anforderungen und die Fähigkeiten nicht nur im Gleichgewicht stehen, sondern daß beide über dem Durchschnitt liegen müssen (Carli, 1986).

Wegen dieses Zusammenhanges neigen wir dazu, solche Erlebnisformen häufiger zu reproduzieren, die das Niveau der Anforderungen ansteigen lassen – vorausgesetzt, daß im Zuge dieser Wechselwirkung auch unsere Fähigkeiten Gelegenheit haben, sich entsprechend zu entwickeln (Csikszentmihalyi, 1982a). Der Prozeß, durch den immer höhere Handlungsanforderungen gesucht werden, ist im wesentlichen ein Prozeß der *Komplexifizierung*. Dieses Prinzip erklärt das Entstehen neuer Artefakte und ein Stück weit auch deren Akzeptanz und Übermittlung auf nachfolgende Generationen.

Der Zusammenhang zwischen Komplexifizierung und Freude bedeutet nicht, daß der Mensch ständig motiviert ist, höhere Herausforderungen aufzusuchen. Tatsächlich trifft das Gegenteil zu. Wenn sie über ihre Zeit frei verfügen können, ziehen die meisten Menschen es vor, sich zu entspannen. Sie suchen ihr Vergnügen in Interaktionen geringer Intensität, indem sie z. B. mit einer Bierflasche vor einem Fernsehgerät sitzen. »Vergnügen« ist ein homöostatisches Prinzip, das die Menschen dazu bringt, ihre Energie zu sparen und genetisch programmierte Verhaltensweisen aus dem Bereich der Ernährung oder der Sexualität zu verfolgen. Vergnügungen, die den Einsatz von eigenen Fähigkeiten zur Bewältigung steigender Herausforderungen voraussetzen, stellen eine relativ seltene Erlebnisart dar – aber dennoch solche, die auf der ganzen Welt bekannt sind und gepriesen werden. Obwohl das Vergnügen also im allgemeinen ein konservatives Prinzip ist, das bereits bestehende Artefakte bevorzugt, ist es dennoch die mit der Komplexifizierung einhergehende Freude, die oftmals für das Auftauchen neuer kultureller Formen verantwortlich ist.

Auf der allgemeinsten Ebene läßt sich also sagen, daß der vergnüglich empfundene Prozeß der Komplexifizierung gewissermaßen die Schnittstelle in der symbiotischen Beziehung zwischen Evolution der Menschen und Evolution der Kultur darstellt. Kulturelle Formen, die die Möglichkeit steigender Freude bieten, werden überleben, indem sie die Aufmerksamkeit der Menschen auf sich ziehen; umgekehrt werden Menschen, die Aufmerksamkeit in solche Formen investieren, ein komplexeres Bewußtsein entwickeln.

Psychologische Selektion biokultureller Instruktionen

Die im biologischen und im kulturellen Gedächtnis enthaltenen Instruktionen sind wirkungslos, solange sie nicht entschlüsselt und ins Bewußtsein übernommen werden. Hunger oder sexuelle Not haben nur deshalb einen Einfluß auf das Verhalten, weil sie einen subjektiven psychischen Zustand hervorrufen, der als »Hunger« oder »Bedürfnis« erkannt werden kann. Sobald wir uns unseres Hungers bewußt sind, können wir Verhaltenssequenzen planen und auswählen, die mit einiger Wahrscheinlichkeit die biologischen Instruktionen zur Ausführung bringen werden. Es ist diese symbolische Repräsentation biologischer Instruktionen im Bewußtsein, die die enorme Flexibilität des menschlichen Verhaltens ermöglicht. Ebenso müssen kulturelle Instruktionen zunächst entschlüsselt werden, damit sie den Phänotyp beeinflussen und sich damit reproduzieren können. Es genügt nicht, daß eine Sprache in geschriebener Form überlebt, wenn niemand mehr die Buchstaben mit Bedeutungen in Verbindung bringen kann. Wie das Etruskische ist sie dann eine tote Sprache. Wie eine Steinbrücke birgt jedes Artefakt das Geheimnis seiner Konstruktion in sich. Wenn aber niemand die architektonischen Prinzipien und die Abfolge der Bauetappen – die kulturellen Instruktionen – in einer Sprache aufgezeichnet hat, die zukünftigen Generationen zugänglich ist, wird das Wissen darum aussterben, wie solche Brücken gebaut werden.

Die Notwendigkeit psychologischer Selektion folgt aus der Tatsache, daß die Aufmerksamkeit, die eine Voraussetzung zum Kodieren, Dekodieren und Befolgen von Instruktionen bildet, nicht unbeschränkt ist. Auf der individuellen Ebene scheint die Aufmerksamkeitskapazität auf die gleichzeitige Verarbeitung von fünf bis sieben Informationsbits oder -einheiten beschränkt zu sein (Simon, 1969; Craik & Lockhart, 1972). Daraus folgt, daß man ständig *auswählen* muß, worauf man seine Aufmerksamkeit richten, was man sich merken, was man aus dem Gedächtnis abrufen, welche Handlung man beginnen und wann man aufhören will. Ökonomen haben begonnen, die Kosten der Informationsaufnahme und der Informationsspeicherung zu berechnen (Linder, 1970; Becker, 1976). Aber die selektive Zuweisung von Aufmerksamkeit stellt ein noch größeres Problem dar, weil sie darüber entscheidet, wie die Menschen die in ihren Genen enthaltene potentielle Information zur Anwendung bringen werden und welche kulturellen Formen sie auswählen, bewahren und weitergeben werden (James, 1890; Csikszentmihalyi, 1978a; Hamilton, 1981).

Die Aufmerksamkeitsbeschränkung im individuellen Bewußtsein macht eine ständige Auswahl zwischen genetischen und kulturellen Instruktionen nötig. Unter diesem Gesichtspunkt läßt sich die Aufmerksamkeit als psychische Energie auffassen, die die Information in geordnetem Zustand bewahrt. Sobald die Aufmerksamkeit nachläßt oder abgezogen wird, beginnen entropische Prozesse die Umsetzung der Instruktionen zu beeinträchtigen. Im Prozeß des Vergessenwerdens verlieren Sprachen, Religionen und technische Fertigkeiten ihre Form sowie ihre Fähigkeit, das Verhalten der Menschen verläßlich zu beeinflussen. Viele Gelehrte haben bezweifelt, daß das Selektionsparadigma auf kulturelle Informationen angewendet werden könne, weil diese – anders als im Fall der biologischen Gene – nicht in einzelnen materiellen Teilchen konkretisiert sind (z. B. Daly, 1982, S. 402). Natürlich ist auch nicht zu erwarten, daß kulturelle Information an festgelegte materielle Träger gebunden ist. Eine Lehmtafel und eine Radiowelle können dieselbe Information tragen, obwohl sie sich in ihrer materiellen Struktur sehr voneinander unterscheiden. Auf der Stufe der psychologischen Selektion entspricht dem »unterscheidbaren Teilchen« das *subjektive Erlebnis*.

Die psychologische Selektion findet im Bewußtsein statt, wenn eine Information mit Hilfe der Aufmerksamkeitszuwendung aktiviert wird. Die Zuweisung der Aufmerksamkeit verfolgt dabei ihre eigenen Ziele: Das Bewußtsein tendiert dazu, die Ordnung im Erleben aufrechtzuerhalten. Das Grundprinzip der psychologischen Ordnung ist das Vergnügen oder die symbolische Repräsentation der biologischen Homöostase im Bewußtsein (Csikszentmihalyi & Rochberg-Halton, 1981; Csikszentmihalyi, 1982a). Aber das Vergnügen oder die Lust allein könnten die evolutionären Veränderungen in der psychologischen Selektion nicht erklären. Diese Veränderungen sind die Folge eines anderen Prozesses, der sich aus dem ersten entwickelt hat – die Folge des autotelischen Prinzipes der Freude oder des *flow*.

Der *flow*-Zustand wird hervorgerufen, wenn zwei miteinander interagierende Listen von Instruktionen gut zueinander passen: die in einem kulturellen »Spiel« (z. B. Tennis, ein religiöses Ritual, eine berufliche Aktivität) enthaltenen Instruktionen und die Liste intrasomatischer Instruktionen, die – gestützt auf biologische Prädispositionen – die Fertigkeiten des Handelnden ausmachen. Aus evolutionärer Perspektive ist *flow* eine Funktion der spezifischen Relation zwischen extrasomatischem und intrasomatischem Gedächtnis. Wenn Einheiten aus diesen beiden Speichern zu einem Gleichgewicht gelangen (d. h. Anforderungen = Fähigkeiten), tritt ein Zustand innerer Ordnung oder Kohärenz ein. Diese dritte Art eines negentropischen Systems (die erste war das Ergebnis der Ordnung biologischer Information, die zweite das Ergebnis der Ordnung kultureller Information) ist der *flow*-Zustand. Diese Interaktion zwischen internen und externen Instruktionen stellt eine neue Art dar, das autotelische Prinzip zu beschreiben. Eine Person im *flow* widmet sich ihrer Aktivität um dieser Aktivität selbst willen, unabhängig von äußeren Folgen. Es scheint, als habe die Evolution im Menschen eine Prädisposition »eingebaut«, aus der Integration der beiden großen negentropischen Systeme der Kultur und der Biologie in ein drittes System – das System des Selbst oder der Information im Bewußtsein – Freude zu beziehen.

Skizze des Buchs

Im Blick auf diese theoretischen Annahmen werden wir folgende Fragen zu beantworten versuchen: Wie beschreiben Menschen aus sehr unterschiedlichen Kulturen das *flow*-Erlebnis, bezogen auf seinen Anfang, seine Fortdauer und das Gefühl, das sie während des *flow* erleben? Welche Aktivitätsarten machen das Erleben von *flow* möglich, und wie steht es dabei mit der Replikation biologischer und kultureller Instruktionen?

Stichproben. Im Verlauf der letzten drei Jahre sind insgesamt 636 Personen auf 12 verschiedenen Stichproben mit Fragebogen und Interviews befragt worden. Die Stichproben wurden bewußt so ausgewählt, daß sie so viele unterschiedliche Kulturen und Subkulturen wie möglich abdeckten. Sie enthielten 255 männliche und 381 weibliche Personen im Alter zwischen 14 und 86 Jahren und aus verschiedenen soziokulturellen Schichten. Was das biologische Erbgut betrifft, waren es 533 Weiße europäischen Ursprungs und 103 Asiaten. Hinsichtlich des kulturellen Erbgutes sind folgende Gruppen zu unterscheiden: Vier verschiedene Stichproben aus traditionellen alpinen Gemeinschaften im Umkreis des norditalienischen Aostatales (N = 166); Büroangestellte (N = 64) und Studenten (N = 107) in der norditalienischen Stadt Turin; Höhlenforscher (N = 64), Tänzer (N = 60), ehemalige Drogenabhängige (N = 61), Nonnen sowie blinde religiöse Personen (N = 10), alle aus Norditalien; Studenten des Navajo Community College in Arizona, USA (N = 77); und Studenten der Mahidol Universität in Bangkok, Thailand (N = 26).

Verfahren. Die Hauptdatenquelle bildete der *flow*-Fragebogen (kurz als *flow*-Q bezeichnet; für *flow*-Questionnaire). Dieses Instrument besteht aus drei den originalen *flow*-Interviews entnommenen Zitaten, die das *flow*-Erlebnis beschreiben. (z. B. »Meine Gedanken wandern nicht herum. Ich denke an gar nichts anderes. Ich bin völlig absorbiert von dem, was ich tue«. Die übrigen Zitate finden sich in Kapitel 8.) Die von uns befragten Personen wurden gebeten, für jedes Zitat anzugeben, ob sie jemals etwas ähnliches empfanden. Fiel die Antwort positiv aus, hatten sie anzugeben, welche Aktivität bei ihnen ein solches Erlebnis hervorruft, und wie oft. Auf diese Weise fanden wir über 500 verschiedene Aktivitäten, die zu Erlebnissen führen können, wie sie in diesen Zitaten umschrieben sind.

Konnte eine befragte Person eine oder mehrere *flow*-Aktivitäten nennen, folgten eine Anzahl von Fragen zur Qualität des Erlebens, darunter die drei folgenden: Was löst dieses Erleben aus? Was läßt diesen Erlebniszustand andauern, nachdem er einmal eingesetzt hat? Wie würden Sie diesen Zustand beschreiben, wie empfinden Sie ihn? (siehe Csikszentmihalyi, 1974, S. 325–327).

Die offenen Antworten auf diese Fragen wurden in einige Dutzend Teilkategorien kodiert, je nach dem Schwerpunkt der Antwort. Später bildeten wir daraus neun Hauptkategorien, die die Zusammenhänge zwischen den Teilkategorien am besten abzubilden schienen. So faßten wir beispielsweise die drei Teilkategorien »Ein Ziel erreichen können«, »Befriedigung im Gebrauch von Fähigkeiten« und »Über die nötigen Fähigkeiten und Fertigkeiten verfügen« zur Kategorie »Können« zusammen.

Von diesen neun Kategorien ist die als »Umgebung« bezeichnete die einzige, die zuvor nicht bereits explizit als Element des *flow*-Erlebens bestimmt worden war. Ihre Wichtigkeit hängt damit zusammen, daß es notwendig ist, die Aufmerksamkeit zu zentrieren. Die Kategorie »Umgebung« enthielt die folgenden Teilkategorien: Fehlen von Ablenkungen, genügend Zeit haben, die richtige Umgebung haben, die richtige zwischenmenschliche Atmosphäre haben. Obwohl sie nicht speziell als wichtige Dimensionen des *flow*-Erlebens herausgestellt wurden, passen diese Elemente genau in die bisher gegebene Beschreibung.

Die Struktur des *flow*-Erlebens

Die Antwort auf die ersten beiden Fragen – Wie wird das *flow*-Erlebnis ausgelöst? Was läßt den *flow*-Zustand andauern? – soll mit Beispielen aus den Stichproben illustriert werden, die sich am weitesten voneinander unterschieden: Die Mittelschüler aus Turin, die Navajo-Studenten, die Angehörigen der Walser-Gemeinschaften aus dem alpinen Norditalien (N = 33), eine Gruppe früherer Drogenabhängiger und die Stichprobe blinder religiöser Personen.

Wenn diese unterschiedlichen Einzelpersonen das eigene Erleben, das dem *flow* am nächsten kommt, in eigenen Worten beschreiben, verwenden sie Begriffe, die untereinander recht ähnlich sind und die den Vorhersagen der *flow*-Theorie weitgehend entsprechen. Als erstes wollen wir uns ansehen, wie das Einsetzen des optimalen Erlebens in jenen Aktivitäten beschrieben wird, die von den Befragten aufgrund des *flow*-Fragebogens als charakteristisch für dieses Phänomen ausgewählt wurden.

Wie die Aktivität einsetzt. In allen fünf Stichproben wurde als häufigste (von 40% der 288 Befragten gegebene) Antwort die Kategorie *Die Aktivität selber* genannt. Mit anderen Worten: Das Ausüben der Aktivität genügte, um das Erleben auszulösen. Das überrascht nicht, da die *flow*-Aktivität definitionsgemäß den Kontext für das autotelische Erleben darstellt. Immer wenn eine Person bei einer gegebenen Aktivität *flow* zu erleben lernt, lernt sie den Beginn dieser Aktivität automatisch als Auslöser mit:

Ich muß nichts Spezielles tun, um in dieses Gefühl zu kommen. Ich brauche bloß ins Wasser zu steigen und beginnen mich zu bewegen (Turiner Student – Schwimmen).

Es setzt mit dem Beginn der Zeremonie ein. Das kann zu jeder Zeit und an jedem Ort sein (Navajo – Teilnahme an traditioneller Zeremonie).

Es beginnt spontan und bleibt, solange ich lese (Walser – Lesen).

Dieses Gefühl setzt von selbst ein, ganz natürlich ... Das kann überall der Fall sein, es ist auf keinen speziellen Zeitpunkt oder Raum beschränkt (ehemaliger Drogenabhängiger – Studieren).

Dieses Gefühl tritt ein, sobald ich zu beten beginne (blinde Nonne – Beten).

Die zweithäufigste, von 13% der Befragten erwähnte Art, den *flow* zu erreichen, bezog sich auf die Kategorie *Konzentration*. Es geht dabei um die Zentrierung der Aufmerksamkeit und das Vermeiden von Ablenkungen. Hier einige Antworten dieser Kategorie:

Dieses Gefühl tritt ein, wenn ich mich wirklich konzentriere (Turiner Student – Studieren).

Ich muß mich konzentrieren und wirklich auf die Sache einlassen (Navajo – Lesen).

Ich versinke sofort ins Lesen, und die Probleme, mit denen ich mich sonst herumschlage, verschwinden (Waliser – Zeitunglesen).

Dieses Gefühl setzt ein, wenn ich meine Aufmerksamkeit ganz auf das richte, was ich tue (Ehemaliger Drogenabhängiger – Studieren).

Es beginnt, sobald ich ... wenn ich nur schon an Gott, meine Liebe, denke (Blinde Nonne – Beten).

Eine andere Möglichkeit, in den *flow* überzugehen, liegt in der Wahrnehmung von *Herausforderungen*, die ihrerseits Konzentration verlangen. Ungefähr 9% aller Antworten fielen in diese Kategorie. Es folgen einige Beispiele:

flow und biokulturelle Evolution

Damit dieses Gefühl kommt, muß ich sehr konzentriert sein ... Es setzt erst ein, nachdem ich mich auf die Anforderungen der Aktivität eingelassen, dafür »Opfer gebracht« habe (Turiner Student – Studieren).

Dieses Gefühl kommt auf, wenn ich den kapitalen Bock sehe, sagen wir ungefähr in 15 Meter Entfernung, und wenn ich dann den Bogen spanne mit dem Pfeil, den ich in sein Lebenszentrum schießen will (Navajo – Bogenschießen).

Ich versuche, meine Rolle so gut wie möglich zu spielen (Walser – Teilnahme an traditionellem Walser-Drama).

Es muß mich nur etwas so ansprechen, daß ich ein Photo davon machen will. Das kann manchmal auch eine alte Dose sein (Ex-Drogenabhängiger – Photographieren).

Ich gebe mir die größte Mühe, damit es richtig herauskommt (Blinde Frau – Stricken).

Intrinsische Motivation wurde kodiert, wenn die Befragten ein besonderes Interesse für die autotelischen Aspekte der Aktivität erkennen ließen. Insgesamt fielen 9% der Antworten in diese Kategorie:

Es setzt ein, sobald etwas meine Aufmerksamkeit besonders erregt, etwas, was mich interessiert (Turiner Student – Lesen).

Ich will es einfach tun, und so tue ich es (Navajo – Silberschmiedearbeiten).

Immer wenn ich mit größerer Kraft und Willensanspannung arbeite (86jähriger Walser – Feldarbeiten).

Es kann jeden Moment kommen, immer wenn ich lesen möchte (Ex-Drogenabhängiger – Lesen).

Positive Stimmung und *Umgebung* wurden von je 7% der Befragten angesprochen. Wir brauchen keine Beispiele für positive Stimmungen anzuführen, da sich diese Kategorie von selbst versteht: Es wird die Freude, die Erregung, das Glück bei bestimmten Aktivitäten beschrieben. Eine günstige Umgebung scheint vor allem für solche Aktivitäten wichtig, die ansonsten leicht durch Ablenkungen von außen gestört werden könnten, also zum Beispiel die Umgebung für intellektuelle Aktivitäten wie Lesen und Studieren.

Der Ort ist der wichtigste auslösende Reiz: Wenn ich zum Beispiel in der Eisenbahn bin, allein in einem Abteil ... verlasse ich automatisch den Alltagstrott und beginne nachzudenken. Die Eisenbahn ist *ein* Beispiel, und zwar das häufigste, aber auch ein leerer Wartesaal kann diese Funktion übernehmen (Turiner Student – Denken).

Gewöhnlich geschieht es, wenn ich an einem ruhigen Ort bin (Navajo – Studieren).

Dieses Gefühl tritt oft auf, und zwar immer, wenn ich dort oben bin, weg vom Lärm und von der Masse (Walser – Bergsteigen).

Es kann jederzeit einsetzen, wenn sich eine Gelegenheit zum ungestörten Lesen ergibt (Ex-Drogenabhängiger – Lesen).

Bei der nach den Auswirkungen der Umgebung häufigsten Kategorie ging es um die Nutzung von *Fähigkeiten und Fertigkeiten* (6%). Das eigene Können erfolgreich an den Herausforderungen der Umgebung zu messen, stellte sich als wichtige Quelle für Befriedigung heraus:

Dieses Gefühl ergibt sich bestimmt aus meiner Fähigkeit, gymnastische Übungen gut zu machen (Turiner Student – Aerobics).

Es beginnt, wenn ich anderen Menschen helfe (Navajo – Teilnahme an traditionellen Heilzeremonien, die die therapeutische Mitarbeit aller Anwesenden verlangen).

Ich sage mir: »Ich habe es wieder gekonnt« (75jähriger Walser – Feldarbeit).

Diese Art von Gefühl stellt sich ein, sobald man beginnt, das Ergebnis zu sehen (Ex-Drogensüchtiger – Modellbau).

Rückmeldung ist eine wichtige Komponente des *flow*-Erlebnisses, denn es hält die Aufmerksamkeit auf die Aktivität gerichtet, indem es Informationen darüber liefert, wie gut oder wie schlecht man die Anforderungen erfüllt. Positive Rückmeldungen – von 3% der Befragten erwähnt – scheinen besonders zu Beginn des Erlebnisses wichtig zu sein:

Das Gefühl stellt sich ein, sobald die Aktivität beginnt. Beim Zeichnen kann man nicht mit Blick auf ein Endziel urteilen; wenn alles in jedem Augenblick stimmt, ergibt sich ein gutes Gefühl (Turiner Student – Zeichnen).

Wenn ich die ausgelegten Teile zusammensetze und sehe, daß das Geplante Form annimmt (Walser – Schreinern).

Wenn das Ding Form annimmt (Ex-Drogensüchtiger – Holzschnitzen).

flow und biokulturelle Evolution

Wenn ich sehe, daß die Sache gut läuft (76jährige blinde Nonne – Buchbinden).

Als letzte zu Beginn des *flow*-Erlebnisses wichtige Kategorie kodierten wir *Wachstum in der Komplexität des Selbst*. Zwar erwähnten nur 2 % der Befragten dies als auslösendes Moment, aber wir werden später sehen, daß es sich dabei um eine der wichtigsten Dimensionen des *flow* handelt. Es geht um das Bewußtsein der Person, daß sie durch das Eingehen auf höhere Herausforderungen auch die eigenen Fähigkeiten und Fertigkeiten entwickelt und sich so zu einer komplexeren Bewußtseinsordnung verhilft.

Ich erlebe dieses Gefühl, wenn ich Harmonie erreiche (Turiner Student – Felsklettern).

Es beginnt, wenn ich mich konstruktiv und kreativ fühle, wenn ich dabei bin, ein neues Produkt zu schaffen (Navajo – Silberschmieden).

Ich habe ein ernsthaftes und engagiertes Gefühl, ich sehe mich mit neuen Komplexitäten konfrontiert und habe die Hoffnung, erfolgreich zu sein (Walser – Klarinette- und Saxophonspielen).

Alles, was ich tue, ist studieren... Ich vergleiche das Gelernte mit der Wirklichkeit und schaue, ob es stimmt (Ex-Drogensüchtiger – Studieren).

Tabelle 4.1. Antworten auf den *flow*-Fragebogen, die sich auf das Einsetzen und das Andauern des *flow*-Erlebnisses beziehen (N = 636)

Was löst das Erlebnis aus?	Prozentsatz der Antworten	Was läßt das Erlebnis andauern?	Prozentsatz der Antworten
Die Aktivität selbst	41	Die Aktivität selbst	26
Konzentration	13	Komplexitätswachstum	13
Herausforderungen	9	Intrinsische Motivation	12
Intrinsische Motivation	9	Umgebung	11
Positive Stimmung	7	Positive Stimmung	11
Umgebung	7	Können	10
Können	6	Konzentration	6
Positive Rückmeldung	3	Herausforderungen	4
Anderes	3	Positive Rückmeldung	4
Komplexitätswachstum	2	Anderes	3
	100		100

Wie das Erlebnis weitergeht. Dieselben neun Kategorien, mit denen das Einsetzen des *flow*-Erlebnisses umschrieben wurde, ließen sich auch heranziehen, um die Gründe dafür zu kodieren, warum es andauert. Allerdings veränderten sich dabei die Häufigkeiten für die einzelnen Kategorien ein wenig. Wiederum wurde *die Aktivität selbst* am häufigsten genannt, nämlich in 25 % aller Fälle. Aber für die Fortsetzung des Erlebens wurde als zweithäufigster Grund das *Komplexitätswachstum* angegeben (13 %). Diese Kategorie tauchte hier somit mehr als sechsmal so häufig auf wie bei der Kodierung der auslösenden Merkmale. In Tabelle 4.1 wird aufgelistet, wie oft die einzelnen Kategorien als für den Beginn des Erlebnisses bzw. als für die Fortsetzung des Erlebnisses wichtig erwähnt wurden.

Drei Komponenten scheinen an Bedeutung abzunehmen, sobald das Erlebnis begonnen hat: die Aktivität selbst, die Konzentration auf die Aktivität und die Anforderungen. Die anderen Kategorien werden hingegen wichtiger, insbesondere das Komplexitätswachstum, die intrinsische Motivation, die günstige Umgebung, die positive Stimmung und die Nutzung der Fähigkeiten; alle wurden in mindestens 10 % der Fälle als Elemente genannt, die das einmal begonnene Erlebnis im Gang hielten.

Die Phänomenologie des *flow*-Erlebnisses

Bei einer der Fragen des *flow*-Q sollten die Befragten beschreiben, wie sie sich fühlten, wenn es in der Aktivität gut voranging, die sie als ähnlich mit den in den Zitaten empfanden. Ein Fragebogen ist zwar in mancher Hinsicht kein gutes Instrument, um phänomenologische Daten zu sammeln; die meisten Menschen sind es nicht gewohnt, ihre Bewußtseinsinhalte in Worte zu fassen, und so ergeben sich meistens kurze und stereotype Antworten. Immerhin können wir uns anhand dieser Methode ein vorläufiges Bild davon machen, wie der *flow* von sehr vielen Befragten aus äußerst unterschiedlichen soziokulturellen Kreisen erlebt wird. Wie bei den Bedingungen für das Einsetzen und für das Andauern des Erlebens zeigt sich auch hier eine bemerkenswerte Vergleichbarkeit über alle Stichproben hinweg.

Positive Stimmung. Die meisten Antworten wurden einfach deshalb der Kategorie »Positive Stimmung« zugerechnet, weil sie ein allgemeines Gefühl des Wohlseins oder des geordneten Bewußtseins beschrieben. Je nach Stichprobe variierte der Anteil solcher Antworten, und zwar von 31 % bei den Turiner Studenten bis zu 68 % bei den Bauern. Hier einige typische Beispiele aus dieser Kategorie:

flow und biokulturelle Evolution

Ich bin heiter, extravertiert ... ich bin mit mir selbst und anderen zufrieden (Turiner Student – Skifahren).

Ich genieße es (Navajo – Silberschmieden).

Ich bin fröhlich: Ich lächle und fühle mich geselliger (Walser – Skischule für Langlauf).

Man fühlt sich gut, ruhig, friedlich (Ex-Drogensüchtiger – Lesen).

Ich fühle mich glücklich (Blinde Nonne – Artikel schreiben für religiöse Zeitschrift).

Die am zweithäufigsten genannte Dimension des Erlebnisses bezog sich auf den Gebrauch von *Fähigkeiten und Fertigkeiten*. Ungefähr 20 % der Antworten konzentrierten sich auf dieses Element – von 5 % bei den Navajo-Studenten bis zu 35 % bei den Walser Berglern. Alle traditionellen alpinen Gesellschaften betonten diese Kategorie erheblich über dem Durchschnitt der Stichprobe, ebenso blinde religiöse Menschen (31 %). Offenbar macht der Einsatz des eigenen Könnens um so mehr Freude, je mehr es dabei ums Überleben geht.

Ich fühle mich befriedigt. Ich liebe schöne Dinge, und wenn ich sie erschaffen kann, fühle ich mich gut. Ich spüre gern, wozu ich fähig bin (Turiner Student – Malen).

Ich fühle, daß ich eine Leistung vollbracht habe (Navajo – Studieren).

Ich bin stolz, daß ich das kann (67jähriger Walser – Blumenzucht).

Man fühlt sich dabei sehr zufrieden (Ex-Drogenabhängiger – Studieren).

Ich fühle mich zufrieden, ich sage mir von Zeit zu Zeit: Das machst du gut! (Blinde Nonne – Stricken).

Insgesamt 10 % der Antworten fielen in die Kategorie *Konzentration*, die schon bei den auslösenden Merkmalen am zweithäufigsten genannt wurde. Interessanterweise wurde diese Kategorie von den Bauern der traditionellen alpinen Dörfer praktisch nie genannt, tauchte jedoch bei den jungen Leuten aus der Großstadt häufig auf (21 % der Antworten der Turiner Studenten ließen sich in diese Kategorie einordnen). Vielleicht fällt den Bauern in ihrer traditionellen Kultur die Konzentration so leicht, daß sie kaum bemerkt wird, während sie in der Stadt wegen ihres seltenen Auftretens als um so erfreulicher erlebt wird. Aus einigen dieser zitierten

Antworten ist auch ersichtlich, daß tiefe Konzentration häufig mit einem Vergessen des eigenen Selbst einhergeht; dabei beginnt man sich als Teil eines größeren Systems zu fühlen.

Ich empfinde so, als gehörte ich ganz in die Situation, wie sie im Buch beschrieben wird (Turin – Lesen).

Ich identifiziere mich mit den Personen und nehme an dem teil, was ich lese (Walser – reading).

Mein Denken geht ganz in der Sache auf, ich denke an nichts anderes, weil ich an die Schärfeneinstellung, die Linse und das Licht denken muß (Ex-Drogensüchtiger – Photographieren).

Ich hatte den Eindruck, wir wären eins, eine Einheit. Sie war eine Kreatur, die man lieben mußte. (Blinde Frau – Pflege einer schwerkranken Freundin).

Theoretisch wohl die wichtigste Dimension des *flow*-Erlebens ist die Freude, die sich aus der Komplexifizierung des Selbst ableitet. Diese Dimension erklärt das evolutionäre Potential des *flow*. Wenn eine Person nach dem *flow*-Erlebnis daran zurückdenkt, erkennt sie, daß sie hohen Anforderungen gewachsen war. Als Folge davon wird das Selbst im Bewußtsein in eine komplexere Einheit transformiert. Die Person ist sich jetzt im klaren darüber, daß ihr Können zugenommen hat, und daß sie in Zukunft noch höheren Anforderungen begegnen kann.

7% aller Antworten fielen in diese Kategorie. In den Stichproben der Tänzer (15%), der Thailändischen Studenten (10%) und einiger alpiner Dorfgemeinschaften wurde diese Kategorie besonders häufig erwähnt. Es scheint allerdings klar, daß dieser Aspekt auch von vielen Befragten erlebt wird, die es nicht ausdrücklich erwähnen (häufig ist es in den unter »Können« kodierten Antworten einbezogen). So wurde das Komplexitätswachstum von einigen Befragten als Quelle von Freude beschrieben:

Es ist ein Gefühl einer angenehmen Reaktion auf eine Anstrengung, in der meine Aufmerksamkeit mobilisiert worden ist, um bisher unfertige Gedanken aufzugreifen. Dadurch ist es mir – wie ich meine – gelungen, diese Gedanken nun richtig zu erfassen und mehr oder weniger logisch zu ordnen (Turiner Student – den eigenen Gedanken nachgehen).

Ich habe das Gefühl, das ganze Buch in meinem Kopf gespeichert zu haben (Navajo – Lesen).

Ich fühle mich belohnt, ich erlebe meinen Erfolg nach all der Anstrengung (72jähriger Walser – deutsch Lesen und Schreiben lernen).

Es ist ein Gefühl der Vollendung. Ich bin bewußter und stärker (Ex-Drogensüchtiger – Studieren).

Einige der Antworten konzentrieren sich auf die *intrinsische Motivation*, d. h. auf die reine Freude, die daher kommt, daß die Aktivität immer und immer wiederholt wird. 4 % aller Antworten wurden dieser Kategorie zugerechnet. Die größte Häufigkeit fanden wir bei den Walser Bauern (7 %) und in zwei weiteren Stichproben aus den Alpen.

Vielleicht ist das Beste daran das Gefühl, ich könnte es weiter treiben bis zur völligen körperlichen und geistigen Erschöpfung (Turiner Student – Fußball- und Volleyballspielen).

Ich verspüre dann den Wunsch, immer weiterzumachen (Walser – Sammeln historischer Daten über die Walserkultur).

Man hat das Gefühl, gezwungen zu sein, weitermachen zu müssen (Ex-Drogensüchtiger – Holzschnitzen).

Diese Kategorien decken ungefähr ab, wie die Befragten das *flow*-Erlebnis beschreiben. Außerdem wurde in ungefähr 1 % der Antworten die Freude an der Rückmeldung erwähnt, in ½ % die Freude daran, die Aktivität unter *Kontrolle* zu haben. 8 % der Antworten waren so idiosynkratisch, daß sie einer Kategorie »*Anderes*« zugewiesen wurden. Es ist nicht so sehr der genaue Prozentanteil dieser Antworten, der wichtig ist, als vielmehr ihre grundsätzliche Ähnlichkeit untereinander und zum *flow*-Modell des optimalen Erlebens. Bei einer anderen Methode des Kodierens und anderen Kategoriebezeichnungen würden die aus den Daten gezogenen Schlußfolgerungen ebenfalls ändern. Aber wie immer man dieses Erleben in eine sprachliche Beschreibung fassen will; die Grundparameter des optimalen Bewußtseinszustandes sind klar.

Zu diesen Charakteristika gehört ein Gefühl innerer Harmonie – Glück, Befriedigung, Heiterkeit –, das sich als Ergebnis der vollständigen Nutzung der eigenen Fähigkeiten, der konzentrierten Investition psychischer Energie einstellt; ein Gefühl inneren Wachstums, das sich aus der intrinsisch belohnenden Interaktion mit einem Aspekt der äußeren oder inneren Umwelt ergibt. Diese wenigen Dimensionen liegen neun von zehn Antworten zugrunde, die von über 600 Personen aus so unterschiedlichen Gegenden wie den Alpen und der Stadt Bangkok gegeben wurden.

flow-Aktivitäten und biokulturelle Selektion

Nachdem wir die Beschreibungen zusammengefaßt haben, die unsere Interviewpartner vom Einsetzen und der Phänomenologie des optimalen Erlebens gaben, wenden wir uns nun einer Übersicht über die Aktivitäten zu, von denen angegeben wurde, daß sie zum *flow* führen. Dabei werden wir einen kurzen Blick auf die psychologischen Prozesse werfen können, die unter biologischen und kulturellen Möglichkeiten diejenigen auswählen, die am meisten Freude bereiten – und die dann erhalten und an die kommenden Generationen überliefert werden. Als erstes geben wir einen Überblick über die Hauptkategorien, in die sich die 500 beschriebenen Aktivitäten gruppieren lassen. Danach werden wir genauer betrachten, wie in jeder der fünf Stichproben bestimmte Aktivitäten ausgewählt und dabei mehr oder weniger einzigartige Strategien entwickelt werden, um das Erleben zu optimieren. Diese Strategien haben ihrerseits Einfluß darauf, welche kulturellen Formen bevorzugt werden und damit der Nachwelt erhalten bleiben.

Tabelle 4.2 zeigt die acht Hauptkategorien, in die die von unseren Interviewpartnern jeweils als erste und wichtigste genannten *flow*-Aktivitäten eingeordnet wurden. Die ersten beiden Kategorien – Arbeit und Studium – können insofern »produktiv« genannt werden, als sie im allgemeinen als sozial nützlich betrachtet und extrinsisch belohnt werden. Vielleicht überrascht es, daß ein so großer Anteil der Antworten (von 22 % bei den Turiner Studenten und den Blinden bis zu einem Höchstwert von 46 % bei den Walser Bergsteigern) sich auf produktive Aktivitäten bezieht. Rechnet man das Lesen hinzu – das ebenfalls zum Teil eine produktive Tätigkeit ist (wenigstens für Studenten, die sich auf eine Karriere als Intellektuelle vorbereiten) – steigt dieser Prozentsatz auf 67 % für die Blinden (denen das Lesen in Braille-Schrift viel Freude macht) und 66 % für die Walser.

Für die jüngeren Gruppen und auch für die Walser bilden aktiver Sport und Hobbys verläßliche *flow*-Quellen. Die entsprechenden Prozentsätze variieren von 30 % bis zu Null (im Falle der Blinden). In einigen dieser Stichproben bieten auch religiöse Aktivitäten die Möglichkeit erfreulicher Interaktionen; dies trägt zur Erhaltung von Ritualen bei, die bestimmte kulturelle Werte bewahren und übermitteln.

Insgesamt zeigt Tabelle 4.2 ein Muster, das nicht der Intuition entspricht. Entgegen der Erwartung sind es nicht Freizeitaktivitäten und Massenunterhaltung, die die häufigsten und intensivsten *flow*-Erlebnisse mit sich bringen. Es sind nicht die viel gepriesenen Freizeitaktivitäten wie Fernsehen, Reisen und die Myriade teurer Vergnügen, auf die unsere Kultur so stolz ist; häufiger sind es die alltäglichen Arbeitstätigkeiten, die harte Konzentration des Lesens und Studierens und die Disziplin religiö-

Tabelle 4.2. Fragebogen-Antworten von fünf Stichproben bezogen auf *flow*-auslösende Aktivitäten

Aktivitäten	Prozentsatz der Nennungen				
	Turiner Studenten (N = 107)	Walser Bauern (N = 33)	Navajo-Studenten (N = 77)	Ex-Drogen-abhängige (N = 61)	religiöse Blinde (N = 10)
Arbeit	3	46	–	23	22
Studium	19	–	29	16	–
Lesen	30	20	18	7	45[a]
Gebet, Meditation und religiöse Zeremonien	–	–	12	12	27
Sport, Hobby	22	30	24	7	–
Musik, Medien	6	–	–	7	–
Freunde, Familie	–	–	5	7	–
Anderes und keine Angabe	20	4	12	12	6
	100	100	100	100	100

Anmerkung: Pro Person wurde nur die jeweils erst genannte Aktivität berücksichtigt. Leere Zellen bedeuten, daß die angesprochene Aktivität in der betreffenden Stichprobe nicht als erste *flow*-Quelle genannt wurde.
[a] Lesen in Braille-Schrift.

ser Rituale, die den Menschen ein gutes Gefühl im Leben geben. Natürlich sind die in Tabelle 4.2 aufgeführten Stichproben bei weitem nicht einfach »typisch« für die jeweilige Kultur – obwohl die Turiner Studenten immer repräsentativer für die norditalienischen Studenten werden. Es geht nicht so sehr darum, zu zeigen, was *ist*, sondern anzudeuten, was *sein kann*. Mit anderen Worten: Diese Muster sind nur der Anfang, um die Flexibilität der menschlichen Anpassung zu veranschaulichen; sie verweisen auf den Streuungsbereich der Aktivitäten, die zu *flow* führen können. Damit wird auch der Bereich möglicher kultureller Instruktionen umrissen, die unterstützt und über die Zeit hinweg erhalten werden können.

Die Studenten. Diese Stichprobe bestand aus 107 Studenten der Lehrerbildungsanstalt Turin. Ihr Alter variierte von 18 bis 55 Jahren; 85 % waren

Frauen und 15% Männer, und sie kamen aus den unterschiedlichsten sozioökonomischen Schichten. Die *flow*-Beschreibung, wie sie in den Zitaten des *flow*-Fragebogens enthalten sind, wurden von 97% (d. h. von 104 Befragten) dieser Gruppe wiedererkannt. Wie aus Tabelle 4.2 ersichtlich, wurden Lesen, Sport, Hobbys und Studieren am häufigsten als *flow*-Aktivitäten genannt. Die häufige Nennung des Lesens und Studierens weist auf den Prozeß der kulturellen Reproduktion hin, der die spezifische Aufgabe dieser Gruppe ist. Da diese Studenten sich auf den Lehrerberuf vorbereiten, erleichtert ihnen ihre Fähigkeit, bei solchen Aktivitäten *flow* zu erleben, das Lernen kultureller Instruktionen, die sie später ihren eigenen Schülern übermitteln werden.

Es ist bemerkenswert, daß die Studenten die Konzentration, die Nutzung des eigenen Könnens und die intrinsische Motivation für wichtig halten, um in den *flow*-Zustand zu gelangen. Vielleicht sind diese Dimensionen besonders wichtig für Personen, die sich im Bereich intellektueller Aktivitäten spezialisieren. Daß zukünftige Lehrer die Wichtigkeit der intrinsischen Motivation betonen, wird sich auch positiv auf ihre Schüler auswirken, da dies die genaue Darstellung und Weitergabe der Kultur erleichtert (Csikszentmihalyi, 1982b; 1986).

Die Walser-Gemeinschaft. 33 Befragte gehörten zur alten ethnischen Gruppe der Walser, die in abgeschlossenen Gebirgsgemeinwesen des nordwestlichen Italien leben. Es handelte sich um 13 Männer und 20 Frauen zwischen 20 und 80 Jahren. Alle erkannten sie das *flow*-Erlebnis, wie es der *flow*-Q beschreibt. Tabelle 4.2 zeigt, daß sie vor allem Arbeit, Sport, Hobbys und Lesen mit diesem Erlebniszustand assoziierten. Unter Arbeit verstanden sie im allgemeinen ihre traditionellen Produktionstätigkeiten wie Näharbeiten, Gartenarbeit und Feldarbeit. Sport und Hobbies bezogen sich vor allem auf Aktivitäten in den Bergen wie Wandern, Klettern, Skifahren und Skiunterricht erteilen. Wenn sie vom Lesen sprachen, so handelte es sich vielfach um Texte über die Geschichte und die Traditionen ihrer Gemeinschaft; denn mehrere der Befragten arbeiteten aktiv beim Sammeln und Verbreiten von Informationen über die Walserkultur mit.

Diese Gruppe stellt ein schönes Beispiel für eine Kultur dar, die nur dank der dauernden aktiven Beteiligung ihrer Mitglieder bestehen bleibt, die ihr *flow*-Erleben mit den charakteristischen Aktivitäten dieser Kultur verknüpfen. Die Tendenz, bestimmte Bewußtseinszustände bevorzugt anzustreben, sichert das Überleben einer vollständigen Lebensweise, die andernfalls unter dem Druck der Modernisierung verschwinden würde. Interessanterweise nehmen auch junge Walser aktiv an dieser Überlieferung teil, indem auch sie bereits ihr *flow*-Erleben mit Bergsteigen oder traditionellen Handwerksarbeiten verbinden – dies im Gegensatz zu vielen anderen traditionellen Gemeinschaften, die wegen des Desinteresses der Jungen an der Lebensart der Älteren aussterben.

Unter den 12 Stichproben sind es die Walser, die die Befriedigung am stärksten betonen, wie sie sie aus der Anwendung ihres Könnens beziehen, sei es bei der Beschreibung auslösender Faktoren oder auch des *flow*-Erlebens selbst. Das ist verständlich, wenn man in Betracht zieht, daß die meisten befragten Walser ein sehr anstrengendes Leben in einer natürlichen Umwelt führen, die ungewöhnlich hohe Anforderungen auch körperlicher Art stellt. Die Fähigkeit, solchen Anforderungen gewachsen zu sein, wird somit zu einem sehr befriedigenden Teil des Erlebens. Verschiedene der Befragten üben praktisch zwei Berufe aus. Sie arbeiten zum Beispiel in einem Büro, aber bestellen in der Freizeit auch ihren Obstgarten oder machen Schreinerarbeiten. Das bedeutet, daß sie jeden Tag Instruktionen aus zwei unterschiedlichen Kulturtypen zu integrieren haben. Vermutlich führt solch ein permanenter Integrationsprozeß zu erhöhter Komplexität des Bewußtseins. Dieser bikulturelle Evolutionsprozeß tritt in der Navajo-Stichprobe noch deutlicher hervor.

Die Navajo-Studenten. Diese Stichprobe wurde am Navajo Community College (NCC) in Tsaile, Arizona, erhoben. Die 77 Befragten waren 18 bis 47 Jahre alt; 27 waren weiblichen und 50 männlichen Geschlechts. Das NCC bemüht sich, seinen Studenten eine bikulturelle Bildung und Erziehung angedeihen zu lassen. Es übermittelt westliche Instruktionen (z. B. Mathematik, Physik und Biologie), pflegt daneben aber auch Elemente der traditionellen Navajo-Kultur (wie z. B. Heilungszeremonien, traditionelle Medizin, Philosophie, Religion und Handwerk).

Wie Tabelle 4.2 zeigt, erleben die Navajo-Studenten *flow* vor allem in ihrem Studium, im Sport und in ihren Hobbys, beim Lesen und in traditionellen religiösen Zeremonien. Daraus ist ersichtlich, daß das *flow*-Erlebnis Instruktionen aus beiden Kulturen zur Reproduktion verhilft: Die traditionelle Kultur wurde durch Aktivitäten wie Teppichweben, Silberschmieden und Teilnahme an traditionellen Ritualen, die moderne Kultur durch Sport und Hobbys wie z. B. Basteln am Auto gefördert. Überdies ist die Feststellung wichtig, daß die Verknüpfung von *flow* und Studium im NCC zur Reproduktion von Instruktionen aus beiden Kulturen führt.

Diese Situation erklärt, warum die Navajos am häufigsten von allen 12 Gruppen die Konzentration als Startbedingung für *flow* nannten (und mit am häufigsten auch als Komponente des *flow*-Erlebens). Außerdem zählten die Navajo-Studenten auch den Komplexitätszuwachs häufiger als andere Gruppen zu den wesentlichen Komponenten des *flow.* Wie die Walser müssen auch die Navajos in ihrem täglichen Leben zwei Ströme kultureller Information integrieren. Die dabei notwendig werdende Umstrukturierung des Bewußtseins führt tendenziell zu immer höheren Komplexitätsstufen.

Die Ex-Drogenabhängigen. Diese Gruppe umfaßte 47 männliche und 14 weibliche Interviewpartner, deren Alter von 14 bis 40 Jahren streute. Sie lebten in Rehabilitationsgemeinschaften oder waren ambulante Patienten von Drogenbehandlungszentren in der italienischen Provinz Piemont. Sie stammten aus den verschiedensten sozialen Schichten und waren mindestens zwei, maximal 14 Jahre süchtig gewesen – meistens heroinabhängig. Während jener Zeit hatten die Frauen das nötige Geld meist durch Prostitution verdient, die Männer mit Einbruchdiebstählen oder Drogenhandel. Während der Rehabilitation wurden vor allem Arbeiten (meist die Herstellung handwerklicher Erzeugnisse), Studieren und Beten als *flow*-erzeugende Aktivitäten genannt.

In Anbetracht der besonders schwierigen Phase, in der diese Menschen steckten, mag der Fähigkeit, sich an einem geordneten Bewußtseinszustand zu erfreuen, für den Erfolg des Drogenentzuges entscheidende Wichtigkeit zukommen. Wenn sie fähig werden, ein solches Erlebnis mit komplexen und konstruktiven Tätigkeiten zu verknüpfen, sollte sich ihre zunächst langsame Entwicklung beschleunigen. Indem sie es lernen, den *flow*-Zustand in solchen konstruktiven Zusammenhängen zu wiederholen, erhalten sie die Chance, ihr biologisches Potential (des Überlebens und der Fortpflanzung) wiederzuerlangen – das sie zuvor durch die Aufmerksamkeitsfixierung auf den für sie anziehenden Ort der Drogen aufs Spiel gesetzt haben. Ebenso gewinnen sie ihr Potential für die kulturelle »Fortpflanzung« zurück, denn die neuen *flow*-Aktivitäten erleichtern ihnen die Reintegration in die Gesellschaft. Außerdem tragen einige der Befragten nun aktiv zur negativen Aufnahme von Instruktionen über den Drogenkonsum bei, indem sie in der Gemeinschaft selbst Therapieaufgaben übernehmen.

Erstaunlicherweise erwähnen die Mitglieder dieser Gruppe bei ihrer Beschreibung des *flow* kaum je die Anforderungen, die Fertigkeiten oder die Rückmeldungen, weder als Auslösebedingungen noch als Komponenten des optimalen Erlebens selbst. Für sie ist fast ausschließlich die Aktivität selbst, die intrinsische Motivation und die Konzentration ausschlaggebend. Dieses besondere Antwortmuster scheint die Lage dieser jungen Leute gut zu beschreiben, die nach einer Phase der Passivität und Unordnung neu lernen müssen, ihre Fähigkeiten im Rahmen eines durch komplexe Ziele strukturierten Lebensstiles einzusetzen. Es überrascht daher nicht, daß die Struktur der Aktivität selbst, ihr Wunsch nach der Aktivität und die dazu nötige Konzentration die Faktoren sind, die für ihr *flow*-Erleben den Ausschlag geben.

Die Stichprobe der Blinden. Diese sehr kleine Stichprobe von 10 Personen bestand aus 5 Nonnen und 5 Laien (ein Mann und vier Frauen) im Altersbereich von 31 bis 76 Jahren. Die Blindheit beeinträchtigt sowohl die Überlebens- als auch die biologischen Fortpflanzungschancen dieser Leute und schränkt auch ihre Fähigkeit ein, kulturelle Instruktionen auszuwählen und weiterzugeben. Trotz dieser schwerwiegenden Behinderung sagten neun der zehn Befragten aus, das *flow*-Erlebnis zu kennen. Die meisten Nennungen betrafen das Lesen in Braille, das Beten und Meditieren und das Arbeiten. Das Lesen erlaubt ihnen, trotz ihrer biologischen Benachteiligung Kontakt zu kulturellen Instruktionen zu halten. Durch die Verknüpfung dieser Aktivität mit dem *flow*-Erlebnis tragen sie aktiv zur Replikation kultureller Elemente bei. Eine der Frauen unterstützt auch die selektive Weitergabe kultureller Instruktionen, indem sie Artikel für eine religiöse Zeitschrift schreibt. Beten und Meditation hängen nicht von der Sehkraft ab und eignen sich daher besonders gut als Gelegenheit zum *flow* für die Mitglieder dieser Stichprobe. Insbesondere den fünf Nonnen bietet diese *flow*-Aktivität eine Kompensation dafür, auf biologische Reproduktion zugunsten der Replikation kultureller Instruktionen verzichtet zu haben.

Auch die Arbeit ist für die Mitglieder dieser Gruppe eine wichtige Quelle für *flow*. Sie arbeiten als Lehrer, in der Telefonvermittlung, sie binden alte Bücher und sie stricken. Es handelt sich hier um komplexe Aktivitäten mit hohen Ansprüchen. Tatsächlich erwähnte diese Gruppe die Wichtigkeit der Anforderungen als Auslöser für *flow* am zweithäufigsten von allen zwölf Stichproben und weitaus am häufigsten nannten sie den Faktor »Positive Rückmeldung«. Es versteht sich von selbst, daß Blinde kaum in den *flow*-Zustand geraten könnten, wenn sie nicht ständig das Ergebnis ihres Handelns überprüfen könnten. Dementsprechend erwähnt diese Gruppe mit am häufigsten den Gebrauch der eigenen Fähigkeiten als wichtige Komponente ihres *flow*-Erlebens.

Schlußfolgerungen

Interviewpartner recht verschiedener kultureller Herkunft – von Thailand über Arizona bis zu den Alpen – erkannten das *flow*-Erlebnis aufgrund kurzer Beschreibungen, die ursprünglich von amerikanischen Städtern gegeben worden waren. Die überwiegende Mehrheit gab zu Protokoll, recht oft Erlebnisse dieser Art zu haben. Als sie gefragt wurden, unter welchen Bedingungen dieses Erleben jeweils einsetzte und wie sie sich dabei fühlten, rekonstruierten die Interviewpartner spontan das *flow*-Modell, indem sie ihrerseits die von der Theorie bezeichneten Dimensionen als wichtig erwähnten: die Aktivität selber, die Konzentration der Aufmerksamkeit, das Gleichgewicht von Anforderungen und Fähigkeiten, das zur Steigerung der Komplexität führt, deutliche Rückmeldungen und intrinsische Motivation.

Offensichtlich handelt es sich bei dem von unserem Modell beschriebenen Bewußtseinszustand um ein allgemeinmenschliches Merkmal, das von allen möglichen Personen gleich hoch geschätzt wird – von jungen und alten, gesunden und behinderten, traditionellen und modernen Menschen. Alle finden sie in Erlebnissen dieser Art eine selten beobachtete Erfüllung, die sie so oft wie möglich wieder erreichen möchten. Die Frage ist also: Was muß man tun, um in diesen harmonischen Bewußtseinszustand zu gelangen?

Für einige Menschen ergibt sich *flow* in ihren täglichen produktiven Tätigkeiten, die dazu beitragen, die materielle Komplexität der Umwelt zu erhöhen. Arbeiten, Kultivieren der Felder und Gärten, Hilfsbedürftigen helfen, das sind für diese Personen Quellen der Freude. Andere erleben *flow* in ihrer Freizeit oder beim Lesen von Büchern, die alternative subjektive Wirklichkeiten darstellen. Einige erleben *flow* in der geordneten Harmonie religiöser Rituale, und noch andere suchen danach auf dem Nebenweg chemisch induzierter »trips«.

Bei welchen Aktivitäten ein Mensch lernt, Freude zu entwickeln, ist sehr wichtig. Kurzfristig wird dies die Eigentümlichkeit des Erlebnisses beeinflussen: wieviel Konzentration nötig ist, wie viele Herausforderungen auftauchen und welcher Grad an Komplexitätswachstum dadurch ermöglicht wird. Die Art der Aktivität bestimmt auch den Bewußtseinsinhalt für die Dauer des flow-Erlebnisses. Wer lernt, aus dem Töten von Tieren einen Sport zu machen und dabei Freude zu empfinden, wird bei dieser Aktivität andere Informationen verarbeiten als jemand, der am Pflegen von Blumen Freude gefunden hat. Die Art der Aktivität, die mit dem *flow*-Erlebnis verknüpft wird, hat daher Einfluß auf die Besonderheit des Selbst, das ein Mensch entwickelt.

Langfristig gesehen könnte die Form unserer Kultur selbst davon abhängen, welche Aktivitäten als Vehikel für Erfahrungen genutzt werden. Kann zum Beispiel die Arbeit diesen Zustand nicht mehr hervorrufen und wenden sich die Menschen immer mehr ihren Freizeitaktivitäten zu, um

Ordnung in ihr Bewußtsein zu bringen, wird sich ein ganz anderes gesellschaftliches System entwickeln als dort, wo alltägliche Tätigkeiten Freude machen. Handlungsmuster, die auch Freude bereiten, haben eine größere Chance, reproduziert zu werden, seien es nun durch biologische Gene oder durch kulturelle Instruktionen. Dem Phänomen *flow* kommt daher weit über das momentane Erleben hinaus Bedeutung zu.

Teil II:
Spielarten des *flow*-Erlebens

Kapitel 5
Einführung zu Teil II
Mihaly und Isabella Csikszentmihalyi

Flow läßt sich überall und jederzeit finden, wenn das Können einer Person mit den Handlungsmöglichkeiten der Situation im Gleichgewicht steht. Diese optimale Wechselwirkung ist typisch für den Fall, in dem Menschen sich freiwillig und aus Spaß daran auf Aktivitäten wie Sport, Spiele, große Veranstaltungen und künstlerische oder religiöse Handlungen einlassen. Aber wir haben aus dem *flow*-Konzept gelernt, daß Aktivität und Erleben letztlich voneinander unabhängig sind. Die verschwenderischste Freizeitaktivität kann langweilig und eine Routinearbeit interessant sein. Die Qualität des Erlebens läßt sich nicht aus den objektiven Umweltbedingungen oder aus der Person allein erklären; erst die Interaktion dieser beiden Größen liefert die Antwort.

Die praktische Konsequenz dieser Perspektive ist die, daß es möglich erscheint, auch in solchen Situationen die Qualität des Erlebens zu verbessern, die bis dahin als notwendigerweise langweilig oder überfordernd galten. Das trifft beispielsweise auf die Arbeit oder das Studieren zu. Wenn es stimmt, daß im Prinzip jede Aktivität erfreulich gestaltet werden kann, gibt es keine Entschuldigung dafür, sich in ein langweiliges Leben zu fügen.

Die folgenden Kapitel zeigen die enorme Vielfalt der Bedingungen auf, die *flow* hervorrufen können, von rituellen Gruppenfahrten japanischer Motorradbanden bis zu den einsamen Strapazen von Polarforschern. In all diesen Fällen ist das Erleben aber nur dann erfreulich, wenn das persönliche Können und die Anforderungen der Situation in einem harmonischen Verhältnis zueinander stehen und wenn auch die anderen Bedingungen des *flow*-Erlebens – konzentrierte Aufmerksamkeit, klare Ziele, Rückmeldung, Fehlen von Ablenkungen, usw. – erfüllt sind.

Hinter den großen Unterschieden zwischen den in diesen Kapiteln geschilderten Situationen verbirgt sich ein gemeinsames Thema: Unabhängig von Geschlecht, Alter, ethnischer oder kultureller Herkunft ist die Freude überall die gleiche, und sie wird durch die gleiche Konfiguration subjektiver und objektiver Bedingungen ermöglicht.

In Kapitel 6 beschreibt Ikuya Sato bis in die Einzelheiten das Phänomen japanischer Motorradbanden. Die *bosozoku*, der »Stamm der verrückten Fahrer«, stellen eine moderne Manifestation der zeitlosen Erscheinung rebellischen Verhaltens Jugendlicher dar. Sowohl die Sozialwissenschaft als auch die Presse haben darin bisher Symptome psychischer Frustration und sozialer Unruhe gesehen. Sato zeigt, daß diese pathogenetischen »Interpretationen« einen wichtigen Punkt übersehen: Für die *bosozoku*-Jugendlichen sind die Rituale des »Rennens« äußerst erregend und eine Quelle intensiver Freude.

Diese Tatsache setzt die bisherigen Erklärungen, die Kompensationsmechanismen annehmen, nicht außer Kraft, aber sie führt zu einer neuen Perspektive. Denn man könnte ja ohne weiteres argumentieren, alle Leistungen – vom schönsten Gedicht bis zur erfüllendsten religiösen Zeremonie – seien durch ein Gefühl der Frustration angesichts der Grenzen des menschlichen Lebens motiviert. Tatsächlich meinte Freud mit seinem Begriff der Sublimierung genau das. Die Aussage, Motorradbanden stellten eine Form der Rebellion gegen die Machtlosigkeit der Jugend dar, liefert also nicht viel Information. Die Frage ist vielmehr: Was beziehen sie aus ihrer rebellischen Aktivität? Ist das damit verbundene positive Erleben die Anstrengung und das Risiko wert? Einer der Beiträge der *flow*-Theorie besteht darin, die Aufmerksamkeit der Forscher fort von Fragen der Kausalität auf Fragen der Folgen gelenkt zu haben. Es geht nicht so sehr darum, zu verstehen, was ein bestimmtes Verhalten verursacht hat, sondern vielmehr darum, zu wissen, welche psychischen Belohnungen dieses Verhalten mit sich bringt.

Es zeigt sich, daß die Freude an den wilden Motorradfahrten auf denselben Bedingungen beruht, wie sie von früheren Forschungen zum *flow* aufgezeigt worden sind. Auf diesem Boden treffen sich Ost und West. Das Gleichgewicht von Anforderungen und Können bzw. die übrigen für das *flow*-Erlebnis notwendigen dynamischen Verknüpfungen lassen den Schluß zu, daß sich die psychische Einheit der Menschheit über die Kulturen hinweg annehmen läßt, zumindest was die Psychologie der Freude betrifft.

Aber mit diesen japanischen Jugendlichen treffen wir auch eine Form des *flow* in der Gruppe an, die bisher nicht eingehend untersucht worden ist. Wie Sato anmerkt, erleben die *bosozoku*-Teilnehmer neben dem gekonnten Einsatz von Körper und Maschine zwei weitere wichtige und vielleicht beunruhigende Gefühle. Das eine ist das von Emile Durkheim »kollektiver Rausch« und von Victor Turner »communitas« genannte Gefühl, zu einem sozialen Organismus zu gehören. In den Worten eines der Jugendlichen wird die pulsierende Schlange von Motorrädern zu einem »Dinosaurier«, zu einer »Welle von Scheinwerfern, die die Stadt frißt«.

Das andere zusätzliche Gefühlselement ist *medatsu*, das Bewußtsein, aufzufallen und gesehen zu werden. Für die meisten Fahrer stellt dies einen der Hauptgründe und eine der größten Befriedigungen des Rennens dar. Es läßt sich leicht einsehen, daß »communitas« und »medatsu« vor allem von solchen Individuen als befriedigend erlebt werden, die sich gewöhnlich isoliert, machtlos und unbeachtet fühlen. Allerdings müssen wir wohl annehmen, daß wir alle, die wir von individuellen Eigenschaften und Umständen ständig irgendwo eingeschränkt werden, uns in einem gewissen Ausmaß isoliert, machtlos und unbeachtet fühlen. Die Freude an einem Gefühl der Zusammengehörigkeit und Anerkennung stellt daher nicht unbedingt ein pathologisches Symptom dar, sondern einen verständlichen Aspekt des Menschseins.

Welchen Einfluß haben sozialstrukturelle Merkmale wie Geschlecht und soziale Schicht auf die Möglichkeiten, *flow* zu erleben? Diese Frage steht mit einem der grundlegendsten politischen Probleme in Zusammenhang. Die ganze marxistische Perspektive beruht auf der These, die Marx in der *Deutschen Ideologie* und in anderen frühen politökonomischen Schriften entwickelt hat, wonach ungleiche Kontrolle über Eigentum unmenschlich sei, weil sie die Benachteiligten daran hindere, Kontrolle über ihr eigenes Handeln auszuüben. Infolgedessen würden Menschen ohne Eigentum nicht nur in materieller Hinsicht ausgebeutet, sondern auch, was ihre menschliche Natur betrifft: Sie sind nicht mehr Herr ihrer psychischen Energie, die sie in die Arbeit stecken; und da die Arbeit die komplexeste Aktivität ihres Lebens darstellt, verlieren sie die Kontrolle über ihr eigenes Erleben.

Angesichts der fundamentalen Wichtigkeit dieser These ist es erstaunlich, wie wenig wir noch immer über die Erlebniskorrelate der sozialen Schichtzugehörigkeit wissen. Wie weit trifft es zu, daß Schichtunterschiede sich in Unterschiede der Erlebnisqualität umsetzen? In Kapitel 7 berichten Maria Allison und Margaret Duncan von einer Pilot-Studie über berufstätige Frauen. Die Autorinnen gehen der Frage nach, ob sich das optimale Erleben von Frauen in gehobenen Berufspositionen von demjenigen einfacher Arbeiterinnen in Dienstleistungs- und Industriebetrieben unterscheidet.

Obwohl die Ergebnisse auf sehr kleinen Stichproben beruhen, sind sie sehr interessant. In beiden Gruppen geben die Frauen dieselben Gründe an, warum sie sich in gewissen Momenten in der Arbeit gut fühlen – dies geschieht immer dann, wenn die bekannten *flow*-Bedingungen erfüllt sind. Aber es gibt einen klaren Unterschied zwischen den beiden Gruppen: Bei den gehobenen Berufen sind diese *flow*-Bedingungen Teil der Arbeit; dies ist bei den Arbeiterinnen nicht der Fall. Für beide Gruppen stellt die Interaktion mit Menschen und vor allem mit Kindern in wachstumsfördernden Bedingungen eine Möglichkeit zum *flow* dar.

Allison und Duncan führen auch einen neuen Begriff ein, der bereits in den früheren Diskussionen implizit war. Sie nennen die extremen Erlebnisse der Langeweile oder der Angst »*antiflow*« und zeigen, daß diese unter den Arbeitsbedingungen der ungelernten Frauen häufiger auftreten. Für beide Gruppen ist dieses Gefühl stark mit der Hausarbeit verknüpft.

Diese Ergebnisse zeigen, daß jede Person versucht, die Häufigkeit und die Intensität von *flow* zu erhöhen. Führt die Arbeit selber zu *flow*, investieren die Leute ihre Aufmerksamkeit und Energie in die Arbeit. Hält die Arbeitssituation hingegen nur *antiflow* bereit, entwickeln die Angestellten Strategien, sich von der Arbeit so stark wie möglich zu distanzieren und ihre Energien für diejenigen Aktivitäten aufzusparen, bei denen *flow* eher auftritt, wie zum Beispiel Familieninteraktionen und Freizeitaktivitäten. Die Gesamtqualität des Erlebens, die Gesamtsumme an erlebtem *flow* mag von der sozialen Schicht unabhängig sein; davon nicht unabhängig ist jedoch mit großer Wahrscheinlichkeit der Kontext, in dem *flow* erlebt wird.

Ein weiterer Beitrag von Kapitel 7 besteht darin, daß es gewisse Strategien erahnen läßt, die Frauen nutzen, um langweilige oder Angst erregende Situationen in *flow*-trächtige Situationen zu verwandeln. Dieses Thema wird in den letzten beiden Kapiteln des zweiten Teils wieder aufgegriffen, in denen Reed Larson und Richard Logan systematischer über die Eigenschaften nachdenken, die man braucht, um in neutralen oder manchmal sogar verzweifelten Situationen *flow* zu erzeugen.

Wie Larson in Kapitel 8 zeigt, fungiert das optimale Erleben nicht nur selber als intrinsische Belohnung, sondern es führt auch zu konventionellen extrinsischen Belohnungen. Larson untersuchte eine Gruppe von Studenten, die an einer mehrwöchigen Arbeit schrieben. Alle Studenten wurden im Verlauf ihrer Arbeit mehrmals interviewt; ihre fertigen Texte wurden von erfahrenen Englischlehrern beurteilt, ohne daß sie die Namen der Studenten kannten.

Die kognitive Leistung all dieser Studenten stand laufend unter dem Einfluß ihres emotionalen Zustandes. Oftmals hatte diese emotionale Befindlichkeit ihren Ursprung außerhalb der Schule, aber auch dann wirkte sie sich spürbar auf die Arbeit aus. Die Arbeit am Aufsatz produzierte ihre eigene emotionale Energie: Einige liebten ihr Thema, andere haßten es oder waren von ihm gelangweilt, und all diese Gefühle änderten sich an verschiedenen Punkten der Arbeit.

Larson gelangt zu der wichtigen Aussage, daß die Aufsätze, die von gelangweilten Studenten geschrieben wurden, auch langweilig zu lesen waren.

Einführung

Die Aufsätze von Studenten, die sich von der Aufgabe überfordert fühlten, waren schlecht strukturiert und zerfielen in Einzelteile: Aufsätze, die dem Leser Freude machten, stammten von Studenten, die mit Begeisterung geschrieben hatten.

Auch hier setzt die geringe Größe der Stichprobe der Interpretierbarkeit der Befunde Grenzen. Dennoch sind die Folgerungen aus dieser Untersuchung wichtig, denn sie lassen vermuten, daß Freude nicht nur für sich genommen gut ist, sondern auch zu wünschbaren Ergebnissen führt. Paradoxerweise schafft man dann die besten Werke – und das sind die Werke, die auch von anderen geschätzt und belohnt werden –, wenn man aufhört, sich über den Erfolg Gedanken zu machen und sich in der Freude an der Aktivität verliert. Zumindest scheint dies für studentische Texte zuzutreffen. Amabile (1983), Deci und Ryan (1985) und andere haben dieselbe Behauptung für kreative Aktivitäten ganz allgemein aufgestellt. Inwieweit gilt dieser Zusammenhang, daß diejenigen die besten Aussichten auf Erfolg haben, die es nicht darauf abgesehen haben, sondern durch die Aktivität selbst motiviert sind?

Larson berichtet darüber, wie Studenten sich bei der Materialsuche für ihre Aufgaben und beim Schreiben abmühen, und stellt auch einige ihrer Strategien dar, die sie einsetzen, um Konzentration und *flow* zu erreichen. Er illustriert die kognitive Restrukturierung, mit deren Hilfe langweilige oder überfordernde Situationen in erfreuliche verwandelt werden können.

Dies ist das Thema, das Richard Logan im letzten Kapitel dieses Teils (Kapitel 9) auf einer anderen Ebene aufnimmt. Er lenkt die Aufmerksamkeit auf äußerst schwierige Situationen wie das Überleben in Konzentrationslagern oder in der zugefrorenen Einöde der Antarktis und zeigt, daß sogar in solch verzweifelten Situationen erfreuliche Erlebnisse möglich sind, wenn es gelingt, sie in passender Weise kognitiv umzustrukturieren. Im wesentlichen geht es darum, Kontrolle über diejenigen Informationen zu haben, die das Bewußtsein erreichen. Der einsame Polarforscher, der Gefangene im Gulag, sie alle können die objektiven Bedingungen nicht verändern, von denen sie umgeben sind. Aber auch sie können das Objekt ihrer Aufmerksamkeit wechseln und mit einem selbstgewählten Feld von Reizen in Interaktion treten. Wenn das gelingt, ändert die unmenschliche Situation ihren Charakter, und oftmals wird sie dabei nicht bloß erträglich, sondern sogar erfreulich.

Mit Blick auf die Berichte von Persönlichkeiten wie Alexander Solschenizyn, Admiral Byrd, Victor Frankl, Bruno Bettelheim und Charles Lindbergh zeigt Logan, wie eine solche Umstrukturierung des Bewußtseins zwischen Tod und Leben entscheiden kann. Um sich unter verzweifelten und extremen Bedingungen *flow* zu verschaffen, unternahmen diese Leute im Prinzip die gleichen Schritte wie die Arbeiterinnen von Allison und Duncan und Larsons Studenten.

Nicht alle Menschen sind jedoch nach Logan gleich gut vorbereitet, um Schicksalssituationen in *flow*-Situationen zu verwandeln. Welche Fähigkeit ist hier notwendig? Logan gibt einige interessante Hinweise darauf, wer in einer solchen Lage Erfolg hat: Es sind Menschen, die die Gewohnheit entwickelt haben, ihre Umgebung zu beobachten – Informationsverarbeiter. Es sind Menschen, die ihre Handlungen gewöhnlich selbst kontrollieren können, die Selbstdisziplin besitzen. Es sind Menschen, die die Grenzen ihres eigenen Selbst suchen, ohne in erster Linie sich selbst zu suchen. Wenn Logan recht hat, enthält diese Liste wichtige Hinweise für die Erziehung unserer Kinder.

Teil II des Buches bietet eine Übersicht über verschiedene Kontexte, in denen *flow* erreicht werden kann, von einigermaßen vorhersagbaren wie den Ritualen einer Motorradbande bis zu extremsten Schicksalssituationen. Dieser Überblick hat keinen systematischen Anspruch; er ist exemplarisch gehalten. Indem er *flow*-Kontexte zeigt, die sich voneinander extrem unterscheiden, vermittelt er eine Vorstellung von den vielen Möglichkeiten, die zwischen diesen Extremen liegen. Der nachfolgende Teil des Buches wird dann dort fortfahren, wo dieser stehenbleibt; er wird Menschen beschreiben, die sich mit isolierten *flow*-Erlebnissen nicht zufrieden geben und versuchen, ihr gesamtes Leben als einen einzigen großen *flow*-Prozeß zu organisieren.

Kapitel 6

Bosozoku: *flow* in japanischen Motorradbanden*

Ikuya Sato

In den meisten Gesellschaften finden wir eine Spannung zwischen den Generationen, eine Spannung, die oft in mehr oder weniger offenen und ritualisierten Konflikten zwischen Jungen und Älteren ihren Ausdruck findet. Es wird die Meinung vertreten, dieser Konflikt sei direkt proportional zur Geschwindigkeit des sozialen Wandels und zum Ausmaß der Information, zu der die Älteren keinen Zugang mehr haben, die jedoch von der neuen Generation assimiliert werden muß (Davis, 1940). Japan macht hier keine Ausnahme. Spätestens seit dem zweiten Weltkrieg haben Jugendbewegungen in verschiedenen Formen rituell organisierten Verhaltens Abweichungen von den Zielen und Normen der erwachsenen Gesellschaft Japans zum Ausdruck gebracht.

Eine der sichtbarsten Formen war die Bildung jugendlicher Motorradbanden, insbesondere der *bosozoku*-Gruppen, zu denen vor allem junge Männer zwischen 15 und 21 Jahren gehören. Der Name *bosozoku* bedeutet »Stamm der wilden Fahrer« oder »Stamm außer Kontrolle«, und dieser Name entspricht dem Charakterbild, das sich sowohl Bandenmitglieder als auch Außenstehende von den Teilnehmern an den sogenannten »Rennen«, der wichtigsten Aktivitäten dieser Gruppe, machen. Während 1973 ungefähr 12 500 Individuen zu *bosozoku*-Gruppen gehörten, waren es 1983 ungefähr 39 000 mit 24 000 Fahrzeugen (Keisatsucho, 1981; Homusho, 1983). In derselben Zeitspanne nahm die Zahl der mit diesen Aktivitäten zusammenhängenden Verhaftungen

---

* Die in diesem Kapitel berichtete Forschung wurde von der Toyota-Stiftung, vom Zentrum für fernöstliche Studien und von der Kommission für japanische Studien an der Universität Chicago, von der Japanischen Gesellschaft für die Förderung der Wissenschaften sowie von der Japanischen Gesellschaft für Psychologie unterstützt. Ich bedanke mich für die hilfreichen Kommentare der Professoren Mihalyi Csikszentmihalyi, Gerald Suttles, Hary Harootunian, Gary Fine und Takekatsu Kikuchi.

von 28 000 auf 54 818 zu, wobei sich letztere Zahl in 48 278 Verkehrsdelikte und 6 541 kriminelle Delikte aufteilt (Keisatsucho, 1981, 1983, 1984).

Mit Blick auf die beträchtlichen Risiken dieser Rennen werden die Teilnehmer häufig für abnorm gehalten. Es besteht auch die Ansicht, diese Rennen seien Ausdruck einer psychologischen Streß-Situation. Meine eigene Erfahrung als teilnehmender Beobachter (ich gehörte während mehrerer Jahre zu einer solchen Gruppe in Kyoto) ließ mir aber solche reduktionistischen Erklärungen immer weniger überzeugend erscheinen. Die Berichte der Fahrer verdeutlichen, daß sie an den Rennen großes Vergnügen empfinden und daß in diesen Rennen eine bestimmte Anzahl von Regeln befolgt werden müssen. Die Rennen sind nicht nur aufregend, sondern bieten auch eine Gelegenheit, einen höheren Bewußtseinszustand und ein gestärktes Selbstbewußtsein zu erleben.

Reduktionistische Erklärungen für Motorradbanden

Warum nehmen junge Japaner an einem *bosozoku*-Rennen teil? Diese Frage setzt gewöhnlich die Irrationalität einer solchen Teilnahme voraus und schließt eine weitere Frage ein: Warum nehmen sie an solchen Rennen teil, wo doch die Risiken hoch sind und kaum ein materieller Gewinn zu holen ist? Gewöhnlich gibt es zwei Antworten.

Die eine Antwort verweist auf Motive, die dem Rennen »zugrunde« liegen: Es heißt dann, das Rennen befriedige ein drängendes Bedürfnis, Gefühle der Frustration oder der Minderwertigkeit zu überwinden. Die andere Antwort geht dahin, daß die jungen *bosozoku*-Teilnehmer schlicht einem »Trieb« nachgäben, ihre Frustration oder Minderwertigkeit auszudrücken. Das Rennen wird in dieser Sicht zu einem »Ventil« oder Ausagieren solcher Gefühle, nicht zu einem Mittel ihrer Vermeidung. Beide Meinungen werden oft vertreten, sowohl in wissenschaftlichen Abhandlungen als auch in Medienberichten über *bosozoku*. So lesen wir beispielsweise in der großen japanischen Zeitung Mainichi vom 12. Juni 1978 im Leitartikel folgendes:

Wo liegt wohl der kausale Zusammenhang zwischen dem Beginn der Regenzeit und der Zunahme der *bosozoku*-Rennen? Viele Wissenschaftler weisen darauf hin, daß diese Rennen auf »Frustration« oder auf ein »Geltungsbedürfnis« zurückgehen. Nehmen vielleicht zu Beginn der Regenzeit, wenn es so schwül wird, die Frustrationen zu?

Kaneto (1981), Psychologe und leitender Ermittler in sozialen Fragen beim Gericht von Toyama, drückt es deutlicher aus. Nachdem er fünf Kategorien von pathologischen Zuständen erwähnt hat, die seiner Meinung nach zur Teilnahme an *bosozoku*-Aktivitäten führen (adoleszenz-, familien-, schul-, arbeits- und gesellschaftsbezogene Pathologie), schreibt er: »Sie sind sich bewußt, außerhalb der Gesellschaft zu stehen und versuchen nun, durch das Rennen ihr Bedürfnis nach Anerkennung und positivem Selbstgefühl zu befriedigen, das in der Schule oder am Arbeitsplatz unbefriedigt bleibt. Sogar ihre Vorliebe für Autos erscheint mir abnormal« (Kaneto, 1981, S. 212).

Ähnliche Argumente sind auch von Wissenschaftlern vorgebracht worden (z. B. Chiba, 1975; Tamura & Mugishima, 1975; Kikuchi, 1981). Allerdings wurden weder in den Massenmedien noch in wissenschaftlichen Untersuchungen empirische Belege für diese Behauptungen beigebracht. Die meisten dieser Arbeiten setzen die Frustration einfach voraus und versuchen sich ohne jede empirische Basis in bloßen Mutmaßungen über die Merkmale des *bosozoku*-Rennens.

Die Ergebnisse von Erkundungsinterviews mit meinen Kontaktpersonen und eine Übersicht über die Literatur zum *bosozoku* legen nahe, daß die zweite Antwortkategorie die plausiblere ist, d. h., daß das Rennen als *asobi* (Spiel), als eine intrinsisch vergnügliche Aktivität erlebt wird. Während in der ersten Kategorie von Antworten die Irrationalität betont wird, geht es in der zweiten Kategorie um die *Nicht*-Rationalität. Zwei Wörter tauchen in diesen Beschreibungen häufig auf: *spiido* (Geschwindigkeit, engl. 'speed') und *suriri* (Erregung). Tamura und Mugishima (1975) führten zum Beispiel in einem Fragebogen, der den Gründen für das Mitmachen bei *bosozoku* nachging, »Geschwindigkeit und Erregung« als eine Antwortmöglichkeit auf. Dieser Fragebogen wurde von 1224 Jugendlichen beantwortet, die wegen *bosozoku*-Aktivitäten in den Strafvollzug geraten waren. »Geschwindigkeit und Erregung« war der am häufigsten genannte Grund. (Ähnliche Ergebnisse berichten Nagayama et al., 1981, S. 29–30.) »Geschwindigkeit« und »Erregung« tauchen auch in Interviews häufig auf, die in populären Büchern berichtet werden. Während »Frustration« und »Minderwertigkeitskomplex« Motive sind, die von außenstehenden Beobachtern aufgrund von Schlußfolgerungen den Personen zugeschrieben werden, handelt es sich bei »Geschwindigkeit« und »Erregung« um Kategorien, die von den Befragten selbst formuliert werden.

Es ist schade, daß man bisher weder in der akademischen noch in der journalistischen Literatur diesen Kategorien nachgegangen ist. Zwar sehen einige akademische Studien den Spielcharakter und das erregende

Schwindelgefühl der Rennen (z. B. Tamura & Mugishima, 1975; Taniguchi, 1982, S. 128), aber auch dort werden Geschwindigkeit und Erregung »nur« als die von den Jugendlichen selbst gebrauchten Wörter angeführt, ohne daß die Frage nach den Bedingungen auftaucht, die Schwindel oder gleichartige phänomenologische Erlebnismerkmale hervorrufen.

Natürlich dürfen wir von journalistischen Berichten nicht zuviel erwarten, da sie Interviews nur unsystematisch heranziehen. In erster Linie versuchen sie, den Leser durch lebendige Schilderungen und eindrückliche Beispiele zu fesseln (z. B. Nakabe, 1979; Ueno, 1980a, 1980b, 1980c).

Rennen und *flow*:
Eine konstruktivistische Erklärung

Statt Erklärungen anzubieten, die das Phänomen auf bestimmte Auslösebedingungen zurückführen, wollen wir das Phänomen aus seinen Folgen erklären. Dieser »konstruktivistische« Ansatz betont die positiven Ergebnisse, die die Bandenmitglieder durch die Teilnahme an solchen Rennen zu erzielen versuchen, statt Frustrationen in den Mittelpunkt zu rücken, die sie vielleicht dazu treiben.

flow

Ein besonders geeignetes Konzept, um die mit »Geschwindigkeit und Erregung« gemeinte Motivation näher zu untersuchen ist das *flow*-Konzept. Csikszentmihalyi und seine Mitarbeiter (1974, 1975b) haben Struktur und Eigenschaften beschrieben, die autotelischen (intrinsisch erfreulichen) Aktivitäten gemeinsam sind. Csikszentmihalyis Analyse verschiedener autotelischer Aktivitäten (z. B. Schach, Klettern am Fels, Chirurgie, Tanz) mit Hilfe von Fragebogen und Tiefeninterviews zeigt, daß bei diesen Tätigkeiten oft ein besonderer, dynamischer Zustand erlebt wird. Der Autor nennt diesen Zustand »*flow*« und definiert ihn als »das ganzheitliche Gefühl, das erlebt wird, wenn man ganz in der Aktivität aufgeht« (Csikszentmihalyi, 1975b, S. 36 bzw. dt. 1985, S. 59). Er fährt fort:

Im *flow*-Zustand folgt Handlung auf Handlung entsprechend einer inneren Logik, die kein bewußtes Eingreifen von seiten des Handelnden zu erfordern scheint. Dieser erlebt das als ein einheitliches Fließen vom einen Augenblick zum nächsten, bei dem er die Handlung unter Kontrolle hat und in dem Selbst und Umgebung, Reiz und Reaktion, Vergangenheit, Gegenwart und Zukunft kaum voneinander geschieden sind.

flow in japanischen Motorradbanden 115

Erkundungsinterviews mit meiner Zielgruppe legten nahe, daß das Erlebnismoment »Geschwindigkeit und Erregung« tatsächlich als *flow*-Erfahrung charakterisiert werden kann. Eine spätere systematischere Untersuchung stützt diese Interpretation und ermöglicht einen Vergleich des *bosozoku*-Rennens mit anderen *flow*-Aktivitäten.

Methode. Das Erleben und die Motive der *bosozoku*-Teilnehmer wurden vorwiegend anhand halbstrukturierter Interviews sowie eines Fragebogens erfaßt. Außerdem beobachteten wir einige *bosozoku*-Rennen direkt.

Die Fragen zum *flow* während eines Rennens wurden in Interviewsitzungen vorgelegt, in denen die Jugendlichen auch in bezug auf Entwicklung und Struktur der Gruppe sowie ihren persönlichen Hintergrundes befragt wurden. Alle Interviews wurden auf Tonband aufgenommen und wörtlich transkribiert. Von den 33 Interviews waren 30 verwendbar. Das mittlere Alter der Befragten betrug 17,9 bei einer Streubreite von 15 bis 21. Sechs Mitglieder waren weiblich, 24 männlich.

Die zweite Informationsquelle stellten Fragebogen dar, die bei Jahresabschlußfeiern der *bosozoku*-Gruppe oder während der Interview-Sitzungen ausgefüllt worden waren. 66 der 70 Fragebogen waren verwendbar. Das mittlere Alter betrug hier 17,3 bei einer Streubreite von 15 bis 24. Zehn Mitglieder waren weiblich, die übrigen 56 männlich. Als die Ergebnisse der Fragebogenuntersuchung vorlagen, führten wir mit 20 weiteren Personen stärker strukturierte Interviews durch. Außerdem hatten wir viele Gespräche und Diskussionen mit den Jugendlichen während der wöchentlichen Sitzungen oder bei informellen Gelegenheiten.

Schließlich erhielten wir bestimmte Informationen auch aus direkten Beobachtungen von *bosozoku*-Rennen. In der Zeit meiner Feldforschung fanden neun solche Rennen statt. Ich beobachtete vier davon. Außerdem war ich einmal Beifahrer, als einige der Befragten sich in den Straßen der Stadt ein Rennen lieferten. Das galt zwar nicht als eigentliches *bosozoku*-Rennen, aber es waren doch einige akrobatische Fahrtechniken zu beobachten. Obwohl ich also an keinem eigentlichen Rennen teilnahm, gaben mir diese Erlebnisse einen gewissen persönlichen Eindruck davon.

Skizze des Rennens. Das Rennen startet von einem zuvor vereinbarten Treffpunkt aus – gewöhnlich ein Park oder ein Parkplatz in der Stadt. Die Mitglieder einer oder mehrerer Gruppen treffen sich dort zu einem Zeitpunkt, der meistens beim letzten Rennen oder bei einer besonderen Zusammenkunft der Anführer vereinbart wurde. Obwohl alle Anstrengungen unternommen werden, die jeweiligen Abmachungen vor der Polizei geheimzuhalten, sickert die Information häufig durch, so daß neue Pläne gemacht werden müssen. Die Teilnehmerzahl bei einem Rennen schwankt zwischen zehn und 100 oder mehr. Ziemlich häufig wächst diese Zahl im Laufe der Nacht, wenn immer mehr Beobachter mit ihren Maschinen dazustoßen.

Ein Rennen besteht aus mehreren Phasen hochriskanter Verfolgungsjagden, die durch »Pausen« getrennt sind. Die einzelnen Phasen dauern zwischen ein und zwei Stunden. Die Geschwindigkeit hängt bei diesen Verfolgungsjagden von verschiedenen Faktoren wie Verkehrsdichte und Straßenzustand ab. In den Straßen der Stadt, auf denen eine Maximalgeschwindigkeit von 40 oder 50 km/h angezeigt ist, fahren die *bosozoku*-Teilnehmer meistens mit 70 bis 100 km/h. Die Route wird zwar vor dem Rennen beschlossen und allen mitgeteilt, aber sie muß häufig gewechselt werden, wenn an irgendeiner Stelle zu viele Polizeiautos auftauchen oder der Verkehr zu dicht ist. Routenwechsel werden vom *sentosha* (vorderste Maschine) angegeben. Diese Rolle hat der Führer der Gruppe inne oder – wenn mehrere Gruppen am Rennen teilnehmen – der Führer der Gruppe, die das Rennen organisiert. Eine Gruppenflagge, die von einem Motorrad oder einem Begleitauto weht, zeigt den Namen der Gastgebergruppe an. Das Mitglied, das die Fahne hält, heißt *hatamochi* (Flaggenträger).

Es werden verschiedene Vorkehrungen getroffen, um zu verhindern, daß die Bande im Verlauf des Rennens durcheinandergebracht wird. Auch sollen bestimmte Risiken eingedämmt werden. Erstens darf bei allem gegenseitigen Überholen der Teilnehmer niemand die Spitzenmaschine überholen. Zweitens werden einige Autos zum *shingo heisa* (Blockieren von Kreuzungen) abkommandiert: sie blockieren den Verkehr mit Hupen und lautem Auspufflärm. Auch im vorderen Teil der Bande helfen einige mitfahrende Autos, die Bahn frei zu machen, indem sie die gewöhnlichen Verkehrsteilnehmer mit extremem Lärm einschüchtern. Manchmal werden zudem einige Motorräder als »Nachhut« abkommandiert, um eine Verfolgung durch Polizeifahrzeuge zu verhindern. Sie halten sie auf Distanz, indem sie die Fahrt verlangsamen und auf der ganzen Straßenbreite hin- und herschwenken (*ketsumakuri*, das bedeutet »Schwanzwedeln«), bis die Bande wieder genügend Vorsprung gewonnen hat.

Wenn die äußeren Bedingungen es zulassen, zeigen die Fahrer verschiedene improvisierte akrobatische Kunststücke, so zum Beispiel *vonshasen kama* (Zick-Zack-Fahrt), *hanabi* (Feuerwerk; Funken durch Berühren des Pflasters mit Metallteilen des fahrenden Motorrades) und *raidaa chenji* (Fahrerwechsel; Platzwechsel auf dem fahrenden Motorrad).

Pausen sind notwendig, weil das Rennen einen Höchstgrad an Konzentration und Anspannung verlangt. Die Rastplätze werden zwar vorher bestimmt; aber häufig genug werden sie geändert, wenn besondere Umstände dies angezeigt erscheinen lassen. Auf diesen Rastplätzen holen die Führer und dazu bestimmte Gruppenmitglieder Informationen über Unfälle und Verhaftungen von Mitgliedern ein, die sich eventuell im vorangegangenen Rennabschnitt zugetragen haben. Die anderen Mitglieder ruhen sich aus und schwatzen miteinander. Unterdessen stoßen auch diejenigen wieder zur Gruppe, die sich während des Rennens haben zurückfallen lassen. (Die Nachzügler finden auch dann leicht wieder zur Gruppe, wenn der Rastplatz geändert wurde, da bestimmte Ausweichplätze routinemäßig benützt werden.) Wenn die meisten Teilnehmer am Rastplatz eingetroffen und die erforderlichen Informationen überprüft worden sind, kündigen die Führer den einzelnen Gruppen den nächsten Teil des Rennens an. Am Ende des Rennens versammeln sich die Teilnehmer an einem zuvor festgelegten Ort. Haben verschiedene Gruppen am Rennen teilgenommen, sammeln sich die einzelnen Gruppen jeweils an einem Ort in ihrem eigenen Territorium. Nicht alle Teilnehmer finden sich allerdings zu diesem abschließenden Treffen ein. Einige gehen früher heim, andere wurden vielleicht während des Rennens verhaftet. Von denen, die sich am Sammelpunkt einfinden, schlafen einige sofort ein, während andere weiter an akrobatischen Kunststücken und Drängelrennen ihren Spaß haben. Unterdessen verkündet der Gruppenführer das Ende des Rennens. Mit dem Morgengrauen kehren die Jugendlichen heim.

Merkmale des Rennerlebnisses. Nach Csikszentmihalyi (1975b, S. 38–48 bzw. dt. S. 61–74) ist das *flow*-Erlebnis durch die folgenden sechs phänomenologischen Eigenschaften gekennzeichnet:
1. Verschmelzen von Handlung und Bewußtsein
2. Zentrierung der Aufmerksamkeit auf ein beschränktes Feld von Reizen
3. Verlust des Selbst (oder Ich-Transzendenz)
4. Gefühl, kompetent zu sein und Kontrolle zu haben
5. Eindeutige Ziele und unmittelbare Rückmeldung
6. Autotelisches Erleben.

Unsere Interviews und Fragebogen haben ergeben, daß das im *bosozoku*-Rennen mögliche Erleben sich durch eben diese sechs Merkmale beschreiben läßt. Im Vergleich zu anderen *flow*-Aktivitäten weist das Rennen allerdings auch gewisse zusätzliche Merkmale auf.

Zentrierung der Aufmerksamkeit

Während des Rennens treten die *bosozoku*-Teilnehmer in einen Kontext ein, der vom Alltag deutlich getrennt ist. Zahlreiche Komponenten des

Rennens tragen dazu bei, diese Abgrenzung deutlich zu machen: ein festgelegter Zeitplan, der plötzlich einsetzende laute Motorenlärm von Motorrädern mit manipuliertem Auspuff, der Lärm von Hupen, Scheinwerfern, die sich plötzlich in der Dunkelheit der Nacht kreuzen sowie die spektakuläre Massierung von Fahrzeugen. Die Befragten benutzten die Wörter *(o)matsuri* (Festival) oder *kaanibal* (Karneval), um diese Atmosphäre zu beschreiben. Die Karneval-Atmosphäre (Bakhtin, 1968) scheint dazu beizutragen, daß die Teilnehmer ganz im Rennen aufgehen. Die Befragten gebrauchten viele lautmalerische und nachäffende Ausdrucksweisen, um zu beschreiben, welche Erregung diese Atmosphäre mit sich bringt. Offenbar eignen sich lautmalerische Ausdrucksweisen dazu, um handlungsbetonte Aktivitäten zu beschreiben, die sich dem gewöhnlichen sprachlichen Ausdruck entziehen. Lautmalerische Ausdrücke tauchen auch in den täglichen Gesprächen der Befragten häufig auf, wenn sie ihre Erlebnisse anläßlich solcher Gruppenaktivitäten (Rennen, Bandenkämpfe) erzählend beschreiben und dabei dramatisch untermalen. Die enge Beziehung zwischen aktionsgeladenen Aktivitäten und deren »Rekonstruktion« in lautmalerischen und nachäffenden Ausdrücken läßt es als möglich erscheinen, daß diese Ausdrücke selbst zu einem Faktor werden, der zukünftiges Verhalten dieser Art programmiert (siehe Maza, 1964; Hannerz, 1969; Leary, 1977, S. 66–7). Die Jugendlichen brauchten nicht nur lebhafte Ausdrucksweisen; häufig waren sie auch frustriert über ihre Unfähigkeit, ihre Erlebnisse präzise zu beschreiben. »Wie kann ich es sagen?« oder »Was soll ich sagen?« waren häufige Rückfragen in unseren Interviews. Dies steht in deutlichem Kontrast zu vielen von Csikszentmihalyi (1975, dt. 1985) gesammelten Beschreibungen, in denen die Befragten ihre *flow*-Erlebnisse mit gewählten und differenzierten Worten beschrieben. Dieser Unterschied läßt sich vermutlich auf den aktionszentrierten Lebensstil unserer Jugendlichen zurückführen sowie auf ihre mangelnde Übung in präziser sprachlicher Ausdrucksweise.

Mein Herz macht ein Geräusch wie »Don-don! Don-don!« Es hämmert. Es schmerzt beinahe. (Ich sage mir,) »Oh! Hier sind wir wieder!« So viele Autos! So viele Leute! Mein Herz tönt wie »Ban-ban! Bien! Doki-Doki!« Man ist völlig überwältigt ... Ich kann es nicht in Worten ausdrücken. Ich schreie einfach, »Iwauuh!«

Die Dunkelheit der Nacht reduziert die Ablenkungen durch periphere Wahrnehmung. Vorne im Scheinwerferlicht sieht man die Uniformen, die Kopfbänder mit dem Zeichen der aufgehenden Sonne und die Bandenwimpel. Es handelt sich dabei um wichtige »Ingredienzien«, die der Szene zu ihrer Dramatik verhelfen und einen ziemlich deutlich umrissenen theatralischen »Rahmen« schaffen (Goffman, 1974). Vor dem Start inhalieren einige Teilnehmer den Dampf von Farbverdünnern, offenbar um ihr Bewußtseinsfeld zu begrenzen. Vor allem ist es aber der Krach, der die Jugendlichen im Rahmen des Rennens packt; wenigstens berichten sie insbesondere darüber. Zum Auspuff- und Hupenlärm kommt der Lärm von den aus den Autos mit voller Lautstärke aufgedrehten Stereoanlagen. Die Autos fahren sogar im Winter mit offenen Fenstern, um den Umgebungslärm hereinzulassen. Außenstehende mögen all dies als bloßes Rauschen erleben, aber die *bosozoku*-Teilnehmer schildern es als eine Art Musik mit einem stetigen »Beat«. Wie wir später sehen werden, ist die Teilnahme an einem *bosozoku*-Rennen gefühlsmäßig ähnlich wie das »Hören guter Musik«.

Gefühl der Kompetenz und Kontrolle

Die Rennen bringen beträchtliche Gefahr für Leib und Leben mit sich. Im Jahre 1983 wurden insgesamt 6711 *bosozoku*-Teilnehmer wegen »kollektivem gefährlichen Verhalten« festgenommen (Keisatsucho, 1984, S. 205). Nach einem Polizeibericht von 1981 starben im Jahr 1980 89 Jugendliche und im Jahr 1981 87 Jugendliche bei *bosozoku*-Rennen. Die Zahl der Verletzten betrug 1097 im Jahr 1980 und 841 im Jahr 1981 (Keisatsucho, 1981, S. 30). Von der Gruppe, die ich untersuchte, starben in der Zeitspanne von drei Jahren mindestens drei Mitglieder. (Die Zahl schwankt je nachdem, wie die Gruppengrenze definiert wird. Einige Befragte berichteten von fünf Todesfällen, andere von nur drei.) Viele meiner Informanten hatten schon Verletzungen erlitten, und einige waren verkrüppelt.

Dennoch scheint gerade die physische Gefahr einer der wichtigen Faktoren zu sein, die die Aufmerksamkeit der Jugendlichen auf die unmittelbare Situation ausrichten. Sie schrauben durch ihre akrobatischen Fahreinlagen freiwillig das Risiko hoch. Auch ihre Kleidung scheint eine Bereitschaft anzuzeigen, sich der Gefahr auszusetzen. Selten schützen sich die Fahrer mit Lederhandschuhen, Stiefeln und Helmen (Willis, 1978, S. 54–6 macht dieselbe Beobachtung bei englischen »bike boys«). Sogar diejenigen, die gerade erst vom Krankenhaus zurückkommen und noch einen Gips tragen, fahren ohne Schutz auf ihren Motorrädern.

Diese Bereitschaft, Risiken einzugehen, mag irrational und pathologisch erscheinen. Und tatsächlich geben sich die *bosozoku*-Jugendlichen oft aktiv als Teufelskerle aus, die die Gefahr lieben. Auch in den Gesprächen unter den Bandenmitgliedern spielt das Prahlen über Beinahe-Unfälle eine bedeutende Rolle. Gleichzeitig werden aber Maßnahmen getroffen, um wenigstens gewisse Gefahren auszuschalten, so z. B. das Blockieren von Kreuzungen (und damit des Gegenverkehrs) und das »Schwanzwedeln« bei Verfolgungsjagden durch die Polizei. Die Befragten geben beinahe einhellig zu Protokoll, daß die Gefahr selbst keine Freude mache. Die Gefahr wird nicht um ihrer selbst willen aufgesucht. Sie wird als etwas betrachtet, was durch die eigenen Fähigkeiten überwunden werden muß und erst in diesem Zusammenhang erregend wirkt (siehe Balint, 1959). Das Risiko ist notwendig, um die eigenen Fähigkeiten herauszufordern, aber es sollte bewältigbar sein. Allzu große Risiken, die das Demonstrieren der eigenen Fähigkeiten gar nicht zulassen (wie z. B. polizeiliche Festnahme), versucht man zu vermeiden. Während des Rennens sind Gefühle der Kompetenz und Kontrolle wichtiger als das Bewußtsein der Gefahr. Hier eine typische Antwort in bezug auf diesen Gefahrenaspekt:

Nein, ich glaube nicht, daß es gefährlich ist. Ich mache mir jeweils eher darüber Gedanken, wie ich die Sache auf die Spitze treiben kann.

Allerdings kommt das Gefahrenbewußtsein zu zwei Zeitpunkten zum Tragen, kurz vor Beginn des Rennens und beim nachträglichen Rückbesinnen:

Manchmal, kurz bevor wir starten, denke ich daran, daß es gefährlich werden könnte ... Manchmal werde ich vor dem Start nervös. Aber sobald wir dann wirklich gestartet sind, vergesse ich (die Gefahr) ...
Und nach der Rückkehr sage ich zu mir selbst: Was habe ich in jenem Moment getan! Ich erschrecke, wenn ich daran zurückdenke ... nach dem Rennen denke ich: Wie konnte ich so etwas tun! Aber sobald wir starten ...

Von Polizeifahrzeugen verfolgt zu werden, bedeutet nicht nur eine physische Gefährdung, sondern auch das Risiko, festgenommen zu werden. Die Polizei stellt daher eine ständige Gefahr dar, der nicht leicht zu begegnen ist. Gerade das Überlisten der Polizei hat andererseits Gefühle der Kompetenz und Kontrolle zur Folge.

Sobald das Rennen läuft, genießen wir es, von Polizeiautos verfolgt zu werden. Es macht Spaß, von Polizeipatrouillen gejagt zu werden. Am aufregendsten ist es, den verfolgenden Polizeiautos zu entkommen.

Polizeiautos scheinen auch die allgemeine Macht und Autorität der japanischen Polizei zu symbolisieren; vielleicht auch die Autorität des verallgemeinerten »Anderen«, der übermächtigen Erwachsenengesellschaft als Gesamtheit. Während die Erwachsenen im Alltagsleben übermächtig und unangreifbar sind, können ihre Vertreter im künstlichen Rahmen des Rennens geschlagen und ausgetrickst werden:

Es geht auch um Herausforderung und Verhöhnung. Wie soll ich es sagen? Der Spaß, der Polizei die Stirn zu bieten. Das macht wirklich Spaß.

Das Gefühl, die Sache unter Kontrolle zu haben, nährt sich auch aus der Erkenntnis, daß man eine ganze Stadt in einen Spielplatz für sich selbst verwandelt hat. Ein ehemaliger *bosozoku*-Gruppenführer schreibt in seinem Manuskript:

Wir beginnen ein Rennen, indem wir die Zweiräder am Schluß der Bande aufstellen. *Huun Guaan!* (lautmalerische Ausdrücke für Auspufflärm). Siebzig bis hundert Fahrzeuge starten ihre Motoren gleichzeitig. Wir können nichts mehr hören außer dem Motorenlärm. Niemand, nicht einmal die Polizei, kann uns stoppen ... Sobald die Maschinen gestartet sind, wird die ungeordnete Menge zu einem Dinosaurier. Es ist wirklich überwältigend. Wir rasen mitten in der Straße dahin. Wen kümmern denn Polizeiautos!? Wenn ich meine Bande von meiner Spitzenposition aus sehe, ist es wie eine Welle von Scheinwerfern, die die Stadt frißt. (Sato, 1984, S. 33)

Kawaramachi Avenue ist die Hauptstraße von Kyoto. Diese Straße gehört praktisch immer zur Rennstrecke, nicht nur, weil dort viel Publikum zu finden ist, sondern auch, weil diese Straße ein wichtiges Symbol der Stadt ist.

»Gehen wir und schnappen wir uns Kawaramachi!« ... Nun, wir sagen »Gehen und zuschlagen« (iwasu), wenn wir dort den Bären loslassen und viel Krach machen.

Nun, ich habe das Gefühl, daß sie (die Kawaramachi) während des Rennens meine Straße ist.

Weißt du, wir fahren die Kawaramachistraße auf und ab, immer und immer wieder. In so einem Augenblick habe ich das Gefühl, daß die Kawaramachi der richtige Ort für *bosozoku* ist.

Die Bedeutung des Überwindens körperlicher Gefahr läßt sich mit der beim Felsenklettern vergleichen, über die Csikszentmihalyi (1975b) und Mitchell (1983) berichten. Allerdings hat ein *bosozoku*-Teilnehmer das Risiko viel weniger im Griff als ein Kletterer. Tatsächlich halten manche Kletterer das Autofahren oder das an einer Straße Entlanggehen für gefährlicher als das Klettern (Csikszentmihalyi, 1975b, S. 83–84 bzw. dt.

1985, S. 111). Kein *bosozoku*-Teilnehmer würde so etwas über das Rennen sagen. Auch von einigen Berufsrennfahrern wird berichtet, sie hielten das gewöhnliche Autofahren in einer Stadt für gefährlicher als das schnelle Fahren auf einer Rennstrecke. Sowohl beim Klettern als auch beim Fahren auf einer speziellen Rennstrecke lassen sich die Gefahren kalkulieren und weitgehend den eigenen Fähigkeiten anpassen, während bei einem *bosozoku*-Rennen viele unkontrollierbare Gefahrenmomente hinzutreten. Sogar diejenigen Teilnehmer, die die Kreuzungen blockieren, können nicht sicher sein, daß nicht doch einige Fahrzeuge unverhofft auf die Kreuzung fahren. Außerdem kann niemand die Zahl der Polizeiautos und deren Bewegungen genau voraussagen.

Ein wichtiges Merkmal von *flow*-Aktivitäten besteht darin, daß sie Regeln aufweisen, die die Handlung und deren Beurteilung unproblematisch machen (Csikszentmihalyi, 1975b, S. 47 bzw. dt. 1985, S. 72). Die Handelnden sagen Ereignisse auf der Grundlage dieser unausgesprochenen Regeln voraus und richten auch ihre eigenen Reaktionen danach. Auch für das Rennen scheint es einen solchen Satz von Regeln zu geben. So gehen die Jugendlichen beispielsweise davon aus, daß die Polizei nicht in den *bosozoku-*»Konvoi« eindringt, wenn die letzten Motorräder die anderen durch »Schwanzwedeln« schützen. Ebenso setzen sie voraus, daß gewöhnliche motorisierte Verkehrsteilnehmer nicht auf eine Kreuzung fahren, wenn sie dort den Auspufflärm hören. Natürlich handelt es sich bei diesen Annahmen nur aus dem Blickwinkel der *bosozoku* um »Regeln«. Es kommt manchmal vor, daß Polizeiautos dennoch in die Motorrad-Kette eindringen oder daß irgendein »fremdes« Auto in eine blockierte Kreuzung hineinfährt. Sogar wenn die Polizei und die anderen Verkehrsteilnehmer sich so verhalten, wie die *bosozoku*-Regeln es erwarten lassen, so tun sie es nicht, weil sie die Regeln als normativ anerkennen würden, sondern um ihrer eigenen Sicherheit willen. Die Regeln werden der Polizei und den anderen Verkehrsteilnehmern aufgezwungen. Zwar beschrieb ein Jugendlicher das Rennen als »ein Spiel, bei dem es um Leben oder Tod geht«, aber ein durch Regeln geordnetes »Spiel« ist es nur für die *bosozoku*-Jugendlichen. Viele Befragte hatten in der Tat Situationen erlebt, denen ihr Leben auf dem Spiel stand. Diese unvorhersagbaren und unkontrollierbaren Faktoren stören manchmal das Gefühl der Kompetenz und der Kontrolle:

Sogar wenn ich beim Rennen »high« werde, fühle ich eine gewisse Angst. Ja, sicher. Ich denke oft: »Werde ich lebend davonkommen?«

Oh, es ist gefährlich. Aber es (die Chance, beim Rennen einen Unfall zu haben) ist einfach Glückssache.

Wir werden später sehen, wie dieser Aspekt die Qualität des *flow* einschränkt.

Eindeutige Ziele und unmittelbare Rückmeldung

Im deutlich eingegrenzten Umfeld des Rennens sind die Mittel-Zweck-Beziehungen vereinfacht. Man weiß genau, was richtig und was falsch ist. Hohe Geschwindigkeit und extreme körperliche Gefahr sind notwendige Voraussetzungen, um eindeutige und unmittelbare Rückmeldungen zu erlangen. In der Kolonne nach hinten abzufallen oder auf plötzliche Gefahren zu stoßen sind deutliche Zeichen dafür, daß man etwas falsch gemacht hat.

Auch Mienenspiel, Gesten und Fahrbewegungen der anderen Teilnehmer dienen als wichtige Formen der Rückmeldung. Sie bestätigen den Rahmen des Rennens und aktivieren Erregung und Einsatzbereitschaft:

Ob es Unterschiede gibt zwischen dem Alleinfahren und dem Fahren in der Gruppe? Natürlich. Das ist etwas völlig anderes. Du hast ja keinen Spiegel (im Falle des Alleinfahrens). Wie kann ich es ausdrücken? Klingt es schief, wenn ich sage: »Man kann die Augen der anderen fühlen?«

Einige von uns werden richtig »high« dabei. Sie haben unheimlich laute Maschinen, *hohohohohohuu!* Wenn ich so einen sehe, denke ich mir: »Das muß ich auch machen. Ich muß mit diesem Kerl gleichziehen!«

Mit anderen Worten: Die anderen Teilnehmer werden nicht nur zu »Spiegeln«, sondern sozusagen zu Verstärkern. Allerdings fallen die Rückmeldungen aus dieser Quelle nicht immer optimal aus:

Nun, ich glaube, viel kommt auf den Partner auf dem Beifahrersitz an ... ist es ein blöder Neuling, wird es eine elende Sache ... so einer sagt gar nichts, um mich anzuheizen. Ist er aber helle und sagt: »In Ordnung, K! Du bist großartig!« oder »Vorwärts! K! Spielen wir mit dem Polizeiauto da!«, dann komme ich in die richtige Stimmung.

Auch Passanten und Neugierige liefern wichtige Rückmeldungen, insbesondere an belebten Orten wie in der Kawaramachistraße. *Medatsu* (gesehen werden, auffallen) ist das Wort, das fast immer verwendet wird, um die Wichtigkeit der Rückmeldung von seiten der Zuschauer zu unterstreichen:

Weil, weißt du, weil die Kawaramachi die Hauptstraße von Kyoto ist. Gerade darum fuhren wir immer wieder dorthin ... Wenn das nicht ging, fuhren wir woanders hin. Die Kawaramachi ist so eng. Wer ginge denn in die Kawaramachistraße, wenn es dort nicht so viele Leute gäbe?

Der Begriff *medatsu* ist entscheidend für das Verständnis des Vergnügens, das diese besondere *flow*-Aktivität bereitet. Auf die Folgerungen, die sich aus diesem Konzept ziehen lassen, werde ich später eingehen.

Verschmelzen von Handlung und Bewußtsein – Verlust des Bewußtseins seiner selbst

Wenn ein Handelnder von den unmittelbaren Anforderungen der Aufgabe völlig absorbiert ist, verliert er das Bewußtsein seiner selbst als eines »Beobachters«. Das »ego«, das normalerweise zwischen dem Selbst und der Umwelt vermittelt, verschwindet vorübergehend im *flow*-Zustand (Csikszentmihalyi, 1975b, S. 42–44 bzw. dt. 1985, S. 66–68); siehe Mead (1934) 1970, S. 273–281). Die physischen Gefahren des Rennens und die schnelle Abfolge von Wahrnehmungen, Entscheidungen, Operationen und Bewegungen scheinen für diesen Ego-Verlust verantwortlich zu sein. Die Teilnehmer vergessen sich selbst und fühlen sich, als würden ihre Körper sich automatisch bewegen:

Instinkt. Mein Körper bewegt sich instinktiv. Er bewegt sich ohne jedes Denken. Ich vergesse mich selber. Ich denke an gar nichts. Wirklich. An gar nichts außer daran, wie ich fahre.
Während eines Rennens vergesse ich alles. Ich hab das Gefühl, mit meinem ganzen Herzen, mit meinem Geist und meiner Kraft dabei zu sein.

Mit dem Ego-Verlust hängt das Gefühl zusammen, mit der Welt des Rennens zu verschmelzen. Auf dem Höhepunkt gehen die Jugendlichen völlig im Rhythmus des Rennens auf. Zur Beschreibung dieses Gefühls verwenden die Befragten häufig die Begriffe *moetekuru* (wie ein Feuer brennen), *shibireru* (gelähmt sein) *notekuru* (»high« werden). In diesem Zustand genügen schon einfache Reize, um »wie Feuer zu brennen«:

E.: Ich gerate völlig außer Kontrolle, wenn ich Auspufflärm höre.
M.: Wir können wie Feuer brennen, einfach schon wegen des Auspufflärms.

Einige der Teilnehmer, die in Autos mitfahren, beginnen so, daß sie mit ihren Körpern Bewegungen machen, um in den Rhythmus zu kommen:

Steuerrad. Daß ich brenne, zeigt sich daran, wie ich mit dem Steuerrad umgehe (er bewegt seinen Körper rhythmisch) ... Ich versetze mich in den Rhythmus. Yeah, jeder gute Fahrer tut das.

Wenn man das Bewußtsein seiner selbst verliert, geht auch das gewöhnliche Zeitgefühl verloren. Der zeitliche Rahmen im Rennen unterscheidet sich von demjenigen im gewöhnlichen Leben:

Wie kann ich das wissen (wieviel Zeit vergeht)? Ich sage: »Tatsächlich? Ist es schon Zeit?« Ich sage zu mir selbst: »Ist das wahr? Gleich wird es Morgen sein«. Die Zeit geht so schnell vorbei... Nun, eigentlich ist es eher so, daß ich die Zeit vergesse. Ich sage: »Tatsächlich? Ist es schon Zeit zu gehen?« oder »Oh! Ich habe das nicht bemerkt!« Das macht mir gar nichts aus (daß ich die Zeit so vergesse). Wir müssen nur an eins denken: an die Zeit, zu der wir uns treffen wollen.

Im Zustand des psychologischen *flow* verliert man das Gefühl für die »Zeit«, wie man sie üblicherweise versteht. In der Rückschau kann man dieses Erlebnis nicht mit Hilfe des alltäglichen Zeitempfindens und des Gedächtnisses für die Zeit fassen. Auch das für das Rennen typische Gefühl des »kollektiven Rausches« hängt mit dem Selbstverlust zusammen. (Darauf werden wir später eingehen.)

Der autotelische Charakter des Rennens

Wie bei anderen Aktivitäten, die wir »spielerisch« nennen, liegt die Hauptfreude beim Rennen in der Aktivität selbst. In dieser Hinsicht unterscheidet sich ein solches Rennen qualitativ von den Aktivitäten, die hauptsächlich wegen äußerer Belohnungen wie Geld oder Ruhm ausgeführt werden, obwohl die *bosozoku*-Aktivitäten im weiteren Sinn auch mit Ruhm zu tun haben. Wie Csikszentmihalyi (1974, 1975b, dt. 1985) im Detail gezeigt hat, unterscheiden sich autotelische Aktivitäten zum Teil dadurch voneinander, wie die Art der intrinsischen Belohnung und die Qualität des *flow*-Erlebens beschaffen ist. Die Antworten, die wir mit Fragebogen und in Interviews gesammelt haben, weisen darauf hin, daß das Rennen eine autotelische Aktivität für sich ist.

Im Fragebogen hatten die Befragten unter anderem auf einer Schätzskala die relative Wichtigkeit von neun Gründen der Freude am Rennen einzustufen. Acht der neun Gründe wurden aus dem von Csikszentmihalyi verwendeten Fragebogen übernommen; sie decken nach dessen Befunden in umfassender und nicht überlappender Weise die Anreize für eine Teilnahme an nicht äußerlich belohnten Aktivitäten ab (Csikszentmihalyi, 1975b, S. 14–15, dt. 1985, S. 34–35). Ein neunter möglicher Grund, *medatsu-koto* (gesehen werden, toll aussehen) wurde mit in den Fragebogen aufgenommen, weil unsere vorbereitenden Interviews Hinweise darauf ergeben hatten, daß das Auftreten vor einer

Öffentlichkeit eine wichtige Komponente der Rennmotivation darstellt.

Tabelle 6.1 zeigt, welche relativen Rangplätze diesen Gründen von unseren *bosozoku*-Jugendlichen zugewiesen wurden. Die Antworten von 21 Befragten wurden nicht in die Auswertung einbezogen, weil sie seit mehr als einem halben Jahr an keinem *bosozoku*-Rennen mehr teilgenommen hatten. Die Antworten werden mit Csikszentmihalyis Befunden verglichen. Alle seine Gruppen außer der der Schülermannschaft im Basketball stufen »Freude am Erlebnis und am Einsatz des Könnens« und »die Aktivität selbst« am höchsten ein, während die *bosozoku*-Jugendlichen diese Gründe an dritter und vierter Stelle nennen. Der autotelische Gesamtrang unten in der Tabelle gibt die relative Wichtigkeit der intrinsischen Belohnung für die verschiedenen Gruppen an. Die »autotelischen Punkte« (Csikszentmihalyi, 1975b, S. 19 bzw. dt. S. 40) werden so berechnet, daß die Punkte für »Freude am Erlebnis« und für »Prestige« subtrahiert werden. Abgesehen von der Schülermannschaft im Basketball stufen die *bosozoku*-Teilnehmer die autotelischen Komponenten am niedrigsten von allen untersuchten Gruppen ein, obwohl der betreffende Punktwert immer noch relativ hoch ist. In diesem ganzen Kapitel gehen wir davon aus, daß Unterschiede in Einschätzungsmustern auf Unterschiede in der Aktivität zurückgehen und nicht etwa auf Unterschiede zwischen den Kulturen. Diese Resultate weisen vermutlich auf Unterschiede innerhalb der autotelischen Aktivitäten hin. Sie stützen zwar die Auffassung, daß das Rennen vorwiegend durch intrinsische Belohnungen motiviert ist, weisen aber darauf hin, daß diese inneren Belohnungen hier im Vergleich zu anderen Aktivitäten wie Klettern oder Schachspielen weniger wichtig sind. Es sollte dabei nicht vergessen werden, daß die Jugendlichen in unseren Interviews eine besondere Freude an der Aktivität selbst zum Ausdruck brachten.

Nachfolgeinterviews zeigen auch, daß die Freude in den verschiedenen Phasen des Rennens eine unterschiedliche Färbung annimmt. Auf breiten Fahrbahnen wie denjenigen der Gojo- oder der Horikawastraße, in denen um Mitternacht wenig Verkehr herrscht und die Jugendlichen nach Belieben Gas geben können, gehören »die Freude am Erlebnis« (d. h. die Freude am Erlebnis des schnellen Fahrens) und »die Aktivität selbst« zu den wichtigsten Motivationen. In der belebten Kawaramachistraße hingegen wird die Freude am öffentlichen Sich-Zeigen wichtig (die Freude des *medatsu-koto*. »Freundschaft und Kameradschaft« sind besonders wichtig, während der gespielten Scheinkämpfe, während des Rennens und während der intensiven Geselligkeit in den Pausen als Motivation.

»Ausleben von Gefühlen« bezieht sich hauptsächlich auf das kathar-

Tabelle 6.1. Rangreihe der gemittelten Rangpunkte für die Gründe freudiger Aktivität (nach Grupper)

Grund	Kletterer (N = 26)	Komponisten (N = 22)	Tänzer (N = 27)	Schachspieler (N = 28)	Schachspielerinnen (N = 20)	Basketballspieler (N = 35)	Bosozoku (N = 45)	
1. Lust an der Aktivität und am Einsatz von Können	1	1,5	1,5	1	1,0	5	4,0	5,0[a]
2. Die Aktivität selbst: das Muster, die Handlung, die darin liegende »Welt«	2	1,5	1,5	2	2,0	4	3,0	3,5
3. Freundschaft, Kameradschaft	3	6,5	6,0	4	4,5	3	1,0	1,0
4. Entwicklung persönlicher Fähigkeiten und Fertigkeiten	4	3,0	3,0	3	3,0	2	5,5	6,5
5. Sich an eigenen Idealen messen	6	4,0	5,0	6	6,5	6	5,5	6,5
6. Ausleben von Gefühlen	5	5,0	4,0	7	6,5	8	2,0	2,0
7. Wettbewerb, sich mit anderen messen	7	8,0	8,0	5	4,5	1	7,0	8,0
8. Prestige, Achtung, Ruhm	8	6,5	7,0	8	8,0	7	8,0	9,0
9. Medatsu	–	–	–	–	–	–	–	3,5
Autotelischer Gesamtrang	3	1	2	4	5	7	6	–

[a] Diese Spalte umfaßt die Freude an Medatsu.
Quelle: Csikszentmihalyi 1975b, Tabelle 2.

tische Gefühl kurz nach den Intensivphasen eines Rennens. *Sukkato suru* (»sich völlig befriedigt fühlen«, »sich völlig erfrischt fühlen«) ist der Ausdruck, der dafür gewöhnlich gewählt wird. Dieser Ausdruck taucht auch häufig in den Alltagsgesprächen unter den Jugendlichen auf, sowie in journalistischen Berichten über sie. Tatsächlich ist es diese Betonung der kathartischen Funktion, die Journalisten und Wissenschaftler dazu verleitet hat, diese Rennen nur als Mittel zur Kompensation von Minderwertigkeitskomplexen und Frustrationen zu sehen. Aber wie wir in der bisherigen Diskussion gezeigt haben und im nächsten Abschnitt detailliert sehen werden, empfinden die Teilnehmer in den Rennen verschiedene Arten der Freude. Das kathartische Gefühl ist nur eine von ihnen.

Medatsu, communitas, *flow*

Medatsu. Tabelle 6.1 zeigt, daß *medatsu-koto* (gesehen werden) als ebenso wichtige Quelle der Freude eingestuft wurde wie »die Aktivität selbst«. Wir haben bereits erwähnt, daß die Befragten die Kategorie *medatsu* gebrauchten, wenn sie die Wichtigkeit der Rückmeldungen des Publikums betonen wollten. Zum Beispiel:

Fahre ich allein Motorrad, so tönt es wie *pahn!* (aber während eines Rennens). Da ist es wie *Guwa! Guwa!* Alle richten ihre Aufmerksamkeit auf uns. Wir machen so ein Rennen gerade deshalb, weil wir gesehen werden wollen (*medachitai kara*).

Das Wort *medatsu* findet sich häufig in Interviews, die in akademischen und in journalistischen Berichten wiedergegeben werden. Es taucht auch auf, wenn die Jugendlichen erklären, warum sie eine »bizarre« und »groteske« Bekleidung tragen und ihre Fahrzeuge in extremer Weise verändern.

Sowohl Wissenschaftler als auch Journalisten erklären das Bestreben der Jugendlichen, aufzufallen (*medatsu*) oder mit ihrem Besitz zu prahlen, durch den Verweis auf *jiko kenji yoku* (ein Bedürfnis anzugeben, Selbstbestätigung zu finden). Dieser Ausdruck paßt, wenn er nur als beschreibender Begriff verwendet wird; ihn als Erklärung zu verwenden, ist jedoch zirkulär. Die relative Stärke dieses Bedürfnisses wird kaum im einzelnen belegt, und es wird auch nicht im Detail beschrieben, auf welche Weise die Jugendlichen sich selber und ihren Besitz zur Schau zu stellen versuchen. Meine Feldforschungen weisen darauf hin, daß es sich bei *medatsu* nicht um den direkten Ausdruck individueller Bedürfnisse, sondern um etwas komplexeres handelt.

Ein Schlüssel zum Verständnis von *medatsu* liegt in der Bedeutung der

Publikums-Rückmeldungen. Man beachte die verschiedenen Einschätzungen der beiden recht unterschiedlichen Aktivitäten, die die *medatsu*-Dimension in Tabelle 6.2 beschreiben. In bezug auf Ähnlichkeit mit *bosozoku* wurde »vor einem großen Publikum eine theatralische Rolle spielen« an vierter Stelle genannt, während »in einem Fernsehprogramm auftreten« nur auf den zwölften von insgesamt 20 Rängen kam. Um den Unterschied zwischen diesen beiden Einstufungen zu erklären, verweisen die Befragten praktisch einmütig auf den Unterschied und die Stärke der Publikumsreaktion. Viele führen auch an, daß ein Rennen bei weitem aufregender und überraschungsreicher sei. Ein Jugendlicher sagte:

Die Lebhaftigkeit (ist unterschiedlich) . . . Eine Fernsehaufnahme können wir wiederholen, wenn der Aufnahmeleiter sagt: ›Das ist nicht gut‹. Aber das (das Rennen) ist ganz anders . . . Wenn ich im Zickzack fahre und dabei zu Boden gehe, wer würde da sagen: ›Halt, schneiden!‹? Das ist einfach ein jämmerlicher Unfall.

Ein anderer Schlüsselhinweis bezieht sich auf den Unterschied zwischen *medatsu-koto* (Rang 3) und »Prestige und Ruhm« (letzter Rang, vgl. Tabelle 6.1). Die beiden Merkmale sind darin verwandt, daß sie beide ein Publikum voraussetzen, dessen Aufmerksamkeit man durch eine bestimmte Aktivität auf sich zieht. Der wichtigste Unterschied besteht darin, daß »Prestige und Ruhm« eine Gemeinsamkeit der Werturteile voraussetzt; das ist bei *medatsu* nicht der Fall. Die Unterscheidung, die die Befragten zwischen *medatsu* (auffallen) und *misebirakasu* (prahlen) machen, verdeutlicht diese Diskrepanz. Die Jugendlichen sprechen selten vom Prahlen, wenn sie die Bedeutung des Publikums diskutieren. Die meisten stimmen darin überein, daß *misebirakasu* sich auf eine Weise von *medatsu* unterscheidet. Einige Befragte sind in diesem Punkt deutlicher:

Misebirakasu ist, nun ja, wenn man anderen etwas wertvolles zeigt und sagt: ›Das ist so gut, findest du nicht auch?‹ Wenn man von *Medatsu* beim Rennen redet, meint man: Die Aufmerksamkeit auf sich ziehen . . . sie dazu bringen, uns zuzuschauen, wenn wir Gesetze übertreten und Krach machen.
Medatsu bedeutet: Wir wollen, daß die Leute uns beachten, wenn wir etwas machen . . . (Wenn wir mit etwas prahlen – *misebirakasu* –, sagen wir: ›Schau dir das an‹. Wir versuchen zu prahlen, wenn wir auf tollen Motorrädern fahren und sie jemandem zeigen und sagen: »Das ist wirklich ein tolles Motorrad, findest du nicht auch?« Wir fallen den Leuten aber auch auf (*medatsu*), wenn wir nichts sagen.

Im Japanischen ist *misebirakasu* ein transitives Verb, während *medatsu* intransitiv ist und sich nicht auf eine Handlung, sondern auf einen Zustand

Tabelle 6.2. Einstufung der Ähnlichkeit des Erlebens innerhalb jeder autotelischen Aktivität

Faktoren	Kletterer (N = 26)	Komponisten (N = 22)	Tänzer (N = 27)	Schachspieler (N = 28)	Schachspielerinnen (N = 20)	Basketballspieler (N = 35)	Bosozoku (N = 45)	
1. Freundschaft und Entspannung								
Körperliche Liebe	6,0	6,5	4,5	16,5	17,5	14,0	16,0	18,0[a]
Zusammensein mit einem guten Freund	3,0	9,0	4,5	9,0	14,5	8,0	3,0	3,0
Einen guten Film anschauen	15,5	5,0	9,0	12,0	17,5	6,0	12,0	14,0
Gute Musik anhören	6,0	3,0	2,0	10,0	12,5	3,0	4,0	5,0
Ein interessantes Buch lesen	8,0	8,0	6,5	5,0	12,5	15,5	13,5	15,5
2. Risiko und Zufall								
Sich beim Schwimmen zu weit hinauswagen	13,0	13,5	15,0	14,0	7,0	17,5	10,5	12,0
Sich Strahlungen aussetzen, um eine eigene Theorie zu beweisen	17,0	10,0	12,0	12,0	10,0	9,5	5,5	6,5
Zu schnell fahren	10,0	16,5	12,0	12,0	10,0	6,0	1,0	1,0
Drogen einnehmen	10,0	13,5	15,0	15,0	14,5	9,5	9,0	10,0
An einem Automaten spielen	18,0	18,0	15,0	18,0	16,0	17,5	10,5	12,0
In ein brennendes Haus rennen, um ein Kind zu retten	13,0	11,0	12,0	16,5	10,0	4,0	13,5	15,5

3. *Problemlösen*							
Ein math. Problem lösen	4,0	2,0	9,0	1,5	2,0	12,0	17,5	19,5
Ausrüstungsgegenstände zusammenstellen	13,0	6,5	17,0	7,5	7,0	15,5	17,5	19,5
Einen unbekannten Ort erkunden	15,5	13,5	18,0	6,0	5,0	12,0	15,0	17,0
Pokern	15,5	13,5	18,0	6,0	5,0	12,0	15,0	17,0
4. *Wettbewerb*							
Ein Rennen mitmachen	6,0	16,5	9,0	7,5	7,0	2,0	2,0	2,0
Einen Wettbewerbssport ausüben	10,0	13,5	6,5	1,5	3,0	1,0	5,5	6,5
5. *Kreativer Bereich*							
Etwas Neues entwerfen oder entdecken	2,0	1,0	1,0	3,0	1,0	6,0	7,5	8,5
6. *Medatsu*							
Im Fernsehen auftreten	–	–	–	–	–	–	–	12
Eine Theaterrolle spielen	–	–	–	–	–	–	–	4

[a] Diese Spalte umfaßt die Freude an Medatsu.
Quelle: Csikszentmihalyi 1975b, Tabelle 3.

bezieht. *Misebirakasu* bedeutet, aktiv auf der eigenen Überlegenheit oder auf der Überlegenheit der eigenen Ausrüstung zu bestehen. Die Überlegenheit muß mit bezug auf gemeinsame Standards definiert werden. Im Zustand von *medatsu* kann man sich hingegen schon befinden, wenn man nur die Aufmerksamkeit anderer auf sich zieht, ob diese nun die gleichen Wertmaßstäbe haben oder nicht. Die *Bosozoku*-Jugendlichen lieben es, wenn andere ihnen zuschauen, sogar wenn die Zuschauer Schrecken und Abneigung zum Ausdruck bringen. Worauf es wirklich ankommt, ist die Tatsache, daß sie im Zentrum der Aufmerksamkeit stehen, unabhängig von allen moralischen Implikationen dieses Verhaltens. Es ist offensichtlich, daß »Prestige und Ruhm« als etwas gilt, das eher eine Gemeinsamkeit der Wertung voraussetzt.

Csikszentmihalyi machte in einem persönlichen Brief am 2. September 1983 die Beziehung zwischen der Freude am *medatsu* und einem echten *flow*-Erleben deutlich. Nachdem er darauf hinweist, daß sowohl *medatsu* als auch *misebirakasu* als die »elementaren Urformen der Motivation« betrachtet werden könnten, aus denen sich abstraktere Formen von »Prestige und Ruhm« entwickeln, beschreibt er auf zwei mögliche Arten, wie ein starkes und geordnetes Selbst aufrechterhalten werden kann. Die eine besteht darin, die eigene Aufmerksamkeit in Ziele zu investieren und Rückmeldungen zu bekommen, die die eigenen Intentionen bestätigen. Bei der anderen Art versucht man, die Anerkennung der eigenen Existenz und Ziele durch die Aufmerksamkeit *anderer* zu erlangen. Csikszentmihalyi ist der Ansicht, daß sowohl mit *medatsu* als auch mit *misebirakasu* diese zweite Art von Rückmeldung angestrebt wird. Reine *flow*-Aktivitäten würden demgegenüber vor allem Rückmeldungen liefern, die auf dem persönlichen Erreichen von Zielen beruhen; dabei werde somit auch das Selbstgefühl gestärkt, obwohl dies eher eine unbeabsichtigte Nebenwirkung und nicht das Hauptziel der Aktivität sei.

Wie das Phänomen des Lampenfiebers zeigt, kann eine Publikumsrückmeldung die Konzentration auf eine *flow*-Aktivität sogar beeinträchtigen. So kann das *flow*-Erlebnis beim Rock'n'Roll-Tanzen beispielsweise unterbrochen werden, wenn der Tänzer sich der Zuschauer bewußt wird (Csikszentmihalyi, 1975b, S. 107–108 bzw. dt. 1985, S. 141–142). In einem »idealen« Rennen hingegen treten beide Arten von Informationen – aus dem Einsatz des eigenen Könnens und Rückmeldungen vom Publikum – in Kombination auf. Vermutlich läßt sich dies mit dem Erleben von Schauspielern auf dem Gipfel ihrer Leistung vergleichen. In beiden Fällen ruft die Reaktion des Publikums keine Selbstbeobachtung des Handelnden hervor, sondern wird zu einem Spiegel, der unmittelbar und eindeutige Rückmeldungen liefert. Das Rennen stellt im wesentlichen eine Theaterbühne dar, auf der die zum *bosozoku* gehörigen Themen und Szenen aktiviert und zu einer »Vorstellung« organisiert werden. Es handelt sich nicht etwa bloß um ein Handlungsschema, das in einem Skript niedergelegt wäre. Der *bosozoku*-Charakter enthält viele Widersprüche und Inkonsistenzen, da er sowohl die Züge des Helden als auch diejenigen des Schurken umfaßt. Aber die Vorstellung läuft ab, als beruhe sie auf einem zusammenhängenden Skript mit den Themen und Szenen einer Heldengeschichte (siehe Chomsky, 1965, Kap. 1; Levi-Strauss, 1966, S. 66, 232, 237). Der Aspekt der Heldengeschichte wird durch die Konzentration auf den Augenblick unterstrichen (Baumann, 1975). Die unmittelbaren Anforderungen der laufenden Handlung drängen den Aspekt des »Schurken« oder »Dummkopfs« in den Hintergrund, der im *bosozoku*-Charakter ebenfalls implizit ist. Das Skript dieser Heldengeschichte wird zu einem Satz von Regeln, der es den *bosozoku*-Teilnehmern ermöglicht, ihr dramatisiertes Selbstbild in geordneter Weise zu konstruieren. So vorübergehend die ganze Angelegenheit sein mag, sie können als Helden in einem laufenden Drama agieren (siehe Leary, 1977, S. 63).

Communitas. »Freundschaft, Kameradschaft« wurde als derjenige Aspekt des Rennens eingestuft, der am meisten Freude mit sich bringt (Tabelle 6.1). »Mit einem guten Freund zusammen sein« liegt zudem an der dritten Stelle bei der Einstufung von 20 Aktivitäten nach ihrer Ähnlichkeit mit dem Rennen (Tabelle 6.2). Viele Befragte betonten, welche Freude sie in lebendiger und unmittelbarer Geselligkeit erleben. Zwei Befragte beschrieben die Interaktion und die Scheinkämpfe während eines Rennens folgendermaßen:

M.: ... Yeah. Wir freuen uns alle so. Alle sehen so fröhlich aus. Wirklich.
E.: Wenn wir einander überholen, winken wir mit den Händen und rufen »Wow!«
M.: Wenn wir Seite an Seite fahren, rufen wir »Friede!« und machen das V-Zeichen. Wir werden richtig »high«.
E.: Fahren wir neben jemandem, den wir kennen, ziehen wir spielerisch eine Zickzack-Spur.
M.: Vielleicht fahre ich im Zickzack und trete dabei spielerisch gegen sein Motorrad.

Um die Bedeutung von »Freundschaft und Kameradschaft« im Kontext des Rennens richtig einzuschätzen, haben wir zum einen die Unterschiedlichkeit der Interaktionen am Treffpunkt und zum andern während des Rennens miteinzubeziehen. Unsere Jugendlichen verbringen den Großteil ihrer Freizeit mit Gespräch und Tratscherei an ihren Treffpunkten. In diesen Interaktionen sind die Rollen nicht differenziert, und es besteht Unsicherheit darüber, wer die Initiative ergreifen soll. Zur Beschreibung eines solchen unstrukturierten Interaktionsmusters wird das intransitive Verb *tamaru* verwendet. Auf meine Frage »*Nani shiten nova?*« (Was tut ihr Typen hier?) erhielt ich gewöhnlich die Antwort »*Nani mo shitehen – tamatteru dakeya*« (Nichts, wir versammeln uns nur). Das Wort *tamaru* wird gewöhnlich verwendet, um ruhendes Wasser zu bezeichnen oder Pfützen, die sich auf der Straße gebildet haben. Und ein japanisches Wort für »Treffpunkt« ist *tamariba*, nämlich ein Platz, wo eine Gruppe von Leuten sich zusammenfindet wie Wasser in einer Pfütze.

In deutlichem Kontrast dazu ist die Interaktion während des Rennens strukturiert, emotional aufputschend und organisiert. Während eines Rennens gibt es unterschiedliche Rollen. Das Fließen der Zeit ist aufeinander abgestimmt, und alles ist auf einen einzigen, einfachen und klaren Zweck zugeschnitten. Die Jugendlichen unterziehen sich dieser Ordnung freiwillig. Sie verständigen sich über die spielerische Situationsdefinition, über die Auffassung von *bosozoku* und über die Abläufe des Rennens. Synchronisierte Bewegungen von Menschen und Fahrzeugen zeigen die »Schönheit von Massengymnastik«. Die Jugendlichen erleben ein Gefühl der Selbst-Transzendenz und fühlen, daß sie zu einem einflußreichen System gehören (Csikszentmihalyi & Larson, 1984, S. 246–249).

Die Freude an »Freundschaft und Kameradschaft« und die am »kollektiven Rausch« (Durkheim 1912, 1967) leitet sich von einem Gefühl der Einheit in der geordneten Kollektivität ab, an der man freiwillig teilhat. In der Karnevalsatmosphäre eines Rennens sind die Regeln, die die zwischenmenschliche Interaktion im Alltag ordnen, vorübergehend außer Kraft gesetzt. Lebendige und unmittelbare Beziehungen werden möglich. Eine Befragte beschrieb ihr euphorisches Gefühl folgendermaßen:

Es hat irgendwie damit zu tun, daß wir uns alle »im Gleichklang fühlen« ... Am Beginn des Rennens sind wir noch nicht in vollkommener Harmonie. Aber wenn das Rennen sich gut entwickelt, dann fühlen wir alle füreinander. Wie kann ich das ausdrücken? Wenn wir z. B. das Schwanzwedeln am Schluß der Bande machen ... Wenn unsere Gedanken eins werden. In einem solchen Moment ist das eine wahre Lust ... Wenn wir alle eins werden ... Plötzlich erkenne ich dann: »Oh! Wir sind eins« und ich denke: »Wenn wir so schnell fahren, wie wir nur können, wird es ein richtiges RENNEN« ... Wenn wir merken, daß wir zu einem Stück Fleisch werden, ist das wirklich großartig. Wenn wir »high« werden in der Geschwindigkeit. In einem solchen Moment ist es wirklich super.

Die Freude an der »Freundschaft und Kameradschaft« geht auf das zurück, was Turner (1974b, S. 274) »communitas« nannte, nämlich eine

»totale unvermittelte Beziehung zwischen Person und Person«, wie sie sich in gesellschaftlichen Grenzzuständen z. B. bei Ritualen, bei Festen und bei Initiationszeremonien einstellt. Die bei einem Rennen geltenden Rollen sind nicht so geartet, daß sie die Teilnehmer voneinander trennen. Im Gegenteil, sie lassen sich mit den Rollen vergleichen, die man im Spiel einnimmt (Sutton-Smith & Kelly-Byrne, 1984) und die es den Teilnehmern erlauben, sich von den sozialen Rollen des Alltagslebens zu befreien und ein alternatives Modell der menschlichen Geselligkeit zu erleben (Turner, 1974a; Garvey, 1977; Schwartman, 1978). Wie Turner es mit Blick auf die hierarchischen Organisationen der »Conservative Vice Lords« (eine Bande schwarzer Jugendlicher in Chicago) und der Hell's Angels sagt: Auch die *bosozoku*-Jugendlichen »spielen die Struktur, statt sich im Ernst auf die sozio-ökonomische Struktur einzulassen« (Turner, 1969, S. 194). So wird nichts gegen den Willen der Teilnehmer auf- oder zugeteilt; und auch die Zeitvorgaben werden nicht als Zwang aufgefaßt. Vielmehr hilft dies alles die spielerische Definition des Rennens zu schaffen und aufrechtzuerhalten, der die Teilnehmer sich willentlich einordnen.

flow – das Können und die Anforderungen. Während die Freuden von *medatsu* und »communitas« die Reaktion anderer auf das eigene Handeln voraussetzen, gilt diese Bedingung nicht unbedingt für das Vergnügen beim sehr schnellen Fahren. Hier besteht die Gelegenheit für echtes *flow*-Erleben, in dem die Handelnden Rückmeldungen erhalten, die sie in ihren Absichten und Zielen bestätigen. Die Ergebnisse der Fragebogen und der Interviews sowie die Feldbeobachtungen weisen alle darauf hin, daß die Spielbreite eines echten *flow* im Rennen recht gering ist, und daß diese Beschränkung mit der besonderen Art der im Rennen relevanten Anforderungen und Fähigkeiten zusammenhängt.

Csikszentmihalyi betrachtet die passende Entsprechung von Können und Anforderung als das wesentliche Merkmal von *flow*. Er argumentiert:

... gleichen sich Aktivitäten, die verläßlich *flow*-Erlebnisse vermitteln, darin, daß sie Möglichkeiten zu Handlungen in einem Bereich jenseits von Langeweile und Angst bieten ... Wird eine Person mit Anforderungen bombardiert, zu deren Bewältigung sie sich außerstande fühlt, entsteht ein Zustand der Angst. Sind die Handlungsanforderungen etwas weniger vielfältig, aber immer noch mehr, als die Person sich zu bewältigen zutraut, ist das Erlebnis der Sorge die Folge (Csikszentmihalyi, 1975b, S. 49–50 bzw. dt. 1985, S. 75–76).

Dieser Gedanke der richtigen Passung von Können und Herausforderung ist auch in anderen psychologischen Ansätzen zur intrinsischen Motivation enthalten, insbesondere in den kognitiven Ansätzen (z. B. White,

1959; de Charms, 1968; Ellis, 1973; Deci, 1975). So entspricht etwa das folgende Zitat von Deci recht gut dem von Csikszentmihalyi:

Unser Bedürfnis, uns kompetent und selbstbestimmend zu fühlen, wird zwei allgemeine Klassen von Verhaltensweisen motivieren: Zur ersten gehören Verhaltensweisen, die uns in Situationen bringen, die eine angemessene Herausforderung darstellen. Langweilen wir uns, werden wir eine Gelegenheit suchen, unsere Kreativität und unser Können anzuwenden. Sind wir überfordert und daher geängstigt, werden wir eine andere Situation suchen, deren Herausforderungsgehalt kleiner ist. Kurz, dieser motivationale Mechanismus führt uns in Situationen, deren Herausforderungsgehalt den optimalen Einsatz unseres Könnens ermöglicht...

Die zweite Klasse bezieht sich auf Verhaltensweisen, die darauf abzielen, die Herausforderungen zu bewältigen. In anderen Worten: Wir sind motiviert, »Unsicherheit zu reduzieren« oder »Dissonanz zu reduzieren« oder »Inkongruenz zu reduzieren«, wo immer wir so etwas antreffen oder selbst schaffen (Deci, 1975, S. 57).

Deci (1975, S. 554) streift die Frage, wie der Mensch sich selbst Ungewißheit oder Herausforderungen *schafft,* indem er sagt: »Organismen suchen manchmal Ungewißheit«. Csikszentmihalyis Modell illustriert, wie Ungewißheit oder Herausforderungen geschaffen und überwunden werden. Bei seiner Diskussion des theoretischen *flow*-Modells zeigt Csikszentmihalyi zwei Wege auf, wie Menschen aus einem Zustand der Angst zum *flow*-Zustand zurückkehren können. Der eine Weg besteht darin, die Anforderung zu senken. Statt dessen kann man auch versuchen, das eigene Können zu steigern (Csikszentmihalyi, 1975b, S. 52–53). Die zweite Möglichkeit, die Deci nicht in Betracht zieht, hängt eng mit einem wesentlichen Aspekt der *flow*-Aktivität zusammen. Wie die große Bedeutung der kreativen und Problemlösefaktoren in Tabelle 6.2 zeigt, enthalten *flow*-Aktivitäten ein bestimmtes Maß an Ungewißheit und Neuheit. Diese Ungewißheit und Neuheit kann vom Handelnden bewältigt werden, wenn er sein Selbst entlang neuer Dimensionen des Könnens und der Kompetenz ausdehnt. In dieser Weise bieten *flow*-Aktivitäten dem Menschen eine Möglichkeit, die eigenen Grenzen zu übersteigen (Csikszentmihalyi, 1975b, S. 29–33 bzw. dt. 1985, S. 51–55). *flow*-Aktivitäten sind nicht nur Gelegenheiten, das eigene Können mit den äußeren Anforderungen in Einklang zu bringen, sie haben auch die Tendenz, ein gegebenes Gleichgewicht von Können und Anforderung auf ein höheres Niveau zu heben. Je höher dieses Gleichgewichtsniveau ist, um so intensiver ist das *flow*-Erlebnis. *flow*-Aktivitäten wie das Klettern sind dadurch gekennzeichnet, daß der Steigerung der Anforderungen und des Könnens praktisch keine Grenzen gesetzt sind. Sie bieten daher einen nahezu unendlich ausgedehnten *flow* in japanischen Motorradbanden   137

»*flow*-Kanal« oder eine Reihe von Gleichgewichtszuständen zwischen Anforderungen und Können (Csikszentmihalyi, 1975b, S. 52 bzw. dt. 1985, S. 79).

In diesem Sinne stellt das *bosozoku*-Rennen eine begrenzte *flow*-Aktivität dar. Das zeigt sich in der Beurteilung ihrer Komponenten durch die Teilnehmer. Tabelle 6.2 zeigt, daß die *bosozoku*-Jugendlichen die Faktoren Kreativität und Problemlösen als weniger ähnlich einstufen, als es bei irgendeiner der sechs anderen Aktivitäten der Fall war. Außerdem beschreiben sie das Rennen als riskanter: Unter allen sieben Gruppen bildeten sie diejenige, die den Faktor Risiko und Zufall am höchsten einstufte. Die besonderen Fähigkeiten und Anforderungen des Rennens folgen diesem atypischen Muster.

Ein erster Grund dafür liegt in der Tatsache, daß die Anforderungen eines solchen Rennens recht unvorhersehbar und unkontrollierbar sind. Zwar stellt die physische Gefahr auch beim Klettern eine Komponente des *flow*-Erlebnisses dar, aber beim Rennen hängt die Gefahr vergleichsweise stärker mit situativen Faktoren zusammen, die nicht vorhersagbar und schwer zu kontrollieren sind und daher das volle psychische »Eintauchen« in die Aktivität manchmal behindern. Man wird häufig in die Realität zurückbefördert. Äußerste körperliche Gefahr zerstört das Gleichgewicht zwischen Können und Anforderung immer wieder, sie kann Verletzungen oder gar Tod bringen. Das macht es recht schwierig, dieses Gleichgewicht über einen gewissen Punkt hinaus zu steigern.

Die Beschaffenheit der Anforderungen und des entsprechenden Könnens setzen der *flow*-Qualität eine Grenze. Das Können bezieht sich hauptsächlich auf einen engen Bereich körperlicher Fertigkeiten. In dieser Hinsicht unterscheidet sich das *bosozoku*-Rennen vom Klettern, das außerordentliche Fähigkeiten sowohl in körperlicher als auch in intellektueller Hinsicht voraussetzt. Beides zusammen erlaubt es, beim Klettern eine intensive Konzentration aufrechtzuerhalten, die ihrerseits zu komplexem und intensivem *flow* führt (Csikszentmihalyi, 1975b, S. 81–82b bzw. dt. 1985, S. 111–112). Das ist wahrscheinlich der Grund, warum die Kletterer die Faktoren des Problemlösens und der Kreativität hoch, den Faktor Risiko und Zufall hingegen niedrig einstufen. Wie das Antwortmuster von Tabelle 6.2 zeigt, wird das *bosozoku*-Rennen keineswegs in die Nähe von Aktivitäten gerückt, die intellektuelles Können verlangen. Die Umschreibungen weisen eher auf einen engen *flow*-Kanal hin. Zwar mögen einige Teilnehmer eine bestimmte Anzahl akrobatischer Fertigkeiten beim Fahren zeigen, aber die Möglichkeiten sind dennoch recht eingegrenzt. Es sind vor allem die Anführer, die die Einzelheiten des Rennablaufes bestimmen, und nur sie sind intellektuell gefordert.

Schlußfolgerungen

Das scheinbar irrationale Verhalten von Motorrad-Jugendbanden wurde bisher meist als ein Weg erklärt, Frustrationen zu vermeiden oder Frustrationen zum Ausdruck zu bringen, die sich aus der Rolle benachteiligter Jugendlicher ergeben. Die hier vorliegende Untersuchung hat jedoch gezeigt, daß diese Aktivität selbst in mancher Beziehung als attraktiv erlebt wird. Das Rennen entpuppt sich als kreative dramaturgische Form, in der die Teilnehmer durch die öffentliche Ausfüllung heroischer Rollen und durch den Einsatz von Können und Disziplin vorübergehend ein erhöhtes Selbstgefühl erleben können. Außerdem verschafft das Rennen den Teilnehmern das Gefühl, zu einer Gemeinschaft zu gehören. Sie nehmen überdies an einer Art gemeinsamen Rauscherlebnisses teil. Schließlich wird das Rennen auch autotelisch erlebt, da diese Aktivität als ein Spiel strukturiert ist, das die Passung von Können und Anforderungen fordert und erlaubt; es verschafft den Teilnehmern klare Zielsetzungen und eindeutige Rückmeldungen. Dazu trägt bei, daß im Rahmen des Rennens die meisten gewöhnlichen Reize zugunsten der Konzentration auf ein eingeschränktes Reizfeld ausgeblendet sind.

Trotz dieser positiven Eigenschaften hat *bosozoku* wie alle spielerischen Aktivitäten seine Beschränkungen. Insbesondere sind mit diesen Rennen viele Gefahren verbunden. Andererseits können dabei nicht allzu viele Fähigkeiten entwickelt werden, und auch intellektuelle Herausforderungen fehlen praktisch völlig. Das sind wahrscheinlich die Gründe, warum wenige Jugendliche über das Alter von 20 Jahren hinaus in solchen Motorradgruppen bleiben. Mit der Zeit erkennen sie die Beschränkungen des heroischen Bildes, das sie auszufüllen versuchten. Es genügt nicht mehr, einfach die Aufmerksamkeit des Publikums zu erregen. Jetzt würden sie auch gerne akzeptiert und vielleicht sogar bewundert werden. Das Rennen bietet mit der Zeit nicht mehr die erwünschten Rückmeldungen: Der kollektive Rausch der Gruppe wird langsam bedeutungslos. Wenn dieser Punkt erreicht ist, bereitet die Aktivität keine Freude mehr, und die Jugendlichen sind bereit, sich Neuem zuzuwenden. Aber während einiger Jahre der späten Adoleszenz helfen die *bosozoku*-Aktivitäten vielen Jugendlichen, sich zielgerichtet und stilvoll auszudrücken, um so die Übergangsphase zum Erwachsenendasein zu überbrücken.

Kapitel 7

Frauen, Arbeit und *flow*

Maria T. Allison und Margaret Carlisle Duncan

In den USA wird es zur Normalität, daß Frauen auch außer Haus einer bezahlten Arbeit nachgehen. Die Männer haben immer schon den größten Teil ihrer Energien der Arbeit gewidmet und daraus ihre Identität bezogen. Wie erleben die Frauen die Arbeit? Können auch sie produktive Tätigkeiten am Arbeitsplatz sinnvoll und lohnend empfinden, oder hindert die traditionelle Sozialisierung in Richtung der weiblichen Hausfrauenrolle die Frauen daran, dieselbe Befriedigung aus außerhäuslicher Arbeit zu ziehen, wie Männern dies manchmal gelingt?

In die vielfältigen Forschungsarbeiten zum Verhältnis von Arbeit und allgemeiner Lebensqualität (Spreitzer & Snyder, 1974; Pryor & Reeves, 1982), zur Berufszufriedenheit (Wilensky, 1960; Dublin, Champoux & Porter, 1975) und zur Befriedigung in der Freizeit (Kando & Summers, 1971; Noe, 1971; Neulinger & Raps, 1972; Bacon, 1975; Kabanoff, 1980) wurden Frauen selten einbezogen (bemerkenswerte neuere Ausnahmen siehe bei Berk & Berk, 1979 sowie bei Walshok, 1979). Diese Einseitigkeit ist umso bedauerlicher, als heute 52,2 % aller Frauen und 54 % aller verheirateten Frauen mit kleinen Kindern außer Hause arbeiten. Der Verdienst der Ehefrau ist zunehmend notwendig, um das Auskommen der Familie sicherzustellen (Hesse, 1979; Walshok, 1979; Mansfield, 1982). Von den arbeitenden Frauen sind heute 77 % ledig, geschieden oder mit Männern verheiratet, deren Einkommen unter 15 000 Dollar liegt (Mansfield, 1982). Diese Daten weisen darauf hin, daß Frauen heute einen großen Teil der Arbeitskräfte stellen. Und da die Arbeit ein so zentraler Aspekt des Lebens einer Arbeiterin ist, sollten wir unbedingt systematischer verstehen, wie sie ihre Wahrnehmung, ihr Erleben und ihre Lebensqualität beeinflußt.

Die größte Schwäche bisheriger Forschungen lag wohl in der Verzerrung des Umfeldes. In einigen Untersuchungen wurden Variablen der Lebensqualität (wie z. B. Befriedigung, Kontrolle, Freude) am Arbeitsplatz erhoben, während in anderen dieselben Variablen für den Freizeitbereich erfaßt wurden. Diese Trennung täuscht über die gegenseitige Abhängigkeit dieser beiden Aktivitätsbereiche innerhalb der Gesamtheit menschlicher Erfahrung hinweg. Die Trennung der Arbeit vom Rest des Lebens könnte in der Tat ein geschlechtsspezifisches Merkmal sein. Arbeiterinnen scheinen Arbeit, Freizeit und häusliches Leben nicht so scharf voneinander zu trennen, wie Arbeiter dies tun (Wilensky, 1960; Harrison & Minor, 1978, 1982; Iso-Ahola, 1979; Pryor & Reeves, 1982). Einige Autoren neigen dazu, diese Ergebnisse mit dem Hinweis zu relativieren, daß arbeitende Frauen ihre Rolle als Arbeiterin noch nicht ganz in ihre Identität integriert haben (Oakley, 1980; Simpson & Mutran, 1981). Aber arbeitende Frauen – insbesondere die verheirateten Frauen, die Kinder haben – können durchaus gut entwickelte, aber unterschiedliche Perspektiven zum einen gegenüber der häuslichen Arbeit und zum andern gegenüber der außerhäuslichen Arbeit haben, da sie für beides Verantwortung übernehmen müssen (Berk & Berk, 1979; Berk, 1980; Oakley, 1980; Simpson & Mutran, 1981). Daher ist es möglich, daß die getrennte Untersuchung der Arbeit und der Freizeit unbemerkt zu einem männlichen Modell der Arbeit-Freizeit-Beziehung geführt hat. Statt dessen sollten wir eine theoretische Interpretation suchen, die die Realität der Frauen ebenso wie die der Männer wiedergibt.

Das zweite große Defizit der bisherigen Forschung auf diesem Gebiet liegt in der Überbetonung der *Formen* gegenüber den *Bedeutungen* der untersuchten Aktivitäten, worauf Kabanoff (1980) und Kando & Summers (1971) hingewiesen haben. So wissen wir zum Beispiel recht gut, welche Arten von Freizeitaktivitäten Männer und Frauen wie lange betreiben; aber wenig ist darüber bekannt, wie diese Aktivitäten wahrgenommen werden und welche Bedeutung ihnen zukommt. Die Autoren glaubten, dies zu wissen, zogen dafür aber ihre eigenen Kontexterfahrungen und Definitionen hinzu. Typischerweise werden zur Unterscheidung von Freizeit- und Arbeitserlebnis dichotome Begriffe wie intrinsisch-extrinsisch, expressiv-instrumentell, Freiheit–Verpflichtung oder Freude–Ernst verwendet. Wahrscheinlich definieren aber verschiedene Personen, die ähnliche Arbeits- oder Freizeitaktivitäten ausüben, die Bedeutung dieser Erfahrungen in sehr unterschiedlicher Weise. Form und Bedeutung müssen zusammen erfaßt werden, um ein umfassendes Verständnis der Auswirkung von Arbeit und Freizeit auf das Leben des Menschen zu gewinnen.

Einer der fruchtbarsten Ansätze zur Überwindung dieser methodologischen Einseitigkeit findet sich in der Arbeit von Csikszentmihalyi (1975b, dt. 1985). Er versuchte, das Wesen der Freude zu verstehen, indem er (1) die phänomenologischen oder Erlebnis-Komponenten des *flow*-Zustandes, (2) die Beschaffenheit der betreffenden Aktivitäten und (3) den Grad des dabei von den einzelnen Individuen erlebten *flow* erfaßte.

Indem er nicht den Kontext, sondern die subjektiven Erlebnisbedingungen ins Zentrum rückte, fand er Ähnlichkeiten von Arbeits- und Spielsituationen, die beide *flow*-Zustände auslösten. Diese Strategie vermeidet die kontextgebundene Trennung von Arbeit und Freizeitaktivitäten; sie zeigt, daß die ganze Gefühlsskala von Freude bis zu absoluter Langeweile und Frustration sowohl in der Arbeit als auch in der Freizeit erlebt werden kann. Heute scheint das einigermaßen offensichtlich – dank der Forschungen von Csikszentmihalyi, denn die frühere Forschung auf diesem Gebiet sah eine solche Möglichkeit nicht vor.

In Anlehnung an diesen Ansatz versuchen wir in diesem Kapitel herauszuarbeiten, in welchen Kontexten (Arbeit, häusliches Leben, Freizeit) berufstätige Frauen am ehesten *flow* erleben und was ihnen dieses Erleben bedeutet. Nach Csikszentmihalyi (1975b, S. 36 bzw. dt. 1985, S. 58–59) ist *flow* »die holistische Empfindung, die auftritt, wenn man in einer Tätigkeit vollkommen aufgeht«. Dem Maslowschen Begriff des Spitzenerlebnisses (peak experience) verwandt, wird *flow* als »ein autotelisches Erlebnis... ein Verschmelzen von Handlung und Bewußtsein« umschrieben. Das Individuum erlebt ein starkes Gefühl der Herausforderung und der Kontrolle, und doch geht mit der Intensität der Aufmerksamkeitszentrierung ein »Verlust des Ich« einher. Die entscheidende Frage, die wir stellen, lautet also: In welchem Ausmaß erleben berufstätige Frauen dieses Gefühl in Arbeit, Freizeit oder im häuslichen Leben? Außerdem versuchen wir herauszufinden, in welchen Zusammenhängen berufstätige Frauen am ehesten Langeweile und Frustration erleben, also das, was wir »antiflow« nennen. Als Gegensatz zum *flow* ist der »antiflow« eine sinnlose, mühselige Tätigkeit, die wenig Herausforderung bietet, nicht intrinsisch motiviert ist und das Gefühl mangelnder Kontrolle aufkommen läßt. Während *flow* die absolute Freude meint, bedeutet »antiflow« die äußerste Abscheu gegenüber einer Aktivität. Wir hoffen in diesem Kapitel herauszufinden, inwiefern berufstätige Frauen auch solche Gefühle in der Arbeit, der Freizeit oder im häuslichen Bereich erleben.

Dieser Ansatz geht erstens von der Voraussetzung aus, daß Arbeit und Freizeit nicht notwendig als Gegensätze erlebt werden, und zweitens davon, daß es sowohl in der Arbeit als auch in der Freizeit Dimensionen gibt, die *flow* maximieren, und daneben andere Dimensionen, die zu »antiflow« führen. Und weil aus der Literatur hervorgeht, daß das Verhältnis zu Arbeit und Freizeit von der Art der Arbeit und der Arbeitsumgebung abhängt (Noe, 1971; Neulinger & Raps, 1972), wird es notwendig sein, die Erfahrungen von Frauen aus unterschiedlichen beruflichen Bereichen zu vergleichen.

Methoden

Dieses Kapitel verfolgt eine doppelte Absicht. Erstens beschreiben wir auf der Basis von Erkundungsdaten Variationen im Erleben von Arbeit und Nicht-Arbeit aus dem Alltag berufstätiger Frauen. Insbesondere stellen wir fest, wo und in welchem Ausmaß *flow* und »*antiflow*« in der Arbeit, im Haus und in der Freizeit erlebt werden, und zwar von Arbeiterinnen wie von Frauen mit akademischem Abschluß. Außerdem werden wir aufgrund dieser Daten Vorschläge machen, inwieweit die bisherigen begrifflichen Modelle der Beziehung von Arbeit und Freizeit erweitert werden sollten.

Mit zwei Gruppen von arbeitstätigen Frauen wurden ausführliche halbstrukturierte Interviews geführt: Akademische Berufe (N = 8) aus dem Universitätsbereich (z. B. aus den Fachbereichen Theaterkunst, Englisch, Biologie); und Arbeiterinnen (N = 12) aus einer Fabrik sowie aus dem Dienstleistungssektor. Der Median für Einkommen in der erstgenannten Gruppe lag doppelt so hoch wie der in der zweiten Gruppe. Elf Frauen waren verheiratet, sechs waren geschiedene Alleinerziehende und drei waren ledig.

Wir überließen es der Befragten, ob das Interview im persönlichen Kontakt oder telefonisch durchgeführt wurde. Die Interviews dauerten zwischen 20 und 120 Minuten, je nachdem, wieviel die Befragte von sich aus berichtete; die meisten dauerten ungefähr eine Stunde.

Da es darum ging, herauszufinden, in welchem Ausmaß und in welchen Situationen berufstätige Frauen *flow* und »*antiflow*« erlebten, wurde ein halbstrukturiertes Interview entwickelt, das optimale Informationen erzielte. In Anlehnung an die von Csikszentmihalyi (1975b, dt. 1985) beschriebenen *flow*-Komponenten (Herausforderung, Freude, Kontrolle und autotelische Motivation) wurden den Interviewpartnerinnen knappe Beschreibungen der fraglichen Erlebniszustände vorgelesen. Dann folgten spezifische Beispiele für jeden der beiden Zustände. Folgendes wurde vorgelesen:

Ich werde Ihnen nun eine Beschreibung eines seelischen Zustandes vorlesen. Nachher würde ich Sie gerne fragen, in welchem Ausmaß Sie selber solche Zustände erleben, sowie einige weitere Dinge in diesem Zusammenhang.

(flow):
Wenn ich aufhöre, darüber nachzudenken, merke ich, daß ein wichtiger Teil dieses geistigen Zustandes Freude ist. Ich gehe so in dem auf, was ich tue, daß ich fast die Zeit vergesse. Wenn ich diesen Zustand erlebe, bin ich wirklich frei von Langeweile und von Sorgen. Ich fühle mich irgendwie heraus-

gefordert, aber dabei sicher, daß ich mein Handeln und meine Welt unter Kontrolle habe. Ich habe den Eindruck, zu wachsen sowie meine besten Begabungen und mein Können zum Einsatz zu bringen. Ich habe die Situation unter Kontrolle.

(antiflow):
Wenn ich aufhöre, darüber nachzudenken, weiß ich, daß ich diesen Zustand erlebe, wenn ich etwas tue, was ich tun muß. Gewöhnlich fühle ich mich dann gelangweilt oder nervös, und die Zeit will einfach nicht vorbeigehen. Diesen seelischen Zustand erlebe ich, wenn ich etwas tue, woran ich keine Freude habe und was ich als mühsam und als unterhalb meiner Fähigkeiten empfinde. Er kann auch auftreten, wenn ich bei einer Aktivität keine großen Entscheidungsspielräume habe und die Situation nicht richtig unter Kontrolle habe.

Diese qualitativ-induktive Strategie (Glaser & Strauss, 1967; Barton & Lazarfeld, 1969; Denzin, 1978) richtet sich auf die theoretische Prüfung der Konstrukte aus. Das Ziel einer solchen Untersuchung und die Begründung ihrer Methodologie liegt nicht in der Überprüfung einer Hypothese, sondern in der Formulierung theoretischer und begrifflicher Zusammenhänge (Glaser & Strauss, 1967; Barton & Lazarfeld, 1969).
Ergebnisse. Die im folgenden berichteten Ergebnisse sind in zwei Hauptabschnitte unterteilt. Der erste beschreibt das Erleben von *flow* und *antiflow* in der Arbeitswelt; der zweite Abschnitt leistet dasselbe, aber in Nicht-Arbeitssituationen.

flow und *antiflow* im Arbeitszusammenhang

Nach Csikszentmihalyi liegt eines der charakteristischen Merkmale des *flow* im »Verschmelzen von Handlung und Bewußtsein, in der »Zentrierung der Aufmerksamkeit auf ein beschränktes Reizfeld« (Csikszentmihalyi, 1975b, S. 40 bzw. dt. 1985, S. 63). Diese Aufmerksamkeitszentrierung bringt eine große Intensität und ein Gefühl der zeitlosen Konzentration auf den vorliegenden Gegenstand mit sich. Die in Tabelle 7.1 zusammengestellten Zitate weisen darauf hin, daß die interviewten Frauen mit höherer Ausbildung so etwas in ihrer Arbeit erleben; die angelernten Arbeiterinnen hingegen erleben das genaue Gegenteil, was zu Langweile und in der Folge zu Frustration führt.
Mit der Dimension der Aufmerksamkeitskonzentration und -intensität ist auch das Zeiterleben verwoben. Wie die Zitate in Tabelle 7.2 zeigen, wird die Zeit im *flow* beinahe vergessen, während im *antiflow* die Minuten zu Stunden werden.

Tabelle 7.1 *Konzentration bei der Arbeit*

Akademikerinnen: *flow*	Arbeiterinnen: *antiflow*
Meine berufliche Entwicklung hat recht viele Aspekte – Freiheit und Befreiung von Langeweile – das ist das hervorstechende Merkmal meiner beruflichen Laufbahn ... es kann mir nicht langweilig werden, weil es auf diesem Gebiet ständig neue Entdeckungen gibt. Nur schon davon zu lesen, fasziniert mich. Mein Enthusiasmus, darüber zu lesen, ist größer als je.	Als ich am anderen Ende des Fließbandes arbeitete, war ich immer müde, gelangweilt und angeödet. Wir hatten von Hand einzupacken, dieselben Handgriffe jeden Tag – man mußte sich dazu zwingen.
Man hat vielleicht über ein bestimmtes Problem so lange nachgedacht, daß man fast davon besessen ist, nicht in einem negativen Sinne – es ist etwas, woran man die ganze Zeit denkt.	Wenn jemand eine richtige Sauerei gemacht hatte – Ich mag es einfach nicht, alles aufzuwischen..., was ich an meinem Job aber als Ausgleich empfand, war, daß ich mich beschäftigen und dabei körperlich aktiv sein konnte. Ich kann mit viel Freiheit nichts anfangen, ich mag das nicht.
Wenn ich eine Vorlesung vorbereite, die mich besonders interessiert, oder wenn ich einen Artikel schreibe und mit meinem Interesse und meinem Denken ganz dabei bin. Überhaupt, wenn ich an etwas sitzen, darüber nachdenken und schreiben kann, immer dann habe ich dieses Erlebnis. Manchmal auch, wenn ich schwierige Texte zu lesen habe und mich sehr darauf konzentrieren muß, was der Autor sagt, um praktisch mit ihm zusammen die Probleme zu lösen.	Ich habe noch nie so etwas erlebt. Ich weiß nicht, ob es in anderen Fabriken auch so ist, aber hier ist ständig ein Durcheinander – viel Zank und Streit. Ich verkrieche mich in mich – es ist wie in einem Schneckenhaus.

Es tritt klar zutage, daß die Arbeiterinnen sich unterfordert fühlen und daß die sich ergebende Langeweile die Zeit zähflüssig macht. Tatsächlich sagte eine von ihnen, es sei nicht die Art der Arbeit selbst, sondern die unausgefüllte Zeit, die die größte Frustration nach sich ziehe. Die Akade-

Tabelle 7.2 *Das Zeiterleben bei der Arbeit*

Akademikerinnen: *flow*	Arbeiterinnen: *antiflow*
Ich befasse mich vor allem mit Wirtschaftstheorie und habe dabei viele Probleme zu lösen. Wenn ich einfach an meinem Tisch sitze und an einem Problem arbeite, vergesse ich manchmal die Zeit. Manchmal muß ich einen Wecker stellen, wenn ich eine Vorlesung zu halten habe, weil ich sonst vergesse, wieviel Uhr es ist.	Was ich an der Arbeit vor allem hasse, ist die Langeweile. Manchmal habe ich wirklich viel zu tun, aber sehr oft gibt es nichts zu tun. Dann steht man herum und schaut ständig zur Uhr – das mag ich nicht.
Vollkommen in dem aufzugehen, was man tut, und so große Freude daran haben, daß man nichts anderes tun möchte; ich verstehe nicht, wie man ohne das leben kann... Wenn ich jeden Tag zur Arbeit gehen und dort immer warten muß, bis die Zeit um ist, einfach meine Arbeit machte und nicht das Gefühl hätte, etwas davon zu haben, dann würde ich mich nach einer anderen Arbeit umsehen.	Wenn es nichts zu tun gibt, dann gibt es nichts zu tun. Wenn man alle Wände abgewaschen und den Boden geschrubbt hat, und es sind erst fünf Minuten vorbei, da kann man nicht viel machen.

mikerinnen hingegen sind so sehr auf ihre Arbeit konzentriert, daß sie kaum auf die Zeit achten.

Ein anderes Kriterium, das Csikszentmihalyi (1975b, dt. 1985) als für das Auftreten des *flow*-Zustandes wesentlich herausarbeitete, ist das Gefühl, in der jeweiligen Situation gefordert zu werden und sie dennoch unter Kontrolle zu haben. Tabelle 7.3 zeigt, wie sehr sich die beiden Gruppen berufstätiger Frauen auch in dieser Hinsicht unterschieden. Daß Herausforderung und Kontrolle beim Arbeiten unterschiedlich erlebt werden und unterschiedlich wichtig sind, ist nichts Neues. Noe (1971) und auch andere Forscher haben nachgewiesen, daß es einen Zusammenhang gibt zwischen dem Grad der erlebten Befriedigung und Freude einerseits sowie dem Grad der Autonomie und Verantwortung in der Arbeit andererseits. Die besser ausgebildeten Frauen in dieser Untersuchung waren relativ frei, nicht nur die Art, sondern auch den Schwierigkeitsgrad der an einem Tag in Angriff genommenen Aufgaben zu bestimmen, während die Arbei-

Tabelle 7.3 *Erlebnis von Herausforderung/Kontrolle in der Arbeit*

Akademikerinnen: *flow*	Arbeiterinnen: *antiflow*
(In meinem Beruf) wird man sehr stark nach der Intelligenz beurteilt, also macht man sich ständig Gedanken darüber, ob man den Standards entspricht, die in meinem Gebiet immer höher gesetzt werden... Meine Arbeit gibt mir Gelegenheit, die ganze Intelligenz aufzubringen, die ich habe. Das ist der Vorteil, wenn die Herausforderungen größer sind als die eigene Begabung.	(Ich finde die Arbeit) frustrierend, es gibt nicht genug zu tun, alles wiederholt sich... es gibt keine Herausforderung.
Die Lehre, der Kontakt mit den Studenten, nicht so sehr das Vermitteln von Informationen, sondern, die Studenten auf einem bestimmten Gebiet zu begeistern – ihr Interesse an einem bestimmten Gebiet zu wecken – ich glaube, das ist mit das Wichtigste, was ich tun kann. Ich genieße es, daß ich in einer Position bin, in der ich ständig Neues lerne, ich habe mich über neue Entwicklungen auf dem Laufenden zu halten, und das ist sehr aufregend und eine große Herausforderung. Es ist eine ständige Stimulation. Ständig muß ich in Anspannung bleiben, denn bei der ständigen Weiterentwicklung auf meinem Gebiet kann man sich nie auf dem erreichten Wissen ausruhen. Ich finde das sehr stimulierend und habe Freude daran.	Als ich hier meine Stelle antrat, arbeitete ich am Fließband – das mochte ich gar nicht. Den ganzen Tag lang mußte ich Dinge von Hand einpacken und zuschnüren. Jetzt bin ich etwas aufgestiegen. Ich habe jetzt eine Tafel auf Anzeigen und Schaltern zu achten – es geht darum, die Zeit und die Temperatur zu überwachen – ich muß das Band am Laufen halten.
Ein Curriculum entwerfen und feststellen können, daß es Erfolg hat. Die Fakultät motivieren. Das Budget richtig durchrechnen daran arbeite ich die ganze Zeit... Leute anstellen, die sich bewähren. Erfolge in Abteilungen sehen, für die ich direkt	In meiner Arbeit soll ich innerhalb meines Verantwortungsbereiches provisorisch Entscheidungen fällen, aber der Personalchef hat das Recht, diese abzuändern. Er fällt oft willkürliche Entscheidungen, und das ärgert mich. Die Ungleichheit verhin-

Akademikerinnen: *flow*	Arbeiterinnen: *antiflow*
verantwortlich bin. Dinge anstoßen und zu Ende bringen. Das alles ist recht befriedigend.	dert, daß dieser Zustand (der *flow*) eintritt. Ich habe eine Vorstellung von Leistung, die er meiner Meinung nach nicht teilt; er demonstriert ständig nur sein Unwissen.
Ja, so etwas erlebe ich, sogar in meiner täglichen Arbeit. Zum Beispiel, wenn wir an einer Ausstellung arbeiten. Und ich erlebe es auch, wenn ich mit einem Studenten zusammen arbeite, der sehr viel Spaß daran hat, was er macht. Und auch, wenn ich an etwas eigenem arbeite, an einem persönlichen Projekt innerhalb des Ladens. Manchmal nehme ich mir einige der komplizierteren Kleidungsstücke vor und arbeite selbst daran; alles, was mit Schneiderarbeiten zu tun hat, das mag ich sehr. Das kann sehr intensiv werden, und ich finde es interessant.	Keine Stimulation, wenig Neues zu tun. Die Vorgesetzten wollen mit den einfachen Leuten nichts zu tun haben – sie arbeiten nicht *mit* uns, sondern *gegen* uns. Es gibt viele Konflikte. Die Vorgesetzten kommen und stellen alles in Frage – sie sagen mir, ich mache etwas falsch, dabei weiß ich genau, daß ich es richtig mache.
	Was mich ärgert ist, daß es überhaupt nicht darauf ankommt, wie man hier seine Arbeit macht. Du kannst tun, was du willst. Es ist frustrierend – es ist einem wichtig, wie die Arbeit getan wird, aber die Vorgesetzten geben einem keine Anerkennung. Es gibt die, die arbeiten und die, die nichts tun – alle werden gleich behandelt.
	Wenn man das Gefühl hat, ständig beobachtet zu werden.

terinnen sich einer relativ gleichbleibenden Serie von Aufgaben gegenübersahen, über die sie kaum bestimmen konnten. Initiative und Kreativität wurden von den Angehörigen der ersten Gruppe erwartet, von denen der zweiten aber nicht. Einige Arbeiterinnen berichteten sogar, daß sie nach zusätzlichen Aufgaben gesucht hatten, aber von den Vorgesetzten dafür getadelt worden sind, daß sie aus ihren zugewiesenen Rollen auszubrechen versucht haben.

   Akademikerinnen und Arbeiterinnen erleben ihre jeweilige Arbeit recht unterschiedlich. Während der Interviews konnten wir nicht umhin, die Frustration zu spüren, die die Arbeiterinnen wegen ihrer Arbeit empfanden. Und verschiedene von ihnen machten deutlich, daß nicht die Art der Arbeit selbst daran schuld ist, sondern die nagende Langeweile der herausforderungsarmen Umgebung. So wird ihnen ihre Arbeit zu einer Quelle von *antiflow*, der – wie wir sehen werden – sich auch auf andere Bereiche ihres Lebens auswirkte.

Die Akademikerinnen empfanden ihre Arbeit dagegen als große Herausforderung und Stimulation. Damit soll nicht gesagt werden, daß es nicht auch dort Frustrationen gab. Die folgenden Aussagen illustrieren, welche Aktivitäten und Erfahrungen bei den Akademikerinnen zu Frustrationen führten:

Manchmal stellt sich Langeweile ein, wenn ich das Gefühl habe, an einem Projekt zu arbeiten, das nicht von grundsätzlichem Interesse ist, das der Wissenschaft keine neuen Grenzen eröffnen und meine Kollegen nicht interessieren wird ... und ich denke dann: »Oh, nun habe ich einmal damit begonnen«, und dann muß ich weitermachen, obwohl ich kein Interesse mehr daran habe.

Diese Gefühle habe ich gewöhnlich, wenn ich mich für eine Vorlesung vorbereiten muß, die ich schon einigemal gehalten habe; aber ich fühle mich verpflichtet, mich von Neuem hinzusetzen und meine Vorlesungsnotizen kritisch zu überarbeiten. Es fällt mir sehr schwer, diese Notizen anzuschauen. Außer daß ich eben nicht von außen kontrolliert werde, sondern nur von mir selbst. Es ist einfach langweilig. Nun, gewöhnlich schreibe ich lediglich etwas noch einmal, was ich schon geschrieben habe... Ich meine: ich habe dann das Gefühl, wahnsinnig viel Energie in etwas zu stecken, was mir vielleicht gar nichts bringt. So habe ich z. B. gerade den ganzen Monat September an einem Antrag für ein Forschungsprojekt gearbeitet, der bereits einmal zurückgewiesen, aber dann zur Überarbeitung vorgeschlagen wurde... Sobald ich dann zur tatsächlichen Beschreibung komme, macht es mir wieder Freude. Dann versetze ich mich in den Vorgang hinein. Aber die Einzelheiten, die mühsamen Einzelheiten, z. B. die einzelnen Budgetposten genau überprüfen, das finde ich schrecklich. Ich muß mich überwinden, daran zu gehen.

Diese Aussagen ergeben den allgemeinen Eindruck, daß es Momente gibt, in denen der *antiflow* stark ist. Die Akademikerinnen empfinden in diesen Momenten Überdruß und einen Mangel an Kontrolle. Die meisten von ihnen sagen allerdings aus, daß es sich bei diesen Gefühlen um Ausnahmen handelt, und daß intensive Freude und Befriedigung in ihrem Berufsleben bei weitem vorherrschen. Nie tritt bei ihnen Langeweile in dem Sinne auf, daß es zu wenig zu tun gäbe. Was diese Frauen manchmal an Langeweile erlebten, lag vielmehr an der betreffenden Aufgabe selbst. Eine Universitätsdozentin faßte die von vielen Akademikerinnen erlebten Gefühle gut zusammen, als sie sagte: »(in dieser Berufslaufbahn) hat man keine Langeweile, aber man ist nicht frei von Sorgen«.

Strategien zum Umgang mit *antiflow*

Einer der unerwarteten Befunde dieser Studie bezieht sich auf die Strategien, die sowohl von Akademikerinnen als auch von Arbeiterinnen entwickelt wurden, um mit dem *antiflow* umzugehen. In bezug auf ihre Frustration machten die Arbeiterinnen Aussagen wie die folgenden:

Ich spreche viel zur mir selbst; ich versuche, die Kraft positiven Denkens zu nützen. Ich sage mir, wie glücklich ich sein kann, zu Hause eine Tochter zu haben.

Manchmal werde ich depressiv, es gibt viele finanzielle Probleme und viel Arbeit, und ich bin allein (d. h. geschieden, mit einer Tochter), und der Tag hat nur eine bestimmte Anzahl von Stunden – man hat sich einen gewissen Sinn für Humor zu bewahren und flexibel zu sein – ich bleibe nicht bis Mitternacht auf, nur um staubzusaugen.

(Während der Arbeit) ziehe ich mich irgendwie in mich selber zurück, da habe ich eine Art Schale ... Ich brauche das, um normal zu bleiben, ich muß mich zwingen, an etwas anderes zu denken, irgend etwas, was ich innerlich drehen und wenden kann, und das geht ganz gut, wenn ich zu mir selbst spreche – ich muß wirklich auf meine Nerven achten. Ich sage mir also: Bleib ruhig und denk' nicht an die Leute – sonst rege ich mich so auf und werde wütend – ich halte an mich und bringe mich selbst dazu, mich nicht aufzuregen.

Einige der Frauen können in allen Bereichen ihrer Arbeit die Kontrolle behalten – sowohl was ihre Vorgesetzten betrifft, als auch gegenüber den anderen Arbeiterinnen. Ich denke da an eine, die immer wie eine freundliche Tyrannin wirkt – sie tut ihre Arbeit, und niemand stört sie dabei. Die Vorgesetzten lassen sie in Ruhe – sie hat in ihrer ruhigen Art alles unter Kontrolle – sie hat ihren eigenen Bereich.

Auch die Akademikerinnen berichteten, daß sie Techniken und Strategien entwickelt haben, um Erfahrungen von *antiflow* bei der Arbeit einzudämmen:

Nun, bei der wissenschaftlichen Arbeit sind viele technische Aspekte sehr langweilig; und es ist wegen der Langeweile schwierig, sie zu Ende zu führen. Man kann das aber überwinden, wenn man an das Problem denkt, das man lösen will; so denkt man während dieser mühsamen Arbeitsphasen immer an die Möglichkeiten, die die eigene Arbeit eröffnet.

Früher erlebte ich das (gemeint ist der *antiflow*) häufiger als jetzt. Ich habe mich entschieden, daß ich es nicht will und ich werde es nicht tun. Manchmal trägt mir irgendjemand, der beruflich höher gestellt ist, eine Arbeit an, die mir nicht gefällt.... Ich tat das früher einmal, weil ich mich auf dumme Weise in die Sache verwickeln ließ, aber jetzt werde ich das einfach nicht mehr geschehen lassen.

In jeder Arbeit gibt es mühsame Anteile. Es kommt darauf an, wie groß der

Prozentsatz ist. Sind diese Anteile so groß, daß man mit ihnen nicht fertig wird, sie nicht mehr wegdenken oder sonstwie bewältigen kann, dann finde ich es unzumutbar, daß jemand an einem solchen Arbeitsplatz bleiben muß. Ich jedenfalls bin nicht geblieben. Es ist dein eigenes Leben – du mußt dich selber darum kümmern. Ich halte mich für eine Realistin, eine Pragmatikerin – tue etwas dagegen. Aber wahrscheinlich ist es unfair, so zu reden, weil viele Leute nichts dagegen tun können.

Beide Gruppen von Frauen entwickeln also offensichtlich Strategien, um die Frustrationen der Arbeit zu bewältigen. Diese Strategien entsprechen dem, was Csikszentmihalyi (1975b, dt. 1985) »kognitive Restrukturierung« nennt, und dienen dazu, erlebten *antiflow* wenigstens zu reduzieren.

flow und *antiflow* in Nicht-Arbeitssituationen

Während die Erfahrungen und Reaktionen der beiden Gruppen von Frauen sich in bezug auf die Arbeit sehr stark unterscheiden, konnten wir in bezug auf die Nicht-Arbeitssituationen (Haus, Familie, Freizeit) viele ähnliche Emotionen und Erfahrungen für beide Gruppen feststellen. Im allgemeinen wird *flow* in zwei Situationen erlebt: (1) In zwischenmenschlichen Beziehungen und (2) beim Sport und bei kreativen Aktivitäten. Die Hausarbeit hingegen stellt die Hauptquelle von *antiflow* dar.

Flow in Nicht-Arbeitssituationen. Die Tabellen 7.4 und 7.5 zeigen, daß die *flow*-Erlebnisse beider Gruppen mit Freizeit-Aktivitäten zusammenhängen. Die häufigsten Antworten bezogen sich auf den zwischenmenschlichen Bereich, in dem die Familie und zwar insbesondere die Kinder im Zentrum der Aufmerksamkeit standen.

Sowohl die Akademikerinnen als auch die Arbeiterinnen ordneten der Beziehung zu ihren Kindern eine große Bedeutung zu. Und obwohl beide Gruppen sich sehr dafür einsetzten, daß ihnen Zeit für die Familie blieb, gab es eine gewisse Frustration darüber, daß sie nicht länger bei ihren Kindern sein konnten. Wie eine der Frauen sagte:

Es ist eine körperliche Herausforderung, einen Haushalt im Gang zu halten, und ich will so viel Zeit wie nur möglich mit meiner Tochter verbringen. Aber es gibt eben auch andere dringende Dinge... Wahrscheinlich hat jede berufstätige Mutter gewisse Schuldgefühle, weil sie so viel Zeit fern von ihren Kindern verbringen muß.

Diese Frustration erschien bei den geschiedenen und alleinerziehenden Müttern besonder ausgeprägt.

Tabelle 7.4 Quellen des *flow*: Zwischenmenschlicher Bereich

Akademikerinnen	Arbeiterinnen
Oh ja, wenn ich mit meiner kleinen Tochter arbeite; wenn sie etwas Neues entdeckt. Ein neues Plätzchen, das sie gebacken hat, oder eine Bastelarbeit, auf die sie stolz ist. Lesen ist etwas, was sie richtig gern tut, und wir lesen miteinander. Sie liest mir vor, und ich lese ihr vor, und das ist eine Zeit, in der ich den Rest der Welt gewissermaßen vergesse, ich gehe total in dem auf, was ich tue.	Mit meiner Tochter, wenn ich sehe, wie glücklich sie ist, wie sie von Spielzeug fasziniert ist. Wenn ich ihr zuschaue, wie sie einen Puzzle-Teil verkehrt hinlegt und wie sie dann daran arbeitet. Im Spiel mit meinen Kindern.
Ich versuche, meine Kinder in meine Arbeit einzubeziehen, besonders meine ältere Tochter, die mitgekommen ist und mit mir arbeitet. Zu Hause oder während des Fahrens sprechen wir häufig über meine Arbeit oder etwas Ähnliches ... das ist eine Art Freude und Stolz über das, was ich tue, und das kann die Kinder auch einmal soweit bringen.	Mit Nachbarn einkaufen gehen ... auch der Besuch von Freunden und Verwandten.
Freundschaften, sehr enge Freundschaften, es ist sehr, sehr wichtig, mit ihnen Gemeinsames zu haben. Ohne das wäre mein Leben leer.	Wir sind in der Kirche und machen da richtig mit ... wir kommen heim, machen die Arbeiten im Haushalt in Eile und gehen dann wieder, um anderes zu tun.

Das zweite Hauptgebiet, in dem diese berufstätigen Frauen intensiven *flow* erlebten, war der Sport und andere kreative Aktivitäten (Tabelle 7.5). Im allgemeinen pflegten beide Gruppen von Frauen bestimmte Freizeitaktivitäten, zu denen der Sport und kreative Erfahrungen gehörten.

Trotz dieser Ähnlichkeiten traten mehrere Unterschiede zwischen den beiden Gruppen zutage. Der wohl größte Unterschied manifestierte sich im Ausmaß an Kontrolle, das in bezug auf das häusliche Leben als wichtig galt. Die Arbeiterinnen sprachen mit großer Zufriedenheit von ihrem Gefühl, in diesem häuslichen Bereich kompetent zu sein. Die folgenden Zitate zeigen das deutlich:

Tabelle 7.5 *flow*-Quellen: Sport / kreative Aktivitäten

Akademikerinnen	Arbeiterinnen
Im allgemeinen habe ich dieses Gefühl *(flow)*, wenn ich etwas Neues probiere, was ich noch nie getan habe. Das betrifft bei mir vor allem den Sport. Ich versuche etwas Neues – ich lerne – und habe dann so ein »Aha-Erlebnis«, das Gefühl, das man hat, wenn man merkt, daß man im Squash gegen jemanden Punkte machen kann ... aber meistens tritt es in meiner Arbeit oder bei irgendeiner zielgerichteten Aktivität wie eben beim Sport auf, wo man einen Vorgang beobachten kann.	Reisen ... wir reisen sehr gerne ... wir können gehen, wann wir wollen, wohin wir wollen, und tun, was wir wollen.
	Ich empfinde das beim Häkeln oder beim Töpfern. Zu Hause entspanne ich mich, obwohl ich Kinder habe. Wenn man Kinder hat, muß man lernen, den Geist zwischendurch abzuschalten. Ich ziehe mich in meine eigene kleine Welt zurück – manchmal müssen sie mir etwas drei oder vier Mal sagen, bis ich es verstehe.
(Wenn) ich Golf spiele oder in ein gutes Konzert gehe, genieße ich es, dieses gehobene Gefühl zu haben ... Beim Lesen einer aufregenden Geschichte ... Ich habe auch einen Hund, den ich sehr gern habe. Ich spiele sehr viel mit ihm. Hunde verlangen nichts, sie geben alles, und da bekommst du immer gleich eine Reaktion.	Körperliche Arbeit im Haus. Zum Beispiel hatte ich neulich Vorhangschienen anzubringen. Ich wußte, daß ich das tun mußte, ich mußte die ganze Schiene vollständig erneuern und ich fühlte mich dann richtig gut, als ich das tat.
	Beim Nähen, wenn ich eine Decke oder einen Fleckenteppich mache ... Ich mache das ungefähr vier Stunden täglich.
Ein Buch lesen. Meine Mutter war früher oft böse mit mir, weil ich mich beim Lesen völlig vergaß. Ich erlebe dieses Gefühl oft, weil ich gerne und viel lese.	Mein größtes Vergnügen ist es, einfach dazusitzen und ein Glas Sherry zu trinken ... und dabei alte Filme ansehen ... und stricken.

Wenn das Essen zur Zeit fertig ist und die Wohnung geputzt ist – es ist schön, im Familienleben gewisse Gewohnheiten zu pflegen, Zeit zum Spiel in der Badewanne zu haben, Zeit zum Spielen am Tisch – das bringt eine gewisse Verwurzelung, eine Routine mit sich.

(Ich habe es gern), wenn alles gut läuft, wenn alles in Ordnung ist und klappt, wenn ich nach Hause komme.

Ich organisiere gerne und schaue, daß alles klappt, daß getan wird, was zu tun ist.
(Zu Hause) weiß ich, was zu tun, es ist das, was ich seit Jahren tue... Ich habe darin Routine. Als die Kinder klein waren, war das anders. Ich hatte für ihr Essen zu sorgen, sie anzuziehen, und lauter solche Dinge... Heute ist es ein wenig leichter.

Diese Bemerkungen könnten auf ein Bedürfnis dieser Frauen hinweisen, das bei der Arbeit fehlende Kontrollgefühl zu Hause zu kompensieren (Wilensky, 1960). Bei den Frauen der gehobeneren Berufe gab es keine Äußerungen dieser Art. Haushaltsroutinen dienten den letzteren eher dazu, *antiflow* zu minimieren. Eine Akademikerin meinte:

Ich mache nicht viel Hausarbeit. Ich halte sie aber auch nicht für unter meiner Würde; gewisse Dinge müssen einfach getan werden... Ich halte es zwar für langweilig und mühsam, aber es muß getan werden. Ich tue es, wenn ich Zeit habe, und wenn meine Zeit nicht ausreicht, erledigt mein Mann diese Dinge. Und wenn wir effektiv planen, lassen wir es von jemand anderem machen, so daß es für uns kein großes Thema ist.

Ein zweiter Unterschied lag darin, daß die Akademikerinnen häufig vom Thema »Häusliches Leben« abschwenkten und wieder auf das Thema »Beruf« zurückkamen, oder daß sie ihre Arbeit mit ihrem häuslichen Leben in Verbindung brachten. Die Arbeiterinnen hingegen trennten die beiden Bereiche scharf und brachten das Thema »Arbeit« nur insofern ins Spiel, als diese ihre häuslichen Freuden beeinträchtigen konnte (z. B. durch Zeitknappheit, Müdigkeit, Ärger, Geldmangel).

Ich lasse nicht zu, daß meine Arbeit mein häusliches Leben beeinflußt... das sind zwei getrennte Bereiche, und ich halte sie auseinander.
Ich bin jeden Tag von 6 Uhr morgens bis 3 Uhr nachmittags bei der Arbeit, und wenn ich nach Hause komme, bin ich zu müde, um irgend etwas zu unternehmen.

Im allgemeinen trennen Arbeiterinnen den Arbeitsbereich und den häuslichen Bereich deutlicher als die Akademikerinnen. Das ist nicht nur aus der Reaktion der Arbeiterinnen auf ihre Arbeit verständlich, es deckt sich auch mit den bisherigen Forschungsbefunden zum Verhältnis von Arbeit und Freizeit bei Männern (Kabanoff, 1980; Kabanoff & Obrien, 1982).
Ein letzter Aspekt, der für beide Gruppen zutrifft, besteht darin, daß im häuslichen Bereich nicht die gleiche Intensität der Gefühle – ob positiv oder negativ – erreicht wird, wie im Bereich der Arbeit. In der Tat entsprechen die meisten der zu Hause erlebten *flow*-Erlebnisse dem, was Csiks-

Tabelle 7.6 *antiflow* in der Nicht-Arbeitssituation

Akademikerinnen	Arbeiterinnen
Das Abwaschen, ich fühle mich verpflichtet, das zu machen ... oder auch andere Arbeiten wie Blätter zusammenharken.	Waschen, Haushalt Das Haus sauber halten.
Ich bemühe mich, solche Situationen *(antiflow)* zu vermeiden. Manche Routine-Arbeiten ... wie z. B. das Einkaufen ... Ich versuche, sie etwas interessanter zu machen, indem ich nur in Läden gehe, die das beste Gemüse haben, und die Ware sorgfältig auswähle, indem ich mir überlege, was ich kochen werde. Aber ich langweile mich dabei immer noch sehr, denn ich weiß, daß ich es jede Woche tun muß ... weil ich sonst am Montag oder Dienstag nichts mehr zu essen habe. Jeden Samstagmorgen gleich nach dem Aufstehen gehe ich routinemäßig einkaufen, damit das erledigt ist.	Immer wenn ich am Bügelbrett stehe und an Dinge denke, die ich lieber tun würde.
Gartenarbeiten ... Ich versuche, sie mir einigermaßen interessant zu machen. Ich versuche mich zu entscheiden, sage mir: Gut, heute ist Sonntag, heute gehst du in den Garten. Also stehe ich früh auf, gehe hinaus und versuche mir vorzustellen, was ich tun könnte, damit er besser aussieht. Meistens ist es Monate her, daß ich das letzte Mal etwas getan habe ... Mein Mann mäht einmal in der Woche den Rasen, und ich schneide von Zeit zu Zeit die Rosen. Die Hausarbeit ist mir so zuwider, daß ich jemand anders dafür angestellt habe.	Manchmal, wenn Andy (der Sohn) ein Monster ist. Hausarbeiten machen. Wenn ich die ganze Zeit nur Geschirr waschen muß.

zentmihalyi (1975 b, S. 141) *microflow* nannte, nämlich jenen »trivialen« Alltagserlebnissen, die dem Alltag Struktur und Bedeutung geben.

Wir alle pflegen im Alltag kleine, fast automatische Verhaltensmuster, die nicht extrinsisch belohnt werden und dennoch eine notwendige Funktion zu haben scheinen. Dazu gehören idiosynkratische Bewegungen, Tagträumen, Rauchen, ohne bestimmte Absicht mit Leuten reden sowie klarer definierte Aktivitäten wie Musikhören, Fernsehen oder das Lesen eines Buches (Csikszentmihalyi, 1975 b, dt. 1985).

antiflow in Nicht-Arbeitssituationen. Eine letzte Gemeinsamkeit zwischen den beiden Gruppen von Frauen bestand darin, daß beide die Haushaltsarbeiten als wichtigste Quelle für *antiflow* erlebten. Die gebotenen Beispiele waren spezifisch und konkret, und obwohl das Erledigen dieser Arbeiten eine gewisse Befriedigung nach sich zog, waren die entsprechenden Aktivitäten selbst recht unbeliebt (Tabelle 7.6).

Beide Gruppen versuchten, die Abneigung gegen diese Aktivitäten dadurch zu behaupten, daß sie eine Art Routinegefühl hervorriefen. Auch die Akademikerinnen entwerfen hier Strategien für den Umgang mit dem *antiflow*, wie wir sie bei den Arbeiterinnen schon am Arbeitsplatz gesehen haben. Die Extremstrategie, die von verschiedenen Akademikerinnen erwähnt wurde, bestand darin, eine Haushaltshilfe anzustellen – etwas, was sich die Arbeiterinnen finanziell nicht leisten können.

Quellen des *flow*

Die Frauen gehobener Berufe erleben am ehesten *flow* bei der Arbeit, während die Arbeiterinnen dieses Erleben vornehmlich zu Hause und in ihrer Freizeit kennenlernen. Folgende Merkmale schienen in beiden Fällen den *flow* auszulösen:

Erstens empfanden die Frauen beider Gruppen bei allen *flow*-Gelegenheiten ein Gefühl der Überlegenheit und Kontrolle, unabhängig von der Art der Umgebung. Die Akademikerinnen erwähnten immer wieder die geistige Herausforderung, die Kreativität und die Disziplin, die mit ihrer Arbeit verbunden waren. Sie verwendeten *Prozeß*beschreibungen wie z. B. »Denken, Lesen, Problemlösen, Schreiben« und konzentrierten sich bei ihren Berichten weniger auf die Aktivität selbst, als vielmehr auf die dabei verlangten kreativen geistigen Vorgänge.

Die Arbeiterinnen erlebten dieses Gefühl der Überlegenheit und der Kontrolle am ehesten zu Hause, in ihrer Freizeit. Sie sprachen von ihrem Zuhause als von ihrer »Burg« (castle). Das Zuhause stellte die Umgebung dar, in der sie Kontrolle, Routine und ein Gefühl der »Verwurzelung« aufbauten. Zwar machten auch ihnen die einzelnen Arbeiten im Haushalt keine Freude, aber sie schöpften eine große Befriedigung daraus zu wissen, daß nach Erledigung dieser Arbeiten alles »in Ordnung« war.

Und ähnlich wie die Akademikerinnen erlebten auch die Arbeiterinnen bei manchen Freizeitaktivitäten starke *flow*-Gefühle. Dazu gehörte das ruhige Genießen eines Glases Sherry am Abend, aber auch aktivere Tätigkeiten wie Gartenarbeiten oder Reisen. Wie eine Arbeiterin es ausdrückte: »Wir entscheiden, wann und wo wir etwas tun«. In Übereinstimmung mit den Forschungen von Csikszentmihalyi (1975b, dt. 1985) stellt sich das Gefühl, die eigenen Aktivitäten unter Kontrolle zu haben, als wichtiges Kriterium des *flow*-Erlebens heraus.

Ein zweites, mit dem vorhergehenden eng verbundenes Merkmal bestand darin, daß zur Auslösung des *flow*-Zustandes ein Gefühl der Autonomie und der Freiheit nötig war. Im allgemeinen fanden die Frauen die Aktivitäten erfreulich, bei denen sie ein Gleichgewicht zwischen den Handlungsmöglichkeiten oder -anforderungen und ihrem persönlichen Können finden konnten. Sowohl die Akademikerinnen als auch die Arbeiterinnen erlebten *flow* in Situationen, in denen sie relativ frei waren, die Handlungsprioritäten selber zu setzen, zu bestimmen, welche Art von Aufgaben oder Aktivitäten sie mit welchem Grad von Anstrengung in Angriff nehmen wollten. Die Universität als Arbeitsplatz bildet beispielsweise ein recht offenes System (sie bietet im hohen Maße Autonomie und Freiheit, den eigenen Tag selbst zu strukturieren). Während die Fabrik eine rigide und abgeschlossene Struktur darstellt, konnten die Arbeiterinnen wenigstens zu Hause und bei ihren Freizeitaktivitäten dieses Gefühl der Autonomie erleben. Dieser letzte Befund läßt vermuten, daß die Arbeiterinnen einen ähnlichen Unterschied zwischen Arbeit und Zuhause machen, wie er in früheren Untersuchungen bei männlichen Arbeitern gefunden wurde (Kabanoff, 1980; Kabanoff & Obrien, 1982).

Ein drittes für beide Gruppen feststellbares *flow*-Merkmal war, daß diese Erlebnisqualität sowohl allein als auch in der Interaktion mit anderen Menschen erlebt werden konnte. Verschiedene in der Universität arbeitende Frauen erwähnten zum Beispiel, welche Freude ihnen die Arbeit mit ihren Studenten mache. Ähnlich berichteten beide Gruppen von Frauen von ihrer Freude beim Zusammensein mit ihren Kindern, sei es, daß sie ihnen zuschauten, mit ihnen spielten, oder ihnen vorlasen. *Flow* war also keineswegs auf das individuelle Leben beschränkt, sondern konnte auch gerade durch die Interaktion mit anderen ausgelöst werden.

Das *flow*-Erlebnis scheint demnach bei beiden Gruppen von Frauen unter ähnlichen Bedingungen, wenn auch in sehr verschiedenen Rahmen aufzutreten. Dies soll nicht heißen, daß die Akademikerinnen nur in der Arbeit und nicht zu Hause *flow* erlebten, oder umgekehrt, daß die Arbeiterinnen in der Fabrik nie so etwas erlebten. Aber die beschriebenen Gefühle traten bei den beiden Gruppen in je anderen Bereichen auf; dieser Unterschied zeigte sich sowohl in bezug auf Häufigkeit als auch auf Intensität der Gefühle. Trotz der Unterschiede wiesen die Episoden aber auf gemeinsame Merkmale hin, nämlich die Bedeutung des Gefühls, die Aktivität zu bewältigen und unter Kontrolle zu haben, das Gefühl der Autonomie und die potentielle Rolle anderer Menschen.

Quellen des *antiflow*

antiflow erlebten sowohl die Akademikerinnen als auch die Arbeiterinnen bei mühsamen, einfachen und repetitiven Aufgaben. Solche Aufgaben führten zu Frustration und Langeweile. Die Frauen der gehobenen Berufe erwähnten beispielsweise das Neuschreiben von Artikeln oder das Zusammenstellen von Finanzierungsplänen für Forschungsprojekte als langweilige Aufgaben ihres Berufs. Im häuslichen Bereich stießen das Abwaschen, das Einkaufen und Ähnliches auf große Abneigung. Tatsächlich leisteten sich mehrere Akademikerinnen aus unserer Stichprobe eine Haushaltshilfe.

Der wohl hervorstechendste Aspekt unserer Untersuchung war die große Langeweile, die die Arbeiterinnen bei ihrer Arbeit erleben. Die Fabrikarbeiterinnen klagten, wie schwer es ihnen falle, von Tag zu Tag am Fließband zu stehen, um dort Dinge einzupacken und einzuwikkeln. Frustration wurde auch in solchen Jobs berichtet, in denen nach der Erledigung einfacher Aufgaben nichts mehr zu tun blieb. Verschiedene dieser Frauen sagten, sie wären viel glücklicher, wenn sie mehr Arbeit und eine größere Verantwortung hätten. Die Langeweile war ihr größter Feind.

Eine zweite Quelle für *antiflow* lag für die Arbeiterinnen in der Interaktion mit den Vorgesetzten. Diese erschienen ihnen nicht nur anmaßend und inkompetent, sondern auch inkonsequent und ungerecht in ihren Entscheidungen. Diese Wahrnehmungen trugen zum Gefühl bei, keine Kontrolle über die Dinge zu haben. Beide beschriebenen Eigenschaften unterstützen die Annahme, daß *antiflow* in Situationen auftritt, in denen Herausforderungen und Kontrollmöglichkeiten fehlen. Die Arbeiterinnen fühlten sich am Arbeitsplatz sehr wenig gefordert und hatten den Eindruck, ihre Fähigkeiten würden vom Arbeitgeber nicht richtig eingesetzt. In der Beziehung zwischen Arbeiterinnen und Vorgesetzten hatten sie das

Gefühl, kaum Einfluß darauf zu haben, wie sie beurteilt wurden. Jede Situation führte somit zu intensivem *antiflow*.

Man könnte die Frage aufwerfen, warum diese Arbeiterinnen nicht den Job wechselten oder an einen anderen Ort zogen. Die Antwort auf eine solche Frage ist zwar mit Sicherheit ziemlich komplex, aber die Interviews wiesen zumindest auf einige Gründe hin. Erstens handelte es sich bei mehreren von ihnen um geschiedene Alleinerziehende mit kleinen Kindern. Viele waren froh, überhaupt eine Arbeit zu haben. Die Stelle aufzugeben und umzuziehen, hätte aus ihrer Perspektive wohl mehr Probleme gebracht als gelöst. Ein zweiter Grund könnte wohl darin liegen, daß in vielen Fällen Verwandte (Eltern, Geschwister u. a.) an demselben Ort wohnten. Diese Verwandten waren wichtige Bezugspersonen, nicht nur für Besuche und gemeinsame Unternehmungen in der Freizeit, sondern auch für die moralische und vielleicht auch finanzielle Unterstützung. Und schließlich – wie verschiedene Frauen dieser Gruppe zum Ausdruck brachten – hatten sie einfach nicht die nötige Ausbildung, um bessere Stellungen zu bekommen. So fühlten sie sich in der ganzen Arbeitsstruktur frustriert und unfrei.

Bewältigungsstrategien

Eines der überraschendsten Ergebnisse dieser Untersuchung war es, daß wir auf so entwickelte Strategien zur Vermeidung von *antiflow* stießen. Sowohl bei den Akademikerinnen als auch bei den Arbeiterinnen fanden wir viele Fälle kognitiver Umstrukturierung. Die befragten Frauen erzählten, wie sie mit sich selbst umgingen, um bestimmte *antiflow*-Elemente zum Verschwinden zu bringen: »In mich gehen«, »Daran denken, welches Glück ich habe, einen Job zu haben«, »Ein Spiel daraus machen (z. B. aus dem Einkaufen)«. Solche kognitiven Umstrukturierungen scheinen ein gutes kurzfristiges Mittel gegen *antiflow* zu sein. Bei den Arbeiterinnen wird allerdings deutlich, daß längerfristig nur eine völlige Umstrukturierung ihrer Arbeit das Gefühl der Entfremdung beseitigen könnte.

Schlußfolgerungen

Berufstätige Frauen beziehen grundsätzlich dieselben psychologischen Belohnungen aus der Interaktion mit ihrer Umgebung wie berufstätige Männer. Sie empfinden intensive Freude, wenn sie ihr Können mit den Handlungsanforderungen in Übereinstimmung bringen können, wenn sie ihre

Entscheidungen kontrollieren, ihre Aufmerksamkeit auf klare Ziele konzentrieren können und dabei konsistente Rückmeldungen erhalten. Akademikerinnen bietet die Arbeit eine Vielfalt solcher Möglichkeiten. Arbeitsplätze die die menschliche Leistung auf einfache mechanische Routinen reduzieren, rufen jedoch den diametral entgegengesetzten intellektuellen Zustand hervor: ein Gefühl nagender Langeweile, einer sinnlosen Verschwendung des Lebens.

Alle Frauen berichteten, beim Umgang mit anderen Menschen, insbesondere mit ihren Kindern, intensiven *flow* zu erleben. Die sich entwikkelnden Fähigkeiten der Kinder stellen für diese Frauen ein ständig wachsendes und dennoch bewältigbares Reservoir von Herausforderungen dar. Wann immer ein Kind etwas Neues tut, wird das zum Teil als Rückmeldung an die Mutter aufgefaßt. Auch bei kreativen aktiven Freizeitbeschäftigungen erleben beide Gruppen von Frauen Freude. Die Arbeiterinnen kompensierten das mangelnde Kontrollgefühl bei der Arbeit, indem sie ihre Hausarbeit in klar aufgeteilter und vorhersagbarer Weise strukturierten. Die eher repetitiven unter den Aufgaben im Haushalt stellten allerdings für alle Frauen Quellen für *antiflow* dar; dies rief einigen Erfindungsreichtum bezüglich kognitiver Umstrukturierung hervor.

Diese Befunde stimmen mit denen von Kabanoff (1980) und Kabanoff & Obrien (1982) überein, die vermuten, daß die Trennlinie zwischen Arbeit und Freizeit von Angehörigen unterschiedlicher Berufe unterschiedlich gezogen wird. Kabanoff & Obrien (1982) fanden heraus, daß je nach Beruf nicht nur die Arbeitsaufgaben, sondern auch die Freizeitaufgaben unterschiedliche Funktionen erfüllten (d. h. sie unterschieden sich bezüglich solcher Aspekte wie Einflußmöglichkeit, Abwechslung, Druck, Fähigkeitsrelevanz und Interaktionsmöglichkeiten). Es wäre sehr interessant, die Motivationen hinter den von vielen Forschern gefundenen Prozessen der Kompensation und der Generalisierung zu verstehen. Es könnte zum Beispiel sein, daß Arbeiterinnen und Arbeiter deshalb einen scharfen Trennungsstrich zwischen Arbeit und Freizeit ziehen, weil sie in ihrer Arbeit so wenig Freude finden. Im Fall der Akademikerinnen könnte die Beziehung zwischen Arbeit und Freizeit jedoch für Männer und Frauen recht unterschiedlich sein. Während Männer sich ganz auf die beruflichen Anforderungen einstellen können, bleibt an Frauen (besonders an denjenigen mit Kindern) die Verantwortung einer Mehrfachrolle (Beruf, Haushalt, Kinder) hängen (Oakley, 1980, Simpson & Mutran, 1981). Wenn dies zutrifft, ist zu erwarten, daß Frauen, die in ihrem Beruf große Befriedigung finden und daneben auch zu Hause und im Freizeitbereich wichtige Rollen ausfüllen, weniger scharf zwischen Arbeit und Freizeit unterscheiden.

Die reichhaltige Information aus dieser Befragungsstudie zeigt die Komplexität des menschlichen Erlebens auf. Um die Freude und ihr Gegenteil zu verstehen, müssen wir über die bloß quantitative Erfassung solcher Konstrukte hinausgelangen und eher durch qualitative Analysen herauszufinden versuchen, was dies für jeweils spezifische Gruppen von Menschen bedeutet. Diese Konstrukte und ihre Messung waren im Bereich der Freizeit nützlich und haben es ermöglicht, Einflußfaktoren und Teilskalen für eine Vielzahl von Dimensionen zu finden. Weitere qualitative und quantitative Untersuchungen sind jedoch erforderlich, damit wir besser verstehen, welche Bedeutung Arbeit und Freizeit im Leben eines jeden Einzelnen haben.

Kapitel 8
flow und das Abfassen eines Texts
Reed Larson

Aktivitäten, die *flow* hervorrufen, sind autotelisch und intrinsisch motiviert, d. h. sie werden einfach deshalb schon gemacht, weil sie erfreulich sind, auch wenn keine sichtbaren Belohnungen im Spiel sind. Flow-Aktivitäten sind also insofern »nützlich«, als sie zu einem Zustand führen, der in sich selbst ein Ziel ist. Es scheint jedoch, daß *flow* auch in einer anderen Hinsicht von Nutzen sein kann. Der negentropische Bewußtseinszustand, der sich einstellt, wenn die Person sich mit der Umgebung im Einklang befindet, ist zugleich der effizienteste Zustand des Organismus. Eine Person, die sich im *flow* befindet, sollte optimal ihre Funktionen ausfüllen. Ein Arbeiter sollte dann am produktivsten sein, wenn er in seiner Arbeit Freude hat. Vermutlich trifft dies um so mehr zu, wenn in dieser Arbeit Kreativität eine Rolle spielt, denn die für eine originelle Leistung notwendige spontane Investition psychischer Energie findet sich am ehesten, wenn die Person an dem, was sie tut, Freude hat (Amabile, 1983).

In diesem Kapitel soll untersucht werden, welchen Einfluß die Zustände psychischer Ordnung bzw. psychischer Unordnung auf das Schreiben eines Aufsatzes haben. Das Aufsatzschreiben in der englischen Muttersprache wurde deshalb als Untersuchungsgegenstand gewählt, weil es eine kreative Herausforderung beinhaltet, mit der alle vertraut sind, die eine Schule besucht haben. Die Frage ist, inwiefern negative Emotionen wie Angst oder Langeweile das Lösen einer solchen Aufgabe beeinträchtigen. In welchem Zusammenhang steht das Erleben von *flow* beim Schreiben mit dem erfolgreichen Abschluß dieser Tätigkeit?

Nach Immanuel Kant sind Emotionen »Krankheiten der Seele« (1798, 1978, S. 155). Sie blenden das rationale Denken und Handeln und bringen es zum Entgleisen. Tatsächlich umschreibt das lateinische Wort »Emotion« einen Zustand, in dem man von Kräften bewegt wird, die außerhalb der persönlichen Kontrolle stehen (Averill, 1980). Ärger, Furcht, Depression und sogar Liebe sind Zustände, in denen die Gedanken der persönlichen Kontrolle entgleiten und verzerrt werden können.

Welche Rolle spielen die Emotionen beim Schreiben? Der Schreibende muß Tatsachen und Ideen in eine klare und überzeugende Ordnung bringen, er muß die Gedanken auf einem Blatt Papier intelligent strukturieren. Offensichtlich sollte der Schreibende ganz Herr seiner Fähigkeiten sein, ob es nun darum geht, ein Gedicht zu analysieren, ein Wissensgebiet zu besprechen oder eine Theorie zu entwickeln. Das Entwerfen einer Textskizze, das Problemlösen, das Ausrichten der Argumentation an einem bestimmten Publikum sowie das sprachliche Ausfeilen des Textes setzen die Fähigkeit voraus, kontrolliert und rational zu denken. Demnach müßten sich Emotionen auf das Schreiben hinderlich auswirken.

Leidenschaft hingegen steht im Zusammenhang mit dem Schreiben oft hoch im Kurs. Nietzsche setzt dem Kant'schen Ausspruch entgegen: »Von all dem, was je geschrieben worden ist, mag ich nur, was mit Blut geschrieben ist« (1885, 1964, S. 67). Emotionen können eine Person lebendig machen. Wut, Erregung und Begehren motivieren und können einen mechanischen Text in packende Prosa verwandeln. In der Erlebniswelt des Schreibenden haben daher die Gefühle einen unsicheren Status. Sie können das Entstehen eines guten Textes sowohl behindern als auch fördern. Im folgenden werden wir sehen, wie das Denken und Schreiben von Schülern durch verschiedene emotionale Bedingungen beeinflußt wird; wir werden dazu das *flow*-Modell des Bewußtseins heranziehen.

Ein Forschungsansatz

Die Erforschung dieses Themas begann mit zwei taktischen Entscheidungen. Erstens entschloß ich mich, mit Personen zu arbeiten, die an größeren Schreibprojekten arbeiteten, Projekte, die sich über Wochen erstreckten, da bei solch wichtigen Aufgaben sich die emotionalen Auswirkungen auf die intellektuelle Arbeit entsprechend vergrößern (dies ist oft beim Abfassen von Diplom- und Doktorarbeiten der Fall). Die zweite Entscheidung bestand darin, mit Jugendlichen zu arbeiten, da diese Altersgruppe sich in früheren Forschungen für emotionale Schwankungen als anfälliger erwiesen hat als Personen, die älter sind. Heranwachsende berichten eine ausgeprägtere Hochstimmung und ein intensiveres Stimmungstief im Alltag und ihre Emotionen scheinen schneller zu wechseln als die von Erwachsenen (Larson, Csikszentmihalyi & Gräf, 1980; Csikszentmihalyi & Larson, 1984). Und in der Tat treten emotionale Reaktionen bei Schreibprojekten in dieser Altersgruppe recht häufig auf (Daly & Miller, 1975; Hogan, 1980).

Die Schüler arbeiteten an einem selbständigen Schreibprojekt für ihren Englischunterricht, das an ihrer Schule als das »junior theme« bekannt war. Von jedem Schüler wird eine sechs bis zehn Seiten lange Arbeit zu einem selbstgewählten Thema erwartet, die auch relevante Literatur einbeziehen soll. Die Arbeit läuft über sechs bis neun Wochen, und die Schüler erhalten während dieser Zeit mehrmals Rückmeldungen von Lehrern. Da die Themawahl in den meisten Klassen frei ist, wählen die Studenten oft Themen, die sie persönlich interessieren.

Im folgenden werden einige Auszüge aus den Arbeiten der Schüler vorgestellt, die während des Schreibens unterschiedliche Emotionen verspürten; es wird diskutiert, wie diese Gefühlszustände das Resultat des Schreibens beeinflußten. Die Beispiele wurden so ausgewählt, daß sie bestimmte theoretische Aspekte demonstrieren; dies bedeutet, daß ich die Hypothese eher entwickle, als daß ich sie zu beweisen versuche.

Die zu besprechenden Fälle stammen aus zwei Untersuchungen. In der einen Untersuchung wurden die Schüler ungefähr zum Zeitpunkt der Fertigstellung ihrer Arbeiten interviewt (Larson & Csikszentmihalyi, 1982). In der anderen füllten sie mehrmals Fragebogen aus, zu verschiedenen Zeitpunkten vor, während und nach dem Beginn der Arbeit. In beiden Untersuchungen beurteilte ein Kollege vom Anglistischen Institut der Universität Chicago die fertigen Arbeiten der Schüler, und dies nach denselben Kriterien, die er normalerweise an studentische Arbeiten anlegt. Zwar kannte er den Zweck der Untersuchung, aber er wußte nicht, welche begleitenden Gefühle die einzelnen Schüler berichtet hatten. So konnten die Berichte der Schüler über ihre Gefühle beim Schreiben der Arbeiten mit der fachlichen Qualitätsbeurteilung ihrer Produkte verglichen werden.

Für einige Schüler wirkten sich die Emotionen deutlich störend aus, während sich in anderen Fällen eine positive Auswirkung ergab. Vor der Fallbeschreibung sollte ich erwähnen, daß die beiden Gruppen nach verschiedenen kognitiven Tests ungefähr parallelisiert worden sind. Sie waren hinsichtlich verbaler Testleistungen und Schulnoten vergleichbar, und auch die Erfahrung mit größeren Schreibprojekten war gleichmäßig verteilt. Es ist also unwahrscheinlich, daß Leistungsunterschiede zwischen den beiden Gruppen auf kognitive Variablen zurückgehen. Die Unterschiede hängen eher damit zusammen, daß die Schüler die emotionalen Dimensionen der Aufgabe unterschiedlich erlebten und unterschiedlich darauf reagierten.

Zuerst wenden wir uns den Schülern zu, die beim Schreiben negative und störende Emotionen erlebten. Diese Erlebnisse lassen sich unterteilen in solche der Übererregung, die typischerweise als Angst erlebt wird, und in solche zu niedriger Erregung oder der Langeweile.

Übererregung: Das Angst-Szenario

Das klinische Bild: Die Übererregung nimmt viele Formen an, von leichter Unruhe bis zu existentieller Angst, von Ungeduld bis zur Verachtung der eigenen Arbeit. Jemand kann Angst haben, eine schlechte Note zu bekommen oder das, was ihn oder sie bewegt, nicht aufs Papier bringen zu können. In dieser Situation stellt sich bei den Schülern Wut auf den Lehrer und auf die Schule ein, sowie manchmal auf Eltern und auf Freunde, die an sich mit der Aufgabe nichts zu tun haben. Sie beschreiben sich als »verwirrt«, »überwältigt«, »angewidert« oder »ängstlich«. Sie berichten, von inneren Stimmen geplagt zu werden, die alles kritisieren, was sie schreiben.

Der Kern dieser verschiedenen Erlebnisse ist die Angst. Praktisch alle in der Stichprobe von 90 Schülern gaben zu Protokoll, während der Arbeit am »junior theme« mindestens zeitweise in irgendeiner Form Angst gehabt zu haben (Larson, Hecker & Normen, 1985). Im allgemeinen blieb diese Stimmung ein vorübergehendes Erlebnis, aber für einige war die Arbeit eine ständige Quelle der Angst; sie konnten sich nie zum Schreiben niedersetzen, ohne zugleich Angst, Sorge oder gar Verzweiflung zu empfinden.

Unser erstes Beispiel ist ein Mädchen, E. S., das seine Arbeit über das Thema schrieb: »Wie die Werbung die Modebranche beeinflußt«. Dieses Mädchen hatte den Wunsch, später Modezeichnerin zu werden, so daß das Thema für sie zentral war. Sie hatte bereits einige vergleichbare Arbeiten geschrieben und dafür eine Eins und eine Zwei bekommen. Sie hatte also keinen Grund, diesmal Schwierigkeiten zu erwarten. Die Informationen über ihre Erlebnisse stammen aus Fragebogen, die sie an acht verschiedenen Tagen vor, während und nach der Schreibphase ausfüllte.

Vor Beginn berichtete sie eine leicht positive Einstellung zur Aufgabe. Sie war sogar auf eine Weise enthusiastisch und dachte, sie würde einen gut strukturierten und bedeutsamen Aufsatz zustande bringen. Aber es fiel ihr dann schwer, sich im Thema einzuschränken und konkretere Teilthemen auszuwählen. Sie fühlte sich in der Materie unsicher, und es gelang ihr nicht, das Material in geeigneter Weise zu integrieren, da sie alles in die Arbeit einbringen wollte, was sie gesammelt hatte. Sie begann an ihren Fähigkeiten zu zweifeln, und damit stellten sich auch verschiedene andere negative Gefühle ein: Sie fühlte sich verwirrt und überfordert; sie fand immer seltener Zeit, am Aufsatz zu arbeiten.

Als der Abgabetermin näherrückte, steigerte sich die Angst von E. S. dermaßen, daß sie sich nicht mehr konzentrieren konnte. In der Phase des Entwurfes hatte es eine Zeit der Begeisterung gegeben; aber mit dem Beginn des wirklichen Schreibprozesses nahm die Angst überhand, und E. S.

war nicht mehr in der Lage, ihre Gedanken zu konzentrieren. Sie berichtete, nicht die richtigen Worte finden zu können. Sie war verwirrt und äußerst unglücklich. Erst in der letzten Minute, unter dem Druck des bevorstehenden Abgabetermins, konnte sie etwas zusammenschreiben, und als sie ihre Arbeit ablieferte, wußte sie nicht mehr, ob die Note eine Eins, eine Zwei oder eine Drei sein würde. Das Ganze hatte sich zu einer emotionalen und kognitiven Verwirrung gesteigert.

Beim zweiten Fall handelt es sich um einen intelligenten und ausdrucksfähigen Jungen, G. J., der seine Arbeit über den Architekten Mies van der Rohe schrieb. Zuerst war er von diesem Thema nicht gerade angetan. Als er dann einen Abend in der Bibliothek verbrachte, wuchs seine Begeisterung. Er sagte: »Es war wie eine heiße Welle. Ich ging den Bibliothekskatalog durch und besorgte mir so viele Bücher, wie ich konnte. Da lagen sie dann alle vor mir. Ich las sie alle durch, ich fraß sie gewissermaßen«. Sein Problem bestand darin, daß er in der Folge sehr hohe Erwartungen an seine eigene Arbeit hatte. Daher war er von seinen späteren Ansätzen häufig enttäuscht. Wild entschlossen, eine gute Arbeit zu schreiben, arbeitete er jeweils bis zum »Umfallen«, obwohl er dabei weniger und weniger zustande brachte. Es schien so, daß er keine Distanz zum Projekt gewinnen konnte: »Ich war wirklich intensiv dabei: Ich arbeitete beim Essen, beim Trinken und beim Schlafen daran«. Schließlich geriet er so in einen Zustand der klinischen Depression – er beschrieb das als »Krankheit« –, in der auch alles andere, was er in dieser Zeit unternahm, jeden Reiz für ihn verlor.

Beide hier vorgestellten Einzelpersonen kämpften mit ihren eigenen Erwartungen an ihre Aufsätze, die sie nicht erfüllen konnten. Das Mädchen wollte sich immer wieder »Mühe geben«, aber es half einfach nicht, der Junge arbeitete sich in einen krankmachenden Übereifer hinein. Beiden Schülern fehlten die Voraussetzungen, um die von ihnen angestrebten grandiosen Aufsätze schreiben zu können, und sie waren nicht in der Lage, ihre Erwartungen dem anzupassen, was sie realistischerweise erreichen konnten. So überforderten sie sich selbst und verloren die Kontrolle über ihre Arbeit; das Schreibprojekt wurde zum Alptraum voll von Sorge, Frustration und innerem Ärger. Als nächstes wollen wir betrachten, wie diese inneren Zustände in den schließlich abgegebenen Aufsätzen zum Ausdruck kamen.

Auswirkungen der Angst. Physiologisch stellt sich die Angst als ein Zustand extremer Erregung mit erhöhtem Adrenalinspiegel, schnellem »Feuern« der Gehirnnerven, erhöhter Herzfrequenz und gesteigerter Muskelspannung dar (Izard, 1977). In kleinen »Dosen« kann dies dem »Funktionie-

Aufsatz von E. S.:
Warum kaufen die Menschen Kleider eines bestimmten Stils? Warum haben sie gerade den Stil gewählt, den sie tragen? Wählen sie diesen Stil, weil er ihnen gefällt? Oder tragen sie ihn deshalb, weil auch alle anderen ihn tragen?

Wovon hängt ihre Stilwahl ab? Wollen sie anders sein und sich von der Masse abheben? Oder wollen sie so wenig Aufsehen wie möglich erregen und einfach den Durchschnittsgeschmack treffen? Die meisten Menschen wählen ihren Stil so, daß sie mit der von ihnen bevorzugten Gruppe oder Organisation übereinstimmen und auch deshalb, weil eine von ihnen bewunderte Person diesen Stil trägt; das soll ihnen ermöglichen, so wie diese Person zu sein.

Aber was genau bringt die Konsumenten dazu, jeweils die neuesten Kreationen zu kaufen?

Aufsatz von G. J.:
In den letzten fünfzig Jahren haben sich die Stile in der Architektur stark gewandelt. Dieser Wandel ging von Schönheit und Ornamentik zu Geradheit und Kälte. Einer der Gründe dafür ist ein Architekt namens Ludwig Mies van der Rohe. Mies kam mit einem neuen architektonischen Stil nach Amerika, und seitdem wandelte sich die Architektur.

In den Jahren 1893 bis 1920 war der architektonische Stil in Amerika dem im alten Europa ähnlich, mit dem er einige Stilelemente und Ideen gemeinsam hatte, sich aber nicht völlig deckte. Genauer gesagt: Bevor Ludwig Mies van der Rohe nach Amerika kam, schien es hier eine ausgeprägte Originalität bei den Treppenhäusern und Loggias zu geben, besonders was die Bögen entlang der Decken und auf den Dächern betrifft.

Der Hauptunterschied zwischen den älteren und den modernen Architekturstilen zeigt sich in der Ausschmückung. In der Periode unmittelbar vor der modernen Architektur wurde die Ornamatik jeweils vom Stil des Hauses diktiert, weil »... es nicht immer passende Prototypen gab ...«. So gab es zum Beispiel für offene Kamine, Decken und Wände erfinderische Adaptationen griechischer, ägyptischer oder gotischer Motive. Aber obwohl noch häufig so gebaut wurde, war die amerikanische Architektur in eine Phase der Erneuerung eingetreten, und zwar in zweierlei Hinsicht. Zum einen ging es um die gotische Architektur; dies heißt, daß in jener Zeit auf eine Weise gebaut wurde, die bestimmten gotischen Strukturen in Europa glich. Der zweite, eher akedemische Zweig der Erneuerung ist von der italienischen Renaissance inspiriert, von der französischen Renaissance und von der romanischen Architektur. Zu den wegweisenden Bauwerken gehörten die von Louis Sullivan und von Frank Lloyd Wright.

ren« zuträglich sein, aber von einem gewissen Grade an wirkt dieser Zustand störend (Hunt, 1965).

Unter dem kognitiven Aspekt geht Angst mit einem Zerfall der Aufmerksamkeit einher. Forschungen zeigen, daß Angst die Leistung des Kurzzeitgedächtnisses senkt; damit wird die Informationsmenge reduziert, die gedanklich simultan behandelt werden kann (Easterbrook, 1959; Izard, 1977). Furcht, ein mit der Angst verwandter Zustand, führt oftmals zu einer Art Blindheit für alles, was nicht direkt mit der Bedrohung zu tun hat. Die Zustände der Angst, der Furcht und des Ärgers gehen auch mit impulsivem Verhalten einher: Man handelt, ohne nachzudenken; man ist weniger als sonst in der Lage, das eigene Verhalten unter Kontrolle zu halten.

Die beiden Schüler berichteten während der Schreibphase all diese Symptome. Ihre Emotionen interferierten mit ihrer Konzentration und beeinträchtigten ihre Kontrolle über das eigene Denken. Die ängstlichen Schüler wünschten schließlich nichts anderes mehr, als daß die ganze Sache endlich vorbei sei. Die Auswirkungen lassen sich in den Anfangsabschnitten der beiden Arbeiten ablesen (siehe Abbildung 9.1; zwar können aus Platzgründen nur die ersten Zeilen der beiden Aufsätze wiedergegeben werden, aber die dort feststellbaren Muster wiederholen sich jeweils die ganzen Aufsätze hindurch).

Im ersten Fall, E. S., zeigt sich der Angsteinfluß im Eröffnungsabschnitt überdeutlich. Der Anglistikprofessor, der uns als Experte diente, charakterisierte die drei ersten Abschnitte der betreffenden Arbeit folgendermaßen:

E. S. scheint genau zu verstehen, wie ihre Einführung auf den Leser wirken sollte: Sie sollte zunächst ein Problem oder eine Fragestellung sichtbar machen; dann sollte sie den Leser über die spezifischen Aspekte orientieren, die der Aufsatz in diesem Rahmen aufgreifen wird und schließlich sollte die Einleitung bereits in das Hauptthema einführen, das einen Überblick über die Struktur des Aufsatzes gibt. Die von E. S. gelieferte Einführung leistet all dies, aber in der denkbar elementarsten Art. E. S. versucht, im Geist des Lesers eine Frage aufsteigen zu lassen, indem sie diese Frage selbst direkt stellt. Sie kündigt Teilthemen an, indem sie noch weitere Fragen stellt. Und sie führt schließlich in das den Aufsatz strukturierende Hauptthema ein, indem sie die ganze Aussage ihrer Arbeit schon vorwegnimmt. Die Unreife dieser Art zu schreiben wird durch ihre ungeduldige Direktheit und durch ihren aggressiven Ansatz in

---

◂ Abbildung 8.1. Anfangsabschnitte von Texten, die von ängstlichen Schülern geschrieben wurden.

bezug auf die Leserreaktionen und auf das Material selbst deutlich. Diese Art von Aggressivität gegenüber dem Material zeigt sich in der ganzen Arbeit.

E. S. wußte, was zu tun war und sie hatte in früheren Arbeiten gezeigt, daß sie dazu in der Lage war (sie hatte bei zwei früheren Aufsätzen vergleichbarer Art die Note Eins erhalten), aber diesmal fehlte ihr die innere Ruhe, um die Sache einigermaßen geschickt ausführen zu können. Sie brachte die Konzentration und Geduld nicht auf, ihre Argumente im Text zu entwickeln, sondern wiederholte fast zwanghaft immer denselben Punkt, als ob sie der eigenen Fähigkeit mißtraute, den Leser zu erreichen. Über den Aufsatz als Ganzes schreibt der Experte:

Der Aufsatz ist völlig außer Kontrolle geraten. E. S. hat keinen Überblick, über ihr Material und läßt fortwährend erkennen, daß sie von der Aufgabe überfordert ist und daß sie intellektuell das Material nicht von ihren eigenen Reaktionen darauf unterscheiden kann. Es gibt kaum Hinweise darauf, daß E. S. leserorientierte Entscheidungen getroffen hätte; und wo sie den Leser in der Einleitung doch noch in Betracht zieht, schafft sie es nur, ihn quasi am Kragen zu packen und ihn mit der Nase auf bestimmte Fragen zu stoßen.

Nicht, daß E. S. nichts zu sagen hätte – sie hat ihre Aufgabe gemacht und der Aufsatz enthält alle notwendigen Elemente für einen intelligenten Essay. Eher hat sie allzuviel zu sagen. Sie hat kein Gefühl dafür, worauf das Material in ihrem Aufsatz hinausläuft, kein Gefühl für den Aufsatz als Ganzes. Sie schafft keine Distanz zwischen ihren Nachforschungen und sich selbst, zwischen ihrer Autorenrolle und sich selbst oder auch zwischen dem Leser und sich selbst.

Ihr zerrissener innerer Zustand führte zu einem zerrissenen Versuch der Kommunikation. Hohe Erwartungen hinderten sie daran, die Gedanken in den Griff zu bekommen und den Schreibprozeß zu kontrollieren. Das Ergebnis ist ein wirres Durcheinander von Gedanken.

Der Schüler, der über Mies van der Rohe schrieb, G. J., zeigt seine Unruhe auf ähnliche Weise. Sein Aufsatz versucht, breites Material abzudecken, und der Versuch, allem gerecht zu werden, führt zu großen Sprüngen. Es fehlt ein eindeutiger Fixpunkt. Außerdem häufen sich die orthographischen und grammatischen Fehler, und die gewählten bildhaften Ausdrücke sind häufig unglücklich. Offensichtlich fand er Gefallen an gewissen Wendungen und Bildern; er vergaß, daß andere wenig damit anfangen konnten. Folgendes schrieb sein Lehrer zum Aufsatz:

Dein Aufsatz nimmt viel zu viel in Angriff! Dein Thema ist zu breit, und daher fährst Du darin herum, ohne irgendeine Schaffensperiode von Mies mit hinreichender Gründlichkeit zu betrachten. Auch die Sätze hätten vielmehr Sorgfalt verdient; häufig geraten sie allzu lang und enden bei irgendeinem Detail oder Fragment. Von den längeren Worten sind nur wenige fehlerfrei geschrieben. Du hast hier viel zu wenig Mühe aufgewandt, um das Gechriebene zu überprüfen.

Dieser Lehrer merkt nicht, wie sehr der Student sich eben gerade bemüht hatte, einen guten Aufsatz zu schreiben. G. J. hatte sehr viel Zeit und Mühe dafür aufgewendet, aber seine Aufregung und Angst hinderten ihn daran, das Geschriebene objektiv zu sehen. Seine psychische Energie brauchte er für das Ordnen seiner Gefühle, so daß sie für das Ordnen der Gedanken nicht mehr ausreichte. Er konnte seine Aufmerksamkeit nicht wirksam einsetzen, und so ergaben sich im Ergebnis große Lücken und Mängel.

Angst ist ein Zustand der Übererregung, der die Konzentration und die Steuerung der Aufmerksamkeit beeinträchtigt. Wahrscheinlich ist Angst in manchen Phasen nicht zu vermeiden, insbesondere für junge Schreibende: Es läßt sich nicht vermeiden, daß Schüler und Studenten manchmal überfordert sind, daß sie die eigenen Erwartungen zu hoch ansetzen oder zu viele Möglichkeiten gleichzeitig in Angriff nehmen. Probleme ergeben sich, wenn diese Situationen und die damit verbundenen Emotionen nicht mehr von der Aufgabe als Ganzes getrennt werden können, wenn ein Schüler mit seiner Arbeit nicht zurechtkommt. Angst führt bestensfalls zu impulsivem und schlecht kontrolliertem Schreiben. Im schlechtesten Fall aber führt sie zu einer emotionalen und kognitiven Blockade, die das Schreiben überhaupt unmöglich macht. Schauen wir uns jetzt eine ganz andere emotionale Situation an.

Untererregung: Das Langeweile-Szenario

Das klinische Bild. Untererregung geht mit Zuständen der Apathie, des Desinteresses, der Depression und vor allem der Langeweile einher. Hauptmerkmal ist das Fehlen jeglicher Motivation. Die Schüler beschreiben die Arbeit dann als Plackerei. Ein Junge schilderte sein Gefühl so: »Du schaust ständig zur Uhr, aber es sind erst zwei Minuten vorbei. Man hat sich vielleicht vorgenommen, zu einer bestimmten Zeit ins Bett zu gehen; da wartet man jetzt und sieht, wie langsam die Zeit verstreicht, und man möchte nur, daß es so schnell wie möglich vorüber ist«. Langeweile schien sich meist erst während des eigentlichen Schreibens einzustellen. Die Schüler hatten das Gefühl, der spannende Teil sei vorbei, wenn sie die relevante Literatur gelesen hatten, es gäbe nun nichts mehr zu entdecken. Ein Student erklärte es wie folgt:

Die Sache dann aufzuschreiben, ist langweilig. Denn wenn ich alle meine Notizblätter beisammen habe, ist doch eigentlich alles da. Aber das nun noch zu Papier zu bringen, das ist Arbeit. Ich weiß, was ich sagen will; aber es ist mühsam, das nun noch in die richtigen Worte zu kleiden. Ich bin dann eigentlich nur eine Art Roboter, der wiederholt, was andere Leute gesagt haben.

Es ist offensichtlich, daß dieser Schüler nur geringe Vorstellungen davon hat, welche erregenden Möglichkeiten das Schreiben bietet. Langeweile tritt auf, wenn die Aufgabe keine Herausforderung darstellt, wenn ein Schüler in einer Arbeit nichts sieht, was ihn persönlich interessieren oder gar begeistern könnte.

Im folgenden schildern wir zwei Fälle von Schülern, die ständig Probleme mit ihrer Langeweile hatten. Der erste, M. D., plante einen betriebswirtschaftlichen Hochschulabschluß, um ins Geschäftsleben gehen zu können. Zuerst wollte er seinen Aufsatz über Baseball schreiben. Da aber viele andere dieselbe Idee hatten, sprach er mit seinem Lehrer und beschloß schließlich, einen Aufsatz über das Thema »Zur Unterbringung der Immigranten« zu schreiben, ein Thema, mit dem er sich schon im Geschichtsunterricht beschäftigt hatte.

Als er vier Tage vor dem Abgabetermin gefragt wurde, ob er irgendwelche Probleme habe, verneinte er das. »Es war kein schwieriges Thema, bei dem man richtig hätte nachforschen müssen, wirklich nicht«. Er mußte den Aufsatz schreiben, also schrieb er ihn. Alles war eine klare Sache. Er arbeitete jeden Tag nach der Schule zur gleichen Zeit: Zuerst sammelte er systematisch Notizen auf Karteikarten, sortierte sie dann und schrieb schließlich alles auf. Er berichtete keinerlei Gefühle, keine Erregung und keine persönlich bedeutsame Herausforderung. Er sagte: »Ich spulte es einfach ab«. Man hatte den Eindruck einer Dampfwalze, die alles, was sie auf ihrem Weg vorfand, plattwalzte.

Das zweite Beispiel beschreibt einen Schüler, D. V., der einen Aufsatz zum Thema »Einberufung zum Militär« schrieb. Die Wehrpflicht hätte auch ihn betroffen, sobald er 18 ist, und deshalb sei das ein wichtiges und persönliches Thema. Was wir hier über ihn berichten, sind Informationen aus Fragebogen, die er zu acht verschiedenen Zeitpunkten vor, während und nach dem Beginn der Schreibaufgabe ausfüllte.

Zunächst berichtete D. V., am Aufsatz interessiert zu sein. Er fand leicht Material dazu und gab an, sich eingehend damit zu befassen. Aber von Fragebogen zu Fragebogen sank seine Begeisterung. Als er schließlich mit dem Schreiben begann, hatten Desinteresse und Langeweile bereits Überhand genommen. Die Ursache liegt wohl darin, daß das Thema sozusagen erstarrt war: Es erfuhr keine Veränderungen oder Verfeinerungen mehr. Er war unfähig oder nicht willens, mit Ideen zu spielen. Von Anfang an sagte er, er glätte sehr viel, aber er schaffe kaum etwas Neues. Es gab bei ihm nichts von dem, was Getzels und Csikszentmihalyi (1976) »Problemfinden« genannt haben. Er wußte, was er über die Wehrpflicht sagen wollte. Der Vorgang des Schreibens wurde somit zu einer bloßen Routineübung.

Für beide Schüler wurde dieser Vorgang zu einer mechanischen Aufgabe. Sie schienen keinerlei Möglichkeit zu sehen, Begeisterung oder Herausforderung zu empfinden. Manche Psychoanalytiker sehen die Langeweile als eine Abwehr gegen Gefühle, die nicht auszuhalten sind (Fenichel, 1951). Es könnte also sein, daß diese beiden Schüler so mechanisch vorgingen, um sich gegen Schmerz, Bedrohung und Ungewohntheit zu schützen, die in ihren Materialien anzutreffen waren; ihre Berichte weisen allerdings lediglich darauf hin, daß sie den Vorgang selbst wenig anziehend fanden. Sie hatten nie gelernt, beim Schreiben Begeisterung zu erleben.

Auswirkungen der Langeweile. Experimentelle Untersuchungen zeigen, daß Langeweile gewöhnlich mit niedriger physischer Aktivierung einhergeht. Der Adrenalinspiegel liegt niedrig, die Herzfrequenz verlangsamt sich; auch der Sauerstoffverbrauch ist unterdurchschnittlich. In kognitiver Hinsicht ist Langeweile von einem Aufmerksamkeitsabfall und einer Verlangsamung der Denkprozesse begleitet. Bei Langeweile ist unsere Fähigkeit herabgesetzt, die Aufmerksamkeit zu steuern; Vigilanz und Leistung nehmen ab (Smith, 1981; Thackray, 1981).

Der Zusammenhang der Langeweile mit der Arbeit läßt sich aus den Anfangsabschnitten der beiden Aufsätze ersehen, die in Abbildung 8.2 wiedergegeben sind. Der Experte kommentierte den Anfang des Aufsatzes über die Unterbringung von Einwanderern wie folgt.

Der einleitende Abschnitt des Aufsatzes bringt ausschließlich Fakten und ist außerordentlich uninteressant. Es gibt keinerlei Hinweise auf das Thema des Hauptteiles (die schrecklichen Lebensbedingungen in den Immigrantenwohnungen). Man erfährt nicht, worauf der Schreibende hinauswill. M. D. gibt sich viel Mühe, sich und dem Leser jegliche emotionale Beteiligung an seinem Material zu ersparen; man beachte zum Beispiel den spröden letzten Satz des zweiten Abschnittes. Auch der zweite Satz des dritten Abschnittes (in dem er die Bezeichnung »Hantel-Haus« erklärt) ergibt keinen Sinn, es sei denn, der Leser merkt, daß M. D. hier nicht von der Straße, sondern quasi von oben auf einen gezeichneten Grundriß des Hauses schaut – nur dann machen die Bezeichnungen »oben und unten« überhaupt Sinn. Die Entwicklung der Gedanken in diesem Aufsatz ist so ziemlich die unpersönlichste Abhandlung über diesen Bereich, die ich mir bei Schreibenden dieses Alters vorstellen kann.

Aufsatz von M. D.:
Der große Zustrom von Einwanderern in die Vereinigten Staaten in den 20er und 30er Jahren brachte außergewöhnliche Wohnungsprobleme mit sich. Da die Einwanderung vor allem industrielle städtische Gebiete betraf, genügten ein- oder zweistöckige Gebäude nicht mehr.
Um die größtmögliche Zahl von Menschen auf einer gegebenen Grundfläche unterbringen zu können, mußten immer höhere Häuser errichtet werden. Außerdem sollte einfach und schnell gebaut werden. Diese Bedingungen führten zusammen dazu, daß Wohnhäuser in einheitlicher Form entstanden. Die bereits vorhandenen Gebäude vergeudeten zuviel Raum mit Durchgängen, Korridoren und Treppenhäusern.
Die neuen Einwandererhäuser glichen rechtwinkligen Kästen. Sie wurden »Hantel-Haus« (engl. dumbell tenements) genannt, weil sie oben und unten breit sowie in der Mitte schmal waren. Diese Gebäude wurden auf einheitlichen städtischen Grundstücken von sieben oder acht mal 33 Metern errichtet. Das Gebäude füllte praktisch die ganze Grundstücksfläche aus. Es stieß an die zu beiden Seiten anstoßenden Gebäude an, und nur an der Hinterfront blieb ein ungefähr 3,5 Meter breiter Streifen frei.

Aufsatz von D. V.:
Für Millionen junger Männer ist das Alter von 18 Jahren entscheidend wichtig. Diese jungen Männer können wählen, ob sie auf die Universität oder direkt in einen Beruf gehen wollen, aber sollte die allgemeine Wehrpflicht wieder eingeführt werden, müßten sie ihre Pläne drastisch ändern. Die Regierung könnte ihren persönlichen Lebensplan abrupt in eine andere Bahn lenken, wenn sie die Männer zur Armee ruft. Unser Land steht nun vor einer Entscheidung – allgemeine Wehrpflicht oder Freiwilligenarmee. Die Vereinigten Staaten brauchen mehr Soldaten, als sie zur Zeit mit der Freiwilligenarmee haben. Unsere Nation könnte genügend Soldaten auch ohne Wehrpflicht aufbringen und sie sollte das auch, um der Rechte des Einzelnen willen.
Wehrpflicht bedeutet die zufällige Verpflichtung von Männern für den Militärdienst. Dieses Verfahren wurde 1793 in Frankreich entwickelt und ist in den USA mehrmals seit dem Bürgerkrieg angewandt worden. Es blieb auch in allen großen Kriegen seither in Kraft, war jedoch in Friedenszeiten eher umstritten. Nach dem unpopulären Vietnamkrieg wurde die Opposition dagegen wesentlich stärker. Die Regierung überlegt sich nun, ob sie die Wehrpflicht in Friedenszeiten anwenden soll, weil die Zahl der Rekruten rückläufig ist. Diese Rückkehr zum System der Einberufung führt zu heftigen Diskussionen.

Abbildung 8.2. Erste Abschnitte im Aufsatz eines gelangweilten Schülers.

Es handelt sich um einen schwerfälligen Aufsatz mit grauenhaften Auslassungen M. D.'s rigider Ansatz kommt deutlich zum Ausdruck. So schreibt der Experte über den Rest des Aufsatzes ähnliches:

Im Hauptteil des Aufsatzes muß M. D. notgedrungen etwas persönlicher werden – wenigstens kommen dort Personen vor, die etwas tun. Aber auch dort schafft er es mit einer Vielzahl verbaler Strategien, den Standpunkt des Betrachters möglichst weit vom Leser und vom Schreibenden weg zu verlegen. So taucht die erste Erwähnung von Schmutz im dritten Satz des fünften Abschnitts völlig überraschend auf. In diesem und im darauf folgenden Abschnitt führt M. D. den Schmutz auf die Bauweise der Häuser zurück, insbesondere auf die Luftschächte, aber er unterläßt es, die »übel riechenden Gänge« zu erklären. Ebenso ungereimt ist, daß er auch für den Mangel an Privatsphäre die Luftschächte verantwortlich macht, um gleich darauf zu erwähnen, daß mehrere Familien sich eine Wohnung zu teilen hatten. M. D. sucht immer wieder die einfachste und objektivierteste Erklärung, die er finden kann. Daher ist der Leser völlig unvorbereitet, als es schließlich um die Hauptthese des Aufsatzes geht, nämlich um die sozialen Probleme und die erstaunlichen Fähigkeiten der Einwanderer, damit fertig zu werden. Es ist nicht nur der Fall, daß die sozialen Probleme sozusagen aus dem Nichts auftauchen – M. D. muß wohl gedacht haben, auch der Leser sehe deren Unvermeidlichkeit ohnehin –, sondern auch die Bewunderung für den Erfolg der Einwanderer wird dadurch stark geschmälert, so daß M. D. auch im folgenden kaum auf diese Menschen eingeht und sie dem Leser nicht näherbringen kann.

Insgesamt bezeichnet der Experte ihn als einen »sehr langweiligen Aufsatz« und erwägt die Möglichkeit, daß der Autor sich bewußt angestrengt habe, »die Unappetitlichkeit des Themas zu umgehen«. Man könnte sich die psychoanalytische Position zu eigen machen, daß der Junge diesen rigiden Ansatz gewählt hat, um sich gegen das Material zu schützen; seine Beschreibung des eigenen Erlebens stützt diese Annahme aber in keiner Weise. Daraus geht lediglich hervor, daß er nicht motiviert war. Er hat einfach nie gelernt, daß Schreiben eine Herausforderung sein kann, und so nahm er nicht die Gelegenheit wahr, eine stärkere persönliche Beteiligung zu entwickeln.

Im zweiten Fall, dem von D. V., gibt es eine klare These, die das Interesse des Autors geweckt hatte: Wehrpflicht ist ungerecht. Liest man den Aufsatz, wird aber offensichtlich, daß diese Anfangsidee nicht entwickelt wird: D. V. zählt lediglich positive und negative Argumente auf und gibt sich keine Mühe, sie gegeneinander abzuwägen. Der Experte faßt seine Reaktionen auf diesen Aufsatz wie folgt zusammen:

In den meisten Aspekten ist dieser Aufsatz nicht bemerkenswert. Er beginnt recht gut mit der Gliederung und der Hauptaussage; aber es geht zu schnell, und es wird zu wenig ausgeführt. Die Entwicklung der Gedanken schreitet logisch voran, und die Themenabfolge ist relativ zusammenhängend, aber die Übergänge fallen manchmal abrupt und unvermittelt aus. D. V. verfügt über genügend Kontrolle und Distanz zu seinem Material, um den Übergang zu seinen persönlichen Ansichten im letzten Abschnitt recht gefällig zu vollziehen und dies auch bereits in seinem ersten Satz vorzubereiten. Im übrigen handelt es sich aber um eine wenig anspruchsvolle Arbeit. Ein Gliederungspunkt nach dem anderen, wenig Aufmerksamkeit für mögliche Reaktionen des Lesers, kaum eine Anstrengung, den Aufsatz interessant zu machen.

Der Text ist Ausdruck des persönlichen Zustands von D.V. Bei der gering ausgeprägten Begeisterung, die er selbst beim Schreiben empfand, konnte er seinen Aufsatz für den Leser nicht spannend machen.

Während die ängstlichen Schüler unter ihren ehrgeizigen Erwartungen litten, waren die hier beschriebenen in ihrer Arbeit gelähmt, weil sie zu wenig Erwartungen hatten. Sie konnten sich unter einem Aufsatz nichts anderes vorstellen als eine Addition von Notizen. Sie schienen unfähig, dem Schreiben irgendwelche Reize abzugewinnen.

Ordnung und Unordnung in emotionalen Zuständen

Seelische Krankheiten. Ein extremes Beispiel einer emotionalen Störung fand sich im Falle eines Schülers, der seine Arbeit über *The Varieties of Religious Experience* (Die Arten des religiösen Erlebens) von William James schrieb. Dieser Schüler war religiös und empfand die Möglichkeit, den James'schen Versuch, die Reduktion der Religion auf Psychologie zurückzuweisen, als eine anregende Herausforderung. Dieser Aufsatz bot sich ihm als eine Plattform an, um Dinge zu sagen, die er schon lange sagen wollte, und er sah sich selbst als »Leitfigur« und als »Sprecher für die Zukunft«. Aber diese großartigen Erwartungen riefen Angst hervor, die seinen Geist zum Taumeln brachten. Bei seinem ersten Interview berichtete er, bereits mehrere Entwürfe zerrissen zu haben; er empfand alles, was er bisher geschrieben hatte, als »Blödsinn«. Mehrere Monate später befand er sich immer noch in einem Zustand der Niedergeschlagenheit. Er hatte vom Lehrer einen zeitlichen Aufschub erhalten, aber er zerriß weitere Entwürfe und raufte sich die Haare. Ihm war bei seiner Arbeit jedes Gefühl für eine geordnete Abfolge oder für systematische Methode abhanden gekommen; er lief im Kreis und hatte jede Zuversicht verloren, zu einem intelligenten Schluß zu kommen.

Angst, Langeweile und verwandte Zustände gleichen Krankheiten: sie ziehen das Denken und das Handeln in Mitleidenschaft. Der Umgang der Schüler mit ihrem Material gestaltet sich chaotisch oder rigide; Gedanken werden impulsiv oder mechanisch zu Papier gebracht, ohne eine angemessene Entwicklung der Gedanken und ohne Rücksicht auf den Leser.

Dieser Zustand innerer Zerrissenheit tritt in der Schule recht häufig auf. Fast alle Befragten in einer Stichprobe von 90 Schülern, die am erwähnten »junior theme« arbeiteten, berichteten über emotionale Probleme: über Anfällen von Langeweile, Sorge und Motivationsverlust (Larson, Hecker & Norem, 1985). Es scheint, daß die jungen Autoren viele Stunden lang in unproduktiven und verzweifelten Zuständen umhertappten.

Zentral ist das Problem der Aufmerksamkeit: Wie kann ein Autor seine Aufmerksamkeit auf sein Werk ausgerichtet halten? Neben der inneren Zersplitterung, die auf den Vorgang des Schreibens selbst zurückgeführt werden kann, gab es noch andere Quellen der Ablenkung. Diese jungen Leute befanden sich in einem Lebensstadium, in dem sie sich heftig verliebten, wieder trennten, mit ihren Eltern stritten oder unter Herpes litten. Sie wurden von Begeisterung, von Panik oder von anderen intensiven Emotionen überwältigt. Die Frage ist: Wo inmitten dieser Lawine von Gefühlen konnten sie den geistigen Frieden finden, um ihre Gedanken zu strukturieren?

Integrative Gefühle. Um die Rolle der Emotionen beim Schreiben ganz zu verstehen, müssen wir aber auch normale Verläufe betrachten. Es ist wichtig, auch Personen zu analysieren, die ihre Aufmerksamkeit gewinnbringend steuern können und die einen konstruktiveren psychischen Zustand erleben. Dazu wollen wir das Thema »Schreiben« einen Moment lang verlassen.

Mihalyi Csikszentmihalyi hat versucht, optimale Zustände zu verstehen, indem er ihr Auftreten bei kreativen und anforderungsreichen Aktivitäten erforschte. Er studierte unter anderem Bergsteiger, Tänzer, Komponisten, Chirurgen und Schachspieler, um die Dynamik des inneren Erlebens in Fällen zu verstehen, in denen alles positiv verläuft (Csikszentmihalyi, 1975b, 1978a, 1979). Diese Personen beschrieben den optimalen Zustand als einen der Freude oder des *flow*, als einen Zustand, in dem sie völlig in ihrer jeweiligen Aktivität aufgehen, und in dem das Denken bruchlos ins Handeln übergeht. Der Gefühlszustand ist positiv und dennoch nicht Gegenstand besonderer Aufmerksamkeit; es ist keine besondere psychische Energie nötig, um ihn aufrechtzuerhalten. Die Aufmerksamkeit steht ganz für die äußeren Aufgaben zur Verfügung, und diese Menschen fühlen sich der jeweiligen Situation gewachsen: Tänzer sprechen davon, ihren Körper besser kontrollieren zu können; Komponisten geben zu Protokoll, mit den Musiknoten besser umgehen zu können; Studenten fühlen sich ihrer Aufgabe gewachsen. Diese Personen fühlen sich dazu motiviert, das zu tun, was sie tun, und ihre Aufmerksamkeit ist effektiv.

Was führt diesen Zustand herbei und was erhält ihn aufrecht? Die Antwort auf diese Frage bezieht zum Teil die Kognition mit ein. Csikszentmihalyi entdeckte in den *flow*-Berichten seiner Interviewpartner gemeinsame Merkmale der Wahrnehmung in bezug auf die jeweilige Aktivität. Der *flow*-Zustand scheint dann einzutreten, wenn Menschen klare Ziele haben und eine Vorstellung davon, wie sie diese Ziele erreichen werden. Sie wissen, was sie ereichen wollen und verstehen die Regeln, die es dabei zu befolgen gilt. Außerdem scheinen Rückmeldungen wichtig zu sein, seien es explizite oder selbst generierte: Man muß wissen, wann man etwas richtig und wann man es falsch macht. Das entscheidende Element scheint indessen das Gleichgewicht zwischen den wahrgenommenen Anforderungen der Aktivität und dem Können der Person zu sein. Man muß das Gefühl haben, die Aktivität biete Handlungsmöglichkeiten, die gut auf das eigene Können abgestimmt sind. Der Schachspieler braucht einen Gegenspieler angemessener Kompetenz; der Kletterer muß einen Felsen finden, der seinem Können entspricht.

Nur wenn dieses Gleichgewicht eintritt, können sich Engagement und Freude entwickeln. Sind die Anforderungen der Aktivität für die Fähigkeiten der Person zu groß (ist der Fels zu steil oder der Schachspieler weit überlegen), nimmt Angst überhand. Und die Angst kann bereits auftreten, wenn die Anforderungen noch gar nicht als zu groß erfahren, sondern erst so *wahrgenommen* werden. Das ist das Szenario, in dem sich die beiden zunächst beschriebenen Schüler befanden. Sind andererseits jedoch die Anforderungen für das Können einer Person zu klein (ist die Klettertour zu leicht, erweist sich der Gegenspieler als zu schwach) – oder sieht man keinen Weg, eine gegebene Aktivität anforderungsreicher zu machen –, gewinnt die Langeweile die Oberhand. Dies scheint den letzten beiden Schülern geschehen zu sein. Unter beiden Bedingungen wird die Aufmerksamkeit beeinträchtigt.

Zu oft meinen wir, Kognition und Emotion seien voneinander getrennt, als ob kognitive Prozesse emotionslos ablaufen und Gefühle ohne Kognition auskommen könnten. Dies ist offensichtlich falsch. Was wir denken, wird von unseren Gefühlen beeinflußt, und was wir fühlen, wird von unserem Denken mitbestimmt. Die Wahrnehmung von Zielen, Zwängen, Rückmeldungen, Anforderungen und Fertigkeiten hat Einfluß darauf, wie sich jemand an einer Aktivität beteiligt. Die systemische Beziehung, die man zu einer momentan ablaufenden Handlung hat, bestimmt die Ebene der Auseinandersetzung.

Die Frage ist: Sind junge Leute in der Lage, die Art und Intensität ihrer Beteiligung an der Aktivität des Schreibens zu steuern? Bringen sie das gewisse innere Gleichgewicht zustande, das nötig ist, um tief in die Arbeit hineinzugelangen? Dieser Frage wenden wir uns als nächster zu.

Optimale Erregung: Das Erlebnis der Freude

Die Entstehung von flow beim Schreiben. Schüler erleben beim Schreiben ihrer Aufsätze nicht nur hinderliche Emotionen. Viele berichten auch von *flow*-ähnlichen Erlebnissen, wenn sie schreiben. Sie erwähnen Elemente der Freude, von tiefer Absorption (»Ich habe mich ganz hineinversetzt«) bis zur intrinsischen Motivation (»Ich fand es einfach herrlich«). Sie berichten davon, die Zeit zu vergessen; dies ist eine häufige Begleiterscheinung von *flow* (»Ich setze mich um 6 Uhr hin, und bevor ich einmal auf die Uhr schaue, ist es 10 Uhr und Zeit, nach Hause zu gehen«); auch von souveränem Umgang mit dem Material ist die Rede (»Ich kam mir richtig mächtig vor, so als hätte ich die Informationen ganz in meiner Hand und könnte sie formen, wie ich wollte«). Verschiedene Schüler gebrauchten sogar selbst den Ausdruck *flow*, um ihre intensive Beschäftigung mit ihrer Arbeit zu beschreiben.

Am interessantesten ist aber, daß diese Schüler mit Absicht gewisse Strategien anzuwenden schienen, um ihre Arbeit erfreulicher werden zu lassen. Betrachten wir als erstes das Beispiel eines jungen Mannes, S. N., der seine Arbeit über die Entwicklung der DC-3 vor dem Zweiten Weltkrieg schrieb. Dieses Flugzeug hatte ihn interessiert, weil er den Plan hatte, Flugzeugingenieur zu werden. Seine schriftstellerischen Fähigkeiten unterschieden sich nicht von denen der bereits beschriebenen übrigen vier Schüler. Auch er verfügte nicht über eine größere Schreiberfahrung, aber er schien seine Emotionen besser kontrollieren zu können.

Wie die gelangweilten Schüler ging S. N. recht methodisch vor. Er arbeitete täglich zu derselben Zeit und setzte sich für jeden Tag ein Ziel. Der Unterschied bestand darin, daß er bereit war, seine Pläne und die Orientierung seiner Aufmerksamkeit danach auszurichten, wohin ihn das Schreiben führte. Zunächst hatte ihn die Verwendung der DC-3 im Krieg interessiert, aber allmählich verlagerte sich sein Interesse auf ihre Vorkriegsentwicklung, da diese Phase – bevor das Flugzeug überhaupt in die Luft aufgestiegen war – für ihn bald die wichtigste war. Anders als bei den bisher beschriebenen Fällen hörte sein Interesse nicht auf, als er mit dem Lesen zu Ende war. Er empfand es als Herausforderung, dem Leser zu erklären, warum die Entwicklungsphase interessant und wichtig war.

Wie die ängstlichen Schüler erlebte S. N. Zeiten, in denen er von der Fülle des Materials und der Schwierigkeit, all das zu integrieren, überwältigt war. Meist bemerkte er es aber frühzeitig, wenn er in eine solche Phase geriet, und verkürzte dann die nächste Arbeitssitzung, um dieses Gefühl nicht aufkommen zu lassen: »Wenn ich wußte, daß es schwierig würde, nahm ich mir weniger Zeit dafür, aber vernachlässigte die Arbeit dennoch nicht ganz«. Auch er hatte durchaus weitgesteckte Ziele für seinen Aufsatz, aber es war ihm klar, daß er diese Ambitionen zügeln mußte: »Ich mußte mich immer wieder bremsen und mir selber sagen: Okay, du schreibst hier nur eine Schularbeit«.

Diese Sensibilität für das Schreibprojekt und für seine inneren Zustände schützte ihn vor der Übererregtheit und Angst, die die beiden Schüler lähmte, die über Mies van der Rohe und über William James schrieben. Er strengte sich sehr an und hatte dabei ein Auge auf den Grad seiner Anspannung und Energie: »Es ist, als ob man alles, was man hat, in die Aufgabe steckt. Man startet gewissermaßen nicht nur das Auto, sondern schaltet gleichzeitig auch alle elektrischen Schalter am Auto ein. Natürlich geht das eine Weile gut, aber plötzlich – wird es Zeit, neu aufzuladen«.

Überraschend an dieser Strategie ist, wie genau sie dem entspricht, was wir als *flow*-förderliche Maßnahmen herausgearbeitet haben. Dieser Schüler scheint gezielt die Anforderungen der Aufgabe mit seinem Können in Gleichklang gebracht zu haben. Indem er schwierige Wegstrecken vorsichtig in Angriff nahm, bei Erschöpfung eine Pause einlegte und sein eigenes Energieniveau im Auge behielt, regulierte er das Gleichgewicht von Herausforderung und Fähigkeiten; er schuf so die Bedingungen für eine erfreuliche und intensive Erfahrung.

Er erwähnte einen Augenblick besonders intensiver Beteiligung an seiner Arbeit, den er als großartige persönliche Hochstimmung beschrieb. Seine Konzentration war sehr tief: »Ich war wirklich wie weit entfernt von allem, was um mich herum geschah. Mein Telephon läutete, und ich bemerkte es erst beim dritten Mal; so war ich von der Sache gefangen«. In diesem Moment erstellte er aber keine Bibliothekslisten, Notizkarten, sondern er schrieb. Es war ihm gelungen, bei der Umsetzung der Gedanken in Sätze Herausforderung und Freude zu empfinden. Für ihn stellte das Schreiben nicht bloß einen mechanischen Vorgang dar; es war eine Möglichkeit zur Entdeckung und weiteren Erkundung von Ideen. Die Herausforderung lag darin, sein eigenes Interesse an den Flugzeugen auf den Leser zu übertragen; er sagte sogar, er könne es selbst kaum erwarten, seinen Aufsatz zu lesen.

Das zweite Beispiel ist das der Schülerin A. R., die einen Aufsatz über den amerikanischen Komponisten Charles Ives schrieb. Ihr Berufsziel war es, Graphikerin zu werden. Aber sie begeisterte sich auch für Musik und hatte ein besonderes Interesse für diesen Komponisten entwickelt.

Zu Beginn hatte sie verschiedene mögliche Themen ins Auge gefaßt und eine gewisse Verwirrung und Unentschlossenheit berichtet. Sobald sie sich aber für Charles Ives entschieden hatte, galt ihre volle Konzentration dem Lesen und Notizenschreiben. Wie S. N. arbeitete sie methodisch, erstellte Pläne mit Zielen, was sie jeweils erreichen wollte, und sorgte dafür, daß sie beim Arbeiten nicht gestört wurde. Zu diesem Zeitpunkt berichtete sie, daß ihr viele Aspekte der Arbeit Spaß machten. Das Projekt stellte eine Herausforderung dar, und sie hatte den festen Willen, daran zu arbeiten.

Während des Notizen-Sammelns kümmerte sie sich darum, wie sie das ganze gesammelte Material ordnen sollte: »Ich habe Schwierigkeiten, all dies in eine logische Abfolge zu bringen«. Statt sich von Panik überwältigen zu lassen, fand sie aber eine einfache Lösung: Sie experimentierte mit verschiedenen Aufsatzskizzen, um herauszufinden, wie die einzelnen wirkten. Sie war auch bereit, Dinge wegzulassen, wenn es geboten erschien, obwohl sie unterdessen an Charles Ives sozusagen »einen Narren gefressen« hatte. Tatsächlich gelang es ihr, das viele Material zu ordnen. Später gab sie an: »Als ich die Rohfassung schrieb und sie dann zur Endfassung überarbeitete, spürte ich einen richtigen Fluß im Material und ich hatte das Gefühl, daß alles sich zu einem Ganzen fügte«. Es ist interessant, daß sie den Ausdruck »sich fügen« verwendete, um ihr Schreiben zu charakterisieren, so als würde sie nicht alles steuern. Das Erlebnis der Freude ist eine persönliche Kontrolle, aber es ist auch eines, in dem das Handeln mühelos erscheint. Arbeitet jemand auf einer Anforderungsstufe, die dem eigenen Können entspricht, fehlt das Gefühl der Anstrengung.

A. R. sagte, das ganze Projekt sei ihr wie ein Musikstück vorgekommen. Ihre Arbeit war eine Abfolge von Entdeckung, Freude und Ausprobieren, und zwar in einem disziplinierten emotionalen Rahmen.

Wirkungen der Freude. Freude geht mit optimaler physiologischer Erregung einher. Herzschlagfrequenz und Sauerstoffverbrauch nehmen zu. Gleichzeitig wächst der Muskeltonus und der Blick stabilisiert sich. In kognitiver Hinsicht geht Freude mit klarer Aufmerksamkeit und mit voller Kontrolle über das eigene Denken einher (Csikszentmihalyi, 1975b). Man fühlt sich dann in der Regel stark und kompetent; man ist in der Lage, die Fülle und die Schönheit der Welt wahrzunehmen (Izard, 1977).

Die Beziehung dieses Zustandes zum Schreiben wird aus den Aufsätzen der beiden zuletzt erwähnten Schüler deutlich.

Abbildung 9.3 zeigt, wie einladend S. N. sein Thema in den ersten

Aufsatz von S. N.:
Am 17. Dezember 1939 kam auf einem kleinen Flugplatz in Santa Monica, Kalifornien, ein Flugzeug zur Welt. Die erste Douglas DC-3 hob ab und flog mehr als eine halbe Stunde lang. Chefpilot war Carl Clover, der Vizepräsident der Firma. Etwas Magisches war geschehen. Mit diesem Flugzeug entstand eine ganz neue Periode, eine Periode der Geschwindigkeit und der Effizienz, in deren Verlauf die darnieder liegende nationale Flugzeugindustrie in eine Wachstumsbranche und in ein technologisches Unternehmen verwandelt wurde. Sehr bald und ohne Warnung sollte diese Neuentwicklung sich sogar einer noch größeren Verantwortung gegenüber sehen. Es wurde in den umkämpften Luftraum des zweiten Weltkrieges gebracht, wo es viele neue Funktionen zu übernehmen hatte. Es zeigte sich dieser Herausforderung gewachsen. Die DC-3 überstand alle denkbaren Belastungen und Widrigkeiten; sie verdiente sich den Respekt aller, die jemals mit ihr zu tun hatten.

Das Modell »T der Lüfte«, wie es bald treffend genannt wurde, deckte schnell ganz allein 90 % der kommerziellen Lufttransporte in den Vereinigten Staaten ab. Die DC-3 bildete schlicht das Rückgrat der zivilen Luftfahrt, sowohl in den USA als auch im Ausland, im Krieg und im Frieden. Dieses ganze Unternehmen verdankte sich dem Ehrgeiz von Donald W. Douglas, der ein Flugzeug in Auftrag gegeben hatte, das »mit einer Zweiermannschaft von Pilot und Copilot *besetzt* und mindestens zwölf Passagiere befördern *sollte*; es sollte *zwar* bei komfortablen Sitzen mit viel Raum und voll ausgestattet sein mit all den vielen Einrichtungen und Annehmlichkeiten, die allgemein von einem Passagierflugzeug erwartet wer-

Abbildung 8.3. Erste Abschnitte im Aufsatz von Studenten, die Freude und

Abschnitten skizziert, indem er die Idee dieses neuen Flugzeuges, die sich verändernden Bedingungen der Vorkriegszeit und die Ambitionen von Donald Douglas zueinander in Beziehung setzt. In ausreichendem Maße hatte S. N. seine Gedanken und Gefühle unter Kontrolle, um diese verschiedenen Bestandteile zu integrieren.

Der Anglistikprofessor, der uns als Experte diente, brachte seine Bewunderung für die gelungene Entwicklung des Themas im weiteren Verlauf des Aufsatzes von S. N. zum Ausdruck, insbesondere für dessen Fähigkeit, die Hauptpunkte zurückzuhalten, während er den Leser dennoch systematisch zu ihnen hinführt.

Der entscheidende Punkt im Aufsatz ist der Erfolg der DC-3. Aber S. N. schafft es, diesen Punkt bis Seite 5 hinauszuzögern, wo wir dann zweieinhalb

flow und das Abfassen eines Textes

den«. Der Erfolg dieses modernen Konzeptes eines ganz aus Metall gefertigten Flugzeuges war allein das Werk von Herrn Douglas. Er hatte den Ehrgeiz gehabt, dem modernen Luftverkehr eine neue Ausrichtung zu geben, und das gelang ihm mit der DC-3.

Aufsatz von A. R.:
Charles Ives schuf als erster amerikanischer Komponist symphonische Musik nach dem Geschmack seines Landes und nicht nach europäischer Tradition. Vor Ives folgte der Großteil der symphonischen Musik einer recht begrenzten Harmonienlehre und hatte einfach einen schönen Klang. Ives jedoch »stürzte sich in den Abgrund der tonalen Freiheit«, was ihn in die Lage versetzte, Musik zu schaffen, die unter den konventionellen Regeln unmöglich entstanden wäre. Durch den Gebrauch innovativer Techniken und den Rückgriff auf amerikanische Ideen schuf Ives eine bedeutungsvollere und amerikanischere Art der Musik.

Ives wurde am 20. Oktober 1874 in Danbury, einer kleinen Stadt in Connecticut geboren. Vor der Zeit von Ives war dieses Städtchen von den europäischen Ideen und Traditionen abgeschnitten, die im 19. Jahrhundert an der Ostküste aufgenommen wurden. Während Ives' Jugend setzte in dieser Stadt jedoch ein schnelles Industrie- und Bevölkerungswachstum ein. Neue Ideen strömten auf Danbury ein. Man begann sogar, die traditionellen Volkslieder, Hymnen und Märsche auf neue unterschiedliche Art zu spielen und damit zu experimentieren. Viele neue originelle Ideen tauchten auf. Diese Ideen wurden im Haus von Charles Ives geschaffen.

Engagement erleben.

Seiten lang etwas über die Erfolge der DC-3 lesen können. Diese Seiten bilden das Herzstück des Aufsatzes, ihretwegen wurde der Aufsatz geschrieben; indem er sich dieses Material aber für den Schluß aufspart, kann S. N. die übrigen Informationen einbeziehen, ohne sie als bloßes Füllmaterial zu behandeln. Es handelt sich hier um eine recht reife Struktur – ein möglicher Beitrag für anspruchsvolle Zeitschriften mit hoher Auflage wie der New Yorker oder Atlantic Monthly. So etwas setzt voraus, daß der Autor das ganze Material gut überblickt (er muß das Gesamtprodukt im Auge haben), daß er selbstkritisch ist (er muß Produkt- und Leser-orientierte Entscheidungen treffen können, statt nur vom Vorgang des Schreibens und von sich selbst auszugehen), und daß er die geduldige Disziplin zeigt.

S. N. hatte nicht mehr Erfahrung mit dem Schreiben als die anderen vier Schüler; seine Grundvoraussetzungen waren nicht besser; außerdem wendete er nach seiner eigenen Aussage auch nicht mehr Zeit für die Arbeit auf als die anderen. Und dennoch lieferte er einen besseren und strukturierten Aufsatz ab. Ich möchte die These aufstellen, seine innere Selbstregulation und seine Fähigkeit, an der Arbeit Spaß zu haben, führten ihn zur Geduld und gedanklichen Beherrschung, die erforderlich waren, um das Material in einer so überzeugenden Weise zusammenzustellen.

Die Schülerin, die über Charles Ives geschrieben hatte, übertraf die anderen in bezug auf ihre Grundvoraussetzungen unmerklich. Ihr Aufsatz aber stellt einen qualitativen Schritt dar, der über die ersten vier betrachteten Aufsätze hinaus geht. Über ihre Arbeit schreibt der Experte:

Die gesamte Strukturierung dieses Aufsatzes ist so komplex und ausgefeilt wie im Falle von S. N., und fast alles, was ich dort sagte, trifft auch hier zu. A. R. geht bei der Strukturierung ein wenig programmatischer (und weit weniger feinsinnig) vor als S. N., aber die Einführung des Themas und der Kernaussage ist gut gelungen. Der Übergang zum Hintergrundmaterial wird durch eine entsprechende Abänderung des Themas ebenfalls gut bewältigt. Der Hauptunterschied zwischen A. R. und S. N. liegt darin, daß A. R. die Gedanken des Hauptteiles weniger gut entwickelt. Ich möchte über die Gründe nicht mutmaßen, aber es ist doch deutlich, daß S. N. auf dieser Ebene mit viel anspruchsloserem Material umzugehen hatte. Das Nebenthema von S. N. fällt in eine Geschichte (eine Struktur, die relativ leicht zu handhaben ist), während A. R. für ihr Nebenthema eine analytische Strukturierung finden mußte.

Sie legt bemerkenswerte Disziplin und Souveränität bei der Behandlung eines schwierigen Themas an den Tag. Ihre Gefühle gegenüber Charles Ives werden nicht zu einem Hindernis, sondern helfen ihr, die Gedanken zu ordnen. Der Aufsatz wird zu einer Gelegenheit, ihre eigene Bewunderung für den Komponisten systematisch zu erkunden und diese gegenüber der Leserschaft zu rechtfertigen. Umgekehrt schienen Disziplin und Freude ihr Zugang zu ihren inneren Gefühlen zu verschaffen sowie die Fähigkeit, diese den rhetorischen Möglichkeiten anzupassen.

Diese beiden Aufsätze weisen einen höheren Strukturierungsgrad auf als die vier zuvor beschriebenen. Während die letzteren aus Tatsachen- und Gedankenfragmenten zusammengesetzt sind, wird in diesen beiden je ein Gedankengang fortlaufend entwickelt. Die ersten vier Schüler hatten die Kontrolle über den Einsatz ihrer psychischen Energie verloren; sie schrieben entsprechend impulsive und unreflektierte Prosa. Diese beiden zuletzt vorgestellten Schüler waren aber fähig, ihre Aufmerksamkeit zu steuern, zusammenhängende und hochstehende Aufsätze zu schreiben.

In der Gesamtuntersuchung, in die 90 Schüler einbezogen waren, erwies sich Freude als bedeutende, unabhängige Prädiktorvariable der Schulnoten (Larson, Hecker & Norem, 1985). Unabhängig vom Fähigkeitsniveau schien die Freude die Qualität der einzelnen Aufsätze entscheidend zu beeinflussen. Erstaunlicherweise berichteten diejenigen Schüler die am Schreiben Spaß hatten, auch, sie hätten auf ihre Arbeit nicht mehr Zeit verwendet: Sie schienen aus ihren Arbeitsstunden mehr herauszuholen. Im Ganzen zeigte sich ein Zusammenhang der Fähigkeit, am Schreiben Spaß zu haben, mit schriftstellerischer Kreativität und Effizienz.

Es wäre verfrüht, aus diesen Ergebnissen schließen zu wollen, die Freude sei die *Ursache* der guten Qualität eines Texts; aber ebenso verfehlt wäre es, die Freude bloß als ein *Resultat* guten Schreibens zu betrachten. Vielmehr ist es wahrscheinlich, daß die Freude als Ursache wie als Ergebnis dazu beiträgt, einen *flow*-Zustand beim Schreiben zu schaffen und aufrechtzuerhalten, daß die Bedingungen der Freude und des guten Schreibens eng zusammenhängen.

Natürlich kann eine Hypothese weder anhand einer Stichprobe von sechs Schülern noch anhand einer solchen von neunzig Schülern bewiesen werden. Die hier besprochenen Daten haben nur Hinweischarakter. Immerhin zeigen die besprochenen Fälle, daß die emotionalen Aspekte des Schreibens nicht vernachlässigt werden sollten. Erfolg beim Schreiben scheint nicht nur eine Sache der kognitiven Fähigkeit oder der Schreibfertigkeit zu sein, da diese beiden Faktoren die Unterschiede zwischen den Schülern nur teilweise erklärten. Außerdem zeigte sich auch: Die Tatsache allein, daß ein Autor sich für ein gegebenes Thema interessiert, garantiert nicht, daß ihm Angst oder Langeweile beim Schreiben erspart bleiben werden – einige der Schüler bekamen Schwierigkeiten, weil sie sich *zu sehr* für ihr Thema interessierten, sich dabei zu stark erregten und die Kontrolle über ihre Arbeit verloren.

Erfolgreiches Schreiben hängt zum Teil von der Beziehung ab, die der Schreibende zu seiner momentanen Arbeit hat. Es ist ein Interaktionssystem zwischen der Person und dem in Entstehung begriffenen Manuskript erforderlich, das Aufmerksamkeit schafft und aufrechterhält, das die Motivation und die Beteiligung der Person reguliert. Die beiden zuletzt beschriebenen Schüler waren in der Lage, eine positive Beziehung zum Schreiben aufrechtzuerhalten. Sie überwachten ihren inneren Zustand bewußt und steuerten die Anforderungen beim Schreiben entsprechend. Sie kultivierten ihre Beziehung zum Thema aktiv und vermieden geschickt Situationen, die störende Emotionen hätten schaffen können. Sie konnten daher Freude haben an ihrer Arbeit, und diese Freude half ihnen dabei, ihre emotionale Beteiligung beizubehalten und so im Endeffekt bessere Aufsätze zu schreiben.

Schlußfolgerungen

Nachdem wir zu Beginn Kant zitiert haben, mag es unziemlich erscheinen, zum Schluß aus Tom Wolfes *The Right Stuff* (1979) zu zitieren. In seinem populären Buch über die Astronauten beschreibt Wolfe aber das Erleben von Testpiloten in einer Weise, die auf das vorliegende Thema Anwendung finden könnte. Jede neue Flugmaschine, so erfahren wir, hat prächtige neue Flugeigenschaften. Sie kann auf ihre Art aufsteigen und sich drehen, wie dies bisher nicht möglich war. Aber jedes neue Flugzeug hat auch seine spezifischen Grenzen: Es kann bis zu einem bestimmten Ausmaß scharf abdrehen und im Steigflug an Höhe gewinnen, ohne daß es außer Kontrolle gerät. Der Bereich, innerhalb dessen ein Flugzeug seine aerodynamische Stabilität behält, heißt seine »Leistungshülle« (performance envelope), und diese Hülle definiert das Potential und die Großartigkeit jeder Maschine. Geht der Pilot zu weit und verläßt er diesen Bereich, gerät das Flugzeug ins Trudeln oder stürzt ab.

Junge Autoren verbringen traurigerweise einen großen Teil ihrer Zeit sozusagen außerhalb ihrer Leistungshülle. Leider bringen sie sich in Situationen, mit denen sie nicht umgehen können. Das führt zu störenden Emotionen. Ihr Denken verzettelt sich, wird richtungslos, und ihre Arbeit gerät außer Kontrolle. Oft ergeben sich diese Situationen aus zu hoch gesetzten Anforderungen, aus zu weit und ungenau gefaßten Aufgabenstellungen. In solchen Fällen nimmt das Erleben die Form von Angst an. In anderen Fällen ist es gerade die Tatsache, daß jede echte Herausforderung fehlt, was problematisch ist. Die Autoren können oder wollen an ihrem Text nichts Interessantes finden, und die Langeweile nimmt überhand.

Optimale Bedingungen treten dann ein, wenn eine Person sich auf einer Ebene herausgefordert fühlt, die ihren Talenten entspricht. Wie Csikszentmihalyi bei der Untersuchung verschiedener Aktivitäten – unter anderem im Bereich der Musik, des Sports und der Kunst – herausgefunden hat, gibt es Bedingungen, die zum Erleben von Freude führen, eines Zustandes, in dem positive Motivation und beherrschte Aufmerksamkeit kombiniert sind. Diese Bedingungen und das entsprechende innere Gleichgewicht aufrechtzuerhalten, ist keineswegs einfach. Letzten Endes ist dies ebenso komplex wie die beteiligte Person und die betreffende Aufgabe.

Diese Zusammenhänge gelten wahrscheinlich nicht nur für das Schreiben von Aufsätzen in der Schule, sondern für alle Aufgaben, die es erforderlich machen, psychische Energie auf bestimmte Probleme zu konzentrieren und kreative Lösungen zu finden. Die Rolle der Emotionen wird dieselbe sein, immer wenn kreatives oder überhaupt ein über längere Zeit andauerndes Denken gefragt sind. Die Qualität der Leistung wird stark davon abhängen, wie gut es dem Denker gelingt, seine kognitiven Prozesse so zu organisieren, daß sie Spaß machen.

Kommt zuviel Angst oder zuviel Langeweile ins Spiel, wird sich dies im Ergebnis niederschlagen: Das Produkt wird die psychische Entropie des Denkenden widerspiegeln. Inwieweit diese Schlußfolgerungen aus unseren Untersuchungen verallgemeinert werden dürfen, kann erst die weitere Forschung zeigen.

Kapitel 9

flow bei schicksalhaften Situationen in der Einsamkeit

Richard D. Logan

Die extremen körperlichen Nöte und Strapazen, die Polarforscher oder Insassen von Konzentrationslagern durchgemacht haben, sind als Metaphern für das Leben bezeichnet worden (Frankl, 1963). Der Unterschied zu Alltagssituationen besteht darin, daß hier die Grundsatzthemen des Lebens deutlicher und reliefartiger hervortreten. Andere Autoren haben darauf hingewiesen, daß auch das Spiel ein Gleichnis des Lebens sei (Huizinga 1939, 1970). Zwar folgt aus dieser Zusammenstellung noch nicht logisch, daß »extreme Notsituationen Spielen gleichen«, aber genau diese Aussage ist die These meiner Arbeit. Ich werde einige erstaunliche Ähnlichkeiten zwischen den Merkmalen einer erfolgreichen Bewältigung widriger Lebenssituationen einerseits und den Merkmalen erfreulicher Erlebnisse andererseits aufzeigen.

Die begriffliche Verbindung zwischen der Psychologie erfolgreicher Bewältigung (coping) und der Psychologie der Freude wird durch Csikszentmihalyis *flow*-Konzept erreicht. In seinem Buch »Das *flow*-Erlebnis« (1975b, dt. 1985) beschreibt er die Merkmale von Erlebnissen, die diese erfreulich machen. Es geht darum, daß man (1) Handlung und Bewußtsein miteinander verschmelzen lassen, (2) die Aufmerksamkeit auf ein beschränktes Reizfeld zentrieren, (3) sich in einer Aktivität verlieren, (4) die Handlung und die Umgebung kontrollieren, (5) zusammenhängenden Handlungsanforderungen wahrnehmen und (6) die betreffende Aktivität als selbstbelohnend erleben kann. Diese Merkmale können auf drei reduziert werden: gefangen sein von dem, was man tut; das Geschehen unter Kontrolle haben; Abwechslung und Stimulation schaffen, so daß die Aktivität neu und herausfordernd wird und bleibt. Viele Spiel- und Freizeitaktivitäten weisen diese Eigenschaften auf. Und wo Arbeit diese Merkmale hat, kann auch sie als erfreulich erlebt werden (Csikszentmihalyi, 1975b, dt. 1985). Paradoxerweise berichten Menschen auch in Situationen, die äußerst unerfreulich erscheinen von *flow*-ähnlichen Erlebnissen – nämlich unter Bedingungen, bei denen es um das nackte Überleben geht. Einzelpersonen, die längere Härtetests (z. B. Gefangenschaft, Isolation, Abenteuerfahrten) erfolgreich bestehen, zeichnen sich unter anderem dadurch aus, daß sie ihre Umgebung und ihre Handlungen so formen, daß sich Elemente des *flow*-Erlebens ergeben. In seinem Bericht über die monatelange Gefangenschaft bei südamerikanischen Guerillas schreibt Sir Geoffrey Jackson:

> Ob es sich um eine neue Entdeckung handelt, kann ich nicht sagen; aber ich bin zu dem Schluß gekommen, daß der Gefangene zwei Klassen von Routinen braucht, die zwei unterschiedlichen menschlichen Bedürfnissen entsprechen – dem Bedürfnis, den Tag in kleinere Einheiten aufzulösen, und dem Bedürfnis, den Tag zu füllen. Ich hatte bereits viele solcher Routinen entwickelt (Jackson, 1973, S. 110).

»Den Tag in kleinere Einheiten auflösen« verweist auf das Bedürfnis nach Abwechslung und Stimulation; »den Tag füllen« meint, sich zu beschäftigen. Beides hilft Bedingungen schaffen, unter denen man beschäftigt bleibt. Dafür Gewohnheiten zu entwickeln heißt, eine gewisse Kontrolle über den eigenen Tagesablauf auszuüben.

Von einer Aktivität richtig gepackt zu werden, setzt allerdings ein Gleichgewicht zwischen Anforderungen der Umwelt und Fähigkeiten des Individuums voraus (Csikszentmihalyi, 1975b, dt. 1985). Eine existentielle Notsituation wird also noch nicht an sich zum Erleben von *flow* führen, da es sich ja definitionsgemäß um überwältigende Anforderungen handelt. Manchmal müssen einzelne Personen außerordentlich weit gehen, um Aktivitäten zu finden oder zu schaffen, in denen sie aufgehen können, anhand derer sie Kontrolle über ihre Umwelt erleben können und die Abwechslung und Stimulation bieten. Einige Menschen, die Extremsituationen erfolgreich bewältigen, sind zum *flow*-Erleben ungewöhnlich befähigt. Ein Schlüssel zu dieser Fähigkeit, den wir später in diesem Kapitel diskutieren wollen, liegt in einer Art von Individualismus, der bestimmte Menschen in die Lage versetzt, ihre Umwelt sehr genau zu beobachten und ihre eigenen Handlungen zu kontrollieren. Es gelingt ihnen gerade deshalb, in mentalen oder körperlichen Aktivitäten aufzugehen, weil sie sich nicht nur mit sich selbst beschäftigen.

Die Entwicklung von *flow* in einsamen Extremsituationen

Christopher Burney (1952) verbrachte viele Monate während des Zweiten Weltkrieges in Einzelhaft in einem Nazi-Gefängnis. Zu einem Leben unter extrem einschränkenden Bedingungen gezwungen, schuf er sich *flow* aus dem, was er vorfand:

Wird der Erfahrungsbereich plötzlich eingeschränkt, so daß uns nur noch wenig Nahrung für das Denken und Fühlen bleibt, können wir die wenigen vorhandenen Gegenstände auf eine neue Weise betrachten und uns einen Katalog oft absurder Fragen dazu stellen: Funktioniert das? Wie? Wer stellte das her und woraus? Und – parallel dazu – wann und wo habe ich zum letztenmal etwas Ähnliches gesehen, und an welche anderen Dinge erinnert es mich? Und wenn wir damit nicht zufrieden sind, wiederholen wir die Serie in der Wunschform, indem wir jede Unvollkommenheit des Vorliegenden in einen Wunsch oder ein Ideal ummünzen. So setzen wir einen wundervollen Fluß von Kombinationen und Assoziationen in unserem Kopf in Bewegung, dessen Länge und Komplexität die Armut und Enge seines Startpunktes bald vergessen lassen. . .
Mein Bett beispielsweise ließ sich messen und mit Armeebetten oder Schulbetten vergleichen, was sein Aussehen anging – wenn man einmal von den Eigenheiten der Befestigung an der Wand absah. . . Sogar dieses Bett hatte eine Qualität der »Betthaftigkeit«, die geeignet war, alle meine Assoziationen mit allen Betten wachzurufen, die ich je gekannt hatte. . . Wenn ich mit dem Bett zu Ende war, das mich in seiner Einfachheit nicht lange beschäftigen konnte, befühlte ich die Decken, schätzte ihre Wärme ein, prüfte die genaue Mechanik des Fensters, die Unbequemlichkeit der Toilette (perverserweise, denn es war ein unerwarteter Luxus, daß sie überhaupt vorhanden war), berechnete Länge und Breite, Lage und Höhe der Zelle (Burney, 1952, S. 16–18).

Solschenizyn (1976) berichtet das folgende geniale Beispiel mentaler Selbststimulierung, das er bei einem anderen Gefangenen beobachtet hatte:

Er widerstand geistig, indem er seinen Geist anstrengte, um Distanzen zu berechnen. In Lefortovo (Gefängnis) zählte er Schritte, wandelte sie in Kilometer um, erinnerte sich aus einer Karte, wie viele Kilometer Moskau von der Grenze trennten, wie viele Kilometer es dann quer durch Europa und schließlich quer über den Atlantik waren. Er wurde in diesen Übungen durch seine Hoffnung bestärkt, eines Tages nach Amerika zurückzukehren. Und in einem Jahr der Einzelhaft in Lefortovo schaffte er sozusagen den halben Weg über den Atlantik. Dann wurde er nach Suvkanovka verlegt. Als er erkannte, wie wenige überleben würden, um von diesem Gefängnis berichten zu können – und all unsere Informationen darüber kommen tatsächlich von ihm – erfand er eine Methode, seine Zelle zu messen. Auf dem Boden seines Blechnapfes waren die Zahlen 10/22 eingestanzt, und er erriet, daß es sich bei der »10« um den Durchmesser des Napfbodens und bei der »22« um den Durchmesser des Randes handelte. Dann zog er aus einem Tuch einen Faden und fertigte sich damit ein Maßband an, mit dessen Hilfe er nun alles maß (Solschenizyn 1976, S. 182).

Papillon (Charriere, 1970) schuf sich in der Misere seiner Einzelzelle in der Strafkolonie Französisch-Guyanas eine mentale Welt, in der er aufging:

Ein Jahr hat dreihundertfünfundsechzig Tage, zwei Jahre siebenhundertdreißig, wenn kein Schaltjahr dabei ist. Ich lächelte bei diesem Gedanken. Ein Tag mehr würde kaum etwas ausmachen. Verdammt noch mal, natürlich würde das etwas ausmachen. Ein Tag mehr, das heißt vierundzwanzig Stunden mehr. Und vierundzwanzig Stunden sind eine lange Zeit. Und siebenhundertdreißig Tage, von denen jeder aus vierundzwanzig Stunden besteht, ist erst recht viel mehr. Wie viele Stunden macht das? Kann ich das im Kopf ausrechnen? Nein, das kann ich nicht, das ist unmöglich. Ach was, natürlich kann ich das. Fangen wir einmal an. Hundert Tage, das sind zweitausendvierhundert Stunden. Multipliziert mit sieben – das ist leicht – macht das sechzehntausendachthundert Stunden, plus die verbleibenden dreißig Tage mal vierundzwanzig, also plus siebenhundertzwanzig Stunden.

Zusammen also sechzehntausendachthundert plus siebenhundertzwanzig, was insgesamt, wenn ich keinen Fehler gemacht habe, siebzehntausendfünfhundertzwanzig Stunden macht. Mein lieber Herr Papillon, Sie haben siebzehntausendfünfhundertzwanzig Stunden in diesem Käfig (Einzelhaft) zuzubringen, dessen glatte Wände speziell für wilde Tiere gemacht sind. Und wie viele Minuten? Wen kümmert das? Die Stunden, das ist die eine Sache, aber Minuten? Zur Hölle mit den Minuten. Warum nicht Sekunden? Was kümmert mich das? Worauf es ankommt, ist, daß ich all diese Tage, Stunden und Minuten irgendwie füllen muß, ich ganz allein! (Charriere, 1970, S. 219).

Am Schluß dieser mentalen Übung erkennt Papillon, daß er sich ständig weitere dieser Art ausdenken muß.

Die Einzelhaft beraubt den Menschen um einen der wertvollsten Aspekte eines erfüllten Lebens, nämlich den der Freiheit. Paradoxerweise besteht aber eines der Merkmale des *flow*-Erlebens gerade in der »Zentrierung auf ein beschränktes Reizfeld«, die wiederum ein Hauptaspekt der Gefangenschaft ist. Ein beschränkter Aufmerksamkeitsrahmen ermöglicht es nicht nur, sich auf ein bestimmtes Feld zu konzentrieren, sondern er kann auch dazu beitragen, den Kopf frei zu bekommen und sich auf ein bestimmtes Thema zu zentrieren, wie etwa Burneys Bett oder Papillons mathematische Berechnungen.

Wenn *flow* denjenigen Zustand darstellt, den viele auf ihrer Suche nach »Freiheit« anstreben, dann erscheint Frankls Behauptung, er habe im Konzentrationslager die Freiheit gefunden, vielleicht nicht mehr so unglaublich. Vielleicht war auch Frankl fähig, trotz aller Härten und Leiden seiner Lage *flow* zu erleben.

Wir fügen eine weitere Beobachtung hinzu: Bestimmte Menschen, die es scheinbar verstehen, in ihrem Leben *flow* zu verwirklichen, suchen dazu eher spartanische als mit Details angereicherte Umgebungen. Charles Lindbergh (1953) zum Beispiel schilderte das Cockpit seines Flugzeuges »The Spirit of St. Louis« in den folgenden aufschlußreichen Worten:

Mein Cockpit ist klein, und seine Wände sind dünn: Aber innerhalb dieses Kokons fühle ich mich sicher, trotz der Abschweifungen meines Geistes. Es ist wie ein praktisches und sauberes Zuhause, das so leicht in Ordnung zu halten ist, daß *gerade seine Einfachheit ein Gefühl der Befriedigung und der Erleichterung schafft.* Es ist auch ein sehr persönliches Zuhause – außer mir hat noch niemand die *Spirit of St. Louis* geflogen. Darin zu fliegen ist, als ziehe man sich in die Bergbehausung eines Eremiten zurück, nach all dem Luxus und den zahlreichen Verpflichtungen in einer Stadtwohnung. Hier bin ich mir aller Elemente des Wetters bewußt, bin in sie eingetaucht, von ihnen abhängig. Hier sehe ich mit einem Blick aus dem Fenster wie sich die Erde ausbreitet in ihrer großen Ausdehnung und Schönheit. Es gibt hier *keine unnötigen Extras, nur die bloßen Notwendigkeiten* des Lebens und des Fliegens. Es gibt keine Briefe, die in den nächsten Briefkasten einzuwerfen sind, kein Telefon läutet, keine Kleinigkeiten, um die man sich im Nachbarraum zu kümmern hätte. Die wenigen Ausstattungsgegenstände befinden sich in der Entfernung eines ausgestreckten Arms, und alle sind in Ordnung.

Ein Raum, der durch die Luft fliegt, das ist mein Zuhause. Ein Raum, der höher liegt als die Berge, ein Raum in den Wolken. Nach vielen Mühen bin ich eingestiegen. In monatelanger Planung habe ich sie mit größter Sorgfalt ausgerüstet. Jetzt kann ich mich in dieser einsamen, aber durchaus vorteilhaften Position entspannen und die Sonne scheinen, den Westwind blasen und nachts die Stürme aufkommen lassen (Lindbergh, 1953, S. 227–228; Kursivsetzungen hinzugefügt).

Eine knappe Ausstattung des Lebensraumes kann zu *flow* führen, weil dieser Zustand sich leichter einstellt, wenn man, wie Lindbergh es beschreibt, nicht von zu vielen Dingen umgeben ist, die die Aufmerksamkeit auf sich ziehen und ablenken. Das künstlich eingeschränkte Reizfeld, allein die Zelle des Mönches oder des hinduistischen Yogis, fördert die Konzentration. Diese Umgebung kann man unter Kontrolle halten.

Wie Burney und Papillon macht Lindbergh so viel wie möglich aus seiner eingeschränkten Umgebung und ist bald von dem Wenigen gefangen, das sich der Aufmerksamkeit anbietet, und zwar so sehr, daß er sich nahezu in die Moleküle des Flugzeuges einzufühlen scheint:

Ich werde mir der Einzelheiten in meinem Cockpit aufs Schärfste bewußt – der Instrumente, der Schalter, der Winkel der Konstruktion. Jeder dieser Gegenstände erhält einen neuen Wert. Ich betrachte die Schweißnähte am Gestänge (erstarrte Wellungen aus Stahl, an denen unsichtbare Zentner zerren), einen

Farbklecks auf dem Glas des Höhenmeters, der nur anzeigen soll, wo die Nadel stehen soll, wenn *The Spirit of St. Louis* 2000 Fuß über dem Meeresspiegel fliegt), die Batterie von Benzinventilen (mein Flugzeug und ich sind auf den dünnen Strom von Flüssigkeit angewiesen, der durch sie hindurchfließt, wie Blut durch menschliche Adern) – Dinge wie diese, die ich vorher nie besonders beachtete, stehen nun im Vordergrund. Und ich habe viel Zeit, sie aufmerksam zu betrachten. Es kann zwar sein, daß ich in einem komplizierten Flugzeug durch den Luftraum fliege, aber in dieser Kabine bin ich von Einfachheit umgeben, und die Gedanken von zeitlicher Beschränkung befreit (Lindbergh, 1953, S. 228).

Nach vielen Stunden des Fliegens und Nachdenkens stellte Lindbergh gegen Ende seines Fluges die folgenden Betrachtungen an, die der Definition eines weiteren *flow*-Merkmals, des Selbstverlustes, recht nahekommen:

Es war wie ein Theater, in dem die Handlung einen an einen anderen Ort und in eine andere Zeit bringt, bis man vergißt, daß man bloß Zuschauer ist. Man vergißt die Wände, die einen umgeben, das Programm, das man in der Hand hält, sogar seinen Körper mit seinem Atem, Puls und mit seiner ganzen Existenz. Man lebt mit den Schauspielern und der Umgebung, an einem anderen Ort und in einer anderen Zeit. Erst wenn der Vorhang fällt, kehrt das Bewußtsein wieder in den Körper zurück (Lindbergh, 1953, S. 466).

Auch Menschen, die die schrecklichsten Notsituationen überlebten, berichten von *flow*-ähnlichem Selbst-Verlust. Admiral Richard Byrd (1938) zum Beispiel, der einmal vier Monate ganz allein in einer kleinen Hütte in der antarktischen Nacht lebte, beschreibt eine Situation der Isolation, der Kälte, des Hungers und des schwarzen Nichts, die fast jenseits unseres Vorstellungsvermögens liegt. Aber auch er schuf sich Rituale, Stundenpläne und Aktivitäten, in denen er sich verlieren konnte, und eines Tages erlebte er folgendes:

Der Tag ging zu Ende, die Nacht kroch heran, aber in großem Frieden. Hier waren die unabsehbaren Vorgänge und Kräfte des Kosmos, harmonisch und ruhig. Harmonie, das war es! Das war es, was aus der Stille kam – ein freundlicher Rhythmus, der Ton einer perfekten Saite, vielleicht die Sphärenmusik.

Es war genug, diesen Rhythmus mitzuerleben, vorübergehend selbst dazuzugehören. In jenem Moment konnte ich zweifellos die Einheit des Menschen mit dem Universum fühlen (Byrd, 1938, S. 85).

Byrd ging so sehr in seinen selbstgeschaffenen täglichen Routinen in der unermeßlichen Einsamkeit auf, daß er einmal nach ihrer Beendigung schreibt: »Dann hatte ich eine Stunde für mich selber«.

Diese zuvor aufgeführten Originalberichte illustrieren die Theorie von Csikszentmihalyi (1975 b, dt. 1985), er faßt sie im folgenden zusammen:

Die Fähigkeit, die Umwelt zu kontrollieren – durch Einschränken des Reizfeldes, Finden klarer Ziele und Normen sowie durch Entwickeln geeigneter Fähigkeiten – stellt die eine Seite des *flow*-Erlebens dar. Auf der anderen Seite finden wir paradoxerweise ein Gefühl, das die Erfahrung der Kontrolle überflüssig zu machen scheint. Viele der von uns interviewten Personen und vor allem diejenigen, die an ihren Aktivitäten am meisten Freude hatten, erwähnten, daß sie im Stadium höchsten Engagements jeweils den Sinn für sich selbst als eigenständige Einheiten verlieren und sich so sehr mit ihrer Umwelt in Harmonie fühlen, daß sogar ihre Identität mit dieser zu verschmelzen scheint (Csikszentmihalyi, 1975 b, S. 194, dt. 1985, S. 220).

Zum Schluß bleibt noch die Frage, welche Art von Personen sich unter so widrigen Bedingungen *flow*-Erlebnisse schafft und Notsituationen so bewältigt. Wenn wir in Betracht ziehen, daß *flow* mit einem Fehlen von Selbst-Bewußtheit (Selbst-Verlust) einhergeht, könnten wir die Hypothese bilden, daß derjenige eher *flow* erlebt, der nicht von Selbst-Bewußtheit absorbiert ist. Wer sich zu sehr mit sich selbst beschäftigt, hätte demnach Schwierigkeiten, in irgendeiner Aktivität aufzugehen. Die Dynamik des *flow*-Erlebens ist dergestalt, daß das Selbst sich nicht dualistisch als »I« (im Sinne Meads) manifestiert – als agierende, kontrollierende, aufmerksamkeitssteuernde, beobachtende Instanz, die *nicht* dialektisch reflektiert. Das Meadsche »me« fehlt, wenn man vollständig in einer Aktivität aufgeht. Sogar solche Aktivitäten, die für den Handelnden positive Auswirkungen haben, werden nicht-dialektisch und nicht-reflexiv erlebt. Im Augenblick des Handelns ist das Tun ein reines Vergnügen; es fehlt das Bewußtsein dessen, »was dabei für mich herausspringt«.

Es handelt sich hier im wesentlichen um das, was auch Frankl (1978) mit seinem Konzept der *Dereflexion* meint. Zwar verwendet er dieses Konzept vor allem in sexualtherapeutischem Sinne, aber er weist deutlich auf weitere Anwendungen hin, wenn er sagt: »Statt sich selbst zu beobachten, sollte man sich selbst vergessen« (Frankl, 1978, S. 152). Dabei sollte nicht vergessen werden, daß Frankls Einsichten sich auf seinen Erfahrungen im Konzentrationslager gründen.

Zu den Merkmalen des nicht auf sich selbst bewußten Individualismus gehört auch das Streben nach einem Ziel. Das Subjekt muß letztlich sein Objekt haben. Tatsächlich suchen viele nicht auf sich selbst fixierte Individualisten nach etwas und haben Ziele, die sie anstreben. Lindbergh zum Beispiel war sein Leben lang von dem, was »jenseits der Grenzen« liegt, fasziniert, was ihn zu einem bahnbrechenden Flugpionier werden ließ.

Das äußerste Ziel, das mancher Abenteurer anstrebte, war es, sich selbst kennenzulernen. So sagt es ein alter Gemeinplatz. Wenn dies zutrifft, warum habe ich dann so betont, daß die zu starke Beschäftigung mit dem Selbst ein Hindernis für die Bewältigung von Problemen ist? Die Antwort wird unter anderem in Hunderten von alten Mythen gegeben, die die tiefe menschliche Bedeutung des Suchens verdeutlichen. Das Selbst zu »finden« verlangt eine lange Suche durch das Ich als Subjekt. Auch Jungs Theorie zielt genau auf diesen Punkt: Unser Selbst erkennen wir (wenn überhaupt) erst spät im Leben. Dasselbe ließe sich von Maslows Theorie sagen. Vielleicht haben viele von uns also deshalb solche Mühe, mit Schwierigkeiten fertig zu werden, weil wir zu sehr in uns hineinschauen und *uns viel zu früh mit uns Selbst als Objekt beschäftigen*. Dies kann auch dazu führen, daß wir künstliche Mittel wie etwa Drogen brauchen, um *flow*-ähnliche nicht reflexive Zustände hoher Stimmung erleben zu können. Sind die Herausforderungen, die von Individualisten in *flow* umgewandelt werden, für die Narzißten bloße Widrigkeiten? Vielleicht sollten wir alle viel länger lernen, zu fragen, aufzubauen und in der Welt aufzugehen, bevor wir versuchen, in uns selbst aufzugehen.

Es mag zwar der Fall sein, daß Individualisten, die nicht auf sich selbst zentriert sind, leichter in den *flow*-Zustand gelangen. Aber es mag auch zutreffen, daß diejenigen, die zu sehr mit sich selber beschäftigt sind, den *flow* am meisten brauchen, um diese Überbeschäftigung mit sich selbst zu kompensieren.

Extremsituationen stehen also für mehr als nur für Metaphern des Lebens. Sie sind Lernanstöße für das Leben. Jacksons Beobachtung zum Bedürfnis, den Tag aufzuteilen und zu füllen, hat nicht nur für den Gefangenen Geltung. Dasselbe trifft für Frankls Werk zu. Der Enthusiasmus für die Kargheit der Situation, den Lindbergh und viele andere Abenteurer an den Tag legen, sowie das Ausmaß, in dem diese Kargheit ihnen erlaubt, sich im *flow* zu verlieren, spricht Bände im Hinblick auf die Abhängigkeit derjenigen, die Konsumobjekte brauchen, um sich zu beschäftigen, zu zerstreuen und zu stimulieren. Das »I« andererseits kann die vorgefundene tabula rasa ausfüllen und strebt auch danach. James Lester (1983) spekuliert wie folgt über die Gründe, die Menschen in gewagte und riskante Abenteuer treiben: »Immer wenn ich über die möglichen Gründe für solche Aktivitäten (besonders das Hochgebirgsklettern) nachdenke, komme ich auf die Vorstellung, es handele sich um ein Bedürfnis, *das Leben auf das Wesentliche zu beschränken*. Danach ginge es auch darum, die Aufmerksamkeit zu zentrieren und mit dem ganzen Herzen ein Ziel zu verfolgen« (Lester, 1983, S. 40; Hervorhebungen hinzugefügt).

Was in diesem Kapitel über die »einsame *Extremsituation*« gesagt wurde, gilt zum Teil auch für die »*einsame* Extremsituation« des Alltagslebens: Die bloße Tatsache des Alleinseins ist heute für viele Menschen ein bedeutender Streßfaktor (Peplau & Perlman, 1982). Vielleicht ist das Alleinsein deshalb so schwierig, weil wir so sehr mit uns selbst beschäftigt sind, daß wir keinen *flow* erleben können. Tatsächlich sagen wir sogar: »Ich weiß einfach nicht, was ich *mit mir* anfangen soll«. Die Herausforderung, unter entbehrungsreichen und eingeschränkten Umweltbedingungen *flow* entstehen zu lassen, richtet sich nicht nur an den Gefangenen, sondern auch an den gewöhnlichen einsamen Menschen. Die Existentialisten sagen sogar, dies sei die *conditio humana* des modernen Menschen. Die Erfahrungen derjenigen, die freiwillig oder unfreiwillig einsamen Extremsituationen ausgesetzt waren, rufen uns in Erinnerung, daß diese Herausforderung zu intensiven Erlebnissen führen kann, wenn wir daran denken, daß wir in dieser Welt Handelnde sind.

Ein weiterer Aspekt der Bewältigung von Widrigkeiten und des Selbst-als-Subjekt verdient Beachtung. Wer das Selbst vorwiegend als Objekt (d. h. ein »me«, einen Konsumenten des Lebens) betrachtet, sieht sich selbst als Opfer oder wenigstens als potentielles Opfer, und das auch ohne solche Extremsituationen, wie sie hier berichtet wurden. Tatsächlich ist in unserer unsicheren Zeit die »Psychologie des Opfers« weit verbreitet. Viele, die objektiv kaum unterdrückt sind, fühlen sich dennoch vom Leben belästigt. Viele Privilegierte identifizieren sich mit Gruppen, die geradezu Symbole für Opfer sind: Minderheiten, Behinderte, die Armen. Andere machen große Anstrengungen, um sich selber symbolisch in Opfer zu verwandeln (z. B. die »Punk«-Bewegung und verschiedene Kulte). Könnten diese Menschen sich bei realen Schwierigkeiten je von der Einstellung lösen, »das alles geschehe *ihnen*«? Könnten sie überleben, wären sie gar in der Lage, sich aktiv *flow* zu verschaffen?

Das Selbst-als-Subjekt kann hingegen nicht zum Opfer gemacht werden, da es keinerlei Ziel-Objekt bietet. Nur ein Objekt in der Welt kann zum Opfer der Welt werden. Das ist eine Möglichkeit, das »Geheimnis« von Bruno Bettelheim, Viktor Frankl, Charles Lindbergh und von Tausenden anderen zu begreifen, die in Notsituationen überlebt haben. Wer sich in erster Linie als Subjekt begreift, ist gleichsam dagegen gefeit, in die Rolle des Opfers zu verfallen. Bettelheim (1943) sagte in der Tat, er habe die Kraft zum Überleben vor allem in der Beobachtung und Analyse seiner Umwelt gefunden. Als Subjekt sah er Dinge, von denen er sich intellektuell einfangen lassen konnte. Frankl schrieb paradoxerweise von der *Freiheit*, die er im Konzentrationslager gefunden hat. Vielleicht war es die nicht mehr einschränkbare Freiheit des Selbst-als-Subjekt. Wer sich wesensmäßig als Nicht-Opfer fühlt, überlebt in Extremsituationen am ehesten, weil er sich in den vom Selbst gelösten Zustand des *flow* versetzen kann.

Teil III:
flow als Lebensweise

Kapitel 10

Einführung in Teil III

Isabella und Mihaly Csikszentmihalyi

Warum sind *flow*-Erfahrungen im normalen und alltäglichen Leben etwas so Seltenes? Die Frage ist teilweise rhetorischer Art, denn sie läßt harte Fakten als Antwort nicht zu. Wenn wir aber länger darüber nachdenken, werden wir nicht nur dahinterkommen, was es mit diesem besonderen Bewußtseinszustand auf sich hat, sondern wir werden auch wichtige historische Entwicklungen und damit die Evolution der Kultur aus einem neuen Blickwinkel sehen. Die Tatsache, daß *flow*-Erfahrungen relativ selten sind, hängt eindeutig mit dem Umstand zusammen, daß die Handlungsangebote, die uns in unserem alltäglichen Leben gemacht werden, und unsere Handlungsfähigkeit nur selten wirklich einander entsprechen. Das heißt, Zeiten der völligen Konzentration, in denen wir nicht von unserem zweckgerichteten Tun abgelenkt werden und in denen wir eine einfühlsame Rückmeldung auf unsere Handlungen bekommen, sind uns nur selten beschert. Normalerweise ist unser Erleben eher vom lustlosen, lauen Engagement bestimmt, das ständige Unterbrechungen – durch Ablenkung, Langeweile und gelegentlich auch Besorgnis – erfährt.

Man mag diesen Stand der Dinge dem sozialen System, der Kultur oder dem Individuum anlasten, dem es an Tatkraft und Selbstdisziplin mangelt. Jeder dieser Faktoren oder auch alle miteinander mögen dafür verantwortlich sein, daß wir nicht das Allerbeste aus unserem Erleben machen. Der eigentliche Schuldige aber ist jenes gleichsam Metaphysische, das wir als die *conditio humana* bezeichnen.

Das Universum ist mit Sicherheit nicht darauf angelegt, dem Menschen das Leben zu erleichtern. Das heißt, welche Vorteile auch immer wir aus unserer Umgebung zu ziehen vermögen, es geschieht sozusagen ungeachtet der unpersönlichen Mächte und ganz zufällig. Und kaum haben wir es uns in irgendeiner Nische bequem gemacht, kommt die Langeweile und treibt uns vorwärts zu neuen Zielen.

Es ist leicht einzusehen, daß und warum das mühelose Leben immer wieder unterbrochen wird. Da unsere Umgebung nicht nach unseren Angaben gebaut ist, brechen ständig äußere Gegebenheiten in unsere Konzentration herein. Es ist entweder zu heiß oder zu kalt, zu naß oder zu trocken. Unser Körper verlangt nach Beachtung: er ist erschöpft, schläfrig, hungrig oder durstig. Physischer Schmerz zwingt uns, unsere Aufmerksamkeit von dem, was wir gerade tun, abzuziehen und nach innen zu richten. Psychisches Unbehagen – Sehnsüchte, die sich nicht erfüllt haben, Wünsche, Enttäuschungen, Befürchtungen – hat die gleiche Wirkung. Die Gewißheit, daß am Ende der Tod steht und wir mithin nicht viel Zeit haben, drängt uns zu Entscheidungen, die im Grunde nicht unsere Präferenzen sind.

Zu diesen universalen Merkmalen der *conditio humana* müssen wir die sozialen und kulturellen Faktoren hinzufügen, die dem *flow*-Erlebnis im Wege stehen können. Eine soziale Institution wie die Sklaverei kann die Handlungsmöglichkeiten eines Teils der Bevölkerung einschränken. Das religiöse System, wie es in einer bestimmten Gesellschaft existiert, kann die Häufigkeit von *flow*-Erfahrungen innerhalb dieser Gesellschaft verringern oder vergrößern.

Die Annahme ist plausibel, daß sich die Angehörigen einer primitiven Kultur, die als solche gut an ihre äußeren Bedingungen angepaßt wäre, die meiste Zeit über im Zustand des *flow* befinden müßten, vorausgesetzt, sie wüßten nichts von anderen Lebensformen und Möglichkeiten. In einer solchen idealtypischen Gemeinschaft verstehen sich, wie Redfield (1953) sagt, die Lebensentscheidungen von selbst, und Zweifel oder unerfüllte Wünsche tauchen selten auf und sind nicht von Dauer.

Ein hervorragendes Beispiel dafür, daß und wie eine bestimmte Kultur den besonderen Bewußtseinszustand des *flow* mit ihrer Lebensform zu verbinden vermochte, wurde uns von Richard Kool vom *British Columbia Museum* mitgeteilt. In seinem Brief heißt es:

«Unter der indianischen Bevölkerung galt und gilt die Shushwap-Region als eine reiche Gegend: reich an Lachs und Wild, reich an eßbaren Knollen und Wurzeln – ein fruchtbares Land. In dieser Region lebten die Menschen in bodenständigen Dorfgemeinschaften zusammen und nahmen sich, was sie brauchten, aus ihrer Umgebung. Sie hatten entwickelte Techniken, um sich die vorhandenen Ressourcen wirksam zunutze zu machen, und betrachteten ihr Leben als ein gutes und reiches Dasein. Und doch hieß es unter den Älteren immer wieder einmal, die Welt sei allzu überschaubar, und das Leben verliere an Herausforderungen. Ohne Herausforderung aber hatte das Leben keinen Sinn.

So beschlossen dann die Älteren in ihrer Weisheit, das ganze Dorf solle sich aufmachen und fortziehen; derartige Wanderungen erfolgten alle 25 bis 30 Jahre. Die gesamte Bevölkerung zog in einen anderen Teil des Landes und traf dort auf ihre Herausforderung – es mußten neue Flüsse ausfindig gemacht, neue Wildfährten erkundet und neue Stellen gefunden werden, an denen die Balsamwurzel in Fülle wuchs. Das Leben hatte wieder einen Sinn und war wieder lebenswert, und alle fühlten sich verjüngt und gesund. Im übrigen konnten sich auf diese Weise die erschöpften Ressourcen am alten Platz nach Jahren der Ausbeutung wieder erholen.«

Was die Shushwap entdeckt hatten, ist ein Arrangement, von dem viele Staatsmänner nur träumen konnten: Thomas Jefferson war ebenso wie der Vorsitzende Mao der Ansicht, jede Generation brauche ihre eigene Revolution, damit die Menschen sich aktiv an dem politischen System beteiligen, das über ihr Leben bestimmt. Aber eine solche perfekte Übereinstimmung haben vermutlich nur wenige Kulturen je erreicht. In der Regel werden die Anpassungsbemühungen der Menschen ihrem Zweck nicht gerecht – sei es, das Überleben wird als eine zu anstrengende Aufgabe erfahren, sei es, das kulturelle Muster gewinnt eine so rigide Form, daß die jeweils neue Generation sich in ihren Handlungsmöglichkeiten gelähmt sieht. Manche Anthropologen wie zum Beispiel Marshall Sahlins (1972) vertreten die Ansicht, daß der schriftlose Mensch es selbst in rauhester Umgebung, in der Kalahari oder in der australischen Wüste, verstanden habe, sein Leben geruhsamer, freier und schöner zu leben als dies an unseren heutigen urbanen Schauplätzen möglich sei.

Wir selbst neigen eher der Ansicht des Historikers Arnold Toynbee zu, daß es nämlich das Dilemma der meisten Kulturen war, sich entweder zu wenigen Herausforderungen gegenüber zu sehen – dies gilt etwa für die Bewohner der pazifischen Inseln –, oder – wie etwa die Eskimos – zu häufigen und zu schweren Herausforderungen ausgesetzt zu sein. Toynbee ist der Ansicht, daß eine Zivilisation nur dann entsteht, wenn die Herausforderungen der Umgebung zwar stark genug sind, eine entsprechende adaptive Reaktion hervorzurufen, aber nicht so stark, daß sich alle Energien der Menschen allein darin erschöpfen, das Überleben zu sichern.

Toynbees These mag höchst simpel sein, doch enthält sie zweifellos mehr als nur eben ein Körnchen Wahrheit. Allerdings sollten wir nicht versuchen, dieses Modell von Herausforderung und Reaktion auf objektive Bedingungen anzuwenden. Was Kulturen voneinander unterscheidet, das sind unter anderem ihre je unterschiedlichen Reaktionen auf die gleichen objektiven Faktoren. Die Entwicklung einer Zivilisation wird in vielen Fällen nicht durch einen Wandel der objektiven Bedingungen ausgelöst, sondern durch eine Neuordnung der Begriffe, die es einer Gruppe von Menschen möglich macht, Herausforderungen dort zu erkennen, wo sie solche zuvor nicht wahrgenommen haben. So lassen sich der Siegeszug des Islam im 7. Jahrhundert oder die Umwandlung Japans in den letzten zwei Jahrhunderten eher mit dem Hinweis auf die Neubetrachtung dessen, was möglich war, als vor dem Hintergrund eines Wandels der äußeren Möglichkeiten erklären. Solche Neubetrachtungen sind nach Toynbee von »kreativen Minderheiten« innerhalb der jeweiligen Kultur zu leisten. Alle Kulturen sind Abwehrkonstruktionen, die sich gegen das Chaos richten, Versuche, den Einfluß des Zufälligen auf den Gang des menschlichen Lebens zu reduzieren. Es sind adaptive Reaktionen auf die Umgebung und insoweit vergleichbar den Federn des Vogels oder dem Fell des Säugetieres. Kulturen setzen Normen, entwickeln Ziele und entdecken Glaubenssysteme, die es dem handelnden Menschen leichter machen, die Herausforderungen des Daseins anzugehen. Zugleich müssen sie viele Alternativen ausschließen und damit die Möglichkeiten insgesamt begrenzen; aber gerade dieses Kanalisieren der Aufmerksamkeit in Richtung auf eine begrenzte Gesamtheit von Zielen und Möglichkeiten erlaubt ein müheloses Handeln innerhalb der selbstgeschaffenen Grenzen der Kultur.

Eben dies macht die Analogie zwischen Spielen und Kulturen so überzeugend. Beide bestehen aus einer willkürlich gesetzten Menge von Zielen und Regeln, die einen konzentrierten Fortgang der Handlung ermöglichen. Der Unterschied besteht im wesentlichen in der Größe. Kulturen sind allumfassend, sie legen fest, wie der Mensch geboren werden, wie er aufwachsen, heiraten, Kinder haben und sterben soll. Spiele füllen sozusagen die kleinen Pausen im Drehbuch einer Kultur. Sie beschleunigen die Aktion und erhöhen die Konzentration während der »Freizeit«, in der die kulturellen Vorschriften ungehört verhallen und die Aufmerksamkeit des Menschen in die weglosen Gefilde des Chaos abzuwandern droht. Hin und wieder gelingt es einer Kultur, Ziele und Regeln zu entwickeln, die so überzeugend sind und dem Wissen und Können der jeweiligen Bevölkerung so gut entsprechen, daß es diesen Menschen möglich ist, *flow* häufiger und intensiver als üblich zu erfahren. In solchen Fällen ist die Analogie zwischen Spielen und Kulturen sogar noch ausgeprägter. Wir können dann sagen, daß die Kultur insgesamt zu einem »großen Spiel« wird. Für einige der klassischen Kulturen trifft dies wohl zu. Die Bürger Athens, die Römer, die ihre Handlungen an der *virtus* maßen, die chinesischen Gelehrten und die indischen Brahmanen bewegten sich mit der vollendeten Grazie von Ballettänzern durchs Leben und bezogen vermutlich die gleiche freudige Befriedigung aus der herausfordernden Harmonie ihrer Handlungen, wie sie ihnen aus einem ausgedehnten Tanz erwachsen wäre. Die athenische *Polis*, das römische Recht, die göttlich begründete Bürokratie Chinas und die allumfassende geistige Ordnung Indiens stehen als gelungene und dauerhafte Beispiele dafür, wie eine Kultur das *flow*-Erleben fördern kann – zumindest was jene Glücklichen betrifft, die zu den Hauptdarstellern zählen. Eine Kultur, die das *flow*-Erleben fördert, ist nicht zwangsläufig »gut« im moralischen Sinne. Auch wenn die

Gesetze Spartas ohne Zweifel motivierend auf diejenigen wirkten, die sich an sie hielten – uns erscheinen sie unnötig grausam. Die tatarischen Horden und die türkischen Janitscharen hatten, wie es heißt, ihre Freude, ja ihre Lust am Schlachtengetümmel und Gemetzel. Und mit Sicherheit sahen große Teile der europäischen Bevölkerung nach den verwirrenden kulturellen Umbrüchen der zwanziger Jahre im Regime der Nazis und in der faschistischen Ideologie eine Art vereinfachte Spielregeln: Sie setzten einfache Ziele, sorgten für Rückmeldungen und ließen wieder eine Bindung an das Leben entstehen, die vielen Menschen nach einer Periode der Angst und der Unsicherheit wie eine Erlösung erschien.

flow kann intensiv motivieren, ist aber kein Garant für ethisch hochstehendes Handeln. Unter im übrigen gleichen Umständen kann eine Kultur, die *flow*-Erfahrungen ermöglicht, wohl als »besser« angesehen werden im Vergleich mit einer Kultur, die solche Erfahrungen nicht bietet. Wenn allerdings eine Gruppe von Menschen sich Ziele und Normen zu eigen macht, durch die sich ihre Freude am Leben erhöht, dann besteht immer die Möglichkeit, daß dies auf Kosten einer anderen Gruppe geschieht. Erst die Sklaven ermöglichen dem athenischen Bürger das *flow*-Erleben; sie führten sein Haus und verwalteten seine Güter, und auch der elegante Lebensstil auf den Plantagen der amerikanischen Südstaaten gründete sich auf die Arbeit importierter Sklaven.

Was für Kulturen als Ganzes zutrifft, gilt ebenso auch für Subkulturen oder Gruppen von Menschen, die sich von anderen Angehörigen der gleichen Gesellschaft dadurch zu differenzieren suchen, daß sie sich ganz bestimmte Ziele und Normen und damit natürlich auch eine andere Lebensweise zu eigen machen. In unserer im höchsten Maße pluralistischen Gesellschaft existieren die Subkulturen der Amish und der schwarz gekleideten mennonitischen Farmer mit ihren Pferdewagen neben anderen, etwa der Subkultur der Surfer, die ganz entgegengesetzte Normen und Werte vertreten. Dazwischen findet man so gut wie jede andere denkbare Kombination. Evolutionstheoretisch betrachtet, ist eine Subkultur eine Mutation der kulturellen Form, die sich in Konkurrenz zu anderen zu etablieren sucht. Die meisten verschwinden wieder, weil sie keinen Vorteil gegenüber den bestehenden Lebensformen bieten können. Die eine oder andere aber überlebt in einer symbiotischen oder parasitischen Beziehung zur Hauptkultur; und hin und wieder geschieht es sogar, daß eine Subkultur die vorherrschenden Ziele und Normen verdrängt und sich ihrerseits zur dominanten kulturellen Form entwickelt.

Subkulturen bilden ein Netzwerk, das die Gesellschaft durchzieht, sie ganz und gar bedeckt und umhüllt. Ein Mensch kann zugleich mehreren ganz unterschiedlichen Subkulturen angehören. Es gibt die Subkulturen der Maurer und der Meisterköche, der Akademiker und der *science-fiction*-Liebhaber. In allen Fällen legt die Subkultur Ziele und Regeln für ihre Angehörigen fest, sie stellt damit ein strukturiertes Gefüge von Ansprüchen und Forderungen dar, eine in bestimmter Weise organisierte Arena, in der *flow*-Erfahrungen möglich sind.

In Kapitel 11 beschreiben Delle Fave und Massimini zwei isolierte Bergdörfer in den italienischen Alpen. Einst Teil der in Europa vorherrschenden bäuerlichen Kultur, sind die Okzitaner, abgeschnitten von der Welt durch die winterlichen Schneefälle, gewissermaßen zurückgeblieben, ein seltsames Überbleibsel einer Lebensweise, die anderswo längst von der Bildfläche verschwunden ist.

Dennoch ist, wie die Gespräche mit den älteren Dorfbewohnern zeigen, die Lebensweise, wie sie sich in dieser ganz bestimmten Nische unserer Welt entwickelt hat, dem *flow*-Erleben noch immer ungewöhnlich förderlich. Befragt, ob sie jemals jene hohe Konzentration, Eindeutigkeit der Ziele und Mühelosigkeit des Tuns empfunden haben, wie sie für das *flow*-Erleben typisch sind, erkannten alle älteren Dorfbewohner darin dasjenige Gefühl wieder, das ihren Werk- und Alltag kennzeichnete. Eben diese Empfindungen hatten sie nach ihren eigenen Angaben, wenn sie die Kühe auf die hochgelegenen Weiden trieben, wenn sie ihre Obstbäume beschnitten oder sich hinsetzten, um ein Möbelstück zu schnitzen. Auf die Frage: »Wenn Sie Zeit und Geld hätten, was würden Sie lieber tun?«, antworteten die älteren Dorfbewohner, sie würden auch weiterhin das gleiche tun wollen – die Tiere auf die Almen treiben, die Obstbäume in Schuß halten, schnitzen.

Die okzitanische Kultur ist mithin ein Beispiel jener seltenen Anpassung, eine Lebensweise, die alle Energien der Menschen in erfreulicher und erfüllender Interaktion bindet. Arbeit ist ebenso erfreulich wie Muße, und Muße ist ebenso sinnvoll mit dem übrigen Leben verbunden wie die Arbeit. Tiefes Bedauern, unerfüllte Sehnsüchte oder chronische Unzufriedenheit mögen im individuellen Leben durchaus vorhanden sein, sie sind aber nicht Teil jenes Netzwerkes aus Zielen und Möglichkeiten, das die Gemeinschaft insgesamt bereithält.

Aber diese so wohlgelungene Anpassung an eine rauhe Umgebung ist im Schwinden begriffen. Die Fragilität der okzitanischen Kultur zeigt sich in den Antworten der jüngeren Dorfbewohner. Diese Generation hat keine Freude mehr an den traditionellen Lebensformen. Ihre Konzentration ist von den Zielen und Wünschen, die aus der Kultur der Ebene stammen, durchbrochen worden. Wenn die Jüngeren das Vieh auf den Bergen hüten, dann sind sie mit ihren Gedanken bei den Möglichkeiten, die ihnen von der Fernsehwerbung vor Augen geführt werden. Arbeit ist für sie

Einführung in Teil III

Plackerei, die sie nur wegen des Geldes ertragen, das sie dafür erhalten und das sie dann für *flow*-Erlebnisse in teuren Freizeiteinrichtungen ausgeben können, und da Arbeit in den Fabriken mehr Geld bringt, suchen sich die jüngeren Okzitaner ihre Arbeitsstellen zumeist in der Industrie, weit weg von ihrem Heimatdorf.

Daß dies noch nicht notwendig das Ende der Geschichte ist, kann man aus dem zweiten in Kapitel 11 vorgestellten Beispiel ersehen. Hier haben wir es mit 49 Personen zu tun, die alle der gleichen Bergbauernfamilie angehören und sich auf drei Generationen verteilen. Die älteste Generation lebt noch heute das ganze Jahr über in ihrem Bergdorf; viele Angehörige der mittleren und der jüngeren Generation arbeiten dagegen während eines Teils des Jahres im Ausland oder in Industriezentren. Die Angehörigen der ältesten Generation berichteten – wie die älteren Okzitaner auch – von *flow*-Erfahrungen am häufigsten im Zusammenhang mit ihrer Arbeit. Bei der nächsten Generation hatten noch immer 41 % der *flow*-Erlebnisse mit der Arbeit zu tun, während dieser Zusammenhang bei der jüngsten Generation nur noch in rund 20 % der Fälle gegeben war. Der Umstand, daß optimales Erleben nicht mehr so stark an die berufliche Tätigkeit gebunden ist, bedeutet, daß die Menschen diesen besonderen Bewußtseinszustand längst nicht mehr so häufig täglich erleben. In den jüngeren Generationen ist es so, daß nur die Hälfte derjenigen Aktivitäten, die *flow*-Erfahrungen ermöglichen, jeden Tag stattfinden, während die älteste Generation angibt, praktisch alles, was *flow* bewirkt, täglich zu tun. Es erübrigt sich festzustellen, daß positive Schilderungen der Arbeitssituation von Generation zu Generation seltener werden und die jüngsten Familienangehörigen ihre Arbeit langweilig, anstrengend, beunruhigend, Angst erzeugend und unattraktiv finden.

Nichtsdestoweniger können die oben genannten Daten insofern optimistisch stimmen, als auch für einige der jüngeren Leute noch immer die Arbeit die wichtigste Quelle ihrer *flow*-Erfahrungen darstellt. Dies bedeutet, daß moderne Arbeitnehmer imstande sind, im Zusammenhang der Anforderungen, die ihre tägliche Arbeit an sie stellt, zu optimalem Erleben zu kommen. Daß diejenigen, denen dies gelingt, dem persönlichen Engagement eine so gewichtige Rolle beimessen, läßt vermuten, daß es eben dieses Engagement ist, das ihnen zu autotelischen Erfahrungen im Rahmen ihrer beruflichen Tätigkeit verhilft. Da die Arbeit einen so erheblichen Teil der psychischen Energien des Menschen in Anspruch nimmt, wirkt sich diese Form des Erlebens auch auf die übrigen Bereiche des täglichen Lebens aus. Entsprechend wurde es auch von einem jungen Angehörigen der dritten Generation formuliert: Wenn es am Arbeitsplatz »läuft«, dann hält das gute Gefühl über die Arbeitszeit hinaus an.

Weniger Optimistisches deutet sich in der dritten Studie an, die sich mit Büroangestellten aus einer großen Industriestadt Norditaliens (Turin) beschäftigt. Beide untersuchten Gruppen – von denen sich die erste aus einfacheren, die zweite aus leitenden Angestellten zusammensetzt – finden in ihrer Arbeit nur selten optimales Erleben. Da ihre tägliche produktive Tätigkeit für sie keine Quelle optimales Erlebens darstellt, geraten diese Menschen selten in den Zustand des *flow*. Die wenigen unter ihnen, die wirklich optimales Erleben mit ihrer Arbeit assoziieren, bewerten diese Arbeit als erheblich schwieriger und anspruchsvoller. Dabei überrascht es nicht, daß die Manager, deren Tätigkeitsprofil ja komplexer und vielfältiger ist, ihre Tätigkeit ausnahmslos in größere Nähe zur *flow*-Erfahrung bringen als die einfachen Angestellten. Wenn man bedenkt, daß Arbeitskräfte, die von häufigeren *flow*-Erfahrungen berichten, in der Regel während der am Arbeitsplatz verbrachten Zeit auch tatsächlich mehr arbeiten (Csikszentmihalyi, 1982), dann kann man in der Dichotomie von Arbeit und Muße als Quellen der *flow*-Erfahrung keine gesunde Entwicklung erkennen. Daß die in Kapitel 11 vorgestellten amerikanischen Arbeitnehmer in ähnlichen und sogar in niedrigerrangigen Arbeitssituationen imstande sind, mehr *flow*-Erfahrungen zu machen als die Turiner Probanden, erklärt sich möglicherweise damit, daß die letzteren, die erst in der ersten bzw. der zweiten Generation Stadtbewohner sind (fast die Hälfte der Befragten geben an, daß ihre Großeltern Bauern waren), unter der typischen Entfremdung derer leiden, die sich aus der einen Kultur gelöst haben und sich in der anderen, der neuen Kultur noch nicht assimiliert fühlen.

Das Drama, wie es in Kapitel 11 umrissen wird, spielt sich in jedem Augenblick an jedem Punkt des Erdballs ab. Es ist ein Beispiel für den ungesteuerten Prozeß der Urbanisierung, durch den Traditionen ausgehöhlt werden, die Jahrtausende brauchten, um sich zu entwickeln, und die nun im Verlauf weniger Generationen in Vergessenheit geraten. Ein anderes Wort für diesen Prozeß lautet »Fortschritt«. Leider stellt Fortschritt nur eine Hypothese dar; ob sie Bestand hat oder nicht, wird allein die Zeit erweisen. Falls sich die technologische, wertfreie Lebensweise, die wir als Fortschritt bezeichnen, einmal als evolutionärer Irrtum erweist, könnte es für eine Umkehr zu spät sein.

Dessenungeachtet bergen diese Kulturen eben jene Art der psychischen Integration und der Identifikation mit produktiver Tätigkeit, wie sie als Leitlinie bei der Gestaltung der Arbeitssituationen der Zukunft dienen sollte. Kapitel 12 schildert eine sehr spezialisierte und einmalige Subkultur unserer modernen, technologischen Welt. Sie besteht aus Menschen, die nicht bereit sind, sich an die von der herrschenden Kultur vorgegebenen Lebensformen zu halten, und die deshalb »ausgestiegen«, nämlich auf eine ihnen anziehender erscheinende Alternative ausgewichen sind. Diese »people of flow«, mit denen Jim Macbeth sprach, kauften sich Segelboote und verschwanden irgendwo zwischen Hawai und Sri Lanka aus der Zivilisation – Hochseesegler, die in ihren winzigen Schiffen von Insel zu Insel fahren und sich an Ziele und Regeln halten, die ihr Dasein auf eine überschaubare und erfreuliche Routine vereinfachen. Ihre Welt ist auf ein paar Quadratmeter Deck zusammengeschrumpft in der scheinbar unendlichen Weite zwischen Himmel und Wasser. Innerhalb dieser begrenzten Welt sind sie den immer gegenwärtigen Herausforderungen der Elemente ausgesetzt.

Aus Macbeths Interviews geht klar hervor, daß die Befragten sich der Subkultur der Hochseesegler angeschlossen haben, um der Langeweile und zugleich Unruhe des modernen urbanen Lebens zu entgehen und um sich unter dafür ideal geeigneten Umständen häufiger in den besonderen Bewußtseinszustand des *flow* zu versetzen. Wie andere Subkulturen hat sich auch das Hochsee- oder Fahrtensegeln so entwickelt, daß es die Qualität des Erlebens steigert. Macbeths Studie schildert in allen Einzelheiten, daß und wie die Herausforderungen des Segelns dem, der ihnen geschickt zu begegnen weiß, *flow*-Erfahrungen aller Art vermitteln. In mancher Hinsicht ist die Subkultur des Segelns allerdings einmalig. Ihre Existenz an den Rändern des sozialen Systems verleiht ihr einen etwas parasitischen Anstrich. Segler produzieren nichts und bemühen sich nicht darum, irgendeines der Probleme zu lösen, die ihnen in den sozialen Systemen, die sie verlassen haben, als so unerträglich erschienen. Ist ihr Entweichen aus den Zwängen der *conditio humana* vielleicht nichts als ein unproduktiver Rückzug?

Macbeth ist der Auffassung, daß die Lebensweise der Segler durchaus als positiver Beitrag an die Adresse der übrigen Menschheit zu sehen ist: Durch ihren radikalen Bruch mit der Gesellschaft erweisen sie sich als Zeugen alternativer Werte, die zu bewahren sich lohnt. Ihre Lebensweise wird zum »metakulturellen Kommentar«, zum Symbol und Beispiel dessen, was das Leben sein sollte. In mancher Hinsicht erinnert dieses Argument an das, was die Mönche des Mittelalters zur Rechtfertigung ihres allem Anschein nach sorgenfreien und behaglichen Lebens anführten. Sie entzogen sich dem geschäftigen Treiben des weltlichen Alltags, indem sie sich in die Abgeschiedenheit der Klöster begaben, die nach strengen Regeln geführt wurden; die Mönche konnten auf diese Weise zu Gott beten und zugleich den anderen Menschen als Vorbild dienen.

Auch die Segler haben ihre Religion mit strengen Riten. Ihr Gott ist nicht der traditionelle Gott der Christenheit, sondern eher ein holistisches Konzept, in dem die Kräfte der Natur und die Möglichkeiten des Menschen vereinigt sind. Mit ihrem neuheidnischen Suchen und Trachten führen sie beispielhaft eine Form des Engagements vor, die Ordnung in das Leben vieler Menschen bringen könnte, die niemals auch nur im Traum daran gedacht haben, in der Südsee zu segeln. Ob ihr Beispiel als Fährte in ein besseres Leben verstanden wird oder als Aufforderung, sich den Dingen zu entziehen, das hängt letzten Endes von denjenigen ab, die ihr Handeln interpretieren.

In Kapitel 13 beschäftigt sich Isabella Csikszentmihalyi mit einer anderen Subkultur. In diesem Fall greift sie nicht auf Interviews und Fragebögen, sondern auf historische Quellen als Datenmaterial zurück. Sie schildert die Anfänge des Jesuiten-Ordens, einer Institution, die sich im Europa des 16. und 17. Jahrhunderts wie ein Lauffeuer verbreitete und noch zu den entferntesten Außenposten der abendländischen Kultur vordrang. Der Erfolg der Jesuiten geht auf den Umstand zurück, daß sie einen Orden darstellten, welcher der im Zuge von Renaissance und Reformation in die katholische Welt hereingebrochenen Verwirrung in einmaliger Weise begegnete. Er zog intelligente und ehrgeizige junge Männer an, weil er sie mit immer weiter und feiner differenzierten Anforderungen an ihren Intellekt und ihre Lebensführung konfrontierte; er schrieb eine mühselige Disziplin vor, um sie in ihren angeborenen Fähigkeiten auszubilden.

Ignatius von Loyola stellte seine Ziele in einen ideologischen Rahmen, der den Ängsten und Unsicherheiten der Zeit Rechnung trug. Und was noch wirkungsvoller war – er formulierte Ordensregeln, die noch der kleinsten Einzelheit im Leben der Jesuiten ihren Zweck und ihre Richtung verliehen. Sie erfaßten nahezu jede Minute im Tagesablauf der Ordensangehörigen und legten fest, wie sie zu sprechen, den Kopf zu tragen und die Hände zu halten hatten. Bei aller Starrheit des Reglements waren die Jesuiten andererseits gehalten, sich an die größten Herausforderungen ihres Zeitalters zu wagen. Sie wurden allein in fremde Länder geschickt, um indische Moguln und chinesische Kaiser zu bekehren; sie wurden aufgefordert, utopische Gemeinschaften in der Neuen Welt ins Leben zu rufen; sie wurden darauf vorbereitet, führende Positionen auf den Gebieten der Wissenschaft und der Bildung einzunehmen.

Dieses System klar strukturierter Regeln, innerhalb dessen der Initiative des einzelnen viel Raum gegeben war, machte das jesuitische »Spiel« zu einer der erfolgreichsten Subkulturen, die der Mensch je ersonnen hat. Begabte junge Männer wetteiferten darum, in die Reihen des Ordens aufgenommen zu werden. Und die durch nichts zu erschütternde Zielstrebigkeit des »Professen«, also des Jesuiten, der alle Gelübde abgelegt hatte, wurde insofern zur sich selbst erfüllenden Voraussage, als sie Respekt und Furcht bei denjenigen erzeugte, die außerhalb des Ordens standen.

Einführung in Teil III

Die Jesuiten liefern ein Beispiel für die Rolle, die das *flow*-Erlebnis in der Vergangenheit spielte. An diesem Beispiel läßt sich ablesen, daß und wie intrinsische Motivation die Entscheidungen des Menschen beeinflußt. Kulturelle Evolution ereignet sich immer in jenen kleinsten Schritten, die wir machen, um diese Meinung einer anderen vorzuziehen, auf diese statt auf jene Weise zu handeln. Dieses in steter Bewegung befindliche Entscheidungsmuster orientiert sich an der Qualität der Erfahrung, die wir uns als Resultat der jeweiligen Entscheidung erwarten. Eine Praxis, die *flow*-Erfahrungen bewirkt, wird mit größerer Wahrscheinlichkeit Anhänger finden. Eine Glaubenshaltung oder eine Technik, die unsere Konzentration fördert, Ordnung unter den Zielen schafft und für klare Rückmeldungen sorgt, steht höher im Kurs.

Selbstverständlich sind es nicht *flow*-Erfahrungen allein, die bisher den Gang der Dinge lenkten. Aber der Verlauf unserer biokulturellen Entwicklung ist ohne *flow*-Erfahrungen nicht verständlich. Selbst die marxistische Doktrin von der sozialen Veränderung beruht letzten Endes auf der Annahme, daß die Menschen versuchen, ihre Erfahrungen zu optimieren. Trotz der irreführenden Einkleidung als »objektive« Wissenschaft setzt der historische Materialismus doch bei dem subjektiven Bestreben an, aversive Bewußtseinszustände zu vermeiden. Der Klassenkampf wird von Menschen geführt, die entdeckt haben, daß ihre Chancen, *flow* zu erfahren, durch institutionelle Beschränkungen blockiert sind. Mit der Theorie des optimalen Erlebens gewinnt die Geschichte ein wertvolles Erkenntnisinstrument.

Kapitel 11

Die Modernisierung und die Qualität der subjektiven Erfahrung im Kontext von Arbeit und Muße

Antonella Delle Fave und Fausto Massimini

Kulturen unterscheiden sich sehr weitgehend voneinander, was den Fächer der Chancen und Möglichkeiten angeht, die sie den Menschen eröffnen, und was das Wissen und Können betrifft, das der durchschnittliche Angehörige einer Kultur zu besitzen meint. Selbst die gleiche Kultur kann insoweit zu unterschiedlichen Zeitpunkten sehr unterschiedlich beschaffen sein, und entsprechend wird auch die Qualität des subjektiven Erlebens des typischen Angehörigen einer solchen Gesellschaft schwanken. Heutzutage, da es unter den Kulturanthropologen als eine unter allen Umständen zu vermeidende Ketzerei gilt, westliche Maßstäbe der Interpretation und der Darstellung auf fremde Kulturen anzuwenden, bietet sich vermutlich die eingehende Beschäftigung mit der Erlebniswelt, wie sie unmittelbar von den Angehörigen der jeweiligen Kultur berichtet wird, als sinnvolle Methode vergleichender Untersuchungen an.

In diesem Sinne befaßt sich das vorliegende Kapitel mit den ausführlichen Interviews, die mit vier verschiedenen Gruppen durchgeführt wurden. Die befragten Personen leben zwar geographisch in enger (europäischer) Nachbarschaft, gehören aber sehr unterschiedlichen ökologischen und kulturellen Umfeldern an. Sie unterscheiden sich zumal insofern, als die einen noch einer traditionellen bäuerlichen Lebensweise verhaftet und die anderen in das technisierte Leben der großen Stadt integriert sind. Bei unseren Untersuchungen ging es um die Frage, wie das optimale Erleben in diesen Kontexten beschrieben wird, bei welchen der unterschiedlichen Aktivitäten es auftritt und wie sich die Modernisierung des Lebens auf die Qualität der subjektiven Erfahrung auswirkt.

Hier und dort hat eine gewachsene ländliche Gesellschaft es verstanden, einen Lebensstil zu entwickeln, der den Anforderungen ihres ökologischen Umfeldes gut angepaßt ist, und die für das Überleben ihrer Mitglieder notwendigen Aufgaben so zu arrangieren, daß deren Erfüllung als erfreulich und belohnend empfunden wird. Dieses Zusammenwirken innerer Bedürfnisse und äußerer Erfordernisse geht im Prozeß der Modernisierung, wenn neue Produktionstechniken und neue soziale Arrangements das durch die traditionellen Formen bewirkte Gleichgewicht zerstören, in der Regel verloren. Die Lebensqualität einer bestimmten Kultur wird immer sehr weitgehend davon abhängen, ob die für das Überleben erforderlichen Aktivitäten – also die Arbeit und die Wahrung des Vorhandenen – optimale Erfahrungen vermitteln können. Die Weiterentwicklung individueller Fertigkeiten geschieht vornehmlich als Reaktion auf die Anforderungen des täglichen Lebens, und eben deshalb ist die Struktur des ganz normalen, alltäglichen Lebens entscheidend für die Entfaltung der im Menschen angelegten Möglichkeiten. In diesem Kapitel werden wir sehen, wie das Verhältnis von *flow* und Arbeit in unterschiedlichen kulturellen Kontexten – im traditionellen ländlichen und im städtisch-industriellen Umfeld – beschaffen ist.

Traditionelle Gesellschaften kennen keine klare Unterscheidung zwischen Arbeit und Freizeit, zumindest nicht, soweit es die subjektive Erfahrung betrifft. In den modernen Gesellschaften dagegen haben die ganz andere Organisation der Arbeit und der technologische Fortschritt die Wahrnehmung der Menschen von ihren alltäglichen Aufgaben verändert. Die Arbeit bietet oft gerade nicht die variierten Aktionsmöglichkeiten, die Klarheit der Ziele und die Rückmeldungen, die optimales Erleben begünstigen; viele Menschen sehen sich deshalb gezwungen, in ihren Freizeitaktivitäten, die in den modernen Gesellschaften einen so breiten Raum einnehmen, danach zu suchen. Die Daten, die unsere Forschungsgruppe in den verschiedenen kulturellen Kontexten zusammengetragen hat, weisen darauf hin, daß die Modernisierung des Lebens außerordentlich rasch zur Separierung der Generationen im Hinblick darauf führt, welche Aktivitäten jeweils optimales Erleben bewirken. Aus unseren Untersuchungen geht hervor, daß ein Wandel in der Art der Aktivitäten, die *flow* entstehen lassen, häufig tiefgreifende Auswirkungen auf den Lebensstil und die Lebensqualität insgesamt hat.

Die Methode

Den in diesem Kapitel vorgestellten Studien liegen Daten zugrunde, die mit dem sogenannten *Flow Questionnaire* erhoben wurden, einem Instrument, das schon früher zur Erfassung optimalen Erlebens herangezogen worden war. Dieser Fragebogen (von der Art der Papier- und Bleistift-Tests) besteht aus zwei Teilen. Im ersten Teil werden den Probanden drei

Zitate präsentiert, die das *flow*-Erlebnis beschreiben. Sie stammen aus den Interviews mit einem Felskletterer, einem Komponisten und einem Tänzer, die ihr Erleben in Augenblicken hoher Konzentration und intensiven Beteiligtseins beschreiben (Csikszentmihalyi, 1975b, dt. 1985; 1982a). Die Probanden werden gefragt, ob sie jemals ähnliche Erfahrungen hatten, und wenn ja, in welchem Zusammenhang. Anschließend werden sie gebeten anzugeben, wie häufig sie sich mit den Aktivitäten beschäftigen, die sie mit der *flow*-Erfahrung assoziieren.

Der zweite Schritt besteht in der Bewertung der im ersten Teil herausgefundenen *flow*-Aktivität nach 12 Dimensionen der *flow*-Erfahrung (Mayers, 1978); dies geschieht auf der Grundlage eines achtstufigen semantischen Differentials. Die zwölf Dimensionen der Bewertung sind die folgenden:

Ich lasse mich auf mein Tun ein.
Ich gerate in Sorge.
Ich weiß genau, was ich dabei zu tun habe.
Ich bekomme direkte Hinweise darauf, wie gut ich meine Sache mache.
Ich spüre, daß ich den Anforderungen der Situation gewachsen bin.
Ich fühle mich unbehaglich.
Die Sache langweilt mich.
Ich muß mich anstrengen, um meine Gedanken bei der Sache zu halten.
Ich würde es tun, auch wenn ich es nicht tun müßte.
Ich gerate in Unruhe.
Die Zeit vergeht (langsam – rasch).
Ich genieße die Erfahrung und/oder den Einsatz meiner Fähigkeiten.

Nach der Theorie wird ein Mensch, der sich im *flow* befindet, sein Erleben in der Weise beschreiben, daß er sich intensiv auf sein Tun eingelassen hat, deutliche Rückmeldungen erhält, die anstehende Sache tatsächlich tun möchte, *nicht* gelangweilt ist, sich *nicht* um Konzentration bemühen muß usw. Nachdem die Probanden ihre jeweilige *flow*-Tätigkeit nach diesen 12 Dimensionen bewertet hatten, wurden sie aufgefordert, eine solche Bewertung auch in bezug auf andere Dinge – Familienleben, schulische Tätigkeit, Fernsehen – vorzunehmen. Bei den im folgenden geschilderten Untersuchungen nahmen alle Befragten eine solche Bewertung sowohl der in ihren Augen wichtigsten *flow*-Aktivität als auch ihrer Tätigkeit am Arbeitsplatz vor, sofern diese nicht bereits als die *flow*-bewirkende Aktivität bezeichnet worden war.Nach Ausfüllen des Fragebogens wurden die Probanden um Auskunft darüber gebeten, wie die von ihnen mit dem *flow*-Erlebnis assoziierte Erfahrung beginnt, wie sie weitergeht und was sie enden läßt. Die gleichen Fragen wurden im Hinblick auf die berufliche Tätigkeit gestellt. Anschließend wurde gezielt nach mit dem *flow*-Erlebnis

flow im Kontext von Arbeit und Muße

verbundenen Aufmerksamkeitsprozessen des täglichen Lebens gefragt. So sollten die Probanden angeben, welche Gedanken üblicherweise auftreten, wenn sie nichts Dringendes zu tun haben, wie oft diese Gedanken auftreten, und was sie von diesen Gedanken ablenkt; ferner was sie gerne tun würden, wenn Geld und Zeit keine Rolle spielten, was sie davon abhalte, diese Dinge zu tun, welche Dinge sie am allerliebsten tun und wie oft sie diese Dinge tun. Die Antworten auf diese Fragen liefern konkrete Informationen über den Ort des optimalen Erlebens im Leben des Individuums. Sie lassen erkennen, wie wichtig diese Erlebensweise im psychischen Gesamthaushalt eines Menschen ist, und sie zeigen, bei welcher Art von Aktivität sie auftritt und welche Alternativen der einzelne sieht, um *flow*-Erfahrungen zu machen.

flow in traditionellen Gemeinschaften

Dieser erste Teil unserer Untersuchungen belegt den festen Zusammenhang, wie er in traditionellen Gemeinschaften zwischen *flow* und den alltäglichen produktiven Tätigkeiten besteht. Unsere Erhebungen wurden in zwei Bergregionen Norditaliens durchgeführt: Im ersten Fall hatten wir es mit der okzitanischen Bevölkerung des Dorfes Sampeyre (Val Varaita) zu tun, im zweiten mit drei Generationen einer Familie, die seit Jahrhunderten in einem kleinen Ort im Val Gressoney lebt, einem Nebental des Aosta-Tales.

flow und Alltagsleben bei den Okzitanern. Die okzitanische Gruppe besteht aus 20 Personen zwischen 16 und 78 Jahren, sieben Männern und 13 Frauen. Sie leben in dem kleinen Alpendorf Sampeyre, das auf rund 1550 m Höhe im Val Varaita liegt. Die okzitanische Kultur brachte die *Langue d'oc* hervor und spielte im Mittelalter eine wichtige Rolle. Sie hat als sprachliche und kulturelle Erscheinung verstreut überlebt, zumal auf französischem Boden, in kleinen Gemeinschaften aber auch in Italien, Spanien und im Fürstentum Monaco. Die Vorfahren der hier untersuchten okzitanischen Gemeinschaft lebten seit Jahrhunderten im Val Varaita. Daß unsere Stichprobe so klein ist, liegt an der stetigen Aufreibung durch Migration in die Ebene – ein Exodus, der seit dem zweiten Weltkrieg dramatische Ausmaße angenommen hat. Nur wenige Menschen sind noch geblieben, die ihr Leben in der überkommenen Weise weiterführen, also ihr Land bearbeiten, Obstbau und Viehzucht treiben, nähen, stricken und Blumen züchten. Die Okzitaner leben in traditionellen Häusern aus Stein und Holz, die nur das zum täglichen Leben notwendige Gerät enthalten. Im Winter ist das Dorf wegen der häufigen und heftigen Schneefälle oft völlig von der Welt abgeschnitten. Die unwirtliche Umgebung verlangt den Bewohnern ein ausgeprägtes Anpassungsvermögen ab. Um unter diesen schwierigen äußeren Bedingungen zu überleben, müssen sie eine Vielzahl spezifischer Fertigkeiten entwickeln. Unter den gegebenen Umständen dient alles, was die Menschen hier Tag für Tag tun, wie in den meisten vorindustriellen Gesellschaften, eindeutigen Zielen und hat Existenz erhaltende Funktionen: Ackerbau und Viehzucht sichern das biologische Überleben, die sozialen Interaktionen sind unerläßlich, um das Netz der wechselseitigen Unterstützung funktionstüchtig zu erhalten, und die Kunstfertigkeiten – die Produktion nützlicher Gebrauchsgegenstände – sorgen für die Bewahrung der okzitanischen Kultur. All dies sind elementare Tätigkeiten im Dienst der biologischen und kulturellen Reproduktion (Massimini, 1982; Csikszentmihalyi und Massimini, 1985).

Auf den ersten Blick scheint diese Kultur den von Turner (1982) beschriebenen Stammesgesellschaften sehr ähnlich zu sein: »Was wir hier sehen, ist ein Universum der Arbeit, an dem sich die Gemeinschaft in ihrer Totalität nicht freiwillig, sondern aus Verpflichtung beteiligt.« Wenn wir uns aber ansehen, wie die Okzitaner – durch ihre Beantwortung des Fragebogens – die subjektive Erfahrung ihres alltäglichen Lebens beschreiben, dann stellt sich heraus, daß sie ihr Leben, wie sie es führen, in Wahrheit als das Resultat der freien Entscheidung betrachten, sich an die traditionellen Formen ihrer Kultur zu halten. Die meisten der Befragten hatten eine gewisse Zeit in städtischer Umgebung verbracht, und einige hatten die Möglichkeit, zu Kindern oder Verwandten zu ziehen, die in der Stadt wohnen und dort ein sehr viel leichteres Leben führen. Wie wir noch sehen werden, hat es aber zumindest die Hälfte der befragten Personen vorgezogen, ihr Dorf nicht zu verlassen.

Wir vergleichen innerhalb unserer Stichprobe zwei Gruppen, die sich durch ihre Einstellung gegenüber der herkömmlichen Lebensweise unterscheiden. Die erste Gruppe besteht aus Personen, die angeben, sich freiwillig für die Beibehaltung der okzitanischen Lebensweise entschieden zu haben. Zur zweiten Gruppe gehören diejenigen, die ihr Dorf verlassen und in die Stadt oder eine »modernere« Umgebung ziehen würden, wenn sie die Möglichkeit dazu hätten. Diese Unterscheidung spiegelt auch einen Altersunterschied: Zur ersten Gruppe gehören nur Personen jenseits der Dreißig, zur zweiten gehören ausschließlich Personen zwischen 16 und 30 Jahren. Den insgesamt 20 Personen in beiden Gruppen wurden die drei Zitate vorgelegt, die sich auf das optimale Erleben beziehen. Unabhängig von Lebensalter und Bildungsstand erkannten sie alle die Art der Erfahrung, von der in den Zitaten die Rede war.

Der interessanteste Unterschied zwischen den beiden Gruppen zeigte

flow im Kontext von Arbeit und Muße

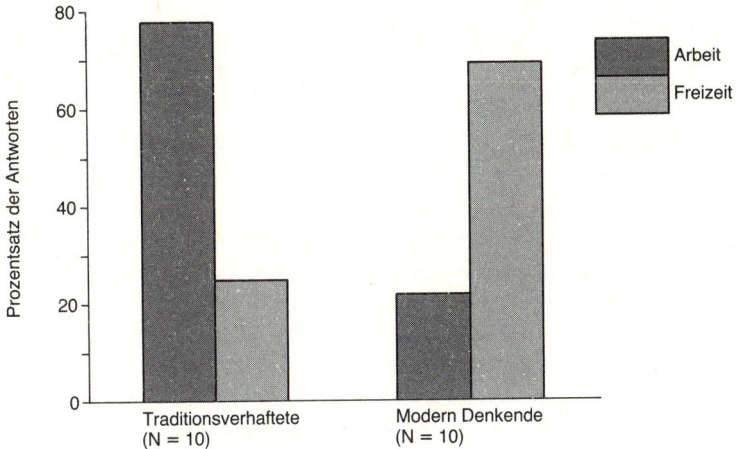

Abb. 11.1. *flow*-Erfahrungen der Okzitaner im Kontext von Arbeit und Freizeit (hohe Prozentsätze geben einen hohen Anteil von *flow*-Erfahrungen wieder).

sich in der Art der Aktivität, die den Zitaten zugeordnet wurde. Wie Abbildung 11.1 zeigt, nannten die Angehörigen der ersten Gruppe, also die traditionsverhafteten Befragten, in 77 % ihrer Assoziationen zu den drei Zitaten die Arbeit als den Kontext optimalen Erlebens, und zwar in allen Fällen traditionelle Tätigkeiten aus den Bereichen von Landwirtschaft und Handwerk. 56 % dieser *flow* hervorrufenden Tätigkeiten wurden den Berichten zufolge täglich, weitere 41 % einmal in der Woche oder häufiger ausgeübt. Zwei Beispiele aus den Interviews:

Ich kümmere mich noch immer um das Vieh und um die Obstbäume. Und es ist sehr befriedigend, mich um die Pflanzen zu kümmern: Es macht mir Freude, sie Tag für Tag wachsen zu sehen. Das ist sehr schön. (62jährige Frau)

Mit »Arbeit« meine ich, daß ich den Boden bestelle und das Heu einbringe. Die Arbeit ist hart, aber sie gefällt mir. Ich habe einmal für kurze Zeit versucht, woanders zu arbeiten, aber es hat mir nicht gefallen. Ich bin wieder in die Landwirtschaft zurückgegangen, weil mir das besser gefällt. (42jähriger Mann)

Von den Antworten, die aus diesem Personenkreis kamen, brachten nur wenige das *flow*-Zitat mit Freizeitaktivitäten in Verbindung. Nur 24 % aller erwähnten Aktivitäten hatten etwas mit der Freizeit zu tun, und dabei handelte es sich fast ausschließlich um Aktivitäten traditioneller Art, so um das Karten- oder das *bocce*-Spiel, eine Form des Kegelns. Nicht nur wurde *flow* seltener im Zusammenhang mit Freizeitaktivitäten als im Zusammenhang mit der Arbeit erfahren; die befragten Personen gingen den nicht mit der Arbeit zusammenhängenden Aktivitäten auch seltener nach – durchschnittlich nur einmal pro Woche.

Offensichtlich haben die traditionsverhafteten Okzitaner das optimale Erleben sozusagen nahtlos in das feste Gefüge ihres alltäglichen Lebens integriert. Die *flow* produzierenden Aktivitäten sind diejenigen, denen sie ohnehin von morgens bis abends nachgehen, so wie ihnen dies durch Verhaltensregeln über ihr biologisches und kulturelles Erbe gewissermaßen aufgegeben ist. Zusätzlich haben sie allerdings Wege gefunden, diese Aufgaben zum Kontext optimalen Erlebens zu machen. In ihrem Leben ist kein Platz für »sinnlose Arbeit und zweckfreie Muße« (Csikszentmihalyi, 1981a), wie sie für moderne Gesellschaften typisch sind. Alle ihre psychischen Energien richten sich auf wesentliche Ziele. Die Anforderungen sind hoch und gestatten es ihnen, ihr Können zu prüfen und weiterzuentwickeln. Arbeit wird zur autotelischen Aktivität. Die traditionsverhafteten Okzitaner sind überzeugt, daß das, was sie zu tun haben, sowohl unumgänglich ist als auch Gegenstand ihrer freien Entscheidung; und da sie Freude an ihren täglichen Aufgaben haben, werden diese Aufgaben und die übergreifende Kultur wohl auch weiterhin bestehen bleiben. Eine der Befragten äußerte sich über das Stricken, das als *flow* hervorrufende Tätigkeit für sie an erster Stelle steht:

Dieses Gefühl (gemeint war die *flow*-Erfahrung) setzt ein, wenn ich eine schwierige Masche stricke – wenn sie schwierig ist, dann befriedigt es mich sehr zu sehen, daß sie mir gut gelungen ist. Ich kann stundenlang stricken. Dieses Gefühl kommt nur, wenn ich mich richtig darein versenke. Es ist die Tätigkeit selbst, die es am Leben hält, wenn es erst einmal da ist. (62jährige Frau)

Diese Frau erinnert sich auch gerne daran, daß sie als junges Mädchen zusammen mit den anderen Mädchen aus ihrem Dorf zu spinnen pflegte und daß sie alle miteinander darum wetteiferten, wer den dünnsten und gleichmäßigsten Faden zustande brachte. Mit diesem Verständnis der Arbeit erklärt sich der nostalgische Ton, den die Älteren anschlagen, wenn sie vom harten Leben in früheren Zeiten sprechen: »Und wenn das Leben auch noch so festgelegt ist, man hat das Gefühl von Freiheit, solange man sich aus freien Stücken dafür entschieden hat« (Csikszentmihalyi, 1985a). Diese Freiheit der Entscheidung wurde von mehreren der befragten Personen hervorgehoben. Einige haben jahrelang im Ausland oder in einer großen Stadt gearbeitet, weil dies aus wirtschaftlichen Gründen notwendig war, aber am Ende sind sie doch in ihr Dorf zurückgekehrt.

Arbeiten heißt für mich, daß ich mich um die Felder und um das Vieh kümmere. Vor allem um das Vieh. Eine Zeitlang habe ich etwas anderes gemacht, drüben in Frankreich. Aber dann bin ich doch lieber wieder zurückgekommen. Ich arbeite gerne an der frischen Luft. In einer Fabrik könnte ich zum Beispiel niemals arbeiten. Ich bin gerne mit den Tieren zusammen, das befriedigt mich sehr. (50jähriger Mann)

Auf die Frage: »Was würden Sie am liebsten tun, wenn Zeit und Geld keine Rolle spielten?« antworteten 21% der Okzitaner der ersten Gruppe, sie würden mehr Zeit in der Familie verbringen; 50% gaben an, sie würden dann genau das tun, was sie auch jetzt taten. Zum Beispiel:

Ich weiß es wirklich nicht, denn ich bin ja zufrieden, so wie es jetzt ist, mit meiner Familie und meinem schönen Haus. Ich wünsche mir gar nichts anderes. (71jährige Frau)

Dagegen erfahren die jüngeren Befragten der zweiten Gruppe, die das traditionelle Leben nur zu gerne aufgeben würden, *flow* nicht im Zusammenhang mit der Arbeit, sondern eher bei »Freizeit«aktivitäten wie dem Skifahren, dem Zusammensein mit Freunden oder dem Fußballspiel (Abbildung 11.1). Von derartigen Aktivitäten ist in 68% ihrer Antworten die Rede.

Von optimalem Erleben bei einer produktiven Tätigkeit berichten diese Personen selten; entsprechend haben auch nur 22% von ihnen täglich *flow*-Erfahrungen. Mit dem modernen Leben haben neue Aktivitäten auch in Sampeyre Eingang gefunden und sorgen nun hier für eine gewisse Strukturierung der Aufmerksamkeit und für optimales Erleben. Ein gutes Beispiel dafür ist der 22jährige, der nach seinen Worten *flow* erlebt, wenn er »mit dem Motorrad über die Bergpfade« fährt. Beide Eltern gehören der Gruppe an, die in ihrer Tätigkeit in der Landwirtschaft die wichtigste Quelle optimalen Erlebens sieht; der Sohn dagegen hat seine Aufmerksamkeit einem modernen Gebrauchsgegenstand zugewandt: für ihn ist das Motorrad das Vehikel optimalen Erlebens. Aber das Motorrad drängt sich zwischen die Natur und den Menschen; die Berge, die natürliche Umgebung, stehen nicht mehr im Mittelpunkt seiner Aufmerksamkeit. Das Motorradfahren isoliert ihn vom Netzwerk der alltäglichen Verantwortlichkeiten; diese Aktivität ist nicht so in das Muster der täglichen produktiven Aufgaben und sozialen Verpflichtungen integriert wie die Tätigkeiten, an denen seine Eltern ihre Freude haben.

Eine ausschließliche Hinwendung zu Muße und Freizeit als Quellen optimalen Erlebens spricht aus der Beschreibung eines anderen Befragten von dem, was er tut, um sein Leben zu fristen:

Ich arbeite als Fliesenleger und manchmal auch in der Landwirtschaft. Nicht daß ich das eine lieber machte als das andere; ich mache beides nicht gern.

Moderne Tätigkeitsfelder verschaffen uns nicht die Freude, wie sie bei herkömmlichen Formen der Arbeit empfunden wird. Statt dessen registrieren wir einen für die industrielle und die postindustrielle Gesellschaft typischen Zwiespalt zwischen Arbeit und Freizeit (Dumazedier, 1985). Eine zwanzigjährige Frau, die als Verkäuferin arbeitet und mit ihren Eltern – Bergbauern – in Sampeyre lebt, sagt von ihrer Arbeit:

Ich bin nicht besonders interessiert an meiner augenblicklichen Arbeit. Ich mache sie, weil ich nichts Besseres bekommen kann ... Wenn ich tun könnte, was ich wollte ... dann würde ich reisen ... Ich würde mir eine Arbeit beschaffen, die mir besser gefällt. Ich würde woanders hinziehen, nicht weil es mir hier nicht gefällt, sondern weil man hier so wenig Möglichkeiten hat, zu arbeiten und sich zu amüsieren.

Die Gespräche mit den Okzitanern bestätigen, daß für die Traditionsverhafteten Arbeit und Freizeit, obligatorische und freiwillig unternommene Tätigkeiten eine Einheit bilden. Diesen Menschen erscheinen das Arbeiten und ihre gesamte Lebensweise als frei, weil sie der Meinung sind, sich täglich wieder aus freien Stücken dafür zu entscheiden, und weil sie eine tiefe Befriedigung daraus gewinnen. Die jüngeren Befragten dagegen sind mit den Möglichkeiten, die sich den Älteren bieten, nicht mehr zufrieden. Sie können keine Freude an produktiven Tätigkeiten finden und möchten am liebsten wegziehen. Diese Schlußfolgerungen basieren auf einer Erhebung mit einer recht kleinen Zahl von Befragten; sie werden aber durch die Ergebnisse der nächsten Studie bestätigt.

Lebensstil und flow-Erfahrung einer erweiterten Familie im Val Gressoney. Den 49 Angehörigen einer Drei-Generationen-Familie aus Pont Trentaz (der kleine Ort liegt auf etwa 1000 Meter Höhe im Val Gressoney, einem im rechten Winkel abzweigenden Nebental des viel größeren Aostatals) lag zunächst der *flow*-Fragebogen vor; anschließend wurden Interviews mit ihnen durchgeführt.

Die 10 Angehörigen der ersten und ältesten Generation leben das ganze Jahr über in Pont Trentaz. Von den 28 Angehörigen der zweiten oder mittleren Generation arbeiten einige zumindest einen Teil des Jahres im Ausland oder in einer größeren Stadt. Mehrere Mitglieder der jüngsten Generation kommen nur während ihres Urlaubs zurück ins Dorf. Die Veränderungen, wie sie durch die moderne Zeit im Bereich der Arbeit und im gesamten Umkreis des Lebens eingetreten sind, spiegeln sich deutlich in der Verteilung der Antworten auf den Fragebogen wider (siehe Abbildung 11.2).

flow im Kontext von Arbeit und Muße

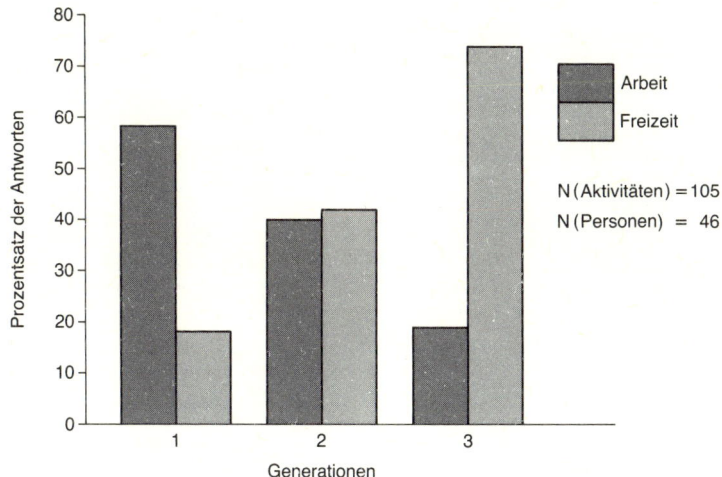

Abbildung 11.2. Verteilung der *flow*-Aktivitäten in einer Drei-Generationen-Familie aus Pont Trentaz, Val Gressoney.

Wie für die traditionsverhafteten Okzitaner ist die Arbeit auch für die ältere Generation (der 66- bis 82jährigen) aus Pont Trentaz der Kontext, der am häufigsten als *flow* hervorrufend genannt wird. 58 % der von dieser Gruppe genannten *flow*-Aktivitäten gehörten in den Bereich der Arbeit. Von den Aktivitäten, die die zweite Generation (die 24- bis 61jährigen) als *flow* bewirkend bezeichnete, hatten nur 41 % mit der Arbeit zu tun. Daß die Freude an der Arbeit nachläßt, zeigt sich noch deutlicher in der dritten Generation (der 20- bis 33jährigen); nur 19 % der *flow*-Aktivitäten, die von den elf Personen dieser Gruppe genannt wurden, hatten die Arbeit zum Gegenstand. Umgekehrt wurden Freizeitaktivitäten als Quelle von *flow*-Erfahrungen von der ersten Generation nur zu 16 % genannt; in der zweiten Generation waren es 44 %, in der dritten – der jüngsten – 70 %.

Die Integration optimalen Erlebens mit den alltäglichen Aktivitäten wird an dem Umstand sichtbar, daß die älteren Befragten nach ihren eigenen Worten praktisch alles, was *flow* bewirkt, täglich tun, während die Angehörigen der zweiten und der dritten Generation angaben, nur die Hälfte der *flow*-bewirkenden Aktivitäten täglich auszuüben.

Die Unterschiede zwischen den Generationen werden durch die jeweilige Bewertung der Arbeitssituation, wie sie in Abbildung 11.3 dargestellt ist, noch deutlicher. Wie aus der Abbildung hervorgeht, ordnete die älteste Generation ihrer Arbeit nach fünf Dimensionen den höchstmöglichen Wert zu: Die befragten Personen waren in ihre Tätigkeit eingebunden, sie

220 Antonella Delle Fave und Fausto Massimini

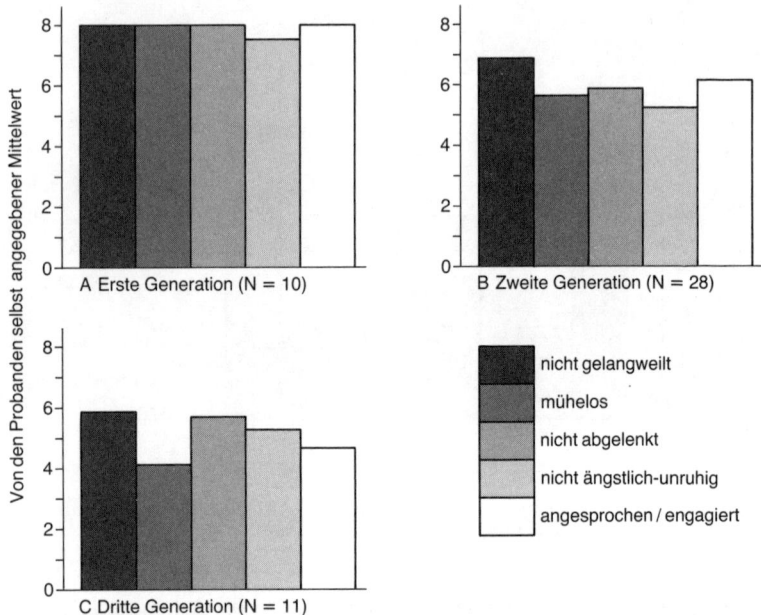

Abbildung 11.3. Einstufung der subjektiven Erfahrung bei der Arbeit: Erweiterte Familie aus Pont Trentaz, Val Gressoney.

konnten sich mühelos konzentrieren, sie waren kaum abgelenkt, sie empfanden nur selten ängstliche Gespanntheit und waren nicht gelangweilt. Die von der zweiten Generation vorgenommenen Bewertungen waren weit weniger positiv. Die jüngste Generation schließlich bewertete ihre Arbeitssituation als sehr viel langweiliger, sehr anstrengend, ablenkend, Angst bewirkend und weniger fordernd. Wie die Varianzanalyse ergab, waren die Unterschiede zwischen den Generationen für jede der fünf Dimensionen auf dem 1%-Niveau signifikant. Die Art und Weise, in der die Befragten ihre Arbeit bei den Interviews beschrieben, bestätigt die soeben dargestellten Ergebnisse. So beschrieb beispielsweise eine Angehörige der ältesten Generation die Arbeit, die in ihr am ehesten *flow* hervorruft, folgendermaßen:

Es verschafft mir große Befriedigung, draußen zu sein, mit den Leuten zu reden, mit meinen Tieren zusammen zu sein ... Ich rede mit allen – mit Pflanzen, Vögeln, Blumen und Tieren. In der Natur ist einem alles sehr nahe. Täglich kann man sehen, wie sich alles weiterentwickelt. Man fühlt sich makellos und glücklich. Nur schade, daß man müde wird und heimgehen muß ... Selbst wenn man viel arbeiten muß, ist es doch sehr schön. (76jährige Frau)

Eine andere Frau, die der gleichen Generation angehört, findet in ihrer Arbeit als Näherin zu optimalem Erleben:

Man hat etwas davon. Auch wenn ich nichts dafür bekäme, würde ich es tun, weil es einfach schön ist, wenn man ein Stück Stoff in ein Kleid verwandeln kann. (74jährige Frau)

Wiederholt wiesen die Angehörigen der ersten Generation auf die Freiwilligkeit ihres Tuns hin. Nach ihren eigenen Worten hatten sie keine unerfüllten Wünsche. Die folgende Antwort ist sehr typisch:

Ich bin frei, frei in meiner Arbeit; denn ich tue, was ich will. Wenn ich heute nichts tue, dann eben morgen. Ich habe niemanden über mir, ich bestimme selbst über mein Leben. Ich habe mir meine Freiheit bewahrt, und ich habe dafür gekämpft. Jetzt bekomme ich Geld von der Versicherung, und wenn ich mir etwas kaufen will, dann muß ich nicht erst meinen Mann fragen und brauche mich bei niemandem zu bedanken. (74jährige Frau)

Auf die Frage, was sie tun würde, wenn Geld und Zeit keine Rolle spielten, sagte die gleiche Frau:

Wenn ich tun könnte, was ich wollte, dann würde ich mich mal in die Sonne legen, was ich niemals tue. Ich würde auch mit meiner Familie spazierengehen. Und ich würde viele schöne Handarbeiten machen ... Ich würde anderen mehr helfen, als ich es jetzt tue. Ich würde Wallfahrten machen ... Daß ich das alles nicht tue, liegt daran, daß ich keine Zeit dazu habe. Ich muß ja auch für meinen Mann sorgen ... und man ist einfach müde, wenn man den ganzen Tag arbeitet.

Diese Menschen erleben ihr ganzes Dasein als autotelisch. Es ist erfreulich, heiter und frei, obwohl – oder gerade weil – es ihnen ständig alle möglichen Aufgaben stellt, denen sie sich gewachsen zeigen müssen. Nicht nur hält diese Lebensweise eine stete Folge optimaler Erfahrungen bereit – diese Erfahrungen werden überdies im Rahmen komplexer Tätigkeiten gemacht, die sowohl für den einzelnen als auch für die Gemeinschaft sinnvoll sind. Ein älterer Schreiner schildert dieses *flow*-Erlebnis im Rahmen seiner Tätigkeit wie folgt:

Dieses Gefühl kommt gewöhnlich so gegen Ende, wenn ich schon sehen kann, wie gut das Stück gelingen wird. Es ist ein sehr dankbares und glückliches Gefühl. Man muß sich dafür schon wirklich in seine Arbeit versenken. Man muß Ausdauer haben im Leben. Willenskraft und Ausdauer, die braucht man bei allem und jedem. (66jähriger Mann)

Diesem schwer kriegsverletzten Mann hatte man wegen seiner Behinderung nur eine leichte Bürotätigkeit zuweisen wollen; er arbeitete aber dennoch ganz in seinem Beruf als Schreiner. Nach Csikszentmihalyi (1982b) »wächst das Selbst in der Folge ständigen, durch freigewählte Ziele stimulierten Lernens. Zugleich häufen sich damit die *flow*-Erfahrungen. Man könnte also sagen, daß lebenslanges Lernen das beste Rezept ist, um glücklich zu werden.« Die älteste Generation dieser Familie hat es offensichtlich verstanden, sich sehr eng an dieses Rezept zu halten.

Die Söhne und Töchter dagegen – die Angehörigen der zweiten Generation, von denen die meisten als einfache Angestellte in der Stadt leben – sind in ihrer Einstellung zur Arbeit gespalten. Etwa die Hälfte von ihnen betrachtet die Arbeit ausschließlich als Einkommensquelle und im übrigen als etwas, das Kreativität und freie Entfaltung kaum zuläßt. Zum Beispiel:

Die Arbeit, die ich augenblicklich mache, dient mir nur dazu, gut zu leben. Es ist eine Arbeit, in der es mir schwer fällt, meine Persönlichkeit zum Ausdruck zu bringen, weil heutzutage ja alles darauf hinausläuft, das Individuum an seiner Entfaltung zu hindern und es damit austauschbarer und produktiver zu machen. (26jähriger Mann)

Eine andere Angehörige dieser Generation, ebenfalls Angestellte, sagt von ihrer Arbeit:

Sie nimmt einen großen Teil meiner Zeit und meiner Energien in Anspruch, und ich glaube, sie ist wichtig, um mich im Gleichgewicht zu halten. Allerdings wäre ich lieber weniger in der Arbeit engagiert, denn dann könnte ich Dinge tun, die ich für wichtiger halte. (26jährige Frau).

Die andere Hälfte der Angehörigen dieser Generation nennt allerdings die Arbeit die wichtigste Quelle der *flow*-Erfahrung. Offensichtlich sind auch moderne Arbeitnehmer imstande, in den Anforderungen ihrer täglichen Arbeit zu optimalem Erleben zu finden. So gibt ein 28jähriger technischer Zeichner an, *flow* dann zu empfinden, »wenn eine Aufgabe mich ganz besonders fordert.«

Ein 41jähriger spricht vom optimalen Erleben bei der Planung seiner Bauaufgaben, weil er hier die Möglichkeit hat, »mein fachliches Wissen wirklich auszuspielen und der Phantasie freien Lauf zu lassen.«

Die beiden zuletzt zu Wort gekommenen Personen erkennen ein Schlüsselelement ihrer Arbeit in ihrem persönlichen Engagement. Ein derartiges Engagement läßt nach neuen Herausforderungen suchen. Ein Mensch, der *flow* in Tätigkeiten findet, die ihn stark fordern, wird immer neue Seiten seiner Persönlichkeit entwickeln; optimales Erleben ist an ständig steigende Anforderungen gebunden, was umgekehrt zum ständigen Zuwachs an Wissen und Können und folgerichtig zum Gleichgewicht in den oberen Bereichen des *flow*-Kanals führt. Diese Trends gelten auch für die dritte Generation. In dieser Gruppe ist die Tendenz, optimales Erleben an den modernen Arbeitsplätzen einer hochtechnisierten Gesellschaft zu finden, sogar noch stärker ausgeprägt. Die jungen Mitglieder der Familie beschreiben ihre Arbeitssituation ganz anders als ihre älteren Verwandten. Ein junger Werkzeugmacher gibt an:

Bei meiner Arbeit besteht ein enger Zusammenhang zwischen Mensch und Maschine, und man muß sowohl an die Anforderungen des Betriebes als auch an die des fertigen Produkts denken. Die Arbeit verlangt große Konzentration vom allerersten Entwurf über das Aufstellen der Maschine bis zur Fertigstellung des Werkstücks ... Wenn die Sache zufriedenstellend läuft, dann bleibt das gute Gefühl auch hinterher. Wenn die Arbeit Freude macht, dann überträgt sich das auch auf den Bereich außerhalb des Arbeitsplatzes. (29jähriger Mann)

Hier verweist der Befragte auf die Wirkung der *flow*-Erfahrung auf das gesamte Leben der betreffenden Person: sie färbt sozusagen auf die Daseinserfahrung insgesamt ab. Wir sollten hinzufügen, daß die Jüngsten unter den befragten Personen *flow* bei einer Vielzahl von Betätigungen erleben, die ihren Großeltern zu deren Zeit nicht zugänglich waren: beim Hören von Musik zum Beispiel und vor allem bei allen möglichen Sportarten, vom Rennfahren bis zum Basketball und zum Felsklettern.

Der Umstand, daß alle drei Gruppen die *flow*-Merkmale sehr wohl erkennen, daß sie sich aber in den Aktivitäten unterscheiden, bei denen sie *flow* erfahren, bestätigt das Vorhandensein einer praktisch unbegrenzten Zahl potentieller *flow*-Aktivitäten in herkömmlichen und in modernen Umfeldern. Allerdings sind die Zwänge der Umgebung im modernen urbanen Milieu weniger drückend. Die Arbeit büßt hier häufig an Komplexität und Relevanz ein, an Momenten also, die sie im bäuerlichen Milieu durchaus noch besitzt. Die große Zahl der technischen Hilfsmittel vereinfacht das tägliche Leben, senkt das Anforderungsniveau und führt zu langen Perioden freier Zeit, in denen nicht klar ist, was man machen soll. So müssen viele Menschen sich in spezifischen Umgebungen nach optimalen Erfahrungen umsehen: Die Separierung von Arbeit und Freizeit nimmt ihren Anfang. In gewissem Umfang ist dieses Phänomen eine Folge der sozialen Gegebenheiten.

Doch spielt auch die Wahrnehmung des einzelnen von den in seiner sozialen Umgebung vorhandenen Aktionsmöglichkeiten eine Rolle. Die eine

Hälfte der Angehörigen der zweiten wie auch der dritten Generation der hier vorgestellten Familie entdeckte *flow* im Umfeld der Arbeit, während dies für die andere Hälfte nicht zutraf. Das läßt vermuten, daß es individuelle Unterschiede in der Fähigkeit geben könnte, sich ein autotelisches Erleben aufzubauen. Zwei Personen, die mit gleichen Tätigkeitsfeldern konfrontiert werden, sehen hier möglicherweise unterschiedliche Handlungsanforderungen, sehen bei sich selbst unterschiedliche Fähigkeiten, um diesen Anforderungen zu begegnen, und mithin auch unterschiedliche Chancen, Freude und Befriedigung aus der jeweiligen Tätigkeit zu ziehen. Da die Arbeit den größten Teil der psychischen Energien des Individuums beansprucht, sofern man sie nicht als Quelle optimalen Erlebens ansieht, ist es recht schwierig, Freude und Befriedigung im verbleibenden Teil des täglichen Lebens zu finden.

flow und Arbeit im urbanen Kontext

Die Angestellten. Die Industriegesellschaft funktioniert nach den Grundsätzen einer strikten Organisation der Arbeit und – um Max Webers (1922) Ausdruck zu benutzen – einer allgemeinen »Rationalisierung« des Lebens. Die Arbeitenden sind sozusagen gehalten, in technologischen Bahnen zu denken, und eben diese voraussagbare Ausbeutung der psychischen Energien der Menschen untermauert noch den Mythos von der Effizienz und der endlosen Steigerung der Produktivität, die wir mit der Industriegesellschaft assoziieren. Wie Mitchell (1983; siehe auch Kapitel 3) ausführt, ist es das, was zu den großen industriellen Komplexen unseres Zeitalters führt, zur sogenannten Arbeitsteilung und – auf einer umfassenderen Ebene – zur Fragmentierung des alltäglichen Lebens. Unter diesen Gegebenheiten bedeutet Arbeit soviel wie Vollzug begrenzter und partieller Aufgaben. Wenn der Arbeitende keine für ihn sinnvollen Ziele und keine flexiblen Anforderungen sieht, wird die industrielle Arbeit zu einem notwendigen Übel, das ihm von außen aufgezwungen ist. Wie Csikszentmihalyi und Massimini (1985) gezeigt haben, werden die Menschen sich allerdings Aktivitäten suchen, die ihnen optimales Erleben ermöglichen, und diese dann selektiv wiederholen. Wenn es unmöglich ist, *flow*-Erfahrungen in der Arbeit zu finden, werden die Menschen im Kontext ihrer arbeitsfreien Zeit danach suchen. Das aber führt zur Trennung der nützlichen, wenn auch unter Druck erbrachten, instrumentellen Tätigkeiten von den aus freien Stücken unternommenen, expressiven Aktivitäten, die einem kaum mehr als vorübergehende Befriedigungen verschaffen. Diese Trends schälten sich als Ergebnis einer Studie heraus, bei der 64 Ange-

flow im Kontext von Arbeit und Muße 225

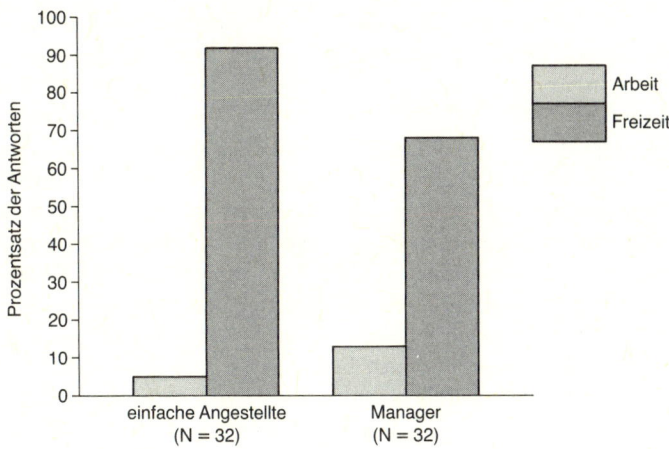

Abb. 11.4. Kontext des *flow*-Erlebnisses: Turiner Stichprobe.

stellte aus einer großen Industriestadt (Turin) befragt wurden. Es handelt sich um 32 Männer und 32 Frauen zwischen 20 und 61 Jahren. Diese Stichprobe war nach ihrer Beschäftigung unterteilt in Gruppe 1, der 32 einfache Angestellte (Telefonistinnen, Registratoren, Schreibkräfte, Kassiererinnen usw.) angehörten, und Gruppe 2, die aus höheren und mit größerer Verantwortung betrauten Angestellten im Finanz- und Personalbereich sowie aus Managern und leitenden Angestellten bestand. Obwohl bereits durch und durch verstädtert, lebte eine beträchtliche Zahl der Befragten erst in erster oder zweiter Generation in der Stadt (38 % der Großeltern väterlicherseits und 39 % der Großeltern mütterlicherseits waren Bauern); diese Personen konnten sich also, was optimales Erleben im großstädtischen Umkreis anging, nicht implizit auf eine Familientradition stützen.

Nachdem ihnen die drei Zitate des *flow*-Fragebogens vorgelesen worden waren, gaben 91 % der befragten Personen an, vergleichbare Erfahrungen gemacht zu haben. Abbildung 11.4 zeigt, wie sich die Antworten der beiden Gruppen in bezug auf Arbeit und Freizeit verteilen. Es fällt auf, daß in der ersten Gruppe nur 5 % der Aktivitäten, die *flow* einbrachten, etwas mit der Arbeit zu tun hatten. Der entsprechende Prozentsatz war in der zweiten Gruppe nicht sehr viel höher; er betrug hier 14 %. Dagegen assoziierten 92 % der Angehörigen der ersten Gruppe und 70 % der Angehörigen der zweiten Gruppe optimales Erleben mit Freizeitaktivitäten, vor allem mit »Musikhören« und mit »Sport«. Die Bewertungen, die die Befragten diesen Aktivitäten gaben, entsprachen den theoretischen Erwartungen (siehe Abbildung 11.4). Der durchschnittliche Wert der Aktivität nach den zwölf Dimensionen der *flow*-Erfahrung (z.B. Eingebundensein, Nicht-Gelangweiltsein, Nicht-Geängstigtsein) lag auf einer 8-Punkte-Skala zwischen 7 und 7,8.

Die Mitglieder der ersten Gruppe hatten es an ihren Arbeitsplätzen im wesentlichen mit wiederkehrenden Aufgaben zu tun, die wenig Spielraum für Eigeninitiative und verantwortliches Handeln boten. Ein solcher Kontext führt häufig zur Entfremdung, wie Marx vor langer Zeit feststellte und wie dies auch die Kapitel von Mitchell, von Macbeth sowie von Allison und Duncan im vorliegenden Buch zeigen. Es überrascht nicht, daß nur 10 % der Arbeitnehmer aus dieser Gruppe ihre berufliche Tätigkeit als Quelle von *flow*-Erfahrungen bezeichneten und die Arbeit nur 5 % aller erwähnten *flow* hervorrufenden Aktivitäten ausmachte. Bei ihrer Schilderung, was die Arbeit ihnen bedeute, griffen die meisten Personen aus dieser Gruppe zu Standardformulierungen wie etwa: »Für mich ist die Arbeit einfach eine Überlebensnotwendigkeit«, »Die Arbeit verschafft mir das Geld für meine Familie«, »Sie hält mich am Laufen«, »Die Arbeit ist ein Zwang, eine Verpflichtung.«

Die drei Befragten aus dieser Gruppe, die tatsächlich ihre Arbeit als Quelle von *flow*-Erfahrungen genannt hatten, gaben anderslautende Antworten, zum Beispiel:

Für mich bedeutet Arbeit Engagement. (37jähriger Mann)

Unter Arbeit verstehe ich etwas, das meine Persönlichkeit wiedergibt, eine produktive Tätigkeit, in der sich unsere Bedürfnisse spiegeln, die es uns gestattet, unser Können und Wissen umzusetzen. Die Arbeit spielt eine wichtige Rolle in meinem Leben. (21jährige Frau)

Es könnte sein, daß die berufliche Tätigkeit dieser drei Personen stärker autotelisch ist als die Tätigkeit der übrigen Mitglieder dieser Gruppe; daß sie mehr Verantwortung haben, mehr Eigeninitiative entfalten können und sich an ihrem Arbeitsplatz größeren Herausforderungen gegenübersehen als dies bei Angestellten dieser Kategorie üblich ist. Doch scheint dies alles gar nicht der Fall zu sein. Eher lassen die Interviews mit den erwähnten drei Personen vermuten, daß sie *flow*-Erfahrungen im Rahmen ihrer Arbeit nicht deshalb machen, weil diese Arbeit etwa anders strukturiert wäre, sondern weil ihre Persönlichkeiten stärker autotelisch sind: Sie haben die Fähigkeit entwickelt, in einer im übrigen reichlich nüchternen Umgebung Handlungsmöglichkeiten zu entdecken.

Die meisten Mitglieder dieser Gruppe finden optimales Erleben nicht im Rahmen ihrer täglichen produktiven Tätigkeit. Das bedeutet, daß für

Tabelle 11.1 Durchschnittliche Bewertung der beruflichen Tätigkeit nach sechs Dimensionen der *flow*-Erfahrung (einfache Angestellte und Manager)

Dimensionen der Erfahrung	Gruppe 1 Büroangestellte (N = 32)	Gruppe 2 Manager (N = 32)	t-Wert	Wahrscheinlichkeit
Engagement	5,18	6,46	−3,14	0,003
Rückmeldung	6,56	7,40	−2,47	0,02
Intrinsische Motivation	3,93	6,56	−4,25	0,000
nicht abgelenkt	4,93	6,71	−4,00	0,000
klare Ziele	6,65	7,56	−2,35	0,02
Zeit vergeht schnell	5,21	6,84	−3,14	0,003

sie *flow*-Erfahrungen insgesamt relativ selten sind, wenn man sie mit den zuvor erwähnten, stärker traditionsverhafteten Personen oder auch mit ihren drei Kollegen vergleicht, die optimales Erleben mit ihrer Berufstätigkeit verbinden. Weniger als die Hälfte der Mitglieder dieser Gruppe geben an, täglich *flow*-Erfahrungen zu haben; 28 % haben solche Erfahrungen »einmal in der Woche« und 22 % »einmal im Monat oder seltener«.

Die Vorgesetzten und Manager der zweiten Gruppe rückten ihre Arbeit in sehr viel größere Nähe zur *flow*-Erfahrung als die einfachen Angestellten dies taten. Tabelle 11.1 zeigt entsprechend große Unterschiede bei sechs der zwölf Variablen, wobei die Manager in jedem Fall eine größere Ähnlichkeit ihrer Tätigkeit mit der *flow*-Erfahrung berichteten als die einfachen Angestellten. Darüber hinaus bewerteten sie die Anforderungen, die ihre Arbeit an sie stellte, und die Fähigkeiten, die sie ihnen abverlangte, signifikant höher. Da ihre Tätigkeit tatsächlich stärker autotelisch ist, neigen diese Personen auch eher dazu, autotelische Definitionen zu geben, wenn sie gefragt werden, was die Arbeit ihnen bedeutet:

Arbeiten heißt für mich etwas aufbauen, das sehr belohnend ist. (28jähriger Mann)

Mental und physisch beteiligt zu sein, so daß ich etwas zugunsten der Allgemeinheit tun kann. (49jähriger Mann)

Es ist eine Möglichkeit, mich zu verwirklichen, etwas zustande zu bringen, etwas zu tun. (26jährige Frau)

Es bedeutet, meine Grundsätze in die Praxis umzusetzen, denn meine Arbeit gründet sich auf eine ideale Lebensweise. (44jähriger Mann)

Aber selbst in dieser privilegierten Gruppe finden sich krasse individuelle Unterschiede, was uns einmal mehr daran erinnert, daß – wenn wir von der Annahme eines »autotelischen Kontinuums« ausgehen – die Menschen ebenso variieren wie die sozialen Umfelder: Für die acht Personen dieser Gruppe, die ihre Arbeit als eine *flow*-bewirkende Tätigkeit bezeichnen, »ist die herkömmliche Unterscheidung zwischen Arbeit und Freizeit wirklich nicht brauchbar; die wesentliche Komponente der *flow*-Erfahrung kann in jeder beliebigen Aktivität zu finden sein« (Csikszentmihalyi und Graef, 1979). 47% der Aktivitäten, die von diesen Personen als »*flow*-artig« bezeichnet wurden, *sind* Arbeits-, die andere Hälfte sind Freizeitaktivitäten. Entsprechend gehen diese Personen *flow*-Aktivitäten sehr viel häufiger an: 56% täglich, weitere 38% zumindest einmal pro Woche.

Aus früheren Studien läßt sich entnehmen, daß Arbeitnehmer, die von häufigeren *flow*-Erfahrungen berichten, während eines größeren Teils der am Arbeitsplatz verbrachten Zeit tatsächlich arbeiten und fast jeden anderen Aspekt ihres Lebens mehr genießen (Csikszentmihalyi, 1978b). Das heißt also, die Fähigkeit, optimale Erfahrungen an die produktive Tätigkeit zu knüpfen, kommt sowohl der betreffenden Person zugute (weil sie nämlich deren Lebensqualität verbessert) als auch der Gemeinschaft (weil sie das Niveau der psychischen Energie hebt, die für die Verfolgung produktiver Ziele zur Verfügung steht). Es ist klar, daß es neuer Formen der sozialen Intervention bedarf, um die Trennung von Arbeit und Freizeit abzuschwächen. Ein Ansatzpunkt muß dabei zweifellos das Erziehungs- und Bildungssystem sein, das gegenwärtig noch immer die extrinsischen Werte, also das zukünftige Einkommen, das Prestige und andere materielle Ziele, belohnt und der Qualität des Erlebens so gut wie gar keine Beachtung schenkt. Um diesen Trends entgegenzuwirken, muß man die jungen Menschen dazu erziehen, daß sie die unbegrenzten Handlungsmöglichkeiten erkennen, die sich im täglichen Leben bieten. Dies um so mehr, als man »jungen Menschen, wenn sie denn jemals mit positiver Einstellung erwachsen werden sollen, zu der Überzeugung verhelfen muß, daß es durchaus möglich ist, Freude an instrumentellen Rollen zu haben« (Csikszentmihalyi, 1981a).

flow und Arbeit in einem: Die Tänzerinnen. Dieses Kapitel begann mit der Schilderung einer traditionsverhafteten Lebensweise, aus der die Aktivitäten des Alltags nicht wegzudenken sind. Es zeigte sodann, daß die Menschen mit fortschreitender Modernisierung des Lebens immer weniger imstande sind, Freude an ihrer Arbeit zu empfinden, und sich gezwungen sehen, *flow*-Erfahrungen in häufig banalen Freizeitbetätigungen zu

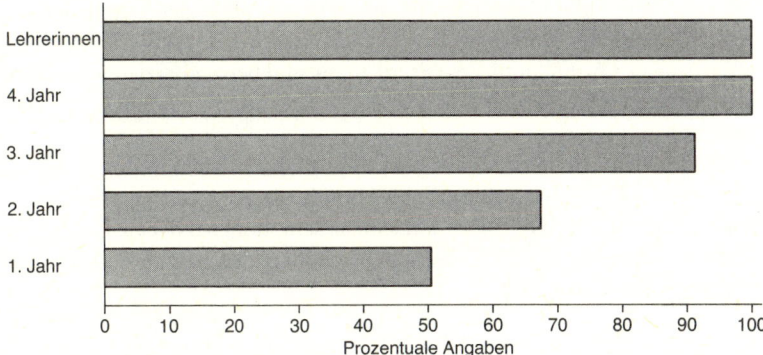

Abbildung 11.5. Das Tanzen als *flow*-bewirkende Aktivität: Stichprobe von 60 Tänzerinnen und Tänzern.

suchen. Dennoch ist es selbst im hochindustrialisierten urbanen Umfeld möglich, berufliche Tätigkeit und optimales Erleben fast vollständig miteinander zu verschmelzen. Diese Möglichkeit wird hier am Beispiel einer Gruppe von 60 Tänzerinnen und Tänzern vorgestellt, die den *flow*-Fragebogen beantworteten.

Bei den befragten Personen handelte es sich fast ausnahmslos um Frauen (den 58 Tänzerinnen standen nur zwei Tänzer gegenüber). Sie waren zwischen 18 und 44 Jahren alt und fielen in fünf natürliche Gruppen: Gruppe 1 bis 4 bestand aus Studierenden des Faches »Moderner Tanz« vom 2. bis zum 5. Studienjahr; Gruppe 5 bestand aus 16 Tanzlehrerinnen. Für die Angehörigen der ersten drei Gruppen war der Tanz noch immer eine Freizeitbetätigung. Sie alle verbrachten nur eine bis vier Stunden wöchentlich mit Tanzen, während die Studierenden des 5. Studienjahres bereits daran dachten, das Tanzen zum Beruf zu machen, und täglich Unterricht nahmen. Für die Lehrkräfte war dieser Übergang bereits vollzogen: Sie brachten den größeren Teil ihres Tages mit dem Unterricht zu, und die meisten von ihnen nahmen außerdem an Vorführungen teil oder übten sich auf andere Weise in ihrer Kunst.

Es sind zumal die Lehrkräfte, die in diesem Zusammenhang interessant sind, denn sie haben es offensichtlich verstanden, zu jener Verknüpfung von Arbeit und optimalem Erleben zu gelangen, wie sie in den traditionellen Gemeinschaften möglich war, in moderner Umgebung aber so schwer zu erreichen ist. Als diesen Personen die *flow*-Zitate vorgelesen wurden, erkannten sie ohne Ausnahme das Tanzen als eine *flow*- bewirkende Aktivität, wenn auch, je nach dem Stand ihres Könnens, in unterschiedlichem

Ausmaß. Wie Abbildung 11.5 zeigt, nannten nur 50% der Mitglieder der ersten Gruppe das Tanzen als eine *flow* hervorrufende Aktivität, doch erhöhte sich der Anteil mit jedem Studienjahr und betrug bei den Studentinnen des letzten Studienjahres sowie den Lehrkräften schließlich 100 Prozent.

Die Tanzlehrerinnen sind imstande, optimales Erleben in ihrem Alltag, und zwar im Rahmen einer extrem komplexen Tätigkeit zu empfinden, die das ständige Engagement auf einem sehr hohen Niveau fachlichen Könnens erfordert. Eine der Befragten schildert den Beginn der *flow*-Erfahrung folgendermaßen:

Dieses Gefühl setzt ungefähr nach einer Stunde des Aufwärmens und Streckens ein, wenn die Feinabstimmung von Muskelkraft und innerer Sicherheit erreicht ist. Ich fühle mich dann glücklich, zufrieden, leicht. Das Training hilft, diese Stimmung herbeizuführen, aber ich muß auch sehr gelassen und innerlich entspannt sein, um hineinzukommen. Was es dann aufrecht erhält, das sind Fitness, Willenskraft und Begeisterung. (25jährige Frau)

Eine andere Frau beschreibt, wie sie dazu kam, sich für diesen Beruf zu entscheiden, und mit welchen Schwierigkeiten sie zu kämpfen hatte:

Daß ich mich für diesen Beruf entschieden habe, geschah allein aus Liebe zum Tanzen. Ich bin auf meinem Weg auf viele Hindernisse gestoßen, und ich nehme an, daß ich auch noch auf viele weitere Hindernisse treffen werde. Aber auch das gehört zu der Faszination, die das Tanzen für mich hat... Natürlich muß man mit seinem Körper zurande kommen. Es ist wirklich harte Arbeit, und der Körper steht ständig unter Streß. Daß ich weitermache, liegt nur daran, daß ich diese Arbeit liebe. (31jährige Frau)

Die Mühsal und die Anstrengung, die es kostet, diese Kunst zu lernen, lassen sich nur ertragen, wenn man wirklich aus Passion und aus Freude tanzt. (25jährige Frau)

Fast die Hälfte der Tanzlehrerinnen (44%) gaben an, daß am Anfang ihrer Karriere allein intrinsische Motive standen und sie allein von dem Wunsch zu tanzen geleitet waren. Dabei waren sie oft in Konflikt mit ihren Eltern geraten, die andere Zukunftspläne für sie hatten. Ein weiteres Drittel der Stichprobe gab an, Tanzkurse schon zeitig im Leben und auf Betreiben der Eltern besucht zu haben. Für die Angehörigen beider Gruppen ist das Tanzen zum Lebensthema geworden (Csikszentmihalyi und Beattie, 1979). Eine der Lehrerinnen, die mit 14 Jahren zu tanzen begonnen hatte, schildert ihren Werdegang so:

Von Anfang an wollte ich das Tanzen zum Beruf machen. Es war hart: wenig Geld, immerzu auf Achse und dazu das ständige Geschimpfe meiner Mutter auf meinen Beruf. Aber die Liebe zum Tanzen hat mich immer aufrechterhalten. Tanzen ist heute ein Teil meines Lebens, ein Ziel, ein Stück von mir, ohne das ich nicht leben könnte. (23jährige Frau)

Wie an anderer Stelle (Massimini, Csikszentmihalyi und Delle Fave, 1986) schon ausgeführt, handelt es sich bei dieser Gruppe von 16 Lehrkräften um Frauen zwischen 18 und 35 Jahren, von denen allerdings nur drei verheiratet sind und nur eine Frau ein Kind hat. Für diese Tänzerinnen hat das optimale Erleben, das sie im Tanz finden, zumindest vorübergehend Priorität vor der biologischen Reproduktion, die sie für lange Zeit zur Inaktivität verurteilen würde – mit negativen Folgen für ihre körperliche Fitness und die einmal erreichte Form. Die Hauptsache ist für diese Frauen nicht die Mutterschaft im Wortsinn, sondern die Weitergabe optimaler Erfahrungen an ihre Studentinnen:

Ich habe eine unendliche Freude am Tanzen und glaube sicher, daß ich diese Freude auch meinen Schülerinnen vermitteln kann. Ich halte es übrigens für sehr wichtig, sie weiterzugeben, weil man nämlich nur tanzen kann, wenn man Freude daran hat. Tanzen sollte keine Schwerarbeit sein, sondern wirklich Freude machen. (31jährige Frau)

Ich glaube schon, daß ich meine persönliche Freude daran weitergeben kann, aber das ist nicht genug. Die Schülerinnen müssen dahin kommen, daß sie auch selbst so empfinden... Die Anerkennung von seiten der Schülerinnen verleiht meiner Arbeit ihren Wert: der Umstand, daß ich ihnen helfe, Zugang zu einer sehr wichtigen Dimension geistiger und körperlicher Aktivität zu finden. (31jährige Frau)

Diesen Tänzerinnen ist klar, daß die schöne und gefällige Darbietung des Lernstoffes die beste Garantie dafür ist, daß er gelernt wird. Ein Erzieher kann dem jungen Menschen nur dann helfen, mit Erfolg zu lernen, wenn er erkennen läßt, daß auch ihm das, was er lehrt, Freude bereitet, und wenn er diese Freude an seinen Schüler weitergeben kann (Csikszentmihalyi, 1982c; 1986). Für den jungen Menschen wiederum ist es wichtig, daß er lernt, optimales Erleben aus seinen alltäglichen Aktivitäten zu gewinnen und immer wieder neue Chancen und Herausforderungen in diesen Aktivitäten zu erkennen. Wie Csikszentmihalyi (1975b; dt. 1985) schreibt, gehört es zu den wichtigsten Dingen, die wir unsere Kinder lehren sollten, daß sie »in ihrer Umwelt Möglichkeiten zur Betätigung... erkennen. Auf dieser Fähigkeit bauen alle anderen Fähigkeiten auf.« (dt. S. 233).

Die Möglichkeit, Menschen dazu zu erziehen, das *flow*- Erleben in ihr Dasein zu integrieren, schließt eine Vielzahl sozialer Implikationen ein. Hier liegt der Schlüssel zur Verbesserung der Qualität unseres alltäglichen Erlebens. Mit dem Beispiel der Tänzerinnen schließt sich der Kreis, an dessen Beginn wir die Lebensweise der Okzitaner und der alten Bauern des Val Gressoney betrachteten: Optimale Erfahrung durchdringt ihr ganzes Leben; sie befreit den einzelnen von unerreichbaren Wünschen und damit von Enttäuschungen. Auf die Frage »Wenn Sie tun könnten, was Sie wollten – was würden Sie tun?« antworteten die meisten Tanzlehrerinnen: »Ich würde mehr tanzen«, »Ich würde häufiger Fortbildungsveranstaltungen für Tanzlehrer besuchen«, »Ich würde neue Techniken lernen.« Mit anderen Worten, sie wollten genau die Aktivität kultivieren, die bereits den größten Teil ihrer Energien beansprucht – ein Bemühen, das sie als die Suche nach neuen Herausforderungen und nach Möglichkeiten der Verbesserung ihres Könnens beschrieben.

Diese integrierte Lebensweise, die zumindest in einigen traditionellen Gemeinschaften wohlbekannt ist, läßt sich auch im modernen urbanen Umfeld verwirklichen. Die Verknüpfung läßt sich bewerkstelligen, wenn die Ziele, die als Organisatoren der täglichen Aktivitäten nun einmal notwendig sind, als frei gewählt erfahren und die Herausforderungen mit Selbstvertrauen angegangen werden.

Im zehnten Band seiner *Werke* schreibt Descartes: »Weisheit bleibt immer dieselbe, auch wenn sie auf die unterschiedlichsten Gegenstände angewandt wird. Sie bleibt unberührt von der Vielfalt der Dinge, so wie das Sonnenlicht unberührt bleibt von der Vielzahl der Dinge, auf die es scheint.« Wie wir gesehen haben, wird *flow* in der gleichen Weise von Menschen erlebt, die ganz unterschiedlichen Kulturen angehören und deren Lebensweise von Fall zu Fall eine andere ist. Diesen Bewußtseinszustand im Kontext der produktiven Tätigkeiten des täglichen Lebens durch eigene Bemühung möglichst häufig eintreten zu lassen, das gehört zu den größten Leistungen menschlicher Weisheit.

Kapitel 12

Das Hochseesegeln

Jim Macbeth

Das Hochseesegeln gehört, aus dem Blickwinkel der westlichen Industriegesellschaften betrachtet, zu den eher exotischen und esoterischen Lebensformen: Es gibt Menschen, die über Jahre hinweg auf den Weltmeeren kreuzen und dies nicht etwa aus Gewinnstreben, sondern aus Freude an der Sache tun. Sie geben die Sicherheit und Geborgenheit des Lebens an Land auf für die ungeheuren Herausforderungen, die Meer und Wetter an sie stellen. Viele von ihnen lösen sich aus einer »erfolgreichen« Karriere, und alle müssen sie, wenn ihre produktive Tätigkeit aus dem Mittelpunkt ihres Lebens in dessen Randzonen rückt, den Gedanken an die Arbeit im Sinne der Schaffung von Werten für sich persönlich überwinden. Mit dieser Entscheidung weichen sie von den üblichen Zielen ab, die die Gesellschaft den Menschen nahe legt, und bringen damit ihre Unzufriedenheit mit der Gesellschaft zum Ausdruck, so wie sie sich in ihren Grundströmungen darstellt. Segler stellen sich den Wertvorstellungen der Gesellschaft entgegen, indem sie ihre Lebensweise ganz radikal verändern – indem sie nämlich Beruf, Einkommen, soziale Mobilität, die Gemeinschaft sowie die Sicherheit eines beständigen Familienlebens hinter sich lassen.

Wenn wir nach einer Erklärung dafür suchen, warum sich manche Menschen zur Lebensweise dieser Subkultur hingezogen fühlen, leistet das *flow*-Modell gute Dienste. Diese Lebensweise muß eindeutig intrinsisch motivierend sein, denn sie verlangt große Anstrengungen, sie bringt beträchtliche Gefahren mit sich, und sie bietet keine extrinsischen Belohnungen wie etwa Ruhm oder Geld. Ältere Studien zur intrinsischen Motivation konzentrierten sich auf autotelische *Aktivitäten* wie etwa das Schachspiel oder das Felsklettern (Csikszentmihalyi, 1975b; dt. 1985). Die vorliegende Untersuchung erweitert das Konzept hin auf eine autotelische *Lebensweise* als Versuch, aus den alltäglichen Lebensaktivitäten ein kontinuierliches *flow*-Erlebnis zu machen.

Zweck der Untersuchung war es, sich über Motivationen, Einstellungen und Lebensweise dieser winzigen Minderheit der westlichen Gesellschaft klarzuwerden. Die Gruppe der zu befragenden Personen bestand aus 59 Seglern, die der Autor während zweier Forschungsreisen in den

Pazifik 1978 und 1981 interviewte. Die erste Reise dauerte sechs Monate, in denen der Autor in der Gemeinschaft der Segler lebte und rund 5000 Seemeilen zusammen mit ihnen zurücklegte. Die zweite – zweimonatige – Reise diente der Befragung von Seglern auf den Fidschi-Inseln.

Viele Menschen segeln an den Wochenenden und in ihren Ferien, manche unternehmen auch längere Segeltouren. Die Hochseesegler unterscheiden sich von diesen anderen Seglern insofern, als das Segeln im Mittelpunkt ihres täglichen Lebens steht – es ist weit mehr als eine Aktivität oder ein Hobby innerhalb eines von einer Berufstätigkeit bestimmten Lebens. Bei den im Rahmen dieser Studie befragten Seglern handelt es sich um Menschen, die 1) keinen (etwa durch das Ende ihres Urlaubs bestimmten) Stichtag oder Termin kennen, zu dem sie wieder in ihrem Heimathafen sein müßten, und 2) mindestens fünfzehn Monate lang auf See waren.

Bei meinen Interviews befragte ich die Segler zu ihrer Motivation, ihrer Vorgeschichte und ihrer Segelerfahrung und legte ihnen darüber hinaus sowohl Csikszentmihalyis »Acht Gründe für Freude an einer Aktivität« (siehe Tabelle 12.1) als auch die »Cantril Self-Anchoring Striving Scale« (Cantril 1965) vor, eine Methode zur interkulturellen Erfassung von Ziel- und Wertvorstellungen. Des weiteren wurden die Segler um die Angabe jener persönlichen Eigenschaften gebeten, die nach ihrer Meinung unerläßlich sind, wenn man als Segler überleben will. Ihre Antworten geben einen Einblick in die Vielfalt der Ziele und Anforderungen, die das Seglerleben so faszinierend machen und die Motivation zum Einstieg in dieses Leben darstellen.

Die Zurückweisung der vorherrschenden Lebensweise

Eine Möglichkeit, sich klarzumachen, warum manche Menschen sich für das harte Leben des Seglers entscheiden, besteht in der Überlegung, welche Alternative sie damit zurückweisen. Was meine Gesprächspartner und auch andere Segler zur Begründung dafür anführten, daß sie Segler geworden sind, ist die sattsam bekannte Unzufriedenheit mit dem modernen Leben: die Hetzerei von 9 bis 5 mit ihren Sach- und Terminzwängen, die immer gleiche tägliche Routine, das Arbeiten in fensterlosen Gebäuden (Pb.021); »Hunderte von Konferenzen, bei denen jeder immer wieder das Gleiche sagt, und Hunderte von Arbeitsessen, bei denen jeder immer wieder das Gleiche sagt« (Mann, 1978; S. 9). Andere stellen ihre Entscheidung in einen größeren Kontext: »Ich konnte die Verantwortung abwerfen, ein eintöniges Leben hinter mir lassen, ein wenig waghalsig sein. Das hier, das war doch Leben und nicht nur Vegetieren« (Pb.062); »Es war die

Chance, einmal im Leben etwas wirklich Tolles zu machen; etwas Großartiges und Erinnernswertes« (Pb.052).

Was die Segler zur Begründung ihrer Entscheidung anführten, weist darauf hin, daß unsere von Konsum, Organisation und sozialer Kontrolle bestimmte urbane Lebensweise sinnlosen Zielen dient und der Autonomie des Individuums im Grunde feindlich gegenübersteht. Die Segler werfen der modernen Gesellschaft vor, sie entfremde den Menschen von seinem natürlichen Rhythmus und setze an dessen Stelle das Schrittmaß und die Dynamik künstlicher Konstrukte – Arbeitspläne, Zahlungstermine, Geschäfts-, Essens-, Stoßzeiten usw. Die Worte, die von den Befragten zur Beschreibung der Segler gewählt wurden, lassen erkennen, nach welchen Qualitäten Menschen suchen, die sich von der herkömmlichen Lebensweise abwenden: Segler sind nach ihrer Beschreibung anpassungsfähig und flexibel, stark und unabhängig, sie wissen sich zu helfen, sind umsichtig, optimistisch, neugierig, selbständig, kühn; sie lieben die Natur, haben ihr Leben im Griff und vertrauen auf die eigenen Kräfte.

Die Kritikpunkte, die die Segler zum Ausdruck bringen, spiegeln sich ganz ähnlich auch im Lebensstil anderer Gegenkulturen, wie etwa der Surfer und der Mitglieder von Wohngemeinschaften. Alle diese Gruppen melden Kritik am verfaßten Staat und an der Entfremdung des Menschen an, die sie mit diesem Staat assoziieren; dabei scheint die Anhänger alternativer Gemeinschaften allerdings in erster Linie der Verlust der Gemeinsamkeit zu beunruhigen, den sie als einen Macht- und Sinnverlust für den einzelnen sehen, während die Klage der Segler offensichtlich gleich der Machtlosigkeit des Individuums in der modernen Gesellschaft gilt. Den Seglern geht es also eher um das Individuum als um die Gemeinschaft. Ihre Lösung – wie die der Surfer auch – sieht so aus, daß sie den individualisierenden Aspekt des Kapitalismus – etwa den Begriff des Selbstinteresses – konsequent fortentwickeln, indem sie sich nämlich aus der aktiven Teilhabe an der Gesellschaft hinausoptieren und nur noch mit sich selbst befassen. Die alternativen Gruppierungen unterscheiden sich davon insoweit, als sie die Gemeinsamkeit des Eigentums postulieren und den Gedanken der Gemeinschaft im Sinne der Verpflichtung aller gegenüber allen hervorheben. Keine dieser Gruppen bemüht sich aktiv und in einem weiter ausgreifenden Sinne um soziale Veränderungen, und doch können wir sie alle drei als Agenten der sozialen Veränderung betrachten – sie alle stellen nämlich den Status quo in Frage und schlagen mit ihrem Beispiel eine Alternative zu dem vor, was als selbstverständlich gilt und fraglos hingenommen wird. Sie versuchen, die Entfremdung dadurch zu mildern, daß sie sich in Ort und Schrittmaß ihres Lebens der Natur wieder nähern. Diese intime Beziehung zur Natur kann offensichtlich dazu beitragen, das Gefühl der Heimatlosigkeit (Berger, Berger und Kellner, 1973) zu überwinden, das den Menschen in den großen städtischen Ballungszentren sowie unter den Zwängen des Berufs- und Großstadtlebens befällt.

Dennoch handelt es sich bei der Reaktion der Segler gegen ihr soziales Umfeld um mehr als schlichten Eskapismus. Ihre Reaktion ist auch kreativ. Zu diesem Zeitpunkt in ihrem Lebenslauf geht es ihnen nahezu ausschließlich um die Qualität ihres Lebens. Was sie beschäftigt, ist die Frage nach existentiellen, nicht nach defizitären Bedürfnissen. Sie suchen die individuelle Autonomie, die Erfüllung, Befriedigung und das innere Wachstum, anstatt sich Themen wie Krankheit, »Reife« und Neurose zu widmen (Maslow, 1968). Im Verständnis der humanistischen Psychologie ist Raum für diese empirischen und normativen Konzepte und für den zentralen Gedanken der intrinsischen Belohnungen. Dieser psychologische Ansatz zeichnet sich durch sein Engagement für psychisches Wohlbefinden des einzelnen und für die volle Entfaltung seines menschlichen Potentials aus. Sein übergreifendes Thema ist die Autonomie und Freiheit der Entscheidung. Eben diese Orientierung unterstützen die Segler mit ihrer Auffassung von persönlicher Freiheit. Sie suchen ihren Lebensraum und Lebensstil in einer Weise zu verändern, die ihre Identität und Kompetenz stärkt. Zu den Risiken, die sie mit ihrem Versuch, nach den Sternen zu greifen, auf sich nehmen, zählen physische Gefahren und die Auseinandersetzung mit dem Unbekannten sowohl menschlichen wie nichtmenschlichen Ursprungs. Doch können diese Prozesse zu integrierenden Bestandteilen der Identität der Person werden und damit zu ihrer Erfüllung und ihrer Freude am Leben beitragen.

Die Lebensweise als *flow*-Erfahrung

Es reicht nicht aus zu wissen, vor was der Segler *flieht*. Wenn wir uns vor dem Hintergrund des *flow*-Modells mit der Faszination des Segelns beschäftigen, dann können wir auch nachvollziehen, auf was er sich *zubewegt*. Das *flow*-Modell wurde im Zusammenhang mit der Betrachtung von Aktivitäten entwickelt, die ihre Belohnung in sich selbst tragen, während es hier erweitert, nämlich auf die Betrachtung einer Lebensweise bezogen wird; dabei beschäftigen wir uns speziell mit der Freude, die Menschen beim Segeln empfinden.

Csikszentmihalyi (1975b, S. 38; dt. 1985, S. 61) sieht *flow* als einen Erlebenszustand an, der den Menschen ganz und gar in Anspruch nimmt, intrinsisch belohnend ist und »außerhalb der Parameter von Angst und Langeweile« liegt. Als Beispiele für Aktivitäten, deren Zusammensetzung so beschaffen ist, daß das *flow*-Erlebnis sich entwickeln kann, nennt er das Felsklettern, das Tanzen, das Komponieren und die Tätigkeit des Chirurgen – autotelische Aktivitäten, wie er meint, also Aktivitäten, die ihre Belohnung in sich selbst tragen. Diese intrinsischen Belohnungen ergeben sich, wenn der betreffende Mensch sich ungehindert auf sein Tun einläßt, wenn er spürt, daß er dieses Tun selbst steuert, und wenn seine »physischen, sensorischen oder intellektuellen Fähigkeiten« gefordert sind (Csikszentmihalyi, 1975b, S. 25, dt. 1985, S. 47). Er spricht weiter von der »Annahme, daß alle diese Aktivitäten Mittel und Wege darstellen, wie Menschen die Grenzen ihres Daseins testen und ihr bisheriges Selbstkonzept durch die Ausdehnung ihrer Fähigkeiten und durch neue Erfahrungen transzendieren können« (Csikszentmihalyi, 1975b, S. 26, dt. 1985, S. 48). Csikszentmihalyi weist darauf hin, daß solche Aktivitäten nicht wirklich in ihrer ganzen Bedeutung verstanden werden können, wenn man nur lediglich ihre objektiven Merkmale identifiziert, kategorisiert und analysiert. Um zu verstehen, warum eine Aktivität erfreulich war, muß man auch wissen, wie der betreffende Mensch selbst sein Erleben bewertet.

Eine autotelische Aktivität bringt geringe extrinsische Belohnungen und in der Regel überhaupt keine materiellen Belohnungen mit sich, und doch zieht sie Menschen an, die Zeit, Energie und Geld auf dieses Tun verwenden. Wenn man diese Kriterien zugrundelegt, ist die »Lebensweise Segeln« mit Sicherheit autotelisch. Extrinsische Belohnungen wie Einkommen und öffentliche Anerkennung fehlen weitgehend. Das Segeln bringt kein Einkommen, aber man braucht unter Umständen ein Einkommen, um die Kosten des Segelns zu bestreiten. Es gibt zwar Segler, die über das Segeln schreiben und damit tatsächlich genug für ihren Lebensunterhalt verdienen, aber es gibt wohl kaum jemanden, der segelt, um damit Geld zu verdienen. Keine der befragten Personen gab dieses Motiv an. Das grundlegende Merkmal einer autotelischen Aktivität ist, daß sie »deutliche Herausforderungen stellt« (Csikszentmihalyi, 1975b, S. 30, dt. 1985, S. 53). Die allgemeinste Form der Herausforderung ist die des Unbekannten, die zu Entdeckung, Erkundung, Problemlösen führt (vgl. Csikszentmihalyi, 1975b, S. 30, dt. 1985, S. 53). Mit einem kleinen Boot für längere Zeit in See zu stechen und fremde Gegenden damit aufzusuchen, ist eine intellektuelle, emotionale und körperliche Herausforderung; es erfordert ständiges Problemlösen; es beruht auf einer freien Entscheidung; wer es tut, hat das Gefühl, die Dinge selbst zu steuern; extrinsische Belohnungen sind mit diesem Unternehmen nicht verbunden. Wenn diese Lebensweise intrinsisch belohnende Erfahrungen vermittelt und es extrinsische Belohnungen offensichtlich nicht gibt, müssen wir folgern, daß die Menschen

Tabelle 12.1 Rangwerte der acht Gründe für die Freude an einer Tätigkeit

Mich freut an dieser Tätigkeit	Csikszentmihalyi[a]			
	Segler	Kletterer	Komponisten	Basketball-spieler
die Aktivität selbst, das Muster, die Welt, die sich dadurch eröffnet	7,1 (1)[b]	5,9 (2)	6,9 (1)	5,2 (4)
daß ich mein Wissen und Können einsetzen kann	6,6 (2)	6,3 (1)	6,9 (1)	5,0 (5)
daß ich persönliche Fertigkeiten entwickeln kann	5,4 (3)	4,9 (4)	5,6 (3)	5,4 (2)
daß ich Freundschaft und Kameradschaft erfahre	5,1 (4)	5,2 (3)	2,6 (6)	5,3 (3)
daß ich mich an eigenen Idealen messen kann	4,4 (5)	4,3 (6)	4,9 (4)	3,7 (6)
daß ich meine Gefühle ausleben kann	3,4 (6)	4,6 (5)	4,6 (5)	2,8 (8)
daß ich mich mit anderen messen kann, der Wettbewerb	2,0 (7)	3,1 (7)	2,2 (8)	6,1 (1)
daß ich Prestige, Achtung, Ruhm daraus gewinne	2,0 (8)	1,5 (8)	2,6 (6)	3,3 (7)
Autotelischer Gesamtrang	9,7	7,9	9,1	0,7
N =	59	25	31	35

a 1974, S. 323
b Die Zahlen in Klammern geben an, welchen Rang die jeweilige Aussage für die Angehörigen dieser Gruppe einnimmt.

sich für sie eindeutig deshalb entscheiden, weil die Lebensweise selbst die intrinsische Belohnung darstellt.

Einen quantitativen Beleg für diesen Schluß liefern die in Tabelle 12.1 wiedergegebenen Befunde. Aus den Daten geht hervor, daß Segler ihre Lebensweise als autotelisch betrachten. Der für sie ermittelte »autotelische Gesamtrang« lag höher als derjenige irgendeiner der Gruppen aus Csikszentmihalyis Studie. Segler finden ihre Belohnung eben in ihrer Lebensweise – in der Struktur dieser Lebensweise, in der Welt, die sie erschließt, im Einsatz und in der Fortentwicklung ihrer Fähigkeiten.

Diese Ergebnisse legen den Schluß nahe, daß das Konzept der intrinsischen Motivation, der zentrale Gedanke des *flow*-Modells, für eine Lebensweise ebenso wie für einzelne Episoden innerhalb dieser Lebensweise Geltung hat. Das heißt zum ersten, daß es die einzelnen Aktivitäten sind, die zum autotelischen Charakter der Lebensweise beitragen, und zum zweiten, daß eine bestimmte Lebensweise auf einer Betrachtungsebene schlicht die Summe ihrer Teile ist, auf einer anderen diese Summe aber transzendiert.

Wir wollen uns zunächst diesem zweiten Gedanken zuwenden: Segler betrachten ihr Leben sozusagen von einer metaepisodischen Warte aus. Sie sprechen vom Segeln in dem Sinne, daß es sich dabei um nicht weniger als eine Lebensweise handelt, in die man »hineinwächst«. Und da sämtliche Aktivitäten im Zusammenhang mit dem Segeln auch von Nichtseglern betrieben werden können, muß es jenseits der einzelnen Episoden etwas geben, was das Segeln zu einer Lebensweise macht.

Noch etwas anderes spricht dafür, daß eine Lebensweise in diesem Zusammenhang nichts grundsätzlich anderes ist als eine Aktivität. Die Untersuchungen zum *flow*-Phänomen, die sich mit einzelnen Aktivitäten befaßten, gehen nicht soweit zu behaupten, daß die befragten Personen sich während der ganzen Dauer ihres Tuns im *flow* befinden. Vielmehr bewegen sie sich im Verlauf der Stunden (oder Tage), die mit der jeweiligen Aktivität, also dem Felsklettern oder dem Komponieren eines Musikstücks, ausgefüllt sind, durch eine Vielzahl von Ebenen der *flow*-Erfahrung und der Nicht-flow-Erfahrung. Diese Fluktuation innerhalb der Aktivität spricht dafür, daß wir ein an der Aktivität orientiertes Modell auch auf einer Analyseebene anwenden können, die sich auf die Lebensweise bezieht.

Das *flow*-Modell in der Anwendung

Die meisten Menschen betrachten das Segeln als etwas, was man in seiner Freizeit tut – als eine Randerscheinung des Lebens, die sich in die sogenannte freie Zeit zwischen Arbeit und Schlaf zwängen läßt. Für einige wenige Menschen dagegen bildet das Segeln mit allem, was dazugehört, das ganze Leben, ein Leben der Anstrengung und der Unsicherheit, die durch große intrinsische Belohnungen aufgewogen werden.

Für die Träumer und die Außenstehenden ist das Seglerleben ein romantisches Dasein in Sorglosigkeit und Schönheit auf tropischen Inseln, wo saftige Früchte des Dschungels nur darauf warten, von dem vagabundierenden Segler gepflückt zu werden. Andere halten es für ein langweiliges Leben, das keinen Anreiz bietet, das unbequem und unsicher ist, bei dem man viel zuviel Zeit in Nässe und Kälte auf offener See verbringt. Unsere Studie läßt allerdings ein komplexeres Bild erkennen. Segeln ist all das, was oben erwähnt wurde, und noch mehr. Im besten Fall ist es ein Leben der Freiheit und des ständigen Gefordertseins, ein Leben, in dem Leistungen sofort Ergebnisse zur Folge haben und man Bestätigung schlicht dadurch erfährt, daß man überlebt. Dieses Leben ist beherrscht von der elementaren Logik der Natur, in der die Elemente des Daseins ineinander- und zusammenfließen. Es ist ein holistisches und totales Sich-Einlassen auf die Vorgänge von Leben und Sein, zumal auf längeren Fahrten.

Csikszentmihalyis *flow*-Modell enthält sechs Elemente: (1) Das Verschmelzen von Tätigkeit und Bewußtheit, (2) die Zentrierung der Aufmerksamkeit auf ein begrenztes Reizfeld, (3) die Selbstvergessenheit bzw. der Verlust des Ich-Bewußtseins, (4) das Bestimmungsrecht über das eigene Handeln und das Umfeld (5) klare Handlungsanforderungen und Rückmeldungen, (6) die autotelische Eigenschaft des *flow*-Erlebnisses. Nach Csikszentmihalyi sind es diese sechs Elemente, die diese Erfahrungen oder Aktivitäten von anderen Aspekten des Lebens unterscheiden. Ich habe sie hier auf die Lebensweise des Segelns bezogen, und zwar sowohl was die Ebene der eigentlichen Aktivität als auch was die metaepisodische Ebene angeht. Mein Material besteht zu einem großen Teil aus spezifischen Erfahrungen, wie sie für die ganze Lebensweise der befragten Personen typisch sind. Das Material stammt aus drei Quellen: aus Büchern und Artikeln über das Hochseesegeln, aus den Erkenntnissen, die ich als teilnehmender Beobachter gewonnen habe, und schließlich aus Interviews mit den 59 Seglern, die auf eine Segelerfahrung von zusammengenommen rund 295 Jahren zurückblicken können.

Das Verschmelzen von Tätigkeit und Bewußtheit. Ozeanüberquerungen entsprechen in vieler Hinsicht den soeben genannten Elementen des *flow*-Erlebens. Da sie so vieles umfassen und von Fall zu Fall so anders sind, ist es selbstverständlich nicht immer so, daß Tätigkeit und Bewußtheit dabei miteinander verschmelzen. Aber auch wenn es Zeiten gibt, in denen man sich seiner selbst deutlich bewußt ist, so gibt es auch jene anderen Augenblicke, in denen man sich in seiner Erfahrung verliert: »Dann vergißt man sich selbst, man vergißt alles, man sieht nur noch das Spiel des Bootes mit der See, das Spiel der See um das Boot, und läßt alles beiseite, was nicht in eben diesem Augenblick für dieses Spiel von Belang ist« (Moitessier, 1971, S. 52). Tätigkeit und Bewußtheit verschmelzen am häufigsten bei schlechtem Wetter zur Nachtzeit, wenn der Segler viele Stunden lang an der Pinne sitzen und dafür sorgen muß, daß das Boot bei heftigen Winden und rauher See sicher auf seinem Kurs bleibt. Man kann schon bei der Aufgabe, das Boot sicher auf Kurs zu halten, in völlige Selbstvergessenheit geraten. Ja, man kann von dieser Aufgabe so sehr in Anspruch genommen werden, daß man Stunden später, wenn man schließlich abgelöst wird, wie aus einem Bewußtseinskokon auftaucht und sich fragt, wo denn die Nacht geblieben ist. Das Meer und die Nacht haben das Ich absorbiert, und der Akt des Steuerns ist so mit der Bewußtheit verschmolzen, daß nichts mehr übrig ist als das Kompaßlicht und die Hand an der Ruderpinne. Diese Tätigkeit beansprucht einfach alles.

Es ist nicht einfach, den Gedanken des Verschmelzens von Tätigkeit und Bewußtheit von der Ebene der Episode auf diejenige der Lebensweise zu überführen. Diese Auflösung der Dualität von Tätigkeit und Bewußtheit, die zu einer Art »gedankenfreier Konzentration« führt, gilt dann für eine sehr viel längere Zeitspanne und wird in der Integration der Aktivitäten faßbar: Das Fahrtensegeln ist nicht in der gleichen Weise segmentiert wie das Leben in der modernen Gesellschaft es wegen der dort geltenden Dichotomie von Arbeit und Freizeit ist. Es besteht eine Einheit unter den verschiedenen Aspekten des Segelns, die in der modernen Gesellschaft, wo die Trennung zwischen Arbeit und Freizeit so deutlich ins Auge fällt, nun einmal nicht gegeben ist. Diese Einheit wird durch den Umstand gefördert, daß alles, was mit dem Geldverdienen zusammenhängt, also das, was wir als Arbeiten bezeichnen, im Leben der meisten Segler keine dominierende Rolle spielt. Ein reguläres Einkommen wird in der Regel einige Monate im Jahr bezogen. Das Konzept der Karriere oder der beruflichen Tätigkeit ist im Kontext des Segelns überhaupt nicht mit der Arbeit verbunden. Beide Umstände zusammengenommen bedeuten, daß das Leben des Seglers seinen Schwerpunkt nicht in den Aktivitäten hat, die auf ein Einkommen abzielen. So entsteht keine Dichotomie von Arbeit und Freizeit und auch nicht die Vorstellung vielfältiger und möglicherweise nicht zueinander passender Rollen. Wir sehen also ein Verschmelzen der Aktivitäten, die gar nicht als von der Lebensweise insgesamt abgespalten betrachtet werden müssen und in der Tat nicht so betrachtet werden.

Das Zentrieren der Aufmerksamkeit auf ein begrenztes Reizfeld. Kompaß und Ruderpinne bilden einen Fixpunkt, auf den sich die Aufmerksamkeit konzentriert, so daß das Verschmelzen von Tätigkeit und Bewußtheit erleichtert wird. Es bedarf angespannter Konzentration, um das Boot unter schwierigen und gefährlichen Umständen sicher zu steuern. Von diesem Zentrieren seiner Aufmerksamkeit kann der Segler immer nur für Augenblicke abgehen, um die beeindruckende Schönheit seiner Umgebung in sich aufzunehmen.

Doch gibt es auch noch eine andere Ebene des Zentrierens der Aufmerksamkeit:

Dieses wohlgeordnete Leben war wirklich angenehm, und mir schienen – wie immer – die einfachsten Freuden auch die besten zu sein. Die See ist nicht nur unverdorben und ungekünstelt; sie hat auch etwas Frühlingshaftes, etwas *Reines* an sich. Wenn wir uns in ihrer riesigen Weite verlieren, schätzen wir sie vielleicht gerade deshalb, weil unser Leben nicht vollgestopft ist mit Bagatellen, mit dem sinnlosen Kleinkram und dem albernen Getue der Zivilisation. (Roth, 1972, S. 100)

Diese Stufe wird zumal auf langen Passagen erreicht und erfaßt das gesamte Leben. Die Probleme und Anliegen des festländisch-urbanen Lebens verlieren ihre Bedeutung; unser Bewußtsein läßt sie fallen; sie bedeuten nichts mehr.

Aber wieviele kleine Unannehmlichkeiten es auf See auch immer geben mag, die eigentlichen Sorgen und Nöte geraten aus dem Blick, wenn das Land hinter dem Horizont verschwindet. Sobald wir auf See waren, hatte es keinen Sinn mehr zu grübeln, wir konnten im Hinblick auf unsere Probleme nichts mehr unternehmen, bevor wir in den nächsten Hafen kamen, und dort konnte alles mögliche geschehen – und tat es gewöhnlich auch. Das Leben war für eine Weile aller seiner künstlichen Aspekte beraubt; Rationalisierung, Entwertung, Verstaatlichung – das alles erschien jetzt ganz unwichtig, verglichen mit dem Stand des Windes, mit der See, mit der Länge der jeweils zurückgelegten Strecke (Crealock, 1951, S. 99–100)

Selbstverständlich fällt unter die Begrenzung des Reizfeldes *per se* mehr als nur eben der Umstand, daß man sich außerhalb der Stadt oder auf dem Meer befindet. Man braucht Zeit und eine bestimmte innere Verfassung, um dem Meer wirklich nahe zu kommen. Einer der von mir befragten Segler (Pb. 020), der seine 7 Meter lange Jacht alleine segelt, sagte, die ideale Dauer einer Hochseeüberquerung betrage in seinem Fall vier Wochen: Eine Woche vergeht, bis er den letzten Hafen aus seinem Bewußtsein gestrichen hat; anschließend hat er rund zwei Wochen, in denen ihn nichts zu kümmern braucht als die See. Vier Wochen auf See sind notwendig, denn etwa eine Woche vor dem nächsten Landgang stellt er fest, daß er sich in Gedanken mit dem nächsten Land beschäftigt, daß er an das Navigieren, die Behörden, die Proviantbeschaffung und Ähnliches denkt.

Kurze Passagen mag ich nicht, denn ich finde mich nicht rasch in den Rhythmus und gewöhne mich nicht so schnell an die Beschränkungen. (Pb.020)

Andere Segler äußerten sich in dem Sinne, daß das begrenzte Reizfeld beim Kreuzen ganz allgemein, zumal aber bei längeren Passagen von Vorteil sei:

Es ist auch wahr, daß das spartanische Leben einem Kontrasterlebnisse beschert, so daß eine Dusche, frisch eingekaufte Lebensmittel, ein Spaziergang oder eine Autofahrt zu aufregenden Ereignissen werden. Diese Lebensweise schärft die Sinne für derartige Dinge. Man weiß so ein kleines Wunder zu schätzen. (Pb.032)

Pirsig stellte ähnliche Überlegungen an. Als er vom Motorrad auf die Hochseejacht umstieg, drang er in eine neue Sphäre ein:

Die moderne Zivilisation hat das Radio, das Fernsehen, das Kino, die Nachtclubs und eine unübersehbare Vielfalt mechanisierter Vergnügungen erfunden, um unsere Sinne zu kitzeln und uns zu helfen, der angeblichen Langweiligkeit von Erde, Sonne, Wind und Sternen zu entkommen. Das Segeln bringt uns diesen uralten Wirklichkeiten wieder nahe. (Pirsig, 1977, S. 67)

Was er meint, ist klar: Wenn wir die äußeren und insbesondere die künstlichen Reize reduzieren, kehren wir zu den vergleichsweise begrenzten, uns aber weniger begrenzenden Reizen der Natur zurück.

Auch wenn die befragten Personen das Konzept des begrenzten Reizfeldes nicht in jedem Fall herausstellen, heben sie doch die natürlichen Faktoren hervor, die in eben diesem Sinne wirken:

Uns gefällt es an solchen Orten wie Suvarov, denn wir mögen es, uns in der freien Natur aufzuhalten und uns unsere Nahrung selbst zu beschaffen, ganz auf uns gestellt. Wir angeln jeden Tag, wir graben uns einen Brunnen, pflücken Kokosnüsse, betrachten am Riff die Muscheln und die Vögel, fotografieren die Vögel – mit einem Wort, wir leben. Unser Leben sieht so aus, daß wir die Natur um uns herum genießen und unser Haus / Boot in Schuß halten. (Pbn. 016/017)

Was wir beim Segeln beobachten, ist also eine Begrenzung des Reizfeldes auf zwei Ebenen. Ozeane zu überqueren – als ein Teil dieser Lebensweise – ist sehr viel mehr als nur eine Aktivität, zum einen weil sie aus so vielen Facetten besteht, zum anderen weil sie in der Regel länger (etwa 2–3 Wochen) dauert als *flow*-Aktivitäten dies gewöhnlich tun. Hochseeüberquerungen begünstigen und fördern ganz eindeutig fokussiertes Bewußtsein; wir können von einer Zentrierung der Aufmerksamkeit auf ein begrenztes Reizfeld und innerhalb eines begrenzten Reizfeldes sprechen. Zugleich wird diese Lebensweise insgesamt als weniger komplex erfahren als das Leben in der modernen Gesellschaft, und dies wegen einer ganzen Reihe von Faktoren. Zu ihnen gehört vor allem, daß das Leben auf einer kleinen Jacht in der Regel ein einfacheres Leben ist, was das mitgeführte Hab und Gut angeht – vor allem also Bekleidung und Gebrauchsgüter. Eine Hochseejacht ist zwar ein stattliches Objekt, aber ihr Besitz und Gebrauch sind doch soweit integrierender Bestandteil der Erfahrung des Segelns, daß sie eben nicht äußerlicher irritierender Faktor ist, sondern ganz eindeutig zu dem System aus Anstrengung und Belohnung gehört. Wenn sie als »äußerer« Gegenstand zum Problem oder zum Ärgernis wird, dann wird der Segler das Segeln vermutlich aufgeben. Einer meiner Interviewpartner (Pb.013) sagte mir, er fühle sich mit seiner Jacht sozusagen in der Falle und empfinde es als bedrückend, daß alles, was er besitze, in einer Sache stecke, die ihm in jedem Augenblick verlorengehen könne. Nach dreieinhalb Jahren des Seglerlebens steuerte er seinen Heimathafen an, um wieder auf dem Festland zu leben.

Das Segeln läßt sich als Begrenzung des Reizfeldes sowohl auf der Mikro- wie auf der Makro-Ebene betrachten – auf der Mikro-Ebene, weil die ganz spezifischen Aktivitäten eine Fokussierung erfordern und erschaffen, auf der Makro-Ebene, weil das ganze Leben des Seglers in sich einheitlicher, geordneter und weniger fragmentiert ist.

Der Verlust des Ich. Eine Aktivität, die das Verschmelzen von Tätigkeit und Bewußtheit fördert sowie die Aufmerksamkeit gezielt auf ein begrenztes Reizfeld richtet, führt unweigerlich zum Verlust des Ich-Konstrukts, zum Verlust der Bewußtheit hinsichtlich des »Ich« als *Handelnden*. Das ist eindeutig der Fall bei einigen der oben geschilderten Situationen, in denen der Segler gewissermaßen in der See und deren Leben aufgeht. Hier soll dieser Verlust des Ich allerdings aus einem größeren Blickwinkel betrachtet werden, weil das Segeln ja eine Lebensform darstellt. Es handelt sich nämlich um drei Ebenen der Erfahrung des Seglers: a) die Einheit von Segler und Jacht; b) das Einswerden des Seglers mit den Gewalten des Meeres; c) der Verlust von Status und Rang, wie sie mit einer beruflichen Tätigkeit, mit materiellem Wohlstand und der Zugehörigkeit zu einer sozialen Schicht verbunden sind.

In der Literatur ist seit den Anfängen des modernen Fahrtensegelns vom Einssein des Seglers mit seiner Jacht die Rede. Joshua Slocum personifiziert seine Jacht, die *Spray,* und redet häufig mit ihr: »Beinahe an Bord der letzte Brecher! Aber du kommst durch, Spray, altes Mädchen! Jetzt kommt er von der Seite! Noch eine Woge! Und oh, noch eine von dieser Art bricht dir die Rippen und den Kiel!« (Slocum, 1900, S. 499).

Michael Mermord, der mit seiner Jacht um die Welt segelte, um sie anschließend in ein Schweizer Museum bringen zu lassen, hatte am Ende seiner Reise ganz eindeutig einen Teil seiner selbst eingebüßt:

Bevor ich zurückgehe, richte ich einen letzten Blick auf *Geneve.* Von jetzt an werden wir beide nie mehr allein sein, sie und ich, wunderbar vertraut miteinander in unseren Freuden und Leiden, Erinnerungen und Hoffnungen ... niemand kann uns diese Erinnerungen nehmen. (Mermod, 1973, S. 293).

Jean Gau, der zweimal um die Welt und elfmal über den Atlantik segelte, macht sich als über Siebzigjähriger Gedanken über das komplexe Verhältnis zwischen Skipper und Schiff sowie über das Schiff als Person:

Offen gesagt, ich betrachte die *Atom* als ein Lebewesen, als intelligent und verständig. Wenn der Wind bläst, wird diese Konstruktion aus Holz, Metall und Leinwand für mich zum lebenden Wesen. Mit all ihren Launen, Schwächen und Stärken macht die *Atom* ihre Arbeit, und ich mache meine. Ich liebe sie wie eine ... eine Dienerin, wie man ein Tier oder ein Auto liebt. Man könnte sagen, wir sind Freunde. (Zitiert in Tazelaar und Bussiere, 1977, S. 59).

Das Gefühl ist so ausgeprägt, daß Boot und Mensch miteinander verschmelzen, häufig bis an den Punkt, an dem das Boot die Führung übernimmt: »Wer nicht weiß, daß ein Segelboot ein lebendiges Wesen ist, wird niemals etwas von Booten und von der See begreifen« (Moitessier, 1971, S. 4).

Das Einswerden des Seglers mit dem Meer, wie es unter extremen Bedingungen zustande kommt, stellt sich auch in angenehmen Situationen ein. Moitessier zum Beispiel unterhält sich mit den Seevögeln, und zwar – wenn sie ihm, was gelegentlich vorkommt, wochenlang folgen – ganz regelmäßig, jeden Tag. Auch schreibt er, daß die Delphine mit ihm »sprachen« und ihm durch ihr Verhalten zeigten, daß er sich auf einem gefährlichen Kurs befand: Sie bedeuteten ihm, daß er umkehren müsse, und als er ihren Anweisungen folgte, spielten sie stundenlang rund um sein Boot, so als wollten sie ihre Freude darüber bezeigen, daß er den Felsen entgangen war, auf die er unwissentlich zugehalten hatte. Zwei der Tiere blieben bei ihm, auf jeder Seite eines, bis er außer Gefahr war (s. Moitessier, 1971, S. 101–105).

Auch David Lewis, in einem Katamaran auf Weltumseglung, entdeckte dieses Verschmelzen seiner Person mit der See: »Man kann nicht auf dem Meer leben, in so allerengstem Miteinander, wie das in einem kleinen Boot nun einmal sein muß, ohne daß es zu einem Teil des eigenen Selbst wird« (Lewis, 1967, S. 81). Aber es ist nicht einfach dieses Gefühl der Zugehörigkeit und Zusammengehörigkeit, das den Verlust des Ich ausmacht. In vielen Fällen ist einfach ein Transzendieren des Ich in Gang – man ist sich seines Selbst schlicht nicht bewußt, in manchen Fällen nicht einmal des physischen Selbst. Was zu tun ist, will so konzentriert, so gezielt und so kraftvoll getan werden, daß das Gefühl, Handelnder zu sein, ein Selbst zu haben, nichts bedeutet und unbeachtet bleibt.

Auch eine Verringerung des Bewußtseins vom eigenen sozialen Status bedeutet einen Ich-Verlust, und das Segeln ist eine Lebensweise, bei der das Ich eine geringere Bedeutung hat als in der modernen Gesellschaft, in der die Menschen ständig auf ihren Status achten. Beim Segeln geschieht dies weit seltener. Der soziale Status und das aus ihm bezogene Ich-Bewußtsein sind nutzlos im Rahmen einer Lebensweise, bei der sich Selbstachtung aus der Tatsache ergibt, daß man das Meer überquert.

Segler sind handfeste Leute, sie sind an bestimmten Formen von Geselligkeit und Gesellschaft gewöhnlich nicht sehr interessiert; selbst wohlhabende Segler machen da keine Ausnahme. (Pb.007)

Schichten- und ökonomische Unterschiede verwischen sich, wenn man dem Meer und der Gefahr so nahe ist. Durch das Segeln kommt man in der Tat in Kontakt mit Menschen jedes Schlages. Das sind Kontakte, wie sie sich wegen der gesellschaftlichen Spielregeln im normalen Leben gar nicht ergeben. (Pb.006)

Noch etwas gibt es zu diesem Leben zu sagen: Man kann sich seine Freunde wirklich aussuchen, während einem im normalen Leben viele Freundschaften doch von Berufs wegen, aus politischen Gründen oder durch gesellschaftliche Rücksichten aufgezwungen werden. (Pb.037)

In jedem Land, das ich besucht habe, existiert irgendeine Form von Kastensystem, auch wenn dies noch so heftig abgestritten wird. Selbst in sehr zivilisierten und demokratischen Ländern ist wahre Chancengleichheit etwas, was erst noch erreicht werden muß.

Das Meer und so ein Schiff sind großartige Gleichmacher. Ganz klar, daß auf einem kleinen Schiff kein Platz für einen Menschen ist, der dafür nicht taugt oder der, egal welcher »Kaste« er angehört, seinen Teil nicht beitragen will. Im Sturm sind alle der gleichen Gefahr ausgesetzt, und keine Macht der Welt wird ausgerechnet dich – im Gegensatz zu allen anderen – erretten, wenn das Schiff kentert. (Knox-Johnston, 1969, S. 172)

Im übrigen werden durch die Art der sozialen Interaktion und die Einfachheit des Lebens auf See auch viele der sozialen Zwänge aufgehoben, an die der westliche Großstädter gewöhnt ist: »Ohne uns von der Umgebung bedrängt zu sehen, und ohne die Verpflichtung, irgendeine soziale Maske zu tragen, stellten wir fest, daß wir klarer denken und dabei wirklich zur Ruhe kommen konnten« (Saunders, 1975, S. 238). Ein Aspekt des *flow*-Erlebens besteht also darin, daß die Selbst-Bewußtheit, das Bewußtsein der eigenen Person, reduziert ist. Im Kontext des Segelns als einer Lebensweise ereignet sich dieser Ich-Verlust auf mehreren Ebenen, von der persönlichen bis zur sozialen Ebene.

Die Steuerung des eigenen Handelns und der Umgebung. Dieses Element des *flow*-Erlebnisses ist die Hauptsache beim Segeln als Lebensweise und bei der Tätigkeit des Hochseesegelns. Die von mir befragten Segler betonten immer wieder, daß diese Lebensweise ihnen ein Maß an Kontrolle über die eigenen Handlungen einräume, wie es sich im Leben der urbanen Industriegesellschaft unmöglich erreichen lasse. Segler fliehen ja vor einer Vielzahl von Restriktionen, von den kaum wahrnehmbaren und höchst subtilen Formen der sozialen Kontrolle bis hin zu den ganz handfesten Verpflichtungen rechtlicher und beruflicher Art, wie sie in der hochbürokratisierten Industriegesellschaft nun einmal gegeben sind. Unfähig, »irgendetwas ohne die Zustimmung der Gesellschaft zu tun« (Pb.046), versuchen sie auf dem Weg über das Segeln etwas von jenem verlorenen Einfluß auf ihr persönliches Leben wiederzugewinnen.

Man versucht, der üblichen Routine zu entkommen und für sich persönlich Kraft aus der Freiheit zu ziehen, die man sich schafft. (Pb.006)

Das Segeln ist wunderbar – weg vom Land – ganz und gar unter der eigenen Rechtsprechung – man macht sich seine Gesetze selbst. (Pb.030)

Ich war Pilot im 2. Weltkrieg und fand, daß Segeln und mit einer Jacht Fahren genau so wie damals ist; denn man bestimmt alles selbst, man ist unabhängig – die Suche nach Deutschen, die man abschießen kann, ist wie die Suche nach Drachen, nach dem Abenteuer... Bei dem Idiotenrennen von 9 bis 5 hat man keine Wahl und keine Identität, man ist nichts als ein Rädchen im großen Getriebe; hier draußen müssen wir selbst entscheiden. (Pb.037)

Das Gefühl, die Dinge in der Hand zu haben und mit dem Meer zurechtzukommen, vermittelt Befriedigung und Zuversicht. David Lewis schreibt im Zusammenhang mit der Schilderung seiner einsamen Segelreise in die Antarktis, daß wir unsere eigenen Kräfte nicht einschätzen können, wenn wir es nicht schaffen, uns auf irgendeine Weise von einer Gesellschaft zu distanzieren, die alles für uns tut (Lewis, 1977, S. 19).

In den gleichen Zusammenhang gehört auch die Antwort, die Lewis' elfjährige Tochter, die an der Weltumseglung in einem Katamaran teilgenommen hat, einem Fernsehjournalisten gab, der sie gefragt hatte, ob sie sich keine Sorgen um ihren Vater mache: »Vicky und ich haben unser halbes Leben auf Segelschiffen verbracht. Ein Sturm auf See ist weniger gefährlich als das Überqueren einer Straße, und Daddy weiß schon, was zu tun ist« (Lewis 1977, S. 37). Selbst wenn das Kind sich mit dieser Bemerkung

nicht ausdrücklich auf die bevorstehende Reise des Vaters in die Antarktis
– eine bei Seglern gefürchtete Gegend – bezogen haben sollte, so glauben
Segler doch eindeutig an das, was darin zum Ausdruck kommt. In den
stärker befahrenen Gegenden der Weltmeere ist es relativ ungefährlich,
mit einer kleinen Jacht auf See zu gehen, wenn man sich und sein Schiff
entsprechend vorbereitet und die Karten sorgfältig studiert hat.

Zu den besten Dingen beim Segeln und Kreuzen gehört, wenn man es als
Sport betreibt, der Sicherheitsstandard... Wenn man einmal aus dem Brack-
wasser heraus ist, dann kann man allein durch Aufpassen so gut wie alle Schä-
den oder Verluste ausschließen, die auftreten, wenn jemand eben gerade nicht
aufpaßt. Es sind die eigene Vorbereitung, das eigene Können und die eigene
Sorgfalt, die Sicherheit geben. (Pardey und Pardey, 1982, S. 149)

Das heißt also, das Risiko wird eher als Herausforderung an das eigene
Können und die eigene Tüchtigkeit angesehen, also als etwas, mit dem
man fertigwerden kann. Das steht in einem Gegensatz zu den unberechenbaren Gefahren, wie sie den Großstädter täglich treffen können, also zu
der Gefahr, Opfer eines Verbrechens oder eines Verkehrsunfalles zu werden. Das eigentlich Wichtige beim Segeln ist das Gefühl, über die eigene
Person und über den Umgang mit der Umgebung zu bestimmen:

Unser Leben lag allein in unseren Händen – niemand wußte, wo wir uns befanden –, und dieses Gefühl der Unabhängigkeit tat gut. Ich fühlte mich irgendwie stark und sicher. Ich wußte, daß ich die Verantwortung für das Schiff
und für das hatte, was wir taten, aber ich hatte auch das Gefühl, daß ich die
See, soweit ich sie überblicken konnte, beherrschte – wahrscheinlich eine ver-
rückte Vorstellung, denn es ist ja klar, daß das Meer keinen Herrn kennt. Aber
solange wir der Macht des Ozeans den entsprechenden Respekt zollten, war
ich überzeugt, daß unser winziges Schiff in Sicherheit war. (Roth, 1972, S. 8)

Wie Laurence Le Guay in seinem Buch *Sailing Free* sagt: »Eine ordentlich
ausgestattete und solide konstruierte Jacht mit einer fähigen Crew wird in
der Regel mit allem fertig, was das Meer hervorbringt, es sei denn, es treffen so unglückliche Gegenstände aufeinander wie Glasfiber und Korallen
oder Holz und Killerwale.« (Le Guay, 1975, S. 65)

Dieses Gefühl, die Dinge im Griff zu haben, ist ein bedeutsamer Aspekt
der Erfahrung des Segelns auf den Weltmeeren im besonderen und des Segelns als Lebensweise im allgemeinen. Menschen entscheiden sich für das
Segeln, um sich aus einer Umgebung zurückzuziehen, in der sie kaum die
Möglichkeit haben, die Dinge selbst zu steuern, und dazu noch einer Vielzahl äußerer und unberechenbarer Risiken ausgesetzt sind. Ihre Entscheidung stellt sie in eine Umgebung, in der sie mehr Steuerungsmöglichkeiten

haben oder zu haben glauben, weniger äußeren und unberechenbaren Gefahren ausgesetzt sind oder ausgesetzt zu sein meinen. Eben diesen äußeren Risiken, wie sie mit der modernen Gesellschaft nun einmal einhergehen, begegnen sie nur gelegentlich, und so wird ihre Lebensweise des Segelns davon auch nicht beherrscht.

Eindeutige Handlungsanforderungen und klare Rückmeldungen. Segeln ist untrennbar mit den Gewalten der Natur verwoben, denn Segler können sich diesen Kräften, die ihr schwimmendes Heim umgeben, keinen Augenblick lang entziehen. Sie haben ständig ein Auge auf die Gezeiten, auf Veränderungen des Wetters, auf die fortwährend sich wandelnde farbige Kulisse der verrinnenden Tage und Nächte. Segeln bedeutet den ständigen Kontakt und die Interaktion mit der Natur. Da es sich um eine Lebensweise handelt, die sich eng an die Natur anlehnt, stellt das Segeln klare Handlungsanforderungen und läßt den Segler auf unmißverständliche Weise wissen, ob diesen Anforderungen entsprochen worden ist.

Auf See muß man alles können, muß Klempner, Elektrizitätswerk und Elektriker in einem sein, man muß alle Arbeiten selbst machen. Das sind physische und geistige und emotionale Herausforderungen, die es nicht zulassen, daß man verkümmert. An Land bist nicht du Herr über die Anforderungen, an Land gibt es vielmehr Regeln und Vorschriften; wenn man segelt, kann man all dem entgehen und ein elementares Leben führen. (Pb. 032)

Die Navigation ist ein gutes Beispiel für einen Bereich, in dem die Handlungsanforderungen ganz und gar unmißverständlich, die Rückmeldungen unmittelbar und definitiv sind. Unmittelbar sind sie insofern, als ja eine Route auf der Karte verzeichnet ist (deren Charakter als Rückmeldung nur durch die Zweifel des Navigators an ihrer Genauigkeit beeinträchtigt wird); definitiv sind die Rückmeldungen dann, wenn Land gesichtet wird, und zwar genau an der Stelle und zu dem Zeitpunkt, in dem man es erwartet hat.

Wie schon bei früheren Gelegenheiten empfand ich als Kapitän so etwas wie Befriedigung und zugleich eine gewisse Verwunderung darüber, daß es durch meine Beobachtungen der recht weit entfernten Sonne von einer schwankenden Plattform aus und durch die Zuhilfenahme einiger simpler Tabellen ... möglich war, eine kleine Insel mit Sicherheit zu finden, nachdem ich den Ozean überquert hatte. (Hiscock, 1968, S. 45)

Dieses erregende Erlebnis, daß man sein Ziel perfekt angesteuert hat, wird auch von anderen Seglern geschildert: »Jedes Mal spüre ich die gleiche Mischung aus Erstaunen, Liebe und Stolz, wenn da dieses neue Land auftaucht, das für mich und von mir geschaffen zu sein scheint« (Moitessier, 1971, S. 159). Er hatte gewußt, was zu tun war, und stellte nun ohne allen Zweifel fest, daß er das Richtige getan hatte. Die Rückmeldung bot eine gewisse Befriedigung.

Eine besondere Art der Handlungsanforderung im Alltag eines Seglers entsteht aus der selbstauferlegten Eigenständigkeit und Unabhängigkeit: Er muß es verstehen, Dinge in Ordnung zu bringen, in der Regel durch Improvisation. Knox-Johnstons Bericht von den kleinen Zwischenfällen während seiner einsamen Weltumseglung zeigt anschaulich, welche Situationen sich auf See ergeben können. Im ersten Fall hatte er ein automatisches Ruder zerbrochen und mußte es, da er kein Ersatzstück bei sich hatte, reparieren:

Die Reparaturarbeiten nahmen mich drei Tage in Anspruch. Das alte Ruderblatt war hoffnungslos zerbrochen; ich machte deshalb ein neues aus einem der aus Teakholz bestehenden Kojenbretter. Die Stange in der Mitte des Blattes war gebrochen, und um sie wieder zusammenzufügen, sägte ich den Griff einer Rohrzange ab und feilte daran herum, bis er in die Stange paßte wie eine innere Schiene. (Knox-Johnston, 1969, S. 71)

Etwas später (S. 79) beschreibt er, wie er einen Beschlag am Großbaum dadurch ersetzte, daß er eine an Bord vorhandene Spezialschraube durch Absägen, Schmieden und Zurechtfeilen in die erforderliche Form brachte.

Auch meine Gesprächspartner kamen auf diesen Aspekt der Eigenständigkeit und Selbsthilfe zu sprechen:

Man muß flexibel und praktisch sein. Der Segler gleicht im Grunde dem Landwirt auf einem abgelegenen Hof – er hat, was er braucht, und wenn ihm etwas kaputtgeht, dann setzt er sich eben hin und bringt es irgendwie wieder in Ordnung. (Pb. 037)

Das gilt übrigens für die meisten Ankerplätze ebenso wie für das Leben auf See. An vielen Orten bestehen gar keine Einkaufsmöglichkeiten, und die Segler hätten auch nicht das erforderliche Bargeld; sie müssen also improvisieren und sich selbst etwas einfallen lassen. Es lohnt sich:

Das stolze Gefühl, wenn man merkt, man wird mit den Dingen fertig, läßt sich nicht leicht beschreiben. Wenn du deinen Sechstonner das erste Mal ins Dock segelst, so daß er mit einem Abstand von einem Fuß am Poller haltmacht, wenn du das erste Mal einen Lukendeckel baust, der keinen Tropfen Wasser durchläßt, wenn du das erste Mal etwas zufriedenstellend reparierst –

Das Hochseesegeln

das ist immer ein Triumph und bringt ein Leuchten ins Leben. Mit der Zeit wird es zu einem Sport, daß man sich auf sich selbst verläßt. Man setzt sich neue Ziele und erreicht sie auch. Und eines Tages kommt dann die eigentliche Bewährungsprobe. Ich bin überzeugt, daß jeder, der für längere Zeit auf See geht, es mindestens einmal erlebt, daß er mit dieser Eigenständigkeit sein Leben oder sein Schiff rettet. (Pardey und Pardey, 1982, S. 303–304)

Der Erfolg ist sofort da, und man kann ihn mit Händen greifen: ein Segel, das auf See von Hand zusammengeflickt worden ist, ein köstliches Fischgericht, eine anständige Tagesleistung und schließlich die Ankunft am Ziel auf der anderen Seite des Meeres. Auch ein Mißerfolg ist sofort da und greifbar: eine Klüwerschot, die an den Wanten scheuert und dann im Sturm reißt, ein Knoten, der wieder aufgeht, wenn man ihn gerade braucht, eine nasse Koje unter einer lecken Luke, eine schlechte Tagesleistung bei gutem Wind, weil der Steuermann die ganze Zeit steuerte. (Griffith, 1979, S. 259)

Das Segeln unterliegt Regeln, die klar und unmißverständlich sind. Wind, Meeresoberfläche und Meeresgrund stellen logische Forderungen an den Segler, das Navigieren und das Instandhalten des Bootes tun es ebenfalls. Wenn diesen Anforderungen nicht entsprochen wird (weil man sie ignoriert oder zu faul ist), dann zeigen sich die Folgen deutlich. Was die soziale Ebene angeht, so sind die Regeln nicht so direkt erkennbar und häufig widersprüchlich, zum Beispiel wenn es um den Zoll, um Einwanderungsbestimmungen und alle möglichen bürokratischen Situationen geht. Auch die Regeln der Subkultur müssen erlernt werden, aber das sind die Kleinigkeiten des Seglerlebens, mißt man sie an der Interaktion mit der Natur.

Der autotelische Charakter des Segelns. Das Segeln ist eine Gesamtheit von Aktivitäten, für die äußere Belohnungen nicht geboten werden. Niemand – mit Ausnahme einiger Verleger und bewundernder Möchte-Gern-Segler – hält Belohnungen in Form von Geld dafür bereit. Tatsächlich ist eher das Gegenteil der Fall, insofern nämlich, als Arbeitgeber und Regierungen dem Segler häufig noch Hindernisse in den Weg legen. Auch der soziale Druck von seiten der Angehörigen und Freunde richtet sich häufig gegen die Abreise. David Lewis (1969, S. 280) faßt das höchst belohnende Erlebnis einer ausgedehnten Segelreise wie folgt zusammen: »Am Ende hatten wir die Genugtuung, das vollbracht zu haben, wozu wir aufgebrochen waren.«

Am besten beschreibt allerdings Moitessier den intensiv autotelischen Charakter des Segelns und die Hingabe an diese besondere Lebensweise, wie sie manchen Seglern gelingt: »All die Schönheit unserer Erde ... all die Zerstörung, die wir darauf anrichten. Gott, wie gut es doch ist, hier zu sein, keineswegs in Eile, nur ja nach Hause zu kommen« (Moitessier, 1971, S. 73). Tatsächlich kehrte Moitessier niemals ins heimatliche Frankreich zurück. Bei einer gut dotierten Regatta, bei der es darum ging, allein und im Nonstopverfahren die Erde zu umsegeln, lag er an erster Stelle, als er im Atlantik den Weg kreuzte, der am Anfang seiner Reise lag. Zwei Drittel des Unternehmens lagen hinter ihm, aber anstatt nun den Atlantik weiter nordwärts zu befahren, warf Moitessier sein Steuer in Richtung auf das Kap der Guten Hoffnung herum – zum zweiten Mal –, weil »der Gedanke mich wirklich krankmachte, wieder nach Europa zu kommen, in dieses Irrenhaus ... Sicher, es gab gute und vernünftige Gründe (für die Rückkehr dorthin). Aber hat es denn einen Sinn, sich an einen Ort zu begeben, wenn man doch weiß, daß man dafür seinen Frieden aufgeben muß?« (Moitessier, 1971, S. 164). Der »vernünftige« Grund war die von der englischen Zeitung *Sunday Times* ausgesetzte extrinsische Belohnung. Extrinsische und intrinsische Belohnungen müssen nicht in Konflikt miteinander stehen. Doch sah Moitessier in den extrinsischen Belohnungen eine Gefahr, zumal in Verbindung mit seiner Sicht anderer Aspekte der europäischen Gesellschaft.

Die geschilderten Beispiele richten die Aufmerksamkeit auf eine Lebensweise, die keine extrinsischen Belohnungen braucht, die in sich selbst und aus sich selbst heraus belohnend ist. Ihr inneres Wesen ist die Nähe zur Natur, und die eigentliche Essenz der Natur ist ein intrinsischer Wert.

Schlußfolgerungen

Dieses Kapitel nutzt das *flow*-Modell wie eine Linse, um durch sie das Segeln zu betrachten. Die wichtigsten Elemente dieses Modells, das ursprünglich entwickelt wurde, um den Motivationswert einzelner Aktivitäten zu erklären, wurden hier auf die Betrachtung einer Lebensweise angewandt. Das Segeln als Lebensweise richtet sich nach intrinsischen Belohnungen und ist in sich autotelisch. Es setzt eindeutige Handlungsanforderungen und liefert ständig Rückmeldungen; der Segler genießt die Freiheit, sein Leben selbst zu steuern, die er in anderen Kontexten vermißt; er nimmt sein Leben als einfach, unabhängig und bewältigbar wahr. Das Abgeschnittensein von der »normalen« Gesellschaft zentriert seine Aufmerksamkeit und verengt das Reizfeld. Seine Handlungen stimmen mit der Situation überein, das heißt mit dem Umfeld und mit dem Zusammenhang zwischen diesem und anderen *flow*-Elementen. Nicht nur hebt dieses Einssein mit der natürlichen Umgebung die Ich-Grenzen auf; auch die

Rollen und die Fassaden, wie sie zum urbanen Leben gehören, sind im Kontext des Segelns ohne Sinn und Zweck. Gelegentlich – zumal im Sturm – kommt es zum totalen Ich-Verlust, während die auf das Überleben gerichtete Aktion an die erste und oberste Stelle rückt.

Das *flow*-Modell hat hier dazu gedient, das verbindende Gedankengut dieser Subkultur und die Intensität des individuellen Eingebundenseins in die Lebensweise Segeln deutlich zu machen. Es enthüllt, warum diese Erfahrung von so nachhaltiger Wirkung auf die Sicht der Welt und der eigenen Person ist. Es ist unter anderem diese Wirkung, die das Hochseesegeln von anderen Segler-»Subkulturen« und von der vorherrschenden Lebensweise der modernen Gesellschaft unterscheidet.

Das Abrücken von der Norm ist in der modernen westlichen Gesellschaft nichts Unübliches. Die Segler verkörpern eine archetypische Form des Entweichens vor den Frustrationen des technologisch orientierten Lebens. Aber ihr Entweichen ist nicht die Regression in einen schützenden Schoß, in eine sichere und behagliche Lebensweise. Eher ist es ein kreatives Entkommen in Richtung auf persönliches Wachstum und Entfaltung. Das Segeln fordert existentielle Entscheidungen und persönliche Reflexion; es unterstützt so die innere Entwicklung. Es vermittelt die Erfahrung von Kompetenz, Unabhängigkeit und lustvollem Genießen – eben jene Erfahrungen, wie sie zur Erfüllung unserer Individualität notwendig und in unserer gewohnten sozialen Umgebung so häufig nicht vorhanden sind.

Kapitel 13

flow im historischen Kontext: Das Beispiel der Jesuiten

Isabella Csikszentmihalyi

Rund zweihundert Jahre lang spielte der 1540 gegründete Jesuitenorden der römisch-katholischen Kirche eine führende Rolle im religiösen und politischen Leben Europas. Dank seiner weltumgreifenden und entschlossen betriebenen Missionstätigkeit trug er zudem den europäischen Einfluß in die übrige Welt hinaus, vor allem nach Nord- und Südamerika sowie in den Fernen Osten. In seiner Blütezeit breitete der Orden sich rasch über Italien, Portugal, Frankreich, Spanien und den mittel- und osteuropäischen Raum aus; er zog die brillantesten und ehrgeizigsten jungen Männer der Zeit in seine Reihen. Im Jahre 1556, dem Todesjahr des heiligen Ignatius von Loyola, waren bereits rund tausend Jesuiten in ganz Europa sowie in Asien, Afrika und der Neuen Welt tätig. Ihre Zahl stieg auf 15544 im Jahre 1626 und auf 22589 im Jahre 1749.

Die Frage, um die es in diesem Kapitel geht, lautet: Warum war gerade dieser Mönchsorden im 16. und 17. Jahrhundert so erfolgreich? Die materialistische Geschichtsbetrachtung kann fraglos eine ganze Reihe von Gründen dafür angeben und alle möglichen ökonomischen, sozialen und politischen Erklärungen für den Einfluß der Jesuiten ins Feld führen. So wichtig solche »extrinsischen« Gründe aber auch gewesen sein mögen, ein historisches Geschehen bedarf auch einer psychologischen Erklärung. Unpersönliche historische Faktoren müssen in Ideen und Emotionen transformiert werden, bevor sie das menschliche Handeln systematisch beeinflussen können. Eine psychologische Erklärung hat die Rolle der intrinsischen Motivation aufzuklären; denn wenn die Menschen die Möglichkeit dazu haben, entscheiden sie sich ja in ganz differenzierter Weise jeweils für diejenigen Handlungsabläufe, die ihnen ein Höchstmaß an positiven Erfahrungen gewähren. Eine sehr wesentliche Rolle spielt insoweit das Motiv, zu einem Höchstmaß an *flow*, also zu jener glücklichen Übereinstimmung zwischen den persönlichen Fähigkeiten und den von der Umgebung bereitgehaltenen Handlungsmöglichkeiten zu gelangen, die ein Hochgefühl bewirkt.

In unserem speziellen Fall lautet die Frage: Was machte die Lebensordnung, die der jesuitische Orden darstellte, für Männer der zweiten Hälfte des 16. Jahrhunderts so anziehend? Die These, die hier entwickelt werden soll, besagt, daß die Ordensregeln die optimalen Bedingungen dafür boten, daß ein junger Mann sein ganzes Leben als eine einzige *flow*-Erfahrung erleben konnte. Kulturelle Formen wie das Schach- oder das Tennisspiel verlaufen nach Regeln, die es den Menschen ermöglichen, sich für jeweils kurze Zeit in einer sie beanspruchenden und erfüllenden Aktivität zu verlieren; die Gesellschaft Jesu dagegen präsentierte ein System von Regeln, das so allumfassend war, daß ein junger Mann sein ganzes Leben daran ausrichten konnte. Sie verdankte ihren Erfolg also dem Umstand, daß sie das Leben ihrer Mitglieder in einen einzigen großen und fordernden Spielplan zu integrieren vermochte.

Die Gesellschaft Jesu wurde zu einem Zeitpunkt gegründet, in dem die Autorität der römisch-katholischen Lehre durch die mit der Reformation einhergehenden Ereignisse ernsthaft in Frage gestellt war. Das Christentum hatte von jeher eine entscheidende Rolle in der historischen und kulturellen Entwicklung Westeuropas und bei der im 15. Jahrhundert einsetzenden Ausbreitung der europäischen Kultur auf andere Kontinente gespielt und behielt diese Rolle auch weiterhin bei. Bis zur Reformation aber hatte die römisch-katholische Kirche den Anspruch erheben können, die einzige wahre Kirche Jesu Christi auf Erden zu sein, während sie sich nun, um die Mitte des 16. Jahrhunderts, durch den Einfluß der Theologie Luthers in Nordeuropa und den Anglikanismus in England in ihrer Vorherrschaft schwer bedroht sah. Sie hatte eine kirchliche und politische Niederlage nach der anderen erlitten, und viele dieser Niederlagen gingen auf eigene Versäumnisse zurück. Das Wohlwollen, das die Kirche sich als Bollwerk gegen die Moslems und als Wahrerin des Friedens unter den europäischen Fürsten während des 13. Jahrhunderts erworben hatte, war in den beiden folgenden Jahrhunderten wieder verspielt worden (Hollis, 1968, S. 5–6).

Eine wichtige psychologische Wirkung dieses Auseinanderfallens des katholischen Christentums bestand darin, daß die Gläubigen in Frage zu stellen begannen, was man sie über das rechte Denken und Verhalten gelehrt hatte. Zweifel im Hinblick auf die Frage, welcher Weg denn der richtige sei, erzeugen Beunruhigung und Ängste; die Gesellschaft Jesu dagegen bot mit ihrer Lebensordnung eine Sicht der Welt wie auch ein Denk- und Handlungsmuster, durch die sich die lähmenden Zweifel vertreiben ließen, die im Gefolge der Reformation Einlaß gefunden hatten (Nussbaum, 1953, S. 179).

Der von Ignatius ins Leben gerufene Orden spiegelte sehr weitgehend die Persönlichkeit und die Erfahrungen seines Gründers wider: Er vereinigte das Wissen des ehemaligen Soldaten und Höflings mit der tiefen Frömmigkeit, wie sie ihm in der langen Zeit seiner Genesung von einer im Kampf erlittenen Verwundung zugewachsen war. Es kann nicht überraschen, daß Ignatius den Dienst an Gott als heiligen Ritterdienst und den Orden als ein geistliches Heer betrachtete, dessen Angehörige ihr Schlachtfeld im Kampf um die Seelen der Menschen finden würden (Barthel, 1984, S. 26).

Die soziale Struktur des Ordens

Die Idee einer *Compania Jesu Christi* unter Führung eines »Generals« war nicht neu – auch die Dominikaner und die Franziskaner hatten ihren General; allerdings besaßen diese Personen nicht jene nahezu unbegrenzte Macht, über die der führende Mann der Jesuiten verfügte. Hier haben wir einen ersten Hinweis darauf, was die Gesellschaft Jesu so attraktiv machte: Wie wir aus aktuellen entwicklungspsychologischen Studien wissen, sind heranwachsende Jungen und junge Männer ganz besonders empfänglich für die »bindende« Kraft der Kameraderie sowie für den Gedanken hierarchischer und von »Dominanz« geprägter Strukturen, wie er sich häufig in der Symbolik militärischer Ränge und in der militärischen Disziplin äußert. Die ignatianische Doktrin des Gehorsams und die hierarchische Struktur des Ordens unterscheiden sich nicht von dem, was in vielen militärischen Institutionen der Vergangenheit in Geltung war und von den Militärakademien noch unserer Tage für wichtig gehalten wird. Indem er Gehorsam und hierarchisches Denken mit geistlichen Zielen verband, schuf Ignatius allerdings ein einmaliges und faszinierendes Amalgam instinktiver und kulturell begründeter Motivationen (Brodrick, 1971, S. 101–102).

Die Starrheit der Binnenstruktur wurde aufgelockert durch die Freizügigkeit, derer sich die Mitglieder der Gesellschaft Jesu im Gegensatz zu den Angehörigen anderer mönchischer Orden erfreuten. Ignatius betrachtete den Orden von Anfang an als eine *aktive* und nicht als eine kontemplative Organisation. Wie anderen monastischen Vereinigungen ging es auch dem Jesuitenorden darum, die Menschen zu bekehren und sich für die Sünder zu verwenden, aber die diplomatische Ader des Gründers fügte seinem Wirken noch eine weitere Dimension hinzu, die sich darin zeigte, daß er diese Ziele mit besonderer Wendigkeit und Phantasie verfolgte.

Die wichtigsten Unterschiede zwischen den Jesuiten und den bereits länger bestehenden Ordensgemeinschaften waren, kurz zusammengefaßt, die folgenden: 1) Die Jesuiten trugen kein Ordenskleid; 2) sie lebten nicht in Klöstern – sie sollten ja in der Welt wirken; 3) da sie kein kontemplativer Orden sein sollten, waren sie nicht zu liturgischem Gesang und Chorgebet verpflichtet; Gebet und Meditation galten als rein persönliches Anliegen; 4) dem Fasten und anderen Formen der Selbstkasteiung wurde geringe oder gar keine Bedeutung beigemessen; 5) neben den üblichen mönchischen Gelübden der Armut, der Keuschheit und des Gehorsams gelobten die »Professen« nach der sehr langen Probezeit noch besonderen Gehorsam gegenüber dem Papst im Hinblick auf apostolische Aufträge (dies ist das berühmte vierte Gelübde der Jesuiten); 6) ein Jesuit blieb Jesuit und durfte kein höheres geistliches Amt und keine kirchliche Würde annehmen, die ihm nicht vom Orden verliehen wurde; 7) die geistliche Tätigkeit des Jesuiten kannte keine Abgrenzung und war nicht auf Kirche und Kanzel beschränkt (Ganss, 1970, S. 64–72; Barthel, 1984, S. 47–48).

Daß und wie diese Besonderheiten dazu beitrugen, den Orden so groß und so einflußreich zu machen, wird am besten verständlich, wenn man sich klar macht, welchen Weg ein vollständig ausgebildeter Jesuit zurückgelegt hatte. Eine erste strenge Auswahl war schon durch die Anforderung gegeben, ein Leben in Armut, Keuschheit und Gehorsam zu führen. Um ein solches Leben überhaupt in Betracht zu ziehen, bedarf es eines ernsthaften religiösen Engagements und ausgeprägter Frömmigkeit. Zudem mußten diejenigen, die der neuen Gemeinschaft in ihren Anfangsjahren beitraten, einen gewissen Idealismus verspüren, denn der Orden hatte ja noch keine Zeit gehabt, den Einfluß und die anderweitigen extrinsischen Belohnungen zu entwickeln, über die ältere monastische Gemeinschaften bereits verfügten. Der Gedanke an ein tätiges Leben ohne den Zwang des Ordenskleides und der Immobilität zog natürlich Menschen an, die eben diese Bedingungen brauchten, um sich frei entfalten zu können, also tatendurstige Männer, die über genügend Gottvertrauen und Initiative verfügten, um ihre Zwecke zu verfolgen, ohne sich auf Gruppenrituale oder eine vertraute Örtlichkeit stützen zu müssen. In der Tat zeigten viele Jesuiten ja eine Vorliebe für die einsame missionarische Karriere in Übersee. Daß die geistliche Tätigkeit nicht streng definiert und nicht auf Gemeinde sowie Kanzel beschränkt war, eröffnete eine Vielzahl weiterer Möglichkeiten, die sich die Jesuiten rasch zunutze machten. Das Verbot schließlich, kirchliche Ämter außerhalb des eigenen Ordens zu übernehmen, machte die Jesuiten unabhängig von äußeren Einflüssen, enthob sie des Konkurrenzdenkens und sorgte dafür, daß sie sich auf die fruchtbare Tätigkeit zugunsten des eigenen Ordens konzentrierten.

Die methodisch betriebene Ausrichtung der psychischen Energien auf die eigentliche Aufgabe

Die Anziehungskraft der Gesellschaft Jesu hat sehr viel mit dem Umstand zu tun, daß sie es vermochte, ein System von Regeln zu entwickeln, die im Verein mit den Gedanken und Handlungen ihrer Mitglieder ein in sich stimmiges Erfahrungsmuster begründen. Der Weg vom Novizen zum »Professen« (die Gelübde werden als *professiones* bezeichnet), der das vierte und höchste Gelübde ablegt, ist in den Kontext einer hochgradig strukturierten, hierarchischen Gemeinschaft gebettet. Das Noviziat dauert zwei Jahre, doppelt so lang wie bei den meisten anderen Orden, und besteht noch immer in Gehorsamseinübung und religiöser Unterweisung, so wie dies schon von Ignatius vorgesehen wurde.

Gemäß einem Muster, das sich unverändert bis in die 60er Jahre unseres Jahrhunderts erhielt, war der Tagesablauf des Novizen zwischen etwa 5 Uhr morgens bis 21.15 Uhr abends bis ins einzelne geregelt. Dazu gehörten gemeinsame häusliche Verrichtungen, das Studium des Lateinischen und des Griechischen, Andachtsübungen, Meditation und die besonders wichtige, zweimal täglich zu vollziehende Gewissensprüfung. Die soziale Interaktion bewegte sich kaum über den Rahmen dieser festgelegten Aktivitäten hinaus. Dieses strenge Gerüst vermittelte die Disziplin und den Gehorsam, wie sie von einem Jesuiten erwartet wurden, und siebte diejenigen aus, die für eine solche Lebensform nicht geeignet waren: Mehr als die Hälfte derer, die sich zu den Seminaren meldeten, vollendete das zweijährige Noviziat nicht. Die *Konstitutionen* des Ordens unterwiesen den Novizen in dem Kodex, von dem von nun an so gut wie sein ganzes Leben als Jesuit beherrscht war. Er überlegte sich, welche Form des Gebets seiner Wesensart am ehesten gemäß war, und lotete seine zukünftige Rolle und Stellung innerhalb des Ordens aus (Ganss, 1970, S. 67, 349–351; Barthel, 1984; dt. S. 60). Das Wichtigste aber war, daß der Novize sich der vierwöchigen Unterweisung unterzog, die auf den *Exerzitien* oder *geistlichen Übungen* aufbaute.

Die *geistlichen Übungen* wurden zunächst 1522 von Ignatius für seine ersten Schüler niedergeschrieben, doch überarbeitete er sie immer wieder bis zur endgültigen Version von 1541 (Hollis, 1968, S. 10). Sie sollten den Übenden nicht nur darüber belehren, wie er zu meditieren hatte, sondern auch darüber, wie er zu bestätigenden, ja selbst zu Ekstase bewirkenden religiösen Erfahrungen gelangen konnte. Sie wandten sich nicht so sehr an eine ganze Gemeinschaft von Gläubigen als vielmehr an den individuellen Anhänger. Während andere Orden sich im Blick auf solche religiösen Erfahrungen in erster Linie auf lange Gebete, Fastenübungen und andere strenge Maßnahmen stützten, wurden die Jesuiten angehalten, derartige Erfahrungen *bewußt* zu erreichen; die anderen genannten Maßnahmen wurden nur selten und dann nur als ergänzende und flankierende Vorgehensweisen herangezogen.

Daß Ignatius so sehr daran gelegen war, von den äußerlichen Ritualen und den Kasteiungen wegzukommen, es sei denn, sie waren der Schulung von Charakter und Geist förderlich, lag im wesentlichen an dem tiefen Eindruck, den Thomas von Kempens vielgelesenes Buch *De imitatione Christi* auf ihn gemacht hatte. Das Buch legte das Schwergewicht auf eine persönliche, *innerliche* – im Gegensatz zur äußerlichen – Frömmigkeit und rief dazu auf, das eigene Leben zur persönlichen Nachfolge Christi zu machen; es repräsentierte damit den Wunsch vieler katholischer Christen nach einem tieferen geistigen Leben im Schoß der Kirche und spiegelte das Verlangen nach weltlicher und kirchlicher Erneuerung, wie sie durch die kirchliche Hierarchie nicht geleistet wurde (Foss, 1969, S. 97). Viele gebildete und nachdenkliche Männer nahmen diese Ideen auf, und Ignatius adaptierte sie im Wege seiner *geistlichen Übungen* und reihte sich so unter die fortschrittlichen religiösen Denker seiner Zeit ein.

An den *geistlichen Übungen* ist Kritik dahingehend geäußert worden, es fehle ihnen an Originalität. Ignatius hat allerdings den Anspruch auf Originalität niemals erhoben. Seine Leistung bestand darin, daß er genaue Anweisungen dafür aufstellte, wie die Ideale der frühen Christenheit und der in ihr lebendig gewesene Gedanke des Dienstes an der Menschheit zu erreichen, zu wahren und zu befestigen seien. Daß seine Forderungen sich über die Jahrhunderte erhalten haben, liegt an dem »logischen Zusammenhang, in den die Lehre insgesamt eingefügt ist ... Abgesehen davon, daß sie den Meditierenden lehrt, welches die Ziele seines Lebens sind, gibt sie ihm auch praktische Hinweise, wie sie zu erreichen sind« (Hollis, 1968, S. 12; dt. S. 19). Mit anderen Worten, die Übungen sind so strukturiert, daß der Übende weiß, welche Ziele er erreichen soll, wie er es anfangen soll, sie zu erreichen, und ob er sich auf dem richtigen Wege zu seinem Ziel befindet – kurzum, die Stufen, über die ein religiöses *flow*-Erlebnis möglich ist, sind vorhanden.

Es paßt zu Ignatius' Methodik, daß seine Instruktionen sowohl flexibel als auch sehr detailliert und genau sind: Er legt fest, in welcher Umgebung sie durchzuführen sind; das geht bis hin zur Frage der optimalen Beleuchtung des Raumes, der wünschenswerten Körperhaltung und der Atemtechnik. Andererseits sind die Instruktionen nicht für jeden Übenden gleich. Sie variieren je nach Alter, Kenntnissen und geistlichen Anlagen des Novizen, »damit einem nicht Dinge vorgelegt werden, die er nicht leicht tragen und aus denen er keinen Nutzen gewinnen kann« (Barthel, 1984; dt. S. 83). Der Exerzitienmeister (ein Jesuitenpater) muß jeden Novizen als Individuum behandeln und ein Programm wählen, »das den individuellen Fähigkeiten und der Wesensart seines Schützlings entspricht« (Foss, 1969, S. 96–97).

Sinn und Zweck der Instruktionen ist es, den Übenden dahin zu bringen, daß er sein Gewissen prüfen und eine Meditationstechnik entwickeln kann, die es ihm ermöglicht, »den Leidensweg und die Auferstehung Christi mit Hilfe visueller Vorstellungen und Gedächtnisbilder«, wie Ignatius sie entwickelte, direkt zu erfahren (Barthel, 1984; dt. S. 83; siehe auch Boehmer, 1975, S. 48–49). Nachdem er sich zunächst die Qualen der Hölle als logische Folge der Sünde vorgestellt hat, wird der Novize von seinem geistlichen Führer zur Erfahrung »der Leidensgeschichte Christi bis ins letzte Detail« geführt; anschließend empfindet er die Auferstehung des Gottessohnes nach und »erhält einen Vorgeschmack des ewigen Lohnes«, der dem Christen zugedacht ist (Foss, 1969, S. 95–98; siehe auch Spence, 1984, S. 14–16; Barthel, 1984; dt. 1982, S. 84). Der Glaube des Novizen an die Grundsätze der christlichen Lehre, die ihr zu ihrem Einfluß und ihrer Anziehungskraft verhalfen, wird dadurch auf eindrückliche Weise bekräftigt, daß er aufgefordert ist, alle seine Sinne zu nutzen.

Die Bedeutung der *geistlichen Übungen* für das Leben des Jesuiten, der seine Ausbildung abgeschlossen hat und zum Lehrer oder Missionar bestimmt worden ist, darf nicht unterschätzt werden; sie sind ihm auch weiterhin eine Quelle der geistlichen und moralischen Festigung (Spence, 1984, S. 54–56, 230–231). Wie beschäftigt er auch sein mag, ein Jesuit hat sein Gewissen täglich zweimal zu prüfen. Indem er seine Aufmerksamkeit systematisch auf das eigene Handeln lenkt und sich zugleich das Leben Christi zum Vorbild nimmt, kann er seine Aktivitäten vor dem Hintergrund der geistlichen Ideale und Ziele beurteilen, die er sich gesetzt hat. Diese Neustrukturierung des Bewußtseins ermöglicht einen ständigen Zustrom psychischer Energie; sie dient der Erneuerung der eigenen Vorsätze und ist einer der Gründe dafür, daß Jesuiten zu allen Zeiten zum Aufbruch bereit waren, wenn sie gerufen wurden – ob nach Nordamerika, wo ihre Vorgänger soeben von den Indianern reihenweise getötet worden waren, oder – auf Schleichwegen – nach Japan, obwohl doch bekannt war, daß diejenigen, die ihnen dorthin vorausgegangen waren, ein unsäglich grauenvolles Schicksal erlitten hatten (Hollis, 1968, S. 50–51). Bei Barthel heißt es, daß den Jesuiten daran gelegen war, »sich nicht selbst, sondern sich in der Nachfolge Jesu durch den Dienst an den Menschen darzustellen. Dies könnte jene innere Wandlung (des Ignatius) gewesen sein, durch die damals bereits der Geist seines Ordens geprägt wurde« (Barthel,

1984; dt. 1982, S. 30). Dies soll nicht heißen, daß andere Orden sich nicht die gleichen hohen Ziele gesteckt hätten, aber die von Ignatius zum System erhobene Methode erwies sich als psychologisch richtig und war den spezifischen Bedingungen zur Zeit der Gegenreformation eher angemessen als die etablierten monastischen Systeme.

Der umfassende Charakter der Jesuitenausbildung und die Persönlichkeit des Ordensgründers sprechen auch aus den *Regeln der Bescheidenheit*, einem wichtigen Teil der sogenannten *Epitome*, eines Verhaltenskodex, der viele Generationen von Jesuiten prägte. Die *Regeln* schreiben buchstäblich alles vor, vom richtigen Auftreten eines Jesuiten (demütiger und bescheidener Ausdruck) bis zur wünschenswerten Art, den Kopf zu halten oder andere Personen anzusehen. So durfte beispielsweise der Mund nicht zu fest zusammengepreßt, aber auch nicht zu weit geöffnet sein, die Hände waren »mit Anstand stillzuhalten« – mit einem Wort, alle Gesten und Körperbewegungen sollten beispielhaft und unaufdringlich sein (Barthel, 1984; dt. 1982, S. 80). Die Instruktionen mögen über die Maßen detailliert sein, aber sie sind der Versuch, den ganzen Menschen zu formen – ihm ein Wissen zu vermitteln, das ihm in sozialen Situationen weiterhilft, so daß er seine Energien auf die anstehende Aufgabe richten kann, anstatt sich Gedanken um sein Selbstbild machen zu müssen. So wie die Regeln eines Spiels die Voraussetzung dafür bieten, daß die Aufmerksamkeit der Spieler auf die Tätigkeit selbst gerichtet bleiben kann, so versuchte Ignatius, die Aufmerksamkeit seiner Anhänger auf die von ihnen verfolgten Ziele zu richten.

Die *Regeln* haben sich – so nimmt man an – an jener Disziplin von Körper, Zunge und Tun (*sosiego*) ausgerichtet, um die der wohlerzogene Spanier sich in buchstäblich jedem Augenblick seines Lebens bemühte und die auch Ignatius als Soldat wie als Diplomat angestrebt hatte. Mit dieser äußerlichen Disziplin gingen so *ideale* geistige Eigenschaften einher wie die Fähigkeit, rasch jede Situation zu beurteilen und Abweichungen vom üblichen Gang der Dinge wahrzunehmen, die Fähigkeit, den richtigen Auftrag und die richtige Form von Gehorsam zu erkennen, die »Fähigkeit, alle notwendigen Entscheidungen auf der Stelle und umfassend zu treffen«, und die »eingehende Kenntnis der Sprache, der Sitten und Lebensformen der großen Welt« (Boehmer, 1975, S. 18–19). Schon ein Mindestmaß dieser Fähigkeit zum kritischen Abwägen erleichterte die Entscheidung, welche Art von Predigt man vor einer bestimmten Zuhörerschaft zu halten oder wie man einen reumütigen Sünder im Beichtstuhl zu behandeln hatte. Das heißt, Ignatius setzte jene Eigenschaften, mit denen gewöhnlich weltliche Erfolge errungen werden, dazu ein, seine geistlichen Ziele zu erreichen.

Einmal mit einem Auftrag ausgesandt, genossen die Jesuiten noch eine andere Form der Freizügigkeit – den Umstand nämlich, daß sie kein Bettelorden waren. Wohl hatte auch Ignatius sich lange Zeit mit Betteln durchgeschlagen, doch kam er später zu dem Schluß, daß Betteln eine zeitraubende und ablenkende Tätigkeit sei. Die Jesuiten waren der Meinung, ihre Ziele eher erreichen zu können, wenn keine finanziellen Sorgen sie bedrückten. Entsprechend war es ihnen nicht verboten, Geschenke für die Gesellschaft von den Gläubigen entgegenzunehmen; mit der Zeit häuften sie große Reichtümer an und führten ein eigenes Banksystem ein. Ein Beispiel ihres praktischen Sinnes in Gelddingen ist auch in der Tatsache zu sehen, daß die ersten fünf Ordensgeneräle neue Schulen nur dann zuließen, »wenn klar war, daß sie sich finanziell selbst erhalten und qualifizierte Lehrer an sich ziehen konnten« (Ganss, 1970, S. 70, 180; siehe auch Barthel, 1984; dt. S. 130). Ihr wachsender weltlicher Besitz und ihre finanziellen Praktiken trugen ihnen mit der Zeit viel Kritik ein (Ridley, 1938, S. 259–262), doch darf man auch nicht vergessen, daß der *einzelne* Jesuit, zumal in der Frühzeit des Ordens, durchaus bereit war, persönliche Härten und Entbehrungen auf sich zu nehmen, von denen wir uns heute kaum eine Vorstellung machen (Brodrick, 1947, 1971).

Die geschilderte, methodisch betriebene Strukturierung und Ausrichtung des gesamten Lebens und Denkens gestattete es den Jesuiten, sich ihren eigentlichen Aufgaben mit einer Intensität zuzuwenden, die in der katholischen Kirche keine Parallele hatte – es sei denn vielleicht in den klösterlichen Orden. Deren Konzentration allerdings war in der Regel mit dem Rückzug von allen Herausforderungen und Aktivitäten erkauft, die draußen in der Welt, außerhalb der Mauern ihres geistlichen Refugiums, vor sich gingen.

Die Rückmeldungen und das komplexe System der Anforderungen und Fähigkeiten

Eine wichtige Rolle spielten für den Jesuiten, der mit einem Auftrag auf die Reise ging, die Rückmeldungen, die er von seinen Oberen oder – wenn es diese in seiner unmittelbaren Umgebung nicht gab – vom General selbst empfing. Am Ende seines Lebens hatte Ignatius mehr als 5000 Briefe geschrieben, viele davon an Jesuiten, die draußen in der Welt tätig waren. Seine Briefe und Anweisungen füllen mehr als 9000 Seiten der *Monumenta Historica* (Brodrick, 1971, S. 97). Ignatius achtete sorgfältig darauf, dem Empfänger die richtige Antwort und die rechte Ermutigung zukommen zu lassen, und las gewöhnlich jeden Brief zweimal durch, bevor er ihn unterschrieb. Doch verfuhr er, obwohl er so großen Wert auf den Gehorsam legte, nicht dogmatisch, was die von ihm verfaßten Instruktionen und Vorschläge anging – er zog es vor, »den Geist auf Kosten des Buchstabens zu wahren« (Brodrick, 1971, S. 101). So hatte er zum Beispiel seinen Gefährten Peter Faber, der mit einem Auftrag nach Deutschland aufbrach, mit genauen Anweisungen versehen, wie dieser Auftrag auszuführen sei. Als Faber zurückschrieb: »Ich habe genau das Gegenteil dessen getan, was Ihr mir zu tun befohlen hattet, da ich eine ganz andere Situation vorfand,« spendete Ignatius ihm wegen seiner Wendigkeit und Tatkraft ein hohes Lob und bezeichnete sein Vorgehen als »echten Gehorsam« (Barthel, 1984; dt. S. 78).

Der briefliche Austausch war besonders wichtig für die Jesuiten, die als Missionare tätig waren. Sie sahen sich in einem fremden Land einer fremden Kultur gegenüber und hatten häufig kaum Verbindung mit Kollegen, die sie anleiten und mit denen sie über ihre Schwierigkeiten sprechen konnten. Der Jesuitengeneral Claudio Aquaviva, dem klar war, in welche geistliche Bedrängnis ein solcher Auftrag den damit betrauten Jesuiten häufig brachte, versuchte in den Briefen, die er an Matteo Ricci und andere Jesuitenmissionare schrieb, nicht nur moralische Unterstützung zu leisten, sondern den Empfänger auch durch den Gedanken zu beflügeln, daß er im Dienst Gottes stand und an der Geschichte teilhatte (Spence, 1984, S. 124). Ja mehr noch: Als Ricci sich in China darum bemühte, dieses Land zum katholischen Glauben zu bekehren, akzeptierte und unterstützte Aquaviva seine Bitte, ihm Prismen, Uhren, Bücher und Gemälde aus Europa zu senden. Sie sollten einflußreichen Chinesen zum Geschenk gemacht werden, nicht nur, weil das im Einklang mit der Landessitte stand, sondern auch, um das Interesse der ethnozentrischen Chinesen an der europäischen Kultur zu wecken (Spence, 1984, S. 140, 180, 258).

Den Generalen und anderen führenden Mitgliedern des Ordens war durchaus klar, daß die Jesuiten, wenn sie ihr oberstes Ziel erreichen wollten, nämlich die Bekehrung der Seelen zum christlichen Glauben, unterschiedliche Strategien entwickeln mußten, um ihre Handlungsmöglichkeiten so weit wie möglich zu vergrößern. So stellte Franz Xaver, der in Indien die Kleidung der Ärmsten der Armen getragen hatte, schon 1550 fest, daß man in Japan nur Gehör finden konnte, wenn man gekleidet war wie ein Mann von einigem Einfluß. Auch empfahl er anderen Jesuiten, die in Japan die Verbindung mit einflußreichen Männern und den Bonzen (den Schintoführern, die das religiöse Leben in Japan kontrollierten) suchten, ihre Gelehrsamkeit zur Schau zu stellen: »Nur weil sie uns für Gelehrte hielten, waren sie überhaupt bereit, uns in Fragen der Religion zuzuhören« (Hollis, 1968, S. 38). In China verfuhr Matteo Ricci in gleicher Weise, als er sich in der Art der Angehörigen der chinesischen Oberschicht kleidete und die chinesischen Mandarine mit seinen Ausführungen über die mitgebrachten Landkarten, Globen und astronomischen Instrumente beeindruckte – für seine Religion konnte er sie erst interessieren, nachdem er ihre Aufmerksamkeit gefesselt und sie davon überzeugt hatte, daß die Europäer den Chinesen zumindest in mancher Hinsicht überlegen seien (Hollis, 1968, S. 62; Spence, 1984, S. 258–259).

Die Jesuiten erkannten schon recht früh, daß es sich empfahl, lokale Bräuche – wenn irgend möglich – zu respektieren: Sie entdeckten, daß der offene Versuch, solche Bräuche in Mißkredit zu bringen, ihrem Anliegen schadete. In Indien, China und Japan stellten sie die herrschende religiöse Lehre nicht als völligen Irrtum dar, wie dies noch die ersten Missionare getan hatten. Sie machten es sich zur Aufgabe, die jeweilige Landessprache zu erlernen und sich so gut wie möglich mit den Sitten und Gebräuchen vertraut zu machen, und konnten dadurch in der Regel gewisse Gemeinsamkeiten mit ihrer eigenen Kultur entdecken. Diese nahmen sie dann zum Ausgangspunkt, wenn sie die lokalen Glaubenshaltungen als erste, wenn auch noch unvollkommene Erscheinungsformen der wahren Lehre bezeichneten. Auch bemühten sie sich, ihre Lehren so weit wie möglich »in einer Terminologie darzustellen, an die ihre Zuhörer gewöhnt waren« (Hollis, 1968; dt. S. 65). So war es beispielsweise den indischen Konvertiten gestattet, einige ihrer überkommenen Rituale in den neuen Glauben hinüberzunehmen und ihre eigene liturgische Sprache zu verwenden (dieser Entscheidung war die sogenannte Malabar-Kontroverse vorausgegangen), und die Jesuiten versuchten nicht, chinesische Katholiken davon abzuhalten, weiterhin auch ihren konfuzianischen Glauben zu praktizieren. Kurz vor seinem Tod im Jahre 1610 hatte Matteo Ricci angefangen, sich um die Erlaubnis zur Verwendung der chinesischen Sprache in der Messe zu bemühen – er sah den Tag voraus, an dem man alle Fremden aus dem Lande jagen würde, und wollte eine Reserve aus einheimischen Priestern aufbauen.

Südamerika ist ein weiteres Beispiel dafür, was die Jesuiten unternahmen, um ihre Ziele zu erreichen. Ignatius hatte Wert darauf gelegt, nach Möglichkeit mit den lokalen Behörden zusammenzuarbeiten. Die in Südamerika tätigen Jesuiten stellten allerdings fest, daß die dort lebenden Indianer von den weißen portugiesischen Siedlern schlecht behandelt und zu Sklaven gemacht wurden. So gründeten sie in Paraguay und Brasilien elf eigenständige indianische Gemeinschaften (die sogenannten Reduktionen). Zu diesen christlichen Gemeinschaften hatten nur Missionare und Regierungsbeamte Zutritt; weiße Händler durften sich hier nicht niederlassen. Schließlich wurden sogar Truppen aufgestellt, um Überfälle von seiten der lokalen Siedler zu verhindern (Bangert, 1972, S. 257–261).

Die Ordensgenerale unterstützten solche Maßnahmen, wenn ihnen deren Notwendigkeit überzeugend dargelegt wurde; Schwierigkeiten in diesem Zusammenhang machten später jene, die andersgeartete – nämlich finanzielle – Interessen verfolgten, und ihre Rivalen, darunter die Dominikaner und die Franziskaner, die »mittlerweile in der Kirche eine überwiegend europäische Institution« sahen und »nicht milden Auges auf eine Christenheit blicken (wollten), die nicht europäisch gekleidet war« (Hollis, 1968; dt. S. 67–68).

Der anfängliche Erfolg der Jesuiten ging also nicht zuletzt darauf zurück, daß die Ordensoberen die Initiative und das selbständige Vorgehen der Mitglieder anerkannten und sich darauf einrichteten.

Die besondere Stärke der Jesuiten: Die Perfektion der Argumentation

Der Aufstieg der Jesuiten erfolgte in jener Periode der europäischen Geschichte, die allgemein als das Zeitalter der Aufklärung bekannt ist. Nach der Blüte des Humanismus in der Renaissance und dem durch die Reformation eingeführten kritischen Denken wurde es zunehmend schwieriger, sich auf den Glauben als Quelle und Mittel der Erkenntnis zu stützen. Intelligente junge Männer verlangten nach der Herausforderung einer Bildung und Ausbildung, die die Kräfte ihres Verstandes beanspruchte. Die Attraktivität des Jesuitenordens lag zum großen Teil in seinem Versuch, sich dem Studium und der praktischen Ausübung der Religion auf rationalem Wege zu nähern. Es lag im Wesen der Zeit – Ignatius hatte dies erkannt – , daß Beispiele der Frömmigkeit und gute Werke die intellektuellen Angriffe auf die Kirche nicht länger zu parieren vermochten (Foss, 1969, S. 77–80).

Wenn aus dem ersten Entwurf der Ordensstatuten noch hervorgeht, daß Ignatius vorhatte, sich von der alten monastischen Tradition der Gelehrsamkeit abzuwenden, so erkannte er doch rasch, daß eine profunde Bildung und Ausbildung seiner Mitarbeiter ihm bei der Verfolgung seiner Ziele von Nutzen war; er machte deshalb den Wissenserwerb und die Wissensvermittlung zu einem Hauptanliegen seines Ordens. Diese Entscheidung hatte das große Engagement der Jesuiten auf allen Stufen des Erziehungswesens zur Folge. Die Entstehung von Jesuitenkollegien und -schulen auch in protestantischen Ländern erklärt sich weitgehend durch die Befähigung der an ihnen tätigen Lehrer. Wie ein protestantischer Pfarrer am Ende des 16. Jahrhunderts ärgerlich schrieb: »Wie viele von den Unsrigen sind so gelehrt und wohlunterrichtet wie die Jesuiten? Wie viele so eifrig und geschickt im Unterricht der Jugend wie diese Sendlinge des römischen Antichrist?« (Barthel, 1984; dt. 1982, S. 134). Es verwundert nicht, daß die Nachfrage von Herrschern und Städten nach den Diensten der Jesuiten hin und wieder die Möglichkeiten des Ordens überstieg, die notwendige Anzahl ausgebildeter Jesuiten hervorzubringen (Brodrick, 1971, S. 207–218).

Mit Sicherheit bedeutete die Entscheidung des Ignatius und seiner Nachfolger, junge Jesuiten auf einen Part in der vordersten Linie des kulturellen Lebens ihrer Zeit vorzubereiten, »ein Unmaß an Arbeit, die der Student (Novize) zu bewältigen hatte, und an Literatur, die sich anzueignen er gehalten war« (Spence, 1984, S. 140). Möglicherweise hatte die soldatische Vergangenheit des Ignatius ihn über den Wert gründlicher Vorbereitung belehrt. Der zukünftige Jesuit, der während seines Noviziats Disziplin lernte und religiöse Bildung erwarb, brachte anschließend Jahre damit zu, sich ein fundiertes Wissen in der Theologie, den klassischen Sprachen, der Mathematik und den Naturwissenschaften anzueignen. Darüber hinaus enthielt der Lehrplan, der ihn ja auch auf die Auseinandersetzung mit Heiden und Häretikern vorzubereiten hatte, die methodische Übung im Disputieren, bei der er ein bestimmtes theologisches Thema gegen eine Vielzahl von Gegenargumenten von seiten seiner Kameraden zu verteidigen hatte. Wenn eine solche Sitzung rigoros gehandhabt wurde, war dies eine hervorragende Gelegenheit für den jungen Mann, »seine Argumentation zu strukturieren, sich über seinen Glauben klarzuwerden und sein Gedächtnis zu schärfen« (Spence, 1984, S. 100). Diese umfassende Vorbereitung erwies sich bei allem, was die Jesuiten unternahmen, als nützlich, ob es um die Debatte theologischer Fragen mit Protestanten, japanischen Priestern oder chinesischen Gelehrten oder aber um ihre pädagogischen Aufgaben ging.

Ihre gründliche Ausbildung bedeutete, daß sich in den Reihen der Jesuiten nicht nur viele angesehene Lehrer fanden, sondern auch hervorragende Historiker, Astronomen, Mathematiker und Naturwissenschaftler. Die Jesuiten waren die ersten, die systematische anthropologische Studien betrieben und die Kenntnis fremder Sprachen, Völker und Lebensweisen nach Europa brachten. Sie führten im fremden Land neue landwirtschaftliche Methoden ein, nahmen Heilkräuter mit dorthin, brachten andere in die Heimat zurück und führten hier wie dort die Kenntnis neuer Pflanzen und Tiere ein. Da so gut wie alles, was sie taten, dem einen und einzigen Zweck – der »höheren Ehre Gottes« – diente, taten sie sich in jenen Bereichen, die eher auf die Vorstellungskraft angewiesen sind, also in der

Poesie, der Literatur, der Malerei und der Musik, sehr wenig hervor. Höchst erfolgreich waren sie dagegen auf allen Gebieten, die ihren Zwekken dienlich waren, wie etwa auf dem Gebiet der Erziehung.

Das erste Jesuitenkolleg öffnete im Jahre 1548 in Messina seine Pforten; im Jahre 1615 bestanden bereits 372 jesuitische Kollegs, und 1755 hatte sich diese Zahl mit 728 fast verdoppelt. In Deutschland, dem Kernland des Protestantismus, kam der Aufschwung durch eine Aufwertung der katholischen Priesterschaft, durch Erziehung, öffentliche Vorträge und Debatten über theologische Fragen (Thompson, 1913, S. 208, 214, 225; Ogg, 1960, S. 103–104). Auf Anregung von Peter Canisius gründete Ignatius das Collegium Germanicum in Rom (1552), um junge Deutsche gegen die Herausforderungen des Protestantismus zu wappnen. Canisius wirkte auch an der Gründung jesuitischer Kollegs in Wien, Prag, Ingolstadt, Innsbruck und Freiburg mit. In der zuletzt genannten Stadt gründete er eine Druckereiwerkstatt; er brachte eigene und fremde Traktate heraus, die sich gegen den Protestantismus wandten und mit denen er die literarische Verteidigung der Kirche betrieb (Hollis, 1968; dt. S. 33–34). In Polen, wo der Einfluß des Protestantismus längst nicht so ernst zu nehmen war, nahm die jesuitische Präsenz eine geradezu dramatische Entwicklung: 1565 kamen erstmals elf Jesuiten ins Land, im Jahre 1590 waren es 466 und im Jahre 1773 schließlich, als der Orden sich bereits aus sich selbst heraus erneuerte, 2097. 1590 bestanden 11 Kollegs und eine Universität, 1648 war die Zahl der Kollegs auf 50 angewachsen (I. Csikszentmihalyi, 1968, 1986). Dieses um sich greifende Wachstum geht auf die vielfältige und erfolgreiche Tätigkeit der Jesuiten als Kanzelredner, Autoren, Beichtväter und Lehrer zurück.

Das soziale Engagement

Das Erziehungswesen war nur eines von mehreren wichtigen Tätigkeitsfeldern, auf die die Jesuiten bekannt wurden. Sie verstanden es auch, sich Bereiche eher praktischer Tätigkeit zu erschließen, die von der kirchlichen Hierarchie nicht weiter beachtet worden waren. In der Erkenntnis, daß Almosen und gelegentliche Akte der Barmherzigkeit nicht genug waren, machten die Jesuiten sich voller Tatkraft daran, den Kranken, den Armen und den Unglücklichen zu helfen. Sie standen den Patienten in den Hospitälern, den Verwundeten auf den Schlachtfeldern und den Gefangenen in ihren Zellen bei. Sie verkündeten ihren Glauben auf den Straßen und Märkten, auf den großen Plätzen und in den öffentlichen Gärten; sie sprachen zu den schwer arbeitenden Menschen auf dem Land (und ließen sich dabei von Chören begleiten, um den Zuhörern die harte Arbeit zu »versüßen«), sie redeten zu den Prostituierten und predigten vor den Häusern notorischer Wucherer. Sie gründeten Waisenhäuser für die vielen heimatlosen Kinder und Zufluchtsstätten für Prostituierte; schließlich riefen sie Laienkongregationen ins Leben, um zum einen die Mitglieder in ihrer Hinwendung zum katholischen Glauben zu bestärken und sich zum anderen ihrer Hilfe bei verschiedenen nützlichen und karitativen Tätigkeiten zu versichern (Spence, 1984, S. 98, 240–242).

Viel ist über die Rolle der Jesuiten als Beichtväter und zumal über die Spitzfindigkeit geschrieben worden, deren sie sich im Umgang mit Sündern befleißigten (Ogg, 1960, S. 331–338). Man darf dabei aber nicht vergessen, daß der Jesuitenorden zu einer Zeit entstand, da unter Umständen auch die belangloseste Übertretung als Todsünde angesehen wurde und die Furcht vor harter Bestrafung das Beichtverlangen dämpfte. Im übrigen verzichteten viele Menschen auch wegen der religiösen Unsicherheit und Turbulenz jener Zeit auf die Gewohnheit des Beichtens. Das Gefühl für die »Natürlichkeit« der Religion war abhanden gekommen, und selbst fromme Menschen kamen zu dem Schluß, daß Gottesdienst und Gottesverehrung auch auf einer individuellen Grundlage, ohne die vermittelnde Hilfe der Priester, möglich sei (Foss, 1969, S. 52–54). Ignatius sah eine wichtige Aufgabe darin, die Menschen auf irgendeine Weise in die Kirchen zurückzuholen. Entsprechend stand bei den Jesuiten das Predigen zu breiten Bevölkerungsgruppen hoch im Kurs, und die Beichte wurde reformiert – genauer gesagt, die so entscheidend wichtige Gnadenlehre wurde »humanisiert«. Der Gläubige sollte nicht länger nur seine Sünden eingestehen, sondern sein Herz öffnen und alles, was ihn bedrückte, seinem Beichtvater anvertrauen, der damit vom strengen Richter zum geistlichen Ratgeber wurde. Man konnte jetzt damit rechnen, auf einen milden Beichtvater zu treffen, und es kam die Unterscheidung zwischen der Todsünde und der läßlichen Sünde auf.

Ein eher umstrittener Aspekt der jesuitischen Handhabung des Beichtvorgangs war der Umstand, daß es dem Priester, der eine Strafe zu verhängen oder eine Verhaltensmaßregel auszusprechen hatte, gestattet war, seine Anweisungen »den Lebensverhältnissen und dem geistigen Niveau des Beichtenden« anzupassen (Barthel, 1984; dt. S. 99). Aus allen genannten Gründen waren die Jesuiten als Beichtväter jetzt sehr gefragt, zumal bei den Fürsten und Herrschern Europas, und es gelang ihnen in der Tat, viele Menschen für die Kirche und den Beichtvorgang zu gewinnen (Ogg, 1960, S. 337–338; Boehmer, 1975, S. 69). Wie die jesuitische Literatur zeigt, waren die Ordensmitglieder nicht der Meinung, daß allein die Seelen der Mächtigen von Bedeutung seien oder daß ihre Toleranz gegenüber dem keineswegs makellosen Verhalten einflußreicher Personen etwa scheinheilig sei. Es war vielmehr schlicht die Erkenntnis, daß es in der Welt des 16. Jahrhunderts weder in Europa noch in Asien möglich war, »Missionsarbeit ohne das Wohlwollen der weltlichen Machthaber zu leisten« (Hollis, 1968; dt. S. 48). Ein Historiker drückt es in jüngerer Zeit so aus, daß Menschen wie Pascal »den Jesuiten zu Unrecht immer böse Motive unterschoben. Die meisten von ihnen waren Männer, die es sich selbst schwer machten, wenn sie anderen den Himmel leicht machten; sie hatten kein Interesse daran, Laster und Unmoral zu fördern ... (sie versuchten) jene große Masse für immer zu gewinnen, an der schon viele Kirchen verzweifelt waren ... die Gleichgültigen, die Weltlichen und die Frivolen. Das war zugegebenermaßen ein gutes Ziel, auch wenn die Mittel vielleicht ... schwer verständlich waren« (Ogg, 1960, S. 337–338).

Daß die Jesuiten in ihrer Rolle als Beichtväter außerordentlich unternehmend waren, zeigt ein letztes Beispiel: Für die Rom-Pilger stellten sie zweisprachige Priester zur Verfügung, die jeweils die italienische und eine weitere Sprache beherrschten. Der Name der zweiten Sprache war am Beichtstuhl vermerkt. »Im Jahre 1590 konnten die Jesuiten Priester stellen, die insgesamt 27 verschiedene Sprachen sprachen« (Spence, 1984, S. 98).

Die weitere Entwicklung

Grundsätzlich kann man sagen, daß die Jesuiten jedes Mittel nutzten, das ihnen »zur Verteidigung und Verbreitung des Glaubens und zur Bestärkung der Seelen im christlichen (katholischen) Lebenswandel und der christlichen Lehre« geeignet erschien (Ganss, 1970, S. 66). Das reichte vom schlichten Bekehren Ungläubiger bis hin zu so differenzierten Unternehmungen wie den spektakulären Theateraufführungen und Oratorien (Nussbaum, 1953, S. 42; Spence, 1984, S. 99). In ihrem Enthusiasmus wurden sie noch bestärkt durch die Ordensmitglieder, die sich in der naturwissenschaftlichen Forschung oder mit ihren Reisen in die neuen Weltteile hervortaten. Lange Zeit hindurch waren die Jesuiten an führender Stelle in die geistig-politischen Strömungen und Interessen eingebunden, die das Leben und die Entwicklung in Europa bestimmten. Ihre Bedeutung nahm nicht zwangsläufig mit ihrer zahlenmäßigen Stärke zu; sie ging vielmehr zurück, je mehr die Glaubenssätze des Ordens gegenüber den sich entwickelnden intellektuellen Vorstellungen und den geistlichen Bedürfnissen ihrer Bezugsgruppen an Relevanz verloren. Die Glaubenskriege, die ihren Höhepunkt mit dem Westfälischen Frieden erreicht hatten, leiteten eine Ära des Skeptizismus sowie einen allgemeinen Rückgang des religiösen Glaubens und des religiösen Eifers ein; der heraufziehende Nationalismus mußte mit den Zielen einer »universalen« Kirche zusammenprallen. Zudem sahen die Jesuiten sich in ihrem geistigen Wirken durch die Grenzziehungen behindert, die ihnen ein Dogma auferlegte, das seinerseits fürchtete, von neuen Ideen ins Abseits geschoben zu werden. Dazu kam schließlich noch, daß Institutionen, je größer und mächtiger sie werden, dazu neigen, den Eifer der Gründerfiguren und die Dynamik der ursprünglichen Ideen einzubüßen. Wer brachte schließlich ein zweites Mal Ignatius' Begabung auf, »Männer an sich zu ziehen, zu beflügeln, zu führen, wie es für die Welt gerade in diesem Augenblick erforderlich war« (Hollis, 1968; dt. S. 145)? Wenn selbst der charismatische Ordensgründer Schwierigkeiten hatte, den einen oder anderen seiner frühen Gefährten auf dem rechten geistlichen Weg zu halten (Brodrick, 1971, S. 237–251) – um wieviel schwieriger muß es dann gewesen sein, die Energien dieser Organisation wirksam zu steuern, als sie so ungeheuer anwuchs?

Denn die Gesellschaft, die im Jahre 1540 zehn Anhänger und keinen festen Sitz hatte, zählte 1640 rund 280 Niederlassungen und Missionen und mehr als 16 000 Mitglieder. Ein Großteil der Energien, die zunächst auf die Wahrung und Verfolgung der geistlichen Ziele der Organisation verwendet wurde, mußte nun allein darauf gerichtet werden, den sinnvollen Einsatz und die Bedürfnisse der wachsenden Zahl der über viele Länder und Erdteile verstreuten Ordensmitglieder im Auge zu behalten. Und mehr oder weniger aus dem gleichen Grunde wurden Kodifizierung sowie eine Zunahme der Regeln und Reglementierungen als notwendig erachtet, um eine gewisse Einheitlichkeit des Verhaltens sicherzustellen. So gab die *Ratio Studiorum* der jesuitischen Erziehung von der in den Kollegs gelehrten Theologie bis zur Unterrichtung der jüngsten Klassen eine feste Form, während das *Directorium* als Führer zu den *geistlichen Exerzitien* geschaffen wurde. Wenn man auch annehmen muß, daß diese Schritte notwendig waren, so stellten sie doch auch den Beginn einer wachsenden Tendenz dar, »die Wahrheit als etwas bereits vollständig Bekanntes anzusehen, das glaubt, bei jeder neuen Überlegung habe die Autorität keine andere Pflicht, als im Buch nachzusehen, ob sie richtig oder falsch ist« (Hollis, 1968; dt. S. 142).

Diese späteren Entwicklungen sollten uns nicht den Blick dafür verstellen, daß die Jesuiten in relativ kurzer Zeit eine Vielzahl bemerkenswerter Leistungen erbrachten. Allerdings ließ sich ein derartiges Maß an Energie und Effizienz auf lange Sicht ganz einfach nicht aufrechterhalten. Wie immer man sie beurteilt, es ist allgemein anerkannt, daß viele ihrer Leistungen bewundernswert waren und mit Recht immer als bewundernswert betrachtet wurden. So schrieb beispielsweise ein protestantischer Historiker über die Tätigkeit der Jesuiten in Mexiko, wo eines der Haupthindernisse für die Bekehrung der Indianer das abschreckend unchristliche Verhalten der angeblich christlichen Kolonisatoren war: »Sie trugen die Erziehung in alle Klassen, ihre Bibliotheken standen allen offen, und sie lehrten unablässig den Eingeborenen die Religion in ihrem wahren Geist... Ihre Bemühungen um die Bekehrung der Eingeborenen waren von Ausdauer und Uneigennützigkeit gekennzeichnet« (Hollis, 1968; dt. S. 90). Die Reduktionen, die in Paraguay und Brasilien von den Jesuiten eingerichtet wurden, erregten die Bewunderung und die Phantasie vieler Gelehrter und Denker in Europa, darunter auch Montesquieus (Hollis, 1968; dt. S. 93). Und noch vor fünfzig Jahren konnte ein Historiker eine weitere bemerkenswerte Leistung auf die Jesuiten zurückführen, eine der vielen säkularen Nebenerscheinungen ihrer geistlichen Bemühungen:

»Die geographischen Anstrengungen, die in China von den Jesuiten und anderen Missionaren der römisch-katholischen Kirche unternommen wurden, werden zu allen Zeiten die Dankbarkeit und Bewunderung der Geographen erregen... Vor einhundertfünfzig Jahren durchquerten einige wenige europäische Wanderprediger das riesige chinesische Reich und trugen die Lage der Städte, den Lauf der Flüsse und die Höhe der Gebirge mit einer Detailgenauigkeit und einer Präzision auf ihren Karten ein, die absolut bewundernswert sind. Bis heute beruhen alle unsere Landkarten auf ihren Beobachtungen« (Thornton, History of China, 1921, zitiert in Hollis, 1968; dt. S. 74).

Schlußfolgerungen

Daß Ignatius von Loyola und seine Anhänger eine so erfolgreiche Institution aufbauen konnten, lag daran, daß die von ihnen begründeten Regeln und Praktiken die freiwillige Aufmerksamkeit einer beträchtlichen Zahl fähiger junger Männer auf sich zogen. Diese Regeln fokussierten nämlich das Bewußtsein und damit die psychischen Energien in einer ganz bestimmten Weise. Sie stellten sozusagen eine gestaffelte Folge von Handlungsanforderungen dar, die dem Wissen und Können zunächst des Novizen sowie später des ausgebildeten Jesuiten angemessen waren. Diese Anforderungen betrafen die Bereiche des Denkens, des Betens, des Verhaltens – mit einem Wort, nahezu das gesamte Feld des Bewußtseins.

Dieses Regelsystem, an dem sich das gesamte Wirken der Jesuiten ausrichtete, fügte sich – und dies ist sehr wichtig – nahtlos in die Zeitumstände ein, und zudem entsprach es – weit mehr als dies für ältere religiöse Systeme gegolten hatte – den natürlichen Anlagen des Menschen. Die Vorliebe der Jesuiten für das Argument, der hohe Stellenwert, der der individuellen Autonomie und der Bildung zukam, das Interesse des Ordens an den sozialen und politischen Realitäten – das alles wies der Gesellschaft ihren Platz im Weltbild der Gegenreformation zu. Und wenn auch das Keuschheitsgelübde dem Gedanken der biologischen Selektion entgegenstand, so bot sich den jungen Männern, die sich den Jesuiten anschlossen, mit der militärischen Disziplin des Ordens und mit seinem verheißungsvollen Appell an ihre physischen, geistigen und organisatorischen Möglichkeiten doch eine Fülle von Herausforderungen.

Eben hier lagen die intrinsischen Belohnungen, die das Denken und Verhalten der Ordensmitglieder aufrechterhielten, ob sie sich auf dem Feld des Unterrichts abmühten oder die harten, gelegentlich tödlichen Entbehrungen des Lebens auf den Außenposten auf sich nahmen – in Kanada, Brasilien, Rußland, Indien und China. Was für alle kulturellen Formen gilt, die die Loyalität ihrer Mitglieder fordern, das trifft auch für die Gesellschaft Jesu zu – ihre Entstehung und ihr Fortleben werden uns nur dann wirklich verständlich, wenn wir uns klar machen, welche frohe Daseinserfahrung sie ihren Anhängern bot.

Teil IV:
flow-Erfahrungen im täglichen Leben

Kapitel 14

Einführung in Teil IV

Mihaly und Isabella Csikszentmihalyi

Das *flow*-Konzept ist nicht so sehr deshalb ein recht nützliches Konzept, weil es sich zur Erklärung ungewöhnlicher und exotischer Tätigkeiten wie der des Felskletterns oder des Hochseesegelns heranziehen läßt, als vielmehr deshalb, weil es uns hilft, das Muster unseres alltäglichen Lebens zu verstehen, das Auf und Ab der Motivationen, die einander folgen, wenn normale Menschen sich mit den Mitmenschen und den Dingen in sich wandelnder Umgebung auseinandersetzen. Es ist die Summe dieser momentanen motivationalen Zustände, die das Leben des Individuums über die Zeit hinweg prägt, und es ist die Summe der individuellen Lebenszeiten, die die Evolution sozialer und kultureller Formen prägt. Wie Massimini sagt, lassen die *flow*-Erfahrungen des täglichen Lebens an Darwins Bild der winzigen weichen Organismen denken, aus deren kalkhaltigen Skeletten sich mit der Zeit die felsenharten Riffs auf dem Meeresgrund aufbauen. Auch *flow*-Erfahrungen scheinen kurzlebig zu sein, aber sie lassen Gewohnheiten und feste Einrichtungen entstehen, die den Ansturm der Jahrhunderte überdauern.

Die Beschäftigung mit recht ungewöhnlichen Dingen, etwa einzigartigen Mutproben, denen sich ein Mensch unterzieht, oder dem Mitmachen bei einer Motorradbande, ist ein erster wichtiger Schritt, der uns hilft, die Bestimmungsstücke autotelischen Erlebens zu erkennen. Das war das anfängliche Ziel der Arbeit, über die in *Beyond Boredom and Anxiety* (dt. *Das flow-Erlebnis*) berichtet wurde. Das eigentliche Ziel aber lautete, »stückweise und experimentell heraus(zu)finden, welche Kombinationen von Anforderungen und Fähigkeiten für ein Schulzimmer, für ein Quartier oder für eine Wohnung vorgesehen werden können, so daß möglichst viele Leute Zugang zu *flow* finden« (Csikszentmihalyi, 1975b, S. 203; dt. 1985, S. 232). Im letzten Kapitel des genannten Buches wurden Arbeitsplatz und Schule als die beiden Institutionen herausgestellt, in denen Forschungen über das *flow*-Phänomen am dringendsten sind, weil die Menschen den größten Teil ihres Lebens zunächst in der Schule und später am Arbeitsplatz verbringen und daher die Qualität ihrer Lebenserfahrung insgesamt recht nachhaltig – zumindest in quantitativer Hinsicht – von ihren Erfahrungen in diesen beiden Kontexten bestimmt wird.

Die hier folgenden Kapitel stellen erste Ergebnisse im Anschluß an diese Überlegungen vor. Es sind Untersuchungsberichte über *flow*-Erfahrungen im täglichen Leben, zumal in der Schule und am Arbeitsplatz, sowie im dritten bedeutsamen Lebenskontext – den eigenen vier Wänden. Diesen Untersuchungen liegen der gleiche begriffliche Rahmen und die gleiche Methodologie zugrunde. Ausgangspunkt ist das Verhältnis der Quantität subjektiv wahrgenommener Handlungsanforderungen zur Quantität subjektiv wahrgenommener Fähigkeiten und Fertigkeiten. Bei allen Untersuchungen wurde die von uns so genannte *Experience Sampling Method*, kurz ESM genannt, herangezogen. Wie diese Methode entwickelt wurde, soll im folgenden erklärt werden.

Die *Experience Sampling Method*. Bei Abschluß der Untersuchungen, die in M. Csikszentmihalyis Buch *Beyond Boredom and Anxiety* (dt. *Das flow-Erlebnis*) Eingang fanden, war deutlich geworden, daß die bisher allein hinzugezogenen Hilfsmittel – Interview und Fragebogen – den Forschern gewisse lästige Beschränkungen auferlegten. Zu Beginn eines Forschungsvorhabens, das den subjektiven Dimensionen des Erlebens gilt, sind Interviews unerläßlich. Sie liefern zusammenhängende Berichte der jeweiligen Person über sich selbst, persönliche Reminiszenzen, die allein das weite Feld der aufeinanderfolgenden Geschehnisse umreißen können. Zugleich liegen aber auch die Grenzen des Interviews als einer Form der Rekonstruktion des Bewußtseinsstromes deutlich zutage. Das Interview kann, da es retrospektiv ist, das tatsächliche Geschehen nicht leicht von den kulturellen Formen und den persönlichen Wünschen trennen, die seine Wiedergabe möglicherweise beeinflussen. Noch schwerer wiegen die Launen des Gedächtnisses und der Umstand, daß Menschen, die nicht gewöhnt sind zu reflektieren, sich schwer tun mit der Wiedergabe von Geschehnissen und zumal von inneren Geschehnissen, die nur im Bewußtsein stattfinden. Interviews sind also sehr grobe Werkzeuge; sie enthüllen nur die allgemeinsten und offensichtlichsten Merkmale jener Landschaft, zu deren Wiedergabe sie erstellt wurden. So sahen wir uns um die Mitte der siebziger Jahre nach einem neuen Werkzeug um, einem Instrument, das die Ereignisse im alltäglichen Bewußtseinsstrom vergrößert darstellen und schärfer herausarbeiten konnte.

Zunächst experimentierten wir mit Tagebüchern und anderen Formen des systematischen Berichtens. Diese Methoden waren sozusagen feiner gerastert, was die alltägliche Erfahrung anging, aber auch sie waren offen für die kleinen Umformungen, mit denen ein Mensch seine Erfahrungen versieht, wenn er mit ihrer formalen Wiedergabe befaßt ist. Was wir

Einführung in Teil IV

brauchten, war eine direktere und spontanere Form der Erfassung des Innenlebens.

Das Erhebungsinstrument, das wir suchten, wurde in den Jahren 1975 und 1976 an der Universität von Chicago entwickelt. Eine erste Fassung der *ESM* entstand, als Suzanne Prescott, damals Studentin beim *Committee on Human Development*, mit der Idee an M. Csikszentmihalyi herantrat, mit einem elektronischen Rufsystem zu arbeiten. Das Piepsen des Rufgerätes sollte die Probanden veranlassen, jeweils *ad hoc* über ihre Gedanken und Gefühle zu berichten (Csikszentmihalyi, Larson und Prescott, 1977). Wenn man einen Sender so programmierte, daß er immer wieder zu beliebigen Zeiten des Tages ein Signal an den Empfänger sandte – wenn der Proband also »unversehens«, nämlich sobald das Signal kam, aufgefordert war, eine Reihe von Fragen schriftlich zu beantworten und eine Reihe von Items festzuhalten, dann würde es möglich sein, spontane Berichte über sein Innenleben in Augenblicken zu erhalten, in denen er mit dieser Aufforderung nicht gerechnet hatte. In Kombination mit einem Heft, das Vordrucke für die Selbstbeobachtung enthält, ermöglicht es der Sender (oder Piepser, wie er auch genannt wird) dem Forscher, den Probanden zu einer detailreichen Schilderung der mentalen Verfassung zu veranlassen, in der er sich eben jetzt, in diesem Augenblick, befindet.

Verschiedene Versionen eines Formblattes zur Selbstbeobachtung wurden entwickelt und getestet; am Ende hatten wir eine Art Berichtsheft mit vorgedruckten Formblättern, die sowohl die wichtigsten Dimensionen des Bewußtseins (Affekt oder Emotion, Aktivation, kognitive Effizienz, intrinsische Motivation) als auch die wichtigsten Details des Umfeldes erfaßten, die den Bewußtseinszustand beeinflussen (also den Ort, an dem die betreffende Person sich befindet, die Gesellschaft, in der sie sich aufhält, die Tätigkeit, der sie sich soeben hingibt). Die ESM wurde zur Beobachtung des *flow*-Erlebens im täglichen Leben entwickelt. Unsere erste systematische Untersuchung, die wir im Frühjahr 1976 durchführten, beschäftigte sich mit den täglichen Fluktuationen im Erleben von 107 Arbeitern aus Chicago. Aber in dem Augenblick, in dem wir mit diesem neuen Instrument arbeiteten, sahen wir uns in der bekannten Situation des Zauberlehrlings: Das Instrument gewann ein Eigenleben, unabhängig von den Absichten des Benutzers. Die ESM bot uns nämlich einen derartig detaillierten Einblick in die Veränderungen, wie sie im alltäglichen Leben im Bewußtsein eintreten, daß wir uns gezwungen sahen, sie zunächst zu einer umfassenden Beschreibung dessen heranzuziehen, was die Menschen tagein tagaus, von morgens bis abends taten. Der logische nächste Schritt bestand darin, systematisch die im alltäglichen Leben auftretenden Veränderungen des Bewußtseins zu erfassen, was wiederum eine Feineinstellung

RANDOM ACTIVITY INFORMATION SHEET

Date: 8/4/76   Time Beeped: 5:30 am/**pm**   Time Filled Out: 5:40

AS YOU WERE BEEPED

Where were you? _in living room at home_

What was the MAIN thing you were doing? _watching T.V. news – Jimmy Carter interviews_

Why were you doing this? (circle answers)
- I had to do it.............yes
- I wanted to do it..........**yes**
- I had nothing else to do...yes

What other things were you doing? _eating pie & milk_

What were you thinking about when you were beeped? _Jimmy Carter's campaign_

	no	some	quite	very
How well were you concentrating?				8
Was it hard to concentrate?	2			
How self-conscious were you?	0			
Were you in control of your actions?				8

0 1 2 3 4 5 6 7 8 9

Describe your mood and physical states as you were beeped:

	very much	quite much	some what	do not feel either	some what	quite much	very much	
hostile	0	o	.	–	.	⊙	0	friendly
alert	0	o	⊙	–	.	o	0	drowsy
happy	0	o	⊙	–	.	o	0	sad
tense	0	o	.	–	.	⊙	0	relaxed
suspicious	0	o	.	–	.	⊙	0	trusting
irritable	0	o	.	–	⊙	o	0	cheerful
strong	0	o	⊙	–	.	o	0	weak
active	0	⊙	.	–	.	o	0	passive
lonely	0	o	.	⊙	.	o	0	sociable
creative	0	o	⊙	–	.	o	0	dull
resentful	0	o	.	–	.	⊙	0	satisfied
free	0	o	.	⊙	.	o	0	constrained
excited	0	⊙	.	–	.	o	0	bored

	none	slight	bothersome	severe
headache	0			
body aches	0			
other physical symptoms	0			

0 1 2 3 4 5 6 7 8 9

Were you: ( ) alone ( ) with friends ( ) with co-workers ( ) with supervisor
(✓) with family ( ) with strangers ( ) other _____

CIRCLE THE NUMBERS BELOW THAT BEST DESCRIBE HOW YOU FELT ABOUT WHAT YOU WERE DOING WHEN YOU WERE BEEPED. For example, if you felt that the activity was very challenging for you, you might circle a number toward the right hand side of the scale.

	0 1 2 3 4 5 6 7 8 9
Challenges of the activity	low ———————(6)——— high
Your skills in the activity	low ——————————(8)— high
Do you wish you had been doing something else?	not at all (1)——————————— very much
Was anything at stake for you in the activity?	nothing ——————————(7)—— very much

List all the things you remember doing since you were last beeped (or in the last hour or so). CHECK YOUR ANSWERS--WRITE DOWN HOW OFTEN IF MORE THAN ONCE.

- ✓ day dreaming
- ___ talking or whistling or singing to yourself
- ✓ watching people or things or just staring into space
- ___ watching TV or going to a movie
- ___ listening to the radio or a record
- ___ listening to a presentation or lecture
- ___ reading a book or magazine or newspaper
- ✓ reading something related to <u>work</u> or school
- ___ snacking, smoking, or chewing on things
- ___ chewing on objects (pencil, paperclip, finger...)
- ✓ walking, pacing, or running
- ✓ small muscle movements (tapping your finger, swinging your leg)
- ___ rubbing, grooming, or scratching yourself
- ___ typing or working some other office machine
- ___ doing something different on your job
    (specify _____)
- ✓ driving a (car) or motorcycle
- ___ riding a bicycle
- ___ playing a game or sport alone
- ___ shopping or browsing
- ___ doing art work, playing a musical instrument or other hobby
    (specify _____)
- ✓ cleaning, cooking or other work at home
- ___ talking or joking with friends or relatives
- ___ talking with coworkers or fellow students
- ✓ talking with supervisor or teacher
- ✓ talking on the telephone related to (job) or school
- ___ talking on the phone to a friend or relative
- ___ parties or games with others
- ___ touching or holding a child or adult

FILL OUT ONCE EVERY 24 HOUR PERIOD

Time you went to bed last night: _____

Approximately how long did it take you to fall asleep (in minutes): _____

Time you woke up this morning: _____

How would you describe the quality of your sleep last night?

```
    0     1     2     3     4     5     6     7     8     9
    very poor    moderately      moderately         very good
                   poor             good
```

Date: _____ Time Beeped: 12:06 am/pm Time Filled Out 12:07 am/pm

As you were beeped...
What were you thinking about? Romeo & Juliet

Where were you? English Class
What was the MAIN thing you were doing? Reading/Reviewing Romeo & Juliet
What other things were you doing? Chewing on pen

WHY were you doing this particular activity?
(/) I had to ( ) I wanted to do it ( ) I had nothing else to do

	not at all		some what			quite			very	
How well were you concentrating?	0	1	2	3	4	(5)	6	7	8	9
Was it hard to concentrate?	0	1	2	3	4	5	6	(7)	8	9
How self-conscious were you?	0	1	2	3	4	(5)	6	7	8	9
Did you feel good about yourself?	0	1	(2)	3	4	5	6	7	8	9
Were you in control of the situation?	0	1	2	(3)	4	5	6	7	8	9
Were you living up to your own expectations?	0	1	2	3	4	(5)	6	7	8	9
Were you living up to expectations of others?	0	1	2	(3)	4	5	6	7	8	9

Describe your mood as you were beeped:

	very	quite	some	neither	some	quite	very	
alert	0	0	.	-	(o)	0	0	drowsy
happy	0	0	.	-	(o)	0	0	sad
irritable	0	0	(o)	-	.	0	0	cheerful
strong	0	0	(o)	-	.	0	0	weak
active	0	0	.	(o)	.	0	0	passive
lonely	0	0	(o)	-	.	0	0	sociable
ashamed	0	0	.	(o)	.	0	0	proud
involved	0	0	.	-	(o)	0	0	detached
excited	0	0	.	-	(o)	0	0	bored
closed	0	0	.	(o)	.	0	0	open
clear	0	0	.	(o)	.	0	0	confused
tense	0	0	.	(o)	.	0	0	relaxed
competitive	0	0	.	(o)	.	0	0	cooperative

Did you feel any physical discomfort as you were beeped:

Overall pain or none slight bothersome severe
discomfort   0 1 2 ③ 4 5 6 7 8 9

Please specify: _I hate english_

Who were you with?
- ( ) alone
- ( ) mother
- ( ) father
- ( ) sister(s) or brother(s)
- ( ) friend(s) How many? ____
     female ( ) male ( )
- ( ) strangers
- (✓) other _students_

Indicate how you felt about your activity:

	low									high
Challenges of the activity	0	1	2	3	4	5	6	⑦	8	9
Your skills in the activity	0	1	2	3	4	⑤	6	7	8	9

	not at all								very much	
Was this activity important to you?	0	1	2	3	4	5	6	7	⑧	9
Was this activity important to others?	0	1	2	3	4	5	6	7	⑧	9
Were you succeeding at what you were doing?	0	1	2	3	④	5	6	7	8	9
Do you wish you had been doing something else?	0	1	2	3	4	5	6	7	8	⑨
Were you satisfied with how you were doing?	0	1	2	3	4	5	⑥	7	8	9
How important was this activity in relation to your overall goals	0	1	2	3	4	⑤	6	7	8	9

If you had a choice...
Who would you be with? _Anybody_
What would you be doing? _Anything_

Since you were last beeped has anything happened or have you done anything which could have affected the way you feel?

Lunch

Nasty cracks, comments, etc: **

English sucks

des aufzeichnenden Instruments erforderte, um sicherzustellen, daß die wirklich wichtigen Dimensionen des Bewußtseins erfaßt wurden.

Es stellte sich rasch heraus, daß wir unsere Probanden in jedem Fall nach bestimmten Kategorien wie Geschlecht, Alter und Schichtzugehörigkeit klassifizieren mußten, da Variationen des Bewußtseins vermutlich von solchen demographischen Kennzeichen abhingen. Dann interessierte uns die Frage, ob die Antworten, die wir bekamen, typisch für die Gesellschaft der Vereinigten Staaten waren oder ob sie in einem größeren Radius Geltung besaßen. Diese und viele andere dringende Fragen kamen mit dem neuen Instrument ins Spiel. Die Fülle der Daten, die wir erhielten, hatte zur Folge, daß unsere auf der ESM aufbauenden Forschungen während dieser zehn Jahre in erster Linie von den Daten selbst bzw. von der Methode und weniger von unserem Konzept beeinflußt waren. Es vergingen fast zehn Jahre einer sehr regen Erkundungstätigkeit, bevor wir uns imstande sahen, zu unserer Ausgangsfrage zurückzukehren, zu der Frage nämlich, ob *flow* sich im täglichen Leben messen läßt.

Wie die ESM und ähnliche Techniken der Selbstbeobachtung *in situ* sich etwa gleichzeitig entwickelten, das ist eine eigene Beschreibung wert, die von Hormuth (1986), von Massimini und Inghilleri (1986) und von Csikszentmihalyi und Larson (1987) dokumentiert wurde. Die in Teil IV dieses Bandes zusammengestellten Kapitel beschäftigen sich mit der Anwendung der ESM auf den Fragenkreis, zu dessen Erkundung sie ursprünglich entwickelt wurde: auf das *flow*-Erleben.

Wie wird flow mit der ESM gemessen? Immer wenn der Piepser ertönt – was gewöhnlich achtmal täglich, also insgesamt 56mal pro Woche geschieht –, füllt der Proband einen ESM-Vordruck aus (eine ältere Version erscheint als Abb. 14.1, eine neuere als Abb. 14.2), der sowohl offene Fragen (z. B. »Woran dachten Sie gerade, als der Piepser ertönte?«) als auch numerische Skalen enthält, die die Intensität der verschiedenen Emotionen messen (z. B. »Beschreiben Sie Ihre Stimmung in dem Augenblick, in dem Sie angepiepst wurden, auf einer von 1 bis 7 reichenden Skala: hellwach ... schläfrig; glücklich ... traurig« etc). Jeder Fragebogen enthält dann mehr als 30 Angaben, auf die sich eine Einschätzung der subjektiven Verfassung des Probanden stützen kann. Die nächste Frage lautet: Welcher dieser Items sollte als Maßstab für *flow* herangezogen werden?

Man könnte dazu sagen, daß der Stellenwert der Aussage auf der von »glücklich« bis »traurig« reichenden Skala einen guten Index für die Intensität des *flow*-Erlebens abgeben müßte. Ebenso ließen sich der berichtete Grad der Konzentration, das Maß der Selbstvergessenheit oder auch der wahrgenommenen Kapazität zur Steuerung der Situation als Index heranziehen. Man könnte den besten *flow*-Index auch in der Weise ermitteln, daß man erkundet, wie weit ein Mensch von der Aussage abrückt, er hätte in dem Augenblick, in dem der Piepser ertönte, »eigentlich gern etwas anderes getan«. Alle diese Dimensionen waren in der Form quantifizierter Werte auf dem Vordruck vorgegeben. Schließlich hätte man auch eine Kombination aller genannten Items als globalen *flow*-Indikator heranziehen können. Wir beschlossen allerdings, anders vorzugehen. Die Hinzuziehung solcher Items, die positive Bewußtseinszustände wie »Glücksgefühl« oder »Konzentration« erfassen, zur Beschreibung des *flow*-Zustandes wäre vermutlich ein gangbarer Weg gewesen. Andererseits hätte dieses Vorgehen auch das Ergebnis präjudiziert. Wir hätten damit nämlich *flow* als »Glücksgefühl« oder »hohe Konzentration« etc. definiert. Unsere Aufgabe bestand aber darin zu erkunden, ob diese Definition haltbar war, nicht jedoch darin, sie als solche fortzuschreiben. Wir waren der Meinung, daß *flow* und ein positiver Bewußtseinszustand in einem *synthetischen*, nicht in einem *analytischen* Verhältnis (Popper, 1965) zueinander stehen. Es mußte also eine Möglichkeit der *flow*-Messung gefunden werden, die unabhängig war von der direkteren Erfassung positiver Bewußtseinszustände.

Es bot sich an, *flow* als Funktion des Verhältnisses von Handlungsanforderungen zu Fähigkeiten und Fertigkeiten (Können) zu definieren. Dieses Verhältnis gehört zu den wichtigsten Elementen des *flow*-Modells und ist logisch (d. h. analytisch) unabhängig davon, wie glücklich, konzentriert, motiviert oder stark der Proband sich fühlt. Wir erwarteten eine empirische Korrelation zwischen dem Verhältnis von Anforderungen und Können einerseits und positivem Erleben andererseits; da die beiden Gruppen von Variablen aber begrifflich unterschieden sind, konnte diese Erwartung von den Daten widerlegt werden. Mit andern Worten, das Ergebnis konnte lauten, daß die Probanden sich in Wahrheit nicht besser fühlten, wenn Anforderungen und Können im Gleichgewicht waren, als wenn eine der Variablen größer war als die andere. Diese logische Unabhängigkeit sprach für das Verhältnis von Anforderungen und Können als ökonomischste und überzeugendste Form der *flow*-Messung.

Daher enthielten die Vordrucke die Frage nach dem Niveau der Anforderungen, die mit einer bestimmten Aktivität verbunden waren, und die Frage nach dem Niveau der Fähigkeiten und Fertigkeiten, die für diese Aktivität zur Verfügung standen. Die möglichen Antworten auf diese Fragen reichten von 0 (»kein«) bis 9 (»sehr hoch«). Das theoretische Modell, das auf unserer ausgreifenden Interviewtätigkeit aufbaute, besagte, daß optimales Erleben *(flow)* immer dann gegeben sein müßte, wenn diesen beiden Items der gleiche numerische Wert zugeordnet würde; zum Beispiel wenn die Anforderungen mit 0 und das Können ebenfalls mit 0 bewertet

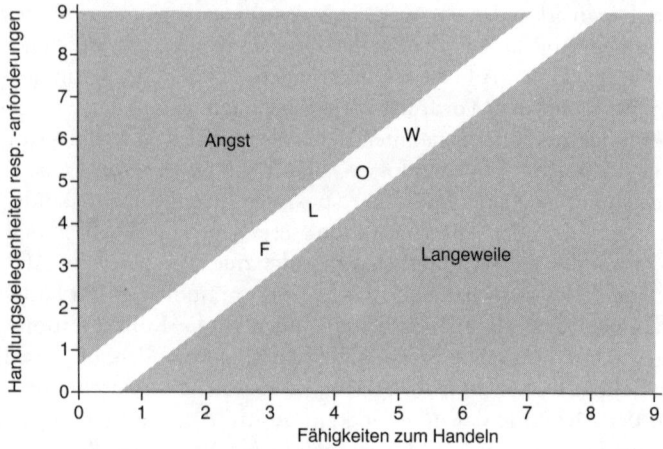

Abbildung 14.3. Das ursprüngliche *flow*-Modell. Optimales Erleben wird für den Bereich der Diagonale angenommen, in dem das Verhältnis der Anforderungen zu den Fähigkeiten gleich 1 ist (abgewandelt übernommen aus Csikszentmihalyi, 1975b; dt. 1985, S. 75).

würden, wenn beide mit 9 bewertet würden usw. Dieses Verhältnis ist in Abbildung 14.3 dargestellt.

Die Diagonale gibt das optimale Verhältnis von Anforderungen und Fähigkeiten an. In dieser Situation gilt, daß das Bewußtsein mühelos funktioniert, daß Aufmerksamkeit, Bewußtheit und Gedächtnis so wenig wie möglich behindert sind. Dieser Zustand der Negentropie sollte also als ein sehr positiver Zustand erfahren werden; die Erwartung lautete, daß bei einem Verhältnis von Anforderungen und Können, das in Richtung der Deckungsgleichheit geht, die jeweilige Person sich »glücklich«, »stark«, »konzentriert« und »motiviert« fühlen würde.

Aber als die Tausende von Berichten, die durch das Ausfüllen der Selbstbeschreibungen zustande gekommen waren, ausgewertet wurden, sahen wir unsere theoretischen Voraussagen nicht bestätigt. Die Probanden fühlten sich nicht besser, wenn Anforderungen und Befähigungen im Gleichgewicht waren. Die einzige Dimension des Erlebens, die dem erwarteten Muster folgte, war die intrinsische Motivation, die mit der Frage erfaßt wurde: »Hatten Sie in dem Augenblick, in dem Sie angepiepst wurden, den Wunsch, etwas anderes zu tun?« Wenn Anforderungen und Befähigungen im Gleichgewicht waren, beantworteten die Befragten diese Frage mit »keineswegs«. War eine der Variablen höherwertig als die andere, dann hatten sie nach ihrer eigenen Aussage gewünscht, mit etwas anderem befaßt zu sein, und dieser Wunsch hatte in seiner Stärke dem Ungleichgewicht zwischen Anforderungen und Befähigungen entsprochen. Dieser Zusammenhang war insofern befriedigend, als die wichtigste Behauptung unseres Modells ja lautete, daß *flow* »intrinsisch motivierend« ist. Aber das war uns nicht genug: Wir hatten erwartet, daß die Menschen sich im *flow* auch wacher, konzentrierter, stärker, ihrer Sache sicherer und ihrer selbst weniger bewußt fühlen würden. Weshalb tauchten diese vorausgesagten Zusammenhänge nicht auf?

Innerhalb des ansonsten erfolgreichen Forschungsprogramms empfanden wir dies über Jahre hinweg als ärgerliches Rätsel. War unser Modell falsch? Hatte das Verhältnis von Anforderungen und Befähigungen vielleicht nur sehr wenig mit der Qualität des Erlebens zu tun? Oder war unsere Methode falsch, weil sie es nämlich nicht vermochte, die im ständigen Wandel begriffenen Vorgänge im Bewußtsein zu erfassen? Wir veränderten den Wortlaut unserer Skalen, arbeiteten mit neuen Probanden und werteten die Ergebnisse in der Hoffnung aus, das Problem zu lösen. Aber was wir auch unternahmen, die erwarteten Resultate blieben aus. Zu einem gedanklichen und methodischen Durchbruch in der *flow*-Messung kam es 1985. In Mailand hatten inzwischen Massimini und sein Team unsere Erhebungen mit einer Stichprobe von Heranwachsenden wiederholt. Dabei war ein einfacher, aber intelligenter Gedanke aufgetaucht: die *flow*-Erfahrung setzt nur ein, wenn Anforderungen und Befähigungen *im oberen Bereich* liegen *und* im Gleichgewicht sind. Im Zuge der Operationalisierung dieses Konzepts wurde das persönliche Mittel für »Anforderungen und Befähigungen« (das durch den Nullpunkt repräsentiert ist, wenn die Rohwerte in z-Werte transformiert werden) zum Ausgangspunkt genommen, oberhalb dessen die Erfahrung sich ins Positive wenden sollte. Wenn sowohl Anforderungen als auch Befähigungen unterhalb dessen liegen, was für die betreffende Person »üblich« ist, dann ist es unsinnig zu erwarten, daß diese Person sich im *flow* befinden könnte, selbst wenn die beiden Variablen sich in vollkommenem Gleichgewicht befinden. Wenn die Handlungsmöglichkeiten geringer sind als normal und die Befähigungen nicht voll genutzt werden, fühlt die betreffende Person sich unter diesen Umständen vielleicht apathisch oder vegetiert dahin. Das von Massimini und Carli revidierte *flow*-Modell erscheint hier als Abb. 14.4.

Abbildung 14.4 widerspricht nicht der Abbildung 14.3; das neue Modell paßt das alte nur an den spezifischen Aufbau der ESM an. Abbildung 14.3 ist ein diachronisches Modell, das das bei einer einzelnen Aktivität auftretende *flow*-Erleben über die Zeit hinweg illustriert: von der

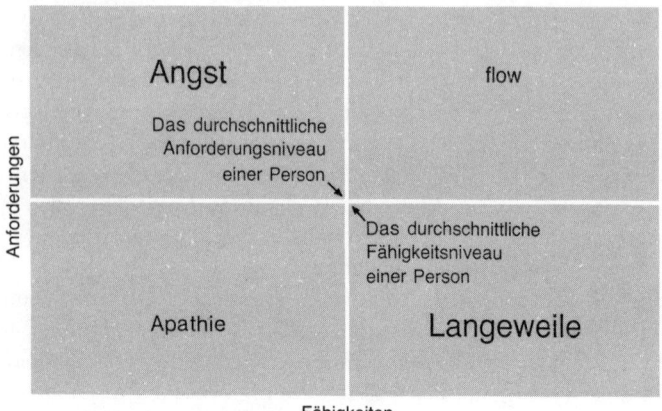

Abbildung 14.4. Das *flow*-Modell angewandt auf die ESM (Experience Sampling Method). Der Ursprung für die Koordinaten optimalen Erlebens ist das durchschnittliche Anforderungs- bzw. Fähigkeitsniveau einer Person – nur oberhalb dieses Niveaus setzt *flow* ein.

freudigen Wahrnehmung lediglich geringer Anforderungen bei noch begrenzter Befähigung hin zur immer komplexer erlebten freudigen Wahrnehmung höherer Anforderungen, die zunehmend höheres Können erfordern. Ein Beispiel: Ein Klavierschüler wird es zu Anfang als eine Herausforderung betrachten, daß er die Tasten den verschiedenen Noten zuzuordnen hat, und sich vielleicht im *flow* befinden, wenn er nur eben seine Tonleiter auf- und abwärts spielt. Sobald ihm die Tastatur aber vertraut ist, müssen neue Herausforderungen hinzukommen, oder er beginnt sich zu langweilen.

Innerhalb des durch die Abbildung 14.3 wiedergegebenen Modells wäre es sehr schwierig, an einen niedrigeren Punkt auf der Diagonalen zurückzugehen. Ein Klavierspieler, der ein gewisses Fähigkeitsniveau erreicht hat, mag Langeweile oder Angst empfinden, aber es ist so gut wie unmöglich, daß ihm zur gleichen Zeit sowohl die Anforderungen als auch die Befähigung abhanden kommen. Das ist der Grund, weshalb *flow* etwas ist, das mit einer Aufwärtsentwicklung verbunden ist: Wenn ein Mensch in dem, was er gerade tut, nicht besser wird, kann er keine Freude mehr an seinem Tun empfinden. Die *flow*-Diagonale repräsentiert sozusagen eine Einbahnstraße in Richtung auf die immer stärker zunehmende Komplexität (Csikszentmihalyi, 1982b; Csikszentmihalyi und Larson, 1984).

Im realen Leben kommt es allerdings nicht vor, daß wir ausschließlich eine Sache tun: Niemand kann 24 Stunden am Tag Klavier spielen. Tätigkeiten, die Befähigung verlangen, wechseln mit routinemäßigen Verrichtungen ab, die keine Herausforderung darstellen: Nachdem er Klavier gespielt hat, muß auch der brillanteste Musiker etwas essen, kurz ausruhen, einen Blick in die Zeitung werfen, mit jemandem sprechen. Im alltäglichen Leben ist es möglich, zwischen Situationen, die hohe Anforderungen stellen und hohes Können erfordern, und anderen Situationen zu wechseln, die geringe Anforderungen stellen und nur bescheidenes Können erfordern, und dies mehrfach am Tag – aber die Aktivitäten am oberen Ende der Skala unterscheiden sich von den Aktivitäten am unteren Ende. Abbildung 14.4 berücksichtigt dieses Faktum und besagt, daß nur die Situationen, in denen hohe Anforderungen auf hohes Können treffen, *flow* produzieren, wohingegen Apathie eintreten wird, wenn Anforderungen und Können zwar im Gleichgewicht, aber unterhalb des persönlichen Mittelwertes angesiedelt sind. Mit anderen Worten, wenn der Musiker ein schwieriges Stück übt, das er kaum bewältigen kann, dann befindet er sich im *flow*; wenn er aber abends erschöpft ist und fernsieht, dann wird er sich nicht im *flow* befinden, obwohl er vielleicht der Meinung ist, daß seine im Augenblick reduzierten Möglichkeiten den belanglosen Forderungen entsprechen, die in diesem Augenblick in der Umgebung bestehen.

Kapitel 15 beschreibt, wie das Mailänder Team das neue Modell operationalisierte. Mit dem in dieser Weise umformulierten Modell entsprachen die mit der ESM gewonnenen Daten den theoretischen Erwartungen in ästhetisch befriedigender Weise: Die Befragten berichteten von höchst positiven Zuständen, sobald Anforderungen und Können im Gleichgewicht waren und beide über dem für die Testwoche relevanten Mittelwert lagen. In der Gruppe der Teenager beispielsweise waren 18 der 27 Erlebnisdimensionen unter diesen Bedingungen signifikant positiver als unter anderen Bedingungen. Die Teenager konzentrierten sich erheblich besser; sie waren sich ihrer Sache sicherer, sie waren glücklicher, stärker, aktiver, engagierter, kreativer, freier, angeregter, offener, klarer, stärker motiviert und zufriedener mit ihrer Leistung, wenn Anforderungen und Können oberhalb des Mittelwertes im Gleichgewicht miteinander waren (Massimini und Carli, 1986; Massimini, Csikszentmihalyi und Carli, 1987).

Wenn die Fähigkeiten überdurchschnittlich und die Anforderungen unterdurchschnittlich sind (was nach unserem Modell dem Zustand der »Langeweile« entspricht), dann ist zwar das Gefühl, die Dinge zu steuern, überdurchschnittlich, aber die Konzentration sinkt – die übrigen Variablen zeigen nur geringfügige Abweichungen vom Mittel. Bei überdurchschnittlich hohen Anforderungen und unterdurchschnittlich hohen Fähigkeiten (Zustand der »Angst«) ist die Konzentration überaus hoch, aber das Gefühl, die Dinge selbst zu steuern, ist geringer. Die Qualität des Erlebens ist am geringsten, wenn sowohl Anforderungen als auch Fähigkeiten unter dem Mittel liegen (also »Apathie« besteht); beim Mailänder Experiment lagen unter diesen Bedingungen 20 der 27 Dimensionen des Erlebens signifikant unter Durchschnitt. Diese Zusammenhänge sind inzwischen noch mehrfach mit Probanden in den Vereinigten Staaten und in Italien ermittelt worden. Kapitel 16 befaßt sich mit dem Arbeitsleben, also mit der produktiven Tätigkeit, die den größten Teil der psychischen Energien des Erwachsenen in Anspruch nimmt – so wie dies für Jugendliche beim Lernen gilt. Wenn die Erwachsenen nicht lernen, ihre produktive Arbeit mit Freude zu tun, wird unsere Gesellschaft in Schwierigkeiten geraten. Die Ergebnisse einer von Judith LeFevre schon frühzeitig unter Zuhilfenahme der ESM in einer Stichprobe von mehr als 100 Arbeitnehmern aus dem Raum Chicago durchgeführten Studie sind in mehrfacher Hinsicht beruhigend, denn sie deuten nicht auf eine verbreitete Entfremdung von der Arbeit. Zum ersten bestätigen sie das *flow*-Modell: Wenn sowohl Anforderungen als auch Befähigungen hoch sind, sprechen die Befragten – ebenso wie die Mailänder Jugendlichen – von einem Erleben höchsten Ranges. Zum zweiten: Je mehr Zeit die Arbeitnehmer während der Woche im Zustand des *flow* verbrachten, desto höher war das Niveau ihres gesamten Erlebens, das sie zu Protokoll gaben; das bedeutet, desto glücklicher, stärker, konzentrierter, zufriedener usw. waren sie. Drittens – und in der Konsequenz vielleicht der wichtigste Punkt: am Arbeitsplatz waren die Möglichkeiten, *flow* zu erleben, häufiger als irgendwo anders, also auch im Vergleich zur Freizeit. Das traf am ehesten für Manager und Vertreter gehobener Berufe zu, aber es galt auch für Fließbandarbeiter. Auch wenn die meisten Arbeitsplätze nicht im Blick auf eine Maximierung von *flow* angelegt sind, scheint die Arbeit, verglichen mit den Möglichkeiten im übrigen Leben, noch immer das Umfeld zu sein, in dem freudiges Erleben und Entfaltung möglich sind.

Kapitel 17 enthält eine vergleichende Gegenüberstellung zweier Gruppen von Teenagern. Alle sind mathematisch außergewöhnlich begabt. Die Mitglieder der ersten Gruppe allerdings entwickeln ihre Begabung, während die Mitglieder der zweiten Gruppe dies nicht tun. Jeanne Nakamura zeigt, daß der entscheidende Unterschied zwischen den beiden Gruppen darin besteht, daß die in Mathematik leistungsfähigen Schüler in Lernsituationen doppelt so oft im *flow* sind wie die anderen, die ihr mathematisches Talent nicht nutzen. Diese letzteren befinden sich dagegen in Lernsituationen sehr viel häufiger im Zustand der »Angst«. Um die in Lernsituationen auftretenden negativen Erfahrungen zu kompensieren, verwenden diese Schüler sehr viel mehr Zeit darauf, mit Gleichaltrigen und Freunden zusammenzukommen; dies ist eine Situation, die von positiven Stimmungen begleitet ist. Am Auftreten von *flow* und *antiflow* in diesen beiden Gruppen läßt sich verfolgen, daß und wie die einen im Prozeß des Heranwachsens ihre geistigen Fähigkeiten entwickeln und die anderen dies nicht tun.

In Kapitel 18 nimmt Anne Wells ein an Zahl und Bedeutung wachsendes Segment der Bevölkerung unter die Lupe: die berufstätigen Mütter. Sie ist speziell an der Frage interessiert, welche Möglichkeiten, *flow* zu erleben, die berufstätigen Mütter kleiner Kinder haben und in welchem Zusammenhang dies mit ihrer Selbstbewertung steht. Anne Wells hat die ESM-Fragebogen um eine Reihe von Items aus Rosenbergs Selbstbewertungstest erweitert und auf diese Weise Fluktuationen der Selbstbewertung ebenso erfassen können wie die übrigen Dimensionen des Bewußtseins. Ihre Daten bestätigen einmal mehr, was hinsichtlich des *flow*-Phänomens bereits festgestellt wurde: Die Selbstbewertung und die übrigen Dimensionen des Erlebens sind dann am positivsten, wenn Anforderungen und Können oberhalb des Mittelwertes angesiedelt sind, und sie sind signifikant schlechter in Situationen, die von Apathie, Langeweile oder Angst gekennzeichnet sind. Im übrigen berichteten die Probandinnen von *flow*-Erfahrungen bei jeder Art von Aktivität und in jeder Gruppenzusammensetzung. Die Frauen, die während der Dauer der Untersuchung mehr Zeit im *flow* verbrachten, berichteten von einem höheren Niveau ihres Selbstbewußtseins. Die Zeit, die innerhalb dieses Kanals der hohen Anforderungen und des hohen Könnens verbracht wurde, stand in Beziehung zu verschiedenen anderen Faktoren, etwa zum Alter des jüngsten Kindes, zum sozioökonomischen Status der Familie und zu der Frage, ob die betreffende Frau ihre Arbeit mochte oder nicht.

Kevin Rathunde wagt sich im Kapitel 19 an eine anspruchsvolle Aufgabe: die Klärung der Frage, ob es so etwas wie einen autotelischen Familienkontext gibt, der die Fähigkeit des Kindes zu optimalem Erleben begünstigt und fördert. Im Blick auf die Daten, die er aus seiner mit der ESM durchgeführten Arbeit mit rund 190 Jugendlichen gewonnen hatte, kommt Rathunde zu dem Schluß, daß diejenigen Probanden, die ihre familiäre Umwelt als autotelisch wahrnahmen, in der Tat mehr optimales Erleben angaben als die anderen, die ihren familiären Kontext als nicht autotelisch bezeichneten. Diese Angaben bezogen sich auf das häusliche Zusammensein mit den Eltern, auf die Teilnahme am Unterricht und auf das häusliche Lernen. Rathunde definiert die autotelische Familienumwelt als einen Kontext, der dem subjektiven Erleben des Kindes dadurch eine Struktur gibt, daß er in einem ausgewogenen Verhältnis Wahlmöglichkeiten läßt, Eindeutigkeit bietet, die Aufmerksamkeit zentriert, zu Engagement ermutigt und Herausforderungen zuläßt. Für Rathunde stehen diese Merkmale des familiären Kontextes für einen ökonomischen Umgang mit der Aufmerksamkeit des Kindes, weil sie nämlich die kostspieligen Extreme von Langeweile und Angst gleich aus dem Spiel lassen. Die Struktur, wie sie von der autotelischen Familie bereitgehalten wird, erlaubt es dem Kind, seine Kräfte auf die anstehende Aufgabe zu lenken, anstatt seine Aufmerksamkeit auf Probleme der Struktur selbst ablenken zu lassen. Die niedrigeren Skalenwerte im Hinblick auf Affekt, Aktivation und Motivation und das niedrigere Selbstkonzept der Teenager aus nichtautotelischen häuslichen Umgebungen legen den Gedanken nahe, daß diese Jugendlichen sich vielleicht auf Regeln und Beschränkungen konzentrieren, wie sie durch die Schule und ihre Anforderungen – so etwa die Hausaufgaben – gegeben sind, anstatt nach den intrinsisch motivierenden oder *flow*-Erfahrungen zu suchen, die auch innerhalb von solchen obligatorischen Situationen möglich sind. Da andere Untersuchungen zum Thema *flow* ja bereits den Hinweis erbracht haben, daß manche Personen eine autotelische Persönlichkeit besitzen und damit imstande sind, *flow*-Erfahrungen noch in der am wenigsten ermutigenden oder sogar in einer feindlichen Situation zu finden, hat die Suche nach den Komponenten einer häuslichen Umgebung, die »Entfaltung« in dem Sinne fördert, daß Möglichkeiten zu sinnvollem Handeln in vielen und ganz unterschiedlichen Konfigurationen gesehen und genutzt werden, ganz bedeutsame Implikationen für das menschliche Wohlergehen.

Kapitel 15

Die systematische Erfassung des *flow*-Erlebens im Alltag

Fausto Massimini und Massimo Carli

Im Zusammenhang mit der Überlegung, in welche Richtung weitere empirische Untersuchungen zum Thema *flow* gehen könnten, wurde auf den letzten Seiten von *Beyond Boredom and Anxiety* (dt. *Das flow-Erlebnis*) auf ein zentrales Erfordernis aufmerksam gemacht. Es hieß dort: »Weiter ließe sich das *flow*-Modell auf Arbeitssituationen und andere Nicht-Freizeitaktivitäten erweitern ... Wir müssen ... stückweise und experimentell herausfinden, welche Kombinationen von Anforderungen und Fähigkeiten für ein Schulzimmer, für ein Quartier oder für eine Wohnung vorgesehen werden können, so daß möglichst viele Leute Zugang zu *flow* finden.« (Csikszentmihalyi, 1975b, S. 203; dt. 1985, S. 231–232). Das vorliegende Kapitel schildert ein solches Projekt.

Der Schritt von der Theorie zur empirischen Überprüfung der Validität ist in keinem Fall leicht zu vollziehen, zumal wenn man es mit einem komplexen Phänomen zu tun hat. Gehört das Phänomen zur Klasse der »subjektiven Erfahrungen«, dann gestaltet sich die Frage des methodischen Vorgehens besonders schwierig. In unserem Zusammenhang besteht das Problem darin, daß man nach Wegen suchen muß, Unterschiede in der Qualität des subjektiven Erlebens als eine Funktion der Unterschiede in den *flow*-Bedingungen zu beschreiben – das heißt als eine Funktion des Verhältnisses zwischen dem Niveau der wahrgenommenen Anforderungen und dem Niveau der wahrgenommenen Fähigkeiten und Fertigkeiten.

flow ist ein relativ seltenes Erlebnis, das – zumindest in unserer Gesellschaft und hier für die Mehrzahl der Menschen – schwerlich jeden Tag zu haben ist. Es wurde als eine höchste Form des Erlebens zunächst in der Weise beschrieben, daß es bestimmten Menschen – Angehörigen herausgehobener Gruppen – dank ihrer sehr spezialisierten Aktivitäten und ihres starken Engagements für diese Aktivitäten zugänglich sei – Schachgroßmeistern, Felskletterern, Chirurgen usw. (Csikszentmihalyi, 1975b, dt. 1985). Aus Interviews mit solchen Personen wurde der Grundgedanke der *flow*-Theorie entwickelt: daß nämlich ein Gleichgewicht zwischen den Handlungsmöglichkeiten (bzw. den Anforderungen der Situation) einerseits und den persönlichen Fähigkeiten und Fertigkeiten (dem Können) andererseits gegeben sein muß, damit ein Mensch in diesen besonderen Bewußtseinszustand eintreten kann. Eben dieser Gedanke ist übrigens, weitergedacht, ein zentrales Kennzeichen der Paradigmata der kulturellen und psychologischen Selektion. Dies hilft uns wiederum, die Evolution der Kultur und des individuellen Selbst zu verstehen (Csikszentmihalyi und Massimini, 1985; Massimini, 1979a, 1979b; Massimini und Inghilleri, 1986).

An dieser Stelle wollen wir uns nicht mit Angehörigen streng ausgewählter Gruppen beschäftigen; vielmehr wollen wir deutlich machen, daß die Konsequenzen dieses Gleichgewichtes zwischen Anforderungen und Können auch für gewöhnliche Menschen in relativ »normalen« Situationen gelten. Die Wechselwirkung von Handlungsmöglichkeiten und individueller Befähigung ist kein seltenes Phänomen. Es ist etwas, was im täglichen Leben ständig geschieht, ein molekularer Prozeß, der sich unser Leben lang in jedem Augenblick wiederholt und psychologische Wirkungen zeitigt, die allmählich die Gewohnheiten der Menschen und ihre Persönlichkeit formen – vergleichbar den winzigen Verlagerungen und Bewegungen der Erdkruste, die mit der Zeit massive Gebirgsketten entstehen lassen. Innerhalb dieser Flut des täglichen Erlebens kommt es hin und wieder zu *flow*-Erfahrungen. Der Strom der ganz gewöhnlichen – der vage angenehmen, der langweilenden oder der ängstigenden – Erfahrungen besteht sozusagen aus einer zufälligen Ansammlung nicht miteinander harmonierender Töne. Gelegentlich fügen die Töne sich zu einem harmonischen Akkord zusammen – wenn das geschieht, werden Informationen im Bewußtsein geordnet, und wir erleben *flow*.

Nachdem wir den Gedanken des ausgewogenen Verhältnisses zwischen Können und Anforderungen auf die Ebene ganz gewöhnlicher Geschehnisse überführt haben, können wir nun nach solchen alltäglichen Kontexten suchen, in denen *flow*-Erfahrungen mit größerer Wahrscheinlichkeit auftreten werden. Die Beschäftigung mit alltäglichen Dingen stellt uns wiederum vor neue und einmalige Schwierigkeiten. *Flow* ist ja ein wohlgeordneter Bewußtseinszustand, wohingegen das tägliche Leben verworren erscheint: »Es erinnert eher an ein turbulentes sportliches Geschehen, bei dem Hoffnungen und Tiefschläge, Hochgefühl und Enttäuschung einander in keiner bestimmten Sequenz folgen« (Csikszentmihalyi und Larson, 1984). Es ist nicht einfach, kohärente Abläufe in einem so unberechenbaren Gewoge auszumachen. Selbst wenn wir uns auf eine einzige Person konzentrieren, werden die Schwierigkeiten der Aufgabe rasch deutlich. In der Erfahrung des einzelnen Individuums alternieren Augenblicke der starken und der geringen Konzentration und geringer emotionaler Beteiligung in offensichtlich unberechenbarer Weise sowie in Verbindung mit positiven und negativen emotionalen Zuständen. Die gleiche Aktivität, die gleichen Gedanken können innerhalb weniger Minuten sehr unterschiedliche Emotionen aufkommen lassen. Die Sache wird noch komplizierter, wenn wir uns nach Regeln umzusehen haben, um zwei oder mehr Personen in den Blick nehmen zu können.

Wir brauchen also ganz dringend eine Variable, die uns hilft, die Ordnung, die dieser augenscheinlichen Anarchie zugrunde liegt, zu identifizieren und darüber zu reflektieren. Es ist dies eine Variable, die auf klaren theoretischen Grundsätzen beruht und uns »als Leitlinie bei der Beurteilung der Frage dienen kann, welche Art von Modellen konstruiert werden können und welche Art von Voraussage möglich ist oder nicht« (Boyd und Richerson, 1985). Ordnung im Bewußtsein wird am ehesten in *flow*-Situationen oder aber, unter den eher weltlichen Bedingungen des Alltags, in jenen Situationen wahrgenommen, in denen die Erfahrung sich dem *flow*-Zustand am stärksten annähert. In solchen Kontexten würde man eine »positive Konvergenz« der Dimensionen des Bewußtseins erwarten, einen geordneten Zustand optimalen Erlebens. Der Faden der Ariadne, der es möglich macht, die Verschlingungen und Fluktuationen des täglichen Lebens zu entwirren, entspricht dem Versuch, Anforderungen und Befähigungen ins Gleichgewicht zu bringen. Ein solches Gleichgewicht ist nicht nur für den Kletterer wichtig, der sich an einer Felswand emporarbeitet. Gerade im gewöhnlichen, im ganz alltäglichen Leben lernen wir, Augenblick für Augenblick, unsere Handlungsmöglichkeiten einzuschätzen und sie mit den entsprechenden Fähigkeiten in Einklang zu bringen, bis dieses In-Einklang-Bringen uns so automatisch gelingt wie das Atmen. Und die Beziehung zwischen diesem Parameter und dem optimalen emotionalen Zustand ist vermutlich im täglichen Leben die gleiche wie in den extremen Situationen, mit denen Kletterer oder Schachspieler es zu tun haben.

Für die empirische Untersuchung dieser Zusammenhänge muß also eine Methode entwickelt werden, die es erlaubt, Fluktuationen in der Wahrnehmung von Anforderungen und Befähigungen und die damit einhergehenden Schwankungen in der Qualität des Erlebens im Kontext »normaler« Situationen so präzise wie möglich festzuhalten.

Die Methode

Die Methode der Wahl, die auf Selbstbeobachtungen aufbaut und speziell für diesen Zweck entwickelt wurde, ist die *Experience Sampling Method*

(Csikszentmihalyi, Larson und Prescott, 1977; Larson und Csikszentmihalyi, 1983; Csikszentmihalyi und Larson, 1987): Die Probanden werden mit einem elektronischen Rufgerät und mit einem Heft einschließlich Fragebogen ausgestattet. Das Rufgerät wird mit Hilfe eines Senders sieben- bis achtmal täglich zu nicht im voraus bestimmbaren Zeiten aktiviert. Jedesmal, wenn der Proband angepiepst wird, füllt er eine Seite seines Hefts aus. Am Ende der Woche enthält das Heft eine systematische Beschreibung der äußeren Parameter des Lebens der betreffenden Person (der ausgeführten Tätigkeiten, der Orte, an denen die Person sich aufhielt, der Menschen, mit denen sie zusammentraf) sowie des subjektiven Erlebens und der Dimensionen des Bewußtseins (Affekte, kognitive Effizienz, motivationale Verfassung usw.), deren die Person sich in dem Augenblick bewußt war, in dem das Signal ertönte.

In unserem Fall wurden den Probanden eine Woche lang durchschnittlich sieben Signale pro Tag gesendet, und zwar zwischen 8 Uhr morgens und 10 Uhr abends. Eine Seite des Hefts enthielt jeweils 25 Fragen zur Selbstbeschreibung, die in Anlehnung an die von Csikszentmihalyi und Larson (1984) entwickelten Skalen abgefaßt waren. Die Gruppe der Probanden bestand aus 47 Schülern eines Mailänder Gymnasiums im Alter zwischen 16 und 19 Jahren, und zwar 14 Jungen und 33 Mädchen; dies entspricht dem augenblicklichen Verhältnis von Jungen und Mädchen an italienischen Gymnasien. Die Untersuchung wurde im Mai 1983 durchgeführt.

Mit Hilfe der *ESM* wollten wir uns ein Bild von den Parametern des Erlebens in Augenblicken der als höher oder geringer eingestuften Anforderungen und Fähigkeiten machen. Das Verhältnis zwischen diesen beiden Variablen sollte – eher als die Art der Aktivität, mit der eine Person in einem bestimmten Augenblick beschäftigt ist – als Indikator für das Vorhandensein von *flow* dienen. Es könnte sein, daß ganz erhebliche Unterschiede zwischen den *flow*-Erfahrungen eines Malers und denjenigen eines Naturwissenschaftlers oder einer Hausfrau bestehen. Und was im alltäglichen Leben *flow*-Erfahrungen hervorbringt, braucht bei der einen Person nicht das gleiche zu sein wie bei einer anderen. Theoretisch ist also der wichtigste Anhaltspunkt für das Vorhandensein oder Nichtvorhandensein von *flow* die Wahrnehmung der Anforderungen und der Fähigkeiten, wie sie auf den *ESM*-Vordrucken geschildert wird.

Im Interesse einer sinnvollen Interpretation der Daten muß man im übrigen berücksichtigen, daß die einzelnen Probanden sich den skalierten Items in unterschiedlicher Weise nähern werden: Manche Befragten stufen die Anforderungen, denen sie ausgesetzt sind, durchweg als sehr hoch ein, während andere sie durchweg als niedrig einstufen. Diese Unterschiede gelten ebenso für die Bewertung der persönlichen Fähigkeiten und Fertigkeiten. Die hier beschriebene Gruppe gab ihren Fähigkeiten und Fertigkeiten auf einer von 1 bis 9 reichenden Skala den Durchschnittswert von 5,8, wobei die individuellen Mittelwerte sich zwischen 2,4 und 7,8 bewegten. Das durchschnittliche Anforderungsniveau lag für die ganze Gruppe bei 3,8, die entsprechenden individuellen Durchschnittswerte bewegten sich zwischen 1,2 und 6,0. Gibt ein Proband einen persönlichen Mittelwert von 6,0 für das Niveau der Anforderungen an, dann ist seine Bewertung des Anforderungsniveaus einer spezifischen Situation mit 5,0 relativ niedrig, während der gleiche Anforderungswert für eine andere Person, deren persönlicher Mittelwert bei 2,0 liegt, ungewöhnlich hoch wäre. Wo sollen wir bei einer so unterschiedlichen Einstufung durch die einzelnen Probanden ein »hohes« Niveau in bezug auf Fähigkeiten und Fertigkeiten einerseits und in bezug auf die Anforderungen andererseits ansetzen? Um einen gemeinsamen Bezugspunkt zu haben und den Vergleich überhaupt durchführen zu können, bedienen wir uns des traditionellen statistischen Verfahrens zur Standardisierung der individuellen Antworten: Die Rohwerte aus den einzelnen ausgefüllten Vordrucken werden in Zahlen übersetzt, die standardisierte Abweichungen relativ zum Durchschnitt des jeweiligen Probanden repräsentieren. Diese standardisierten z-Werte sind über alle Individuen hinweg untereinander vergleichbar und geben auf einer vereinheitlichten Skala den Grad der Abweichung von der durchschnittlichen Antwort an.

Die verschiedenen Kombinationen aus den – als höher oder geringer wahrgenommenen – Anforderungen und Fähigkeiten werden als acht verschiedene Beziehungen zwischen den standardisierten individuellen Werten wiedergegeben:

1. Hohe Anforderungen und durchschnittliche Fähigkeiten
2. Hohe Anforderungen und hohe Fähigkeiten (*flow*)
3. Durchschnittliche Anforderungen und hohe Fähigkeiten
4. Niedrige Anforderungen und hohe Fähigkeiten (Langeweile)
5. Niedrige Anforderungen und durchschnittliche Fähigkeiten
6. Niedrige Anforderungen und niedrige Fähigkeiten (Apathie)
7. Durchschnittliche Anforderungen und niedrige Fähigkeiten
8. Hohe Anforderungen und niedrige Fähigkeiten (Angst)

Diese acht Situationen sind als Modell in Abbildung 15.1 dargestellt. Der Mittelpunkt des Kreises stellt das individuelle Durchschnittsniveau der wöchentlichen Anforderungen und Fähigkeiten dar. Er entspricht dem Ursprung zweier kartesischer Koordinaten, wobei die Anforderungen auf der Ordinate und die Fähigkeiten auf der Abszisse zu denken sind. Die

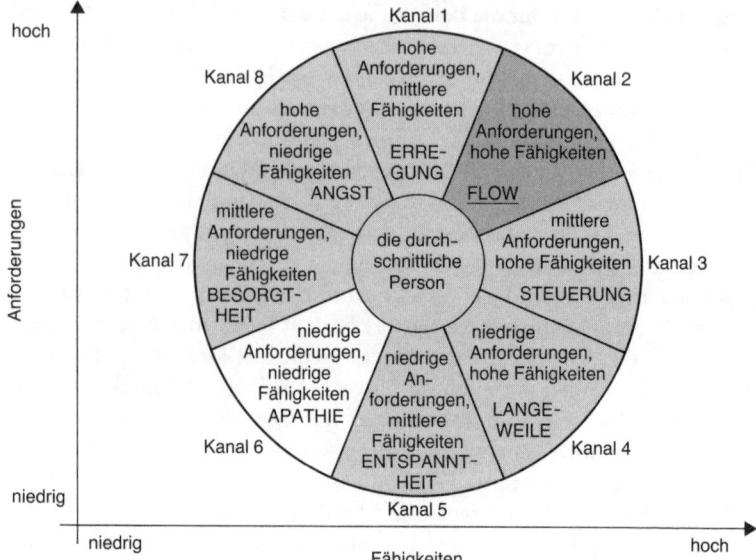

Abbildung 15.1. Ein Modell für die Analyse des Erlebens. Die wahrgenommenen Anforderungen liegen auf der Ordinate, die wahrgenommenen Fähigkeiten auf der Abszisse.

acht »Kanäle« repräsentieren je unterschiedliche Relationen zwischen diesen beiden Variablen.

Das Modell nimmt an, daß jede Person ihre Erfahrung anders beschreibt, je nachdem, in welchem Kanal ihre Aussage auftaucht, mit anderen Worten, nach dem Verhältnis von Anforderungen und Fähigkeiten. Die Erwartung lautet, daß die optimale und zugleich in sich stimmigste Situation dann berichtet werden wird, wenn die befragten Personen ihre Situation durch hohe Anforderungen und durch hohe Fähigkeiten beschreiben (Kanal 2). Die Verifikation dieser Tatsache bildet den ersten Test auf die Validität des Modells. Aber wie sollten wir optimales Erleben definieren? Welche Kombination von Variablen liegt vor, wenn die *flow*-Erfahrung eintritt? Die befragten Schüler beschrieben mit Hilfe der *ESM*-Vordrucke ihren Bewußtseinszustand auf einem sehr breiten Spektrum von Dimensionen. Einige dieser Dimensionen beziehen sich auf affektive Zustände (»glücklich – traurig«; »fröhlich – reizbar«), andere spiegeln motivationale Zustände wider (wie stark war der Wunsch, etwas anderes zu tun?); andere geben die kognitive Beteiligung wieder (z. B. den Grad der Konzentration, die Mühelosigkeit der Konzentration). Vom jeweils

Kanäle	1	2	3	4	5	6	7	8	Varianzanalyse F	Signifikanz
Zahl der Probanden	45	47	41	45	44	46	45	42		
Konzentration	0,60***	0,56***	0,01	−0,36*	−0,44**	−0,46**	−0,02	0,41*	23,32	0,000
Mühelosigkeit der Konzentration	0,04	0,16	−0,13	0,23	0,15	−0,31*	−0,48**	−0,36*	7,65	0,000
Nicht-Selbstbewußtheit	0,01	0,20	0,23	0,25	−0,07	−0,07	0,35*	−0,65***	9,33	0,000
Steuerbarkeit der Situation	0,19	0,44*	0,41*	0,30*	−0,05	−0,55***	−0,71***	−0,58***	29,03	0,000
wach – schläfrig	0,15	0,28	0,09	−0,01	−0,26	−0,38*	−0,05	0,07	5,98	0,000
glücklich – traurig	0,19	0,38*	0,26	0,10	0,00	−0,37*	−0,43*	−0,16	10,37	0,000
heiter – reizbar	0,08	0,27	0,27	0,18	−0,08	−0,24	−0,28	−0,19	6,42	0,000
stark – schwach	0,15	0,35*	0,17	0,08	−0,25	−0,41**	−0,35*	−0,14	8,43	0,000
freundlich – ärgerlich	0,13	0,26	0,36*	0,10	−0,05	−0,23	−0,37*	−0,17	9,71	0,000
aktiv – passiv	0,40**	0,45*	0,17	−0,12	−0,41*	−0,54***	−0,34*	0,21	17,04	0,000
gesellig – einsam	0,10	0,12	0,03	0,16	−0,18	−0,18	−0,26	0,06	2,67	0,010
engagiert – abgelenkt	0,40**	0,42***	0,00	−0,14	−0,21	−0,42**	−0,23	0,45**	13,29	0,000
kreativ – apathisch	0,27	0,52***	0,14	0,00	−0,37*	−0,45**	−0,30*	0,22	18,97	0,000
frei – gezwungen	0,14	0,45*	0,15	0,12	−0,11	−0,33*	−0,61***	−0,30	16,68	0,000
angeregt – gelangweilt	0,36*	0,49**	−0,05	−0,09	−0,29	−0,47**	−0,25	0,19	14,68	0,000
offen – verschlossen	0,25	0,32*	0,19	0,06	−0,28	−0,40**	−0,35*	−0,07	10,00	0,000
klar – verwirrt	0,20	0,53**	0,24*	0,13	−0,15	−0,37*	−0,57***	−0,30	17,12	0,000
entspannt – ängstlich	0,04	0,25	0,34*	0,28	0,08	−0,23	−0,33*	−0,44**	12,19	0,000
Möchte diese Handlung ausführen	0,36*	0,53**	0,02	−0,02	−0,27	−0,47**	−0,10	15,98		0,000
Es steht etwas dabei auf dem Spiel	0,79***	0,47**	−0,01	−0,67***	−0,46**	−0,55***	0,29	0,56***	43,45	0,000
Zeit vergeht[a]	−0,31*	−0,26	0,08	0,03	0,29	0,28	0,09	−0,43**	9,54	0,000
Zufriedenheit	0,39**	0,73***	0,30	0,07	−0,31*	−0,63***	−0,50***	−0,25	36,97	0,000
Möchte woanders sein[b]	−0,31*	−0,33*	−0,02	0,02	0,22	0,30*	0,23	0,05	7,50	0,000
Anzahl der Berichte	200	354	112	279	152	330	133	122		

* = p < 0,05; ** = p < 0,01; *** = p < 0,001
[a] Zeit vergeht: Negative Werte bedeuten, daß die Zeit als rascher vergehend wahrgenommen wird.
[b] Möchte woanders sein: Negative Werte bedeuten die Abwesenheit dieses Wunsches.

positiven Ende dieser Dimensionen nahmen wir an, daß es für *flow* eher typisch sein müsse; das Zusammentreffen aller positiven Skalenausprägungen bildete das angenommene Charakteristikum jenes optimalen Erlebens.

Die aus der Selbstbeobachtung gewonnenen Durchschnittswerte zu diesen verschiedenen Dimensionen sind als standardisierte z-Werte in die hier folgenden Tabellen eingegangen, da die Probanden die Skala möglicherweise in unterschiedlicher Weise ausgefüllt haben. Tabelle 15.1 nennt die mittleren Standardwerte der 47 Schüler in den verschiedenen Dimensionen des Erlebens in jedem der acht Kanäle, wie sie durch das Verhältnis von Anforderungen und Fähigkeiten definiert sind. 23 Dimensionen des Erlebens werden in der Tabelle verglichen. Die Varianzanalyse zeigt signifikante Effekte der Kanäle auf jede dieser 23 Dimensionen.

Kanal 2 ist, wie vorausgesagt, der positivste von allen acht Kanälen und derjenige, in dem die Qualität des Erlebens sich deutlich dem optimalen Erlebenszustand, dem *flow*, nähert. Wenn sowohl Anforderungen als auch Fähigkeiten hoch waren, konzentrierten die befragten Schüler sich in signifikantem Maße stärker als gewöhnlich, sie hatten das Gefühl, die Dinge selbst zu steuern, sie waren »glücklich«, »stark«, »aktiv«, »engagiert«, »kreativ«, »frei«, »angeregt«, »offen«, »klar« und »zufrieden« und wünschten das zu tun, was sie im Augenblick tatsächlich taten. Der entgegengesetzte Erfahrungszustand wurde in Kanal 6 berichtet, bei dem Anforderungen und Fähigkeiten gleichermaßen unter dem für die jeweilige Person geltenden Durchschnittswert lagen; ein vergleichbarer, wenn auch nicht so negativer, Zustand wurde für die Kanäle 7 und 8 berichtet, die nach unserer Theorie Angstsituationen wiedergeben. Kanal 4, der theoretisch der Situation der Langeweile entspricht, spiegelte eine letztlich neutrale Erfahrung: unterdurchschnittliche Konzentration, das Gefühl, daß es um nichts Wichtiges geht, ein angemessenes Gefühl der Kontrolle und im übrigen durchweg durchschnittliche Stimmungen. Tabelle 15.2 zeigt das Maß der Kongruenz zwischen den positiven und den negativen Extremen des Erlebens in den acht Kanälen und macht anschaulich, daß jeder Kanal ein charakteristisches Erfahrungsprofil besitzt.

Kanal 2 bringt die positiven Extreme nahezu aller Dimensionen des Erlebens zusammen, während Kanal 6 und in geringerem Ausmaß Kanal 7 alle negativen Pole zusammenbringen. Kanal 1 ist durch kognitive Beteiligung, Aktivität, Angeregtheit und Befriedigung gekennzeichnet; neben Kanal 2 ist dieser Kanal auf die Erfahrung bezogen die positivste Konfiguration. Kanal 3 zeichnet sich aus durch Freundlichkeit, Entspanntheit und das Gefühl, die Dinge selbst zu steuern. In Kanal 4 schließlich ist das Gefühl der Steuerung noch vorhanden, aber die Konzentration läßt nach,

Die systematische Erfassung des *flow*-Erlebens im Alltag 299

Tabelle 15.2. Kongruenz des Erlebens

Kanäle	1	2	3	4	5	6	7	8
Konzentration	■	■						■
Mühelosigkeit der Konzentration		■				□	□	□
Nicht-Selbstbewußtheit		■				□	□	□
Steuerbarkeit der Situation		■	■	■				
wach – schläfrig		■				□		
glücklich – traurig		■				□	□	
stark – schwach		■				□	□	
freundlich – ärgerlich		■				□	□	
aktiv – passiv		■				□		
engagiert – abgelenkt	■	■				□		■
kreativ – apathisch	■	■				□		
frei – gezwungen		■			□	□		
angeregt – gelangweilt		■				□	□	
offen – verschlossen		■				□		
klar – verwirrt		■				□		
entspannt – ängstlich	■	■	■					□
Möchte diese Handlung ausführen	■	■			□	□	□	□
Es steht etwas dabei auf dem Spiel	□	■				□		□
Zeit vergeht[a]	□	■						
Zufriedenheit	□	■				□	□	
Möchte woanders sein[b]		□						

■ positiv   □ negativ

Die Tabelle zeigt den Zusammenhang der positiven und negativen Ausprägungen der Variablen, die das Erleben in den acht verschiedenen A/F-(Anforderungen/Fähigkeiten)-Situationen beschreiben.

[a] Zeit vergeht: Negative Werte bedeuten, daß die Zeit als rascher vorübergehend wahrgenommen wird.
[b] Möchte woanders sein: Negative Werte bedeuten die Abwesenheit dieses Wunsches.

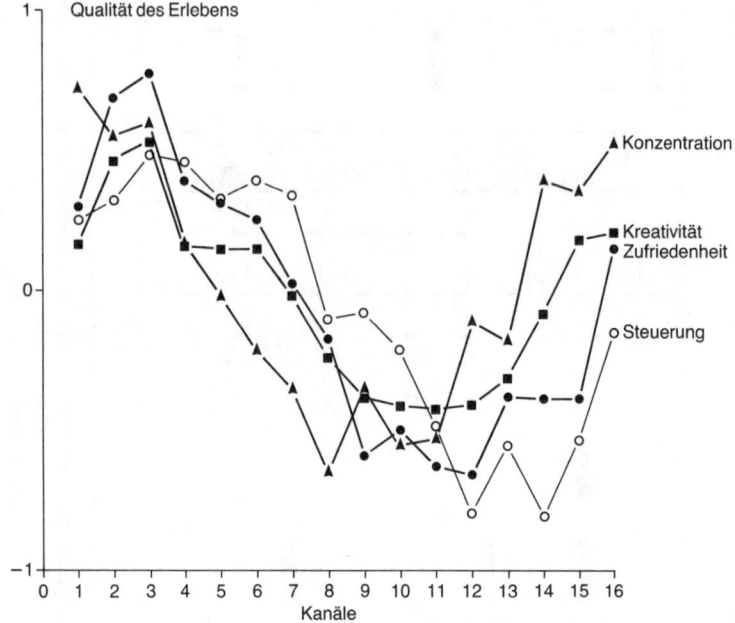

Abbildung 15.2. Qualität des Erlebens italienischer Schüler nach den ESM-Berichten (N = 47, Mittelwerte aus 1682 Eigenberichten).

Erleben scheint insgesamt passiverer Art zu sein. Kanal 5 zeigt bereits das Apathiesyndrom, das dann in Kanal 6 noch stärker ausgeprägt ist. Kanal 8 zeigt Streßmerkmale: hohe Konzentration, hohes Engagement, das Gefühl, daß viel auf dem Spiel steht, dabei aber Konzentrationsschwierigkeiten, mangelnde Steuerung und Angstgefühle.

Die in den Tabellen 15.1 und 15.2 wiedergegebenen Muster zeichnen sehr genau die Erwartungen nach, die auf der *flow*-Theorie aufbauen. Dabei ist allerdings klar, daß das Modell, das mit acht Kanälen arbeitet, ein relativ willkürliches Modell ist. Wenn man sich ein detaillierteres Bild des Verhältnisses von Anforderungen und Können einerseits und der Qualität des Erlebens andererseits machen will, kann man die Zahl der Bezugspunkte verdoppeln und die Berichte vor dem Hintergrund eines 16kanaligen Modells analysieren. Abb. 15.2 zeigt die Mittelwerte von vier Variablen (Konzentration, Steuerung, Kreativität, Zufriedenheit) in jedem einzelnen von 16 Kanälen. In diesem Modell sind es die Kanäle 2 und 3, die dem entsprechen, was im achtkanaligen Modell der Kanal 2 war, während die Kanäle 10 und 11 dem ehemaligen Kanal 6 entsprechen. Am Zu-

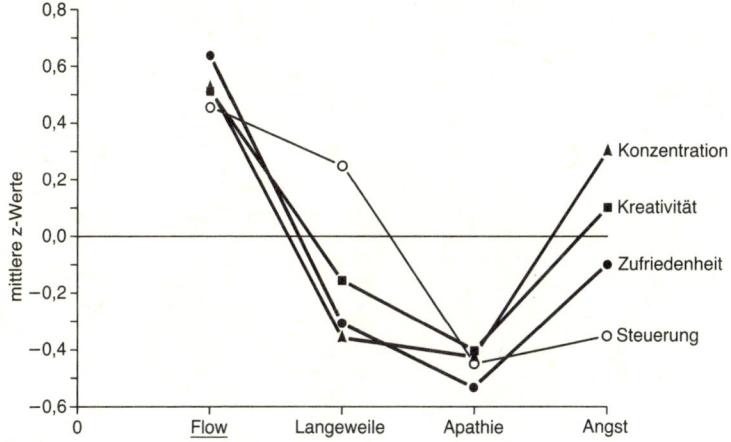

Abbildung 15.3. Qualität des Erlebens in unterschiedlichen Anforderungs-/Fähigkeitskontexten.

sammentreffen der Linien in diesen beiden extremen Konfigurationen zeigt sich erneut die homogene Qualität des optimalen Erlebens einerseits und des Apathiesyndroms andererseits.

Man kann auch die umgekehrte Richtung einschlagen und die Anzahl der Kanäle von acht auf vier reduzieren. Dann hätte man es mit einem Modell zu tun, das sich auf die vier Grundquadranten bezieht, wie sie von der Theorie angenommen werden: 1. Gleichgewicht zwischen Anforderungen und Fähigkeiten, wobei beide Variablen oberhalb des individuellen Mittels liegen; 2. Gleichgewicht zwischen Anforderungen und Fähigkeiten, wobei beide Variablen unterhalb des individuellen Mittels liegen; 3. Ungleichgewicht bei hohen Anforderungen; und 4. Ungleichgewicht bei hohen Fähigkeiten. Abb. 15.3 zeigt die Verteilung der Mittelwerte für vier Erlebnisvariablen (Konzentration, Kreativität, Steuerung, Zufriedenheit) in diesem vierkanaligen Modell. Auch dieses Modell ergibt das vorausgesagte Erlebensprofil. Ob man den einfachen Weg des 4-Kanal-Modells oder den komplexeren Weg des 16-Kanal-Modells einschlagen muß, hängt von der gewünschten Tiefenschärfe der Analyse ab.

Die Häufigkeit des flow-Erlebens bei verschiedenen Aktivitäten. Zu den ersten Fragen, die sich stellen, wenn man die beschriebene Methode auf die Beobachtung des *flow*-Erlebens im Alltag anwenden will, gehört die Frage nach der Art der Aktivitäten, bei denen dieses optimale Erleben typischerweise auftritt. Abb. 15.4 zeigt, daß die in Kanal 2 fallenden Aus-

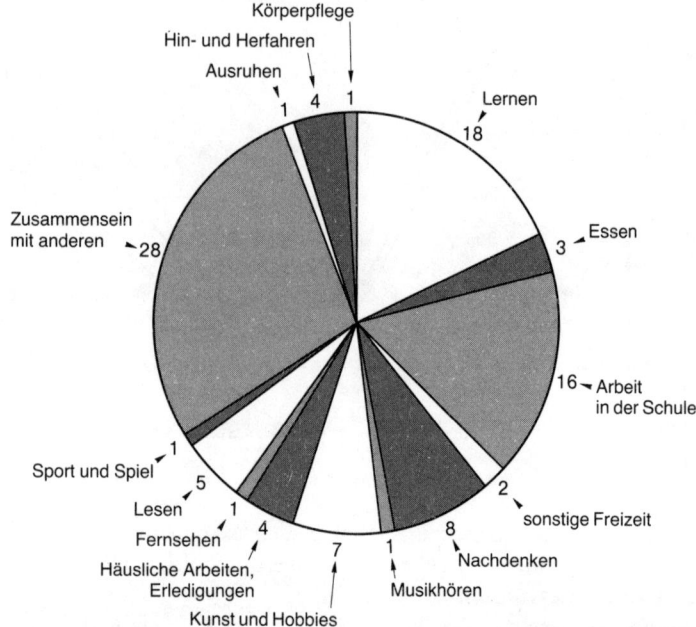

Abbildung 15.4. Verteilung optimalen Erlebens (Berichte in Kanal 2, N = 354) nach unterschiedlichen Aktivitäten.

sagen der italienischen Schüler zum größten Teil schulische bzw. Lernsituationen betrafen (insgesamt 34 %), gefolgt von Situationen, in denen sie mit Gleichaltrigen zusammen waren (28 %), nachdachten (8 %), sich künstlerisch betätigten bzw. einem Hobby nachgingen (7 %), lasen (5 %). Nur 1 % der auf Kanal 2 fallenden Antworten wurden beim Fernsehen gegeben. Insgesamt geht aus Abb. 15.4 hervor, daß fast alles, was im täglichen Leben unternommen wird, *flow*-ähnliche Erfahrungen bewirken kann. Optimistisch stimmt im übrigen der Eindruck, daß produktive Tätigkeiten wie Lernen und die im Unterricht geleistete Arbeit ebenso zu *flow*-Erfahrungen führen können wie jede eher dem Freizeitbereich zuzurechnende Aktivität. Tabelle 15.3 gibt an, welcher Anteil der mit 15 Aktivitäten verbrachten Zeit welchem Kanal (bei Verwendung eines vierkanaligen Modells) zugeordnet wurde. Es zeigt sich, daß jede der 15 Aktivitäten in jedem Kanal vorkommt; dies besagt, daß jede Aktivität zeitweilig langweilig, angst- oder apathiebewirkend sein kann, ebenso wie sie bisweilen das Umfeld für optimales Erleben darstellt. Allerdings bestehen gewaltige

Unterschiede, was die Frage angeht, wie lange die jeweilige Aktivität mit der jeweiligen Erlebensqualität assoziiert war: Fernsehen tritt im *flow*-Kanal nur in 2,8 % der Zeit auf, während die künstlerische Betätigung und die Hobbypflege im gleichen Kanal 47,2 % der Zeit füllten; Körperpflege wurde in 69,4 % der Gesamtzahl als langweilig erfahren, während das Musikhören nur zu 17,6 % der Zeit dem Bereich der Langeweile zugeordnet wurde. Die am häufigsten mit Apathie assoziierte Aktivität war das Fernsehen (39,3 % der Zeit), während die das geringste Ausmaß an Apathie bewirkenden Aktivitäten die künstlerische Betätigung und die Hobbypflege (3,8 %) sowie Sport und Spiel (5,3 %) waren. Ein unerwartetes Resultat im Bereich der Angst in Tabelle 15.3 besteht darin, daß der höchste Anteil an Angst im Zusammenhang mit dem Musikhören genannt wurde (52,9 %). Die Erklärung liegt möglicherweise darin, daß Teenager sich der Musik zuwenden, wenn sie das Gefühl haben, ihre Emotionen nicht unter Kontrolle zu haben; die kausale Verbindung lautet also nicht, daß Musik Angst bewirkt; eher könnte das Gegenteil zutreffen. Die am wenigsten mit Angst assoziierten Aktivitäten sind das Essen und die Körperpflege.

Muster individueller Unterschiede

Das *flow*-Modell und die Arbeit mit der *ESM* erlauben es auch, die adaptiven Strategien zu vergleichen, die den einen Menschen vom anderen unterscheiden. Zur Illustration dieses eher klinischen Ansatzes stellen wir im folgenden eine Reihe von Fallstudien dar.

flow und die Wiederherstellung der Ordnung: Paolo. Paolo besucht die dritte Klasse eines humanistischen Gymnasiums. Im Schnitt kommen seine *ESM*-Werte den Durchschnittswerten recht nahe, wie sie für die gesamte Stichprobe ermittelt wurden. Was seinen Fall interessant macht, ist ein Ereignis, das sich in der Mitte der Versuchswoche ereignete: Er stürzte vom Fahrrad und mußte sich den gebrochenen Fuß eingipsen lassen. Dieses traumatische Erlebnis brachte den normalen Gang seines Alltagslebens durcheinander und machte Paolo für den Rest der Woche nahezu unbeweglich (und reduzierte schließlich die Zahl seiner Aussagen auf insgesamt 24).

Während optimale Erfahrungen dazu führen, daß »Ordnung« in den Bewußtseinszustand kommt, bewirkt ein solcher Unfall das Gegenteil, nämlich Unordnung bei den Bewußtseinsinhalten. Mit anderen Worten, durch den Unfall fiel es Paolo schwerer, die üblichen Strategien anzuwenden und so sein Erleben zu optimieren. Mit Hilfe unseres Modells können

Tabelle 15.3. Aktivität und Qualität des Erlebens (in %)

	Flow	Langeweile	Angst	Apathie
Arbeit in der Schule	23,8	20,1	37,2	18,8
Lernen	23,7	22,2	37,4	16,7
Umgang mit anderen	32,2	24,5	31,5	11,7
Sport und Spiel	26,3	36,8	31,6	5,3
Fernsehen	2,8	45,8	12,1	39,3
Musikhören	11,8	17,6	52,9	17,6
Kunst und Hobbies	47,2	20,8	28,3	3,8
Lesen	24,6	34,8	24,6	15,9
Nachdenken	18,2	21,4	36,5	23,9
sonstige Freizeit	10,8	41,5	20,0	27,7
Essen	9,9	56,0	7,7	26,4
Körperpflege	3,5	69,4	7,1	20,0
Hin- und Herfahren	19,2	41,1	17,8	21,9
Häusliche Arbeiten und Erledigungen	16,1	54,0	10,3	19,5
Ausruhen	10,5	44,7	13,2	31,6

Verteilung der wichtigsten Aktivitäten in vier nach dem Anforderungs-/Fähigkeits-Verhältnis definierten Situationen.
flow bedeutet Kanal 2 (hohe Anforderungen und hohe Fähigkeiten); Langeweile erfaßt die Situationen in Kanälen 3, 4 und 5 (Fähigkeiten herrschen vor); Angstsituationen bedeuten Kanäle 1, 8, 7 (Anforderungen herrschen vor); Apathie bedeutet Kanal 6 (niedrige Anforderungen und niedrige Fähigkeiten).

wir immerhin versuchen zu zeigen, wie Paolo in dieser Woche mit den desorganisierenden Wirkungen seines Unfalls fertig wurde. Wenn man die ganze Woche in den Blick nimmt, dann bezog sich Paolos Erleben auf Situationen, die in erster Linie dem Kanal 2 (29,2%), sodann den Kanälen 1 und 4 (je 16,7%; siehe Tabelle 15.4) zuzurechnen sind. In welchen Situationen berichtete Paolo von optimalem Erleben? Von den sieben Malen, die er nach seinen Worten in Kanal 2 verbrachte, beziehen sich fünf – oder 70% – auf das Lernen entweder zu Hause oder in der Schule. Tatsächlich ist Lernen für Paolo immer mit hohen oder zumindest durchschnittlichen Anforderungen assoziiert (Kanäle 1, 2, 7 und 8), und bei allen Aussagen, die er machte, während er mit Lernen befaßt war, befand er sich in 50% der Zeit in Kanal 2. Es scheint klar, daß es schulische und Lernsituationen sind, die für Paolo das Umfeld für die optimale Integration persönlicher Fähigkeiten und situationeller Möglichkeiten darstellen.

Dies bedeutet nicht, daß er nur für seine Bücher und seine Hausaufgaben existierte. Während er lernt, wünscht er sich wie die meisten seiner Klassenkameraden, woanders zu sein; er treibt Sport und führt ein aktives soziales Leben. Immerhin aber stellt die schulische Arbeit für ihn eine Gelegenheit dar, sein Wissen und Können anzuwenden; er spricht vom Lernen immer als von einer Betätigung, bei der eine Menge auf dem Spiel steht.

Am Tag des Unfalls füllte Paolo keinen *ESM*-Vordruck aus. Am nächsten und den beiden darauf folgenden Tagen fiel keine seiner Antworten in Kanal 2. Da er ständig an seinen Gips dachte und immerzu damit beschäftigt war, mit seinen Krücken zurechtzukommen, fielen alle seine Antworten in die unteren Bereiche, nämlich in die Kanäle 5, 7, 4 und 6. Es dauerte zweieinhalb Tage, bis Paolo nach dem Unfall wieder mit seiner Umgebung im Gleichgewicht war und seine Aufmerksamkeit auf eine konkrete Aufgabe richten konnte. Aus drei aufeinanderfolgenden Aussagen, die er am dritten Tag nach seinem Sturz zwischen 15.30 Uhr und 20.00 Uhr machte, wird deutlich, daß er wieder entdeckt hatte, wie er seine Fähigkeiten mit den in der Umgebung liegenden Möglichkeiten in Einklang bringen konnte. Er kehrte in Kanal 2 zurück, indem er sein Erleben auf eben die Art und Weise ordnete, die er früher bereits perfektioniert hatte – indem er lernte. Um 15.30 Uhr setzte er sich an eine Physikaufgabe. Seine Konzentration war hoch, aber er meldete Konzentrationsschwierigkeiten. Er war verwirrt; er gab hohe Anforderungen, aber niedrige Fähigkeiten an. Das ist eine typische Kanal-7-Situation. Um 18.00 Uhr lernte Paolo noch immer Physik. Inzwischen hatte er eine außergewöhnliche Kongruenz des Erlebens erreicht: die Konzentration war noch immer hoch, aber nun gelang sie auch mühelos; von Verwirrung war nicht mehr die Rede; statt dessen gab Paolo an, er sei klaren Verstandes und habe die Situation im Griff. Er war nicht mit der eigenen Person beschäftigt und empfand Zufriedenheit, Anforderungen und Können waren gleichermaßen hoch. Hier haben wir es eindeutig mit einer Kanal-2-Situation zu tun. Um 20.00 Uhr bestand diese Situation immer noch; Paolo lernte noch immer Physik und befand sich weiterhin in Kanal 2. Er beschrieb die gleichen positiven Dimensionen des Erlebens wie vorher, nur daß es ihm jetzt etwas schwerer fiel, sich zu konzentrieren, und er durch den Wunsch, mit seinen Freunden zu einer *Country-Music*-Veranstaltung zu gehen, abgelenkt war.

Dadurch, daß Paolo seine gewohnte Aufmerksamkeitsstruktur wiederherstellte, gelang es ihm offensichtlich, sein Bewußtsein wieder in einen Zustand der relativen Ordnung zurückzuführen. Vielleicht befand er sich nicht im vollständigen *flow*, weil er bei seiner Arbeit noch immer nicht sehr hoch motiviert war, aber er war diesem optimalen Zustand recht nahe. Lernen ist für einen Jugendlichen nur selten eine vollkommene *flow*-Erfahrung, weil die Motivation dazu in der Regel extrinsischer Art ist. Daß ein Jugendlicher sich im Prozeß des Lernens der *flow*-Erfahrung nähert, bedeutet allerdings auch, daß er es immer besser versteht, Ordnung in sein Selbst zu bringen. Daraus resultiert nicht nur eine große Befriedigung, wie sie in anderen Bereichen des Lebens kaum anzutreffen ist, sondern es werden auf diese Weise auch die Voraussetzungen einer fruchtbaren Integration der sozialen Rollen des Erwachsenen begründet.

Am nächsten Tag hatte Paolo seinen normalen Zustand wieder erreicht. Im verbleibenden Teil der Woche fielen mehr von seinen Aussagen in Kanal 2, und es gab keine großen Diskrepanzen zwischen Anforderungen und Fähigkeiten. Nicht alle Schüler nutzen allerdings so geschickt wie er die in ihrer Umgebung liegenden Möglichkeiten, Ordnung in ihr Erleben zu bringen. Die beiden nächsten Fallbeispiele beschreiben Schüler, für die Schule und Lernen offensichtlich nur sehr geringe Herausforderungen und damit keine Möglichkeiten für optimales Erleben darstellen.

Zwischen Langeweile und Apathie: Mariarita. Die von dieser Probandin entwickelten Strategien sind in gewisser Hinsicht ein Spiegelbild von Paolos Strategien. Nur eine ihrer 49 Aussagen fiel in Kanal 2; dies stellt eine ausgeprägte Unfähigkeit dar, ihre Fähigkeiten und Fertigkeiten in der Umgebung, in der sie sich befindet, zum Ausdruck zu bringen. Mariaritas Erleben bewegt sich die meiste Zeit über im Bereich der Langeweile in Kanal 4 (47,9 %); die beiden nächsthäufigsten Situationen sind die der Apathie (Kanal 6) und der Erregung (Kanal 1), beide mit 14,6 % ihrer Aussagen belegt (s. Tabelle 15.4). Wohl beschäftigt sie sich mit einer Vielzahl verschiedener Aktivitäten, doch scheint keine dieser Aktivitäten eine ordnende Wirkung auf ihr Bewußtsein zu haben. Das Lernen gehört zu ihren Haupttätigkeiten (sie verbringt 36 % ihrer Woche mit Lernen), aber keine der unter der Bedingung des Lernens gegebenen Aussagen fällt in Kanal 2. Die meisten dieser Antworten gehören in den Bereich der Langeweile oder der Apathie.

Die einzige Aussage zu Kanal 2 ergab sich, als sie zu Hause damit beschäftigt war, einen Bilderrahmen zu reparieren, ein eher zufälliges Geschehen, das in keiner Weise in einen kohärenten und übergreifenden Handlungsplan eingebunden war. Bei dem nahezu vollständigen Fehlen von Kanal-2-Aussagen ist der positive Pol in diesem Fall durch Situationen starker Erregung (Kanal 1) repräsentiert. Mariarita muß sich, um mit der Langeweile fertig zu werden, in einer Situation befinden, die hohe Anforderungen stellt, auch wenn diesen keine adäquaten persönlichen Fähigkeiten entsprechen. Ihre in Kanal 1 fallenden Aussagen gehören zum Teil zur

Tabelle 15.4. Verteilung der Selbstbeschreibungen von Paolo, Carlo, Carmen, Maria und Mariarita auf die einzelnen Kanäle

	Paolo (N = 24)	Carlo (N = 31)	Carmen (N = 50)	Maria (N = 47)	Mariarita (N = 49)	Alle Schüler (N = 1682)
Kanal 1	16,7	3,2	6,0	2,1	14,6	11,7
Kanal 2	29,2	32,3	28,0	19,1	2,1	20,2
Kanal 3	4,2	–	8,0	14,9	–	6,2
Kanal 4	16,7	9,7	24,0	10,6	47,9	16,2
Kanal 5	4,2	6,5	4,0	2,1	4,2	8,6
Kanal 6	12,5	25,8	16,0	23,4	14,6	18,6
Kanal 7	12,5	–	–	8,5	8,3	7,6
Kanal 8	4,2	6,5	12,0	14,9	6,3	6,9
zentraler Bereich	–	16,1	2,0	4,3	2,1	3,7

Situation des Musikhörens; diese Aussagen sind dem optimalen Erleben am stärksten angenähert.

Da von Mariarita nur Aussagen aus einer einzigen Woche vorliegen, kann man nicht mit Bestimmtheit sagen, wo die Schwierigkeiten liegen und ob sie durch Elemente in der Umgebung oder aber durch Mariaritas Art der Wahrnehmung dieser Umgebung verursacht sind. Wichtig ist jedoch die Feststellung, daß die Prozesse der individuellen Selektion und die von der jeweiligen Kultur strukturierten Handlungsmöglichkeiten auseinandergehen können (Csikszentmihalyi und Massimini, 1985); ebenso wichtig ist aber die Frage nach den Ursachen dieser Divergenzen.

Entropie und die Störung des flow-*Erlebens: Maria.* Für Maria ist die Woche von emotionalen Schwierigkeiten gekennzeichnet, bei denen es um ihren Freund geht. Es ist eine dynamische Situation, ein ständiges Auf und Ab. Von ihren 50 Aussagen beziehen sich 35 auf den Jungen, an dem ihr so viel gelegen ist; dabei steht dieser Junge entweder im Mittelpunkt ihrer Gedanken oder Wünsche, oder er tritt – in 7 der 35 Fälle – als wirklicher Interaktionspartner auf. Nicht ein einziges Mal findet diese Interaktion im Bereich optimalen Erlebens (Kanal 2) statt. In allen Fällen sind die Anforderungen der Situation höher als die Fähigkeiten (drei Antworten fallen in Kanal 7, drei in Kanal 8, eine in Kanal 1). Tatsächlich ist die Qualität des Erlebens im Zusammenhang mit dem Freund von Ängstlichkeit,

Verwirrung, Traurigkeit und Unzufriedenheit gekennzeichnet – allerdings zusammen mit einem hohen Engagement, hoher Konzentration und dem Gefühl, daß viel auf dem Spiel steht.

Immerhin aber sind Marias auf optimales Erleben zielende Strategien wirksamer als diejenigen, die soeben im Fall von Mariarita beschrieben wurden. Maria scheint ebenso wie Paolo imstande zu sein, ihr Erleben zu strukturieren. Trotz der Probleme, die sie mit ihrem Freund hat, fallen 19 % aller ihrer Aussagen in Kanal 2, was fast genau dem Durchschnitt in dieser Stichprobe entspricht. Sie entstammen allen möglichen Situationen und Aktivitäten: dem Lernen, dem Sport, dem Zusammensein mit Freunden. Sie haben auch etwas mit ihrem Freund zu tun (sei es, daß sie sich mit ihren Freundinnen über ihn unterhält oder sich zum Ausgehen mit ihm fertigmacht). Im Augenblick allerdings gilt der größte Teil von Marias Aufmerksamkeit dieser Beziehung, die sie nicht in ein ausgewogenes Verhältnis von Anforderungen und Fähigkeiten zu integrieren vermag. Deshalb kann sie nicht zu wirklich kongruentem positiven Erleben finden, wenn sie ganz direkt mit dieser Beziehung befaßt ist, und diese Unfähigkeit beeinflußt auch ihr übriges Erleben. Am häufigsten berichtet sie Apathie (23,4 % in Kanal 6), ferner hat sie den höchsten Durchschnittswert bei Angst und einen der drei höchsten Durchschnittswerte bei Langeweile. Daß Marias Antworten in Kanal 2 entschieden positiver sind als im Durchschnitt, weist darauf hin, daß sie ihr Erleben nach positiveren Bahnen zu strukturieren vermag, wenn und soweit sie imstande ist, mit der entropischen Wirkung ihrer gegenwärtigen gefühlsmäßigen Bindung fertig zu werden.

Wir wenden uns jetzt solchen Situationen zu, bei denen emotionale Bindungen das Innenleben der betreffenden Person stabilisieren, statt Entropie zu bewirken.

Negentropie und Stabilität: Carlo und Carmen. Sowohl bei Carlo als auch bei Carmen ist der Anteil an Kanal-2-Aussagen relativ hoch: bei Carlo 32,3 %, bei Carmen 28,0 %. Beide Fälle haben nichts Außergewöhnliches an sich; sie sind Beispiele der Normalität, was ihr soziokulturelles Umfeld angeht. Was diese beiden Schüler von den zuvor erwähnten unterscheidet, ist die Art, in der sie ihr Verhältnis zu ihrer Umgebung – zur Schule, zum Freund bzw. zur Freundin und zur Familie – beschreiben. Carlo zum Beispiel hat eine enge Beziehung zu einem Mädchen, das die gleiche Schule besucht wie er. Sie erscheint in 14 seiner 31 *ESM*-Aussagen; während aber Marias Beziehung zu ihrem Freund eine ständige Quelle der Angst und der Störung war, ist Carlos Beziehung zu seiner Freundin eine Möglichkeit, zu Ordnung und optimalem Erleben zu finden. Abb. 15.5 vergleicht

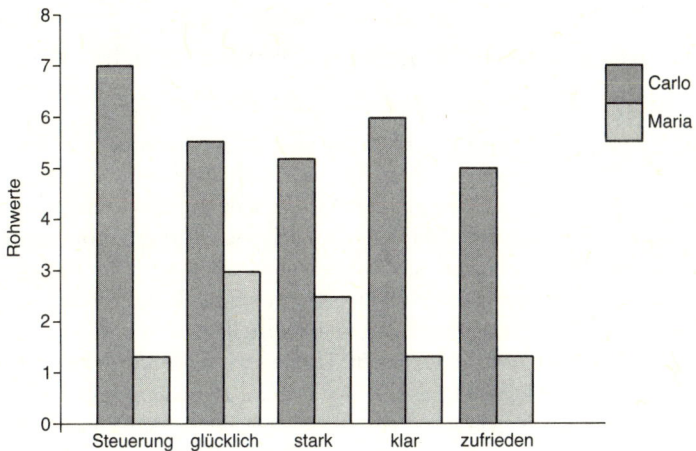

Abbildung 15.5. Mittlere Qualität des Erlebens mit dem Partner.

die Durchschnittswerte einer Reihe von Stimmungen, die Maria und Carlo berichteten, wenn sie mit dem Freund bzw. der Freundin zusammen waren. Es ist eindeutig, daß die emotionale Beziehung in dem einen Fall eine Quelle eines einheitlich positiven Erlebens ist, wohingegen sie im anderen Fall die gegenteiligen Stimmungen erzeugt.

Immer wenn Carlo mit seiner Freundin allein ist, berichtet er von hohen Anforderungen und hohen Fähigkeiten (Kanal 2) sowie von einem rundum positiven Erleben. Aber es gibt auch noch andere Kontexte, in denen sein Erleben sich dem *flow*-Zustand nähert: das Lernen, die Musik und insbesondere das Zeichnen. Das letztere repräsentiert für ihn am ehesten das *flow*-Erlebnis.

Ein ganz ähnlicher Fall ist Carmen, deren Woche von Anfang bis Ende mit positiven und heiteren Selbstbeobachtungen angefüllt ist. Wie Carlo findet auch sie vielfältige Möglichkeiten, ihre persönlichen Fähigkeiten einzusetzen: Sie befindet sich im *flow*, wenn sie mit ihrem Freund zusammen ist, wenn sie liest und – sehr häufig – wenn sie lernt (35 % ihrer Kanal-2-Aussagen haben mit dem Lernen entweder zu Hause oder in der Schule zu tun). Ihr darauf bezogenes optimales Erleben liegt, anders als bei Paolo, im Bereich der geisteswissenschaftlichen Fächer. Bei physikalischen oder anderen naturwissenschaftlichen Themen befindet sich ihr Bewußtsein gewöhnlich im Zustand der Apathie. Dennoch gibt ihr das Muster ihres Alltags eine Vielzahl sinnvoller Ziele, auf die sie ihre psychische Energie richten kann.

Schlußfolgerungen:
Auf dem Weg zur komplexeren Persönlichkeit

Die fünf Fallstudien zeigen Möglichkeiten der Anwendung des *flow*-Modells unter Zuhilfenahme der *ESM*. Sie sind Beispiele dafür, wie der einzelne seine Erfahrungen im Alltag integriert. Die Eigenberichte der Schüler bestätigten die Erwartungen, die wir, bezogen auf das Verhältnis zwischen optimalem Erleben und einem Gleichgewicht der Anforderungen und Fähigkeiten, entwickelten. Ob für eine Gruppe oder für den einzelnen, mit Hilfe des *flow*-Modells läßt sich eine sinnvolle Interpretation dieser Verhaltens- und Bewußtseinssegmente anstellen.

Wenn es zutrifft, daß die Fähigkeit, Erfahrung zu strukturieren und damit zu einem Gleichgewicht auf hohem Niveau zwischen Anforderungen und Fähigkeiten zu gelangen, ein Mittel zur Persönlichkeitsentfaltung darstellt (Csikszentmihalyi und Larson, 1984), dann lassen sich die fünf soeben geschilderten Fälle in zwei große Gruppen einordnen. Zur ersten gehören Paolo, Carlo und Carmen, die es offensichtlich verstehen, ihre Erfahrung zu strukturieren; die zweite Gruppe besteht aus Maria und Mariarita, die dies noch nicht gelernt haben. Entsprechend unterscheiden sich die Teenager in diesen beiden Gruppen auch im Hinblick auf die Qualität ihres Erlebens während dieser Woche: Die drei Personen in der ersten Gruppe erreichten im Vergleich zur Gruppe der Schüler insgesamt überdurchschnittlich hohe Werte bei den meisten Erlebensdimensionen (in Paolos Fall waren es 13, in Carlos Fall 21, in Carmens Fall 20 von 25 Variablen; im Gegensatz dazu lagen die Durchschnittswerte, die Maria und Mariarita erreichten, nur bei vier bzw. bei drei Variablen über dem Gruppendurchschnitt).

Es gibt noch eine andere Möglichkeit, die Frage zu untersuchen, ob Menschen, die mehr Zeit im *flow* verbringen, daraus insofern Nutzen ziehen, als sich die Qualität ihres Lebens ganz allgemein verbessert. Sie besteht darin, den vom einzelnen Probanden im Laufe der Woche in den verschiedenen Kanälen verbrachten Zeitanteil mit den jeweils in bezug auf die 25 *ESM*-Variablen erzielten Durchschnittswerten zu korrelieren: Besteht ein Zusammenhang zwischen »mehr Zeit im *flow*« und »positiverem Erleben insgesamt«? Besteht ein Zusammenhang zwischen »mehr Zeit im Zustand der Langeweile und der Angst« und einem »insgesamt negativeren Bewußtseinszustand«? Um die Dinge zu vereinfachen, wurde bei dieser Analyse das 4-Kanal-Modell benutzt (also *flow* = Kanal 2; Angst = Kanäle 1, 7, und 8; Langeweile = Kanäle 3, 4 und 5; Apathie = Kanal 6). Tabelle 15.5 zeigt die Ergebnisse. Aus der ersten Spalte ergibt sich, daß der Anteil der im *flow* verbrachten Zeit in der Tat in einem posi-

Tabelle 15.5. Globale Erlebenswerte (N = 47)

	Flow	Angst	Langeweile	Apathie
Konzentration	0,05	0,01	0,07	0,11
Mühelosigkeit der Konzentration	−0,20	−0,9	0,15	0,21
Nicht-Selbstbewußtheit	−0,04	−0,04	−0,03	0,15
Steuerbarkeit der Situation	0,03	0,01	0,10	−0,05
wach – schläfrig	−0,06	0,10	0,14	−0,16
glücklich – traurig	0,53**	−0,37*	−0,38*	0,08
heiter – reizbar	0,45**	−0,24	−0,20	−0,06
stark – schwach	0,27	−0,18	−0,20	0,06
freundlich – ärgerlich	0,41*	−0,23	−0,14	−0,06
aktiv – passiv	0,17	0,04	−0,08	−0,10
gesellig – einsam	0,36*	−0,08	0,07	0,05
engagiert – abgelenkt	0,14	0,03	0,08	−0,17
kreativ – apathisch	0,26	0,09	−0,15	−0,23
frei – gezwungen	0,14	−0,08	−0,08	0,02
angeregt – gelangweilt	0,42**	−0,27	−0,45**	0,13
offen – verschlossen	0,32*	−0,22	−0,16	0,03
klar – verwirrt	0,25	−0,24	−0,17	0,08
entspannt – ängstlich	0,42**	−0,12	−0,38*	−0,05
Anforderungen	0,64**	−0,09	−0,36*	−0,32*
persönliche Fähigkeiten	−0,00	0,26	0,37*	−0,52**
möchte diese Handlung ausführen	−0,01	−0,00	0,00	0,02
es steht etwas dabei auf dem Spiel	0,53**	−0,10	−0,42*	−0,14
Zeit vergeht	−0,14	0,08	−0,00	0,06
Zufriedenheit	0,43**	−0,12	−0,36*	−0,04
möchte woanders sein	0,05	−0,01	−0,01	0,02

Korrelationen zwischen den individuellen Mittelwerten der Variablen, die die Qualität des Erlebens messen, und dem Prozentsatz der Berichte in den vier wichtigsten Situationen, definiert nach dem Verhältnis von Anforderungen und Fähigkeiten.
* $p < 0,01$; ** $p < 0,001$.

tiven Zusammenhang mit der Qualität des Erlebens steht – nicht nur momentan, im Augenblick des Geschehens, sondern kumulativ im Verlauf der Woche. Teenager, die häufiger im Kanal 2 auftauchen, berichten auch, daß sie im ganzen Verlauf der Woche glücklicher, heiterer, freundlicher und umgänglicher sind. Diese vier Variablen bilden miteinander die Erlebensdimension »positive Stimmung«, und bei jeder von ihnen ist die Korrelation hoch und signifikant. Ferner besteht ein Zusammenhang zwischen der Häufigkeit des Auftauchens in Kanal 2 und dem Maß für Angeregtheit, Entspanntheit und Zufriedenheit, das die Teenager im Laufe der Woche berichten, sowie der Frage, wieviel aus ihrer Sicht in ihrem täglichen Leben auf dem Spiel steht. Die Zeit, die im Zustand der Angst verbracht wird, ist nur in einer Hinsicht signifikant korreliert: Schüler, die mehr Zeit in diesem Zustand verbrachten, geben an, trauriger gestimmt zu sein. Häufige Langeweile ist symptomatischer: Teenager, die mehr Zeit in den Kanälen der niedrigen Fähigkeiten verbringen, sind trauriger, gelangweilter, ängstlicher und weniger zufrieden, und sie meinen, daß weniger für sie auf dem Spiel steht. Der Zustand der Apathie schließlich korreliert nicht sehr stark mit irgendeiner der Variablen, außer (negativ) sowohl mit den Anforderungen wie mit den Fähigkeiten, was natürlich eine Tautologie bedeutet. Obwohl die Apathie also der negativste augenblickliche Erlebenszustand ist, scheinen die langfristigen Wirkungen des Verbleibens in diesem Zustand doch weniger auffällig als die Wirkungen des Verbleibens im Zustand der Langeweile.

Jugendliche, denen es immer wieder gelingt, anspruchsvolle Handlungsanforderungen mit ihren persönlichen Fähigkeiten zur Deckung zu bringen, sind dabei, eine komplexe Persönlichkeit zu entwickeln. Die Ordnung, die sie in ihrem Bewußtsein zu etablieren lernen, ist nicht leicht zu erreichen. Sie verlangt den anhaltenden disziplinierten Einsatz der psychischen Energie und das ständige Kalibrieren der Fähigkeiten und Fertigkeiten. Um die eigenen Möglichkeiten zu entwickeln, muß man sozusagen täglich eine Dosis hoher Anforderungen nehmen. Das Geheimnis besteht darin, der tiefen Befriedigung, als die sich das *flow*-Erlebnis darstellt, dabei so nahe wie möglich zu kommen. Ein Jugendlicher, der lernt, seine Hausaufgabe im Fach Physik mit Freude zu erledigen (und sich seiner Freunde, seiner Familie, der Musik und aller anderen Dinge zu freuen, die seine Umwelt ihm bietet), ist auf dem Weg in ein reiches und lohnendes Leben.

Die Jugendlichen, die wir beobachteten, lernen soeben, ihre Erfahrungen zu strukturieren und ein Selbst aufzubauen auf den Aufmerksamkeitsstrukturen, die sie an ihren verschiedenen Zielen ausrichten. Welche Art von erwachsenen Menschen sie eines Tages sein werden, das hängt unmittelbar von den Erlebensstrategien ab, mit denen sie in dieser Periode ihres Lebens operieren. Das *flow*-Modell und die Daten, die sich zur *flow*-Messung einsetzen lassen, sind jedoch auf einer sehr viel breiteren und allgemeineren Ebene anwendbar und zukunftsträchtig.

Kapitel 16

flow und die Erlebensqualität im Kontext von Arbeit und Freizeit

Judith Lefevre

flow als Erfahrung erwachsener Personen ist zwar im Kontext spezifischer Tätigkeiten – wie des Schachspiels, des Felskletterns und der Arbeit des Chirurgen – beschrieben worden (Csikszentmihalyi, 1975b, dt. 1985), nicht aber als ein Geschehen, das sich auch im Verlauf normaler und alltäglicher Tätigkeiten einstellen kann. Immerhin hat die Beobachtung von Teenagern in deren Alltag gezeigt, daß *flow* durch ein höheres Ausmaß an Motivation, kognitiver Effizienz, Aktivation und Zufriedenheit gekennzeichnet ist (Csikszentmihalyi und Larson, 1984; s. auch Massimini und Carli, Kapitel 15). Und Personen mit hoher Leistungsfähigkeit berichten im Gegensatz zu denen mit geringer Leistungsfähigkeit von einem größeren Ausmaß an *flow* bei ihrer geistigen Tätigkeit (Csikszentmihalyi und Nakamura, 1986; Nakamura, Kapitel 17). Diese durch die Beobachtung von Teenagern gewonnenen Erkenntnisse weisen darauf hin, daß *flow* im alltäglichen Leben eine optimale Erlebensweise ist und die Verwirklichung der individuellen Möglichkeiten fördert. Um die Hypothese zu bestätigen, daß das *flow* Erlebnis im alltäglichen Leben Erwachsener und Heranwachsender eine optimale Form des Erlebens darstellt, geht diese Studie zunächst der Frage nach, wieviel Zeit erwachsene Personen im *flow* (verstanden als ausgewogenes Verhältnis von Anforderungen und Fähigkeiten oberhalb eines bestimmten Niveaus im Wochendurchschnitt) verbrachten, und vergleicht dann die Selbsteinstufungen auf einer Skala zur Qualität des Erlebens mit Einstufungen, die sie in anderen Augenblicken ihres normalen und alltäglichen Lebens abgaben. Sie geht ferner der Frage nach, ob ein Mehr an Zeit, die im *flow*-Zustand verbracht wird, die Erlebensqualität ganz allgemein steigert. Die meisten Erwachsenen verbringen einen großen Teil ihrer Zeit mit Arbeit. Dabei variiert allerdings die Qualität ihres Erlebens beträchtlich. Es ist verschiedentlich geäußert worden, daß Wohlbefinden – sei es bei der Arbeit oder außerhalb dieses Umfeldes – in einem Zusammenhang mit den am Arbeitsplatz vorhandenen Möglichkeiten der Selbstverwirklichung und Entfaltung steht, die ihrerseits durch die Art der jeweiligen Arbeit bestimmt sind (Herzberg, 1968; Davis und Cherns, 1975; Karasek, 1979). Bereits vorliegende Erkenntnisse aus der Beobachtung von Teenagern legen den Gedanken nahe, daß Betätigungen, die durch ein hohes Niveau der Anforderungen und der Fähigkeiten gekennzeichnet sind, das Wohlbefinden erhöhen, weil man durch das *flow*-Erlebnis zu größerer Selbstverwirklichung gelangt.

Andererseits ist auch das Argument vorgetragen worden, daß Selbstverwirklichung außerhalb des Umfelds der Arbeit möglich ist und hier das Fehlen entsprechender Möglichkeiten am Arbeitsplatz kompensiert (Blackler und Shimmin, 1984). Ein weiteres Anliegen der vorliegenden Studie besteht darin, das *flow*-Erlebnis im Kontext von Arbeit und Freizeit zu vergleichen und die Auswirkungen unterschiedlicher Tätigkeiten auf das Erleben der Menschen in beiden Kontexten zu erkunden. Zu diesem Zweck wird über das Ausmaß an *flow* im Umfeld der Arbeit wie in anderen Situationen berichtet und die Qualität des Erlebens in beiden Kontexten miteinander verglichen. Anschließend werden die Wirkungen der jeweiligen Tätigkeit auf das *flow*-Erleben in beiden Kontexten ausgewertet, um zu erkunden, ob höherrangige und anspruchsvollere Tätigkeitsfelder mit mehr *flow* und einer besseren Erlebensqualität einhergehen als weniger anspruchsvolle Tätigkeiten.

Die Methode

Die Stichprobe

Bei den Befragten handelte es sich um Beschäftigte von fünf großen Firmen im Raum Chicago, die sich bereit erklärt hatten, bei einer Erhebung mitzuarbeiten. In Betriebsversammlungen war das Vorhaben insgesamt 1026 Personen vorgestellt worden, und 44% von ihnen hatten sich freiwillig zur Verfügung gestellt. Dabei war der Anteil der ausgebildeten Arbeitskräfte höher als derjenige der ungelernten (75% ausgebildete, 12% nicht ausgebildete Arbeitnehmer). Von denen, die mit der Befragung einverstanden waren, wurden eine repräsentative Stichprobe von 139 Personen zur Teilnahme ausgewählt; 107 kamen noch hinzu (eine detailliertere Schilderung des Auswahlverfahrens findet sich bei Graef, 1978).

Die Befragten waren im Management und im technischen Bereich (27%), im Büro (29%) und am Fließband (44%) beschäftigt. Etwa die Hälfte (53%) war verheiratet, 31% waren ledig, 16% waren geschieden oder lebten nicht mit ihrem Ehepartner zusammen. Sie lagen im Altersbereich zwischen 19 und 63 Jahren (das mittlere Lebensalter betrug 36,5 Jahre); 37 % waren Männer, 63 % Frauen. Die meisten (75 %) waren Weiße; dies bedeutet also, daß wir es mit einer Stichprobe zu tun haben, deren Aussagen vermutlich typisch sind für den durchschnittlichen amerikanischen Großstadtbewohner.

Das Vorgehen

Mit der *Experience Sampling Method* (ESM) wurden die *flow*-Erfahrungen erwachsener Personen in deren alltäglichem Leben erfaßt (Csikszentmihalyi, Larson und Prescott, 1977; Larson und Csikszentmihalyi, 1983; Csikszentmihalyi und Larson, 1987). Wie bei anderen Studien, die sich dieser Methode bedienen, wurde auch hier mit der Selbstbeobachtung der Probanden gearbeitet, und zwar eine Woche lang und jeweils über den Tag verteilt. Die Teilnehmer waren mit elektronischen Rufgeräten (»Piepsern«) ausgestattet, wie sie auch von Ärzten benutzt werden, und es wurden ihnen täglich sieben Signale übermittelt. Die Signale erreichten sie zwischen 7.30 Uhr und 22.30 Uhr jeweils innerhalb einer Zweistundenperiode, im übrigen aber unerwartet. Insgesamt wurden also etwa 56 Signale pro Person und Woche ausgesandt. Davon wurden durchschnittlich 44 Signale beantwortet; mit den insgesamt 4800 Antworten waren 85 % aller Signale abgedeckt. Fehlsignale entstanden durch mechanisches Versagen der Piepser oder deshalb, weil die anzusprechende Person den Piepser abgestellt hatte, wenn sie gerade nicht gestört werden wollte. 99 % der Antworten wurden innerhalb von 20 Minuten nach Ertönen des Signals gegeben. Mit Ertönen des Signals waren die Probanden aufgefordert, sogleich einen Fragebogen (ESF oder *Experience Sampling Form*) auszufüllen, den sie immer in mehreren Exemplaren bei sich trugen. Das Ausfüllen des Fragebogens nahm ein bis zwei Minuten in Anspruch. Er enthielt Items, die nach den aktuellen Anforderungen und Fähigkeiten (zur Identifizierung von *flow*), nach der Qualität des Erlebens und nach der Art der Tätigkeit fragten, mit der die Befragten in diesem Augenblick beschäftigt waren.

Anforderungen und Fähigkeiten. Die Probanden waren aufgefordert, die Anforderungen, die ihre augenblickliche Tätigkeit an sie stellte, und die Fähigkeiten, die sie dazu einsetzen konnten, anhand einer 10-stufigen Likert-Skala zu bewerten. Um bei der Reaktion den individuellen systematischen Meßfehler möglichst gering zu halten, wurden die Antworten der Teilnehmer anschließend in individuelle z-Werte umgewandelt. Anhand der z-Werte und unter Zuhilfenahme eines vierkanaligen Modells (s. Kapitel 15) wurde dann ermittelt, welchem der vier Anforderungs-/Fähigkeits-Kontexte die betreffende Person zuzuordnen war. Die vier Kontexte, darunter *flow*, waren definiert nach dem von der *flow*-Theorie vorgegebenen Verhältnis von Anforderungen und Fähigkeiten (Csikszentmihalyi, 1975b; Csikszentmihalyi und Nakamura, 1986; Massimini, Csikszentmihalyi und Carli, 1987):

1. Der *flow*-Kontext. Anforderungen und Fähigkeiten liegen über dem für den Befragten üblichen mittleren Niveau.
2. Der *Angst*-Kontext. Die Anforderungen liegen über dem für den Befragten üblichen mittleren Niveau, die Fähigkeiten liegen unter dem für den Befragten üblichen mittleren Niveau.
3. Der *Langeweile*-Kontext. Die Anforderungen liegen unter dem für den Befragten üblichen mittleren Niveau, wohingegen die Fähigkeiten über dem für den Befragten üblichen mittleren Niveau liegen.
4. Der *Apathie*-Kontext. Anforderungen und Fähigkeiten liegen unter dem für den Befragten üblichen mittleren Niveau.

Die Qualität des Erlebens. Die Qualität des Erlebens wurde mit Hilfe von 12 weiteren Items auf der ESF ermittelt, die nach der psychischen Verfassung der Person fragten. Auch hier wurden die Antworten wieder, um systematische Meßfehler bei der Reaktion unter Kontrolle zu halten, in individuelle z-Werte umgewandelt. Dann wurden Aktivations- und Affektniveau anhand von acht Gegensatzpaaren auf einer 7-stufigen Likert-Skala ermittelt. Dieses Vorgehen baute auf vorangegangenen Untersuchungen (Csikszentmihalyi und Larson, 1984) und auf der konfirmativen Faktorenanalyse aller ESF-Variablen auf. Zu diesem Zweck wurden die jeweils vier Gegensatzpaare gemittelt. Das Affektniveau entstand aus den Gegensatzpaaren glücklich – traurig, heiter – reizbar, freundlich – feindselig und umgänglich – einsam, das Aktivationsniveau aus den Items wach – schläfrig, stark – schwach, aktiv – passiv, angeregt – gelangweilt.

Daneben wurden Motivation, Konzentration, Kreativität und Zufriedenheit gemessen, da diese Erlebensdimensionen häufig als wichtige Komponenten der Qualität des Arbeitslebens bezeichnet werden. Die Motivation wurde mit der Frage ermittelt: »Haben Sie sich in dem Augenblick, in dem das Signal ertönte, gewünscht, etwas anderes zu tun?« Zur Einstufung stand eine 10-stufige Skala zur Verfügung, die von »keineswegs« bis »sehr stark« reichte. Die Daten wurden so gewertet, daß eine höhere Zahl auf höhere Motivation verwies. Auch die Konzentration wurde auf einer 10-Punkte-Skala gemessen, die von »sehr gering« bis »sehr hoch« reichte. Kreativität und Zufriedenheit wurden nach der 7-stufigen Likert-Skala ermittelt.

Die gegenwärtige Aktivität. Die Aktivität bestimmte sich aus der Antwort auf die Frage: »Was taten Sie gerade?« Jede Antwort wurde kodiert; dafür standen 154 Aktivitätskategorien zur Verfügung (den Arzt aufsuchen, Schreibmaschine schreiben, eine Mahlzeit zubereiten; die Intercoder-Reliabilität betrug 86%). Diese detaillierten Kategorien wurden auf 16 umfassendere Kategorien reduziert (Intercoder-Reliabilität 96%). Die Kategorie Arbeit enthielt alle Berichte, in denen die befragten Personen darauf hinwiesen, daß sie tatsächlich an ihrem jeweiligen Platz arbeiteten (z. B. Berichtschreiben, Ablegen, sich mit einem Kollegen besprechen). Angaben der Art, daß während der Arbeitszeit *nicht* gearbeitet (sondern z. B. mit Kollegen geschwatzt oder Kaffee getrunken) wurde, blieben außerhalb der Betrachtung. Die Kategorie Freizeit umfaßte Fernsehen, Tagträumen, das Zusammensein mit anderen Menschen, Museumsbesuche, Lektüre, Briefeschreiben – Dinge, die die befragten Personen nicht an ihrem Arbeitsplatz taten.

Verfahren der Datenanalyse

Unterschiede in der Zeit, die für jeden der Anforderungs-/Fähigkeitskontexte aufgebracht wurde, und in der Qualität des Erlebens in jedem der Kanäle wurden mit Hilfe von Varianzanalysen überprüft, wobei die Kanäle als Meßwiederholungen betrachtet wurden. Die meisten Signifikanztests auf Unterschiede verglichen alle vier AF-Kanäle. Zusammenhänge zwischen dem Anteil der Zeit, die im *flow* verbracht wurde, und der Qualität des Erlebens insgesamt wurden mit der Pearson-Korrelation überprüft. Um die Qualität des Erlebens insgesamt zu messen, wurde das mittlere Niveau jedes psychischen Zustandes über alle Antworten hinweg ermittelt. Zu diesem letztgenannten Zweck wurden Rohwerte anstelle von z-Werten verwendet, da der mittlere z-Wert immer gleich Null ist.

Die Ergebnisse

Die Anforderungs-/Fähigkeitskontexte

Die in den einzelnen Kontexten verbrachte Zeit. Die Probanden verbrachten einen größeren Prozentsatz der Zeit in den Kontexten von *flow* (Mittelwert ± Standardmeßfehler = 33 ± 1%) und Apathie (34 ± 2%) als in den Kontexten von Angst (12 ± 1%) oder Langeweile (19 ± 2%). Das heißt, sie verbrachten den größten Teil der Zeit (67%) in einem Zustand des Gleichgewichts zwischen ihren Fähigkeiten und den Anforderungen, die sie in ihrer Umgebung wahrnahmen.

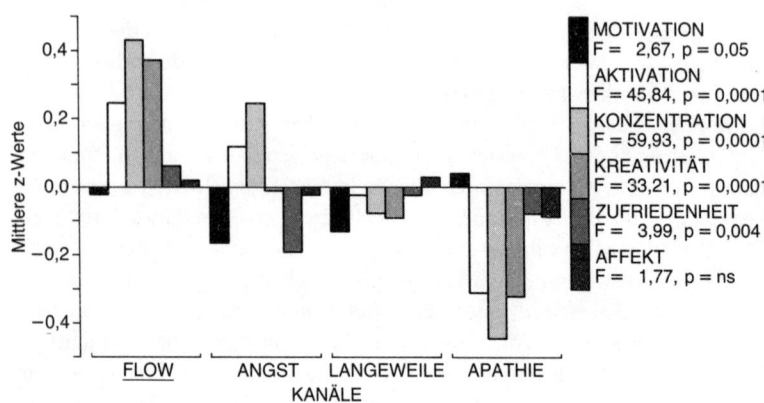

Abbildung 16.1. Die Qualität des Erlebens in den *flow*-Kanälen.

Die Qualität des Erlebens. Mit Ausnahme des Affektes variierte die Qualität des Erlebens in den verschiedenen Anforderungs-/Fähigkeitskanälen signifikant (s. Abb. 16.1). Im *flow*-Zustand waren Motivation, Aktivation, Konzentration, Kreativität und Zufriedenheit relativ hoch. Damit ist bestätigt, daß *flow* für erwachsene Menschen eine optimale Erfahrung ist. In den Angst-, Langeweile- und Apathie-Kanälen dagegen waren die genannten Dimensionen sehr unterschiedlich ausgeprägt: 1. Die Motivation war im Kontext von Apathie und von *flow* höher, im Angst- und im Langeweile-Kontext dagegen geringer. Das bedeutet also, die Motivation war größer, wenn Anforderungen und Fähigkeiten sich im Gleichgewicht befanden. 2. Aktivation, Konzentration und Kreativität in den Kontexten von Angst, Langeweile und Apathie nahmen progressiv ab, vergleicht man sie mit dem *flow*-Zustand. Das Niveau dieser Zustände lag höher, wenn die Anforderungen hoch waren. 3. Die Zufriedenheit war im Langeweile- und im *flow*-Kontext größer, während sie in den Angst- und Apathie-Kontexten geringer war. Sie war also dann am größten, wenn das Niveau der Fähigkeiten hoch war. Der Affekt differierte in den vier Anforderungs-/Fähigkeitskontexten nicht – vielleicht weil es sich dabei um ein stabiles Persönlichkeitsmerkmal handelt, das sich in Reaktion auf solche Faktoren, die das *flow*-Geschehen beeinflussen, nicht stark verändert. Möglicherweise wird er von anderen Faktoren als dem Niveau von Anforderungen und Fähigkeiten beeinflußt, so etwa von der spezifischen Tätigkeit, mit der sich ein Mensch in dem Augenblick beschäftigt, in dem ihn das Signal erreicht.

Tabelle 16.1. Korrelationen zwischen dem Anteil an im *flow* verbrachter Zeit und der Qualität des Erlebens (N = 107)

Qualität des Erlebens	
Motivation	0,20**
Aktivation	0,43***
Konzentration	0,38***
Kreativität	0,41***
Zufriedenheit	0,17*
Affekt	0,23**

Einseitige Signifikanzüberprüfung
* p < 0,05; ** p < 0,01; *** p < 0,0001.

Die im flow *verbrachte Zeit und die Qualität des Erlebens insgesamt.* Ein Mehr an Zeit, die im Zustand des *flow* verbracht wurde, stand im Zusammenhang mit einer allgemein höheren Qualität des Erlebens (s. Tab. 16.1). Am deutlichsten war dieser Zusammenhang bei Aktivation, Konzentration und Kreativität ausgeprägt, doch war er signifikant auch bei Motivation, Zufriedenheit und Affekt. Der Zusammenhang zwischen »Qualität des Erlebens insgesamt« und »im *flow* verbrachter Zeit« erklärt sich zumindest teilweise dadurch, daß im *flow*-Zustand die Qualität des Erlebens höher ist. Daneben mag es aber auch einen Generalisierungseffekt auf die Zeit geben, die nicht im *flow* verbracht wird. Obwohl nämlich der Affekt *während* des *flow*-Zustandes nicht signifikant besser war, fühlten sich Menschen, die sich im Laufe der Woche häufiger in Situationen des Gleichgewichts zwischen hohen Anforderungen und hohen Fähigkeiten befanden, in der Tat glücklicher, heiterer, freundlicher und umgänglicher – und dies die ganze Woche lang – als Menschen, die weniger Zeit im *flow* verbrachten. Es ist denkbar, daß der Affekt sich *während* einer *flow*-Episode nicht steigert, daß er sich aber im Anschluß an diese Episode verbessert.

flow im Kontext von Arbeit und Freizeit

Die Zeit, die die Arbeiter im *flow* verbrachten, und die Qualität ihres Erlebens in diesem Zustand unterschieden sich in der Arbeits- bzw. Freizeitsituation: 1. Am Arbeitsplatz verbrachten sie deutlich mehr Zeit im *flow* (Mittel ± Standardmeßfehler = 54 ± 4%) als in ihrer Freizeit (17 ± 3%), in der sie sich häufiger im Zustand der Apathie befanden (52 ± 4%). 2. Im *flow* war – im Gegensatz zur Gesamtheit aller anderen Kanäle – die Qualität des Erlebens je nach dem Kontext – Arbeit oder Freizeit – eine

Tab. 16.2. Die berufliche Tätigkeit in ihrem Einfluß auf die Qualität des Erlebens in den Kontexten von *flow* und Nicht-*flow*

Psychischer Zustand	Alle (N = 93)		Manager und Ingenieure (N = 35)		einfache Angestellte (N = 38)		Fließbandarbeiter (N = 20)		ANOVA Kanal		ANOVA berufliche Tätigkeit		ANOVA Kanal × berufliche Tätigkeit	
	flow ($\bar{x}$)	Nicht-*flow* ($\bar{x}$)	*flow* ($\bar{x}$)	Nicht-*flow* ($\bar{x}$)	*flow* ($\bar{x}$)	Nicht-*flow* ($\bar{x}$)	*flow* ($\bar{x}$)	Nicht-*flow* ($\bar{x}$)	F	p	F	p	F	p
Arbeit														
Affekt	−0,04	−0,12	−0,10	−0,12	−0,01	−0,14	0,00	−0,10	1,62	ns	0,18	ns	0,33	ns
Aktivation	0,22	−0,09	0,33	−0,04	0,12	−0,17	0,20	−0,06	45,88	0,0001	2,98	ns	0,53	ns
Motivation	−0,19	−0,52	0,00	−0,30	−0,25	−0,65	−0,39	−0,66	10,39	0,0018	5,28	0,0068	0,15	ns
Konzentration	0,55	−0,04	0,72	0,10	0,50	−0,14	0,35	−0,10	76,62	0,0001	5,13	0,0078	0,68	ns
Kreativität	0,45	−0,12	0,71	0,00	0,33	−0,36	0,24	0,08	36,61	0,0001	8,96	0,0003	3,62	0,03
Zufriedenheit	−0,01	−0,22	0,00	−0,20	−0,01	−0,26	−0,04	−0,18	6,32	0,0137	0,08	ns	0,14	ns
Freizeit														
Affekt	0,14	−0,09	0,12	−0,04	0,15	−0,07	0,13	−0,20	9,11	0,0035	0,33	ns	0,39	ns
Aktivation	0,12	−0,35	0,15	−0,36	0,12	−0,29	0,08	−0,42	34,94	0,0001	0,39	ns	0,19	ns
Motivation	0,35	0,30	0,56	0,28	0,42	0,32	−0,01	0,30	0,06	ns	2,37	ns	2,81	ns
Konzentration	0,35	−0,31	0,36	−0,35	0,31	−0,21	0,41	−0,42	50,31	0,0001	0,13	ns	0,92	ns
Kreativität	0,13	−0,33	−0,10	−0,44	0,30	−0,16	0,13	−0,47	36,57	0,0001	6,17	0,003	0,84	ns
Zufriedenheit	0,21	−0,07	0,22	−0,01	0,17	−0,01	0,26	−0,22	7,76	0,0069	0,20	ns	0,73	ns

Anm.: ns = nicht signifikant.

andere (s. Tabelle 16.2). Bei der Arbeit waren, solange die Probanden sich im *flow* befanden, Motivation, Aktivation, Konzentration, Kreativität und Zufriedenheit sämtlich höher, während der Affekt es nicht war. Ein leichter negativer Affekt kennzeichnete die meisten Antworten aus dem Umfeld der Arbeit, unabhängig davon, ob die betreffende Person sich im *flow* befand oder nicht. Im Kontext der Freizeit waren dagegen Affekt, Aktivation, Konzentration und Zufriedenheit – nicht aber die Motivation – größer, wenn sich die Person im *flow* befand. Das heißt, der Affekt war höher, wenn die betreffende Person in ihrer Freizeit mit *flow*-Aktivitäten befaßt war (Hobbys, Sport, Kunstbetrachtung führen zu einem Maß an *flow*), doch war die entsprechende Motivation im Zustand des *flow* nicht größer als sonst. Eine starke positive Motivation kennzeichnete dagegen die Antworten, die aus dem Kontext der Freizeit heraus gegeben wurden, unabhängig davon, ob die Befragten sich im *flow* befanden oder nicht.

Die Berufstätigkeit in ihrem Einfluß auf die Qualität des Erlebens insgesamt und auf das *flow*-Erlebnis

Die Qualität des Erlebens insgesamt. Die Berufstätigkeit als solche wirkte sich während der Arbeit stärker auf die Qualität des Erlebens aus als in der Freizeit. Die Manager und Ingenieure gaben sich, während sie bei der Arbeit waren, signifikant höhere Werte für Motivation, Konzentration und Kreativität als die Angehörigen der beiden anderen Gruppen. Während der Freizeit unterschieden sich die einzelnen Berufsgruppen nur in bezug auf das Merkmal Kreativität, wobei die Manager und Ingenieure sich die niedrigsten Werte gaben. Bei der Arbeit und in der Freizeit lagen die Fließbandarbeiter in der Regel auf dem entgegengesetzten Ende des Kontinuums, verglichen mit den Managern und Ingenieuren.

flow. Der Einfluß der Berufstätigkeit auf das *flow*-Erlebnis war ebenfalls während der Arbeit stärker als in der Freizeit. Während der Arbeit unterschied sich die Gruppe der Manager und Ingenieure von den einfachen Angestellten und den Fließbandarbeitern sowohl in bezug auf die Zeit, die sie im *flow* verbrachten, als auch in bezug auf die Qualität des *flow*-Erlebnisses. Manager und Ingenieure verbrachten bei der Arbeit signifikant längere Zeit im *flow* als die übrigen Beschäftigten (siehe Tabelle 16.3). Im Zustand des *flow* lag ihr Aktivationsspiegel höher ($F = 3,68$, $p < 0,03$), sie konzentrierten sich stärker ($F = 4,74$; $p < 0,02$) und waren kreativer ($F = 5,78$, $p < 0,005$) als die übrigen Beschäftigten. Doch waren sie weder stärker motiviert noch zufriedener. Auch insoweit nahmen die Fließband-

Tabelle 16.3. Die berufliche Tätigkeit und ihr Einfluß auf die in den einzelnen Kanälen verbrachte Zeit

Kanal	Alle (N = 106) (x̄)	Manager und Ingenieure (N = 36) (x̄)	einfache Angestellte (N = 43) (x̄)	Fließbandarbeiter (N = 27) (x̄)	Univariate ANOVA innerhalb Kanal F	p	ANOVA Kanal F	p	ANOVA berufl. Tätigkeit F	p	ANOVA Kanal × berufl. Tätigkeit F	p
Arbeit												
flow	0,54	0,64	0,51	0,47	3,28	0,05	61,46	0,0001	0,93	ns	2,17	ns
Angst	0,11	0,10	0,12	0,11	0,05	ns						
Langeweile	0,17	0,14	0,21	0,15	0,94	ns						
Apathie	0,16	0,11	0,17	0,23	3,00	ns						
Freizeit												
flow	0,18	0,15	0,16	0,20	0,72	ns	79,08	0,0001	2,01	ns	2,41	0,04
Angst	0,14	0,09	0,15	0,18	3,83	0,02						
Langeweile	0,14	0,14	0,16	0,11	1,14	ns						
Apathie	0,52	0,61	0,49	0,46	3,49	0,03						

Anm.: ns = nicht signifikant.

arbeiter in der Regel, verglichen mit den Managern und Ingenieuren, das andere Ende des Kontinuums ein.

In der Freizeit war die *flow*-Erfahrung der Beschäftigten weniger von der jeweiligen Berufstätigkeit beeinflußt. Bei ihren Freizeitaktivitäten befanden sich die Angehörigen der drei Gruppen in etwa genauso lange im *flow*, wenn auch die Gruppe der Manager und Ingenieure und die der Fließbandarbeiter mehr Zeit im Zustand der Apathie beziehungsweise der Angst verbrachte (s. Tabelle 16.3). Im übrigen war nur ihre Motivation von ihrem Beruf beeinflußt. In diesem Fall waren die Fließbandarbeiter im Zustand des *flow* weniger stark motiviert als die übrigen Beschäftigten ($F = 3{,}26$, $p < 0{,}04$).

Diskussion

Die Ergebnisse dieser Studie stützen die Hypothese, daß *flow* eine optimale Erfahrung für erwachsene Menschen darstellt. Sie zeigen aber auch, daß die Zeit, die ein Mensch im *flow* verbringt, und die Qualität seines Erlebens in dieser Zeit von seinem Tun und seiner beruflichen Tätigkeit beeinflußt sind.

Die hier befragten Erwachsenen verbrachten ein Drittel ihres täglichen Lebens in einem ausgewogenen Zustand relativ hoher Anforderungen und hoher Fähigkeiten. Anders als in den übrigen Anforderungs-/Fähigkeitskontexten waren Motivation, Aktivation, Konzentration, Kreativität und Zufriedenheit in diesem Kontext, der theoretisch dem *flow*-Zustand entspricht, relativ hoch. Das bestätigt und erweitert die zuvor schon gewonnene Erkenntnis, daß die Qualität des Erlebens im Zustand des *flow* zunimmt. Darüber hinaus wuchs mit der Zunahme der im Zustand des *flow* verbrachten Zeit auch die Qualität des täglichen Erlebens insgesamt an; dies läßt vermuten, daß es einen Generalisierungseffekt der *flow*-Erfahrung auf das übrige Leben gibt. Dieser Zusammenhang zwischen *flow* und der Qualität des Erlebens insgesamt erfaßte auch den Affekt und die übrigen Dimensionen der psychischen Verfassung. Das bedeutet also entweder, daß ein Mehr an Zeit, die im Zustand des *flow* verbracht wird, die Menschen glücklicher und zufriedener macht, ihre Motivation hebt, ihre Kreativität vergrößert usw., oder daß Menschen, die im allgemeinen glücklicher und zufriedener sind, sich häufiger in den Zustand des *flow* bringen können.

Ein unerwartetes Ergebnis bestand darin, daß die Motivation im Zustand des *flow* zwar durchwegs größer war als im Zustand von Angst bzw. von Langeweile, aber doch erstaunlich gering (siehe Abb. 16.1). Bei näherer Beschäftigung mit den Daten stellte sich heraus, daß die niedrige durchschnittliche Motivation im Zustand des *flow* die Folge einer bimodalen Verteilung war. Etwa 40 % der Probanden gaben hohe Motivation im Zustand des *flow* und geringe Motivation im Zustand der Apathie an. Weitere 40 % zeigten das umgekehrte Muster: sie waren im Zustand der Apathie motiviert, nicht dagegen im Zustand des *flow*. Dieser Unterschied läßt vermuten, daß die erste Gruppe sich aus Personen zusammensetzt, die eher autotelisch veranlagt sind; das heißt, sie sind stärker als die Durchschnittsperson motiviert, sich um *flow* zu bemühen.

Ein zweites unerwartetes Ergebnis war es, daß anteilmäßig mehr Arbeits- als Freizeit im *flow* verbracht wurde. Offenbar sind unsere üblichen Freizeitbetätigungen – Lektüre, Gespräch, Fernsehen – dem Aufkommen von *flow* nicht sehr förderlich. Wenn die Probanden bei der Arbeit und hier zugleich im *flow* waren, nahmen alle Dimensionen des Erlebens signifikant zu – mit Ausnahme des Affektes, der in allen Anforderungs-/Fähigkeitskontexten mehr oder weniger der gleiche war. Im Zustand des *flow* waren während der Freizeit alle Dimensionen des Erlebens außer der Motivation stärker ausgeprägt, die unabhängig vom jeweiligen Kanal gleich hoch blieb. Das heißt, in ihrer Freizeit zogen die Probanden es nicht vor, jenen Aktivitäten nachzugehen, mit denen sie in den *flow*-Zustand gerieten, obwohl sie in dieser Situation doch glücklicher waren. Sie waren daher in ihrer Freizeit selten im Zustand des *flow* und verbrachten ihre Zeit eher im Kontext der Apathie. Es ist denkbar, daß die meisten Menschen die für den *flow*-Zustand typische größere Konzentration und Aktivation nicht über längere Zeit ertragen können. Vielleicht lassen sie mit der Entscheidung, ihre freie Zeit statt im *flow* lieber im Kontext niedriger Anforderungen und niedriger Fähigkeiten zu verbringen, das Bestreben erkennen, sich von den Anstrengungen der Arbeit auszuruhen, selbst wenn dies mit einer Reduzierung der Qualität ihres Erlebens insgesamt verbunden ist. Im Gegensatz zu gewissen früher geäußerten Vermutungen (Blackler und Shimmin, 1984) kompensieren sie also gerade nicht mangelnde Möglichkeiten der Selbstverwirklichung am Arbeitsplatz, indem sie sich in ihrer Freizeit um ein Mehr an *flow* bemühen.

Die berufliche Tätigkeit als solche beeinflußte das *flow*-Erlebnis vor allem bei der Arbeit und nicht so sehr in der Freizeit. Während der Arbeit, nicht aber in der Freizeit, waren das Ausmaß an *flow* und der Grad der Motivation, der Konzentration und der Kreativität bei den Managern und Ingenieuren höher als bei den übrigen Beschäftigten. Das *flow*-Erlebnis während der Arbeit mag bei den drei Gruppen wegen der unterschiedlichen Tätigkeitsmerkmale verschieden sein. Die Tätigkeit eines Managers beziehungsweise eines Ingenieurs ist vielseitiger und flexibler als die eines einfachen Angestellten beziehungsweise eines Fließbandarbeiters, und das mag es den Erstgenannten ermöglichen, Anforderungen und Fähigkeiten zu steuern und so den *flow*-Zustand anhalten zu lassen. Wenig spezialisierte Tätigkeiten dagegen, bei denen immer die gleichen einfachen Aufgaben zu erledigen sind und die nur ein geringes Ausmaß an Flexibilität verlangen und ermöglichen, bieten kaum Gelegenheit zur Eigensteuerung. Im übrigen kann es auch von den Persönlichkeitseigenschaften eines Menschen abhängen, ob er sich eine Arbeit sucht, die ihm mehr Möglichkeiten bietet, *flow* zu erleben, und anders als andere auf die Möglichkeiten und Chancen reagiert, die er vorfindet.

Trotz der möglichen individuellen Unterschiede zwischen den Beschäftigten geht aus den Ergebnissen unserer Untersuchung hervor, daß eine Neustrukturierung der Arbeitsfelder mit dem Ziel, mehr *flow*-Erfahrungen im beruflichen Leben zu ermöglichen, allen Beschäftigten zugute käme, da *flow* die Qualität des Erlebens durchweg steigerte. Diese Vorteile sollten sich auch in der Effizienz des jeweiligen Betriebes niederschlagen. *Flow* läßt Aktivation, Konzentration und Kreativität zunehmen; ein Mehr an im *flow* verbrachter Zeit wird entsprechend auch die Leistung verbessern. Mehr *flow* kann im übrigen auch die Moral heben und ein Ausbrennen (amerikanisch: burn out) verhindern, denn Motivation und Zufriedenheit nehmen ja ebenfalls zu.

Kapitel 17

Optimales Erleben und die Nutzung der Begabung

Jeanne Nakamura

Es gibt genügend Material zur Bestätigung der Tatsache, daß *flow* eine ausgeprägte Quelle positiven Erlebens ist und durch die Verbesserung der augenblicklichen subjektiven Verfassung zur Lebensqualität beiträgt. Weniger gut dokumentiert sind dagegen die langfristigen Wirkungen des *flow*-Erlebens auf die Lebensqualität. Es ist der Gedanke vorgetragen worden, daß die Freude an Situationen, in denen hohe Anforderungen auf hohe Fähigkeiten treffen, die Entfaltung der Persönlichkeit und die soziokulturelle Evolution vorantreiben (Csikszentmihalyi, 1985b; Csikszentmihalyi und Massimini, 1985), aber die Daten aus Längsschnittuntersuchungen, die notwendig wären, um diese Behauptungen zu testen, liegen noch nicht vor. Immerhin lassen sich inzwischen Querschnittdaten zur Beantwortung einschlägiger Fragen heranziehen wie etwa: Zeigen junge Leute mit hohen kognitiven Fähigkeiten, die ihre eigene Begabung nutzen, das gleiche Muster des *flow*-Erlebens wie gleicherweise begabte Jugendliche, die keinen Gebrauch von ihrer Begabung machen? Die Antwort auf diese Frage macht vielleicht deutlich, warum manche Menschen imstande sind, die Möglichkeiten zu nutzen, die ihre Begabung verspricht, während andere dazu nicht imstande sind.

In der gleichen Klasse sitzen Schüler, die von ihrem kognitiven Potential her zu außergewöhnlichen Leistungen befähigt sind und diese Begabung entwickeln, und andere, die gleichermaßen begabt sind, ihre Begabung aber nicht nutzen. Bei dem Versuch, die möglichen Gründe dieser Situation aufzudecken, ist viel Forschungsarbeit geleistet worden. Dabei hat man sich entweder auf die Persönlichkeitsmerkmale des Individuums (etwa die positive oder negative Selbstbewertung) oder auf Faktoren seiner Umwelt (etwa den Bildungsstand der Eltern oder die Tatsache, daß die Eltern geschieden sind) als mitursächlich für die unterschiedliche Leistung von Schülern mit gleicher kognitiver Ausstattung konzentriert (Raph, Goldberg und Passow, 1966; Zilli, 1971; Whitmore, 1980; Dowdall und Colangelo, 1982; Tannenbaum, 1983). Doch gibt es keine systematische

Untersuchung über das alltägliche Verhältnis *zwischen* begabten Individuen und ihrer Umgebung oder darüber, wie dieses Verhältnis ihr inneres Erleben beeinflußt. Dabei ist das, was ein Mensch empfindet, der seine Begabung nutzt, vermutlich von Einfluß darauf, ob er dies auch weiterhin tun wird. Wir müssen herausfinden, wie Schüler oder Studenten ihre Transaktionen mit der Umwelt wahrnehmen und erleben, wenn wir uns ihre unterschiedliche Leistung erklären wollen. Die Forschungen, von denen hier die Rede ist, gingen dem Verhältnis zwischen subjektivem Erleben und der Nutzung der Begabung in einer kleinen Stichprobe mathematisch hochbegabter Teenager nach.

Das hier angewandte Modell des subjektiven Erlebens ist das *flow*-Modell (Csikszentmihalyi, 1975b, dt. 1985; 1982a). Frühere Untersuchungen haben einen Erlebenszustand herausgearbeitet, der zum anhaltenden Engagement für alle möglichen Aktivitäten motiviert. Der folgende Zustand ist als *flow* beschrieben worden: ein freudiger Zustand, gekennzeichnet durch fokussierte Aufmerksamkeit und das Gefühl, die Dinge selbst zu steuern. Er stellt sich ein, wenn die in der Umwelt wahrgenommenen Handlungsmöglichkeiten bzw. Handlungsanforderungen die Handlungskapazitäten des Individuums vollständig beanspruchen; das ist dann der Fall, wenn die Anforderungen und Fähigkeiten, wie sie subjektiv wahrgenommen werden, zueinander passen. Die beiden möglichen Formen des Ungleichgewichts zwischen Anforderungen und Fähigkeiten führen, so lautet die Hypothese, zu negativen Erlebenszuständen: im Falle der Überforderung zu Angst, im Falle der Unterforderung (also der zu hohen Fähigkeiten) zu Langeweile.

Der Zusammenhang zwischen *flow* und der Erkenntnis der eigenen Möglichkeiten ist folgender: *flow* wird erreicht, wenn eine bestimmte Tätigkeit dem Individuum den vollen Einsatz seiner Begabungen abverlangt; da diese Begabungen sich entwickeln, braucht man immer größere Anforderungen, um im *flow* zu bleiben (Csikszentmihalyi und Larson, 1984). Nach diesem theoretischen Modell finden wir einen Faktor, durch den sich die hochbegabten Schüler, die ihre intellektuellen Fähigkeiten entwickeln, von denen unterscheiden, die dies nicht tun, in dem Maß, in dem sie ihre geistige Tätigkeit als intrinsisch belohnend empfinden, also als eine »*flow*-bewirkende Tätigkeit«.

Um der Frage nach dem inneren Erleben im Augenblick der Auseinandersetzung mit der Umwelt nachzugehen, benötigt man eine naturalistische Methode. Mit der *Experience Sampling Method* (ESM) lassen sich – in beliebigen Augenblicken während einer typischen Woche – Beschreibungen von Gedanken und Tätigkeiten sowie Bewertungen innerer Zustände zusammentragen (Csikszentmihalyi, Larson und Prescott, 1977; Larson und Csikszentmihalyi, 1983; Csikszentmihalyi und Larson, 1987).

Die Methode

Bei den Probanden handelte es sich um mathematisch sehr begabte Schüler einer Chicagoer *High School* in einem speziellen Förderzweig für Mathematik. Als Maß ihrer Eignung diente uns die Leistung in einem landesweit genormten *Test of Academic Proficiency* (TAP): Die Schüler, die zur Teilnahme an der Untersuchung aufgefordert wurden, hatten das oberste Dezil des Gesamttests insgesamt und den obersten 5 %-Bereich im Mathematik-Teil des Tests erreicht.

Ein Maß der Leistung lieferten die Einstufungen durch die Lehrer. Ein oder mehrere Mathematiklehrer bewerteten jeden Schüler auf einer 9-Punkte-Skala, die in bezug auf das Item »Gemessen an dem Potential, das dieser Schüler Ihrer Meinung nach besitzt, schneidet er ab...« neun Möglichkeiten zuließ, von »weit darunter« bis »entsprechend oder darüber«. Wenn mehr als ein Lehrer diese Bewertung vornahm, wurde anschließend eine Durchschnittseinstufung errechnet. Die Schüler wurden auf der Basis ihrer Durchschnittseinstufung in drei etwa gleich große Gruppen eingeteilt. Die hier geschilderte Studie vergleicht das obere Drittel der Stichprobe, die Schüler mit hoher Leistungsfähigkeit (N = 14), mit dem unteren Drittel, den Schülern mit niedriger Leistungsfähigkeit (N = 12). Die Gruppen unterschieden sich nicht nach Geschlecht, Alter, Rasse oder beruflicher Tätigkeit der Eltern. Das Durchschnittsalter betrug 16 Jahre. Die Teilnehmer waren hauptsächlich Weiße, die Mehrzahl kam aus Angestellten- bzw. aus Akademikerfamilien. Die Schüler mit hoher Leistungsfähigkeit hatten im mathematischen Teil des TAP mit einem durchschnittlichen Wert von 97,4 abgeschlossen, die mit geringer Leistungsfähigkeit mit 96,9 (t = 1,02, ns). Das bedeutet, daß die beiden Gruppen sich in bezug auf ihre mathematischen Fähigkeiten nicht unterschieden. Jeder Schüler wurde mit einem elektronischen Rufgerät und mit Vordrucken zur Selbstbeschreibung ausgestattet, von denen er jeweils einen ausfüllte, sobald der Piepser ertönte (das geschah jeweils einmal zufällig innerhalb einer 2-Stunden-Periode, und zwar sieben Tage lang jeweils zwischen 8 Uhr morgens und 10 Uhr abends). Der Vordruck enthielt 27 Items zur Beschreibung der subjektiven Verfassung des Schülers (war er hellwach oder schläfrig, glücklich oder traurig, wie weit hatte er seine Situation unter Kontrolle etc.). Ferner wurde nach dem augenblicklichen Aufenthaltsort und danach gefragt, mit wem der Schüler soeben beisammen war, worüber er gerade nachdachte und was er gerade tat. Insgesamt wurden von den 26 Teilnehmern in der Erhebungswoche 873 solche Berichte abgegeben.

Die Ergebnisse

Zwei Aspekten des alltäglichen Lebens dieser Teenager soll hier nachgegangen werden: erstens der Frage, in welche Tätigkeiten sie ihre psychische Energie investieren, und zweitens der Frage nach der Qualität ihrer Auseinandersetzung mit der Umwelt, beschrieben mit Hilfe des *flow*-Modells.

Wie nutzen Schüler mit hoher und Schüler mit niedriger Leistungsfähigkeit ihre Zeit? Unsere erste Frage hat die Zeit zum Gegenstand, die beide Gruppen jeweils für schulische Aktivitäten aufwenden (s. auch Robinson, 1986). Die beiden Gruppen unterscheiden sich nicht hinsichtlich der Zeit, die sie in der Schule verbringen. Allerdings wenden die Schüler mit niedriger Leistungsfähigkeit signifikant weniger Zeit für die Arbeit in der Klasse auf als die Leistungsfähigen (als Prozentsatz der insgesamt in der Schule verbrachten Zeit ist dies für die eine Gruppe 32,9 %, für die andere 49,5 %, $t = 2,70$, $p < 0,05$). Auch außerhalb des Klassenzimmers investieren die Schüler mit niedriger Leistungsfähigkeit signifikant weniger Zeit in die Lerntätigkeit als ihre leistungsfähigeren Mitschüler (8,0 % der gesamten außerhalb der Schule verbrachten Zeit; bei denen mit hoher Leistungsfähigkeit sind es 18,1 % dieser Zeit, $t = 2,19$, $p < 0,05$). Nimmt man die in der Schule und zu Hause geleistete Arbeit zusammen, dann verbringen die weniger Leistungsfähigen nur 15 % ihrer Zeit mit schulischen Tätigkeiten, verglichen mit den hoch Leistungsfähigen, bei denen es 27 % der Zeit sind ($t = 3,03$, $p < 0,05$). Da jeder Prozentpunkt bei einer Aktivität etwa einer Stunde pro Woche entspricht, die mit dieser Aktivität verbracht wird, kann man den Unterschied auch in der Weise zum Ausdruck bringen, daß weniger Leistungsfähige etwa 15 Stunden pro Woche lernen, während Schüler mit hoher Leistungsfähigkeit fast doppelt so lange mit Lernen beschäftigt sind, nämlich 27 Stunden. Was tun die Schüler mit geringer Leistungsfähigkeit in der Zeit, die sie nicht auf die schulische Arbeit verwenden? Nach ihrem Bericht verbringen sie die gleiche Menge Zeit wie die hoch Leistungsfähigen mit Routineverrichtungen des täglichen Lebens wie Körperpflege, Essen oder Unterwegssein. Was überrascht, ist der Umstand, daß sie nicht mehr Zeit als die hoch Leistungsfähigen auf strukturierte Aktivitäten verwenden, die nichts mit der schulischen Arbeit zu tun haben, also auf Jobs, Hobbys, sportliche oder künstlerische Betätigung, oder auf passive Freizeitbetätigungen wie Fernsehen und Musikhören. *Tatsächlich* verbringen sie erheblich mehr Zeit als die Schüler mit hoher Leistungsfähigkeit ganz einfach mit Schwatzen und »Herumhängen« mit Freunden, Angehörigen und Bekannten. Dieses Zusammensein mit anderen kostet sie durchschnittlich 27 % ihrer Zeit, während die hoch Leistungsfähigen dafür 14 % ihrer Zeit aufwenden. Dieser Unterschied – beinahe die doppelte Stundenzahl pro Woche, die als unstrukturierte freie Zeit vertan wird – scheint angesichts des unterschiedlichen schulischen Engagements der Schüler sehr wichtig zu sein. Wir werden später noch darauf zurückkommen.

flow und Leistung. Auf den Vordrucken hielten die Schüler fest, mit welchen Anforderungen die soeben von ihnen betriebene Aktivität verbunden war und welche Fähigkeiten sie dabei einsetzten. In Anlehnung an Carli (1986) haben wir diese Bewertungen unter Zugrundelegung des jeweiligen persönlichen Mittelwertes standardisiert, weil wir der Meinung sind, daß weniger das absolute als vielmehr das relative Niveau für das Erleben bedeutsam ist; wir fragen also danach, wie weit die Anforderungen und die Fähigkeiten im Rahmen einer bestimmten Tätigkeit vom üblichen Niveau des jeweiligen Probanden differieren. Aus der Kombination beider Dimensionen ergeben sich vier Kategorien des Erlebens. Wenn die Anforderungen, nicht aber die Fähigkeiten hoch sind (oberer linker Quadrant), kann man Angst voraussagen; wenn die Fähigkeiten, nicht aber die Anforderungen, hoch sind (unterer rechter Quadrant), ist Langeweile zu erwarten. Diese Methode hat eine ganz bestimmte Erlebensform enthüllt, bei der sowohl Anforderungen als auch Fähigkeiten unterdurchschnittlich sind (unterer linker Quadrant). In der italienischen Gruppe wurde diese Konfiguration auf allen Dimensionen als in hohem Maße aversiv erfahren; sie ergab ein Tief, das das ursprüngliche theoretische Modell nicht vorausgesagt hatte. Dieses Ergebnis läßt vermuten, daß nur dann, wenn Anforderungen und Fähigkeiten als *überdurchschnittlich* bewertet werden *und* im Gleichgewicht sind, ein erhöhter Bewußtseinszustand *(flow)* erlebt wird (oberer rechter Quadrant).

Wenn man sämtliche Berichte betrachtet, wie sie im Verlauf einer typischen Woche entstanden, dann ergibt sich, daß Schüler mit hoher und solche mit geringer Leistungsfähigkeit einen recht ähnlichen Prozentsatz ihrer Zeit in jedem Quadranten verbrachten. Zwei Dinge sind dabei besonders bedeutsam. Erstens: Die beiden Gruppen unterscheiden sich nicht, was den Anteil der Zeit angeht, den sie in Situationen hoher Anforderungen und hoher Fähigkeiten verbringen. Zweitens: Beide Gruppen verbringen anteilmäßig mehr Zeit im »Langeweile«-Quadranten, in dem die Fähigkeiten höher sind als die Anforderungen, als in irgendeinem anderen Quadranten. In einem nächsten Schritt ist festzustellen, ob das Verhältnis der Anforderungen und Fähigkeiten bei einer bestimmten Tätigkeit die Qualität des subjektiven Erlebens beeinflußt. Die spezifische Frage lautet,

Optimales Erleben und die Nutzung der Begabung

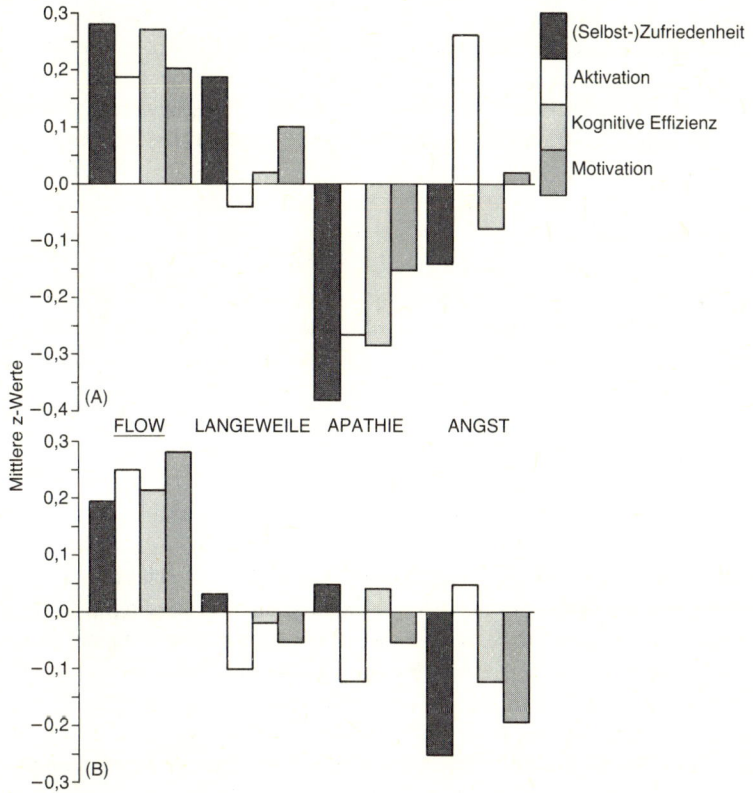

Abbildung 17.1. (A) Mittlere Qualität des Erlebens von hoch Leistungsfähigen in den *flow*-Quadranten (N = 14 Probanden und 472 Antworten). (B) Mittlere Qualität des Erlebens von geringer Leistungsfähigen in den *flow*-Quadranten (N = 12 Probanden und 401 Antworten).

ob alltägliche Aktivitäten von einem Zustand des optimalen Erlebens gekennzeichnet sind, wenn die wahrgenommenen Anforderungen und Fähigkeiten gleich hoch sind.

Vorausgegangene Untersuchungen auf der Grundlage der *Experience Sampling Method* haben vier Cluster von Variablen identifiziert, mit denen die wichtigsten Dimensionen des subjektiven Erlebens definiert sind: Affekt, Aktivation, kognitive Effizienz und intrinsische Motivation. Das revidierte *flow*-Modell legt den Gedanken nahe, daß bei überdurchschnittlich hohen Anforderungen und überdurchschnittlich hohen Fähigkeiten alle diese Erlebensdimensionen erhöht sein werden. Entsprechend ließe sich das Niveau dieser vier Dimensionen für jeden Quadranten bestimmen. Eine weitere Dimension kam hinzu, der Grad der Zufriedenheit mit sich selbst, wie er mit jeder Antwort angegeben wurde. Dieses Item ist besonders wichtig, wenn man bedenkt, daß die Selbstbewertung, deren Bestandteil es ja ist, häufig in Untersuchungen der Lernleistung hineingenommen wird. Die letztere stand in einem eindrucksvollen Gegensatz zu dem Aspekt des positiven Erlebens, der durch erhöhten Affekt beschrieben werden kann.

Varianzanalysen mit Meßwiederholungen zeigen signifikante Effekte für alle Variablen außer Affekt ($p < 0,01$ in jedem Fall). Das Affektniveau scheint also nicht von der Konfiguration Anforderungen/Fähigkeiten abhängig zu sein, während die übrigen Dimensionen von einem der vier Quadranten zum anderen signifikant variieren.

Um das relative Niveau dieser subjektiven Zustände direkt zu beschreiben, sind in Abbildung 17.1 die mittleren z-Werte der vier Dimensionen dargestellt, die signifikante Effekte zeigten. Die obere Hälfte zeigt das Muster, wie es sich für die Schüler mit hoher Leistungsfähigkeit ergibt, die untere das derer mit geringer Leistungsfähigkeit. Wenn Anforderungen und Fähigkeiten in demselben Augenblick über dem Durchschnitt liegen, ergibt sich ein insgesamt positives Erleben. Unter *flow*-Bedingungen sind sowohl die Schüler mit hoher als auch die mit geringerer Leistungsfähigkeit zufriedener mit sich selbst als üblich und erleben ein höheres Maß an Aktivation, kognitiver Effizienz und intrinsischer Motivation. In den anderen drei Quadranten ist das subjektive Erleben durchwegs weniger positiv als im *flow*-Quadranten. Für die Schüler mit hoher Leistungsfähigkeit ergibt sich der negativste Zustand eindeutig dann, wenn die Tätigkeit geringe Anforderungen stellt und geringe Fähigkeiten verlangt, wie dies auch Massimini und Carli (Kapitel 15) feststellen. Für die Schüler mit geringerer Leistungsfähigkeit scheint der negativste Erlebenszustand dagegen mit dem »Angst«-Quadranten assoziiert, in dem sie bei relativ geringen Fähigkeiten auf relativ hohe Anforderungen treffen. In solchen Fällen fühlen sie sich deutlich weniger mit sich selbst zufrieden und weniger intrinsisch motiviert.

Abbildung 17.2 zeigt, daß die hoch Leistungsfähigen, wenn sie sich mit geistigen Tätigkeiten beschäftigen, einen erheblich größeren Teil ihrer Zeit als die Schüler mit geringer Leistungsfähigkeit im Quadranten der hohen Anforderungen und hohen Fähigkeiten verbringen, der mit *flow* assoziiert ist. Für die hoch Leistungsfähigen ist Lernen in vier von zehn Fällen gleich einer *flow*-Aktivität. Für die geringer Leistungsfähigen ist Lernen weniger als halb so oft – nämlich nur in 16% der gesamten Zeit – gleich *flow*. Sie verbringen einen erheblich größeren Anteil ihrer Zeit im

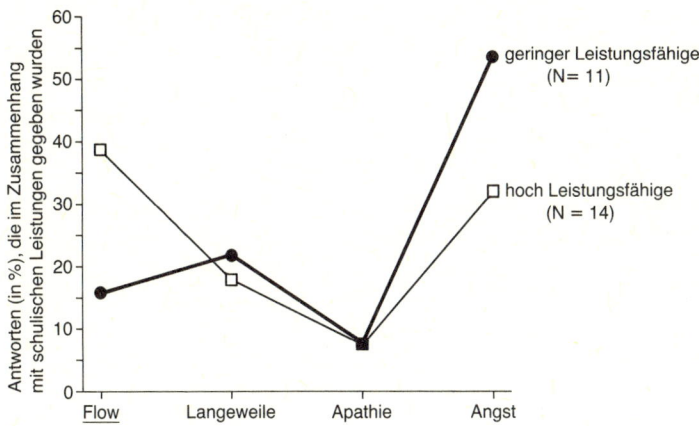

Abbildung 17.2. Prozentsatz der mit schulischen Leistungen zusammenhängenden Antworten, die mit den einzelnen *flow*-Quadranten zusammenfallen; hoch Leistungsfähige und geringer Leistungsfähige (Gesamtzahl der Antworten: hoch Leistungsfähige 125; geringer Leistungsfähige 50).

Zustand der Angst, also in Situationen, in denen hohen Anforderungen nur geringe Fähigkeiten gegenüberstehen und die mithin als sehr negativ erlebt werden. Beide Gruppen verbringen als geistig Arbeitende in etwa die gleiche Zeit im »Langeweile«- und im »Apathie«-Quadranten. Insgesamt verbringen beide Gruppen von Schülern, wenn sie mit dem Lernen beschäftigt sind, signifikant unterschiedlich hohe Anteile ihrer Zeit in den vier Quadranten ($F_{3, 69} = 2,84$; $p < 0,05$).

Aus alledem geht hervor, warum Schüler mit hoher Leistungsfähigkeit die Zeit auf schulische Aktivitäten verwenden, die für die Entwicklung ihres intellektuellen Potentials notwendig ist – sie erleben *flow*. Die Schüler mit geringerer Leistungsfähigkeit dagegen lernen weniger, um Angst zu vermeiden. Wie auch aus bereits vorliegenden Untersuchungen zum Thema Motivation und Lernerfolg hervorgeht, haben hoch Leistungsfähige Freude an der Herausforderung, die der zu lernende Stoff darstellt (Lloyd und Barenblatt, 1984; Gottfried, 1985), während Schüler mit geringerer Leistungsfähigkeit diese Herausforderungen als niederschmetternd empfinden (Raph, Goldberg und Passow, 1966). Weniger leistungsfähige Schüler verwenden so wenig Zeit wie möglich auf produktive (Lern-)Situationen und verbringen ihre Zeit lieber mit anderen Schülern. In solchen sozialen Situationen steigt ihr Affektniveau signifikant über das hinaus, welches sie während schulischer Leistungen aufweisen ($t = 5,31$; $p < 0,001$). Kurzfristig vermeiden sie mit diesem Transfer psychischer Energie von produktiven auf unstrukturierte (Freizeit-)Aktivitäten den entropischen Effekt. Das aber bedeutet, daß sie jene potentiellen Fähigkeiten gerade nicht entwickeln, die sich bei ihnen durch Tests als Potential nachweisen lassen, und sich die Freude nehmen lassen, die die hoch Leistungsfähigen bei produktiven Tätigkeiten empfinden. Indem sie geistige Herausforderungen meiden, laufen sie Gefahr, sich für den Rest ihres Lebens selbst zu limitieren, das bedeutet, Befriedigung nur in solchen sozialen Situationen zu finden, die entspannend und von geringer Intensität sind.

Kapitel 18
Selbstbewertung und optimales Erleben
Anne J. Wells

Zu den faszinierendsten Aspekten des *flow*-Phänomens zählen die Wirkungen dieser Erfahrung auf das Selbstgefühl. Einerseits erwarten wir, daß ein Mensch, der sich im *flow* befindet, nicht selbst-bewußt ist. Andererseits sagt man, das Selbst gehe gestärkt aus der *flow*-Erfahrung hervor (Csikszentmihalyi und Graef, 1980; Csikszentmihalyi, 1982a, 1985b). Obwohl das Selbst in Augenblicken optimalen Erlebens – wenn Regeln und Ziele klar sind – nicht im Brennpunkt der Bewußtheit stehen muß, hält doch die positive Rückmeldung an, die sich aus dem *flow*-Erlebnis ergibt, und hat ein kräftigeres Selbstkonzept zur Folge, wenn die *flow*-Episode vorbei ist und die Selbst-Bewußtheit zurückkehrt.

Der erste Aspekt dieses anscheinend paradoxen Zusammenhangs ist in vorausgegangenen Studien empirisch dokumentiert worden. Es leuchtet ein, daß die subjektive Verfassung eines Menschen, der Selbst-Bewußtheit an sich wahrnimmt, im Vergleich zum Zustand der Nicht-Selbst-Bewußtheit weniger positiv ist (Wicklund, 1975; Csikszentmihalyi und Figurski, 1982). Dies bedeutet also, daß momentanes *flow*-Erleben und ein momentanes Selbstgefühl einander offenbar ausschließen. Der zweite Aspekt dagegen, der Zusammenhang zwischen *flow* und dem anhaltenden Selbstwertgefühl eines Menschen, ist bisher noch nicht empirisch überprüft worden. Die hier interessierende Frage lautet somit: Besteht ein positiver Zusammenhang zwischen *flow* und Selbstbewertung?

Wells (1985, 1986) untersuchte Unterschiede in der Selbstbewertung von 49 Müttern mit Hilfe der *Experience Sampling Method* (ESM) und entdeckte eine Reihe von Faktoren im Tagesablauf dieser Frauen (Anwesenheit bzw. Abwesenheit der Kinder, Aspekte der zwischenmenschlichen Situation), die in einem signifikanten Zusammenhang mit Fluktuationen ihrer Selbstbewertung standen. Die Theorien der Selbst-Evaluation sprechen seit langem davon, daß ein Mensch zu sich selbst dann das beste Verhältnis hat, wenn er imstande ist, den Anforderungen des Lebens zu begegnen, und die notwendigen Fähigkeiten besitzt, um die Aufgaben, die das Leben ihm stellt, zu meistern. Doch sind manche dieser Aufgaben anspruchsvoller als andere, und die Menschen sind nicht für alle Aufgaben gleich gut gerüstet.

flow ist durch Beteiligtsein, Konzentration und freudige Gefühle charakterisiert. Mit Hilfe der ESM untersuchten Csikszentmihalyi und Graef (1980) das tägliche Erleben einer Gruppe arbeitender Männer und Frauen und operationalisierten anschließend flow als Zusammenhang zwischen den Anforderungen der jeweils anstehenden Situation, so wie sie sich den betroffenen Menschen darstellten, und den Fähigkeiten und Fertigkeiten, die diese Menschen einsetzten, um mit der Situation zurechtzukommen (Graef, 1978; Csikszentmihalyi und Graef, 1980). Nach dem von Csikszentmihalyi (1975b, dt. 1985; 1982a) entwickelten Modell wird Angst erfahren, wenn die Anforderungen größer sind als die Fähigkeiten, die man einsetzt; sind die Anforderungen geringer als die eingesetzten Fähigkeiten, wird Langeweile empfunden; wenn dagegen die Anforderungen und die einzusetzenden Fähigkeiten mehr oder weniger gleich sind, empfindet der Betreffende ein Gefühl der Freude und der Beteiligung, das als flow bezeichnet wird. Csikszentmihalyi und Graef (1980) stellten fest, daß die Menschen diesen Zustand in ihrem Alltag erleben, und äußerten die Vermutung, daß Personen, die ihn häufiger erfahren, mit sich selbst zufriedener sind und mehr als andere das Gefühl haben, ihr Leben selbst zu steuern.

Es ist dieser Zusammenhang zwischen den wahrgenommenen Anforderungen und Fähigkeiten auf der einen und der Selbstbewertung auf der anderen Seite, dem im vorliegenden Kapitel nachgegangen werden soll. Dabei lautet die Erwartung für die intraindividuelle Ebene, daß die Selbstbewertung dann am höchsten sein wird, wenn die Fähigkeiten, die zum Einsatz kommen, auf nahezu demselben Niveau liegen wie die Anforderungen; für die interindividuelle Ebene wird angenommen, daß diejenigen Befragten, die nach ihren Angaben häufiger im flow sind, auch insgesamt zu einer höheren durchschnittlichen Selbstbewertung gelangen werden. Die Angaben der Mütter wurden vier AF-Kanälen (Anforderungs-/Fähigkeitskanälen) zugeordnet, ähnlich – aber nicht identisch mit – denjenigen, wie sie bei Carli (1986) und auch an anderer Stelle in diesem Band (in den Kapiteln 15, 16 und 17) beschrieben werden.

Die Methode

Die Stichprobe

An der Untersuchung nahmen 49 weiße berufstätige Mütter aus intakten Familien mit mindestens zwei normalen Kindern zwischen 2 und 14 Jahren teil. Da die Selbstbewertung nachweislich je nach sozioökonomischer

Schicht, Intaktheit beziehungsweise Nichtintaktheit der Familie und Normalität beziehungsweise Nichtnormalität der Kinder schwankt (Wylie, 1979), war es wünschenswert, mit einer relativ homogenen Gruppe zu arbeiten. Mit der Auswahl solcher Frauen, die mindestens zwei Kinder zwischen 2 und 14 Jahren hatten, bestand kaum die Gefahr, daß eine der Mütter sich gerade an einem entscheidenden Wendepunkt ihres Lebens oder ihres Selbstkonzepts befand. Die meisten der befragten Mütter hatten den Wunsch zu arbeiten. Man kann die Ergebnisse dieser Studie also nicht auf Mütter ausdehnen, die aus eigener Entscheidung nicht arbeiten oder die gezwungen sind zu arbeiten. Die Teilnehmerinnen wurden auf verschiedene Weise ausfindig gemacht (zum Teil wurden ihre Namen den Adressenverzeichnissen von Schulen entnommen, zum Teil wurden sie von Vorgesetzten, Lehrern etc. zur Teilnahme empfohlen; wieder ein anderer Teil der Namen stammte aus den Karteien zweier Marktforschungsunternehmen). Von den angesprochenen Müttern, die den Kriterien entsprachen, erklärten sich 71 % zur Mitarbeit bereit; 62 % blieben bis zum Ende dabei.

Die Verfahren

Vor Beginn der Arbeit mit der ESM unterzogen sich die Teilnehmerinnen zwei allgemeinen Tests zur Ermittlung der Selbstbewertung (SE), dem *Index of Adjustment and Values* (IAV, Bills, Vance und McLean, 1951) und der *Self-Esteem Scale* (SES, Rosenberg, 1965) sowie einem weiteren Test, mit dem die Selbstbewertung speziell für ihre Rolle als Mütter ermittelt werden sollte, der *Parenting Sense of Competence Scale* (PSC, Gibaud-Wallston und Wandersman, 1978). Zweck dieses Vorgehens war es zu untersuchen, wie stark der Zusammenhang ist zwischen SE, wie sie mit Hilfe der ESM ermittelt wurde, und SE, wie sie in früheren Untersuchungen erhoben und dann vorschnell generalisiert wurde. *Rosenbergs SES* (1965, 1979) besteht aus 10 Items, mit denen eine allgemeine Selbstbewertung ermittelt wird. Rosenberg riet (persönliche Mitteilung, 1980) dazu, die vier ursprünglichen Antworten (von lebhafter Zustimmung bis zu lebhafter Nichtzustimmung) auf sechs Antworten auszudehnen und diese dann von 1 bis 6 zu bewerten. Insgesamt ergab sich damit eine mögliche Punktzahl zwischen 10 und 60. Unsere Probandinnen (N = 49) erreichten einen mittleren Wert von 48,2; die Standardabweichung betrug 5,6; die Werte waren normal verteilt.

Der *IAV* (Bills, Vance und McLean, 1951) dient ebenfalls einer allgemeinen Selbstbewertung und besteht aus 49 Items, mit denen wünschenswerte persönliche Merkmale erfaßt werden. Das Verfahren arbeitet mit 49 deskriptiven Begriffen (z. B. »rücksichtsvoll«) und drei Antwortspalten. In die erste Spalte tragen die Probanden ein, wie gut der jeweilige Begriff sie beschreibt, in die zweite, ob sie die Art, wie sie sind, mögen oder nicht, und in die dritte, wie sehr sie wünschen, eben so zu sein. Obwohl der IAV so angelegt ist, daß er drei Werte ergibt, wurde der Wert für die Selbst-Ideal-Diskrepanz wegen methodischer Schwierigkeiten (Wylie, 1979) nicht benutzt. Die beiden hier herangezogenen Werte waren a) ein Wert für das Selbstkonzept *(IAV Self)*, der durch Addition der Werte aus der Spalte zur Selbstbeschreibung zustande kam, und b) ein Wert für die Selbst-Akzeptanz *(IAV Accept)*, der durch Addition der Werte in der zweiten Spalte gewonnen wurde; diese beschrieb, wie sehr eine Person sich selbst mochte oder nicht.

Der *PCS* (Gibaud-Wallston und Wandersman, 1978) ermittelt mit Hilfe von 17 Items die elterliche Kompetenz. Da seine Autoren die Selbstbewertung als das kognitive Resultat eines selbstevaluativen Prozesses betrachteten, legten sie das Schwergewicht auf die wahrgenommene Fähigkeit, der elterlichen Rolle gerecht zu werden. Es ging ihnen weniger um die Selbstakzeptanz als vielmehr um die Kompetenz, und zwar in einem spezifischen Kontext. Der Test besteht aus zwei Teilen: Der erste Teil *(PCS Skill)* ermittelt, wie weit die Probanden nach ihrer eigenen Meinung die Fähigkeiten und Kenntnisse erworben haben, die sie zu »guten Eltern« machen; der zweite Teil *(PCS Value)* ermittelt, welchen Wert die Probanden ihrer Elternschaft beimessen und wie wohl sie sich in der Elternrolle fühlen.

Die *ESM* (Csikszentmihalyi, Larson und Prescott, 1977; Larson und Csikszentmihalyi, 1983; Hormuth, 1986; Csikszentmihalyi und Larson, 1987) wurde entwickelt, um eine jeweils aktuelle Selbstbeschreibung in Antwort auf ein zufällig ertönendes elektronisches Rufsignal zu erhalten: Die in dieser Weise vier- oder fünfmal täglich zwischen 8 Uhr morgens und 10 Uhr abends angesprochene Person hatte auf das Signal hin einen Fragebogen auszufüllen, die *Experience Sampling Form* (ESF). Die Mütter wurden darüber informiert, daß es sich hier um eine Studie über ihr alltägliches Leben handelt und daß alle ihre Gedanken und Gefühle von Wichtigkeit sind. Auf insgesamt 3136 ausgesandte Signale wurde zu 71 % innerhalb von 5 Minuten reagiert, innerhalb von 30 Minuten waren es 73 % (2287). Da der Gegenstand der Untersuchung das augenblickliche Erleben war, wurden nur die innerhalb von 30 Minuten nach Ertönen des Signals beantworteten Fragebogen ausgewertet. Die Gesamtzahl der von der einzelnen Teilnehmerin ausgefüllten gültigen Fragebogen lag zwischen 25 und 62, mit einem Mittelwert von 47.

Die mit der ESM ermittelte Selbstbewertung. Die Selbstevaluierung (SE) wurde als ein *Prozeß* der Selbsteinschätzung betrachtet, SE als die – je nach Zeitpunkt und Kontext veränderliche – wahrgenommene Evaluierung des Selbst. Mit jedem Signal an die Mütter wurde nach zwei Kernaspekten der Selbstbewertung (wie wohl fühlten sie sich soeben mit sich selbst, und wie zufrieden waren sie mit sich selbst in bezug auf das, was sie gerade taten) sowie nach weiteren Aspekten ihres momentanen Erlebens gefragt, die in einem Zusammenhang mit der Selbstbewertung stehen konnten. Dabei ging es (a) um Aspekte, wie sie durch die Theorie der Selbstbewertung vorgegeben waren (Steuerbarkeit der Situation, Angst); (b) um Aspekte des zwischenmenschlichen Kontextes (wurde z. B. das augenblickliche Ziel auch von anderen Anwesenden bejaht); (c) um die Anwesenheit oder Abwesenheit der Kinder; (d) um das Anspruchsniveau der momentanen Tätigkeit und die insoweit eingesetzten Fähigkeiten. Dann wurden alle diese Angaben im Hinblick darauf betrachtet, welche weiteren Aspekte des Erlebens in hoher Korrelation mit den beiden Kernaspekten standen. Es ging, mit anderen Worten, um die Frage, ob es ein Cluster von Items gab, mit dem sich die Selbstbewertung messen ließ. Um diese Frage zu beantworten, berechnete ich das mittlere Niveau jedes der über zwei Wochen hinweg mit der ESM beobachteten Aspekte des Erlebens und korrelierte diese Werte miteinander. Die Analyse (Wells, 1985, 1986) ergab, daß es drei Aspekte des Erlebens waren, die in hoher Korrelation mit den zwei ursprünglich zur Messung der Selbstbewertung bestimmten Kernaspekten des Erlebens standen (durchschnittliche Korrelation $r = 0,77$, $p < 0,0001$ bei $N = 49$; die nächst vergleichbare Korrelation eines anderen Items mit diesem Cluster betrug 0,68 oder weniger). Nachdem das Erleben also augenblicksweise betrachtet und dann über die Zeit hinweg ein Erlebensdurchschnitt ermittelt worden war, ergab sich, daß sich die Selbstbewertung der Mütter aus fünf miteinander in Beziehung stehenden Aspekten zusammensetzte: (a) Wie wohl fühlten sie sich mit sich selbst? (b) Wie zufrieden waren sie mit sich selbst in bezug auf das, was sie gerade taten? (c) Wie weit hatten sie ihre Situation unter Kontrolle? (d) Wie weit entsprachen sie den Erwartungen, die sie an sich selbst richteten? (e) Wie weit entsprachen sie den Erwartungen wichtiger Bezugspersonen? Diese fünf Items dienten dazu, die Selbstbewertung der Probandinnen in dem Augenblick zu ermitteln, in dem sie auf das Signal reagierten (Summe/5). Anschließend wurde aus allen über zwei Wochen hinweg gesammelten Aussagen jeder Probandin ein Durchschnittswert der Selbstbewertung insgesamt *(ESM SE [Durchschnitt])* sowie ein Durchschnittswert der Selbstbewertung in spezifischen Kontexten (Zusammensein mit ihren Kindern; Zusammensein mit anderen Erwachsenen, *ESM SE [Kontext])* errechnet. Die durchschnittliche Interkorrelation zwischen den Items, die die »Selbstbewertung insgesamt« ausmachten, war 0,77, $p < 0,0001$, und

Cronbachs Alpha = 0,94. Um einen Eindruck von der Wiederholungszuverlässigkeit zu gewinnen, wurden die für die erste Hälfte der Erhebungszeit gefundenen Durchschnittswerte mit denjenigen aus der zweiten Hälfte dieser Zeit korreliert: r = 0,86, p < 0,0001 bei N = 49).

Korrelationsanalysen ergaben, daß die mit der ESM gewonnenen Informationen sich mit den durch die generalisierten Methoden gewonnenen Informationen überschnitten. Die ESM-Durchschnittswerte korrelierten leicht mit den Werten nach RBS, IAV und PCS – vom nicht signifikanten 0,13 bis zum signifikanten 0,55 (p < 0,0001) bei einem Mittel von 0,36. Dies sind Korrelationen, wie sie für Tests, die ähnliche Konstrukte ermessen, üblich sind (r = 0,35–0,50, Fiske, 1971).

Die Kategorisierung des Erlebens nach Anforderungen und Fähigkeiten. Das von den Müttern berichtete Erleben wurde nach dem Verhältnis von Anforderungen und Fähigkeiten (AF) in vier Kategorien geordnet. Das geschah durch Einordnung jeder einzelnen Antwort in einen von vier AF-Kanälen je nach dem gemeldeten Anforderungsniveau der augenblicklichen Tätigkeit und dem Niveau der dabei eingesetzten Fähigkeiten. Dabei wurde folgendermaßen vorgegangen:

1. Zunächst wurde für jede Probandin ein mittleres Niveau der Anforderungen und Fähigkeiten festgelegt. Für jede ESF-Antwort wurden anschließend z-Werte (z-Anforderungen und z-Fähigkeiten) mit einem Mittel von 0 und einer Standardabweichung von 1 errechnet.
2. Für jede Antwort wurde durch Subtraktion der z-Anforderungen von den z-Fähigkeiten ein Distanzmaß errechnet.
3. Anforderungen und Fähigkeiten wurden bei jeder Antwort als etwa gleich hoch angesehen, wenn die Distanz zwischen z-Anforderungen und z-Fähigkeiten zwischen 0 und 0,55 oder zwischen 0 und −0,55 lag (d. h. innerhalb einer halben Standardabweichung). Lagen z-Anforderungen und z-Fähigkeiten oberhalb des persönlichen Mittelwertes, dann wurde das jeweilige Erleben Kanal 2 zugeordnet, der nach der Theorie dem *flow*-Kanal entspricht. Lagen z-Anforderungen und z-Fähigkeiten unterhalb des persönlichen Mittelwertes, dann wurde die Antwort Kanal 4 zugeordnet, der dem Apathie-Kanal entspricht (s. Abb. 18.1).
4. War die Distanz zwischen z-Anforderungen und z-Fähigkeiten größer als 0,55 (z-Anforderungen also größer als z-Fähigkeiten), dann wurde die Antwort in Kanal 1 kodiert, im theoretischen Modell den Angstkanal.
5. War die Distanz zwischen z-Anforderungen und z-Fähigkeiten geringer als −0,55, waren die z-Fähigkeiten also größer als die z-Anforderungen, dann wurde die Antwort in Kanal 3 kodiert, den »Langeweile«-Kanal.

Selbstbewertung und optimales Erleben

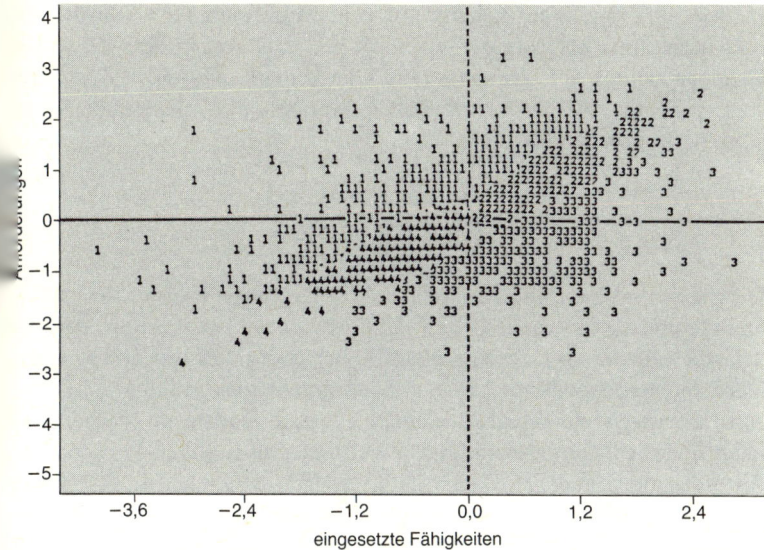

Abbildung 18.1. Verteilung der Antworten auf die vier Anforderungs-/Fähigkeitskanäle. Insgesamt sind 2287 Antworten erfaßt. Mehrfachantworten mit den gleichen Werten sind im Scattergramm nicht enthalten.

Wie oben bereits gesagt, ähneln die hier verwendeten AF-Kanäle den in Kapitel 15 verwendeten, sie sind aber nicht mit ihnen identisch. Faßt man die acht Kanäle zusammen, so daß Kanäle 1, 7, 8 in Kanal 1, Kanal 2 in Kanal 2, Kanäle 3, 4, 5 in Kanal 3 und Kanal 6 in Kanal 4 übergehen, dann ist die Korrelation zwischen den Ergebnissen der Kodierung nach dem 4-Kanal-System und den Ergebnissen, zu denen wir mit der in diesem Kapitel geschilderten Methode gelangen, $r = 0{,}70$, $p < 0{,}0001$ bei $N = 2190$.

Abb. 18.1 zeigt die Antworten der Mütter ($N = 2135$) nach AF-Kanälen (zwei Mütter wurden wegen fehlender Daten nicht in diese Analyse einbezogen). Von den insgesamt 2135 Antworten fielen 558 (26 %) in Kanal 1; 484 (23 %) wurden in Kanal 2, 551 (26 %) in Kanal 3, 542 (25 %) in Kanal 4 kodiert. Aus allen in die verschiedenen Kanäle kodierten Antworten jeder einzelnen Mutter (z. B. bei Kanal 1, dem Angstkanal, wenn z-Anforderungen größer waren als z-Fähigkeiten) wurde durch Berechnung des Durchschnittswertes die jeweilige »Selbstbewertung im spezifischen Kontext« ermittelt. Es bestand die Erwartung, daß die Selbstbewertung in Kanal 2 am höchsten und in Kanal 4 am niedrigsten sein würde. Die Probandinnen wurden nach ihrer unterschiedlichen Arbeitszeit in drei Gruppen eingeteilt, weil der Anteil der am Arbeitsplatz verbrachten Zeit

(Arbeitszeit) signifikant negativ mit dem Mittelwert der »Selbstbewertung insgesamt« korrelierte (r = −0,29, p < 0,04 bei N = 49). Zu diesen Gruppen zählten a) 17 ganztags (100%) arbeitende Mütter, b) 20 mindestens halbtags (50–80%) arbeitende Mütter und c) 12 stundenweise (25–40%) arbeitende Mütter.

Die Ergebnisse

Die Ergebnisse einer multivariaten (3 Arbeitszeiten, 4 Kanäle) Kovarianzanalyse mit Meßwiederholungen (Finn und Bock, 1985) zeigen, daß die Selbstbewertung im *flow* signifikant höher war als in den drei anderen Kanälen (siehe Abbildung 18.2). Die Selbstbewertung in Kanal 2 (in dem Anforderungen und Fähigkeiten einander einigermaßen entsprachen und beide über dem Durchschnitt lagen) war höher als in Kanal 4 (in dem die Anforderungen den Fähigkeiten einigermaßen entsprachen, aber beide unter dem Durchschnitt lagen; univariates $F_{1,44} = 31{,}09$, p < 0,0001), als in Kanal 1 (in dem die Anforderungen höher waren als die Fähigkeiten; univariates $F_{1,44} = 23{,}03$, p < 0,0001) und als in Kanal 3 (in dem die Fähigkeiten höher waren als die Anforderungen; univariates $F_{1,44} = 8{,}91$, p < 0,004).

Es gab auch einen signifikanten Arbeitszeit-Effekt (univariates $F_{2,44} = 3{,}59$, p < 0,03). Die drei nach der Arbeitszeit gebildeten Gruppen unterschieden sich signifikant voneinander, wobei die Selbstbewertung der Mütter, die am wenigsten arbeiteten, am höchsten und die Selbstbewertung derjenigen, die am meisten arbeiteten, am niedrigsten war. Kein signifikanter Interaktionseffekt bestand zwischen Arbeitszeit und Kanal. So fühlten sich die Probandinnen, wie vorausgesagt, im *flow* wohler mit sich selbst, während sie sich in Apathie, Langeweile und Angst signifikant weniger wohl fühlten. Das Niveau der momentanen Selbstbewertung stand in einem Zusammenhang mit der in Arbeit verbrachten Zeit, wobei die voll berufstätigen Mütter die niedrigsten Durchschnittswerte zeigten. In diesem Zusammenhang fiel auf, daß in den Lebensschilderungen der Mütter (die nicht systematisch gemessen wurden) häufig die Rede davon war, wie schwierig es für sie sei, ihre beruflichen und familiären Verpflichtungen in Einklang zu bringen. Diese Aussagen und das obige Ergebnis geben Anlaß zu Fragen wie »Haben Mütter, die mehr arbeiten, weniger Möglichkeiten, ihre beruflichen wie familiären Verpflichtungen zu erfüllen?« und »Hat die Meinung der Mütter darüber, wie gut sie diese beiden verschiedenen Verpflichtungen miteinander versöhnen, einen Einfluß auf ihre aktuelle Selbstevaluierung?«.

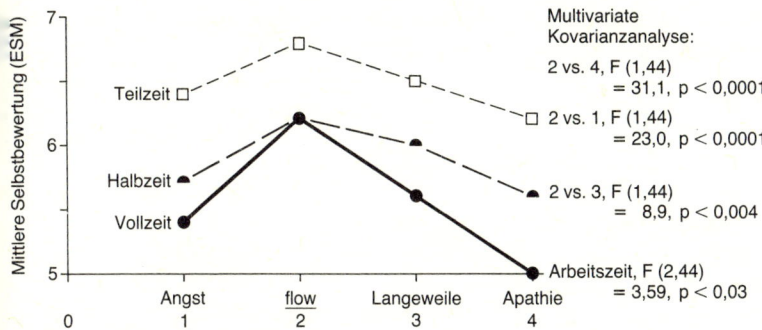

Abbildung 18.2. Die Selbstbewertung arbeitender Mütter (N = 47) in den *flow*-Kanälen.

Die zweite Voraussage, der wir mit dieser Studie nachgehen wollen, lautet, daß diejenigen Probandinnen, die mehr Zeit in Kanal 2 *(flow)* verbrachten, die höchste allgemeine Selbstbewertung haben müßten. Zur Ermittlung der allgemeinen Selbstbewertung standen drei Möglichkeiten zur Verfügung, die beiden verallgemeinerten Meßverfahren *RBS* und *IAV* und die ESM, die sich bei wiederholter Messung der jeweils aktuellen Selbstbewertung in einen Durchschnittswert der allgemeinen Selbstbewertung umrechnen ließen *(ESM SE Durchschnitt)*. Dazu kam die Erhebung der Selbstbewertung im begrenzten Kontext der Mutterrolle durch den *PCS*. Der Anteil der von der einzelnen Probandin in jedem Anforderungs-/Fähigkeitskanal verbrachten Zeit wurde in der Weise ermittelt, daß registriert wurde, wie oft sie sich in einem bestimmten Kanal befand; die Zahl der aus diesem Kanal stammenden Antworten wurde durch die Gesamtzahl der Antworten der Probandin geteilt. Die Probandinnen verbrachten höchst unterschiedliche Zeiten in den einzelnen Kanälen, und zwar durchschnittlich 25 % (zwischen 6 und 43 %) in Kanal 1; durchschnittlich 23 % (zwischen 4 und 40 %) in Kanal 2; durchschnittlich 26 % (zwischen 4 und 47 %) in Kanal 3; durchschnittlich 26 % (zwischen 8 und 56 %) in Kanal 4. Tabelle 18.1 veranschaulicht den korrelativen Zusammenhang zwischen den in den einzelnen Kanälen verbrachten Zeitanteilen und der Selbstbewertung.

Von den generalisierten Verfahren zur Ermittlung der Selbstbewertung zeigte nur der *IAV Accept* eine signifikante Beziehung zum Anteil der in Kanal 2 (dem *flow*-Kanal) verbrachten Zeit (r = 0,36, p < 0,01 bei N = 47). Und auch der mit der ESM ermittelte Durchschnittswert der anhaltenden Selbstbewertung stand nicht in signifikanter Beziehung zu der im *flow* verbrachten Zeit. Dagegen wies die generalisierte Selbstbewertung

Tabelle 18.1. Korrelation zwischen Selbstbewertung und Anteil der in den Anforderungs-/Fähigkeitskategorien verbrachten Zeit

	Prozentualer Anteil der in der Anforderungs-/Fähigkeitskategorie verbrachten Zeit			
Selbstbewertung (N = 47)	1	2	3	4
ESM Selbstbewertung	−0,05	0,23	−0,10	−0,14
SES Selbstbewertung nach Rosenberg	0,00	0,20	0,10	−0,09
IAV (Accept) Selbstbewertung	−0,11	0,36*	−0,14	−0,08
PCS (Total) Selbstbewertung	−0,36*	0,57***	−0,45**	0,17
PCS (Skill) Selbstbewertung	−0,31*	0,50**	−0,43*	0,17
PCS (Value) Selbstbewertung	−0,34*	0,48**	−0,33*	0,14

* = $p < 0,05$; ** = $p < 0,001$; *** = $p < = 0,0001$.

im spezifischen Kontext der Mutterrolle (PCS) einen signifikanten Zusammenhang mit drei der vier Anforderungs-/Fähigkeitskanäle auf. – Alle drei *PCS*-Werte (*PCS total, PCS-Skill* und *PCS-Value*) standen a) in negativer Korrelation mit dem Anteil der im Angst-Kanal verbrachten Zeit, in dem die Anforderungen höher waren als die Fähigkeiten (r = −0,36, p < 0,03 bei N = 47; beziehungsweise r = −0,31, p < 0,03 bei N = 47; beziehungsweise r = −0,34, p < 0,01) bei N =47; b) in positiver Korrelation mit *flow* (r = 0,57, p < 0,0001; r = 0,50, p < 0,0003; r = 0,48, p < 0,0006) und c) in negativer Korrelation zum Langeweile-Kanal, in dem die Fähigkeiten höher waren als die Anforderungen (r = −0,45, p < 0,001; r = 0,43, p < 0,002 beziehungsweise r = −0,33, p < 0,02).

Man nimmt an, daß das *flow*-Erlebnis unter anderem durch klare Erwartungen im Hinblick auf das eigene Verhalten und durch Rückmeldungen darüber gefördert wird, wie gut man ist (Csikszentmihalyi, 1982a).

Interessanterweise sagt der Anteil der in Kanal 2 verbrachten Zeit sehr wohl etwas über die Selbstbewertung im begrenzten Kontext der Elternrolle aus, er steht aber in keinem Zusammenhang mit der stärker generalisierten Selbstevaluierung (mit Ausnahme des *IAV Accept*). Man könnte also die Überlegung anstellen, daß Mütter sich über ihre Erwartungen an sich selbst als Mütter eher im klaren sind – und insofern auch deutlichere Rückmeldungen erhalten – als über ihre Erwartungen an sich selbst als Personen. Dieser Zusammenhang gibt natürlich Anlaß zu einer Reihe interessanter Fragen nach der Interaktion zwischen Selbstbewertung und *flow*.

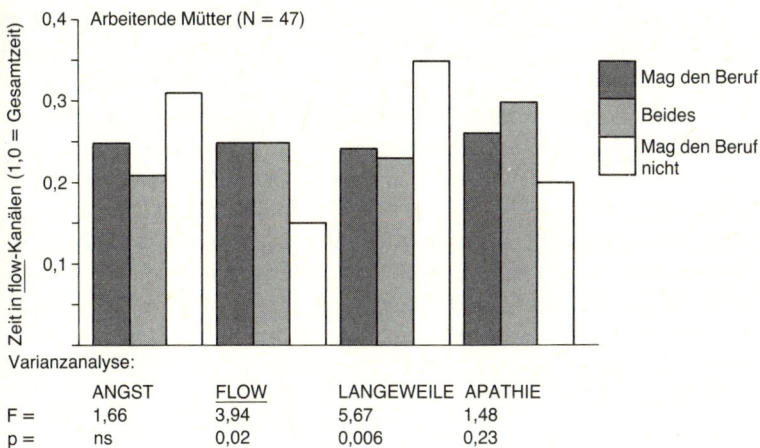

Abbildung 18.3. Zusammenhang zwischen Zufriedenheit im Beruf und der in den *flow*-Kanälen verbrachten Zeit.

Es erhebt sich die Frage, ob der Anteil an Zeit, der in jedem der Anforderungs-/Fähigkeitskanäle verbracht wird, in einem Zusammenhang mit anderen inneren und äußeren Faktoren steht. Äußere Faktoren wie das sozioökonomische Niveau, die Bildung, die berufliche Tätigkeit, die Arbeitszeit, das eigene Alter und das Alter des jüngsten Kindes prägen und begrenzen das Erleben einer Mutter, so daß sie es mit etwas anderen Erfahrungen und äußeren Realitäten zu tun hat. Jeder Mensch hat nur ein begrenztes Maß an Zeit, Energie und Aufmerksamkeit, die er auf seine verschiedenen Tätigkeiten verwenden kann (Csikszentmihalyi und Massimini, 1985); die Frage lautet also: Steht die Zeit, die Mütter in den verschiedenen Anforderungs-/Fähigkeitskanälen verbringen, in einem signifikanten Zusammenhang mit äußeren Faktoren? Besteht zum Beispiel ein Zusammenhang zwischen dem Alter des jüngsten Kindes und dem Umstand, daß die Mutter weniger Zeit im *flow* oder mehr Zeit im Zustand von Langeweile bzw. von Apathie verbringt? Verbringen Frauen in akademischen Berufen mehr Zeit im *flow*, wie Allison und Duncan (Kapitel 7) meinen?

Csikszentmihalyi (1982a) und Csikszentmihalyi und Graef (1980) haben festgestellt, daß Menschen nicht nur dann von *flow*-Erfahrungen berichten, wenn sie mit Komponieren beschäftigt sind oder gerade ein Schachspiel gewinnen, sondern auch im Alltag, zum Beispiel am Arbeitsplatz oder im Klassenzimmer. Man kann also sagen, daß sich Kanal-2-Erfahrungen in jeder Betätigung finden lassen.

Die Mütter unterschieden sich nicht in statistisch bedeutsamer Weise nach dem Zeitanteil, den sie in jedem der vier Anforderungs-/Fähigkeitskanäle verbrachten, wenn man Gruppen bildet nach dem Alter der Mutter, ihrem Bildungsstand, ihrer beruflichen Tätigkeit, ihrer Arbeitszeit oder der Zahl ihrer Kinder (zur Kategorisierung von Bildungsstand und beruflicher Tätigkeit der Mütter und zur sozioökonomischen Einordnung der Familien wurde Hollingsheads *Index of Social Position*, 1957, herangezogen). Beim Kriterium des sozioökonomischen Status der Familie ergab sich dagegen ein signifikanter Unterschied. Mütter aus der oberen Mittelschicht verbrachten signifikant weniger Zeit in Kanal 1 (Anforderungen größer als Fähigkeiten) als Mütter aus der Mittelschicht (F_{47} = 4,05, p < 0,02). Auch Kanal 4 (Anforderungen und Fähigkeiten einigermaßen gleich, aber unterdurchschnittlich) wies nahezu einen signifikanten Unterschied (p < 0,07) auf; Mütter aus der oberen Mittelschicht verbrachten mehr Zeit in Kanal 4 als Mütter aus der Mittelschicht. Doch sollte dieser »Unterschied« mit Vorsicht betrachtet werden, solange er sich nicht in weiteren Untersuchungen ergibt.

Auch das Alter des jüngsten Kindes stand in einer signifikanten Beziehung zum durchschnittlichen Anteil der Zeit, die in Kanal 2 *(flow)* verbracht wurde. Mütter, deren jüngstes Kind zwischen 2 und 4 Jahren alt war, gaben an, signifikant weniger Zeit in Kanal 2 zu verbringen als Mütter, deren jüngstes Kind 5 bis 6 Jahre alt war (F_{47} = 6,06, p < 0,01). Offensichtlich besteht ein Zusammenhang zwischen der Tatsache, daß ein sehr kleines Kind im Haus ist, und dem Umstand, daß die Mutter weniger Zeit im *flow* verbringt. Wie sehr eine Frau ihren Beruf mochte, das stand in signifikantem Zusammenhang mit dem durchschnittlichen Prozentsatz an Zeit, die im *flow* und im Zustand der Langeweile verbracht wurde (siehe Abbildung 18.3). Mütter, die nach ihren eigenen Worten ihren Beruf liebten, berichteten von einem signifikant höheren Prozentsatz an Zeit, die in Kanal 2 verbracht wurde (F_{47} = 3,94, p < 0,02), und von signifikant weniger Zeit in Kanal 3 (F_{47} = 5,67, p < 0,006) als Mütter, die nach eigenen Angaben ihren Beruf nicht mochten. Daß der Beruf Freude beziehungsweise keine Freude machte, stand also in einem Verhältnis zum Anteil der Zeit, die in zwei Anforderungs-/Fähigkeitskanälen verbracht wurde; mehr *flow*-Erfahrungen waren mit Freude am Beruf verbunden, mehr Zeit im Zustand der Langeweile hatte etwas damit zu tun, daß die betreffenden Frauen keine Freude an ihrem Beruf hatten. Diese Ergebnisse beantworten jedoch noch nicht die Frage, ob *flow*-Erfahrungen dazu führen, daß man seinen Beruf liebt, oder ob die Liebe zum Beruf zu *flow*-Erfahrungen führt. Dennoch ist es wichtig, ihnen nachzugehen, denn vermutlich besteht ein Zusammenhang zwischen Zufriedenheit im

Beruf einerseits und Produktivität, geringer Fluktuation von Arbeitskräften und einem geringen Maß an vergeudeter Arbeitszeit andererseits.

Im folgenden wollen wir dem Zusammenhang zwischen dem Anteil der in den Anforderungs-/Fähigkeitskanälen verbrachten Zeit und zwei äußeren Faktoren nachgehen, den Tätigkeiten, mit denen die Mütter nach ihren eigenen Angaben beschäftigt waren, und der sozialen Gruppe, in der sie sich dabei jeweils befanden. Besteht ein Zusammenhang zwischen der Tätigkeit bzw. der sozialen Gruppe einerseits und der Zeit, die in jedem der Anforderungs-/Fähigkeitskanäle verbracht wurde, andererseits? Anders gefragt, welchen Anteil ihrer Zeit verbrachten die Mütter in jedem der Anforderungs-/Fähigkeitskanäle, wenn sie in erster Linie mit ihrer Berufstätigkeit, mit dem Haushalt, mit Körperpflege, mit Kinderbetreuung oder mit Freizeit-Interaktionen befaßt waren, wenn sie allein, in Gesellschaft nur von anderen Erwachsenen, in Gesellschaft nur ihrer Kinder oder schließlich in Gesellschaft sowohl anderer Erwachsener als auch ihrer Kinder waren?

Es stellte sich heraus, daß die Mütter bei jeder Tätigkeit und in jeder Gruppe Erfahrungen in allen Anforderungs-/Fähigkeitskanälen machten. Allerdings waren sie, wenn sie ihrer Berufstätigkeit nachgingen, doppelt so oft in den Kanälen 1 und 2 wie in den Kanälen 3 und 4 (32 % und 36 % gegenüber 16 % und 14 %). Wenn ihre augenblickliche Hauptbeschäftigung die Kinderbetreuung war, dann befanden sie sich eher in den Kanälen 3 und 4 als in den Kanälen 1 und 2 (30 % und 25 % gegenüber 22 % und 21 %). Waren sie allein oder nur in Gesellschaft von Kindern, dann ließ sich ihre Erfahrung eher den Kanälen 3 und 4 als den Kanälen 1 und 2 zuordnen (allein 27 % und 29 % gegenüber 21 % und 21 %; mit Kindern 24 % und 27 % gegenüber 22 % und 20 %). In der Gesellschaft anderer Erwachsener waren sie dagegen eher in den Kanälen 1 und 2 (28 % und 33 % gegenüber 19 % und 18 %). Was die Erfahrungen in Kanal 2 anging, so verteilten sie sich einigermaßen gleichmäßig auf die Berufstätigkeit (29 %), auf den Haushalt (26 %) und auf Interaktionen außerhalb der Arbeit (26 %). Es sieht so aus, als gebe es für Mütter mehr als eine Tätigkeit, bei der *flow*-Erfahrungen wahrscheinlich werden. Was dagegen die Frage der jeweiligen Gesellschaft angeht, so brachten die Mütter ihre Erfahrungen in Kanal 2 häufiger mit dem Zusammensein nur mit Erwachsenen (31 %) in Verbindung als mit dem Alleinsein (22 %), mit dem Zusammensein nur mit Kindern (23 %) oder mit dem Zusammensein mit Kindern und Erwachsenen (22 %). Das heißt also, es gab sehr wohl *flow*-Erfahrungen auch in den anderen Gruppen; etwas häufiger traten sie aber dann auf, wenn die Mütter sich nur in Gesellschaft anderer Erwachsener befanden.

Als letztes wollen wir den Zusammenhang zwischen dem in den A/F-Kanälen verbrachten Zeitanteil und der Qualität des Erlebens betrachten. Es zeigte sich, daß die Durchschnittswerte bestimmter ESM-Variablen mit dem Prozentsatz der in jedem der Anforderungs-/Fähigkeitskanäle verbrachten Zeit korrelierten (N = 47). Der Anteil der in Kanal 2 *(flow)* verbrachten Zeit stand zum Beispiel in einer signifikanten Beziehung zum über die Zeit beobachteten und gemittelten Niveau folgender Variablen: Ich bin interessiert ($r = 0{,}48$, $p < 0{,}0001$), ich bin tatkräftig ($r = 0{,}32$, $p < 0{,}05$), ich habe die Dinge im Griff ($r = 0{,}34$, $p < 0{,}05$), ich bin gewandt ($r = 0{,}37$, $p < 0{,}001$), ich bin ganz bei meiner augenblicklichen Tätigkeit ($r = 0{,}31$, $p < 0{,}05$), ich werde anerkannt ($r = 0{,}34$, $p < 0{,}05$). Der Anteil der in Kanal 3 (Langeweile) verbrachten Zeit stand in negativer Beziehung zu dem über alle Zeitpunkte gemittelten Niveau der Konzentration ($r = -0{,}29$, $p < 0{,}05$), Interessiertheit ($r = -0{,}38$, $p < 0{,}0001$), Gewandtheit ($r = -0{,}31$, $p < 0{,}05$) und ebenso in negativer Beziehung zur Nervosität/Angespanntheit ($r = -0{,}32$, $p < 0{,}05$).

Interessant ist, daß der Anteil der in den Anforderungs-/Fähigkeitskanälen verbrachten Zeit nicht in einer signifikanten Beziehung steht zu Stimmungen (wie glücklich – traurig, zufrieden – unzufrieden), zu interpersonalen (freundlich – ärgerlich, kooperativ – nicht kooperativ) und zu motivationalen Variablen (etwa zum Wunsch, lieber etwas anderes zu tun, oder zur Bereitschaft, Initiative zu zeigen). Es gibt zwar Angaben darüber, daß ein Zusammenhang zwischen der Häufigkeit von *flow*-Erfahrungen und der Motivation besteht (Csikszentmihalyi, 1982a; siehe auch Massimini und Carli, Kapitel 15; Lefevre, Kapitel 16), doch gibt es keinen Zusammenhang zwischen dem Prozentsatz der im *flow* verbrachten Zeit und dem Bestreben der Mütter, sich auf ihr Erleben einzulassen. Vielleicht haben Mütter alle möglichen Gründe für den Wunsch, »etwas zu tun«. Allein die Vorstellung, eine gute Mutter zu sein, die gut für ihre Kinder sorgt, mag ausreichen, damit eine Mutter ihren Aufgaben gerne nachkommt. Auch wenn die augenblicklich anstehende Aufgabe sie nicht fordert und sie ihre Fähigkeiten gar nicht einsetzen können, berichten Mütter vielleicht, daß sie gern tun, was zu tun ist, weil sie wissen, daß bestimmte wiederkehrende Aufgaben nun einmal erfüllt werden müssen.

Zusammenfassung und Schlußbemerkung

In diesem Kapitel sind wir den Zusammenhängen zwischen Selbstbewertung und *flow*-Erfahrungen nachgegangen. Die Selbstbewertung der Probandinnen war in Kanal 2 *(flow)* signifikant höher als in Kanal 1 (Angst),

Kanal 3 (Langeweile) oder Kanal 4 (Apathie). Auch die Selbstbewertung im Hinblick auf die Mutterrolle stand in einem Zusammenhang mit dem Anteil der im Laufe von zwei Wochen in den Kanälen 1, 2 und 3 verbrachten Zeit, wobei die Mütter, die mehr Zeit im *flow* und weniger Zeit in den Zuständen von Angst bzw. von Langeweile verbrachten, höhere Werte lieferten. Sicherlich zeigen diese Ergebnisse, daß Selbstbewertung und *flow*-Erfahrungen in einem Zusammenhang stehen, und verweisen darüber hinaus auf die Möglichkeit, daß den *flow*-Erfahrungen größere Bedeutung zukommt, wenn es um die Selbstevaluierung in ganz spezifischen Kontexten und Rollen geht. Sie geben im übrigen Anlaß zu weiteren Fragen: Erhöhen *flow*-Erfahrungen die Selbstbewertung, oder läßt der Umstand, daß man ein gutes Gefühl bezüglich des eigenen Selbst hat, *flow*-Erfahrungen wahrscheinlicher werden? Und wie beeinflussen klarere Erwartungen und positive Rückmeldungen die Selbstevaluierung und das *flow*-Erlebnis? Wie erwartet, zeigen die Ergebnisse auch, daß *flow*-Erfahrungen bei jeder Art von Tätigkeit und in allen sozialen Gruppen auftreten können. Auch war der Anteil der in den verschiedenen Kanälen verbrachten Zeit im wesentlichen der gleiche, unabhängig vom Alter der Mütter, ihrer beruflichen Tätigkeit, ihrer Bildung, ihrer Arbeitszeit und der Zahl ihrer Kinder. Diese Erkenntnisse sind wichtig, weil sie zeigen, daß es möglich ist, das Erleben optimal zu strukturieren, und dies trotz eindeutiger äußerer Zwänge. Die Mütter berichteten, daß sie oft unter beträchtlichem Druck standen, weil ihre Zeit durch die beruflichen und familiären Verpflichtungen sehr knapp bemessen und verplant war. Doch zeigen unsere Ergebnisse, daß die Mütter es trotz dieser sehr realen Schwierigkeiten irgendwie fertigbrachten, ihr Erleben so zu strukturieren, daß sie tatsächlich Zeit hatten, wenn Anforderungen und Fähigkeiten einigermaßen im Gleichgewicht und beide überdurchschnittlich hoch waren. Zwei äußere Faktoren stehen anscheinend in einem Zusammenhang mit dem Anteil der in den Anforderungs-/Fähigkeitskanälen verbrachten Zeit: Das Alter des jüngsten Kindes korrelierte damit, daß anteilmäßig weniger Zeit im *flow* und mehr Zeit im Zustand der Langeweile verbracht wurde; die Zugehörigkeit einer Familie zur oberen Mittelschicht korrelierte mit einer prozentual geringen Zeit im Zustand der Angst. Im übrigen stand der Anteil an Zeit, die im *flow* verbracht wurde, in einem Zusammenhang mit der Freude an der beruflichen Tätigkeit und mit der Qualität des Erlebens, also der Frage, wie konzentriert, wie interessiert, wie organisiert, tatkräftig, engagiert, gewandt und anerkannt die Probandin nach ihren Angaben war.

Der wichtigste Beitrag, den diese Ergebnisse zur *flow*-Theorie leisten, ist die Bestätigung, daß momentane Variationen in der Selbstbewertung mit

Veränderungen im Verhältnis der Anforderungen und Fähigkeiten zusammenhängen: Wenn beide hoch und im Gleichgewicht sind, ist die Selbstbewertung am höchsten; die Selbstbewertung ist dagegen niedrig, wenn beide gering und die Anforderungen höher sind als die Fähigkeiten (Angst), und sie ist gering, wenn die Fähigkeiten größer sind als die Anforderungen (Langeweile). Wenn diese Zusammenhänge auch keine Kausalität beanspruchen können, so legen sie es doch nahe, daß Veränderungen im Anforderungs-/Fähigkeitsverhältnis den Variationen der Selbstbewertung *vorausgehen* können. Ob es sich hier in der Tat um einen sequentiellen Zusammenhang handelt, das müssen weitere Untersuchungen klären. Andererseits deutet sich Kausalität im Verhältnis zwischen mütterlicher Selbstbewertung und im *flow* verbrachter Zeit an. Es ist denkbar, daß Mütter, die sich als Mütter für kompetent halten, ihr Erleben so zu strukturieren vermögen, daß sie häufiger im *flow* sein können – womit sich das momentane Niveau der Selbstbewertung erhöht. Damit wäre der Kausalprozeß möglicherweise zirkulär: Zunächst würden die *flow*-Erfahrungen das Selbst stärken und anschließend das gestärkte Selbst die Wahrscheinlichkeit weiteren *flow*-Erlebens erhöhen.

Die Ergebnisse dieser Studie über berufstätige Mütter kleiner Kinder werfen zumindest eine weitere Frage auf: Gibt es Menschen (beispielsweise die Gruppe berufstätiger Mütter kleiner Kinder), deren Motivation, etwas zu tun, in einem Zusammenhang nicht nur mit dem Verhältnis von Anforderungen und Fähigkeiten steht, sondern auch mit anderen wichtigen Faktoren wie etwa dem Wunsch, gute Mütter zu sein? Solche Fragen führen uns die komplexe Natur der Interaktion zwischen den Faktoren, die unser Erleben beeinflussen und ausmachen, deutlich vor Augen.

Kapitel 19

Optimales Erleben und die Familienumwelt

Kevin Rathunde

Viele Untersuchungen, die sich mit dem Einfluß der Familie beschäftigen, haben bei der Beobachtung des kindlichen Verhaltens angesetzt, die subjektive Erfahrung des Kindes aber außer acht gelassen. Zwar hat die Beobachtung des Verhaltens wertvolle Einsichten erbracht; wir wollen hier jedoch mit Hilfe der *Experience Sampling Method* (Csikszentmihalyi, Larson und Prescott, 1977) beginnen, auch den subjektiven Aspekt in unser Verständnis der Familie zu integrieren. In einer ganzen Reihe von Disziplinen herrscht Übereinstimmung darüber, daß die subjektive Interpretation einer Situation durch das Individuum dessen weiteres Verhalten beeinflußt. Der Paradigmenwechsel in der Philosophie (Langer, 1957), in den Sozialwissenschaften (Taylor, 1979) und in der Entwicklungspsychologie des Kindes bzw. der Familie (Maccoby, 1980) hat zur Betonung der aktiven Rolle des Individuums bei der Gestaltung seiner Umwelt geführt. Um also den Einfluß der Familienumwelt zu verstehen, muß man wissen, wie das Kind unter dieser Einwirkung seine augenblickliche Situation subjektiv interpretiert.

Das *flow*-Modell (Csikszentmihalyi, 1976b, dt. 1985) legt den Akzent auf eine bestimmte Art der Interpretation einer Situation – auf die Fähigkeit nämlich, in der jeweiligen Situation Chancen für ein sinnvolles Handeln bzw. eine Herausforderung zu entdecken –, die zum optimalen Erleben führt und anscheinend viele positive Konsequenzen dadurch hat, daß sie den Weg zur Differenzierung und Entfaltung der Persönlichkeit bereitet (Csikszentmihalyi, 1982a). Wie fördert die Familie diese Art der Interpretation – oder der aufmerksamen Betrachtung der Situation – bei ihren Kindern? Die Fragen, die zu dieser Studie Anlaß gaben, lauten wie folgt:

1. Können wir einen Kontext identifizieren, der optimales Erleben und *flow*-Erfahrungen der Kinder fördert?
2. Welche Dynamiken kennzeichnen einen solchen Kontext?
3. Bringt ein solcher Kontext Kinder hervor, die eher befähigt sind, *flow* auch in anderer Umgebung zu erfahren?

Diese Fragen lassen sich nur beantworten, wenn wir die theoretischen Konstrukte des *flow*-Modells in neuer Perspektive anwenden. Das Modell beschreibt das dynamische Zusammenspiel der beiden wichtigen Dimensionen – der Anforderungen und der Fähigkeiten – im *Vordergrund* der eigenen Bewußtheit. *Flow* stellt sich nur ein, wenn sowohl die Anforderungen als auch die Fähigkeiten hoch sind und als im Gleichgewicht miteinander wahrgenommen werden. Wenn wir versuchen wollen, den Kontext zu verstehen, in dem *flow*-Erfahrungen möglich sind, dann müssen wir unsere Aufmerksamkeit dem dynamischen Zusammenspiel oder dem optimalen Gleichgewicht der Informationen im *Hintergrund* der Bewußtheit zuwenden, das häufig als selbstverständlich hingenommen und automatisch verarbeitet wird. Wenn man sich im erfreulichen Zustand des *flow*-Erlebens befindet und auf eine interessante Aufgabe konzentriert ist, existiert ein impliziter und wohlgefügter Kontext, der mithilft, die Aufmerksamkeit fokussiert zu halten. Dieser Kontext kann so vollständig mit der eigenen Perspektive verwoben sein, daß er buchstäblich in den Hintergrund der Bewußtheit entschwindet. Wir können uns ein Bild von diesen Vorgängen machen, wenn wir überlegen, daß die Regeln des Baseball-Spiels die Aktionen des Spielers auf dem Spielfeld ja immer weiter lenken, nachdem sie als Regeln längst aus der Bewußtheit »entschwunden« sind. Das strukturelle Gefüge einer Familie, eines Spiels oder auch einer Theorie (siehe Kuhns Paradigma-Begriff; vgl. Kuhn, 1970) schafft einen Kontext oder einen Filter, durch den die Aufmerksamkeit fokussiert und dirigiert wird. Wenn der regelbestimmte Kontext auch oft im Hintergrund steht, so werden sein Vorhandensein und seine Bedeutung doch innerhalb dessen deutlich, was Schutz und Luckmann (1973) als »in-depth phenomenological analysis« bezeichnen. Unterschiedliche strukturelle oder symbolische Systeme werden das Rampenlicht der Aufmerksamkeit auf unterschiedliche Handlungsmöglichkeiten richten. Sie werden folglich auch Einfluß darauf haben, ob die jeweilige Erfahrung Belohnungen bietet, das heißt, ob sie autotelischer Art (erfreulich um ihrer selbst willen: *auto* = selbst, *telos* = Ziel) ist oder nicht. Der Lebenskontext eines Künstlers zum Beispiel wird vermutlich Regeln der künstlerischen Äußerung umfassen, die den Künstler dazu anhalten, sich über Handlungsmöglichkeiten, Ideen und Aufgaben klar zu werden, die wichtige Themen seines Lebens zum Inhalt haben, das heißt, dieser Kontext wird Möglichkeiten autotelischen Erlebens in den Mittelpunkt rücken. Die »Arbeit« des Künstlers ist mithin etwas, das weniger von der Aussicht auf eine äußere Belohnung motiviert ist. Einem Geschäftsmann dagegen, der die vom Regelsystem einer Firma bestimmten Ziele verfolgt, wird es viel schwerer fallen, in Abwesenheit extrinsischer Belohnungen zu optimalem Erleben zu gelangen. Man kann wohl mit Recht annehmen, daß der Kontext auch von einer Familie zur anderen variiert, was die Ziele betrifft, die er ins Zentrum der Aufmerksamkeit rückt. Wenn man bedenkt, welchen enormen Einfluß die symbolische Struktur der Familie auf die gesamte Weltsicht des Kindes ausübt (Berger und Luckmann, 1967), dann ist auch die Annahme berechtigt, daß der Familienkontext einen großen Anteil daran hat, ob ein Kind jemals jene Art der Interpretation und der aufmerksamen Betrachtung seiner Situation entwickelt, die ein autotelisches Erleben fördern.

Vom autotelischen Erleben zum autotelischen Kontext

Wir können uns den autotelischen Familienkontext als eine wohlgefügte und in Regeln eingebundene Umgebung denken; sie strukturiert die Aufmerksamkeit des Kindes in der Weise, daß der spielerische Aspekt solcher Erfahrungen, die in sich erfreulich sind, noch verstärkt wird. Einfacher ausgedrückt: ein autotelischer Kontext fördert autotelisches Verhalten, also Verhalten, das seine Belohnung in sich selbst trägt. Vier Aspekte des autotelischen Familienkontextes sollen in dieser Studie untersucht werden: (1) die Elemente, die ihn bilden, (2) das optimale Gleichgewicht dieser Elemente, (3) die positive Funktion, die dem autotelischen Kontext in bezug auf die *Ökonomie der Aufmerksamkeit* des Kindes zukommt, (4) die Wirkung des internalisierten autotelischen Familienkontextes auf die Erlebensweise des Kindes in anderen Kontexten.

Wenn man sich zunächst die charakteristischen Elemente des *flow*-Erlebnisses deutlich macht, kann man sie anschließend für den Kontext, in dem *flow* erfahren wird, neu formulieren. Mit anderen Worten, wenn man sein Erleben während eines bestimmten Spiels zu schildern hätte, könnte man fragen, wie die Regeln dieses Spiels das Erleben stützen und strukturieren. Die Elemente des *flow*-Erlebnisses sind das Gefühl der Steuerbarkeit, die Zentrierung der Aufmerksamkeit auf ein begrenztes Reizfeld, klare Ziele mit unmißverständlicher Rückmeldung, die autotelische oder intrinsisch belohnende Natur von *flow*, das Verschmelzen von Tätigkeit und Bewußtheit, der Mangel an Ich-Bewußtheit. Bezieht man diese Elemente auf den Familienkontext, dann könnte man sagen: 1. Der Kontext muß so geartet sein, daß er dem Kind eine wahrgenommene *Wahlmöglichkeit* und damit das Gefühl bietet, die Dinge steuern zu können; 2. der Kontext muß sich durch *Eindeutigkeit* auszeichnen, so daß er für das Kind ein Reizfeld markiert, dem es sich zuwenden und das es mit hoher Konzentration manipulieren kann; 3. der Familienkontext muß die

Aufmerksamkeit unmittelbar auf die Aufgabe *zentrieren,* nicht aber ausschließlich auf deren Konsequenzen, damit die intrinsischen Belohnungen der Tätigkeit selbst erfahren werden; 4. der Kontext muß *zum vertrauensvollen Engagement ermutigen,* so daß das Kind es wagen kann, auf die Mittler- und Abwehrdienste seines Ich zu verzichten; 5. der Kontext muß sinnvolle *Anforderungen* bzw. *Herausforderungen* zulassen, um den *flow-*Prozeß in Gang zu bringen.

Diese fünf Faktoren des Kontextes müssen in einer dialektischen Ausgewogenheit zwischen Starrheit und Unverbindlichkeit stehen, um optimales Erleben zu ermöglichen. Das wirksame Funktionieren innerhalb der Bandbreite der Kapazitäten unserer Informationsverarbeitung (Broadbent, 1958) sollte nicht durch die Extreme der Unter- oder Übererregung (Berlyne, 1971) gestört werden. Phänomenologisch betrachtet, ist Information am effektivsten oder am »*flow*-ähnlichsten« zwischen den Extremen von Langeweile und Angst. Der Familienkontext muß bestimmte Parameter aufweisen, damit optimales Erleben möglich wird: 1. Er muß Wahlmöglichkeiten bieten, damit das Kind seine Entscheidungen als von ihm beeinflußt empfindet; er darf aber weder darüber bestimmen, worauf das Kind seine Aufmerksamkeit zu richten hat, noch darf er das Kind ganz und gar sich selbst überlassen; 2. er muß Eindeutigkeit schaffen, damit das Kind seine Aufmerksamkeit sinnvoll ausrichten kann, er darf aber nicht so starr oder so locker-unverbindlich sein, daß die Rückmeldung aus der Umgebung redundant oder uninterpretierbar ausfällt; 3. er muß die Aufmerksamkeit auf die gerade anstehenden Aufgaben zentrieren, damit das Kind autotelische Belohnungen erhält, er darf eine Aufgabe aber nicht dadurch zerstören, daß zuviel Aufmerksamkeit auf Belohnungen gerichtet wird, die ganz außerhalb der spezifischen Aktivität oder ganz innerhalb des Kindes liegen; 4. er muß ein Engagement, eine selbstbewußte Hinwendung fördern, damit das Kind hinter seinem auf Abwehr bedachten Ego hervortreten kann, darf aber nicht dogmatische Anklammerung verlangen oder den Menschen allein lassen und entfremden; und er muß 5. Forderungen stellen und zum Handeln anspornen, darf aber das affektive und kognitive Potential des Kindes zur Umwandlung von Information in Bedeutung nicht überbeanspruchen. Ein Familienkontext, der in der eben beschriebenen ausgewogenen Weise Wahlmöglichkeit, Eindeutigkeit, Zentrierung der Aufmerksamkeit, Ermutigung zum Engagement und Herausforderung vereint, wird hier als *autotelischer Familienkontext* bezeichnet. Ein Kontext, der in der Regel ein Zuwenig oder Zuviel an diesen fünf Faktoren bietet, wird als nichtautotelischer Kontext bezeichnet, also als ein Kontext, der entweder Langeweile oder Angst fördert.

Wenn ein autotelischer Familienkontext am Werk ist, wird er gewöhnlich die Aufmerksamkeit dirigieren, ohne selbst Mittelpunkt der Aufmerksamkeit zu sein. Er wird auf diese Weise die Aufmerksamkeit eines von ihm umgebenen Kindes sowohl bewahren als auch befreien. Diese Vordergrund-Hintergrund-Dynamik läßt sich am Beispiel der Regeln eines Spiels illustrieren. Für den Spieler, der in sein Tun vertieft ist, stehen die Spielregeln keineswegs im Zentrum. Sie sind vorformulierte Richtlinien, die seine Aufmerksamkeit bewahren und auf bestimmte Ziele lenken. Zugleich machen sie die Aufmerksamkeit des ihnen folgenden Spielers frei, indem sie die Ablenkungen beseitigen, die das spielerische Tun zerreißen und die Freude am Spiel selbst zerstören würden. In dem Augenblick, in dem die Regeln zum Streitpunkt werden, endet die Freude am Spiel, und die Aufmerksamkeit richtet sich auf die Bewältigung dieser Schwierigkeit. Wenn das Spiel wirklich einen autotelischen Kontext darstellt, werden die meisten möglichen problematischen Situationen allerdings im voraus bedacht worden sein, und das System der Regeln wird rasch und wirksam mit dem Problem fertig werden.

Wir gehen hier davon aus, daß diese Vordergrund-Hintergrund-Dynamik auch in einem autotelischen Familienkontext am Werk ist. Stellen wir uns ein einfaches Szenario rund um einen der fünf Faktoren vor, die den autotelischen Kontext ausmachen – die Eindeutigkeit der Regeln. In einem autotelischen Kontext wird ein Kind vermutlich genau wissen, welche Regeln bei ihm zu Hause für das Malen mit Wasserfarben gelten – es wird einen Malkittel tragen, am Küchentisch sitzen usw. Ist der Kontext des Malens aber einmal durch die Regeln strukturiert, dann gibt es keine starr detaillierten Schritte, die das Malen zu einer langweiligen oder redundanten Tätigkeit machen würden. Stellen wir uns ein anderes Kind vor, das beim Malen manchmal einen Kittel trägt und manchmal nicht, das manchmal am Küchentisch und manchmal nicht am Küchentisch malt. Eines Tages verlangen die Eltern vielleicht, daß das Kind, wenn es malen will, einen Kittel anzieht und sich an den Küchentisch setzt. Das Kind, das ja weiß, daß diese Regeln bisher jedenfalls als feste und unwidersprochene Regeln nicht gegolten haben, beginnt vielleicht eine Auseinandersetzung mit den Eltern, die seine Tätigkeit unterbricht. Der autotelische Kontext hätte ein *flow*-Erlebnis im Rahmen des Malens begünstigt; die Aufmerksamkeit des zweiten Kindes ist allerdings auf unproduktive Weise zunichte gemacht worden. Das ist auf den ersten Blick ein banales Geschehen. Wenn aber die verschiedensten Aktivitäten über Jahre hinweg immer wieder in dieser negativen Weise enden – wobei wir uns ein vergleichbares Szenario mühelos auch im Zusammenhang mit jedem der vier anderen Faktoren vorstellen könnten –, dann kann das zu einem ernsthaften Defizit in der Qualität des Erlebens führen. Wiederholt sich andererseits der erstgenannte positive Ausgang immer wieder, dann werden die Regeln, die die Tätigkeit des Malens strukturieren, dem Kind vermutlich zur zweiten Natur werden und automatische Gültigkeit besitzen, weil sie nicht als etwas *erkannt* worden sind, was dem erfreulichen Erleben etwa im Weg steht. Wir können diese Überlegungen wie folgt zusammenfassen. Wenn und sobald der regelbestimmte Kontext, der normalerweise wie eine Sammellinse wirkt und die Aufmerksamkeit auf das Erleben *an sich* lenkt, seinerseits zum Fokus der Aufmerksamkeit wird, ist die Möglichkeit des optimalen Erlebens oder der *flow*-Erfahrung so lange unterbrochen, bis der jeweilige kontextuelle Faktor wieder in ein optimales Gleichgewicht gekommen ist und in den Hintergrund tritt. Regeln erfahren notwendigerweise immer und überall Herausforderungen und Modifikationen; das spielerische Aushandeln von Regeln kann dem Kind helfen, wichtige soziale Fertigkeiten zu entwickeln (Bettelheim, 1987). Deshalb läßt sich hinzufügen, daß Regeln, die von Anfang an autotelisch sind, sich mit mehr Erfolg modifizieren lassen.

Die positive Wirkung eines autotelischen Familienkontextes hängt damit zusammen, daß dieser Kontext mit dem aktiven und intrinsisch motivierten kindlichen Lerner zusammenpaßt (Piaget, 1962; Maslow, 1968; Deci und Ryan, 1985): Das Kind ist von Natur aus vollauf mit seinem Wachstum als Persönlichkeit beschäftigt, und Langeweile oder Angst drängen sich weniger häufig in den Vordergrund. Die durch die Sozialisation internalisierten Aufmerksamkeitsmuster, wie sie zu Hause gelten, werden in neue Kontexte hinübergetragen. Schutz und Luckmann (1973, S. 256–261) äußern sich zum Transfer-Effekt vorausgegangener Sozialisation angesichts neuer Situationen wie folgt: Das Individuum »tritt in die Situation ein mit einem (ihm an-)sozialisierten Vorrat an Interpretations- und Motivationsrelevanzen ... Das subjektive System der Prioritäten ... bestimmt, was in der gegenwärtigen Situation als *offensichtlich und routinemäßig oder als problematisch* erfahren wird und Erläuterung und Bewältigung braucht« (Kursivsatz vom Verfasser). Wenn Sozialisation in einem Kontext erfolgt, in dem die Regeln normalerweise nicht das Zentrum der Aufmerksamkeit bilden und vom Kind nicht als die Ursache seiner Langeweile oder Angst angesehen werden, dann werden eben diese Aufmerksamkeitsmuster das Kind bestimmen, die Regeln, wie sie in einer aktuellen Situation außerhalb seiner Familie bestehen, in der gleichen Weise zu sehen. Zur Illustration dieser Überlegung können wir den schulischen Kontext heranziehen.

Ein Kind aus einer autotelischen Familie wird vermutlich, wenn es in den schulischen Kontext eingetreten ist, so operieren, »als ob« die dortigen Gegebenheiten mit seiner intrinsischen Motivation zusammenpassen, auch wenn sie das vielleicht nicht tun. In diesem Fall kann die Situation eine ähnlich günstige Entwicklung nehmen wie im (beobachteten) Fall von Individuen, die aus einer »Illusion der Steuerbarkeit« heraus operierten (Alloy und Abramson, 1979). Sozialisation in einem autotelischen Kontext kann das Erleben in der Schule auch noch in anderer Weise beeinflussen; dies geschieht dann, wenn ein so sozialisiertes Kind eher imstande ist, sich zu konzentrieren und nicht ablenken zu lassen. Ein Kind aus einem autotelischen Kontext kann vermutlich mehr Aufmerksamkeit darauf verwenden, eine chaotische Situation neu zu strukturieren; damit hat es das Gefühl, die Dinge im Griff zu haben, und erhält die Rückmeldungen, die notwendig sind, um ein *flow*-Erlebnis zu tragen. Dagegen wird ein Kind, das an die relativ chaotischen oder starren Aufmerksamkeitsmuster eines nicht autotelischen Kontextes gewöhnt ist, weil es damit aufwuchs, die gleichen Faktoren – Wahlmöglichkeit, Eindeutigkeit, Zentriertheit, Ermutigung zum Engagement und Herausforderung – auch in einem neuen Kontext als problematisch und ungelöst »sehen«. Sie bleiben im Vordergrund seiner Bewußtheit und lenken seine Aufmerksamkeit ab. Da ein autotelischer Kontext zum ökonomischen Umgang mit den Ressourcen Energie und Aufmerksamkeit verhilft, kann man erwarten, daß Unterschiede zwischen Kindern aus diesen beiden verschiedenen Kontexten in dem Augenblick deutlich werden, in dem sie mit produktiven Tätigkeiten befaßt sind, das heißt mit Tätigkeiten, die ihnen mehr Einsatz abverlangen.

Die für *flow*-Erfahrungen wichtigen kontextuellen Faktoren sind zum Teil Gegenstand empirischer Untersuchungen in der Familienforschung gewesen. Studien über das Bindungsverhalten (das relevant ist für den Faktor des Sich-Verpflichtet-Fühlens) zeigen, daß Kleinstkinder, die sicher in ihrer Bindung ruhen, mehr als andere zum Erkundungs- und Bewältigungsverhalten neigen (Ainsworth, Bell und Stayton, 1971; Main, 1973; Matas, Arend und Sroufe, 1978). Die Beschäftigung mit dem Einfluß des elterlichen Erziehungsstils auf die Kreativität (Getzels und Jackson, 1962) hat auf die positiven Konsequenzen größerer Flexibilität, wahrgenommener Wahlmöglichkeiten und eines positiven emotionalen Kontextes aufmerksam gemacht. Am bedeutsamsten für die hier entwickelten Vorstellungen ist vielleicht Baumrinds (1977) wichtige Familienstudie. Im Zusammenhang ihrer Ausführungen über das familiäre Gleichgewicht und den permissiven, den autoritativen und den autoritären Erziehungsstil kommt Baumrind zu dem Ergebnis, daß es für die Entfaltung der aktiven Disposition (oder »Agenz«) der Kinder am besten war, wenn die Eltern die beiden Extreme – den permissiven und den autoritären Erziehungsstil – vermieden. Die Dimensionen, die sie in ihrer Studie betrachtet

– elterliche Kontrolle, Reifeforderungen, Kind-Eltern-Kommunikation, Erziehung –, überschneiden sich in mehr als einer Hinsicht mit den Dimensionen, die in der vorliegenden Studie als wichtig für optimales Erleben identifiziert werden. Es läßt sich eine deutliche Analogie herstellen zwischen dem permissiven Erziehungsstil und einem angstbewirkenden Kontext, dem autoritären Stil und dem als langweilig empfundenen Kontext sowie schließlich einem ausgewogenen Stil, der Agilität oder intrinsische Motivation fördert. Aus Kohuts (1978) Ausführungen über das Konzept der »optimalen Frustration« läßt sich entnehmen, daß ein ausgewogenes Verhältnis zwischen Freiheit und Restriktion notwendig ist, damit ein Kind die wichtigen Aufgaben im Zusammenhang seiner Entwicklung meistern kann. Die vorliegende Studie fügt ihnen die Erkenntnis hinzu, daß der Kontext mit seinen Faktoren der Wahlmöglichkeit, der Eindeutigkeit, der Zentrierung der Aufmerksamkeit, der Ermutigung zum Engagement und der Herausforderung sich in der Weise auf das Kind auswirkt, daß die verschwenderischen Extreme der Informationsverarbeitung umgangen werden und so ein optimales Funktionieren der Bewußtheit ermöglicht wird. Es gibt zwar Einzeluntersuchungen über die hier behandelten kontextuellen Faktoren und die eine oder andere Überlegung über die zwischen ihnen bestehende ausgewogene Dynamik; eine Betrachtung der Familie, die 1. dieses Bündel von Faktoren zusammenfaßt und 2. die Dynamik spezifiziert, die hier wirkt, existiert dagegen noch nicht. Die Annäherung an die Familie auf dem phänomenologischen Weg über das Kind bietet die Möglichkeit, beide Anliegen zu verbinden, insofern nämlich, als die fünf Faktoren als solche und ihr ausgewogenes Zusammenspiel durch das *flow*-Konzept sinnvoll integriert erscheinen.

Die Methode

Die Stichprobe

Insgesamt 395 Schüler des ersten und zweiten Jahrgangs aus zwei vorstädtischen *High Schools* wurden von ihren Lehrern für Mathematik, Naturwissenschaften, Kunst, Musik und Sport zur Teilnahme an einer vierjährigen Längsschnittuntersuchung an begabten Heranwachsenden vorgeschlagen. Die Familien der Schüler erhielten eine briefliche Darstellung des Projektes und konnten ihre Fragen bei eigens zu diesem Zweck abgehaltenen Zusammenkünften vorbringen. 228 Schüler erklärten sich zur Mitarbeit bereit; 193 von ihnen, die alle Unterlagen ausgefüllt hatten, bilden die hier beschriebene Gruppe.

Das Vorgehen

Jeder Schüler traf im Büro der Schule drei- oder viermal mit einem Mitglied des Forschungsteams zusammen. Dabei füllte er mehrere Fragebogen aus, mit denen Informationen über seine Herkunft, seine Persönlichkeit und sein Geschlechtsrollenverständnis zusammengetragen wurden. Darüber hinaus erhielt jeder Schüler ein elektronisches Rufgerät und Anweisungen zur Verwendung der ESM-Fragebogen (siehe Csikszentmihalyi und Larson, 1984). Die Schüler trugen die Rufgeräte die ganze Woche über bei sich und wurden täglich sieben- bis neunmal angefunkt. Diese Signale waren zufällig über die Zeit zwischen 7 Uhr morgens und 10 Uhr abends (an Wochentagen) bzw. zwischen 7 Uhr morgens und Mitternacht (an den Wochenenden) verteilt.

Die Hypothesen

Drei Hypothesen wurden bezüglich der Wirkungen eines autotelischen Familienkontextes auf das Erleben der Jugendlichen aufgestellt: (1) Diejenigen, die ihren Familienkontext als autotelisch wahrnehmen, haben im häuslichen Zusammenleben mit ihren Eltern häufiger optimale Erfahrungen als andere Jugendliche, die ihren Familienkontext als nichtautotelisch wahrnehmen; (2) die Gruppe mit dem autotelischen Familienkontext hat in Situationen der produktiven Arbeit in der Schule häufiger optimale Erfahrungen; (3) begabte Jugendliche, die ihren Familienkontext als autotelisch wahrnehmen, haben auch dann häufiger optimale Erfahrungen, wenn sie zu Hause lernen und ihre Hausaufgaben machen.

Die Messungen

Die Fragen, die zur Ermittlung des autotelischen Kontextes herangezogen wurden, stammten aus zwei Familienfragebogen, die von Devereux, Bronfenbrenner und Rogers (1969) und von Olson, Bell und Porter (1982) jeweils im Zusammenhang mit Erhebungen über die Bedeutung das »Gleichgewichtes« im familiären Kontext erarbeitet worden waren. Sie eigneten sich deshalb gut für die Zwecke der vorliegenden Studie. Von den 27 Items, die in den »autotelischen Endwert« eingingen, stammten 20 aus dem Fragebogen von Devereux et al. über elterliche Praktiken. Die darin enthaltenen Variablen sind nach vier allgemeinen Dimensionen organisiert: stützendes, forderndes, kontrollierendes und strafendes Verhalten. Bronfenbrenner (1961) und Devereux (1970) stellen eine Theorie optimaler Stufen auf, der zufolge ein Gleichgewicht von Stützung und Kontrolle

(Liebe und Disziplin) ein optimales Element der Sozialisation verantwortungsbewußter und reifer Kinder ist. Ein Zuviel oder Zuwenig, was die eine oder die andere dieser Komponenten angeht, hat nach dieser Theorie Unreife zur Folge. So würde die Kombination von zu viel Kontrolle und zu wenig Wärme beispielsweise zur Aggressivität führen, die Kombination von zu viel Wärme und zu wenig Kontrolle zur Impulsivität. Sieben der Items, die zur Ermittlung des autotelischen Kontextes herangezogen wurden, stammten aus dem Fragebogen von Olson, Bell und Porter (FACES II = Family adaptability and cohesion evaluations scales II), der nach zwei großen Dimensionen angelegt ist: Zusammenhalt und Anpassungsfähigkeit. Wie Bronfenbrenners Theorie der optimalen Stufen geht auch dieser Ansatz von einer kurvilinearen Beziehung zwischen wichtigen Variablen und optimalen Familiensystemen aus. Extreme auf der Dimension des Zusammenhalts führen zu »losgelösten« oder »verstrickten« Familien, während Extreme auf der Dimension der Anpassungsfähigkeit rigide oder chaotische Familien hervorbringen; optimale Interaktionen sollen der Hypothese zufolge im mittleren Bereich der jeweiligen Variablen angesiedelt sein.

Die kontextuellen Faktoren – Wahlmöglichkeit, Eindeutigkeit, Zentrierung der Aufmerksamkeit, Ermutigung zum Engagement, Herausforderung – wurden aufgrund der empirischen Befunde zum »*flow*«-Erlebnis (Csikszentmihalyi, 1975b) ausgewählt. Das *flow*-Erlebnis verkörpert sozusagen die höchste Konzentration attentionaler Energie. Diese Faktoren entsprechen denjenigen, die sich im Rahmen von Studien zur intrinsischen Motivation bei Kindern als wichtig erwiesen (siehe deCharms, 1976). Sie gestatten die Konstruktion einer unabhängigen Messung, die einen Bezug zu den mit der ESM durchgeführten Messungen des momentanen subjektiven Zustandes hat. Zwischen beiden Messungen besteht also eine theoretische Kontinuität. Einige Fragen aus den älteren Familienfragebogen entsprachen den hier beschriebenen Dimensionen. So wurde beispielsweise das Konstrukt Wahlmöglichkeit operationalisiert durch die Antworten auf die Items »Er/sie läßt mich Dinge, die ich tun möchte, selbst planen, auch wenn ich dabei vielleicht Fehler machen könnte« (Devereux et al., 1969) und »Wenn es darum geht, ein Problem zu lösen, dürfen die Kinder Vorschläge machen« (Olson et al., 1982). Allerdings standen nicht alle Fragen aus den beiden genannten Untersuchungen in einem deutlichen Bezug zu den hier interessierenden Zusammenhängen. So ist zum Beispiel nicht eindeutig, welche phänomenologischen Wirkungen von Faktoren erwartet werden können, die »körperliche Bestrafung«, »Fürsorglichkeit« (Devereux et al., 1969), die in einer Familie bestehenden »Koalitionen« oder die Nutzung des familiären »Raumes« (Olson et al.,

1982) messen. Solche Items wurden daher nicht in die Ermittlung des autotelischen Wertes aufgenommen.

Vor Betrachtung der abhängigen Variablen aus den ESM-Messungen wurden erste Analysen des für den autotelischen Kontext gefundenen Wertes vorgenommen: So wurden Pearson-Korrelationen zur Bestimmung der Wechselbeziehungen zwischen den individuellen Items auf den Fragebogen erstellt, deskriptive Statistiken über die Verteilung der Werte angefertigt und t-Tests durchgeführt, um nach geschlechtsbedingten Unterschieden zu suchen.

Das Ergebnismuster in der Korrelationsmatrix stützt die Annahme, daß die Items zuverlässig zwischen autotelischen und nichtautotelischen Familienkontexten unterscheiden (s. Rathunde, 1987). Für jede Familie wurden zusammengesetzte Werte nach drei Dimensionen errechnet: autotelisch, Langeweile/Rigidität, Angst/Ambiguität. Die Korrelationen zwischen diesen zusammengesetzten Werten der gesamten Stichprobe bestätigten ihre Unterschiedlichkeit. Der autotelische Wert war negativ korreliert sowohl mit dem Angst/Ambiguitäts-Wert ($r = -0,57$) als auch mit dem Langeweile/Rigiditäts-Wert ($r = -0,36$). Ein Gesamtwert für den autotelischen Kontext wurde durch Subtraktion der Angst- und Langeweile-Werte vom ersten autotelischen Wert berechnet. Er war negativ korreliert sowohl mit Angst als auch mit Langeweile ($r = -0,68$) und bildet den Ausgangspunkt der unten geschilderten weiteren Analysen.

Meßwerte optimalen Erlebens wurden – mit sechs zusammengesetzten Variablen – aus den Items der ESM-Vordrucke gewonnen: Affekt, Aktivation, kognitive Effizienz, intrinsische Motivation, System-Negentropie (negative Entropie oder Zustand der Ordnung), Selbstbewertung. Fünf der sechs Variablen, von denen jede aus drei bis vier Items zusammengesetzt ist, sind bereits in anderen mit Hilfe der ESM durchgeführten Studien zur Definition der wichtigsten Komponenten des subjektiven Erlebens herangezogen worden (weitere Angaben dazu bei Csikszentmihalyi und Larson, 1984). Die Dimension der Selbstbewertung ist das gleiche Bündel interkorrelierter Items, mit dem auch Wells (siehe Kapitel 18) arbeitet. Im *flow*-Erlebnis – operationalisiert als das ausgewogene Verhältnis von Anforderungen und Fähigkeiten, bei dem beide Variablen überdurchschnittlich ausgeprägt sind – sind diese Dimensionen des Erlebens stärker ausgeprägt, wie stets gezeigt werden konnte. Unsere gegenwärtige Untersuchung erfaßt nicht das *flow*-Erlebnis *per se*; die Erwartung lautet jedoch, daß die einzelnen Dimensionen des Erlebens bei unseren beiden Gruppen unterschiedlich ausfallen werden, weil die kontextuellen Bedingungen in der einen Gruppe in einem optimalen Gleichgewicht stehen und deshalb dem autotelischen Erleben ganz allgemein förderlicher sind.

Die unten wiedergegebenen Ergebnisse behandeln den Meßwert für den autotelischen Kontext als diskrete Variable, um die oberen und unteren Quartilen der Verteilung der Werte gegeneinanderzusetzen. Das führt zwar zu einer Einbuße an statistischer Trennschärfe *(power)*, doch sprechen zwei Gründe für dieses Vorgehen: 1. Das theoretische Konzept eines autotelischen Kontextes beschreibt ein Umfeld, in dem *alle* fünf Faktoren stark ausgeprägt sind und in einem optimalen Gleichgewicht stehen. Mit anderen Worten, es scheint sinnvoller, sich willkürlich für einen kritischen Wert zu entscheiden und sich dementsprechend aus heuristischen Gründen den Familienkontext als entweder autotelisch oder nichtautotelisch vorzustellen. Die Werte im Mittelbereich würden häufiger für manche Faktoren hoch und für manche niedrig sein, nicht dagegen entweder durchweg hoch oder durchweg niedrig. 2. In einer spezifischen Situation (zum Beispiel in der Schulklasse) werden viele Varianzquellen einwirken. Wenn ein autotelischer Familienkontext angesichts dieser anderen Varianzquellen in der Schule – ein ungeliebtes Fach, ein ungeliebter Lehrer – einen Unterschied ausmacht, dann muß die Wirkung dieses Kontextes relativ stark sein.

Die Resultate

Die Qualität des Erlebens zu Hause

Wie erwartet war die Erlebensweise derjenigen Jugendlichen, die ihren familiären Kontext als autotelisch wahrnahmen, eindeutig positiver, wenn sie mit ihren Eltern zusammen waren (s. Tabelle 19.1). Die im folgenden aufgeführten Ergebnisse basieren auf Signalen, die empfangen wurden, als die Jugendlichen sich zufällig in Gesellschaft zumindest eines ihrer Eltern befanden. In manchen Fällen waren auch Geschwister zugegen, in anderen nicht. Es waren drei Tätigkeiten – Gespräch, Fernsehen und Essen –, die bei etwa 50% der Jugendlichen in Gegenwart der Eltern erfaßt wurden. Tabelle 19.1 zeigt folgendes: Teenager der autotelischen Gruppe, die in einem beliebigen Augenblick in ihrer häuslichen Umgebung angepiepst wurden, gaben als momentanes Erleben einen höheren Affekt ($t = 4{,}23$, $p < 0{,}0001$), höhere Aktivation ($t = 2{,}27$, $p < 0{,}05$), höhere kognitive Effizienz ($t = 1{,}73$, $p < 0{,}05$) und höhere Motivation ($t = 4{,}25$, $p < 0{,}0001$) an als ihre Kameraden aus dem nichtautotelischen Kontext. Auch erlebten sie den sozialen Kontext der Familie als geordneter oder stärker negentropisch ($t = 2{,}59$, $p < 0{,}01$), ein Ergebnis, das für die direkte Kommunikation von Angesicht zu Angesicht mit den Eltern

Tabelle 19.1. Die Qualität des Erlebens zu Hause: Heranwachsende im autotelischen vs. nichtautotelischen Kontext

ESM-Items	autotelischer Kontext (N = 45)	nicht-autotelischer Kontext (N = 45)	t	p
glücklich	5,29	4,46	3,79	<0,001
heiter	4,91	3,94	3,98	<0,001
freundlich	4,99	4,36	2,63	<0,01
Affekt	5,07	4,25	4,23	<0,0001
eindeutig	4,86	4,32	2,03	<0,05
offen	4,85	4,32	2,30	<0,05
kooperativ	4,43	4,10	1,66	<0,10
System-Negentropie	4,71	4,24	2,59	<0,01
aufmerksam	4,91	4,42	1,91	<0,05
aktiv	4,30	4,07	0,87	ns
stark	4,61	4,24	1,76	<0,05
aufgeregt	4,44	3,73	3,04	<0,01
Aktivation	4,57	4,13	2,27	<0,05
Konzentration	4,50	4,09	1,15	ns
Mühelosigkeit der Konzentration	7,01	6,80	0,59	ns
Mangel an Selbstbewußtheit	6,50	6,37	0,29	ns
Eindeutigkeit	4,86	4,32	2,03	<0,05
Kognitive Effizienz	5,74	5,39	1,73	<0,05
Tätigkeit gewollt	5,04	3,97	2,26	<0,05
Handlungen kontrolliert	6,20	4,80	3,59	<0,001
Engagiert	4,97	4,41	2,35	<0,05
Motivation	5,42	4,39	4,25	<0,0001
Gutes Gefühl im Hinblick auf die eigene Person	6,12	4,62	3,97	<0,001
Eigenen Erwartungen entsprechend	6,37	5,11	3,58	<0,001
Zufrieden mit dem eigenen Tun	6,41	5,28	2,67	<0,01
Selbstkonzept	6,30	5,06	3,85	<0,001

Anm.: Die Zahlen sind Durchschnittswerte individueller mittlerer Rohwerte und basieren auf etwa 560 ESM-Signalen. Die Signifikanz wurde einseitig getestet.

spricht (t = 2,54, p < 0,01; in Tabelle 19.1 nicht enthalten). Die Jugendlichen aus der autotelischen Gruppe berichteten auch von höherer Selbstbewertung (t = 3,85, p < 0,001), wenn sie mit ihren Familien zusammen waren. Eine andere Möglichkeit, die eher optimale Erlebensweise der autotelischen Gruppe zu beschreiben, besteht in der Betrachtung der 20 Items, aus denen sich die Werte zusammensetzten und von denen 15 auf signifikante Unterschiede zwischen den beiden Gruppen hinweisen (s. Tabelle 19.1). Diese Teenager waren glücklicher, heiterer, freundlicher, kooperativer und offener gegenüber ihren Angehörigen. Sie dachten eindeutiger und fühlten sich aufmerksamer, stärker und deutlicher angeregt. Ihr Wunsch, genau das zu tun, was sie gerade taten, war stärker ausgeprägt, sie waren engagiert und hatten das Gefühl, ihr Handeln zu steuern. Sie hatten ein gutes Gefühl im Hinblick auf die eigene Person, fanden, daß sie den eigenen Erwartungen gerecht wurden, und waren zufrieden mit der Art, in der sie im Augenblick an die Dinge herangingen. Im übrigen zeigten bei 16 der 20 Items die Angehörigen der nichtautotelischen Gruppe eine größere Varianz in der Verteilung ihrer Antworten. Bei vier der Items unterschieden sich die Gruppen signifikant (zweiseitiger Test): Zufrieden mit dem eigenen Handeln (F = 1,84, p < 0,05), heiter (F = 1,86, p < 0,05), stark (F = 2,17, p < 0,05), Tätigkeit gewollt (F = 1,81, p < 0,05). Auch einer der zusammengesetzten Werte – die kognitive Effizienz – zeigte im nichtautotelischen Kontext eine größere Varianz (t = 2,24, p < 0,01). Dieses Ergebnis war zwar nicht vorauszusehen, steht aber im Einklang mit den oben aufgeführten Befunden. Mit anderen Worten, der stark autotelische Kontext fördert nicht nur eine optimale Erlebensweise zu Hause, er scheint dies vielmehr durchgängig zu tun.

Die Qualität des produktiven Erlebens

Die zweite und die dritte Hypothese, die auf der Grundlage der angenommenen Wirkungen eines autotelischen Kontextes aufgestellt wurden, besagen, daß die Qualität auch des produktiven Erlebens zu Hause wie in der Schule bei derjenigen Gruppe höher sein wird, die an einen autotelischen häuslichen Kontext gewöhnt ist. Tabelle 19.2 vergleicht die autotelische und die nichtautotelische Gruppe, die jeweils zu Hause mit Lernen und dem Anfertigen der Hausaufgaben beschäftigt waren. Die Werte im oberen Teil der Tabelle beziehen sich auf Signale, die die Jugendlichen erreichten, während sie – entweder allein oder im Beisein ihrer Eltern – arbeiteten (s. Tabelle 19.2).

Wie erwartet ergab sich für die Schüler aus autotelischen Familienkontexten häufiger optimales Erleben, wenn sie mit ihren Hausaufgaben und

Tabelle 19.2. Qualität des Erlebens zu Hause beim Lernen oder beim Anfertigen der Hausaufgaben

	Autotelischer Kontext (N = 33)	Nicht-autotelischer Kontext (N = 34)	t	p
ESM: zusammengesetzte Werte bei Hausaufgaben allein oder im Beisein der Eltern				
Affekt	4,24	3,85	1,80	<0,05
Aktivation	4,20	3,81	1,82	<0,05
Kognitive Effizienz	5,90	5,41	1,80	<0,05
Motivation	4,74	4,22	1,87	<0,05
Selbstkonzept	6,00	5,51	1,30	<0,10
ESM: zusammengesetzte Werte bei Hausaufgaben allein				
Affekt	4,14	3,80	1,58	<0,10
Aktivation	4,19	3,71	2,29	<0,05
Kognitive Effizienz	5,93	5,47	1,60	<0,10
Motivation	4,90	4,42	1,84	<0,05
Selbstkonzept	6,25	5,77	1,39	<0,10

Anm.: Alle Signifikanzen wurden einseitig getestet. Die obere Zahlengruppe beruht auf rund 220 ESM-Antworten; die untere beruht auf etwa 184 Antworten, beschrieben als Mittelwerte individueller Mittelwerte.

mit Lesen beschäftigt waren. Sie berichteten beim Ertönen des Signals von einem höheren Affekt (t = 1,80, p <0,05), höherer Aktivation (t = 1,82, p <0,05), höherer kognitiver Effizienz (t = 1,80, p <0,05) und höherer Motivation (t = 1,87, p <0,05). Sie hatten schließlich auch ein höheres Selbstkonzept (t = 1,30, p <0,10). Die Werte im unteren Teil der Tabelle repräsentieren eine Untergruppe aller Informationen – die Antworten auf die 180 ESM-Signale, die die Schüler erreichten, während sie allein lernten oder ihre Hausaufgaben machten. Zwei Veränderungen fallen auf: wenn die Schüler allein arbeiteten, waren offensichtlich sowohl der Effekt für den Affekt (t = 1,58 p <0,10) als auch für die kognitive Effizienz (t = 1,60, p <0,10) etwas schwächer, verglichen mit der Gesamtheit der Lernsituationen. Die übrigen Items bleiben im wesentlichen unverändert.

Im Fall des Wertes für den Affekt (glücklich/heiter/freundlich) ist diese Veränderung irreführend, denn sie reflektiert einen Anstieg des Merkmals *freundlich* bei der nichtautotelischen Gruppe in Augenblicken, in denen diese Schüler ihre Hausaufgaben allein und nicht im Beisein ihrer Eltern machen. Da dieses Item in diesem Kontext seine positive Konnotation verliert, legt der Anstieg des Wertes *freundlich*, der den Unterschied zwischen den beiden Gruppen im zusammengesetzten Merkmal Affekt verringert, in Wahrheit einen Schluß nahe, der die theoretischen Voraussagen stützt. Der kleinere Effekt bei der kognitiven Effizienz verweist vielleicht darauf, daß es der nichtautotelischen Gruppe etwas leichter fällt, sich zu konzentrieren, wenn die Eltern nicht in der Nähe sind, er kann aber auch ein Produkt des Zufalls sein. Insgesamt gehen die Mittelwerte bei den individuellen Items in 18 von 19 Fällen in die vorausgesagte Richtung, wobei nur das Item »freundlich« eine Ausnahme macht. Die individuellen Items, bei denen die Gruppen signifikant voneinander abweichen ($p < 0{,}05$), lassen vermuten, daß der größte Unterschied zwischen den beiden Gruppen, während sie mit Hausaufgaben und mit Lernen beschäftigt sind, darin besteht, daß die Jugendlichen aus autotelischen Familien glücklicher, heiterer, aufmerksamer und stärker sind und sich, was die eigene Person angeht, »besser fühlen«. Sie zeigen auch die Tendenz ($p < 0{,}10$), sich leichter konzentrieren zu können, sie haben ihre Handlungen unter Kontrolle, und sie wünschen das zu tun, womit sie augenblicklich beschäftigt sind.

Tabelle 19.3 zeigt die Qualität des Erlebens zu Zeiten, in denen die Jugendlichen mit produktiver Arbeit in der Schule beschäftigt waren. Für diesen Vergleich wurden nur die Antworten auf solche Signale herangezogen, die die beiden Gruppen in der Klasse, beim Lernen oder beim Anfertigen der Hausaufgaben erreichten.

Im Einklang mit den bisherigen Ergebnissen zeigte die autotelische Gruppe ganz deutlich ein Mehr an optimalem Erleben auch in der Schule: einen höheren Affekt ($t = 2{,}22$, $p < 0{,}05$), höhere kognitive Effizienz ($t = 1{,}75$, $p < 0{,}05$) und höhere Motivation ($t = 2{,}12$, $p < 0{,}05$). Auch der zusammengesetzte Wert der Aktivierung lag bei der autotelischen Gruppe höher, der Unterschied war aber nicht groß genug, um einen eindeutigen Schluß zuzulassen. Ferner hatte die autotelische Gruppe ein höheres Selbstkonzept ($t = 2{,}67$, $p < 0{,}01$), und die marginal signifikanten Resultate legen es nahe, daß die Mitglieder dieser Gruppe den sozialen Kontext der Schule als eher negentropisch empfinden ($t = 1{,}58$, $p < 0{,}10$). Alle 19 individuellen Items gingen in die vorausgesagte Richtung. Diejenigen individuellen Items, bei denen sich die beiden Gruppen signifikant unterschieden, sind ebenfalls in Tabelle 19.3 zusammengefaßt. Der Vergleich zeigt,

Tabelle 19.3. Qualität des Erlebens in der Schule

	Auto-telischer Kontext (N = 47)	Nicht-auto-telischer Kontext (N = 48)	t	p
ESM: zusammengesetzte Werte				
Affekt	4,82	4,44	2,22	<0,05
Aktivation	4,47	4,28	1,25	ns
Kognitive Effizienz	5,40	5,07	1,75	<0,05
Motivation	4,52	4,10	2,12	<0,05
Negentropie des Systems	4,41	4,20	1,58	<0,10
Selbstkonzept	5,94	5,23	2,67	<0,01
Individuelle Items, bei denen die Gruppen sich unterscheiden				
glücklich	4,87	4,52	2,00	<0,05
heiter	4,55	4,13	1,98	<0,05
freundlich	4,94	4,67	1,35	<0,10
wach	5,09	4,73	1,70	<0,05
Mühelosigkeit der Konzentration	5,85	5,37	1,56	<0,10
Steuerbarkeit der eigenen Handlungen	5,78	4,93	2,59	<0,01
Gutes Gefühl im Hinblick auf die eigene Person	5,66	4,81	2,72	<0,01
Zufrieden mit dem eigenen Handeln	6,03	5,42	2,27	<0,05
Den eigenen Erwartungen entsprechend	6,12	5,47	2,18	<0,05

Anm.: Alle Signifikanztests sind einseitig. Die Zahlen sind Mittelwerte individueller Rohmittelwerte, die auf ca. 1120 ESM-Antworten zurückgehen.

daß die Gruppe mit dem autotelischen häuslichen Kontext bei produktiver Arbeit durchwegs glücklicher, heiterer und aufmerksamer zu sein scheint. Die Angehörigen dieser Gruppe konzentrierten sich besser, hatten eher das Gefühl, ihre Handlungen zu steuern, und hatten ein besseres Gefühl im Hinblick auf die eigene Person als ihre Freunde, deren häuslicher Kontext die spielerische, selbstbelohnende Erlebensweise weniger fördert.

Die Qualität des Erlebens in der Gesellschaft von Freunden

Angesichts der sehr positiven Deskriptoren, für die sich die Jugendlichen aus den autotelischen Familien entschieden, könnte eingewendet werden, daß die obigen Ergebnisse nicht etwa Unterschiede im phänomenologischen Erleben reflektieren, sondern unterschiedliche Voreingenommenheiten der beiden Gruppen: Vielleicht belegen die Jugendlichen aus den von uns als autotelisch bezeichneten Kontexten jedes Item in jeder Situation mit einem höheren Wert. Dem kann man entgegenhalten, daß, selbst wenn dies der Fall wäre, ein solcher verfälschender Einfluß doch immer noch etwas Wichtiges darüber aussagt, wie diese Jugendlichen ihr tägliches Leben erfahren. Um dem Einwand aber empirisch zu begegnen, beschäftigten wir uns unter Zuhilfenahme der ESM auch mit solchen Aktivitäten der Jugendlichen, denen sie in der Gesellschaft von Freunden nachgingen. Von besonderem Interesse war dabei der Kontext der passiv verbrachten und unstrukturierten freien Zeit, also das Zusammensein mit Freunden, der Besuch von Partys, das Spielen, Musikhören, Fernsehen usw. In solchen Situationen, in denen ein hohes Maß an Affekt, Aktivation, kognitiver Effizienz und Motivation leichter zu erreichen ist als in der Schule oder in der Situation des Lernens, könnte man eine größere Ähnlichkeit der Jugendlichen untereinander erwarten, unabhängig davon, ob ihre Eltern ihnen einen autotelischen Kontext bieten oder nicht.

Tabelle 19.4 faßt die Ergebnisse für beide Gruppen zusammen. Die Zahlen wurden aus der Beantwortung von 150 ESM-Signalen gewonnen.

Im hier untersuchten Kontext gibt es so gut wie keinen Unterschied zwischen den beiden Gruppen. Keiner der sechs Vergleiche ist signifikant, und zwei der zusammengesetzten Werte – Aktivation und kognitive Effizienz – weisen insofern in die Gegenrichtung, als die Jugendlichen aus den weniger autotelischen Familienkontexten hier um ein Geringes höher rangieren. Von den 20 Items, die in die zusammengesetzten Werte eingingen, zeigten 18 keine signifikanten Unterschiede zwischen den Gruppen. Jugendliche aus autotelischen Familien empfinden größere Befriedigung darüber, wie sie zurechtkommen ($t = 2{,}70$, $p < 0{,}05$). Sieben Items (glücklich, aufmerksam, aktiv, stark, Konzentration, Mangel an Selbst-Bewußtheit und Wunsch, etwas anderes zu tun als das, was gerade getan wird) wiesen in die entgegengesetzte Richtung – hier ergaben sich höhere Werte für die Jugendlichen aus den nichtautotelischen Familien. Im Vergleich mit den anderen untersuchten Kontexten – der häuslichen Umgebung, dem Lernen

Tabelle 19.4. Qualität des Erlebens Jugendlicher in der Gesellschaft von Freunden und im Rahmen unstrukturierter und nicht produktiv genützter Freizeit

ESM: Zusammengesetzte Werte	Autotelischer Kontext (N = 33)	Nichtautotelischer Kontext (N = 26)	t	p
Affekt	5,68	5,58	0,34	ns
Aktivation	4,94	5,18	−0,72	ns
Kognitive Effizienz	5,58	5,70	−0,44	ns
Motivation	6,01	5,64	0,97	ns
Negentropie des Systems	5,10	4,66	1,63	ns
Selbstkonzept	6,33	5,54	1,44	ns

Anm.: Alle Signifikanztests sind zweiseitig. Diese Zahlen sind Mittelwerte individueller Rohmittelwerte und gehen auf ca. 150 ESM-Signale zurück.

zu Hause und der Arbeit in der Schule – ist das Zusammensein mit Freunden im relativ passiven Kontext der nicht strukturierten freien Zeit für sie die erfreulichste Zeit der Woche. Es ist der einzige Kontext, in dem sie höhere Werte positiven Erlebens zeigen als die autotelische Gruppe. Das Zusammensein mit Freunden ist zwar auch für die Angehörigen der autotelischen Gruppe ein positiver Kontext, doch sind diese Jugendlichen imstande, im Laufe der Woche immer wieder in einen produktiven Kontext zu kommen und dabei das Niveau ihres positiven Erlebens zu halten.

Diskussion

Folgende Fragen gaben Anlaß zu der hier veröffentlichten Studie: (1) Ist es möglich, einen Familienkontext zu finden, der eine optimale Erlebensweise der Kinder fördert? (2) Können wir die Dynamik eines solchen Kontextes verstehen? (3) Greift seine Auswirkung auf andere Kontexte über, zum Beispiel auf den schulischen Kontext? Die Ergebnisse deuten darauf hin, daß ein autotelischer Familienkontext – ein Kontext, der sich durch ein ausgewogenes Verhältnis von Wahlmöglichkeit, Eindeutigkeit, Zentrierung, Engagement und Herausforderung auszeichnet – eine optimale Erlebensweise durchweg fördert. Diese Befunde gelten für das Erleben zu Hause wie in der Schule.

Dieser Interpretation liegt die Annahme zugrunde, daß die Wahrnehmung des familiären Kontextes durch die Jugendlichen zutreffend ist und daß dieser Kontext die Qualität ihres Erlebens beeinflußt. Eine alternative Erklärung würde diese kausale Annahme bestreiten und eben nur besagen, daß manche Jugendliche eher dazu neigen, ihre Familien als autotelisch zu betrachten, und entsprechend ihre Stimmung als besser bezeichnen, wenn sie mit ihren Familien zusammen oder mit dem Lernen beschäftigt sind. Die beobachteten Unterschiede müßten ihren Grund demnach in der jeweiligen Art der Jugendlichen, auf Fragen zu antworten, und nicht in irgendwelchen Wirkungen des Familienkontextes haben. Diese alternative Interpretation würde aber nicht erklären, warum die gleichen Jugendlichen von besserer Stimmung nicht auch dann berichteten, wenn sie mit ihren Freunden zusammen waren. Der spezifische Charakter ihres optimalen Erlebens läßt nicht an eine allgemeine positive Verfälschung der Antworten denken, sondern an eine positive Anpassung an die Familie und an Lernsituationen neben den Interaktionen mit ihresgleichen. Das wiederum verweist auf einen spezifischen Zusammenhang zwischen Familienkontext und optimalem Erleben.

Die Wirkung eines autotelischen Kontextes ist mit der *Ökonomie der Aufmerksamkeit* erklärt worden, die ihrerseits eine Funktion eines solchen Kontextes ist: Das Regelsystem autotelischer Familien sorgt für ein Erleben, aus dem die verschwenderischen Extreme von Langeweile und Angst ausgeklammert sind. Mit anderen Worten, ein autotelischer Kontext bietet mehr Aufmerksamkeitsressourcen, die auf die anstehende Aufgabe gerichtet werden können, weil die wichtigen kontextuellen Bedingungen für ein optimales Erleben und für *flow*-Erfahrungen in einem ausgewogenen Verhältnis zueinander stehen und im Hintergrund der Bewußtheit wirksam sind. In der hier folgenden Diskussion werde ich erklären, daß und wie die Ergebnisse dieser Studie die angenommene Dynamik stützen und welche weiteren Fragen gestellt werden müssen. Ich werde auch auf andere einschlägige Studien und Auffassungen verweisen, die zur Klärung der Frage beitragen, wie diese Dynamik funktioniert.

In ihrem momentanen Erleben sind Jugendliche aus autotelischen Kontexten glücklicher, heiterer, freundlicher, offener, kooperativer und eindeutiger, wenn sie mit ihren Eltern zusammen sind. Diese Beobachtung steht insofern im Einklang mit der behaupteten *Ökonomie der Aufmerksamkeit*, als ein autotelischer Kontext ja offensichtlich eine Struktur der familiären Interaktion vorgibt, in der die Aufmerksamkeit nicht auf Probleme der Struktur selbst abgelenkt wird. Freude an einem Spiel kann nur aufkommen, wenn die Regeln akzeptiert und beachtet werden, und familiäre Interaktionen sind vermutlich nur dann erfreulich, wenn die gleiche

Akzeptanz der Regeln dafür sorgt, daß die Aufmerksamkeit sich auf die aktuelle Interaktion richten kann. Der autotelische Kontext scheint die Struktur des Familienlebens aufrechtzuerhalten, aber es ist wie mit dem Atmen – er tut dies auf anstrengungsfreie, automatische und daher ökonomische Art. In der kognitiven Psychologie der jüngeren Zeit (Schneider und Shiffrin, 1977; Shiffrin und Schneider, 1977) wird zwischen der »kontrollierten« und der »automatischen« Informationsverarbeitung unterschieden, und diese Unterscheidung hilft uns bei der Klärung der Frage, was eigentlich beim autotelischen Kontext wirksam sein könnte. Durch wiederholtes Handeln und immer neue Rückmeldung entwickelt die Person ein routinemäßiges Geschick, so daß die Informationsverarbeitung ihr zunehmend zur Gewohnheit wird und schließlich automatisch erfolgt. Je mehr man beispielsweise zum »Experten« wird, was eine bestimmte Route vom Arbeitsplatz nach Hause angeht, desto weniger Aufmerksamkeit muß man auf Verkehrsschilder und Wegweiser richten, um auf dem richtigen Kurs zu bleiben. Ein um so größerer Teil der für die Informationsverarbeitung vorhandenen Ressourcen ist dann verfügbar und kann zur Bewältigung der jeweiligen Situation eingesetzt werden (siehe auch Sternberg, 1984).

Die vorliegende Studie befaßt sich mit dem Bereich der Familie ganz allgemein, und es wäre nützlich, Informationen auch über ganz spezifische Bereiche der familiären Interaktion zu haben. Hier geht es uns ja aber um den Gedanken, daß die Jugendlichen aus dem autotelischen Kontext die kontextuellen Informationen, die eine optimale Erlebensweise fördern, automatisch verarbeiten. Wie der kluge Fahrer auf seinem Heimweg sehen sie nicht ängstlich nach den Hinweisschildern und halten sich nicht ausdrücklich an eine langweilige Landkarte, sondern lassen sich mit Freude auf die Interaktion ein, weil die Signale aus der Umgebung, die eben diese Interaktion in Gang halten, ihnen zur zweiten Natur geworden und automatisiert sind. Wir wissen aus der Beantwortung des »Hintergrund-Fragebogens«, daß die autotelische Gruppe solchen Aussagen zustimmt; sie besagen sinngemäß, daß sie sich sicher über das sind, was ihre Eltern von ihnen erwarten, daß sie damit rechnen können, daß die Eltern zur Stelle sind, wenn die Kinder sie brauchen, und daß sie erwarten, daß die Familie etwaige Probleme bespricht und dann mit der Lösung leben kann. Dieses Verständnis des Familienkontextes entsteht aus jenem System der wiederholten Aktivierung und Rückmeldung, das in der Vergangenheit gut funktioniert hat; dies bedeutet, wenn die Familie sich einem Problem gegenübersah, begegnete sie ihm mit den entsprechenden Fähigkeiten und erfuhr häufiger *flow*. Es bedarf weiterer empirischer Bemühungen zur Untermauerung der Behauptung, daß weniger Aufmerksamkeit auf Fragen der Struktur der Interaktion gerichtet wird. Zu diesem Zweck führen wir gegenwärtig eine Untersuchung durch, mit der die *Gedanken* Jugendlicher analysiert werden, wenn diese mit ihren Eltern zusammen sind. Die entsprechenden Informationen liefert die Frage mit freien Antwortmöglichkeiten, was die Jugendlichen gerade dachten, als das Signal sie erreichte. Denn wenn die Aufmerksamkeit durch das Regelsystem der Familie sozusagen gerettet und effektiv ausgerichtet würde, dann wäre zu erwarten, daß größere Aufmerksamkeitsressourcen oder -energien für die aktuelle Aufgabe zur Verfügung stehen. Unsere Studie zeigt nicht nur, daß die Jugendlichen aus den autotelischen Kontexten besser mit ihren Familien auskommen. Offensichtlich verfügen sie auch über eine Reserve an Aufmerksamkeitsressourcen und sind imstande, sich zu Hause aufmerksamer, stärker und angeregter zu fühlen.

Wichtiger als die Feststellung, daß der Familienkontext reibungslos und erfolgreich funktioniert, ist es zu wissen, *warum* das so ist. Ein Hinweis liegt vielleicht in den Angaben zum zusammengesetzten Wert der intrinsischen Motivation. Bei diesem Wert waren die Unterschiede zwischen den beiden Gruppen in ihrer häuslichen Umgebung am größten ($t = 4{,}25$, $p < 0{,}0001$). Die Jugendlichen aus autotelischen Kontexten hatten mehr als die anderen das Gefühl, ihre Handlungen unter Kontrolle zu haben, sie *wollten* tun, was sie gerade taten, und sie waren stärker bei der Sache. Die Aufmerksamkeitsökonomie, die im autotelischen Kontext erreicht wird, muß daher auch dem Umstand zugeschrieben werden, daß die symbolische Information, die auf das Bewußtsein der Jugendlichen wirkt, sich nicht tyrannisch gegenüber der angeborenen intrinsischen Motivation zu Assimilation, Entfaltung und Selbstbestimmtheit (Piaget, 1962; Maslow, 1968; Deci und Ryan, 1985) durchsetzt. Die Energie wird durch Familienregeln bewahrt, in denen das »flow«-Erleben der Kinder beschlossen ist und die den Gang dieses Erlebens mitsteuern. Wenn auch auf einer niedrigeren Ebene angesiedelt, entspricht diese Vorstellung doch dem von Csikszentmihalyi und Massimini (1985) vorgetragenen Gedanken, daß – wenn man die Dinge evolutionär betrachtet – *flow* dann eintritt, wenn die »extrasomatischen« kulturellen Handlungsmöglichkeiten und die »intrasomatischen« biologischen Prädispositionen gut zueinander passen. Der autotelische Kontext bewirkt dieses gute Zusammenpassen der extrasomatischen Familienregeln und der intrasomatischen Motivation des Jugendlichen (diese radikale Zweiteilung hat rein heuristische Gründe) vielleicht ganz einfach deshalb, weil die abstrakten Regeln, die das Verhalten lenken, in einer Atmosphäre der Verbundenheit, der Wärme und der Sicherheit angeboten werden. Daß disziplinarische Regeln sehr stark vom Vorhandensein oder Nichtvorhandensein herzlicher Zuwendung von seiten der

Eltern geprägt sind, ist von Becker (1964) in einem Artikel ausgeführt worden, der die Forschung zum Thema Kindererziehung bis zu diesem Zeitpunkt zusammenfaßte. Der wichtigste Gedanke, um den es in der vorliegenden Studie geht, lautet, daß es das Gleichgewicht der fünf Faktoren – Wahlmöglichkeit, Eindeutigkeit, Zentrierung der Aufmerksamkeit, Ermutigung zum Engagement und Herausforderung – ist, was das gute Zusammenpassen des Familienkontextes mit der intrinsischen Motivation und dem *flow*-Erlebnis zustande bringt. So wie unser Sehvermögen beim Vorhandensein der geeigneten Lichtparameter am besten funktioniert, so gibt es auch Parameter, unter denen unser Geist am effektivsten arbeitet (Broadbent, 1958; Berlyne, 1971). Wir wissen aus älteren ESM-Studien, daß ein im Vordergrund der Bewußtheit vorhandenes Gleichgewicht zwischen Anforderungen und Fähigkeiten zu intrinsisch motivierten *flow*-Erfahrungen führt. Hier wenden wir eben diese Logik auf implizite kontextuelle Gegebenheiten an, die für ein optimales Erleben relevant sind.

Darauf, daß sich aus dem ökonomischen Zusammenpassen der extrasomatischen und intrasomatischen Informationen eine höhere intrinsische Motivation ergibt, deutet drittens auch das biologische Konzept der *Neotenie*. Das menschliche Kind wird im Vergleich zu allen anderen Primaten im jüngsten Alter nach der Empfängnis und auf der frühesten Entwicklungsstufe geboren. Seine dadurch bedingte extreme Abhängigkeit und verspätete somatische Entwicklung leitet eine ganz einmalige Eltern-Kind-Beziehung ein, wobei die Eltern ihren instrumentellen Aufgaben – Schutz und Ressourcenmanagement – mit der notwendigen Energie nachkommen müssen. Das hebt die Notwendigkeit eines starren genetischen Determinismus auf. Es besteht insofern ein wechselseitiger Zusammenhang zwischen Abhängigkeit und Autonomie, als größere Neotenie mehr Spielverhalten bedeutet (Freiheit zum momentanen Zeitpunkt), was wiederum zur Weiterentwicklung der Großhirnrinde und zu größerer Freiheit und Flexibilität des Erwachsenen führt (Fagen, 1981). Das Spiel wird von manchen Theoretikern als paradigmatische Selbstbelohnung oder als autotelische Erfahrung angesehen (Ellis, 1973), und so stellen Eltern, die einen autotelischen Kontext schaffen, damit zugleich einen Kontext zur Verfügung, der das Spiel fördert. Auch hier haben wir wieder ein ökonomisches Zusammengehen der extrasomatischen Möglichkeiten einerseits und der biologischen Prädisposition für Neotenie sowie Spiel andererseits.

Auch in der Schule nähert sich die autotelische Gruppe dem optimalen Erleben stärker an; sie berichtet von höherem Affekt, höherer kognitiver Effizienz, höherer intrinsischer Motivation und höherer Selbstbewertung. Diese Ergebnisse, die sich mit den im häuslichen Umkreis gemachten

Beobachtungen decken, spiegeln eine überlegene Ökonomie der Aufmerksamkeit, diesmal aber außerhalb des häuslichen Kontextes. Wenn man nicht schließen möchte, daß häufigeres optimales Erleben in der Schule zu häufigerem optimalen Erleben zu Hause führt, muß man sich den Unterschied als das Ergebnis der Sozialisation in einem autotelischen Familienkontext erklären. Dieser durch die Sozialisation bewirkte Unterschied beeinflußt das Erleben und die Interpretation der schulischen Umgebung.

Ryan und Grolnick (1986) haben festgestellt, daß es individuelle Unterschiede unter Grundschulkindern gibt, die vermutlich auf lange bestehende Unterschiede in der Sozialisation zurückgehen und sich in unterschiedlicher Interpretation des Klassenzimmers äußern; diese sind für die intrinsische Motivation mehr oder weniger förderlich. Die Ergebnisse der vorliegenden Studie können erklären, daß der sozialisierende Einfluß der Familie das momentane Erleben in der Schule beeinflußt. Schutz und Luckmann (1973) haben ausgeführt, daß die Sozialisation einen Einfluß auf das hat, was in der Gegenwart als Selbstverständlichkeit, als Routine bzw. was als Problem erfahren wird. Heranwachsende, deren Erleben zu Hause von der ständig wiederholten Aktivierung und Rückmeldung innerhalb eines optimal ausgewogenen Kontextes geprägt ist und die gelernt haben, daß das zu Hause vorgefundene Regelsystem eine gute Basis für optimales Erleben und *flow*-Erfahrungen ist, werden vermutlich nichts anderes erwarten, als daß die Schule ebenfalls Bedingungen bereithält, die zur intrinsischen Motivation passen.

Die beiden größten Unterschiede bei den in der Schule gemessenen Items bestanden darin, daß die Jugendlichen aus den weniger autotelischen Familien sich weniger positiv fühlten, was die eigene Person anging, und der Meinung waren, ihre Handlungen weniger gut steuern zu können (siehe Tabelle 19.3). Was die Ökonomie ihrer Aufmerksamkeit anging, so könnte es sein, daß diese Gruppe sich auf kontextuelle Probleme in der Schule konzentriert. Wären Langeweile oder Angst die selbstverständlichen Gegebenheiten zu Hause, dann würde sich diese Gruppe vielleicht auf den Mangel an Wahlmöglichkeiten – oder auf das Übermaß an Wahlmöglichkeiten im schulischen Kontext – konzentrieren. Es bedarf noch vieler weiterer Überlegungen und Forschungen im Hinblick auf die Frage, welche individuellen Unterschiede sich mit der Zeit als Folge des ständigen Aufenthalts in dem einen bzw. dem anderen der hier dargestellten Kontexte herausbilden mögen. Unsere Bemerkungen darüber, wie die angenommene Ökonomie der Aufmerksamkeit in der Schule funktioniert, sollten daher als ein erster Versuch betrachtet werden.

Es wird eine Zeitlang dauern, bis die Ergebnisse der Langzeituntersuchung erkennen lassen, ob irgendeiner der gegenwärtig beobachteten

Unterschiede die spätere schulische Leistung beeinflußt. Angesichts der Resultate mag es überraschen, daß beide Gruppen sich in der Schule hervortaten. Denn wenn man sich das Erleben der Jugendlichen in der Gesellschaft von Freunden und bei relativ passivem Handeln ansieht, dann erhebt sich doch die provokative Frage, in welchem Zusammenhang mit der angenommenen Ökonomie der Aufmerksamkeit die schulische Leistung wohl steht. Es gibt im Augenblick keinen Hinweis darauf, daß die Jugendlichen aus den nichtautotelischen Kontexten das Zusammensein mit Freunden etwa mehr genießen als ihre Freunde aus den autotelischen Kontexten. Der starke Kontrast zwischen dem positiven Erleben in Gegenwart ihrer Freunde und der eher negativen Situation, wie sie sie zu Hause oder in der Schule vorfinden, läßt allerdings daran denken, daß ihnen mehr als den Jugendlichen, die autotelische Erfahrungen auch zu Hause und in der Schule machen, daran gelegen ist, ihre Zeit mit Freunden in passivem Nichtstun zu verbringen. Das ist auch das Ergebnis einer Studie, die vor kurzem mit Schülern hoher Leistungsfähigkeit durchgeführt wurde (Csikszentmihalyi und Nakamura, 1986; Nakamura, Kapitel 17). Die hoch Leistungsfähigen genossen es, mit Freunden zusammen zu sein, sie beschäftigten sich aber auch mit produktiven Tätigkeiten, die ihnen positive Erfahrungen boten. In Abwesenheit eindeutig autotelischer Aktivitäten in den anderen Umfeldern verbrachten die weniger Leistungsfähigen einen signifikant größeren Teil ihrer Zeit in der Gesellschaft von Freunden. Die begabte Gruppe aus unserem nichtautotelischen Kontext mag sich als die Gruppe der weniger Leistungsfähigen entpuppen oder nicht. Aber den Angehörigen dieser Gruppe fällt es eventuell leichter, glücklich, aufmerksam und konzentriert zu sein, und sie werden vielleicht eher den Wunsch haben, ihrer augenblicklichen Aktivität nachzugehen, wenn sie sich in einer relativ passiven Situation befinden, also etwa gemeinsam mit ihren Freunden fernsehen. Hier ist positives Erleben preiswerter in dem Sinne, daß es keiner Aufmerksamkeit und keiner Anstrengung bedarf, um die Situation zu begreifen und befriedigende Rückmeldungen zu erhalten. Diese Beobachtung steht im Einklang mit früher angestellten Überlegungen über die Wirkung eines autotelischen Kontextes auf die Ökonomie der Aufmerksamkeit.

Zusammenfassend läßt sich sagen: Untersuchungen komplexer Interaktionssysteme wie der Familie und der Schule müssen sich auf die kontinuierliche Spezifizierung der Theorie und auf fortlaufende empirische Untersuchungen in allen möglichen Bereichen stützen können, wenn der Versuch, ein zusammenhängendes Bild der beteiligten Prozesse zu zeichnen, jemals erfolgreich sein soll (Cook und Campbell, 1979). Die hier versuchte Annäherung an die Familie – auf dem Weg über die Auswirkungen ihres Regelsystems auf das subjektive Erleben der Kinder – ist ein neuer Ansatz, der sich noch kaum auf vorausgegangene Forschungen stützen kann. Diese erste Studie hat weitreichende Fragen nach einem allgemeinen Familienkontext aufgeworfen, bevor spezifischere Fragen formuliert werden können und nach denjenigen potentiellen Variablen (neben dem Familienkontext) gesucht werden kann, in denen die Gruppen sich voneinander unterscheiden. Man muß also damit rechnen – das sei hier ganz deutlich gesagt –, daß gewisse Aspekte der Interpretation dieser Studie und die Vorbereitung weiterer Studien auch weitere Überlegungen notwendig machen werden. Ich habe versucht, auf die schwächsten theoretischen Zusammenhänge und auf die aussichtsreichsten Wege der künftigen Forschung aufmerksam zu machen. Schon dieser erste Versuch offenbart aber den großen Einfluß, den der Familienkontext auf die momentane Erlebensqualität des Kindes haben kann. Er enthüllt auch, daß Familienkontexte nicht nach vergleichsweise objektiven Dimensionen – liberal/konservativ, permissiv/autoritär – betrachtet werden sollten, ohne daß man zugleich die subjektive Wirkung des jeweiligen Kontextes auf die Informationsverarbeitung oder die Phänomenologie des Kindes mitbedenkt. Wenn es um das momentane Erleben geht, kann man die Frage nach Liberalität oder Konservatismus, also die Frage danach, ob dem Kind mehr oder aber weniger Wahlmöglichkeiten eingeräumt sind, nicht auf die Zeit vor diesem Augenblick ausdehnen. Ein autotelischer Familienkontext ist, was das Erleben des Kindes angeht, feinfühlig genug, um jenes Gleichgewicht der Bedingungen herzustellen und zu wahren, das dem Kind belohnende Erfahrungen ermöglicht.

Kapitel 20

Die Zukunft

Mihaly Csikszentmihalyi

Am Ende dieses Bandes ist es an der Zeit, sich über die Fülle der Implikationen klar zu werden, die sich aus dem hier zusammengetragenen Material ergeben. Was haben wir in den rund zehn Jahren, seitdem das Modell vorgestellt wurde, über das *flow*-Erlebnis erfahren? Die wichtigsten Erkenntnisse, Ergebnisse einer Vielzahl verschiedener Studien, machen einen durchaus robusten Eindruck.

1. Es hat sich herausgestellt, daß das *flow*-Erlebnis von Männern und Frauen jeden Alters, unterschiedlicher sozioökonomischer Stellung und in sehr unterschiedlichen Kulturen als reales Phänomen erkannt und von allen als positiver Bewußtseinszustand betrachtet wird. Wir können also sagen, daß es sich dabei um einen alle Menschen betreffenden artspezifischen Zustand einer positiven psychischen Funktionsweise handelt.

2. Die Ergebnisse sowohl der *flow*-Fragebogen als auch der *Experience Sampling Method* deuten darauf hin, daß es sich bei *flow* im allgemeinen um einen *optimalen* Zustand handelt, bei dem die meisten Dimensionen des Erlebens ihren Höhepunkt erreichen. Der Zusammenhang von *flow* und optimalem Erleben ist kurz- und langfristig gegeben; wer sich besonders häufig im *flow* befindet, empfindet in der Regel auch sein übriges Leben als positiver.

3. Aus den Untersuchungen geht hervor, daß es, was die Quantität und die Intensität des *flow*-Erlebens angeht, große individuelle Unterschiede gibt. Manche Menschen haben offensichtlich »autotelische Persönlichkeiten«, die es ihnen leichter machen, ihr tägliches Leben mit Freude zu leben und aus Routine-, ja sogar aus bedrohlichen Situationen noch verlockende Herausforderungen zu machen, denen sie sich stellen können. Ein guter Anfang ist inzwischen damit gemacht, daß man nach den Eigenschaften solcher Menschen fragt und sich überlegt, wie sich die Entwicklung dieser Züge im Rahmen der Kindererziehung fördern läßt.

4. Allmählich findet sich Unterstützung für den Gedanken, daß *flow* ein wichtiges Moment im Prozeß der kulturellen Evolution ist. Es läßt sich auf der Mikro- wie auf der Makro-Ebene nachweisen, daß Ordnung im Bewußtsein die Motivation zur Wiederholung der Aktivität schafft, die

das Erlebnis von Ordnung bescherte; damit werden in differenzierter Weise solche Ereignisse repliziert, die *flow* möglich machen: Wenn ein Mensch zum Beispiel Freude daran hat, Computerprogramme zu schreiben, wird er mehr Zeit damit verbringen und sich immer weiter in diese Tätigkeit hineinbegeben. Er wird also diese spezielle Fähigkeit replizieren und sie auf immer höhere Ebenen der Komplexität treiben. Andererseits sieht es so aus, als ob Apathie, obwohl weit davon entfernt, ein erfreulicher Zustand zu sein, ebenfalls ein machtvoller Motivationsfaktor sein kann. Dieser offensichtliche Widerspruch bedeutet, daß wir an neue Wege der Forschung und der Konzeptbildung denken müssen.

5. Mit der Möglichkeit, die ESM zur Bestimmung der Häufigkeit von *flow* im täglichen Leben heranzuziehen, haben sich uns geeignete Konzepte und Methoden eröffnet, um gewisse Gegebenheiten zu untersuchen und der öffentlichen Kritik auszusetzen: Wie häufig ist optimales Erleben am Arbeitsplatz, in der Schule, zu Hause, in der Freizeit? Ein vielversprechender Anfang ist gemacht, was die Beantwortung dieser Fragen angeht, und die Antworten sind nicht immer das, was wir zu hören erwarteten.

Im vorliegenden Kapitel sollen zunächst diese fünf zentralen Gedanken weiter ausgeführt werden. Eine Reihe von Fragen, wie sie sich durch die hier vorgestellten Studien ergeben, und von theoretisch wie praktisch relevanten Folgerungen bilden den Schluß des Kapitels.

Die Universalität des *flow*-Phänomens

Die wichtigsten Dimensionen des *flow*-Erlebnisses – das intensive Eingebundensein, die hohe Konzentration, die Eindeutigkeit der Ziele und der Rückmeldungen, der Verlust des Zeitgefühls, die Selbstvergessenheit und Selbst-Transzendenz, die alle zusammen zur autotelischen, d. h. zur intrinsisch belohnenden Erfahrung führen – gehören in mehr oder weniger der gleichen Form zum Erfahrungsgut von Menschen in aller Welt. Sie bilden einen »negentropischen Kern«, einen geordneten Bewußtseinszustand, der um seiner selbst willen geschätzt wird. Die verschiedenen kulturellen Gruppen, von denen in Kapitel 4 die Rede ist, die Japaner (Kapitel 6), die Bergbauern in den Alpen (Kapitel 11), die australischen Segler (Kapitel 12) – sie alle kennen diese Parameter des Bewußtseins als zutreffende Beschreibungen ihres eigenen mentalen Zustandes in jenen Augenblicken, in denen sie tun, was zu tun sie sich am meisten wünschen. Trotz der gewaltigen sprachlichen und kulturellen Unterschiede wird diese Form des Erlebens in ähnlicher Weise wahrgenommen und beschrieben. Auch Alter, Geschlecht und Schichtzugehörigkeit spielen keine Rolle bei der Wahrnehmung von *flow*. Ältere Koreaner kennen und erkennen *flow* ebenso wie die jungen Japaner (Kapitel 6) und die amerikanischen und italienischen Schüler.* Ebenso reagieren Männer und Frauen durchweg ähnlich auf *flow*. Die Kapitel 7, 11 und 18 befassen sich speziell mit den *flow*-Erfahrungen von Frauen und belegen die von der Theorie vorausgesagten Zusammenhänge. Kapitel 7 und 16 deuten darauf hin, daß die Menschen sich unabhängig von Unterschieden in der Schichtzugehörigkeit und der beruflichen Stellung das *flow*-Erlebnis in gleicher Weise vorstellen und es in gleicher Weise schätzen.

Neben der durchgängig über alle kulturellen und demographischen Grenzen hinweg zu beobachtenden Ähnlichkeit der Struktur des *flow*-Erlebnisses scheinen auch die Bedingungen die gleichen zu sein, die es eintreten lassen. Es sind speziell ein hohes Niveau der Handlungsanforderungen bzw. -möglichkeiten und ein ebenso hohes Niveau der persönlichen Handlungsmöglichkeiten (also des Könnens, der Fähigkeiten und Fertigkeiten), die in der Regel gegeben sind, wenn das *flow*-Erlebnis eintritt. Dokumentiert sind diese Zusammenhänge durch Untersuchungen, die sich des *flow*-Fragebogens bedienten (Kapitel 4 und 11), und durch alle Untersuchungen, die mit der ESM arbeiteten und in Teil IV dieses Buches vorgestellt werden. Jugendliche und Erwachsene, Männer und Frauen, Europäer und Amerikaner, sie alle reagieren in nahezu der gleichen Weise auf das Auf und Ab ihrer Fähigkeiten angesichts der sich wandelnden Herausforderungen in ihrer Umwelt. Dieses optimale Erleben ist nicht nur jenen Glücklichen zugänglich, die ein schönes Leben in Muße verbringen. Mehrere Kapitel dieses Buches belegen zur Genüge, daß *flow* mit gleicher Intensität von den Bergbauern, die sich mühsam durchs Leben schlagen, von ehemals Drogensüchtigen, die ins normale Leben zurückkehren, von Studenten, die eine Arbeit schreiben, und von Menschen in lebensgefährlichen Situationen erlebt wird. *Flow* ist kein Luxusempfinden, sondern Konfektionsware des Lebens.

Diese *strukturelle* Uniformität impliziert allerdings nicht die *inhaltliche* Ähnlichkeit der Aktivitäten, die das Erlebnis herbeiführen. Kulturen unterscheiden sich voneinander durch die Handlungsmöglichkeiten, die sie bieten, und daher auch durch die Formen des *flow*-Erlebens, die sie hervorbringen. So gibt es in den außerordentlich homogenen und dicht bevölkerten japanischen Städten für einen jungen Menschen, zumal wenn er den unteren sozialen Schichten entstammt, kaum eine größere Verlockung

---

* Anm. des Verlages: Die Kapitel zu den älteren Koreanern und zu den Unterschieden zwischen italienischen und amerikanischen Schülern wurden in der deutschen Übersetzung ausgelassen.

als diejenige, *gesehen* zu werden. Es ist ein leichtes, unbemerkt zu bleiben, in der Menge unterzugehen. Das aber bedeutet, daß ein junger Mensch – ohne Nachricht über seine Existenz aus der sozialen Umgebung – seine psychische Energie zu verlieren droht. Eine der großen Möglichkeiten, in diesem Fall von den Motorradgangs geboten, ist *medatsu* – gesehen werden, so aussehen, daß man auffällt. Das Motorradrennen bedeutet für den jungen Anonymus plötzliche Aufmerksamkeit – und bereichert das *flow*-Erlebnis noch um eine Komponente, die in einer Kultur, in der Anonymität kein Problem darstellt, nicht so erfreulich wäre.

Australische Segler geraten in einen Zustand des *flow*-Erlebens, wenn sie die Küste aus den Augen verlieren; die jungen Japaner, wenn ihre Maschinen beginnen, unisono zu dröhnen. Die alten Bergbewohner scheinen *flow* in nahezu jedem Detail ihres täglichen Lebens zu entdecken, wohingegen ihre Kinder auf Freizeitbetätigungen und -vergnügungen angewiesen sind, um dieses Erlebnis zu haben. Diese gewaltigen Unterschiede im Inhaltlichen legen es nahe, daß jede Aktivität – Arbeit, Kinderbetreuung, Studium – jenes fokussierte Wohlergehen bewirken kann, das für das *flow*-Erlebnis typisch ist. Wenn man die Voraussetzungen und die strukturellen Merkmale dieser Erlebensform begreift, läßt sich theoretisch jede Aktivität in der Weise ausrichten, daß sie das Leben bereichert, nämlich erfreulicher und sinnvoller macht. Aber warum ist *flow* ein alle Menschen betreffendes Phänomen? Warum ist diese Erlebensform – trotz der großen Unterschiede zwischen Kulturen, im Alter, in der sozialen Stellung – so belohnend? Das sind keine müßigen Fragen, wenn man bedenkt, daß es vergleichsweise wenige Erfahrungen sind, die als allgemein belohnend gelten. Es gibt nicht viele universelle »Bedürfnisse« – wie den Hunger und den Sexualtrieb –, deren Befriedigung durchweg Wohlbehagen bewirkt.

Hunger, Sex, das Vermeiden des Schmerzes und extremer Temperaturen – das sind homöostatische Mechanismen, die den Organismus zur Aktion motivieren und so sein eigenes Überleben gewährleisten – und im Wege der Reproduktion das Überleben der Spezies. Wenn Aktion stattfindet, wird Wohlbehagen empfunden; Wohlbehagen wiederum gewährleistet, daß der Organismus motiviert ist, das Verhalten zu wiederholen, das notwendig ist, um sein homöostatisches Gleichgewicht zu wahren. Wohlbehagen ist mithin eine universelle Erfahrung, grundlegend für die Bewahrung des Lebens, und beeinflußt die sozialen Strukturen und Institutionen in jeder Kultur und jeder Epoche. Obwohl kein homöostatischer Mechanismus, scheint *flow* doch in anderer Hinsicht sehr ähnlich zu funktionieren wie andere universelle Quellen der Belohnung, wie Essen oder Sexualität. Die Funktion von *flow* ist nicht, den Organismus dazu zu bringen, daß er vollzieht, was er zum Überleben und zu seiner Reproduktion vollziehen muß. Vielmehr besteht die Funktion von *flow* eher darin, den Organismus zum Wachstum anzuregen; dies nicht im Sinne der ontogenetischen Entwicklung oder der Reifung, sondern im Sinne der Erfüllung seines Potentials und der Überschreitung auch noch dieser Grenzen. Die Universalität von *flow* erklärt sich vielleicht durch die Tatsache, daß es sich dabei um eine Verbindung handelt, die die Evolution in unser Nervensystem eingebaut hat: Immer wenn wir »richtig funktionieren«, eingebunden in eine uns fordernde und herausfordernde Aktivität, die alle unsere Fähigkeiten, all unser Können und mehr verlangt, fühlen wir uns auf großartige Weise angeregt. Eben deshalb wollen wir die Erfahrung wiederkehren lassen. Aber um die gleiche Angeregtheit wieder zu empfinden, ist es notwendig, eine um ein Geringes größere Herausforderung anzunehmen und Fähigkeiten aufzubringen, die um ein Geringes größer sind. So wird die Anpassung immer komplexer, vorangetrieben durch die freudige Stimmung, die sie beschert. Es ist das *flow*-Erlebnis, durch das die Evolution uns vorantreibt und weiterlockt.

flow und optimales Erleben

Um das Wachstum zu fördern, muß *flow* mehr sein als ein *positiver* Bewußtseinszustand. *flow* sollte eine *optimale* Erfahrung sein, einer der bestmöglichen Zustände – wenn schon nicht der beste überhaupt, dann doch gleichwertig mit jenen homöostatischen Belohnungen, die wir als Wohlbehagen bezeichnen. Was sagen unsere Erkenntnisse über die Qualität des *flow*-Erlebnisses?

Die Entwicklung der *Experience Sampling Method* hat es möglich gemacht, diese Frage mit einer Präzision zu beantworten, die vor wenigen Jahren noch undenkbar gewesen wäre. Die ESM zeigt schlüssig, daß, wenn wir *flow* mit jenen Situationen gleichsetzen, in denen Anforderungen und Fähigkeiten gleichermaßen hoch und im Gleichgewicht miteinander sind, die Qualität des Erlebens definitiv besser ist als in Situationen, die durch relativ größeres Können (Langeweile), durch das Überwiegen der Anforderungen (Angst) oder durch das Fehlen sowohl von Anforderungen als auch von Können (Apathie) gekennzeichnet sind. Ob man das Verhältnis von Anforderungen und Fähigkeiten in Gedanken in einem 16-kanaligen, in einem achtkanaligen oder in einem vierkanaligen Modell mißt, das Resultat ist das gleiche, und zwar in allen untersuchten Stichproben.

Wenn man nur die vier Optionen eines vierkanaligen Modells heranzieht, zeigen alle Stichproben die positivsten Erfahrungen in demjenigen

Quadranten, in dem sowohl die Anforderungen als auch die Fähigkeiten oberhalb des individuellen Mittelwertes liegen. Auf dieser Ebene beobachten wir ein Zusammentreffen anstrengungsfreien Denkens, Fühlens und Wollens. Hier scheint die Behauptung, daß *flow* eine optimale Erlebensform ist, eindeutig gerechtfertigt.

Wenn das feinere Raster eines achtkanaligen Modells zur Betrachtung der Daten eingesetzt wird, zeigen sich gewisse Diskrepanzen gegenüber den vorausgesagten Beziehungen. *flow* ist auch in diesem Fall stets gekennzeichnet durch ein Bündel von Erfahrungsdimensionen, zu dem hochgradige Konzentration, Aufmerksamkeit, Aktivität, Stärke, Kreativität, Freiheit und Offenheit gehören. Wenn dies ausreicht, um eine Erfahrung als »optimal« zu bezeichnen, dann kann man sagen, daß *flow* auch auf dieser Ebene der Analyse eine optimale Erlebensform ist. Doch gaben entgegen den Erwartungen manche der untersuchten Gruppen nicht den Zustand höchsten Glücks an, wenn Anforderungen und Fähigkeiten im perfekten Gleichgewicht miteinander standen (siehe Kapitel 16). Amerikanische Jugendliche berichteten dann höhere Werte für die Dimensionen Steuerbarkeit, Freundlichkeit, Heiterkeit, Freiheit, Eindeutigkeit, Zufriedenheit, Motivation und Glücksgefühl, wenn die Fähigkeiten im Verhältnis höher waren als die Anforderungen. Wenn diese Dimensionen also in die Definition dessen, was optimal ist, aufgenommen werden sollen, kann man nicht behaupten, daß *flow* immer als die beste Situation auf jeder Dimension erfahren wird.

Diese Diskrepanz läßt vermuten, daß nicht jeder in der Lage ist, jenes Miteinander aller Dimensionen des positiven Erlebens zu erreichen, das für *flow* charakteristisch ist – jenen »negentropischen Kern« des Bewußtseins, bei dem mentale Bemühung, Glück, Stärke und intrinsische Motivation auf dem Höhepunkt sind, harmonisch auf eine schwierige Aufgabenstellung ausgerichtet. Offensichtlich sind manche Menschen nicht in der Lage, diese Kongruenz zu erreichen, jedenfalls nicht im Rahmen der Aktivitäten ihres alltäglichen Lebens. Für sie scheint das *flow*-Erlebnis gespalten in zumindest zwei Komponenten: mentale Bemühung und innere Stärke in Kontexten der hohen Anforderungen und hohen Fähigkeiten; Glücksgefühl und Motivation in Situationen, in denen die Anforderungen eher gering sind. Diese Spaltung geht bei Aktivitäten, die in den Bereich der Freizeit gehören, sogar noch weiter: Beim Fernsehen etwa sind die Menschen relativ glücklich und stark motiviert, wohingegen alle übrigen Dimensionen des Erlebens extrem geringe Werte zeigen, vor allem das Niveau der Anforderungen und Fähigkeiten. In diesen Fällen werden gewisse Merkmale von *flow* in eine von Apathie gekennzeichnete Situation abgelenkt. Es ist wichtig, sich solche Unterschiede klar zu machen, denn sie können gewichtige Folgen haben. Wenn das *flow*-Erlebnis gespalten ist, muß sein motivierendes Potential geringer sein. Ein Mensch, der, während er arbeitet, stark, aktiv und konzentriert, aber weder glücklich noch motiviert ist, wird vermutlich weniger Energie auf seine Aufgabe richten. Und um auf die Makroebene der Analyse zurückzukommen: Die Weitergabe kultureller Werte und Praktiken wird behindert, wenn eine nennenswerte Anzahl von Individuen im Vollzug ihrer jeweiligen sozialen Rollen das *flow*-Erlebnis nicht integrieren kann.

Das Verhältnis von *flow* zur Qualität des Erlebens zeigt sich auf zweierlei Weise: im momentanen Phänomen und in dessen langfristigen Konsequenzen. Bisher haben wir uns nur mit der ersten dieser beiden Beziehungen befaßt. Wenn wir uns der zweiten zuwenden, stellen wir fest, daß die Häufigkeit von *flow*-Erfahrungen im Zusammenhang mit der Qualität des Erlebens auf lange Sicht steht. Je mehr Zeit die italienischen Jugendlichen (Kapitel 15) in Kontexten verbrachten, die von hohen Anforderungen und hohen Fähigkeiten geprägt waren, desto glücklicher, heiterer, stärker angeregt und zufriedener fühlten sie sich, d. h. desto besser war ihr Erleben insgesamt. Zum gleichen Ergebnis gelangten Lefevre bei amerikanischen Arbeitnehmern (Kapitel 16) und Wells bei berufstätigen Müttern (Kapitel 18). Diese Befunde besagen, daß *flow* nicht nur das momentane Erleben, sondern die Qualität des Lebens insgesamt verbessert. In diesem Zusammenhang sollten wir auf einen weiteren wichtigen Punkt aufmerksam machen. Bei einigen der untersuchten Gruppen war der Affekt (also die Dimensionen glücklich, heiter, freundlich, umgänglich) im Augenblick des *flow*-Erlebnisses nicht am höchsten, und doch wurde in eben diesen Gruppen ein langfristiger Zusammenhang zwischen der Häufigkeit von *flow*-Erfahrungen und dem positiven Affekt festgestellt (z. B. Kapitel 16). Selbst wenn ein Mensch sich also im Augenblick des *flow*-Erlebnisses nicht ganz und rundum glücklich fühlt, wird der Umstand, daß er sich der *flow*-Erfahrung annähern kann, sein »allgemeines Glücksniveau« vielleicht doch anheben.

Einen sehr wichtigen Zusammenhang zwischen *flow* und der Qualität des Erlebens haben wir in der Selbstbewertung. Wie Wells in Kapitel 18 gezeigt hat, wandelt sich die Selbstbewertung von Frauen im Laufe des Tages von einem Augenblick zum anderen drastisch, und sie ist signifikant höher, wenn sowohl Anforderungen als auch Fähigkeiten über dem Durchschnitt liegen. Frauen, die mehr Zeit im *flow* verbringen, zeigen auch eine höhere Selbstbewertung in ihrer Rolle als Mütter. Dieser Zusammenhang zwischen *flow* und einem positiveren Selbstgefühl wird soeben – in unserem Laboratorium in Chicago und auch in Mailand – mit jungen Amerikanern bzw. Italienern repliziert. Die Resultate bestätigen in eindrucksvoller Weise Wells' Befunde aufs schönste. Es scheint eindeutig, wie in Kapitel 2 behauptet, daß die Stärke des Selbst von der Kumulation positiver Rückmeldungen abhängt, die uns in Situationen hoher Anforderungen und hohen Könnens erreichen. Es ist unmöglich, ein starkes Selbst zu entwickeln, wenn man den größten Teil seiner Zeit in Situationen der Apathie, der Langeweile oder der Angst verbringt.

Die autotelische Persönlichkeit

Auch wenn keiner der hier vertretenen Autoren sich direkt mit diesem Sachverhalt befaßt hat, so wird doch in vielen Kapiteln des vorliegenden Buches deutlich, daß es große Unterschiede in der Häufigkeit und der Intensität gibt, mit der es Menschen vermögen, sich dem Zustand des *flow*-Erlebens anzunähern. Zum Teil mögen diese Unterschiede darauf zurückgehen, daß die Situation dem *flow*-Erlebnis im einen Fall mehr und im anderen Fall weniger förderlich ist – es gibt zum Beispiel interessantere und weniger interessante Berufe, und es kommt vor, daß die häuslichen Verpflichtungen dem, der ihnen ausgesetzt ist, über den Kopf wachsen. Selbstverständlich können die soziale Rolle und die soziale Struktur den Zugang eines Menschen zu *flow*-Erfahrungen sehr erleichtern, aber auch stark behindern, wie dies unter anderem von Mitchell, Allison und Duncan und von Macbeth auch in diesem Band ausgeführt wird. Und wie die in Kapitel 11 vorgetragenen Erkenntnisse zeigen, gibt es traditionelle bäuerliche Gesellschaften, denen es über die Zeiten hinweg gelungen ist, eine Lebensweise zu entwickeln, die wie ein großartiges »Spiel« das alltägliche Leben zur Herausforderung und zum Genuß werden läßt.

Aber selbst wenn die Situation sehr ähnlich ist, unterscheiden sich die Menschen sehr stark voneinander, was die Frage angeht, einen wie großen Teil ihres Lebens sie genießen können. Das kommt in Kapitel 15 gut zum Ausdruck, in dem Massimini und Carli die Fallbeispiele von Mariarita, einer Jugendlichen, die so gut wie niemals im *flow* war, und von Carlo vorstellen, der nach eigenen Angaben während eines Drittels der Zeit im *flow* war. Desgleichen fand Wells heraus, daß einige der von ihr beobachteten Mütter nur in vier Prozent der Zeit, die der Beobachtungszeitraum umfaßte, im *flow* waren, während andere sich während 40% dieser Zeit im *flow* befanden. Diese Zahlen sind natürlich etwas willkürlich, da sie davon abhängen, wie *flow* gemessen und quantifiziert wurde. Wenn man beispielsweise ein achtkanaliges anstelle eines vierkanaligen Modells benutzte, würde das, was noch als *flow* zu bezeichnen wäre, etwa halb so häufig sein. Welchen Maßstab man aber anlegt, die Schlußfolgerung ist eindeutig genug: Es gibt große individuelle Unterschiede in der Fähigkeit, *flow* zu erfahren.

Damit bestätigt sich eine Vermutung, die schon im letzten Kapitel von *Beyond Boredom and Anxiety* (dt. Das *flow*-Erlebnis – Jenseits von Angst und Langeweile im Tun aufgehen) vorgetragen wurde, daß man nämlich zwei einander ergänzende Strategien benötigt, um die Qualität des Lebens zu verbessern: Zum einen müssen die sozialen Bedingungen verändert, das heißt *flow*-förderlicher gemacht werden; zum anderen müssen die Menschen dazu erzogen werden, *flow* unabhängig von den sozialen Gegebenheiten erfahren zu können. Es könnte vieles unternommen werden, um Institutionen wie Schule und Arbeitsplatz, Familie und städtische Gemeinschaft zu verbessern. Andererseits werden sich manche Menschen auch noch angesichts der verlockendsten Handlungsmöglichkeiten gelangweilt oder ängstlich verhalten, solange sie es nicht gelernt haben, Herausforderungen zu erkennen und auf ihre Fähigkeiten zu bauen.

Wie kommt es, daß manche Menschen imstande sind, der Langeweile und der Angst zu entgehen? Was versetzt einen Menschen in den Stand, Aktionsmöglichkeiten freudig wahrzunehmen, die andere gar nicht sehen? Noch steht uns nicht viel stichhaltiges Material zur Verfügung, auf das sich eine überzeugende Antwort gründen könnte. Aus den neurophysiologischen Untersuchungen von Jean Hamilton (1976, 1981) geht hervor, daß Menschen, die langweilige in erfreuliche Situationen umzuwandeln vermögen, Informationen in einer besonderen Weise verarbeiten. Es scheint, daß, wenn sie sich auf eine Aufgabe konzentrieren, ihr kortikaler Aktivierungspegel – gemessen an der mentalen Anstrengung, die sie aufbringen – in Wahrheit *unter die Grundlinie sinkt*, anstatt zu steigen, wie dies normalerweise geschieht. Das könnte ein neurologischer Hinweis auf eine der zentralen Komponenten des *flow*-Phänomens sein, ein Maß jener hohen Konzentration auf ein begrenztes Reizfeld, die alles andere aus der Bewußtheit ausschließt. Vielleicht ist eben diese Fähigkeit zur effizienteren Konzentration bei geringerer Anstrengung ein Kennzeichen der autotelischen Persönlichkeit. Und umgekehrt könnte es sich bei den Menschen, die seltener *flow* erleben und sich glücklicher und stärker motiviert fühlen, wenn die Anforderungen auf einem niedrigeren Niveau angesiedelt sind, um diejenigen handeln, für die Konzentration ein Ansteigen der mentalen Anstrengung bedeutet, das sie ermüdet und auslaugt.

In Kapitel 9 nennt Richard Logan, von einem anderen, aber komplementären Standpunkt ausgehend, weitere Merkmale der autotelischen Persönlichkeit. Er sagt, daß Menschen, die schwerste Torturen überleben, indem sie die Schrecknisse ihrer Situation in bewältigbare Herausforderungen verwandeln, an der Realisierung ihrer Möglichkeiten arbeiten, ohne in Gedanken ständig mit ihrem Selbst beschäftigt zu sein. Sie versuchen, sich durch ihre Gedanken und Handlungen zu *verwirklichen*; aber sie brüten nicht über der Frage, wer sie sind, und sie sehen sich nicht prahlerisch als Opfer der Schlechtigkeit der Welt. Mit Blick auf die »Tortur« des Alltagslebens sagt Logan, daß die narzißtische Beschäftigung mit der eigenen Person die Menschen davon abhält, ihre Möglichkeiten zu erkennen und ihre Fähigkeiten zu nutzen. So entwickeln sie einen Lebensstil, der von Langeweile und Angst gekennzeichnet ist.

Logans Sicht der Dinge erinnert an deCharms' (1968) Unterscheidung zwischen Menschen, die sich als *Beweger* sehen, und solchen, die so tun, als wären sie *Schachfiguren*. Die ersteren sind überzeugt, ihre Handlungen selbst zu steuern, wohingegen die letzteren sich ständig von äußeren Mächten hin und her geschoben glauben. Die Beweger sind letztlich intrinsisch motiviert, weil sie ihre Handlungen als die eigenen erkennen. Deshalb ist alles, was sie tun, wichtig, denn es ist eine Manifestation ihres eigenen Selbst, auf die es sich lohnt, Konzentration und Anstrengung zu verwenden, auch wenn niemand anders das glaubt. Die Schachfiguren fühlen sich nur belohnt, wenn sie für ihre Aktionen ein bewertbares Entgelt von außen erhalten, denn sie identifizieren sich mit den Dingen, die sie tun, nicht um der Dinge selbst willen. Ähnlich argumentieren auch Theresa Amabile (1983), die sich mit der intrinsischen Motivation bei kreativen Menschen beschäftigt, sowie Deci und Ryan (1985), die das Konzept der Autonomie mit der intrinsischen Motivation verbinden. Wir können an diesem Punkt auch noch einmal auf Wells' Erkenntnisse (Kapitel 18) verweisen, die auf einen zirkulären Kausalzusammenhang zwischen *flow* und Selbstbewertung hindeuten: *flow*-Erfahrungen scheinen das Selbst zu stärken, und ein stärkeres Selbst läßt *flow*-Erfahrungen leichter zustande kommen. Aber weshalb entwickeln manche Menschen diese autotelische Persönlichkeit, die fest auf ihrem Selbstvertrauen und ihrem Eingebundensein in die Welt gründet, während andere sich auf sich selbst zurückziehen, immer darauf bedacht, ein Selbst zu verteidigen, das die Möglichkeiten, die sich ihm zu seiner Entfaltung bieten, immer seltener wahrnimmt?

Kevin Rathunde liefert in Kapitel 19 erste Anhaltspunkte zur Ontogenese der autotelischen Persönlichkeit. Er zeigt, daß Heranwachsende, deren Eltern – für sie erkennbar – einen in bestimmter Weise geprägten Familienkontext präsentieren, sehr viel eher positive Erfahrungen berichten als solche, die ihre Eltern in diesem Punkt als »schwach« wahrnehmen. Daraus könnte man schlicht folgern, daß die Erlebensweise *flow* in der Familie erlernt wird. Wenn die Interaktionen in der Familie so gehandhabt werden, daß *flow*-Erfahrungen wahrscheinlicher werden, dann werden lie Kinder die notwendigen Fähigkeiten dafür entwickeln, alltägliche Lebenssituationen in erfreuliche, ihrem inneren Wachstum förderliche Angebote zu verwandeln. Die Merkmale der autotelischen Familie, wie sie von Rathunde definiert werden, überschneiden sich zum Teil mit den von Kobasa, Maddi und Kahn (1982), Kobasa, Maddi und Zola (1983) sowie von Maddi und Kobasa (1984) beschriebenen Kriterien der Zähigkeit. Diese Autoren sagen, daß selbständige und engagierte Menschen, die sich den Herausforderungen des Lebens gegenüber aufgeschlossen zeigen, gesünder, widerstandsfähiger und übrigens auch stärker intrinsisch motiviert sind.

Noch ist es zu früh für eine gültige Aussage über die autotelische Persönlichkeit. Es kann aber kein Zweifel daran bestehen, daß manche Menschen mehr Freude als andere an Interaktionen haben, die sie fordern und ihrem inneren Wachstum dienlich sind. Es scheint auch eindeutig zu sein, daß die Selbstbewertung solcher Menschen besser ausfällt, daß sie weniger mit sich selbst beschäftigt sind und daß sie das Glück hatten, in Familien aufzuwachsen, in denen sie die Freude am Leben lernten. Vielleicht zeichnen sie sich auch durch eine bessere Informationsverarbeitung aus, die entweder ererbt oder im Laufe der Zeit eingeübt wurde. Wir müssen noch vieles über diese Konfiguration von Merkmalen lernen, die, um eine von Toynbee gebrauchte Wendung zu zitieren, das Vorhandensein einer »kreativen Minderheit« postuliert, die in einem Ausmaß, das in keinem Verhältnis zu ihrer zahlenmäßigen Stärke steht, für die Richtung verantwortlich ist, in die unsere Kultur sich entwickelt.

Optimales Erleben und die außergewöhnliche Leistung

Man braucht intrinsische Motivation, um im Denken oder Verhalten zu neuen Ebenen der Komplexität vorzustoßen. Im allgemeinen verfügt die soziale Umgebung nicht über ausreichende extrinsische Belohnungen, die einen Menschen motivieren könnten, ein Höchstmaß an psychischer Energie auf die Beherrschung komplexer Fähigkeiten oder darauf zu verwenden, sich neuen Herausforderungen zu stellen. Wenn ein Mensch also an der Sache selbst keine Freude hat, dann wird er vermutlich das Risiko, in Neuland vorzustoßen, gar nicht auf sich nehmen. Amabile (1983) entwickelt den Gedanken, daß kreative Menschen in hohem Maße autotelisch sind und daß ein Interesse an extrinsischen Belohnungen häufig mit ihrer Kreativität interferiert. Wie das vor sich geht, wird anschaulich in der Dissertation von Jean Carney (1986) dargestellt. Carney sah die projektiven Tests, die 1963 von Getzels und Csikszentmihalyi (1976) mit einer

Gruppe begabter Kunststudenten durchgeführt worden waren, auf Anzeichen von Interesse an extrinsischen und an intrinsischen Belohnungen durch. Sie stellte fest, daß zwanzig Jahre nach Durchführung der Tests fast keiner der Probanden, die hohe Werte bei dem Merkmal »extrinsische Motivation« gezeigt hatten, noch künstlerisch tätig war. Die einzigen, die sich noch als Künstler betätigten, waren die wenigen Glücklichen, die damit von Anfang an Erfolg gehabt hatten. Die allermeisten aber hatten lange kämpfen müssen, bevor sie ein gewisses Maß an Anerkennung errangen. In jenen mageren Jahren wandten die Künstler, die extrinsisch motiviert waren, sich allmählich von der Kunst ab und solchen Tätigkeiten zu, die ihnen sicherer und einträglicher erschienen; sie wurden Unternehmer, Geschäftsleute oder Gebrauchsgrafiker. Nur diejenigen, die von Anfang an auf Ruhm und Erfolg keinen Wert gelegt und ihre Belohnungen in der künstlerischen Tätigkeit selbst gefunden hatten, hielten lange genug durch, um endlich anerkannt zu werden. Wenn man bedenkt, daß die extrinsischen Belohnungen auch auf anderen Gebieten der kreativen Tätigkeit unberechenbar und verspätet eintreffen, kann man wohl mit Recht schließen, daß die autotelische Persönlichkeit dazu beiträgt, Kreativität möglich zu machen.

Nicht nur die Kreativität, sondern jede Fähigkeit, die ein komplexes Verhalten – und mithin eine große Konzentration psychischer Energie – erfordert, hängt sehr weitgehend von der intrinsischen Motivation ab. Es ist beispielsweise nicht wahrscheinlich, daß jemand ein guter Musiker wird, wenn er nicht Freude am Musizieren hat; diese Fähigkeit ist so anspruchsvoll, daß extrinsische Belohnungen allein einen Menschen nicht lange dabei halten können. Nakamura verweist in Kapitel 17 auf die Kluft zwischen den beiden Gruppen gleichermaßen begabter junger Mathematiker: Diejenigen, die gelernt haben, Mathematik mit Freude zu betreiben, werden immer besser; diejenigen, die entweder gelangweilt oder ängstlich sind, wenn sie Mathematik treiben, haben aufgehört, diese besondere Begabung weiterzuentwickeln. Wie auf anderen Gebieten sind die kognitiven Fähigkeiten allein noch keine Gewähr für den Erfolg; wenn ein Mensch das, worin er gut ist, nicht mag, dann wird sich sein Können nicht weiterentwickeln.

Daß das *flow*-Erlebnis schwierige Aufgaben besser gelingen läßt, wird in Larsons Studie über die Schüler einer High School, die sich mit einer längeren schriftlichen Arbeit beschäftigten, im einzelnen dargelegt (Kapitel 8). Schüler, die der Aufgabe nichts abgewinnen konnten, schrieben langweilige Aufsätze; diejenigen, die mit Angst an die Sache herangingen, lieferten unzusammenhängende Texte. Diejenigen Schüler dagegen, deren Phantasie von dem Thema angeregt wurde und denen es Freude machte, mit ihren Ideen und mit dem Text herumzuspielen, schrieben interessante

Aufsätze, die den Leser fesselten. Angesichts dieser Ergebnisse erhebt sich eine allgemeinere Frage: Welcher Zusammenhang besteht zwischen optimalem Erleben und Leistung?

Den meisten Menschen macht es keinen Eindruck zu hören, daß *flow* ein optimales subjektives Erleben gewährleistet; ihr Interesse erwacht aber sofort, wenn auch nur andeutungsweise davon die Rede ist, daß *flow* die Leistung verbessern kann. Wenn sich demonstrieren ließe, daß ein Verteidiger härter spielt, wenn er im *flow* ist, oder daß ein Ingenieur unter *flow*-Bedingungen ein besseres Produkt entwickelt, würden sie sich das Konzept sofort und voller Begeisterung zu eigen machen. Das wiederum würde selbstverständlich die autotelische Natur des Erlebnisses gründlich zerstören. Sobald das Schwergewicht sich von der Erfahrung als solcher auf die Frage verschiebt, was man damit erreichen kann, verschlägt es uns wieder in die Gefilde des Alltagslebens und unter das Regiment extrinsischer Überlegungen.

Auch wenn es also so gut wie sicher ist, daß jede Leistung besser wird, wenn sie intrinsische Belohnungen bietet, und auch wenn sich dies relativ leicht (in der in den Kapiteln 8 und 17 beschriebenen Art) demonstrieren ließe, ist es wahrscheinlich besser, diesen Zusammenhang herunterzuspielen. Als kürzlich einige Lehrer bei einer Konferenz auf die große Bedeutung der intrinsischen Motivation für das Lernen verwiesen, regte ein ebenfalls anwesender Behaviorist an, ein System mit Spielchips in den Schulen einzuführen, um die intrinsische Motivation zu erhöhen. Schließlich könne man Kinder mit Hilfe entsprechender Verstärkungen zu allem und jedem veranlassen, und mithin werde man sie durch angemessene Belohnungen auch zu vermehrter intrinsischer Motivation erziehen können. Ich muß gestehen, daß diese Art des Argumentierens mich äußerst stutzig macht. Wenn sich das Interesse allerdings von der *flow*-Erfahrung auf das verschiebt, was man mit dieser Erfahrung erreichen kann, dann werden wir mit Sicherheit viele solche Versuche erleben, die Merkmale dieser Erfahrung zu pervertieren.

Zu den faszinierendsten Aspekten der *flow*-Theorie gehört ihre Anwendbarkeit als Instrument der historischen Interpretation. Die Psychologie ist den Nachfolgern der Clio zumindest bis heute keine große Hilfe gewesen. Verglichen mit dem, was beispielsweise der historische Materialismus aufgeführt hat, ist das, was die Psychoanalyse zur Kausalität in der Geschichte vorzutragen hatte, kaum mehr als eine leichte Wellenbewegung gewesen. Der kurze Abriß von Isabella Csikszentmihalyi über die Ausbreitung des Jesuitenordens im 16. und 17. Jahrhundert (Kapitel 13) ermöglicht uns eine alternative Art der Betrachtung auch anderer Bewegungen, die ihren Beitrag in der Geschichte hinterlassen haben. Es geht um den Gedanken, daß Menschen sich unter im übrigen gleichen Bedingungen für soziale Arrangements oder gedankliche Systeme entscheiden dank derer sie ihr Leben eher als eine zusammenhängende und erfreuliche Erfahrung betrachten können. Das *flow*-Modell bietet eine begriffliche Handhabe, mit der sich diese These auf ihre Brauchbarkeit überprüfen läßt. Vermutlich ist diese Sicht der Dinge recht nützlich, wenn es darum geht, Veränderungen zu erklären, die relativ ungezwungen erfolgen und nicht von unmittelbaren überlebensnotwendigen Zwängen diktiert sind. Recht gut vereinbar mit unserem Modell sind zum Beispiel Kuhns (1970) Ausführungen darüber, was den Paradigmenwechsel in den Naturwissenschaften motiviert. Nach Kuhn läßt sich der Umstand, daß junge Wissenschaftler die Ideen ihrer älteren Kollegen nicht mehr gelten lassen wollen und nach neuen Formen der Darstellung ihres Fachgebietes suchen, am besten dadurch erklären, daß die Herausforderungen der »normalen« Wissenschaft ihnen als zu träge erscheinen. Innerhalb eines wohlverstandenen Paradigmas stagniert das Spiel der Ideen; das erregende Moment der Entdeckung ist durch die routinemäßige Anwendung ersetzt. Langeweile – die Unmöglichkeit, innerhalb des bestehenden Regelgefüges *flow* zu erleben – ist vielleicht der machtvollste Impetus für die Revision alter Theorien, eine Revision, die das Erkennen neuer Herausforderungen einschließt, das seinerseits nach der Verfeinerung und Fortentwicklung der Fähigkeiten verlangt. In Kapitel 4 machen Massimini, Csikszentmihalyi und Delle Fave darauf aufmerksam, daß die Theorie des optimalen Erlebens sich auch zur Betrachtung des dynamischen Zusammenhanges zwischen individuellen Entscheidungen und dem allmählich durch sie bewirkten kulturellen Wandel heranziehen läßt. Die Gemeinschaften der Walser oder auch der Navajo in Arizona führen einen täglichen Kampf um das Überleben ihrer Kultur. Wenn die jungen Leute sich gelangweilt von der Sprache, den Wertvorstellungen und der Art abwenden, in der ihre Eltern den Lebenskampf bestreiten, dann werden diese Dinge nicht mehr an die nächste Generation weitergegeben. Der gleiche Vorgang spielt sich, weniger offensichtlich, auch in unserer Kultur ab. Wenn Drogen mehr Freude und Genuß bewirken als Arbeit, dann wird das Suchtverhalten im Verhältnis zu produktiver Tätigkeit in einem Übermaß reproduziert.

flow und soziale Gerechtigkeit

Zu den wichtigsten Aufgaben einer jeden Gesellschaft gehört die Überlegung, wie sie die Menschen dazu motivieren kann, das zu tun, was für die Wahrung des sozialen Systems getan werden muß. Eine gerechte Verteilung der Belohnungen ist mithin eine Voraussetzung einer wohlintegrierten Gesellschaft. Das wird im allgemeinen dann gut verstanden, wenn es um die extrinsischen Belohnungen geht. Wir sind uns darüber einig, daß wir das Eigentum schützen, Arbeit angemessen entlohnen und die Steuern so gerecht wie möglich halten sollten. Aber wir fragen selten danach, wie gut es um die Verteilung der intrinsischen Belohnungen bestellt ist. Beziehen der durchschnittliche Arbeitnehmer und die durchschnittliche Hausfrau »Freude« aus dem, was sie tagtäglich tun?

Eine Handvoll politischer Utopisten wie Tommaso Campanella im 17. Jahrhundert oder, hundert Jahre nach ihm, Jean Jacques Rousseau hatten von einer Gesellschaft geträumt, die im subjektiven Wohlergehen des einzelnen ihr oberstes Anliegen sah. Und die Väter der Menschenrechtserklärung gingen so weit, ein unveräußerliches Recht des Menschen in der Verfolgung seines Glückes zu sehen und dieses Recht gleich nach dem Recht auf Leben und Freiheit rangieren zu lassen. Tatsächlich leuchtet der Gedanke rasch ein, daß auch »Leben« und »Freiheit« nicht viel bedeuten, wenn sie nicht die Suche nach dem persönlichen Glück zulassen. Das Streben nach Glück – oder, um bei der hier verwendeten Sprache zu bleiben, nach Verbesserung der Qualität des Erlebens – ist also in vieler Hinsicht das eigentliche Ziel, das allen anderen untergeordneten Zielen ihren Sinn verleiht; es ist sozusagen der Ausgangspunkt unseres Daseins.

Selbst Karl Marx interessierte sich zunächst für die dem Eigentum innewohnenden Machtunterschiede, weil er erkannt hatte, daß diejenigen, die in ökonomischer Unfreiheit lebten, ihre Erfahrungen weniger gut zu steuern vermochten und daß ihr Bewußtsein daher von den Eigentümern der Produktionsmittel ausgebeutet werden konnte. Paradoxerweise baut der historische Materialismus auf dem Interesse an der Qualität des Erlebens auf. Aber trotz dieser berühmten Vorläufer wissen wir noch immer sehr wenig darüber, welche Ungleichheiten der Qualität des Erlebens sich in der Struktur unserer Gesellschaft verbergen. Volkszählungen sagen uns, wie viele Menschen wieviel besitzen, wie das Bildungsniveau der Bevölkerung ist und wie es um die Gesundheit der einzelnen Untergruppen der Bevölkerung bestellt ist. Sehr viel weniger wissen wir darüber, wie es den Menschen mit ihrem Streben nach Glück ergeht. Zugegebenermaßen liefern Volkszählungen uns inzwischen auch sogenannte subjektive Indikatoren, die das Maß für die Zufriedenheit mit verschiedenen Lebensbereichen und dem Leben insgesamt abgeben sollen. Dabei handelt es sich aber noch immer um sehr grobe Angaben, die jedenfalls bisher von den Politikern noch nicht besonders ernst genommen worden sind. Das *flow*-Modell bietet einen Rahmen, von dem aus wir beginnen können, mit mehr Präzision über so schwer faßbare Konzepte wie das der »Lebensqualität« zu sprechen. Sein wichtigster Beitrag ist vielleicht in dem Hinweis darauf zu sehen, daß die schiere Zufriedenheit mit den Bedingungen, wie sie sind, kein guter Indikator für positives Erleben auf lange Sicht sein kann. Optimales Erleben heißt, daß die Anforderungen größer werden müssen und die Zunahme der Fähigkeiten mit diesem Prozeß Schritt halten muß. Das Leben ist nur dann sinnvoll, wenn die Menschen spüren, daß die psychischen Energien, die sie auf den Gang ihres täglichen Lebens wenden, ihr Selbst stärken. Die Gleichung für ein gutes Leben muß den Faktor des Wachstums enthalten.

Wenn wir die mit dem *flow*-Modell geschaffene Perspektive auf eine Analyse der Lebensqualität anwenden, ergibt sich ein Bild, das komplexer ist als erwartet. Einerseits klingen die kritischen Darstellungen von Mitchell (Kapitel 4), Sato (Kapitel 6), Allison und Duncan (Kapitel 7) und Macbeth (Kapitel 12) durchaus realistisch. Die genannten Autoren zeigen jeder auf seine Weise, wie schwierig es ist, in den Situationen des täglichen Lebens Freude zu finden. Die Erlebensmöglichkeiten in unserem technisch durchorganisierten Dasein sind häufig öde. Die einst bindenden moralischen Regeln gelten nicht mehr, das Chaos lauert an den Rändern der Bewußtheit, und die Folge ist oft, daß uns Angst befällt. Das Bewußtsein des modernen Menschen oszilliert zwischen Anomie und Entfremdung oder zwischen Angst und Langeweile. Die Hauptschuld daran trägt, wenn man den Kritikern glauben darf, die Organisation der produktiven Arbeit: die tägliche Mühle von neun bis fünf, die Unerfreulichkeiten eines Arbeitsplatzes ohne Aufstiegsmöglichkeit. Mitchell meint, daß Freizeitinteressen immerhin eine Möglichkeit des Entkommens in Erlebensbereiche sind, die sowohl geordnet sind als auch den Menschen etwas abverlangen; Macbeth schildert Formen der Flucht, die geradezu zur Lebensform werden. Die japanischen *bosozoku* inszenieren ein Ritual, das ihrem Wunsch nach sinnvoller Betätigung eine dramatische Realität verleiht; dagegen ziehen sich die von Allison und Duncan beschriebenen Arbeiterinnen in den privaten Raum zurück, um Augenblicke häuslicher Behaglichkeit auszukosten.

Die Befunde, zu denen wir mit unserer *Experience Sampling Method* gelangt sind, bieten dagegen ein anderes Bild. Die erwachsenen Arbeitnehmer, die von LeFevre (Kapitel 16) beobachtet wurden, die arbeitenden Mütter, über die Wells (Kapitel 18) berichtet, waren bei der Arbeit häufiger im *flow* als in ihrem übrigen Leben. Der obligatorische Charakter der *High School*, von den Jugendlichen beklagt, ist noch immer der zuverlässigste Garant von *flow*-Erfahrungen im Leben der Schüler (Kapitel 15, 17).

Die Zukunft

Wie lassen sich diese Gegensätze versöhnen? Sind Studium und Arbeit, jene überall anzutreffenden Anforderungen, wie sie das soziale Leben an uns stellt, ein Segen oder ein Fluch? Bei dem Versuch, die Gegensätzlichkeiten zu begreifen, sollten wir zugestehen, daß bei jeder Interpretation von Fakten die persönlichen Werte und Annahmen eine primäre Rolle spielen. Mit der gleichen Berechtigung, mit der man ein Glas, in dem das Wasser die Hälfte des Volumens einnimmt, sowohl als ein halbvolles als auch als ein halbleeres Glas bezeichnen kann, kann man angesichts der ESM-Daten sagen, daß die Dinge gut stehen, weil die in Pflichten eingebundenen Rollen des Schülers und des Arbeitnehmers hin und wieder optimale Erfahrungen ermöglichen, so wie man andererseits sagen kann, daß es nicht gut um die Welt bestellt ist, weil die Menschen ihre besten Erfahrungen aufgrund langweiliger und erstickender Tätigkeit in Beruf und Schule machen.

Aber die Daten legen wohl etwas Grundsätzlicheres nahe. Die relative Armut des Erlebens in unausgefüllter Zeit, die Leere, von der ein großer Teil der Freizeit gekennzeichnet ist, scheinen zu sagen, daß die Menschen in unserer Gesellschaft – oder vielleicht in allen Gesellschaften – nicht auf freie Zeit vorbereitet sind. Wenn man ihnen die Dinge überläßt, geraten die meisten Menschen in Panik. Unstrukturierte Zeit, jene Teile des Tages, in denen keine Anforderungen an unsere psychischen Energien gestellt werden, sind noch schlimmer als die Zeit, die wir mit entfremdender Arbeit verbringen. Wir alle wünschen uns mehr freie Zeit. Aber wenn wir sie bekommen, wissen wir nicht, was wir damit anfangen sollen. Mit den meisten Dimensionen des Erlebens geht es bergab: Die Menschen berichten, daß sie passiver, reizbarer, trauriger, kraftloser und so weiter sind. Um die Lücke in ihrem Bewußtsein zu füllen, wenden sie sich dem Fernsehgerät zu oder finden eine andere Möglichkeit, ihr Erleben sozusagen stellvertretend zu strukturieren. Diese passiven Betätigungen in der freien Zeit nehmen dem Chaos seine schlimmste Seite, aber sie lassen das Individuum geschwächt und entnervt zurück.

Wer oder was ist schuld an dieser Situation? Es ist zu einfach und vermutlich auch nicht fair, der »Technologie«, dem »Kapitalismus« oder jenem beliebtesten Sündenbock, der »modernen Gesellschaft«, die Schuld zuzuschieben. Schließlich hatten bereits die Griechen erkannt, daß Muße nicht auf natürlichem Wege kommt, daß sie eine schwierige Kunst ist, die ständiger Hege und Pflege bedarf. In jüngerer Zeit war man der Ansicht, daß die Menschen glücklich wären, wenn sie nur freie Zeit hätten. Aber freie Zeit allein bewirkt keine höhere Qualität des Erlebens. Tatsächlich beginnt der Geist zu wandern, wenn er von externen Strukturen befreit ist, die seine Aktivität ordnen, und verliert seinen Fokus: Beliebigkeit breitet sich im Bewußtsein aus. Die Folge ist eine Verschlechterung, nicht aber die Verbesserung der Qualität des Erlebens.

In Kapitel 11 berichten Delle Fave und Massimini von Menschen, die sieben Tage in der Woche von morgens bis abends arbeiten, und doch scheint alles, was sie tun, vom *flow*-Erlebnis durchdrungen zu sein. In den traditionellen Gesellschaften etwa der Walser oder der Okzitaner ist die Unterscheidung zwischen Arbeit und Freizeit verwischt. Was diese Menschen auch tun, es ist immer etwas, was getan werden muß, was nützlich und sinnvoll ist. Zugleich wird alles, was sie tun, ohne Zwang und in der Vorstellung getan, daß es Freude machen soll. Langeweile wird vermieden, indem sie ihre Stunden mit neuen Aufgaben füllen; die Angst bleibt gering, weil sie Fähigkeiten einüben, die ihnen zur Bewältigung der Anforderungen ihrer Umwelt dienen. Denen, die sich an diese Umwelt angepaßt haben, ist ein öder Augenblick unvorstellbar. Wie zerbrechlich diese Anpassung andererseits ist, zeigt sich im Dilemma der jüngeren Mitglieder dieser Gemeinschaften, die offensichtlich die Fähigkeit der Älteren verloren haben, das ganze Leben zu einer einzigen *flow*-Aktivität zu machen. Es ist zu hoffen, daß auch die modernen Gesellschaften sich mit der Zeit darüber klar werden, welche Elemente ihres täglichen Erlebens zur psychischen Negentropie beitragen, und Wege finden, diese Elemente soweit wie möglich in ihre Aktivitäten einzubauen. Aus alldem ist zu schließen, daß das Streben nach Glück erfolglos bleiben wird, solange es sich darauf beschränkt, die äußeren Bedingungen des Lebens zu verändern. Wie reich und behäbig wir auch immer werden, wieviel Zeit wir auch immer von Verpflichtungen freihalten können, die Qualität unseres Erlebens wird sich nicht um ein Jota verbessern, solange wir nicht lernen, unsere psychischen Energien so einzusetzen, daß sie uns intrinsische Belohnungen eintragen. So gesehen ist eine gute Gesellschaft eine Gesellschaft, der es gelingt, sinnvolle Vorkehrungen für die Nutzung ihrer psychischen Energien zu treffen, eine Nutzung, die jede Handlung im täglichen Leben erfreulich macht und so vielen Menschen wie möglich ein differenzierteres Bewußtsein ermöglicht. »Chancengleichheit« bezieht sich nicht allein auf den Zugang zu materiellen Ressourcen und zu Macht, sondern auch auf jene Handlungsmöglichkeiten, die es einem Menschen in Verbindung mit seinen Fähigkeiten gestatten, sein Potential zu entfalten und sich seines Umgangs mit der Welt zu freuen.

Der Weg des inneren Wachstums

So wichtig es ist, immer weiter an der Veränderung der Gesellschaft zu arbeiten – an der Entwicklung neuer Wertvorstellungen, die eher geeignet sind, ein sinnvolles Leben zu ermöglichen, an der vollen Verwirklichung der Chancengleichheit, der Verbesserung der Arbeitsplätze und Ausbildungsstätten, der Kultivierung einer aktiv erlebten Freizeit –, so wichtig ist es andererseits, auch das eigene Leben nach diesen Grundsätzen umzugestalten. Möglicherweise werden noch ein paar tausend Jahre vergehen, ehe die Menschheit die Bedingungen optimalen Erlebens in den Strukturen ihrer wirtschaftlichen und sozialen Institutionen erkennt. Inzwischen kann aber jeder einzelne lernen, die Qualität des eigenen Lebens zu verbessern, ohne darauf warten zu müssen, daß der Rest der Menschheit etwa mit ihm gleichzieht.

Zu den schwierigsten Vorhaben, denen man sich im Gedanken an die *flow*-Theorie nähern kann, gehört es, die Bemühungen um eine Veränderung im objektiven Kontext des Erlebens und die Bemühungen um eine Veränderung der subjektiven Interpretation des Erlebens in das richtige Verhältnis zueinander zu bringen, und dies auf der begrifflichen ebenso wie auf der Ebene der Anwendung. So könnten Bemühungen, die Arbeitsbedingungen zu verändern, um langweilige Tätigkeiten vielseitiger und anspruchsvoller zu machen, auf die Kritik stoßen, daß dies Zeitverschwendung sei, da es ja die subjektive Struktur des Erlebens ist, die zählt. Wenn man sich andererseits ausschließlich mit der Ausbildung des Bewußtseins beschäftigte, um *flow*-Erlebnisse zu fördern, ohne zugleich zu versuchen, die äußeren Bedingungen zu verbessern, dann wäre man der gleichermaßen berechtigten Anschuldigung eines reaktionären Idealismus ausgesetzt. Und tatsächlich ist das *flow*-Konzept hin und wieder kritisiert worden – von den Materialisten als zu idealistisch und von den Idealisten als zu materialistisch. Häufig gründen solche kritischen Äußerungen auf Mißverständnissen oder auf einer zu wörtlichen und verkürzten Interpretation der Dynamik des *flow*-Erlebnisses.

Zu den insoweit interessantesten Reaktionen gehört William Suns (1987) Vergleich des *flow*-Konzepts mit dem Konzept des *Yu*, wie es im vierten vorchristlichen Jahrhundert von dem taoistischen Denker Tschuang-tse entwickelt wurde. Mit *Yu* ist die richtige Art gemeint, dem Weg oder dem *Tao* zu folgen. Watson (1964) übersetzt es als »Wandern«, Crandall (1983) als »Gehen, ohne den Boden zu berühren«; Sun (1987) spricht vom »Schwimmen«, »Fliegen« oder »Fließen« (»flow«). In jedem Fall bezeichnet *Yu* die Art, in der die Menschen nach Meinung Tschuang-tses leben sollten – ohne auf äußerliche Belohnungen zu schauen, spontan, ganz und gar engagiert – mit einem Wort, das Leben als autotelische Erfahrung.

Aber so wie Sun die Dinge sieht, besteht ein gewichtiger Unterschied zwischen *Yu* und *flow*. Sun sieht das erstere als ein typisch östliches Konzept, denn *Yu* wird allein durch die persönliche und bewußte Bemühung erreicht, der schließlich die Befreiung des Willens und die Transzendenz der Individualität folgt und die in einem übermenschlichen Bereich der Energie aufgeht. *Flow* dagegen ist insofern ein typisches Konzept der westlichen Hemisphäre, als es am Gleichgewicht zwischen äußeren Anforderungen und objektiven Fähigkeiten ansetzt. *Flow* kann nur erreicht werden, schreibt Sun, wenn die äußeren Bedingungen optimal sind. Und so ist das uralte und mystische *Yu* paradoxerweise ein realistischerer Entwurf als das angeblich pragmatische *flow*-Konzept, denn es ist unmöglich, die ganze Welt umzugestalten, während es sehr wohl möglich ist, das Bewußtsein zu verändern.

Als Beispiel für die unterschiedliche Betrachtung von *Yu* und *flow* zitiert Sun die bekannte Parabel vom Koch Ting aus den *Inneren Kapiteln* der Schriften von Tschuang-Tse. Ting war der Koch des Fürsten Hui von Wei:

Der Koch Ting zerlegte einen Ochsen für den Fürsten Wen-hui. Mit jedem Schlag seiner Hand, jedem Hochziehen seiner Schulter, jeder Bewegung seines Fußes, jedem Stoß seines Knies – zisch! zosch! – ließ er das Messer schwirrend sausen, und alles war in so vollendetem Rhythmus, als tanzte er den Tanz des Maulbeerhaines oder schlüge den Takt zur Tsching-schu-Musik. (Watson, 1964, S. 46.)

Fürst Wen-hui ist fasziniert zu sehen, wieviel *flow* (oder *Yu*) sein Koch aus seiner Arbeit bezieht, und beglückwünscht ihn zu seiner großen Geschicklichkeit. Aber der Koch Ting bestreitet, daß es eine Frage der Geschicklichkeit sei: »Worum es mir geht, das ist der Weg, das ist mehr als Geschicklichkeit«. Dann beschreibt er, wie er seine großartige Aufführung zustande bringt: Eine Art mystischen, intuitiven Verständnisses der Art, wie der Ochse zusammengesetzt ist, erlaubt es Ting, ihn mit vollkommener Mühelosigkeit auseinanderzuteilen: »Wahrnehmung und Verständnis sind an einen Stillstand gekommen, und der Geist bewegt sich, wohin er will.« An diesem Beispiel macht Sun den Unterschied zwischen *Yu* und *flow* fest: »In dieser Parabel findet man keine aufregende Herausforderung, sondern friedliche und kunstvolle Routine« (Sun, 1987, S. 10). Mithin »können nur diejenigen, die Freude an routinemäßigem Tun haben, weltliche Aktivitäten in transzendentales Erleben verwandeln« (S. 12), und »Tschuang-tse will nur die subjektive Einstellung des Menschen zum weltlichen Leben zugunsten einer spielerischen Geistigkeit verändern, er hegt niemals die extravagante Hoffnung, die objektive Gesellschaft unter dem Aspekt des *Yu* ... zu verändern« (S. 14).

Aber wie soll diese Transformation weltlicher Tätigkeit in transzendentales Erleben, dieses Spirituell-Spielerische erreicht werden? Tschuang-tse hat eine recht wertvolle Einsicht, die Sun nicht zitiert. Tatsächlich ist der betreffende Absatz sehr interessant, denn er hat diametral entgegengesetzte Deutungen bewirkt. In Watsons Übersetzung liest er sich wie folgt:

»Aber immer wenn ich an einen komplizierten Ort komme, sondiere ich die Schwierigkeiten, sage mir, daß ich aufpassen und vorsichtig sein muß, bleibe mit den Augen bei dem, was ich tue, arbeite sehr langsam und führe mein Messer mit der größten Subtilität, bis – flop! – das Ganze auseinanderfällt wie ein Klumpen Erde, ein Krümel am Boden. Da stehe ich mit dem Messer in der Hand und sehe mich um, rundum zufrieden und nicht recht willens, mich zu bewegen, und dann wische ich das Messer ab und stecke es weg« (Watson, 1964, S. 47).

Ältere Autoren fassen diese Passage so auf, als bezöge sie sich auf die Arbeitsmethoden eines mittelmäßigen Schnitzers, der nicht *Yu* befolgt (Waley, 1939, S. 73). Vermutlich würde Sun ihnen beipflichten. Kommentatoren aus jüngerer Zeit wie Watson (1964) und Graham (siehe Crandall, 1983) glauben, daß sie sich auf die Arbeitsweise des Kochs Ting bezieht. Meiner Ansicht nach ist diese Lesart die richtige – nicht weil ich irgend etwas über das Chinesische oder über den Taoismus weiß, sondern einfach aus meiner Kenntnis des *flow*-Erlebnisses. Die Passage zeigt, daß bei allem Geschick und aller Kunstfertigkeit (chi) das *Yu* eben doch von der Entdeckung neuer Herausforderungen (der »komplizierte Ort« oder die »Schwierigkeiten« im obigen Zitat) und von der Entwicklung neuer Fähigkeiten abhängt (»sage mir, daß ich aufpassen und vorsichtig sein muß, bleibe mit den Augen bei dem, was ich tue ... führe mein Messer mit der größten Subtilität«). Mit anderen Worten, die mystischen Höhen des *Yu* werden nicht durch irgendeinen übermenschlichen Quantensprung erreicht, sondern schlicht durch die Ausrichtung der Aufmerksamkeit auf die Handlungsmöglichkeiten in der eigenen Umgebung. Die Folge ist eine Perfektion der Fähigkeiten, die schließlich spontan und von außerhalb dieser Welt erscheint. Das Spiel eines begnadeten Violinisten, die Darbietung eines großen Mathematikers scheinen ähnlich »nachtwandlerisch«, auch wenn man sie sich als Resultat des ständigen Feilens an den Anforderungen und den Fähigkeiten erklären kann. Auf jeden Fall ist es gut, daß Sun uns mit dem Koch Ting bekannt gemacht hat: Er ist mit Sicherheit ein ausgezeichnetes Beispiel dafür, daß man *flow* an den unwahrscheinlichsten Orten, in den bescheidensten Tätigkeiten des täglichen Lebens finden kann. Und es ist erniedrigend, sich sagen zu müssen, daß die Dynamik dieses Erlebens schon vor mehr als 22 Jahrhunderten so gut bekannt war!

Wichtig ist, daß äußere und innere Wege zur Verbesserung der Qualität des Erlebens nicht im Gegensatz zueinander stehen. Es scheint müßig, darüber zu diskutieren, welches der *richtige* Weg sei, wenn offensichtlich beide notwendig sind. Ohne konkrete Anforderungen, ohne bestimmte Fähigkeiten, ohne eine symbolische Disziplin ist es unmöglich, die Aufmerksamkeit lange genug auf ein begrenztes Reizfeld zu richten, um so allmählich *flow* zu erleben. Der Koch Ting mag das Können des Metzgers hinter sich gelassen haben, aber ohne dieses Können wäre ihm *Yu* niemals möglich gewesen. Mit anderen Worten, es müssen Möglichkeiten des Handelns gegeben sein. Gleichzeitig stimmt aber auch die folgende Aussage: Wie viele Möglichkeiten die Umgebung auch bereithält, der Mensch kann nicht in den Zustand des *flow* gelangen, wenn die Anforderungen nicht für ihn persönlich sinnvoll werden, wenn sie nicht mit seiner psychischen Energie verbunden werden. Die Felswände von Yosemite sind für die meisten Menschen nichts als graue Steine; dem Kletterer erscheinen sie unendlich faszinierend.

Diejenigen, die dem vorliegenden Buch ihre Stimme geliehen haben – die Bergsteiger von der Westküste, die Hochseesegler, die motorisierten Helden des modernen Japan, die Bergbauern der Alpenregion, die berufstätigen Mütter aus Chicago, die Gymnasiasten aus Mailand und auch die Jesuiten aus einer weit zurückliegenden Zeit –, sie alle haben es verstanden, sich an dem Tanz zu beteiligen, den der Fürst Wen-hui vor über zweitausend Jahren beobachtete. Sie haben Wege gefunden, den Möglichkeiten ihres Seins im Einklang mit der Umwelt Ausdruck zu verleihen, und sie sind dabei gewachsen, daß sie – durch Handlungsmuster, die beide in nahtloser Interaktion zusammenbringen – lernten, was das Selbst und was das Andere ist.

Dieses Wissen muß bewahrt und ausgeweitet werden, wenn das menschliche Leben mehr sein soll als ein kurzes physiologisches Zwischenspiel, das wir mit einem Minimum an Unwohlsein durchstehen müssen. Neben den Menschen, denen es gelungen ist, sich *flow*-Erfahrungen in ihrem Leben zu schaffen, gibt es allzu viele andere, die gar keine Vorstellung davon haben, was sie entbehren. Wie die Untersuchungen über das Alltagserleben deutlich zeigen, versinken die meisten Menschen in ihrer harterkämpften Freizeit in einen Zustand der Apathie, der ihnen keine Freude bringt und zu keinem Erwachen führt. Betäubt von strukturierter Information – wenn nicht von chemischen Mitteln –, büßt ihr Bewußtsein sein Vermögen ein, sich auf Handeln einzustellen. Es wird, was mechanistisch orientierte Psychologen von jeher in ihm gesehen haben – ein passiver Spielball äußerer Mächte. Zehn Jahre, nachdem die systematische Beschäftigung mit dem *flow*-Phänomen eingesetzt hat, verstehen wir etwas besser, wie unser Bewußtsein befreit werden kann, um sich eine Welt zu schaffen, die seiner Freiheit eher angemessen ist. Möge das nächste Jahrzehnt so fruchtbar werden wie das vergangene.

Bibliographie

Adair, J. (1982). Construction and validation of an instrument designed to assess states of consciousness during movement activity. Unveröffentlichte Dissertation, Temple University.

Adams, D. (1969). Analysis of Life Satisfaction Index. *Journal of Gerontology*, 24, 470–474.

Aebli, H. (1985): Zur Einführung. In: M. Csikszentmihalyi: Das *flow*-Erlebnis: Jenseits von Angst und Langeweile im Tun Aufgehen. Stuttgart (Klett-Cotta).

Ainsworth, M. D. S., Bell, S. M. und D. J. Stayton (1971). Individual differences in strange-situation behavior of one-year-olds. In: H. R. Schaffer (Hrsg.): The origins of human social relations. London (Academic Press).

Alloy, L. B. und L. Y. Abramson (1979). Judgement and contingency in depressed and nondepressed students: sadder but wiser. *Journal of Experimental Psychology, General*, 108, 441–485.

Amabile, T. M. (1983). The social psychology of creativity. New York (Springer).

Argyle, M. (1987). The psychology of happiness. London (Methuen).

Atkinson, R. C. und R. M. Shiffrin (1968). Human memory: a proposed system and its control processes. In K. Spence and J. Spence (Hrsg.), The psychology of learning and motivation, Band 2. New York (Academic Press).

Averill, J. R. (1980). Emotion and anxiety: sociocultural, biological, and psychological determinants. In: A. O. Rorty (Hrsg.): Explaining emotions (S. 37–72). Berkeley (University of California Press).

Bacon, A. W. (1975). Leisure and the alienated worker: a critical assessment of three radical theories of work and leisure. *Journal of Leisure Research*, 7 (3), 178–190.

Bakhtin, M. (1968). Rabelais and his world. Cambridge, Mass. (MTI Press). Dt.: Rabelais und seine Welt. Volkskultur als Gegenkultur. Frankfurt am Main (Suhrkamp) 1987.

Balint, M. (1959). Thrills and regressions. London (Hogarth). Dt.: Angstlust und Regression. Stuttgart (Klett) 1959.

Ball, Donald (1972). What the action is: a cross-cultural approach. *Journal for the Theory of Social Behavior*, 2, 121–143.

Bandura, A. (1977). Self-efficacy: toward a unifying theory of behavioral change. *Psychological Review*, 84, 191–215.

Bandura, A. (1978). The self system in reciprocal determinism. *American Psychologist*, 33, 344–358.

Bandura, A. und D. H. Schunk (1981). Cultivating competence, self-efficacy, and intrinsic interest through proximal self-motivation. *Journal of Personality and Social Psychology, 41,* 586–598.

Bangert, W. V., S. J. (1972). A history of the society of Jesus. St. Louis, Mo. (Institute of Jesuit Sources).

Barakat, H. (1969). Alienation: a process of encounter between utopia and reality. *British Journal of Sociology, 20,* 1–20.

Barthel, M. (1984). The Jesuits: history and legend of the Society of Jesus. New York (Wm. Morrow). Dt.: Die Jesuiten. Düsseldorf und Wien (Econ) 1982.

Barton, A. und P. Lazarfeld (1969). Qualitative support of theory. In: G. McCall und J. Simmons (Hrsg.), Issues in participant observations (S. 239–244). Boston, Ma. (Addison-Wesley).

Bauman R. (1975). Verbal act as performance. *American Anthropologist, 77,* 290–312.

Baumrind, D. (1977). Socialization determinants of personal agency. Vortrag, gehalten vor der Society for Research in Child Development, New Orleans.

Beach, F. A. (1945): Current concepts of play in animals. *American Naturalist, 79,* 523–541.

Beck, A. T. (1967). Depression: clinical, experimental, and theoretical aspects. New York (Harper and Row).

Beck, A. T. (1976). Cognitive therapy and emotional disorders. New York (International Universities Press).

Becker, G. (1976). The economic approach to human behavior. Chicago (University of Chicago Press). Dt.: Der ökonomische Ansatz zur Erklärung menschlichen Verhaltens. Tübingen (Mohr) 1982.

Becker, W. (1964). Consequences of different kinds of parental discipline. In M. Hoffman und L. W. Hoffman (Hrsg.), Review of child development research (Bd. 1). New York (Russell Sage Foundation).

Begly, G. C. (1979). A self-report measure to assess flow in physical activities. Unveröffentlicht (Pennsylvania State University).

Bekoff, M. (1972). The development of social interaction, play, and metacommunication in mammals: an ethological perspective. *Quarterly Review of Biology, 47* (4), 412–434.

Bekoff, M. (1978).: Social play: structure, function, and the evolution of a cooperative social behavior. In G. Burghardt und M. Bekoff (Hrsg.), The development of behavior: comparative and evolutionary aspects. New York (Garland Press).

Bem, D. J. (1967). Self-perception: an alternative interpretation of cognitive dissonance phenomena. *Psychological Review, 74,* 183–200.

Bem, D. J. (1972). Self-perception theory. In J. Berkowitz (Hrsg.), Advances in experimental and social psychology (Band 6). New York (Academic Press).

Berger, J. L. und R. Schreyer (1986). The experiential aspects of recreation. Logan (Utah State University).

Berger, P. L. und T. Luckmann (1967). The social construction of reality. Garden City, N. Y. (Anchor Books). Dt.: Die gesellschaftliche Konstruktion der Wirklichkeit. Frankfurt am Main (Fischer) 1980.

Berger, P. L., Berger, B. und H. Kellner (1973). The homeless mind: modernization and consciousness. Harmondsworth (Penguin). Dt.: Das Unbehagen in der Modernität. Frankfurt am Main (Campus) 1975.

Berk, S. F. (1980). Women and household labor. Beverly Hills, Ca. (Sage).

Berk, R. und S. F. Berk (1979). Labor and leisure at home. Beverly Hills, Ca. (Sage).

Berlyne, D. E. (1960). Conflict, arousal, and curiosity. New York (McGraw Hill). Dt.: Konflikt, Erregung, Neugier. Stuttgart (Klett) 1974.

Berlyne, D. E. (1966). Exploration and curiosity. In *Science, 153,* 25–33.

Berlyne, D. E. (1971). Aesthetics and psychobiology. New York (Appleton-Century-Crofts).

Bettelheim, B. (1987). The importance of play. In *The Atlantic,* März, 35–46.

Bettelheim, B. (1943). Individual and mass behavior in extreme situations. *Journal of Abnormal and Social Psychology, 38,* 417–452.

Biggart, N. W. (1980). Authentic experience in a rationalized world: an ethnography of vacation resorts. Vortrag, gehalten vor der Pacific Sociological Association section on Leisure, Games and Play, Portland, Oregon.

Bills, R. D., Vance, E. L. und O. S. McLean (1951). An index of adjustment and values. *Journal of Consulting Psychology, 15,* 257–261.

Blackler, F. und S. Shimmin (1984). Applying psychology in organizations. London (Methuen).

Blauner, R. (1970). Social alienation. In: Simon Marcson (Hrsg.): Automation, alienation and anomie (S. 96–198). New York (Harper and Row).

Bloch, M. (1967). Land and work in medieval Europe. Berkeley (University of California Press). Dt.: Die Feudalgesellschaft. Frankfurt am Main, Wien, Berlin (Propyläen) 1982.

Bloch, P. H. (1986). Product enthusiasm: many questions, a few answers. *Advances in Consumer Research, 6,* 539–543.

Bloch, P. H. und G. D. Bruce (1984). The leisure experience and consumer products: an investigation of underlying satisfactions. *Journal of Leisure Research, 16 (1),* 74–88.

Blumberg, S. H. und C. E. Izard (1985). Affective and cognitive characteristics of depression in 10- and 11-year-old children. *Journal of Personality and Social Psychology, 49,* 194–202.

Boehmer, H. (1975). The Jesuits: an historical study. New York (Gordon Press). Dt.: Die Jesuiten. Stuttgart (Koehler) 1957.

Bowen, E. S. (Pseud. von Laura Bohannan) (1954). Return to laughter. New York (Harper and Bros.). Dt.: Rückkehr zum Lachen. Berlin (Reimer) 1984.

Boyd, R. und P. J. Richerson (1985). Culture and the evolutionary process. Chicago (Univ. of Chicago Press).

Bratton, R. D., Kinnear, G. K. und G. Koroluk (1979). Reasons for climbing: a study of the Calgary Section. *The Canadian Alpine Journal, 62,* 55–57.

Broadbent, D. E. (1958). Perception and communication. New York (Pergamon Press).
Brodrick, J., S. J. (1947). The progress of the Jesuits (1556–79). London (Longmans, Green).
Brodrick, J., S. J. (1971). The origin of the Jesuits. Westport, Ct. (Greenwood Press). Dt.: Die ersten Jesuiten. Wien 1956.
Bronfenbrenner, U. (1961). Toward a theoretical model for the analysis of parent-child relationships in a social context. In J. B. Glidwell (Hrsg.), Parental attitudes and child behavior. Springfield, Ill. (Charles C. Thomas).
Burhoe, R. W. (1982). Pleasure and reason as adaptations to nature's requirements. *Zygon, 17 (2),* 113–131.
Burney, C. (1952). Solitary confinement. London (MacMillan).
Butler, R. H. und H. M. Alexander (1955). Daily patterns of visual exploratory behavior in the onkey. *Journal of Comparative and Physiological Psychology, 48,* 247–249.
Byrd (1938). Alone. New York (Putnam).

Cabanca, M. (1971). Physiological role of pleasure. *Science, 173,* 1103–1107.
Caillois, R. (1958). Les jeux et les hommes. Paris (Gallimard). Dt.: Die Spiele und die Menschen. Stuttgart (C. E. Schwab) 1960.
Caillois, R. (1961). Man, play and games. New York (The Free Press).
Cantril, H. (1965). The pattern of human concerns. New Brunswick, N. J. (Rutgers University Press).
Carli, M. (1986). Selezione psicologica e qualità dell'esperienza. In F. Massimini und P. Inghilleri (Hrsg.), L'esperienza quotidiana (S. 285–304). Mailand (Franco Angeli).
Carney, J. (1986). Intrinsic motivation in successful artists from early adulthood to middle age. Unveröffentlichte Dissertation (University of Chicago).
Carrington, P. (1977). Freedom in meditation. New York (Doubleday Anchor). Dt.: Das große Buch der Meditation. Bern, München (Scherz) 1980.
Carver, C. S. und M. F. Scheier (1981). Attention and self-regulation: A control theory approach to human behavior. New York (Springer).
Charriere, H. (1970). Papillon. New York (Morrow). Dt.: Papillon. Wien, München, Zürich (Molden) 1970.
Cheska, A. T. (Hrsg.) (1981). Play as context. West Point, N. Y. (Leisure Press).
Chiba, K. (1975). Bosozoku ‹Motorcycle gangs›. Tokyo (Nihon Keizai Shimbusha).
Chomsky, N. (1965). Aspects of the theory of syntax. Cambridge, Ma. (MIT Press). Dt.: Aspekte der Syntax-Theorie. Frankfurt am Main (Suhrkamp) 1983.
Coburn, D. (1975). Job-worker incongruence: consequences for health. *Journal of Health and Social Behavior, 16 (2),* 213–225.
Cook, T. D. und D. T. Campbell (1979). Quasi-experimentation: design and analysis issues for field settings. Boston (Houghton Mifflin).

Cooley, C. H. (1912). Social organization: a study of the larger mind. New York (Charles Scribner's Sons).
Craik, F. und R. Lockhart (1972). Levels of processing: a framework for memory research. *Journal of Verbal Learning and Verbal Behavior, 11*, 671–684.
Crandall, M. (1983). On walking without touching the ground: "play" in the Inner Chapters of the *Chuang-Tzu*. In V. H. Muir (Hrsg.), Experimental essays on Chuang-Tzu (S. 101–123). Honolulu (University of Hawaii Press).
Crealock, W. I. B. (1951). Vagabonding under sail. New York (David McKay).
Crook, J. H. (1980). The evolution of human consciousness. New York (Oxford University Press).
Csikszentmihalyi, I. (1968). The Jesuits and education in Poland, 1565–1773. Unveröffentlicht (University of Chicago).
Csikszentmihalyi, I. (1986). Il flusso di coscienza in un contesto storico: il caso dei gesuiti. In F. Massimini und P. Inghilleri (Hrsg.), L'esperienza quotidiana (S. 181–196). Mailand (Franco Angeli).
Csikszentmihalyi, M. (1965). Artistic problems and their solution: an exploration of creativity in the arts. Unveröffentlicht (University of Chicago).
Csikszentmihalyi, M. (1969). The Americanization of rock climbing. *University of Chicago Magazine, 61* (6), 20–27.
Csikszentmihalyi, M. (1974). Flow: studies in enjoyment. PHS Grant Report N. RO1HM 22883-02.
Csikszentmihalyi, M. (1975a). Play and intrinsic rewards. *Journal of Humanistic Psychology, 15 (3)*, 41–63.
Csikszentmihalyi, M. (1975b). Beyond Boredom and Anxiety. San Francisco (Jossey-Bass). Dt.: Das flow-Erlebnis. Jenseits von Angst und Langeweile im Tun Aufgehen. Stuttgart (Klett-Cotta) 1985.
Csikszentmihalyi, M. (1978a). Attention and the wholistic approach to behavior. In K. S. Pope und J. L. Singer (Hrsg.), The stream of consciousness (S. 335–358). New York (Plenum).
Csikszentmihalyi, M. (1978b). Intrinsic rewards and emergent motivation. In M. R. Lepper und D. Greene (Hrsg.), The hidden costs of reward. New York (Erlbaum).
Csikszentmihalyi, M. (1979). The concept of flow. In B. Sutton-Smith (Hrsg.), Play and learning (S. 335–358). New York (Wiley).
Csikszentmihalyi, M. (1981a). Leisure and socialization. *Social Forces, 60*, 332–340.
Csikszentmihalyi, M. (1981b). Some paradoxes in the definition of play. A. Cheska (Hrsg.), Play as context (S. 14–26). New York (Leisure Press).
Csikszentmihalyi, M. (1982a), Towards a psychology of optimal experience. In L. Wheeler (Hrsg.): Review of personality and social psychology (Bd. 2). Beverly Hills, Ca. (Sage).
Csikszentmihalyi, M. (1982b). Learning, flow, and happiness. In R. Gross (Hrsg.), Invitation to life-long learning (S. 167–187). New York (Fowlett).

Csikszentmihalyi, M. (1982c). Intrinsic motivation and effective teaching: a flow analysis. In J. Bess (Hrsg.), Motivating professors to teach effectively (S. 15–26). San Francisco (Jossey-Bass).

Csikszentmihalyi, M. (1985a). Emergent motivation and the evolution of the self. In D. Kleiber und M. H. Maehr (Hrsg.), Motivation in adulthood (S. 93–113): Greenwich, Ct. (JAI Press).

Csikszentmihalyi, M. (1985b). Reflections on enjoyment. *Perspectives in Biology and Medicine, 28 (4),* 469–497.

Csikszentmihalyi, M. (1986). L'Insegnamento e la trasmissione dei memi. F. Massimini und P. Inghilleri (Hrsg.), L'Esperienza quotidiana. Mailand (Franco Angeli).

Csikszentmihalyi, M. (1987a). The flow experience. In M. Eliade (Hrsg.), The Encyclopedia of Religion (Bd. 5, S. 361–363). New York (Macmillan).

Csikszentmihalyi, M. (1987b). On the relationship between cultural evolution and human welfare. Vortrag, gehalten auf dem Meeting of the American Association for the Advancement of Science, Chicago, Februar.

Csikszentmihalyi, M. (im Druck). Motivation and creativity: towards a synthesis of structural and energistic approaches to cognition. *New Ideas in Psychology.*

Csikszentmihalyi, M. und O. Beattie (1979). Life themes: a theoretical and empirical exploration of their origins and effects. *Journal of Humanistic Psychology, 19,* 45–63.

Csikszentmihalyi, M. und H. S. Bennett (1971). An exploratory model of play. *American Anthropologist, 73 (1),* 45–58.

Csikszentmihalyi, M. und T. Figurski (1982). Self-awareness and aversive experience in everyday life. *Journal of Personality, 50,* 15–28.

Csikszentmihalyi, M. und R. Graef (1979). Flow and the quality of experience in everyday life. Unveröffentlicht (University of Chicago).

Csikszentmihalyi, M. und R. Larson (1978). Intrinsic rewards in school crime. *Crime and Delinquency, 24,* 322–335.

Csikszentmihalyi, M. und R. Larson (1984). Being adolescent: conflict and growth in the teenage years. New York (Basic Books).

Csikszentmihalyi, M. und R. Larson (1987). Validity and reliability of the Experience Sampling Method. *The Journal of Nervous and Mental Disease, 175 (9),* 526–536.

Csikszentmihalyi, M. und J. McCormack (1986). The influence of teachers. *Phi Delta Kappan,* Februar, 415–419.

Csikszentmihalyi, M. und F. Massimini (1985). On the psychological selection of bio-cultural information. *New Ideas in Psychology, 3 (2),* 115–138.

Csikszentmihalyi, M. und J. Nakamura (1986). Optimal experience and the uses of talent. Vortrag, gehalten auf dem 94. Jahrestreffen der American Psychological Association. Washington, D.C., August.

Csikszentmihalyi, M. und R. Robinson (1986). Culture, time, and the development of talent. In R. Sternberg und J. E. Davidson (Hrsg.), Conceptions of giftedness (S. 264–284): New York (Cambridge University Press).

Csikszentmihalyi, M. und E. Rochberg-Halton (1981). The meaning of things: domestic symbols and the self. New York (Cambridge University Press). Dt.: Der Sinn der Dinge. München, Weinheim (Psychologie Verlags Union) 1989.
Csikszentmihalyi, M., Larson, R. und S. Prescott (1977). The ecology of adolescent activity and experience. *Journal of Youth and Adolescence, 6,* 281–294.

Daly, J. A. und M. D. Miller (1975). The empirical development of an instrument to measure writing apprehension. *Research in the Teaching of English, 9,* 242–249.
Daly, M. (1982). Some caveats about cultural transmission models. *Human Ecology, 10,* 401–408.
Davis, K. (1940). The sociology of parent-youth conflict. *American Sociological Review, 5,* 523–535.
Davis, K. (1988). Rehearsing the audience. Urbana, Ill. (National Council of Teachers of English).
Davis, K. und W. E. Moore (1945). Some principles of stratification. *American Sociological Review, 10 (2),* 242–249.
Davis, L. E. und A. B. Cherns (1975). The quality of working life. New York (The Free Press).
Davis, M. S. (1977). Beyond boredom and anxiety: a review. *Contemporary Sociology, 6 (2),* 197–199.
Dawkins, R. (1976). The selfish gene. New York (Oxford University Press). Dt.: Das egoistische Gen. Berlin, Heidelberg (Springer) 1978.
Day, H. I., Berlyne, D. E. und D. E. Hunt (Hrsg.) (1971). Intrinsic motivation: a new direction in education. New York (Holt).
deCharms, R. (1968). Personal causation: the internal affective determinants of behavior. New York (Academic Press).
deCharms, R. (1976). Enhancing motivation: change in the classroom. New York (Irvington). Dt.: Motivation in der Klasse. München (Moderne Verlags GmbH) 1979.
deCharms, R. und M. S. Muir (1978). Motivation: social approaches. *Annual Review of Psychology, 29,* 91–113.
Deci, E. L. (1971). Effects of externally mediated rewards on intrinsic motivation. *Journal of Personality and Social Psychology, 18,* 105–115.
Deci, E. L. (1972). Intrinsic motivation, extrinsic reinforcement, and inequity. *Journal of Personality and Social Psychology, 22 (1),* 113–120.
Deci, E. L. (1975). Intrinsic motivation. New York (Plenum).
Deci, E. L. und R. M. Ryan (1985). Intrinsic motivation and self-determination in human behavior. New York (Plenum Press).
Dember, W. N. (1974). Motivation and the cognitive revolution. *American Psychologist, 29,* 161–168.
Denzin, N. (1978). The research act. New York (McGraw-Hill).
Devereux, E. (1970). Socialization in cross-cultural perspective: comparative

study of England, Germany, and the United States. In R. Hill und R. König (Hrsg.), Families in East and West: socialization process and kinship ties (S. 72–106). Paris (Mouton).

Devereux, E., Bronfenbrenner, U. und R. Rogers (1969). Child rearing in England and the United States: a cross-national comparison. *Journal of Marriage and the Family*, Mai, 257–270.

Diener, E. (1984). Subjective well-being. *Psychological Bulletin*, 95, 542–575.

Diener, E., Horwitz, J. und R. A. Emmons (1985). Happiness of the very wealthy. *Social Indicators Research*, 16, 263–274.

Dostojewski, F. (1957). The brothers Karamazov. New York (Signet Classics). Dt.: Die Brüder Karamasow. München (Winkler) 1988.

Dowdall, C. B. und N. Colangelo (1982). Underachieving gifted students: review and implications. *Gifted Child Quarterly*, 26 (4), 179–184.

Dubin, R., Champoux, J. und L. Porter (1975). Central life interest and organization commitment of blue-collar and clerical workers. *Administration Science Quarterly*, 20, 411–421.

Dumazedier, J. (1985). Sociologie empirique du loisir. Critique et contre-critique de la civilisation du loisir. Paris (Editions du Seuil).

Durkheim, E. (1947). The division of labor in society. New York (The Free Press). Dt.: Über die Teilung der sozialen Arbeit. Frankfurt am Main (Suhrkamp) 1977.

Durkheim, E. (1951). Suicide. New York (The Free Press). Dt.: Der Selbstmord. Frankfurt am Main (Suhrkamp) ^{2}1987.

Durkheim, E. (1967). The elementary forms of religious life. New York (The Free Press). Dt.: Die elementaren Formen des religiösen Lebens. Frankfurt am Main (Suhrkamp) ^{3}1984.

Easterbrook, J. (1959). The effect of emotion on cue utilization and the organization of behavior. *Psychological Review*, 66, 183–201.

Eckblad, G. (1981). Scheme theory: a conceptual framework for cognitive-motivational processes. London (Academic Press).

Edwards, J. und D. Klemmack (1973). Correlates of life satisfaction: a re-examination. *Journal of Gerontology*, 28, 492–502.

Egger, G. (1981). The sport drug. Sydney (George Allen and Unwin).

Ekman, P. (1972). Universals and cultural differences in facial expressions of emotions. *Current theory in research on motivation, Nebraska symposium on motivation* (Bd. 19, S. 207–283). Lincoln (University of Nebraska Press).

Ellis, M. J. (1973). Why people play. Englewood Cliffs, N. J. (Prentice Hall).

Eysenck, M. W. (1982). Attention and arousal. Berlin (Springer).

Fagen, R. M. (1981). Animal play behavior. New York (Oxford University Press).

Fenichel, O. (1951). On the psychology of boredom. In D. Rapaport (Hrsg.),

Organization and pathology of thought (S. 349–361). New York (Columbia University Press). Dt.: Zur Psychologie der Langeweile. In O. Fenichel, Aufsätze, Band 1. Olten und Freiburg (Walter Verlag) 1979.

Festinger, L. (1954). A theory of social comparison processes. *Human Relations, 7,* 117–140.

Feuer, L. (1963). What is alienation? In M. Stein und A. Vidich (Hrsg.), Sociology on Trial (S. 127–147). Englewood Cliffs, N. J. (Prentice Hall).

Finn, J. D. und R. D. Bock (1985). Multivariate VII manual. Chicago, Ill. (National Educational Resources).

Fiske, D. W. (1971). Measuring the concept of personality. Chicago, Ill. (Aldine).

Fiske, D. W. und S. R. Maddi (1961). Functions of varied experience. Homewood, Ill. (The Dorsey Press).

Fortune, R. F. (1963). Sorcerers of Dobu. New York (Dutton).

Foss, M. (1969). The founding of the Jesuits, 1540. London (Hamish Hamilton).

Francis, L. (1987). Chess talk in Washington Park: control in a miniature world. Vortrag, gehalten auf der Zusammenkunft der Anthropological Association for the Study of Play. Montreal, März.

Frankl, V. (1963). Man's search for meaning. New York (Washington Square). Dt.: Der Mensch auf der Suche nach Sinn. Freiburg (Herder) 1972.

Frankl, V. (1978). The unheard cry for meaning. New York (Simon and Schuster).

Freedman, D. G. (1979). Human sociobiology: a holistic approach. New York (MacMillan/Free Press).

Freedman, D. G. (1984). Village fissioning, human diversity, and ethnocentrism. *Journal of Political Psychology, 5,* 629–634.

French, J. R. P. und R. L. Kahn (1962), A programmatic approach to studying the industrial environment and mental health. *Journal of Social Issues, 18* (Januar), 1–47.

Freud, S. (1961). Civilization and its discontents. New York (Norton). Dt.: Das Unbehagen in der Kultur. Band XIV der Gesammelte Werke. Frankfurt am Main (Fischer) 1960 ff.

Frijda, N. H. (1986). The emotions. New York (Cambridge University Press).

Gallina, A. (1986). Essere adolescenti a Milano: una comparazione tra ragazzi e ragazze. In F. Massimini und P. Inghilleri (Hrsg.), L'esperienza quotidiana (S. 273–284). Mailand (Franco Angeli).

Ganss, G. E., S. J. (1970). The constitutions of the Society of Jesus. St. Louis, Mo. (The Institute of Jesuit Sources).

Garvey, C. (1977). Play. Cambridge, Ma. (Harvard University Press). Dt.: Spielen. Stuttgart (Klett-Cotta) 1978.

Gerth, H. H. und C. W. Mills (Hrsg.), From Max Weber. New York (Oxford University Press).

Getzels, J. W. und M. Csikszentmihalyi (1976). The creative vision: a longitudinal study of problem finding in art. New York (Wiley Interscience).
Getzels, J. W. und P. W. Jackson (1962). Creativity and intelligence: explorations with gifted students. New York (Wiley).
Gibaud-Wallston, J. und L. P. Wandersman (1978). Development and utility of the parenting sense of competence scale. Vortrag, gehalten auf dem Jahrestreffen der American Psychological Association, Toronto, August.
Giddens, A. (1971). Capitalism and modern social theory. London (Cambridge University Press).
Glaser, B. und A. Strauss (1967). The discovery of grounded theory. Chicago (Aldine).
Glaser, D. (1978). Crime in our changing society. New York (Holt, Rinehart and Winston).
Goffman, E. (1967). Interaction ritual. New York (Doubleday Anchor Books). Dt.: Interaktionsrituale. Frankfurt am Main (Suhrkamp) 1978.
Goffman, E. (1974). Frame analysis. New York (Harper and Row). Dt.: Rahmen-Analyse. Frankfurt am Main (Suhrkamp) 1977.
Gottfried, A. E. (1985). Academic intrinsic motivation in elementary and junior high school students. *Journal of Educational Psychology,* 77 (6), 631–645.
Graef, R. (1978). An analysis of the person by situation interaction through repeated measures. Unveröffentlichte Dissertation (University of Chicago).
Graham, A. C. (1983). Notes on the composition of Chuang-Tzu. Zitiert in M. Crandall, On walking without touching the ground, S. 101–123, in V. H. Muir: Experimental Essays on the Chuang-Tzu. Honolulu (University of Hawaii Press).
Gray, H. R. (1977). Enjoyment dimensions of favorite leisure activities of middle- and old-aged adults based on the flow model. Unveröffentlichte Dissertation (Pennsylvania State University).
Grazia, S. de (1962). Of time, work, and leisure. Garden City, N.Y. (Doubleday).
Greene, D. und M. R. Lepper (1974). Effects of extrinsic rewards on children's subsequent interests. *Child Development,* 45, 1141–1145.
Griffith, B. (1979). Blue water: a guide to self-reliant sailboat cruising. Boston (Sail Books).
Guttmann, A. (1978). From ritual to record. New York (Columbia University Press). Dt.: Vom Ritual zum Rekord. Schorndorf (Hofmann) 1979.

Hamilton, J. A. (1976). Attention and intrinsic rewards in the control of psychophysiological states. *Psychotherapy and Psychosomatics,* 27, 54–61.
Hamilton, J. A. (1981). Attention, personality, and self-regulation of mood: absorbing interest and boredom. In B. A. Maher (Hrsg.), Progress in experimental personality research, 10, 282–315.
Hamilton, J. A., Holcomb, H. H. und A. De la Pena (1977). Selective atten-

tion and eye movements while viewing reversible figures. *Perceptual and Motor Skills, 44,* 639–644.
Hamilton, M. (1982). Symptoms and assessment of depression. In E. S. Paykel (Hrsg.), Handbook of affective disorders. New York (Guilford Press).
Hannerz, U. (1969). Soulside. New York (Columbia University Press).
Harlow, H. F. (1953). Mice, monkeys, men, and motives. *Psychological Review, 60,* 23–32.
Harris, D. V. (1972). Stress-seeking and sport involvement. D. V. Harris (Hrsg.), Women and sport: a national research conference (S. 71–89). Pennsylvania State University, HPER series 2.
Harris, J. C. und R. J. Park (Hrsg.) (1983). Play, games, and sports. Champaign, Ill. (Human Kinesics).
Harrison, A. und J. Minor (1978). Interrole conflict, coping strategies, and role satisfaction among black working women. *Journal of Marriage and the Family, 40,* 799–805.
Harrison, A. und J. Minor (1982). Interrole conflict, coping strategies, and role satisfaction among single and married employed mothers. *Psychology of Women Quarterly, 6* (3), 354–360.
Hasher, L. und R. T. Zacks (1979). Automatic and effortful processes in memory. *Journal of Experimental Psychology: General, 108,* 356–388.
Havighurst, R. und R. Albrecht (1953). Older People. New York (Longman and Green).
Hebb, D. O. (1955). Drive and the CNS. *Psychological Review* (Juli), 243–252.
Hebb, D. O. (1966). The organization of behavior. New York (Wiley and Sons).
Heider, F. (1958). The psychology of interpersonal relations. New York (Wiley). Dt.: Psychologie der interpersonalen Beziehungen. Stuttgart (Klett) 1977.
Herzberg, F. (1966). Work and the nature of man. Cleveland, Oh. (World).
Hesse, S. (1979). Women working: historical trends. In K. Feinstein (Hrsg.), Working women and families (S. 35–62). Beverly Hills, Ca. (Sage).
Hilgard, E. (1980). The trilogy of mind: cognition, affection, and conation. *Journal of the History of the Behavioral Sciences, 16,* 107–117.
Hilliard, D. C. (1987). Risk, control, and competition: Structure and experience in recreational settings. Vortrag, gehalten auf der Zusammenkunft der Anthropological Association for the Study of Play. Montreal, März.
Hiscock, E. C. (1968). Atlantic cruise. Wanderer III. London (Oxford University Press).
Hoffman, J. E., Nelson, B. und M. R. Houck (1983). The role of attentional resources in automatic detection. *Cognitive Psychology, 51,* 379–410.
Hogan, T. (1980). Students' interests in writing activities. *Research in the Teaching of English, 14,* 119–126.
Hollingshead, A. B. (1957). Two factor index of social position. Hew Haven, Ct. (August B. Hollingshead).

Hollis, C. (1968). A history of the Society of Jesus. London (Weidenfeld and Nicolson). Dt.: Die Jesuiten. Söhne des Heiligen Vaters. Hamburg (Hoffmann und Campe) 1970.
Homusho (Justizministerium) (1983). Showa 58 Nendo Hanzai Hakusho (Weißbuch 1983 über Verbrechen). Tokyo (Okurasho Insatsukyoku).
Hormuth, S. E. (1986). The sampling of experiences in situ. *Journal of Personality, 54* (1), 262–293.
Hoyt, D. R., Karser, M. A., Perters, G. R. und N. Babchuck (1980). Life satisfaction and activity theory: a multidimensional approach. *Journal of Gerontology, 35,* 935–941.
Huizinga, J. (1970). Homo ludens: a study of the play element in culture. New York (Harper and Row). Dt.: Homo ludens. Vom Ursprung der Kultur im Spiel. Hamburg (Rowohlt) 1981.
Hunt, J. McV. (1965). Intrinsic motivation and its role in psychological development. In D. Levine (Hrsg.), Nebraska Symposium on Motivation (Bd. 12, S. 189–282). Lincoln (University of Nebraska Press).

Ingham, R. (1986). Psychological contributions to the study of leisure – Part one. *Leisure Studies, 5,* 255–279.
Inghilleri, P. (1986). La teoria del flusso di coscienza: esperienza ottimale e sviluppo del se. In F. Massimini und P. Inghilleri (Hrsg.), L'Esperienza quotidiana (S. 85–106). Mailand (Franco Angeli).
Iso-Ahola, S. E. (1979). Basic definitions of leisure. *Journal of Leisure Research, 11* (11), 28–39.
Iso-Ahola, S. E. (1980). The social psychology of leisure and recreation. Dubuque, Io. (Wm. C. Brown).
Izard, C. E. (1971). The face of emotion. New York (Appleton-Century-Crofts).
Izard, C. E. (1977). Human emotions. New York (Plenum). Dt.: Die Emotionen des Menschen. Weinheim, Basel (Beltz) 1981.
Izard, C. E., Kagan, J. und R. B. Zajonc (1984). Emotions, cognition, and behavior. New York (Cambridge University Press).

Jackson, G. (1973). Surviving the long night. New York (Vanguard).
James, W. (1890). Principles of psychology: Vol. 1. New York (Henry Holt).
Jenkins, T. M. (1979). Perfume in the ozone. *Summit* (Juni/Juli), 20–21, 24–25, 29–30.
Johnson, F. (Hrsg.) (1973). Alienation. New York (Seminar Press).

Kabanoff, B. (1980). Work and nonwork: a review of models, methods, and findings. *Psychological Bulletin, 88* (1), 60–77.
Kabanoff, B. und G. Obrien (1982). Relationship between work and leisure attributes across occupational and sex groups in Australia. *Australian Journal of Psychology, 34* (2), 165–182.
Kahneman, D. (1973). Attention and effort. Englewood Cliffs, N.J. (Prentice-Hall).

Kando, T. und W. Summers (1971). The impact of work on leisure. *Pacific Sociological Review, 14* (Juli), 310–327.

Kaneto, Y. (1981). Shonen no Boryoku ‹Gewalt Jugendlicher›. Tokyo (Tachibana Shobo).

Kant, I. (1978). Anthropology. Carbondale, Il. (Southern Illinois University Press. Dt.: Schriften zur Anthropologie. Band 9 und 10 der Werke in 10 Bänden. Darmstadt (Wiss. Buchgesellschaft) 1983.

Karasek, R. A. (1979). Job demands, job decision, latitude and mental strain: implications for job redesign. *Administrative Science Quarterly, 24*, 285–308.

Keisatsucho ‹Nationale Polizei-Agentur› (1981). Showa 56 Nendo Keisatsu Hakusho ‹Weißbuch Polizei 1981›. Tokio (Okurasho Insatsukyoku).

Keisatsucho ‹Nationale Polizei-Agentur› (1983). Showa 58 Nendo Keisatsu Hakusho ‹Weißbuch Polizei 1983›. Tokio (Okurasho Insatsukyoku).

Keisatsucho ‹Nationale Polizei-Agentur› (1984). Showa 59 Nendo Keisatsu Hakusho ‹Weißbuch Polizei 1984›. Tokio (Okurasho Insatsukyoku).

Kelley, H. H. (1967). Attribution theory in social psychology. In D. Levine (Hrsg.), Nebraska symposium on motivation (Band 15). Lincoln (University of Nebraska Press).

Kelley, H. H. (1973). The processes of causal attribution. *American Psychologist, 28*, 107–128.

Kelly, J. R. (1982). Leisure. Englewood Cliffs, N. J. (Prentice-Hall).

Kelly, J. R. (1986). Freedom to be: a new sociology of leisure. New York (Macmillan).

Kikuchi, K. (1981). Bosozoku ni tsuiteno Ichi Kosatsu ‹Abhandlung über Motorradgangs›. Katei Saibansho Geppo, Juli, 106–125.

Kleiber, D. A. (1980). The meaning of power in sport. *International Journal of Sport Psychology, 11* (1), 34–41.

Kleiber, D. A. (1981). Searching for enjoyment in children's sport. In *The Physical Educator 38*, 86–93.

Kleiber, D. A. (1985). Developmental premises for adult involvement in adolescent leisure. *World Leisure and Recreation, 27* (6), 10–14.

Kleiber, D. A. (1986). Motivational reorientation in adulthood and the resources of leisure. In D. Kleiber and M. Maehr (Hrsg.), Motivation and adulthood. Greenwich, Ct. (JAI Press).

Kleiber, D. A. und L. A. Barnett (1980). Leisure in childhood. *Young Children*, Juli, 47–53.

Knapp, M. R. J. (1976). Predicting in dimensions of life satisfaction. *Journal of Gerontology, 31*, 595–604.

Knox-Johnston, R. (1969). A world of my own. London (Cassell).

Kobasa, S. C., Maddi, S. R. und S. Kahn (1982). Hardiness and health: a prospective study. *Journal of Personality and Social Psychology, 42*, 168–177.

Kobasa, S. C., Maddi, S. R. und M. A. Zola (1983). Type A and hardiness. *Journal of Behavioral Medicine, 6*, 41–51.

Koh, D., Sakauye, K., Koh, D. und A. Murata (1981). Assessing and enhancing the adaptive capabilities of elderly immigrants from Asia: a methodological note. Unveröffentlichtes Manuskript (University of Illinois Medical Center).

Kohut, H. (1978). The search for the self. New York (International Universities Press).

Kubey, R. und M. Csikszentmihalyi (im Druck). Mirror of the mind.

Kuhn, T. S. (1970). The structure of scientific revolutions (2. Aufl.). Chicago (University of Chicago Press). Dt.: Die Struktur wissenschaftlicher Revolutionen. Frankfurt am Main (Suhrkamp) 1973.

Langer, S. (1957). Philosophy in a new key. Cambridge, Ma. (Harvard University Press). Dt.: Philosophie auf neuem Wege. Frankfurt am Main (Fischer TB Verlag) 1984.

Larson, R. (1978). Thirty years of research on the subjective well-being of older Americans. *Journal of Gerontology, 33*, 109–124.

Larson, R. und M. Csikszentmihalyi (1982). The praxis of autonomous learning. Unveröffentlichtes Manuskript (University of Chicago).

Larson, R. und M. Csikszentmihalyi (1983). The Experience Sampling Method. In H. T. Reis (Hrsg.), Naturalistic approaches to studying social interaction (New Directions for Methodology of Social and Behavioral Science, No. 15). San Francisco, Ca. (Jossey-Bass).

Larson, R., Csikszentmihalyi, M. und R. Graef (1980). Mood variability and the psychosocial adjustment of adolescents. *Journal of Youth and Adolescence, 9*, 469–490.

Larson, R., Hecker, B. und J. Norem (1985). Students' experience with research projects: pains, enjoyment and success. *The High School Journal,* Okt./Nov., 61–69.

Lasch, C. (1978). The culture of narcissism. New York (W. W. Norton). Dt.: Das Zeitalter des Narzißmus. München (Bertelsmann) 1982.

Leary, J. P. (1977). White guy's stories of the night street. *Journal of the Folklore Institute, 14,* 59–71.

Leeper, R. W. (1975). Some needed developments in the motivational theory of emotions. In E. Levine (Hrsg.), Nebraska symposium on motivation (Bd. 13). Lincoln (University of Nebraska Press).

Le Guay, L. (1975). Sailing free. Sydney (Ure Smith).

Lepper, M. R. und D. Greene (1975). Turning play into work: effects of adult surveillance and extrinsic rewards on children's intrinsic motivation. *Journal of Personality and Social Psychology, 31* (3), 479–486.

Lepper, M. R. und D. Greene (Hrsg.) (1978). The hidden costs of reward: new perspectives on the psychology of human motivation. Hillsdale, N. J. (Lawrence Erlbaum).

Lepper, M. R., Greene, D. und R. E. Nisbett (1973). Undermining children's intrinsic interest with extrinsic reward: a test of the "overjustification" hypothesis. *Journal of Personality and Social Psychology, 28* (1), 129–137.

Lester, J. (1983). Wrestling with the self on Mt. Everest. *Journal of Humanistic Psychology, 23* (2), 31–41.
Levi-Strauss, C. (1966). The savage mind. Chicago (University of Chicago Press). Dt.: Das wilde Denken. Frankfurt am Main (Suhrkamp) 1984.
Lewinsohn, P. M. und J. Libet (1972). Pleasant events, activity schedules, and depression. *Journal of Abnormal Psychology, 79,* 291–295.
Lewis, D. (1967). Daughters of the wind. London (Gollancz).
Lewis, D. (1969). Children of three oceans. London (Collins).
Lewis, D. (1977). Ice bird. New York (Fontana).
Liberman, A. M., Mattingly, I. G. und M. T. Turvey (1972). Language codes and memory codes. In A. W. Melton und E. Martin (Hrsg.), Coding processes in human memory. New York (John Wiley).
Lindbergh, C. (1953). The Spirit of St. Louis. New York (Scribner). Dt.: Mein Flug über den Ozean. Berlin (Fischer) 1955.
Linder, S. (1970). The harried leisure class. New York (Columbia University Press). Dt.: Das Linder-Axiom oder Warum wir keine Zeit mehr haben. Gütersloh, Wien (Bertelsmann Sachbuchverlag) 1971.
Lloyd, J. und L. Barenblatt (1984). Intrinsic intellectuality: its relation to social class, intelligence, and achievement. *Journal of Personality and Social Psychology, 46* (3), 646–654.
Lohman, N. (1977). Correlations of life satisfaction, morale and adjustment measures. *Journal of Gerontology, 32,* 73–75.
Lunn, A. (1957). A century of mountaineering. London (George Allen and Unwin).
Lyman, S. M. und M. B. Scott (1970). Accounts. In S. M. Lyman und M. B. Scott (Hrsg.), A sociology of the absurd (S. 111–143). New York (Appleton-Century-Crofts).

Maccoby, E. E. (1980). Social development: psychological growth and the parent-child relationship. San Diego, Ca. (Harcourt Brace Jovanovich).
MacPhillamy, D. J. und P. M. Lewinsohn (1974). Depression as a function of levels of desired and obtained pleasure. *Journal of Abnormal Psychology, 83,* 651–657.
Maddi, S. R. und S. C. Kobasa (1984). The hardy executive: health under stress. Homewood, Il. (Dow-Jones).
Main, M. (1973). Play, exploration and competence as related to child-adult attachment. Unveröffentlichte Dissertation (John Hopkins University).
Malik, S. (1985). Crime and leisure time in the Kingdom of Saudi Arabia. Riad (Ministry of the Interior, Publications of the Center for Crime Research).
Malone, T. W. (1980). What makes things fun to learn? A study of intrinsically motivating computer games. Palo Alto, Ca. (Xerox Research Center, Cognitive and Instructional Science, Series).
Mandler, G. (1975). Man and emotion. New York (Wiley).
Mann, Z. B. (1978). Fair winds and far places. Minneapolis, Mn. (Dillon Press).

Mannell, R. C. (1979). A conceptual and experimental basis for research in the psychology of leisure. *Society and Leisure, 2,* 179–196.

Mannell, R. C. und W. Bradley (1986). Does greater freedom always lead to greater leisure? Testing the person x environment model of freedom and leisure. *Journal of Leisure Research, 18,* 4.

Mansfield, P. (1982). Women and work. In *Health Education, 13* (5), 5–8.

Marx, K. (1956). Karl Marx: selected writings in sociology and social philosophy (T. B. Bottomore and Maximilien Rubel, Hrsg.). London (Watts).

Maslow, A. (1965). Humanistic science and transcendent experience. *Journal of Humanistic Psychology, 5* (2), 219–227.

Maslow, A. (1968). Toward a psychology of being. New York (Van Nostrand). Dt.: Psychologie des Seins. München (Kindler) ²1981.

Massimini, F. (1979a). I presupposti teoretici e osservativi del paradigma della selezione culturale. Primo contributo: El doppio sistema ereditario. Mailand (Ghedini).

Massimini, F. (1979b). I presupposti teoretici e osservativi del paradigma della selezione culturale. Secondo contributo: Le comunità ed emergenza del secondo sistema ereditario. Mailand (Ghedini).

Massimini, F. (1982). Individuo e ambiente: I papua Kapauku della Nuova Guinea occidentale. In F. Perussia (Hrsg.), Psicologia ed ecologia (S. 27–154). Mailand (Franco Angeli).

Massimini, F. (1986). Reply to the commentaries by Freedman, Martin and Milgram, Ryan and Deci, and Stettner. *New Ideas in Psychology,* Band 2.

Massimini, F. und C. Calegari (1979). Il contesto normativo sociale: Teoria e metodo di analisi. Mailand (F. Angeli Editore).

Massimini, F. und M. Carli (1986). La selezione psicologica umana tra biologia e cultura. In F. Massimini und P. Inghilleri (Hrsg.), L'Esperienza quotidiana (S. 65–84). Mailand (Franco Angeli).

Massimini, F. und P. Inghilleri (1986). L'Esperienza quotidiana: teoria e metodo d'analisi. Mailand (Franco Angeli).

Massimini, F., Csikszentmihalyi, M. und M. Carli (1987). The monitoring of optimal experience: a tool for psychiatric rehabilitation. *Journal of Nervous and Mental Disease, 175* (9), 545–549.

Massimini, F., Csikszentmihalyi, M. und A. Delle Fave (1986). Selezione psicologica e flusso di coscienza. In F. Massimini und P. Inghilleri (Hrsg.), L'esperienza quotidiana (S. 133–180). Mailand (Franco Angeli).

Matas, L., Arend, R. A. und L. A. Sroufe (1978). Continuity of adaptation in the second year: the relationship between quality of attachment and later competence. *Child Development, 49,* 547–556.

Matza, D. (1964). Delinquency and drift. New York (Wiley).

Mayers, P. (1978). Flow in adolescence and its relation to the school experience. Unveröffentlichte Dissertation (University of Chicago).

Mead, G. H. (1938). The philosophy of the act (C. W. Morris, Hrsg.). Chicago (University of Chicago Press).

Mead, G. H. (1970). Mind, self and society (C. W. Morris, Hrsg.). Chicago (University of Chicago Press). Dt.: Geist, Identität und Gesellschaft aus der Sicht des Sozialbehaviorismus. Frankfurt am Main (Suhrkamp) 1973.

Mermod, M. (1973). The voyage of the Geneve. London (John Murray Ltd.).

Merton, R. K. (1938). Social theory and social structure. Glencoe, Il. (The Free Press).

Miller, G. A. (1956). The magical number seven, plus or minus two: some limits on our capacity to process information. *Psychological Review, 63,* 81–97.

Mitchell, R. G., Jr. (1983). Mountain experience: the psychology and sociology of adventure. Chicago (University of Chicago Press).

Moitessier, B. (1971). The long way. England (Granada).

Murdock, G. P. (1967). Ethnographic atlas. Pittsburgh (University of Pittsburgh Press).

Murphy, G. E., Simons, A. D., Wetzel, R. D. und P. J. Lustman (1984). Cognitive therapy and pharmacotherapy: single and together in the treatment of depression. *Archives of General Psychiatry, 41,* 33–41.

Nagayama, Y. et al. (1981). Bosozoku Mondai ni kansuru Chosa Hokokusha ‹Bericht über das Problem der Motorradgangs›. Osaka (Osaka Bosozoku Mondai Kenkyukai).

Nakabe, H. (Hrsg.) 1979). Bosozoku Hyakunin no Shissoo ‹Das Rennen der 100 Motorradgangs›. Tokio (Daisan Shokan).

Neisser, U. (1967). Cognitive psychology. New York (Appleton-Century-Crofts). Dt.: Kognitive Psychologie. Stuttgart (Klett) 1974.

Neisser, U., Hirst, W. und E. S. Spelke (1981). Limited capacity theories and the notion of automaticity: reply to Lucas and Bub. *Journal of Experimental Psychology: General, 110* (4), 499–500.

Neugarten, B., Havighurst, R. und S. S. Tobin (1961). The measurement of life satisfaction. *Journal of Gerontology, 16,* 134–143.

Neulinger, J. (1981a). The psychology of leisure. Springfield, Il. (Charles Thomas).

Neulinger, J. (1981b). To leisure. Boston (Allyn and Bacon).

Neulinger, J. und C. Raps (1972). Leisure attitudes of an intellectual elite. *Journal of Leisure Research, 4,* (3), 192–207.

Nietzsche, F. (1964). Thus spoke Zarathustra. New York (Penguin). Dt.: Also sprach Zarathustra. In Sämtliche Werke. Kritische Studienausgabe. München (DTV) 1980.

Noe, F. (1971). Autonomous spheres of leisure activity for industrial executive and the blue collarite. *Journal of Leisure Research, 3* (4), 220–249.

Norman, D. A. (1976). Memory and attention. New York (Wiley). Dt.: Aufmerksamkeit und Gedächtnis. Weinheim (Beltz) 1973.

Nusbaum, H. C. und E. C. Schwab (Hrsg.) (1986). The role of attention and active processing in speech perception. In Pattern recognition by humans and machines (Band 1, S. 113–157). New York (Academic Press).

Nussbaum, F. L. (1953). The triumph of science and reason, 1660–1685. New York (Harper and Brothers).

Oakley, A. (1980). Reflections on the study of household labor. In S. Berk (Hrsg.), Women and household labor. Beverly Hills, Ca. (Sage).
Ogg, D. (1960). Europe in the sevententh century. New York (Collier Books).
Olson, D., Bell, R. und J. Porter (1982). Family adaptability and cohesion evaluation scales II. St. Paul (University of Minnesota Publications, Family Social Science Department).
Omark, D. R., Strayer, F. F. und D. G. Freedman (1980). Dominance relations. New York (Garland Press).
Orme, J. E. (1969). Time, experience, and behavior. London (Iliffe Books).

Pardey, L. und L. Pardey (1982). The self-sufficient sailor. New York (Norton).
Parker, S. (1971). The future of work and leisure. New York (Praeger).
Parsons, T. (1951). The social system. Glencoe, Il. (The Free Press).
Pearson, K. (1979). Surfing subcultures. St. Lucia, Australien (Queensland University Press).
Peplau, L. A. und D. Perlman (Hrsg.) (1982). Loneliness: a sourcebook of research and theory. New York (Wiley Interscience).
Pfeiffer, E. (1976). Multidimensional functional assessment: the OARS methodology. Durham, NC (Duke University Center of the Study of Aging and Human Development).
Piaget, J. (1951). Play, dreams and imitation in childhood. (Routledge and Kegan Paul). Dt.: Nachahmung, Spiel und Traum. Stuttgart (Klett) 1969.
Piaget, J. (1962). Play, dreams and imitation in childhood. New York (W. W. Norton).
Piaget, J. (1981). Intelligence and affectivity. Palo Alto, Ca. (Annual Reviews).
Pirsig, R. (1977). Cruising blues and their cure. *Esquire, 87* (5), 65–68.
Plihal, J. E. (1982). Intrinsic rewards in teaching. Unveröffentlichte Dissertation (University of Chicago).
Pope, K. S. und J. L. Singer (1978). The stream of consciousness. New York (Plenum).
Popper, K. R. (1965). The logic of scientific discovery. New York (Harper Torchbooks). Dt.: Logik der Forschung. Tübingen (Mohr) 1989.
Progen, J. L. (1978). A description of stimulus seeking in sport according to flow theory. Unveröffentlicht (University of North Carolina).
Pryor, M. and J. Reeves (1982). Male and female patterns of work opportunity structure to life satisfaction. *International Journal of Women's Studies, 5* (3), 215–226.

Raph, J. B, Goldberg, M. L. und A. H. Passow (1966). Bright underachievers. New York (Teachers College Press).
Rathunde, K. (1987). Optimal experience and family context of talented adolescents. Unveröffentlichtes Manuskript (University of Chicago).

Redfield, R. (1953). The primitive world and its transformations. Ithaca. NY. (Cornell University Press).
Renfrew, C. (1986). Varna and the emergence of wealth in prehistoric Europe. In A. Appadurai (Hrsg.), The social life of things (S. 141–168). New York (Cambridge University Press).
Ridley, F. A. (1938). The Jesuits: a study in counter-revolution. London (Sekker and Warburg).
Robinson, R. E. (1986). Sex differences and mathematics achievement: aspects of the daily experience of giftedness in adolescence. In F. Massimini und P. Inghilleri (Hrsg.), L'esperienza quotidiana (S. 417–436). Mailand (Franco Angeli).
Rosenberg, M. (1965). Society and the adolescent self-image. Princeton J. J. (Princeton University Press).
Rosenberg, M. (1979). Conceiving the self. New York (Basic Books).
Roth, H. (1972). Two on a big ocean. New York (Macmillan).
Ryan, R. M. und W. S. Grolnick (1986). Origins and pawns in the classroom: self-report and projective assessments of individual differences in children's perceptions. *Journal of Personality and Social Psychology, 50,* 550–558.

Sahlins, M. (1972). Stone age economics. Chicago (Aldine Press).
Samdahl, D. M. (1986). The self and social freedom: a paradigm of leisure. Unveröffentlichte Dissertation (University of Illinois).
Sato, I. (1984). Bosozoku no Esunograhi ‹Ethnographie der Motorradgangs›. Tokio (Keiso Shobo).
Saunders, M. (1975). The Walkabouts. London (Victor Gollancz).
Schacht, R. (Hrsg.) (1970). Alienation. Garden City, N.Y. (Doubleday).
Schlucter, W. (1979). The paradox of rationalization: on the relation of ethics and the world. In G. Roth und W. Schlucter (Hrsg.), Max Weber's vision of history (S. 11–64). Berkeley (University of California Press).
Schneider, W. und R. M. Shiffrin (1977). Controlled and automatic human information processing: I. Detection, search, and attention. *Psychological Review, 84,* 1–66.
Schutz, A. und T. Luckmann (1973). The structures of the life-world. Evanston, Il. (Northwestern University Press).
Schwartzman, H. S. (1978). Transformations. New York (Plenum).
Scott, M. D. (1965). The social sources of alienation. In I. Horowitz (Hrsg.), The New Sociology (S. 239–252). New York (Oxford University Press).
Seeman, M. (1959). On the meaning of alienation. *American Sociological Review, 24,* 783–791.
Seligman, M. E. P. (1975). Helplessness: on depression, development, and death. San Francisco, Ca. (Freedman). Dt.: Erlernte Hilflosigkeit. München, Wien (Urban und Schwarzenberg) 1979.
Seligman, M. E. P., Peterson, C., Kaslow, N. J., Tannenbaum, R. L., Alloy, L. B. und L. Y. Abramson (1984). Attributional style and depressive symptoms among children. *Journal of Abnormal Psychology, 93,* 235–238.

Shiffrin, R. M. (1976). Capacity limitation in information processing, attention, and memory. W. K. Estes (Hrsg.), Handbook of learning and cognitive processes. Hillsdale, N.J. (Erlbaum).

Shiffrin, R. M. und W. Schneider (1977). Controlled and automatic human information processing: II. Perceptual learning, automatic attending, and a general theory. *Psychological Review, 84,* 127–190.

Simon, H. A. (1969). Sciences of the artificial. Boston (MIT Press).

Simpson, I. und E. Mutran (1981). Women's social consciousness: sex or worker identity. In R. Simpson und I. Simpson (Hrsg.), Research in the sociology of work (S. 335–350). Greenwich, Ct. (JAI Press).

Singer, J. L. (1984). The human personality. New York (Harcourt Brace Jovanovich).

Slocum, J. (1900). Sailing alone around the world (1900) und The voyage of the „Liberdade" (1895). London (The Reprint Society) 1949.

Smith, A. (1980). An inquiry into the wealth of nations. London (Methuen). Dt.: Der Wohlstand der Nationen. München (C. H. Beck) 1974.

Smith, P. K. (1982). Does play matter? Functional and evolutionary aspects of animal and human play. *The Behavioral and Brain Sciences, 5,* 139–184.

Smith, R. (1981). Boredom: a review. *Human Factors, 23,* 239–240.

Solschenizyn, A. (1976). The Gulag Archipelago. New York (Harper and Row). Dt.: Der Archipel Gulag. Bern (Scherz) 1974.

Spence, J. D. (1984). The Memory Palace of Matteo Ricci. New York (Viking Penguin).

Spreitzer, E. und E. Snyder (1974). Work orientation, meaning of leisure and mental health. *Journal of Leisure Research, 6* (3), 207–219.

Sternberg, R. J. (1984). Mechanisms of cognitive development: a componential approach. In R. J. Sternberg (Hrsg.), Mechanisms of cognitive development. New York (W. H. Freeman).

Sun, W. (1987). Flow and Yu: comparison of Csikszentmihalyi's theory and Chuang-Tzus's philosophy. Vortrag, gehalten auf der Zusammenkunft der Anthropological Association for the Study of Play. Montreal, März.

Sutton-Smith, B. (1971). Play, games and controls. In J. P. Scott und S. F. Scott (Hrsg.), Social control and social change (S. 73–102). Chicago (University of Chicago Press).

Sutton-Smith, B. (Hrsg.) (1979). Play and learning. New York (Garden Press).

Sutton-Smith, B. und D. Kelley-Byrne (1984). The masks of play. New York (Leisure Press).

Sutton-Smith, B. und J. M. Roberts (1963). Game involvement in adults. *Journal of Social Psychology, 60,* 15–30.

Tamura, M. und F. Mugishima (1975). Bosozoku no Jittai Bunseki ‹Der gegenwärtige Zustand der Motorradgangs›. *Kagaku Keisatsu Kenkyujo Hokoku, 16,* 38–72.

Taniguchi, M. (1982). Bosozoku ‹Motorradgangs›. In K. Kikuchi und M. Horiuchi (Hrsg.), Asobigata Hiko ‹Spielerische Delinquenz›. (S. 124–133). Tokio (Gakuji Shuppan).

Tannenbaum, A. J. (1983). Gifted children: psychological and educational perspectives. New York (Macmillan).

Taylor, C. (1979). Interpretation and the sciences of man. In P. Rabinow und W. Sullivan (Hrsg.), Interpretive social science: a reader. Berkeley (University of California Press).

Taylor, F. W. (1923). Principles of scientific management. New York (Harper). Dt.: Die Grundsätze wissenschaftlicher Betriebsführung. Weinheim und Basel (Beltz) 1977.

Tazelaar, J. und J. Bussiere (1977). To challenge a distant sea. Chicago (Henry Regnery).

Textor, R. B. (1967). A cross-cultural summary. New Haven, Ct. (Human Relations Area Files Press).

Thackray, R. I. (1981). The stress of boredom and monotony: a consideration of the evidence. *Psychosomatic Medicine, 43*, 165–176.

Thomas, W. I. und D. S. Thomas (1928). The child in America. New York (Alfred A. Knopf).

Thompson, F. (1913). Saint Ignatius Loyola. J. H. Pollen, S. J., Hrsg. London (Burnes und Oates). Dt.: Ignatius von Loyola, ein Heiligenleben. München (Kösel) 1912.

Tomkins, S. S. (1962). Affect, imagery and consciousness, Vol. 1: The positive affects. New York (Springer).

Tomkins, S. S. (1963). Affect, imagery and consciousness, Vol. 2: The negative affects. New York (Springer).

Toscano, M. (1986). Scuola e vita quotidiana: un caso di selezione culturale. F. Massimini und P. Inghilleri (Hrsg.), L'Esperienza quotidiana (S. 305–318). Mailand (Franco Angeli).

Treisman, A. M. und G. Gelade (1980). A feature integration theory of attention. *Cognitive Psychology, 12*, 97–136.

Treisman, A. M. und H. Schmidt (1982). Illusory conjunctions in the perception of objects. *Cognitive Psychology, 14*, 107–141.

Turkle, S. (1984). The second self: computers and the human spirit. New York (Simon und Schuster). Dt.: Die Wunschmaschine. Vom Entstehen der Computerkultur. Reinbek (Rowohlt) 1984.

Turner, V. (1969). The ritual process. New York (Aldine). Dt.: Das Ritual. Struktur und Antistruktur. Frankfurt am Main, New York (Campus) 1989.

Turner, V. (1974a). Dramas, fields, and metaphors. Ithaca, N.Y. (Cornell University Press).

Turner, V. (1974b). Liminal to liminoid in play, flow, and ritual: an essay in comparative symbology. *Rice University Studies, 60* (3), 53–92.

Turner, V. (1982). From ritual to theatre: the human seriousness of play. New York (Performing Arts Journal Publication).

Ueno, J. (1980a). Dokyumento Bosozoku I ‹Dokumente, Motorradgangs Teil I›. Tokio (Futami Shobo).
Ueno, J. (1980b). Dokyumento Bosozoku II ‹Dokumente, Motorradgangs Teil II›. Tokio (Futami Shobo).
Ueno, J. (1980c). Dokyumento Bosozoku III ‹Dokumente, Motorradgangs Teil III›. Tokio (Futami Shobo).
Uexkull, J. von (1957). Instinctive behaviour. London (Methuen).

Waley, A. (1939). Three ways of thought in ancient China. London (G. Allen und Unwin). Dt.: Lebensweisheit im Alten China. Hamburg 1947.
Walshok, M. (1979). Occupational values and family roles: women in blue-collar and service occupations. K. Feinstein (Hrsg.), Working women and families (S. 63–83). Beverly Hills, Ca. (Sage).
Watson, B. (1964). Translation of *Chuang Tzu, basic writings*. New York (Columbia University Press).
Weber, M. (1922). Die protestantische Ethik und der Geist des Kapitalismus. In M. Weber, Gesammelte Aufsätze zur Religionssoziologie. Tübingen (Mohr).
Weber, M. (1930). The Protestant ethic and the spirit of capitalism. London (Allen und Unwin).
Wells, A. (1985). Variations in self-esteem in the daily life of mothers: theoretical and methodological issues. Unveröffentlichte Dissertation (University of Chicago).
Wells, A. (1986). Variazioni nell'autostima delle madri nei diversi contesti quotidiani: influenza della presenza dei figli. In F. Massimini und P. Inghilleri (Hrsg.), L'esperienza quotidiana (S. 369–390). Mailand (Franco Angeli).
White, R. C. (1955). Social class differences in the use of leisure. *American Journal of Sociology*, 61, 145–150.
White, R. W. (1959). Motivation reconsidered: the concept of competence. *Psychological Review*, 66, 297–333.
Whitmore, J. R. (1980). Giftedness, conflict, and underachievement. Boston (Allyn und Bacon).
Wicklund, R. A. (1975). Objective self-awareness. In L. Berkowitz (Hrsg.), Advances in experimental social psychology, 8 (S. 233–275). New York (Academic Press).
Widmeyer, W. N. (Hrsg.) (1978). Physical activity and the social sciences. Waterloo, Ont. (University of Waterloo).
Wilensky, H. (1960). Work, careers, and social integration. *International Social Science Journal*, 12 (Herbst), 543–560.
Willis, P. (1978). Profane culture. London (Routledge and Kegan Paul). Dt.: „Profane Culture" Rocker, Hippies: Subversive Stile der Jugendkultur. Frankfurt am Main (Syndikat) 1981.
Wilson, E. O. (1975). Sociobiology: the new synthesis. Boston, Ma. (Belknap Press).

Wilson, R. N. (1981). The courage to be leisured. *Social Forces, 60,* 282–303.
Winnicott, D. W. (1951). Collected papers. New York (Basic Books).
Wolfe, T. (1979). The right stuff. New York (Farrar, Straus und Giroux).
Wylie, R. C. (1979). The self-concept: theory and research on selected topics (Vol. 2, 2. Aufl.). Lincoln (University of Nebraska Press).

Zajonc, R. B. (1984). On the primacy of emotion. *American Psychologist, 39,* 117–123.
Zelizer, B. (1987). Media, event, performance: journalists in flow. Vortrag, gehalten auf dem Treffen der Anthropological Association for the Study of Play. Montreal, März.
Zilli, M. G. (1971). Reasons why the gifted adolescent underachieves and some of the implications of guidance and counseling to this problem. *Gifted Child Quarterly, 15* (5), 279–292.

Register

Abweichung 42, 57
Affekt 17, 250, 263, 267, 288 ff., 294 f., 302 f., 330 f., 351
Akademikerinnen 134, 136
Aktivation 250, 263, 285, 288 ff., 292, 294, 296, 302 f., 330 f., 333, 337
Aktivität 163
  Aktivität, autotelische 97, 108, 210, 214
Altersgruppe 143
Anforderung 29, 36, 44 f., 49, 60, 62, 65, 68, 71, 75, 84, 90, 103, 116, 118, 138, 155, 157, 159, 163, 178 f., 185 f., 189, 194, 200 f., 203, 208, 211, 214, 225 f., 238, 256 f., 264 ff., 277, 280, 282, 285, 298, 307, 310, 320, 324, 349
Angst 20, 35, 45, 92, 116, 142 ff., 150, 155, 157, 159, 183, 198, 232, 259 ff., 263, 265, 268, 270, 274 f., 279, 282, 289, 294, 301, 303 f., 309, 312, 314, 320, 324, 328, 330, 338, 342, 349, 353, 356, 360
Anomie 7, 36, 38 ff.
antiflow 122 f., 134, 138
Apathie 150, 258, 261, 268, 278, 280 f., 284, 295, 312, 346, 349 f., 366
Arbeit 35, 38, 45, 47 ff., 60, 78, 80, 83, 120 f., 123 f., 126, 129 ff., 134, 138, 140, 142, 181, 183, 189, 192, 194, 198 f., 202 ff., 212, 218, 261, 264, 286, 317, 322, 353, 358, 360, 364
Arbeiterinnen 128, 134, 136, 360
Aufmerksamkeit 15 ff., 19 f., 30, 32, 63, 67, 76, 100, 102, 112 f., 124, 148, 150, 152, 156, 169, 178, 180, 195, 237, 257, 323 ff., 338 ff., 366

Autonomie 4 f., 20, 137 f., 212 f., 341, 354

Befriedigung 22, 198, 224, 277 f.
Begabung 163, 261, 297 f., 356
Bergsteiger 46 f., 49, 51, 53, 60 f., 80, 104, 117 f., 156, 172, 190, 201, 214, 264, 285, 366
Beruf 122, 202
  Berufstätigkeit 123, 126, 128, 137, 211, 286, 292, 294, 296, 299, 315, 319
Bewältigungsstrategie 130, 139, 165
Bewußtheit 328
Bewußtsein 15, 17 ff., 30, 32 ff., 41, 62, 65, 95, 171, 187, 217, 236, 249 f., 256 f., 262, 265 f., 277, 281, 284, 345 f., 350, 353, 361 ff., 366
Bildung 209, 241, 244, 247
  Bildungssystem 205
Bosozoku 90, 94 ff., 108 f., 114, 116, 118 f., 360

Chirurgie 30 f., 156, 214, 264, 285
communitas 25, 90, 114 f., 191, 212, 234

Depression 21, 130, 142, 145, 150
Dereflexion 171
Devianz 42, 57, 230
Dominanz 233

Effizienz, kognitive 250, 267, 285, 302 f., 330, 332 ff., 336 f., 341
Einsamkeit 165, 170, 176
Emotion 17, 21, 92, 95, 109, 142 f., 150, 152, 155 ff., 162 f., 226, 250, 255, 266, 275, 279
Energie, psychische 17, 19, 28, 38, 63, 142, 150, 163, 205, 234, 236, 244, 261, 281, 284, 300, 305, 340, 348, 355, 360, 362

Entfremdung 7, 36ff., 43, 49, 203, 212, 324, 361
Entropie 20ff., 32, 164, 279, 305
Entspannung 305
Erleben, autotelisches 5, 28, 68, 71f., 119, 183, 199, 202, 229, 248, 322ff., 326, 341, 357
Erleben, optimales 22, 30, 62, 77, 91f., 158, 160, 183f., 187, 189, 191f., 194f., 200, 202f., 205, 208f., 262, 266, 268, 273ff., 278ff., 282, 285, 294f., 302, 306, 321f., 324, 326, 328ff., 332, 337, 339, 341f., 345f., 347, 349f., 355, 357f., 360, 363
Erregung 278, 324
Erregung, optische 3
Erziehung 136, 209, 243f.
Erziehungssystem 205, 241, 244
ESF 256, 287, 308
ESM 249f., 255, 260, 262, 266ff., 287, 298, 302, 306, 309, 321, 329f., 341, 345ff., 349, 361
Evolution 8f., 19, 23, 27ff., 34, 62f., 65f., 68, 177, 184, 248, 265, 297, 345, 349
Evolution, kulturelle 187
Experience Sampling Form (ESF) 256, 287, 308
Experience Sampling Method (ESM) 249f., 255, 260, 262, 266ff., 287, 298, 302, 306, 309, 321, 329f., 341, 345ff., 349, 361
Extremsituation 165f., 170, 172, 176, 248, 353

Fähigkeit 36, 44, 60, 62, 65, 68, 89f., 103, 105, 113, 116f., 157, 159, 194, 203, 214, 225, 256f., 264ff., 276, 280, 285, 287, 298, 308, 310, 350, 365
Familie 139, 190f., 196, 210, 228, 262f., 312, 319, 321ff., 326ff.
Fernsehen 260, 274f., 288, 295, 300f., 336, 350, 361
Fertigkeit 192
flow 6, 22, 35, 61, 68f., 76, 78, 80, 91, 94, 98, 121ff., 132, 140, 156ff., 162, 165, 169f., 184, 191, 193, 198, 203, 205, 213, 216, 229ff., 248, 250, 255, 262, 264, 277, 282, 284ff., 288, 290, 296, 298, 301, 306f., 312ff., 318, 340, 352, 360, 366
flow-Aktivität 29f., 55, 69, 78, 96, 98, 105, 107, 117, 194, 197f., 205f., 292, 362
flow-Erfahrung 29, 177, 183, 187, 205, 248, 262, 267f., 274, 278, 294, 316, 319, 354
flow-Erleben 8, 31, 101, 108, 113, 116, 137, 168, 171, 273
flow-Erlebnis 1, 5, 9, 28, 31ff., 54, 62, 73, 76f., 134, 281, 284, 296f., 314, 323, 325, 345, 347, 349, 351, 363
flow-Fragebogen 80, 196, 206, 345, 347
flow-Konzept 10
flow-Management 10
flow-Modell 11
flow-Q 69, 75, 189
flow-Theorie 6, 8
Fortschritt 184, 189
Fragebogen 190
Frauen 91, 120f., 123f., 128, 130, 132, 137ff., 208, 306f., 315, 345, 360
Freiheit 45, 121, 137, 176, 194, 199, 213, 217, 233f., 238, 328, 350, 359
Freizeit 5, 10, 35, 44, 50, 53, 55, 59, 78, 92, 120f., 131, 137, 140, 180, 182, 184, 189, 193, 195, 202, 205, 216, 218, 261, 274, 286, 288, 292, 295, 300, 336, 347, 360f., 363

Freude 10, 12 f., 22, 28, 32, 44, 56, 59, 63 ff., 68, 72, 76, 89, 93, 109, 113 f., 119, 121, 126, 129, 134, 137, 157, 159 ff., 165, 194, 196, 198 f., 205, 208, 224, 230 f., 255, 257, 259 ff., 268, 277 f., 283 ff., 294, 305, 316, 318, 325, 348 ff., 356, 358 ff.

Gedächtnis 17 f., 34, 66, 242, 257
Gemeinschaft 191, 212, 234
Generation 183, 189, 191 f., 197 ff., 255, 345
Genießen 230
Geschichte 187, 231, 357, 359
Gesellschaft 24 f., 36, 41, 116, 178, 181, 185, 188 f., 202, 210, 218, 223 f., 229 f., 261, 264, 358, 361 f., 364
Glück 8, 22, 72, 199, 255, 257, 260 f., 268, 283, 294, 350, 359, 361 f.

Handlung 354
Heranwachsende 143
Herausforderung 36, 45, 49, 60, 62, 65, 68, 71, 75, 84, 90, 103, 116, 118, 138, 155, 157, 159, 163, 178 f., 185 f., 189, 194, 200 f., 203, 208, 211, 214, 225 f., 238, 256 f., 264 ff., 268, 277, 280, 282, 285, 298, 307, 310, 320, 324, 349
Hierarchie 24
Hobby 78, 81
Hochseesegler 185

Ich 108, 324
   Ich-Bewußtheit 324
   Ich-Verlust 221, 223, 230
Information 15 ff., 20 f., 63, 67, 93 f., 324, 339 f., 353, 355
Instruktion 85
   gesellschaftliche 19, 23

Jesuiten 186, 231, 233 ff., 243 f.

Kanal 275 f., 307, 318 f.
Klettern 3, 46, 49, 51, 53, 60 f., 80, 104, 117 f., 156, 172, 190, 201, 214, 264, 285, 366
Kognition 17, 92 f., 116, 131, 139, 143, 145, 148, 150, 157, 160, 162, 297, 339, 356
Kommunikation 208
Kompetenz 43 f., 102 f., 105, 117, 138, 160, 213, 230, 308
Kompetenztrieb 3
Komplexität 29 f., 66, 82, 84, 201, 259, 282, 284, 346, 349, 355
Können 56, 89 f., 113, 117, 157, 159, 194, 203, 225, 256 f., 264 ff., 276, 280, 285, 287, 298, 308, 310, 350, 365
Kontext
   autotelischer 262 f., 327, 329 ff., 341
   natürlicher Lebenskontext 8
Kontrolle 18, 20, 32, 46 f., 77, 91, 102 ff., 124, 126, 132, 134, 136 ff., 146, 160 f., 163, 166, 171, 212, 224, 260, 270, 272, 275, 324, 327, 334, 340, 350, 354
Kontrolle, soziale 20, 24
Konzentration 1, 30, 32 f., 71, 75 f., 78, 81, 144, 148 ff., 159, 169, 177, 180, 187, 190, 198, 218, 222, 234, 238, 256 f., 260 f., 266, 270, 276 f., 280, 289 f., 296, 318, 327, 334, 350, 353
Konzentrationslager 93, 165, 168, 171
Kreativität 38, 40, 45, 48 f., 93, 117, 128, 132, 136, 142, 156, 163, 180, 260, 270, 289, 294, 296, 350, 354
Kultur 19, 28, 34, 46, 51, 58, 69, 78, 177 ff., 181, 191, 209, 211, 248, 265, 345 ff., 351, 355, 358, 362

Landwirtschaft 195
Langeweile 11, 20, 31, 35, 92, 116, 122, 124, 129, 138, 140, 142, 151 f., 154, 163, 198, 220, 259 f., 263, 268, 270, 275, 278, 280, 282, 284, 289, 301, 310, 312, 314, 316, 320, 324, 328, 330, 338, 342, 349, 358, 360
Lebensqualität 360
Lebensstil 210, 212
Lebensweise 210, 212 ff., 229
  Lebensweise, bäuerliche 182, 188, 192 f., 195, 199
Leistung 297 ff., 301, 303 f., 343
  Lernleistung 303
Lernen 262, 281, 329, 332 f.
Lesen 72, 78, 80, 136, 150, 160, 274, 295

Mathematik 242, 261, 298 f., 356, 365
Medatsu 91, 106, 108, 111 ff., 348
Meditation 30, 63, 83, 234, 236
microflow 136
Modernisierung 80, 183, 188 f., 192, 194, 196, 205, 209
Moral 180
Motivation 42, 50, 60, 150, 154, 181, 248, 267 f., 285, 289, 294, 296, 318, 320, 345, 350 f.
  extrinsische 2, 56, 78, 108, 210, 214, 229, 234, 278, 322, 355 f., 359
  intrinsische 2 ff., 8, 28, 55 f., 62, 72, 77, 80, 92, 96, 108 f., 122, 158, 207, 210, 213 ff., 229, 231, 248, 250, 263, 302 f., 326, 328, 330, 340 ff., 350, 354 ff., 362
Musikhören 275, 277, 281, 300, 336

Natur 193, 195, 198, 212, 220, 226, 228
Negentropie 22, 26 f., 33, 68, 142, 257, 280, 330 f., 346, 350, 362

Neotenie 341
Not 165

Orden 186, 231, 233 f., 236, 244
Ordnung 266, 275 f., 278, 280
  Ordnung, gesellschaftliche 38
  Ordnung, soziale 23, 42 f., 52

Persönlichkeit, autotelische 30, 345, 352 ff., 356
Philosophie, taoistische 6
Psychologie, humanistische 213
Psychopathologie 11, 13, 21, 91, 96

Rationalisierung 50 ff., 58, 60, 202
Regeln 50, 68, 95, 105, 114 f., 180, 185, 228, 234, 237, 244, 322, 325 f., 338, 340
Religion 62, 65, 78 f., 81, 231, 234, 239, 241, 244, 247
Risiko 6, 46, 95, 99, 103, 118, 213, 225, 355
Ritual 68, 81, 94, 170, 235, 360
Rolle 36 f., 53, 60, 115 f., 119, 205, 351, 360
  Rolle, funktionale 24
Rückmeldung 31, 62, 64, 73, 77, 82 f., 106, 111 ff., 116, 119, 140, 157, 189, 226, 238, 314, 324, 339, 342, 352

Schicht, soziale 92
Schicksalsschlag 94
Schule 262 f., 276, 280 f., 299 f., 304, 326, 334, 342, 346, 360
Segeln 210 f., 213, 216 f., 220 f., 223 ff., 228, 230
Segler 185, 210, 217 f.
Selbst 13 ff., 18 ff., 22 ff., 28, 48, 62, 74, 76, 108, 114 f., 172, 176, 199, 265, 285, 296, 354, 360
  Selbst, Verlust des 108
Selbst-Bewußtsein 32 f., 95, 107 f., 306
Selbstbeobachtung 55 f., 58

Selbstbewertung 262, 303, 306 ff., 313 f., 318 ff., 331 f., 351, 355
Selbstbewußtsein 55 f., 58
Selbstgefühl 113
Selbstkonzept 263, 306
Selbstvergessenheit 255
Selbstverwirklichung 3, 48 f.
Sozialisation 326 f., 330
Sozialverhalten 262, 274, 280, 288, 300, 336, 343
Spiel 29, 45, 53, 56, 64, 68, 89, 96, 108, 116, 119, 165, 180, 186, 232, 322 f., 325, 341, 352
Sport 131 f., 163, 201 f., 225, 275, 280, 292, 300
Sprache 51 f., 67, 101
Status, sozialer 91, 123, 126, 128, 223, 255, 262, 315, 346
Strategien 130, 158
Studium 72, 78, 80, 156, 234
Subkultur 181, 184 f.
Sublimierung 2, 90
Substanz, soziale 38
Symbol 185, 322, 340, 366

Tanz 156, 190, 206 ff., 214
Tänzer 156, 190
Taoismus 6, 363, 365
Technik 184, 187, 189, 201, 360 f.
Technologie 184

Trieb 14 f., 19, 23, 25, 95

Unabhängigkeit 20
Unterschiede, geschlechtsspezifische 330, 345 f.
Vergnügen 22 f., 28, 34, 64 ff., 68, 72, 76, 89, 93, 109, 113 f., 119, 121, 126, 129, 134, 157, 160 f., 165, 194, 196, 198 f., 205, 208, 224, 230 f., 255, 257, 259 ff., 268, 277 f., 283 ff., 294, 305, 316, 318, 325, 348 ff., 356, 358 ff.

Verhalten
  abweichendes 11, 230
  Sozialverhalten 262, 274, 280, 288, 300, 336, 343

Wirtschaft 65, 67, 120, 231, 263, 323, 338, 359
Wissen 21

Yoga 30
Yu 363 ff.

Zeit 108, 124
Zen 6, 27
Ziele 18, 20, 22 f., 26 f., 31, 33, 106, 113, 157, 172, 180 f., 186, 202, 208, 212, 233, 237, 241, 322, 359
Zufriedenheit 280, 285, 289, 296, 316, 318, 350, 359 f.